松本博之

民事訴訟法の立法史と解釈学

信山社

はしがき

（1）　日本の近代的な民事訴訟法と民事訴訟法学は，明治23年の民事訴訟法の制定から始まるといってよい。もちろん，明治維新後，部分的に欧米の制度を参考にした民事訴訟手続が存在したが，それは一定の原則に基づくものではなかった。明治政府は，江戸幕府が欧米諸国と締結することを余儀なくされたいわゆる不平等条約を改訂し，治外法権を排除し，関税自主権を回復するために，近代的な法制度を整備する必要に迫られた。

　本書第1編は，明治期における民事訴訟法の継受から1996年の新民事訴訟法（現行民事訴訟法）の制定に至るまでの民事訴訟法立法史を扱う。全体を4期に分け，第1章では，必要に応じて条約改定交渉との絡み合いに注意を払いつつ，明治期における民事訴訟法継受の過程を明らかにする。ここでは当初，日本側委員の関与の下にドイツ人法律家ヘルマン・テヒョーの提案に基づき作成された草案が1886（明治19）年に完成したが（いわゆるテヒョー草案），条約改訂交渉との関係で種々の法律または草案が泰西法原則に合致するかどうかの検証を外国人委員を含む委員会によって行うことが求められたため，テヒョー草案も取調べの対象になったこと，そして，テヒョーの帰国後この任務に当たったモッセが過重負担のため途中で任務を放棄したため大混乱をきたし，結局1877年のドイツ民事訴訟法の翻訳的な受け入れの方向に向かったことが明らかにされる。第2章は，成立した明治23年民事訴訟法の改正が実務から求められたことに対応し，かつ新しい民法との調整のために必要になった民事訴訟法改正（大正15年民事訴訟法改正）の立法経過を跡付ける。第3章では，第二次世界大戦の敗戦による日本の占領に伴って必要になった法制度の改革の中での民事訴訟法の改正を扱い，最後に，第4章は，訴訟の慢性的な遅延と口頭弁論の形骸化に対処するとともに日米構造協議の中でも言及されるようになった民事訴訟制度の改革要求の中で行われた新民事訴訟法の制定を扱う。著者は，信山社刊行の『日本立法資料全集

民事訴訟法』(全24冊)において資料の収集・整備に携わり，立法過程の解説をも担当した。本書の第1編第1章から第3章までは，主としてその折の解説をまとめたものである。この立法資料集の編集が終了した機会に，全体をまとめることを計画した。第4章は日本民事訴訟法学会が1997年に開催した国際シンポジウム「民事訴訟法・倒産法の現代的潮流」における著者の報告「日本の新民事訴訟法による訴訟の構造」を再現した論文(民事訴訟法学会編『1997年民事訴訟法学会国際シンポジウム民事訴訟法・倒産法の現代的潮流』〔1998年・信山社〕91頁以下)を収録するものである。

本書第2編および第3編は，民事訴訟法の制定や改正がもたらした新たな課題への民事訴訟法学の対応に焦点を合わせ，それが民事訴訟法学にどのような方向づけをもたらし，今日にどのような影響を及ぼしているかという視点から，民事訴訟法の基礎的な問題に取り組んだ論稿を収める。ここでは大正15年民事訴訟法改正の直後に颯爽と学界に登場した兼子一博士の業績の検討が大きな柱をなす。訴訟承継論に見られるようにその後の判例や学説に与えた影響の大きさから見て，この学説の検討が焦眉の急であると思われるからである。とりわけ民事訴訟の制度目的を紛争の解決に見る兼子博士の訴訟目的論が今日の憲法下において存在しうるのかどうか，個々の領域において浸透している兼子理論のどこが優れ，どこに問題があるかといった視点から，いくつかの重要な問題を取り上げ，批判的に考察してこれに挑戦することを試みた。

日本では訴訟目的の理解として紛争解決説が多数説であり，訴訟法規の解釈は利益考量論を基本とする学説が非常に多い。しかし憲法は，財産権，人格権を保障し，法律を定め権利の要件を明らかにし，私人の権利が実現しないときには自力救済を禁止して裁判所の裁判を受けることを求め，反面として，裁判を受ける権利を保障し，裁判官には憲法と法律への拘束を命ずる。ここから，憲法は私人の憲法上の権利保護請求権を保障していると見ることができる。兼子博士自身，私人は裁判所に憲法上の権利保護を求めることができることを否定されてはいない。ただ，裁判所は公的な職務として憲法および法律に従った裁判をする義務を負うのであり，私人はその反射的利益として裁判を受けることができるにすぎないと見るのである。裁判所が憲法上，公的職務として，憲法およ

び法律に従った裁判をする義務を負うことを認めるのであれば，裁判所は憲法の理念に従い，憲法価値の実現を重視した裁判を行わなければならず，それに対応して市民は国家に対して憲法適合的な裁判を求める憲法上の権利を有するのでなければならない。紛争解決説はこの点をどう考えるのであろうか。また，憲法上の私人の権利保護請求権を否定すると，裁判を受ける権利を保障する憲法の意図は実現されないであろう。私人の権利保護を求める権利が承認されて初めて，訴訟法規の解釈指針として，憲法適合的解釈や当事者間の武器対等，親実体権的解釈などの基準がその意味を発揮することができる。本書の第2編は，このような訴訟目的の捉え方と訴訟法規の解釈方法論を扱っている。その第1章は，2007年2月に大阪市立大学法学部とドイツ・フライブルグ大学法学部の第7回共同シンポジウム（於，フライブルグ大学）で行った著者の報告である。

　個別の分野では，訴訟係属中の係争物の譲渡の問題，事実審の最終口頭弁論終結後の権利承継人・債務引受人への既判力の拡張の問題，訴訟告知の制度目的と訴訟告知の効果の性質，範囲の問題，さらに控訴審の構造の問題を取り上げた。控訴審については最近，控訴審の「事後審的運営」が語られている。現行民事訴訟法が事後審構造の控訴審を定めていないところで，どうして事後審が可能になるかという素朴な疑問から出発して，控訴審の手続構造を検討したものである。兼子博士は，控訴審を事後審的に構成する手がかりになる議論（いわゆる第一審判決の「殻」）を展開していた。これらの個別の解釈問題は，いずれも，兼子博士の業績のとくに著しい影響を受けている分野に属する。したがって，ここでは兼子博士の業績を検討することが大きな比重を占め，それゆえ，兼子理論およびこれを基礎に理論を構築している多数説に対する著者の挑戦をなす。最後に付録として収録させていただいたのは，著者の大阪市立大学定年退職のさいの記念講演である。他の章と内容上重複があるが，個人的な感慨のため収録させていただいた。

　(2)　このように本書は，民事訴訟法の継受から数次にわたって行われた法改正を検討するとともに，これと解釈論の新たな課題を関連づける研究である。立法資料集は信山社の企画であるが，信山社の依頼で最初は河野正憲教授，徳田和幸教授と著者とで編集の話合いを行い，熱心な

担当者の協力で収録すべき資料を収集することができた。今日まで日の目を見なかった多くの資料を発見することができたことは大きな成果であった。とりわけ，テヒョー草案関係の資料はこれまで所在すら明らかでなかったものである。また，大正15年改正民事訴訟法についても，改正作業の際，法律取調委員会幹事または民事訴訟法改正調査委員として，さらに司法省民事局長としてこれに関与された池田寅二郎氏が保存され，その後ご遺族により東京大学に寄贈された立法関係資料（「池田寅二郎関係文書」の中の「民事訴訟法関係書類」）を収録することができた（現在，法務図書館にも存在しない重要なものが含まれている）。同様に，明治36年法典調査会の民事訴訟法改正案の関係では，法典調査委員であった田部芳氏のご遺族が東京大学に寄贈された資料の中の同改正案に関係するものを収録することができた。昭和23年民事訴訟法改正の際，GHQと日本側担当者との間の協議内容を記載した資料なども発見することができ，これを収録することもできた（もちろん，それらは日本側担当者が作成した記録であり，GHQ側の資料が今後見つかれば，新たな発見があるであろう）。20数年にわたる編集作業を終え，今振り返ってみると，資料集に収録された未発見の資料は，資料の方から日の下に出ることを待ち望んでいたような気がするのである。新たな資料を求めて見当をつけながら訪ねた東京大学大学院法学政治学研究科附属　近代日本法制史料センターで「池田寅二郎文書」や「田部芳文書」中の民事訴訟法関係資料を幸運にも探し当てることができた。また『日本立法資料全集10　民事訴訟法〔大正改正編〕（１）』が出来上がったとき，これをもって池田寅二郎氏のご子息を岡山地裁にお訪ねしたことも懐かしく思い出される。

　これらの作業の際，多くの方々のご協力とご教示を得た。とくに，鈴木正裕・神戸大学名誉教授のご著書『近代民事訴訟法史・日本』（2004年・有斐閣）および『近代民事訴訟法史・日本２』（2006年・有斐閣）および中野貞一郎・大阪大学名誉教授の論文「手続法の継受と実務の継受」（同・『民事手続の現在問題』〔1989年・判例タイムズ社〕57頁以下）からは多くの教えを受けることができた。さらには，新堂幸司・東京大学名誉教授からも有益なご教示を受けた。法政大学所蔵の梅謙次郎文書の閲覧の際には，法政大学の（故）霜島甲一教授と前田重行教授（当時）のお力添えを得た。諸先生方に対し心から感謝申し上げるとともに，これら

の資料が資料集を通して容易に利用することができるようになったことを喜びたい。

　旧稿の収録につき転載を承諾していただいた龍谷大学法学会，日本民事訴訟法学会，大阪市立大学法学会，株式会社有斐閣，株式会社日本評論社，有限会社慈学社出版には厚く御礼申し上げたい。本書の刊行を引き受けてくださった信山社の渡辺左近氏は日本立法資料全集の編集担当者であり，渡辺氏が居られなければその刊行は覚束なかったであろう。今回，本書の刊行も担当していただき感謝に耐えない。心から深く感謝申し上げる次第である。

　2015年8月

　　　　　　　　　　　　　　　　　　　松　本　博　之

目　次

はしがき

第1編　民事訴訟法の継受と発展 ——————————1

はじめに ……………………………………………………………2

第1章　明治期におけるドイツ民事訴訟法の継受………………4
第1節　テヒョー草案の成立…………………………………4
　　第1款　条約改正問題………………………………………4
　　第2款　民事訴訟法制定への機運…………………………5
　　第3款　伊藤博文とヘルマン・テヒョー…………………5
　　第4款　いわゆるテヒョー草案の成立過程………………9
　　　　1　訴訟規則取調委員（9）
　　　　2　訴訟規則会議（三好委員会）（12）
　　第5款　テヒョー草案………………………………………19
第2節　民事訴訟法新草案（元老院提出案）の成立…………23
　　第1款　テヒョー草案のその後——法律取調委員会の設置……23
　　第2款　司法省移管後の法律取調委員会による取調べの開始……30
　　第3款　法律取調委員会の再調査…………………………39
　　第4款　再調査の再開………………………………………40
第3節　元老院および枢密院の審議の経過……………………44
　　第1款　元老院の審議………………………………………44
　　第2款　枢密院の審議………………………………………45
第4節　明治23年民事訴訟法の特徴……………………………46
　　第1款　特　徴………………………………………………46
　　第2款　問題点としての民法との調整，その結果としての重要な規定の欠落……46
　　第3款　民事訴訟法改正を求める要望……………………47
第5節　民事訴訟法継受の意味…………………………………48
　　第1款　継受の媒介作業……………………………………48
　　第2款　実務の継受の困難さ………………………………49
　　第3款　明治期日本における民事訴訟法の継受の意味……50

第2章　明治36年草案から大正15年民事訴訟法改正へ ………… 51
　第1節　明治36年草案の成立の経過 ── 民事訴訟法調査委員による
　　　　民事訴訟法修正案の作成……………………………………… 51
　　第1款　改正作業の開始 …………………………………………… 51
　　第2款　民事訴訟法修正案………………………………………… 54
　　第3款　法典調査会の審議………………………………………… 55
　　第4款　明治36年旧法典調査会案の内容 ……………………… 59
　　　　1　民法との調整（59）
　　　　2　新たな制度（59）
　　第5款　法典調査会の廃止………………………………………… 63
　第2節　大正15年改正の経過…………………………………………… 64
　　第1款　法律取調委員会 …………………………………………… 64
　　　　1　法律取調委員会による改正作業の開始（64）
　　　　2　主査委員会（65）
　　　　3　起案会（66）
　　第2款　民事訴訟法改正調査委員会による審議の継続 ………… 67
　　　　1　「民事訴訟法改正調査委員会」（67）
　　　　2　民事訴訟改正調査委員会の審議の開始（72）
　　　　3　民事訴訟法改正調査委員会委員総会（73）
　　　　4　審議の特徴（75）
　　　　5　草案における主要な改正点（76）
　　第3款　民事訴訟法中改正法律案の反響 ………………………… 77
　　　　1　法案に対する反対意見（77）
　　　　2　帝国議会における審議（82）
　　第4款　大正15年改正民事訴訟法と民事訴訟法学 ……………… 88
第3章　民事訴訟法昭和改正…………………………………………… 91
　第1節　昭和23年民事訴訟法改正…………………………………… 91
　　第1款　日本国憲法および裁判所法の施行と民事訴訟法の改正 ……… 91
　　　　1　GHQによる日本統治（91）
　　　　2　オプラーとブレークモア（91）
　　第2款　昭和23年民事訴訟法の一部改正 ………………………… 93
　　　　1　応急措置法（93）

　　　　　2　民事訴訟法の改正の経過（94）
　　　　　3　改正法の成立（99）
　　　第3款　改正法の特徴 …………………………………………99
　　　　　1　日本国憲法，裁判所法および民法の一部を改正する法律
　　　　　　の施行に伴い必要になった条文の整理と恒久法化（99）
　　　　　2　地方裁判所において単独制裁判所が審理裁判することが
　　　　　　認められたことに伴う必要な規定の整備（100）
　　　　　3　証拠調べに関する規定の改廃（100）
　　　　　4　正当な理由なく裁判所に出頭しない証人または鑑定人に
　　　　　　対する制裁の強化（101）
　　　　　5　簡易裁判所の審理および裁判についての特則の制定（101）
　　　　　6　上告規定の改正（101）
　　　　　7　訴訟や強制執行における関係人の権利の伸長または利益
　　　　　　保護のための規定（102）
　第2節　昭和25年「民事上告特例法」とその延長について …………102
　　　第1款　はじめに ………………………………………………102
　　　第2款　昭和25年「民事上告特例法」とその延長について ………103
　　　　　1　上告制限問題（103）
　　　　　2　法制審議会への諮問（104）
　　　　　3　民事訴訟法の一部を改正する法律案（106）
　　　　　4　民事上告特例法の延長（108）
　　　第3款　訴訟促進のための改革 …………………………………109
　　　　　1　訴訟促進の必要性（109）
　　　　　2　「裁判手続の運用について」の通達から，民事訴訟法
　　　　　　の改正および継続審理規則の制定へ（111）
　　　　　3　準備手続と継続審理の実施状況（113）
　第3節　昭和29年民事訴訟法改正 ………………………………………114
　　　第1款　はじめに ………………………………………………114
　　　第2款　司法制度改革論議の中での上告理由 ……………………115
　　　　　1　改革案（115）
　　　　　2　上告理由（117）
　　　第3款　「民事訴訟法等の一部を改正する法律案」の成立と国会審議 …118
　　　　　1　司法制度部会の審議結果（118）

　　　　2　「民事訴訟法の一部を改正する法律案」(119)
　　　　3　国会審議 (121)
　　第4款　最高裁判所の機構改革問題のその後 …………………………122
　第4節　民事訴訟規則の制定 …………………………………………125
　　第1款　はじめに ……………………………………………………125
　　第2款　民事訴訟規則（昭和31年最高裁判所規則第2号）の制定 ……126
　　　　1　憲法と規則制定権 (126)
　　　　2　昭和29年改正の規則事項をめぐる国会論議 (126)
　　　　3　民事訴訟規則の制定 (127)
　　第3款　第一審強化方策要綱とその実施について …………………128
　　　　1　第一審強化方策要綱 (128)
　　　　2　運用改善についての提言 (129)

第4章　平成民事訴訟法の制定 —— 迅速で充実した審理裁判へ向けて …131
　第1節　はじめに ………………………………………………………131
　　第1款　新民事訴訟法の成立とその背景 ……………………………131
　　第2款　新民事訴訟法の重点 …………………………………………133
　　第3款　本章の課題 ……………………………………………………133
　　　　1　争点整理 (133)
　　　　2　大正15年改正民訴法における準備手続 (134)
　　　　3　単独制裁判所と準備手続 (135)
　第2節　本質的口頭弁論の準備 ………………………………………136
　　第1款　迅速で的確な争点解明の必要性 ……………………………136
　　第2款　新民事訴訟法による口頭弁論の準備 ………………………136
　　　　1　準備的口頭弁論 (137)
　　　　2　弁論準備手続 (138)
　　　　3　書面による準備手続 (142)
　　第3款　新民事訴訟法が用意する争点および証拠の整理手続の評価 …143
　　第4款　民事訴訟改革を確実にするための条件整備の必要性 ………145
　第3節　事案解明手段の拡張 …………………………………………146
　　第1款　はじめに ……………………………………………………146
　　第2款　従前の法状態 …………………………………………………147
　　　　1　当事者の協力義務 (147)

　　　　　2　第三者の協力義務（150）
　第3款　近時の法発展 …………………………………………………151
　　　　　1　当事者照会制度（152）
　　　　　2　文書提出命令制度の改革（153）
　　　　　3　その他の制度（159）
　　　　　4　証明責任を負わない当事者の具体的事実陳述＝証拠提出
　　　　　　義務（159）
　第4節　新民事訴訟法による民事訴訟の構造 …………………………167
　　第1款　処分権主義・弁論主義と裁判所の釈明権 ………………167
　　第2款　本質的口頭弁論の準備段階における裁判官の釈明活動と
　　　　　　弁論主義（当事者支配）への影響 ………………………169
　　第3款　弁論公開の原則 …………………………………………174

第2編　訴訟目的論と訴訟法規の解釈方法　　179

第1章　訴訟法ドグマーティクにおける実体法と訴訟法 ……180
　第1節　民事訴訟法の継受と民事訴訟法学の始まり …………………180
　　第1款　明治期における民事訴訟法の継受と民事訴訟法学の始まり …180
　　第2款　本章の課題 ………………………………………………182
　第2節　訴訟目的論 ………………………………………………………182
　　第1款　明治23年民事訴訟法の下での訴訟目的論 ………………182
　　第2款　大正15年改正民事訴訟法の下での訴訟目的論 …………183
　　　　　1　大正15年民事訴訟法改正（183）
　　　　　2　大正15年改正民事訴訟法の下での訴訟目的論（184）
　　第3款　第二次世界大戦終了後の民事訴訟法学における民事訴訟目
　　　　　　的論 …………………………………………………………187
　　　　　1　兼子一による「紛争解決説」の提唱と席巻（187）
　　　　　2　少数説としての権利保護説（188）
　　　　　3　兼子理論の特徴（189）
　　第4款　憲法（法治国家原理）および国際人権規約との関係 …………192
　第3節　民事訴訟法学におけるドグマーティクからの離反 …………195
　　第1款　解釈の柔軟化への指向の根強さ…………………………195
　　　　　1　重複訴訟の排除（195）

　　　　2　相殺の抗弁と重複訴訟（196）
　　　　3　一部請求棄却判決後の残部請求の信義則違反を理由と
　　　　　した排斥（196）
　　　　4　争点効理論・信義則による判決効の拡張（197）
　　第2款　判例の発展に対する学説の協働（199）
　　第3款　評　価（201）
　第4節　最終的コメント —— プラグマティックな訴訟法解釈の勝
　　　　利か？ ………………………………………………………202

第2章　民事訴訟法学と方法論 …………………………………206
　第1節　はじめに ………………………………………………………206
　第2節　民事訴訟法学における訴訟目的の理解と解釈方法論 ………212
　　第1款　紛争解決説の登場 ………………………………………212
　　第2款　兼子理論の評価 …………………………………………215
　　第3款　紛争解決説と利益考量論 ………………………………217
　第3節　民事訴訟法の解釈方法論 —— 総説 …………………………218
　　第1款　出発点としての文理解釈の重要性，文言形式主義の禁止，
　　　　　体系的解釈および目的論的解釈………………………………218
　　　　1　出発点としての文理解釈（218）
　　　　2　文言形式主義の禁止（222）
　　　　3　体系的解釈（223）
　　　　4　目的論的解釈の位置づけとその濫用（223）
　　第2款　利益考量論・比較考量論の問題性………………………225
　　　　1　当事者利益の顧慮の必要性（225）
　　　　2　利益考量論・比較考量論（226）
　　　　3　利益考量論・比較考量論の問題性（234）
　　第3款　「実務的」解釈，運用論および民事訴訟法の「訴訟運営論的」
　　　　　解釈………………………………………………………………234
　　　　1　はじめに（234）
　　　　2　陳述書の適法性の問題（235）
　　　　3　控訴審の事後審的運営（236）
　第4節　民事訴訟法に特有の観点の顧慮 ……………………………243

第1款　はじめに ……………………………………………………243
　　　第2款　親実体権的解釈の要請 ………………………………………244
　　　　　1　親実体権的解釈の意義（244）
　　　　　2　親実体権的解釈から見て検討を要すると思われる問題（246）
　　　　　3　親実体権的解釈の必要性（249）
　　　第3款　法治国家的手続形成の要請──公正手続請求権 ……………249
　　　　　1　信頼保護の原則（249）
　　　　　2　裁判所の矛盾行為の禁止と権限濫用の禁止（250）
　　　第4款　権利保護の平等，当事者の平等取扱いと武器対等の原則 …251
　　　　　1　権利保護の平等（251）
　　　　　2　武器対等の原則（251）
　　　第5款　訴訟経済の原則 ………………………………………………253
　　第5節　おわりに …………………………………………………………255

第3編　個別領域の展開　　　　　　　　　　　　　　　　　　257

第1章　民事訴訟における訴訟係属中の係争物の譲渡 ……………258
　第1節　訴訟承継主義の後退か ……………………………………………258
　　第1款　日本の民事訴訟法の特徴としての訴訟承継主義 ………………258
　　第2款　兼子論文による「訴訟状態承継義務」の根拠づけ──「生成経過中の既判力」と「当事者適格」の承継──とその問題点 ……261
　　　　　1　兼子・訴訟承継論の登場（261）
　　　　　2　「当事者適格の承継」（263）
　　　　　3　大正15年改正民訴法における重要な規定の欠如（265）
　　第3款　学説における「訴訟状態承継義務」に対する批判から否定へ…266
　　　　　1　井上治典の問題提起（267）
　　　　　2　中野貞一郎の見解（269）
　　　　　3　加波眞一の見解（272）
　　　　　4　新堂幸司の見解（273）
　　第4款　従前の訴訟結果承継義務の否定がもたらすもの ………………274
　　第5款　本章の課題 ………………………………………………………276
　第2節　立法史における訴訟承継 …………………………………………277
　　第1款　「テヒャウ氏　訴訟規則修正原按」第4編第1章第1節第10条

　　　　　～第12条 …………………………………………………………277
　　　　　1　テヒョー草案と訴訟承継（277）
　　　　　2　ヴュルテンベルグ王国民事訴訟法327条（279）
　　　第2款　訴訟規則会議（三好委員会）による訴訟承継の不許 …………281
　　　第3款　明治36年旧法典調査会案における係争物の譲渡 …………284
　　　第4款　大正15年改正民事訴訟法における係争物の譲渡 …………285
　　　　　1　立法過程における議論（286）
　　　　　2　新規定の内容 ── 訴訟承継の効果である従前の訴訟結果
　　　　　　 の承継義務についての規定の欠如（290）
　第3節　学説と判例の展開 ……………………………………………292
　　　第1款　学説の展開 ……………………………………………………292
　　　　　1　はじめに（292）
　　　　　2　大正15年改正民訴法73条（293）
　　　　　3　大正15年改正民訴法74条（295）
　　　　　4　兼子・訴訟承継論（296）
　　　　　5　兼子説による権利承継と債務承継の差異の無視（298）
　　　第2款　判例の展開 ……………………………………………………299
　　　第3款　判例・通説の問題点 …………………………………………308
　第4節　訴訟参加および訴訟引受の原因 ……………………………314
　　　第1款　「適格承継説」および「紛争の主体たる地位」承継説に対する
　　　　　　 疑問 ……………………………………………………………314
　　　　　1　適格承継説（314）
　　　　　2　「紛争の主体たる地位」承継説（315）
　　　第2款　実体適格の承継 ── 私見 ……………………………………318
　第5節　実体適格承継の効果 …………………………………………321
　　　第1款　従前の訴訟結果の拘束 ………………………………………321
　　　第2款　近時の有力説とその問題点 …………………………………323
　第6節　第三者の訴訟加入の手続と加入後の手続 …………………325
　　　第1款　第三者の訴訟加入の手続 ……………………………………325
　　　　　1　権利承継人の参加と請求の提示（325）
　　　　　2　権利承継人に対する参加要求と請求の提示（326）
　　　　　3　免責的債務引受（327）

第2款　承継人の加入後の手続 …………………………………327
　　　　1　第三者の訴訟加入後の手続上の差異（327）
　　　　2　現行法に対する批判（328）
　　　　3　私　見（332）
　　第3款　訴訟参加または参加要求の原因発生時と，参加または
　　　　　　参加要求時点との時間的間隔 ……………………………334
　　　　1　参加または参加要求時点までに前主によって行われた訴
　　　　　　訟行為の効力（334）
　　　　2　訴訟係属中の権利承継の発生と前主の訴訟追行権（335）
　　　　3　私　見（338）
　　第4款　係争物・係争権利の譲渡人による訴訟引受の申立ての適否 …340
　第7節　具体的事案の検討 ………………………………………………341
　　第1款　原告側の実体適格の承継 ………………………………………341
　　　　1　係属中の訴訟の原告から当該債権の譲渡を受けた第三者
　　　　　　（341）
　　　　2　原告が被告に対し金銭債権の支払いを求めている訴訟の
　　　　　　係属中にこの債権を差し押さえ，取立権を取得した差押
　　　　　　債権者（343）
　　　　3　所有権に基づく物の返還請求訴訟の係属中，原告からそ
　　　　　　の物の所有権を取得し対抗要件を備えた第三者（347）
　　第2款　被告側の実体適格の承継 ………………………………………348
　　　　1　所有権に基づく動産引渡請求の被告から当該動産を譲り
　　　　　　受け，占有を取得した第三者（348）
　　　　2　物権的な建物収去土地明渡請求訴訟の係属中に被告から
　　　　　　建物の所有権の譲渡を受けまたは建物を賃借し，建物の
　　　　　　引渡しに伴い土地の占有を承継した第三者（348）
　　　　3　土地の所有者が被告との間の土地賃貸借契約の解除に伴
　　　　　　い債権的な建物収去土地明渡請求の訴えを提起し，この
　　　　　　訴訟の係属中に，被告から建物の所有権の譲渡を受けま
　　　　　　たは建物の一部を賃借し，その引渡しを受けた第三者
　　　　　　（349）
　　　　4　土地の転貸人の転借人に対する地上建物の収去・土地明
　　　　　　渡請求訴訟の係属中，被告が建物を第三者に譲渡または

　　　　　　賃貸し，これを引き渡した場合（351）
　　　　5　第三者による単なる占有の取得の場合（352）
　　　　6　所有権に基づく不動産の登記抹消請求訴訟の係属中に，
　　　　　　被告から当該不動産の所有権の譲渡を受け，これについ
　　　　　　て移転登記を経た第三者（353）
　　　　7　所有権に基づく不動産の登記抹消請求訴訟の係属中に，
　　　　　　被告から登記名義のみを取得した第三者（354）
　第8節　最終的考察 ………………………………………………………355
　　第1款　現行民訴法51条について ……………………………………355
　　第2款　要　　約 ………………………………………………………356
　　第3款　残された課題 …………………………………………………358

第2章　口頭弁論終結後の承継人への既判力の拡張に関する
　　　　一考察 ……………………………………………………………360
　第1節　はじめに ………………………………………………………360
　　第1款　民事訴訟における既判力理論の重要性 ……………………360
　　第2款　既判力の主観的範囲 …………………………………………361
　　第3款　本章の課題 ……………………………………………………362
　第2節　物権的返還請求訴訟における請求認容判決の既判力の対象
　　　　と既判力効 ………………………………………………………363
　　第1款　既判力の作用場面 ……………………………………………363
　　第2款　既判力の対象 …………………………………………………364
　　第3款　物権的返還請求訴訟における請求認容判決の既判力の，
　　　　　　口頭弁論終結後の占有承継人への拡張 …………………………369
　　　　1　承継および承継人の意味（369）
　　　　2　占有承継人または登記名義の承継人への既判力拡張を否
　　　　　　定する見解の登場とその批判（371）
　　　　3　検　討（375）
　　第4款　物権的返還請求訴訟における確定判決の既判力の，口頭
　　　　　　弁論終結後の原告側の承継人への拡張 ……………………………380
　　第5款　承継概念と請求権の法的性質 ………………………………382
　　第6款　法的性質決定と既判力 ………………………………………387
　　第7款　承継人の固有の抗弁 …………………………………………389

第3章　訴訟告知の目的と択一的関係……………………………391

第1節　はじめに……………………………391
第1款　訴訟告知の意義……………………………391
第2款　民事訴訟法53条1項の沿革……………………………391
第3款　択一的関係の場合の訴訟告知の適否……………………………394
1　択一的関係（394）
2　判　例（395）
第4款　本章の課題……………………………397
第5款　事　例……………………………397

第2節　訴訟告知の存在理由と告知の理由……………………………399
第1款　見解の対立……………………………399
1　注目を集めた1つの訴訟告知事件（399）
2　訴訟告知の制度目的についての対立する見解（400）
第2款　訴訟告知の制度目的……………………………402
第3款　訴訟告知の効果の根拠と効力範囲の限定をめぐって……………………………407

第3節　択一的関係と訴訟告知……………………………414
第1款　訴訟告知の制度目的と択一的責任における告知者と被告知者の利益状態……………………………414
第2款　ドイツ民訴法72条についてのドイツの判例……………………………416
第3款　択一的関係の場合における訴訟告知の効果の範囲……………………………420

第4節　結　語……………………………421

第4章　訴訟告知の効果の範囲……………………………424

第1節　はじめに……………………………424
第2節　訴訟告知制度の概要……………………………426
第1款　訴訟告知の意義……………………………426
第2款　訴訟告知の要件……………………………426
1　訴訟の係属（426）
2　告知者と被告知者（427）
3　訴訟告知の理由（428）
第3款　訴訟告知の手続……………………………430
1　訴訟告知の方式（430）
2　裁判所の手続（431）

第3節　訴訟告知の効果 ……………………………………………432
第1款　訴訟告知の効果の要件 …………………………………432
第2款　実体法上の効果 ……………………………………………432
第3款　訴訟法上の効果 ……………………………………………433
1　告知者側への参加の場合（433）
2　告知者側に参加しなかった場合（434）
3　相手方への参加の場合（435）
4　審問請求権の顧慮の必要性（436）
5　二重訴訟告知（437）
第4款　訴訟上の効果の法的性質 ………………………………437
1　学説の対立（437）
2　異　説（438）
3　異説の批判（440）
4　私　見（443）
第5款　参加的効力の範囲 …………………………………………444
1　参加的効力の客観的範囲（444）
2　参加的効力の主観的範囲（449）
第6款　職権調査 ……………………………………………………453
1　職権調査（453）
2　当事者による参加的効力の処分の可否（454）
3　当事者と第三者との合意による第三者への参加的効力の拡張の可否（455）
第4節　証明責任判決と参加的効力 ……………………………………455
1　証明責任判決（455）
2　証明責任判決の参加的効力の対象（456）

第5章　一部請求訴訟における訴訟告知と参加的効力 ………458
第1節　はじめに ………………………………………………………………458
第2節　一部請求訴訟 …………………………………………………………459
第1款　一部請求訴訟の意義 ………………………………………459
第2款　一部請求訴訟の確定判決の既判力 ……………………460
1　公然の一部請求（460）
2　隠れた一部請求（462）

第3節　一部請求訴訟における訴訟告知 …………………………462
第1款　訴訟告知 …………………………………………………462
第2款　訴訟告知の制度目的 ……………………………………463
第4節　一部請求訴訟における訴訟告知の効果の範囲 …………465
第1款　訴訟告知の訴訟上の効果の内容と法的性質 …………465
第2款　参加的効力の客観的範囲 ………………………………465
　　　1　前訴判決を担う確定への限定（465）
　　　2　一部請求訴訟における参加的効力の客観的範囲（466）
第3款　一部請求訴訟における参加的効力の主観的範囲 ……474
　　　1　参加的効力の主観的範囲（474）
　　　2　一部請求訴訟における参加的効力の主観的範囲（479）
第5節　一部請求棄却判決の既判力と訴訟告知の効果 …………480
第1款　公然の一部請求の場合 …………………………………480
第2款　隠れた一部請求の場合 …………………………………487
第3款　一部請求棄却判決と訴訟告知の訴訟上の効果 ………488
第6節　要　　約 ……………………………………………………488

第6章　控訴審における「事後審的審理」の問題性 …………490
第1節　はじめに ……………………………………………………490
第1款　法律によらない「事後審的審理」の一般化 …………490
第2款　医療過誤訴訟の1つの判決 ……………………………493
　　　1　ある医療過誤訴訟（493）
　　　2　「事後審的審理」と手続の公正（497）
第3款　本章の課題 ………………………………………………499
第2節　「事後審的審理」の正当化の根拠 ………………………499
第3節　「事後審的審理」の正当化根拠の批判的検討 …………501
第1款　控訴審の目的と審理裁判の対象 ………………………501
　　　1　第一審判決の「殻」と「生成経過中の既判力」（501）
　　　2　取消原理に基づく控訴理解（503）
第2款　事後審制への接近の可否 ………………………………504
　　　1　「事後審的審理」の法的基礎（505）
　　　2　事後審と第一審訴訟手続の手続違背および証拠評価の誤り（506）

第3款　直接主義の軽視の当否 …………………………………509
　　第4款　第一審裁判所の証拠申出の却下に誤りはないのか …………511
　　第5款　控訴裁判所の事前審査 …………………………………513
　　第6款　ドイツ法との比較 …………………………………513
　第4節　最終的考察 …………………………………516
　　第1款　控訴審の審理裁判の対象 …………………………………516
　　第2款　控訴審における証拠調べ …………………………………516
　　第3款　「事後審的審理」と国民の司法に対する信頼 …………………519

付録　民事訴訟法研究の出発点に立ち返って …………………………521
　第1節　はじめに …………………………………521
　　　1　謝　辞（521）
　　　2　民事訴訟の目的論について（524）
　第2節　訴訟目的としての権利保護 …………………………………525
　　　1　訴訟目的論（525）
　　　2　兼子・紛争解決説の特徴（528）
　　　3　紛争解決説は維持できるか（532）
　第3節　民事訴訟法研究の出発点に立ち返って …………………………533
　　　1　新たな課題（533）
　　　2　憲法（法治国家原理）および国際人権規約との関係（535）
　　　3　民事訴訟法研究の出発点に立ち返って（536）

　事項索引

　人名索引

　判例索引

第1編

民事訴訟法の継受と発展

はじめに

　日本は，今から125年前の明治期に，近代的な意味での法制度の全く存在しないところにヨーロッパの近代的な法制度を導入した。それは外国人法律家を招き，日本人法律家との共同作業によって行われた，膨大なエネルギーを要する一大プロジェクトであった。

　民事訴訟法の領域では，当時最新の民事訴訟法典であった1877年制定のドイツ民事訴訟法（CPO）をモデルにした法律が，1890（明治23）年に制定された。裁判所構成法は，同様に1890年にドイツの裁判所構成法に倣って制定された。これに対し，民法については，フランス人法学者ボワソナード（Gustave Emile Boissonade de Fontarabie）の手になる草案が作成され，これを基礎に1890年にいわゆる旧民法が制定され，公布された。そのため民法典が規定すべきものとされ，民事訴訟法には規定されていない事項が生じた。たとえば証拠に関する規定は，フランス法ではドイツ法と異なり民法に定められている。旧民法証拠編は，証拠法規定を定めていた。そのため，民法と民事訴訟法を調整する必要が生じた。民法に規定がある事項は民事訴訟法には改めて定めないことになったが，民事訴訟法と同時に公布された旧民法典は法典論争のあおりを受けて施行延期となり，結局施行されなかった（旧商法典も施行延期になったが，会社法・手形法・破産法の部分が1893〔明治26〕年に施行され，1898〔明治31〕年に全面的に施行された）。これに対し，民事訴訟法は予定どおり1891（明治24）年1月1日に施行された。このようにして民事裁判にとって必要不可欠な実体法規定が存在しないという異例の事態が生じた。たとえば，明治23年民訴法には，裁判上の自白，裁判上の自白の撤回，法律上の推定，損害評価に関する規定は全く定められなかった。大正15年の民事訴訟法の改正は，明らかに，このような法の欠缺を塞ぐためにも必要な改正でもあった。1926（大正15）年の民事訴訟法の改正は，裁判所において自白された事実は証明を要しない旨を定めたが，裁判上の自白の撤回に関する規定は定められず，今日でもこの状態が続いている。また，大正15年改正民訴法においても定められなかった規定がある。たとえば，法律上の推定に関する規定がそうである。また，損害が生じていることは証明されているが，損害額の証明がない場合に請求棄却を避けるために必要となる裁判官による損

害評価の制度は，大正15年改正民訴法によっても導入されず，1996（平成8）年の新民事訴訟法248条まで待たなければならなかった。

　以下では先ず，明治期において，どのような事情で1877年制定のドイツ民事訴訟法の翻訳的継受が生じたのかを明らかにし（第1章），次に，大正15年に行われた民事訴訟法判決手続の大改正の背景，改正論議の内容および改正内容を明らかにする（第2章）。第3章は，第二次世界大戦後のGHQによる日本占領および日本の民主化との関係で行われた民事訴訟法の改正過程とその性格の解明を対象にする。違憲立法審査権，規則制定権や司法行政権など日本国憲法によって最高裁判所の権限が著しく増大したにもかかわらず，裁判法5条1項・3項により最高裁判所の裁判官の数が15人（長官と14人の最高裁判事）とされたことから必然的に生じた最高裁判所の機構改革問題と民事訴訟の上告制限問題に対してどのような議論が生じ，法改正の内容はどのようなものであったのか，また，訴訟事件数の著増の中での訴訟の迅速化の課題等の関係で行われた民事訴訟法の改正論議はどのようなものであったのか，どのような法改正が実現したかという点を見ていこう。ごく最近の平成民事訴訟法の制定については，第4章において扱う（この法律のその後の改正は本書の対象外である）。

第1章　明治期におけるドイツ民事訴訟法の継受

第1節　テヒョー草案の成立

第1款　条約改正問題

　明治初期の日本において，江戸幕府が欧米列強と締結したいわゆる不平等条約を改定することは，明治維新政府の最重要課題の1つであり，悲願であった。1879（明治12）年9月に外務卿に就任した井上 馨は，前任者・寺島宗則外務卿の条約改定交渉とは異なり，税権と法権いずれも部分的に回復することを目指して条約の改正を図る方針に転じた。井上外務卿は，西洋各国が非キリスト教国である日本を遅れた非文明国と見ていたため，条約改正交渉の進展を図るために欧化政策を行う必要があると考え，鹿鳴館を建設し西洋風の舞踏会やバザーを開くなど日本を欧米諸国と同様の文明国であるとの印象を外国人に与えようとした（いわゆる欧化政策）。

　条約の改定という明治政府の悲願を達成するためには，日本が近代的な法制度を導入することが不可欠であった。明治政府は，外国法の継受を行うべく，お雇外国人を雇い入れ西洋の法制度の導入の準備を行った。1872（明治5）年5月17日に出発した岩倉使節団には，太政官から「フランスの司法制度をくわしく調査して，なるべく上等の人を選び，法律顧問として雇い入れよ」との指令が出されていたが，使節団は，パリで旧民法典の起草で有名なフランス人法学者ボワソナード（Gustave Emile Boissonade de Fontarabie）を雇い入れた。ボワソナードは，1873（明治6）年9月28日，名村泰蔵と共にフランス・マルセイユを出発し，11月15日に司法省（のち内閣）雇いとして来日した（横浜着）。ボワソナードは，司法省法学校において法律家の養成に当たった。彼は，自然法を講じ，また民法，刑法の講義をした。司法省法学校の第一期卒業生（1876〔明治9〕年）20名の中には，磯部四郎，一瀬勇三郎，井上正一，井上操，栗塚省吾，高木豊三，宮城浩蔵らがいた。

彼は，民事訴訟法の関係では1874（明治7）年4月10日から翌年4月30日まで「訴訟法会議」と称する講義を行った。これには岩倉使節団の一員であった佐々木高行も出席した。その成果は，『訴訟法会議筆記』（慶応義塾大学所蔵）＝ボアソナード講義／名村泰蔵口訳『仏国訴訟法講義』（司法省版・明治11年5月，復刻版明治14年6月21日，ただし，第1号（明治7年4月10日）～第38号（明治8年3月25日））として遺されている。

第2款　民事訴訟法制定への機運

　民事手続法の分野では，明治維新後，「訴答文例並ニ付録」（1873〔明治6〕年7月），「大審院諸裁判所職制章程」（1875〔明治8〕年5月），「控訴上告手続」（1875〔明治8〕年5月）等の法令が制定され施行されたが，これらは統一的な原則に基づくものではなかった。明治政府は，1880（明治13）年に元老院民事訴訟法草案を作成するなど，立法活動に着手していたが[1]，その活動が本格化するのはようやく1884（明治17）年3月になってからである。1884年3月，司法省は太政官に「訴訟規則」の制定を上申した。前記の訴答文例等の法令が「或ハ必要ナル綱領ヲ欠キ或ハ今日ニ通セザルヲ以テナリ」という理由からであった。

第3款　伊藤博文とヘルマン・テヒョー

　ところで，日本が主として1877（明治10）年のドイツ民事訴訟法（CPO）をモデルにした民事訴訟法をもつに至ったのは，偶然の事情によるのではないかという疑問もある。元老院民事訴訟法草案はフランス民事訴訟法を参考にしていたし，すでにボアソナードの意見に基づくと思われる，フランス民事訴訟法を参考にした「訴訟法案〔1－407条〕」[2]も存在した。ところが，1884（明治17）年4月15日，伊藤博文（当時，参議兼宮内卿）が，明治政府のお雇外国人であったドイツ人法律家ヘルマン・テヒョー（Hermann Techow）[3]に，司法省において起草中であったとされる全文120条からなる「従来民事裁判

---

[1] この草案については，石渡哲「明治十三年の元老院訴訟法草案」『手塚豊教授退職記念論文集明治法制史・政治史の諸問題』（1977年・慶應通信）995頁参照。

[2] 法務図書館貴重書目録 XB500 S2－1。

所ニ於テ慣行ノ訴訟手続ヲ編纂シタル法律案」[4]なるものを示し，これについて意見を求めた[5]。テヒョーは，民事訴訟法の制定のために招聘されていたのではなく，1882（明治15）年5月ベルリンを訪れた伊藤博文の求めに応じて日本の教育制度の整備のために教育部門の行政専門官としてドイツ宰相ビ

3　ヘルマン　テヒョー（Hermann Techow, 1838 - ?）は，当時のプロイセン王国のプロイセン州の主要都市ケーニヒスベルグ（Königsberg, 現在はロシア領カリーニングラード）で生まれ，ボン大学，ベルリン大学で法学を学び，司法官になるべく非常に長い期間の修習生活を送ったのち，1867年4月からプロイセン州の3つの郡裁判所の判事，検事の職を歴任した。彼がレギールンクスラート（政府参事官）の行政官の官位を与えられ，首都ベルリンの学務局（Provinzialschulkollegium）の法務担当者として勤務を命じられたのは，1878年4月であった。これが，テヒョー来日のきっかけとなった（鈴木正裕『近代民事訴訟法史・日本』〔2004年・有斐閣〕35頁以下による）。民事訴訟法の起草との関係で注目すべきは，1877年のドイツ民事訴訟法（CPO）が施行されたのは1879年10月1日であるから，この新法を裁判実務において適用する機会はテヒョーにはなく，むしろテヒョーはCPO以前のプロイセンの訴訟法と訴訟実務に慣れ親しんでいたことである。このことは，日本民事訴訟法についてのテヒョーの提案内容にも影響を及ぼしたと思われる。

4　この「草案」の内容の概要は，テヒョーが伊藤博文に宛てた文書（松本博之／徳田和幸編著『日本立法資料全集191　民事訴訟法〔明治編〕（1）　テヒョー草案Ⅰ』〔2008年・信山社〕〔資料1〕39頁，49頁以下）の中の記述で知ることができるが，「草案」自体の所在は現時点では不明である。鈴木・前掲注（3）68頁注（42）参照。

　　テヒョーによると，「日本訴訟法案」は，第1条（管轄裁判所），第4条～第6条及び第10条（送達），第11条・第13条及び第17条～第24条（起訴），第12条（裁判費，貧人ノ権利，裁判費及保証金），第14条～第16条（訴訟関係者），第18条～第30条（治安裁判所ニ於ケル訴訟手続），第25条・第26条・第37条（検事ノ立会），第27条～第30条及び第31条～第36条（口頭対審），第38～第50条及び第7条～第9条（立証），第51条～第59条（裁判官ノ忌避），第60条・第61条（裁判所ノ管轄ニ付キ異議ヲ申立ルコト），第62条～第64条（判決），第65条～第72条（裁判強迫執行），第73条～第82条（控訴），第83条～第102条（上告），第103条～第109条（再審），第110条（裁判所ノ管轄ニ付キ人民相互ノ約束ヲ為スコト）を定めようとしていた。裁判権，起訴能力，訴訟代理人，訴訟付添人等の規定は欠けていた。

5　松本／徳田編著・前掲注（4）〔資料1〕33頁。テヒョーはこの「法律案」を「日本訴訟法案」と呼んでいるが，1884（明治17）年5月2日付け伊藤博文宛ての書簡において「民事訴訟手続編纂ノ件ニ付キ去月二十日附ヲ以テ卑見ヲ上陳セシカ猶更ニ謹テ左ノ数項ヲ開陳セントス」（同〔資料1〕45頁）と述べているように，伊藤がテヒョーに渡した「法律案」は当時行われていた「民事訴訟手続」を編纂したものではなかろうか。この点については，松本／徳田編著・前掲注（4）28頁以下も参照。

スマルク（Bismark）によって推薦され6，明治政府によって招かれていたプロイセンのレギールンクスラート（政府参事官）であった7。伊藤博文がドイツ人に民事訴訟法について意見を求めたことには，かなりの必然性が存在したように思われる。当時，大隈重信がその急進的な憲法意見書を左大臣有栖川宮熾仁親王に（のみ）提出し，その政党政治の主張が危険視され閣外に去った明治14年の政変の頃から，イギリス流の急進的な思潮を駆逐するために，国家体制としてドイツ流の立憲君主制を目指した指導部のドイツ学に対する関心が非常に高まり，法学，医学，文学，農学，自然科学または工学を含むドイツ学を奨励するために1881（明治14）年9月に「ドイツ学協会」が設立された8。テヒョーも協会員であった。ドイツ学協会は，主としてドイツ書の翻訳および出版に従事した。ドイツの法律書の翻訳も行われたという。1883（明治16）年10月には，ドイツ学協会学校も設立された。社会と文化の様々な分野で「ドイツ風」が吹いているといわれた。伊藤博文がテヒョーに民事訴訟法の法律案について意見を求めたのも，このような状況においてであった。伊藤博文の意見照会の直後に，テヒョーは「プロイセンの司法制度の概要について」講演を依頼された。1884（明治17）年4月23日，28日および5月8日に開かれた講演には，司法大臣・山田顕義，大審院の裁判官および各地の裁判官も参加した（全部で80名以上）。テヒョーは，初日に，司法と他の国家権力とくに国家行政との関係について講じた。

6　伊藤博文は1872年から73年にかけての憲法調査のための訪欧の際，ウイーン大学教授であったローレンツ・フォン・シュタイン（Lorenz von Stein）を内閣顧問として招聘しようとしたが実現せず，ベルリンでドイツ宰相ビスマルクに有能な行政学者を日本に送るよう要請した。ビスマルクは，内部行政，財政制度および教育制度の専門家を日本に派遣することを約束した。テヒョーは教育部門の行政専門家として日本に派遣された。

7　鈴木・前掲注（3）40頁注（7）によれば，テヒョーを教育制度担当の官吏に指名したのはアーダルベルト・ファルク（Adalbert Falk）であった。ファルクは，アードルフ・レオンハルト（Adolf Leonhardt）司法大臣の指揮による民事訴訟法のプロイセン司法省草案の作成に関与した。テヒョーの経歴および来日の経緯については，鈴木・前掲・注（3）35頁以下参照。

8　ドイツ学協会の創設者は，品川弥次郎（後に松方正義内閣の内相），西周，桂太郎，山脇玄らであった。加藤弘之，平田東助（後に，桂太郎内閣の内相），穂積陳重，伊藤博文，山形有朋，井上馨，松方正義，西郷従道，井上毅らも，協会のメンバーであった（総裁は北白川宮能久親王）。

伊藤博文から民事訴訟法の法律案について意見を求められたテヒョーは，伊藤に対し，意見を求められた120条中には仏独訴訟法と符号する適切な条文もあるが，「本案ハ訴訟手続ノ基礎トナルヘキ原則ヲ指定スル﹅ナシ　是大ナル缺典〔點〕ト云フヘシ」と指摘した。この指摘は具体的になされた。たとえば裁判の基礎にすべき訴訟資料の提出に関して，書面主義に従うのか，それとも口頭主義によるのか，および，弁論主義によるのか，職権探知主義によるのかが明らかにされていないため，「此等ノ問題ニ就キ本案ニ依リ其事実如何ヲ推究セント欲スルモ立案曖昧ニシテ唯之ヲ憶測スルニ過キス　若シ裁判官ニシテ此訴訟法案ニ拠リ裁判ヲ為スヘキトキハ訴訟手続ノ細節ニ於テ終始之カ處分ニ苦シムヘシ」9と指摘した。また，事実認定の基準・証拠力の判断についての原則，相手方の所持する書証の提出義務に関する原則，宣誓の可否，期日において当事者の一方または双方が欠席した場合の手続についての規定の欠缺等を指摘した10。そして，「小官ヲシテ更ニ之ヲ改案スルノ任ニ當ラシメハ小官欣然其事ニ從フヘシ」と述べ，自分に草案の修正を依頼するように求めたのであった。その際，テヒョーは，民法が成立していない状況では民事訴訟法はいずれにせよ暫定的なものにならざるを得ないと述べていたものの11，伊藤宛の次の5月2日付けの書簡においては「今ヤ日本ニ於テ細大完備セサルモ大綱ヲ具備スル所ノ訴訟法ヲ定ムルハ国家ノ一大急務ナリ　又外国人ニ日本法律ノ如何ヲ信用セシムル点ニ就テ之ヲ顧ミルモ亦此挙ノ一日モ猶豫スヘカラサル﹅更ニ辯ヲ俟タサルナリ　民法ノ大成ヲ待チ而後訴訟法ニ着手セントスルハ大ナル謬見ナリ　蓋シ民法獨リ完全ナルモ之ヲ施行スルニハ宜シク訴訟法ニ據ラサルヘカラサルヲ以テ訴訟法ニシテ完全セサレハ完全ナル民法モ亦其価直ヲ失フニ至ルヘケレハナリ」12と述べ，各ラントにおいて別々の民法が行われているドイツにおいて1877（明治10）年のドイツ民事訴訟法（CPO）が全国的に施行されていることを例に挙げて，民事訴訟法の制定が急務であることを力説した。

テヒョーは，民事訴訟法草案の作成につき自ら名乗りをあげたのであるが，

9　松本／徳田編著・前掲注（4）〔資料1〕（33頁）。
10　松本／徳田編著・前掲注（4）〔資料1〕（33頁以下）。
11　松本／徳田編著・前掲注（4）〔資料1〕（41頁）。
12　松本／徳田編著・前掲注（4）〔資料1〕（41頁）。

その際，伊藤に対していくつかの条件を出していた。それは，次のような内容であった。

　「第一　司法省大審院，在東京控訴〔院〕，始審及治安裁判所ノ中ヨリ成ルヘク独逸語ニ通スル所ノ吏員各々一名ヲ命シ本案ノ各條若クハ小官ノ改正案ニ就キ毎週ノ会議ニ於テ小官ト協議セシムル「

　第二　通辯，譯官及写字生等必要ノ人員ヲ十分備ヘ且ツ会議ニ附スヘキ小官ノ改正案ヲ必ス三日間ニ日本文ニ反譯シ又ハ之ヲ英文若クハ佛文ニ譯シ以テ日本譯文ノ独逸原文ノ意義ニ符合スルヤ否ヲ監査セシムルコト

　第三　会議委員ハ会議ノ後改正案ヲ編輯シ又其大綱ヲ記シ閣下ノ電覧ニ供スル「

　右ノ如キ方法ヲ以テ事務ヲ整頓スルトキハ数月間ニシテ法案落成スヘキヲ信ス　但シ此法案ハ目下編纂中ニ属スル日本民法落成ノ後完全ナル訴訟法ヲ制定スルニ至ルマテノ假法ニシテ裁判布告シ以テ裁判官ヲシテ民事訴訟ヲ取扱ハシムルノ訓令ニ充ツヘキモノトス」13

第4款　いわゆるテヒョー草案の成立過程

1　訴訟規則取調委員

　テヒョーの求めに応じて，彼のもとに当時有力な実務家が集められた。彼らが予備会議（委員長，大審院長・玉乃世履14）を形成した。

　1884（明治17）年7月29日に訴訟規則取調委員が任命された。委員には，玉乃世履ら錚々たるメンバーがいた15。テヒョーは，この委員会の発足前の明治1884（明治17）年5月より草案の作成に着手した。起草にあたっては，当時ヨーロッパの最新の民事訴訟法であった1877年のドイツ民事訴訟法（CPO）にできるだけ準拠しようとしたが，個々の編については，プロイセ

13　松本／徳田編著・前掲注（4）〔資料1〕（39頁）。制定されるべき民事訴訟法は民法制定後に完全な訴訟法が制定されるまでの仮法であるという点について，テヒョーが直ぐに意見を改めたことはすでに述べた。後にいわゆるテヒョー草案が出来上がったとき，これはかなりの部数印刷されたようである。そして，石井良助『明治文化史　法制編』（1954年・原書房）418頁には，「この草案は印刷して裁判所にも頒布されたが，同年十一月には司法省民事局長より控訴院および始審裁判所に対して，右草案中現行の法律例規に抵触しない事項は自今その手続に準拠して実地に取扱えば，その施行に際して，自然都合がよいだろうと通知している」と記述がある。鈴木・前掲注（3）によれば，このような通知の存在は記録上まだ確認できていない。

ンの施行規則と法律，オーストリアの法律，およびハンガリー王国に所属しない諸国のための1867年のオーストリア民事訴訟法草案ならびに1868年のヴュルテンベルグ民事訴訟法が感謝すべき価値多き手本であったこと，また，

---

14 玉乃世履（たまの　せいり〔「よふみ」とも呼ばれる〕，1825〔文政8〕年〜1886〔明治19〕年）は，明治維新後，徴士，民部権大丞，東京府権大参事を経て司法権大判事となり，1878（明治11）年大審院長になった。1879（明治12）年司法大輔兼元老院議官，1881（明治14年）7月大審院長。この間1884（明治17）年2月高等法院裁判長。高等法院は，治罪法第2編第7章により設置され，皇室に対する罪や国事に関する罪などを裁判した（治罪法83条）。1882（明治15）年に福島県令・三島通庸と福島県の自由党党員・農民との間に自由民権運動に対する弾圧事件である福島事件が起き，福島県会議長・河野広中ら58人が国事犯として東京の高等法院の裁判に付された。1883（明治16）年には新潟県下の自由党党員に対する弾圧事件である高田事件が起きた。3名の自由党員が国事犯容疑で高等法院に送られたが，同年8月1名のみが公判に付され，12月17日重禁獄9年の判決が言い渡された。他の2名は予審免訴となった。玉乃はこれらの事件を担当した（大島美津子「福島事件」我妻栄編集代表『日本政治裁判史録明治・後』〔1969年・第一法規出版〕15頁以下参照）。彼が訴訟規則取調委員に任命されたのは，翌1884（明治17）年10月であった。1886（明治19）年5月10日再び大審院長になったが，同年8月7日自殺した。

15 「訴訟規則取調委員」には，1884（明治17）年7月29日に南部甕男（当時，司法大書記・司法省民法局長），栗塚省吾（司法小書記官・司法卿秘書官），中村元嘉（大審院評定官），宮城浩蔵（同左）が任命され，続いて10月には玉乃世履（高等法院裁判長），菊池武夫（司法小書記官），岡村輝彦（大審院評定官）が任命された。明治18年3月に小松済治（司法省御用掛），9月に今村信行（東京控訴院評定官），本多康直（司法省御用掛）が任命されている。深野達（司法省属（四等））は明治17年8月に委員会の書記に任命された。ドイツ民事訴訟法に通じた今村および本多の任命は，後述のように，テヒョー草案の行方を決定する重大な意味を有したように思われる。

　南部甕男（なんぶ　みかお，1845〜1923年）は，明治元年12月兵部小録として新政府に出仕し，明治4年司法大解部となり，各地の裁判所長を歴任した。テヒョーが民事訴訟法の起案を始めた頃，司法省民法局長であった。後に大審院部長，大審院長心得，東京控訴院長を経て，1896（明治29）年10月7日大審院長になった。大審院長在任期間は1906（明治39）年7月3日までの9年9か月に及んだ。

　今村信行（いまむら　のぶゆき，1840〜1909年）は，1872（明治5）年司法省に出仕。岡山始審裁判所長，東京控訴院判事を経て1890(明治23)年東京控訴院長，1896（明治29）年大審院判事になった。

　深野達の経歴はよく分からないが，『佛國民法約説』（1875年・明法堂），『日本民事訴訟法釈義（上）（下）』（1890年），『民事訴訟法講義　全〔訂正増補・第3版〕』（1892年・八尾書店）などの著書がある。最後の著書には，控訴院判事と記されている。

かなり前から，そのいくつかの原則が日本の実務に導入されているフランス法，イギリス法およびアメリカ法も相応に顧慮されたことを自ら述べている。前述のように，テヒョーが首都ベルリンの学務局（Provinzialschulkollegium）の法務担当者として勤務を命じられたのは，1878年4月であり，CPOを実際に適用する機会はなく，むしろプロイセン訴訟法と実務に慣れ親しんでいたことも彼の法典編纂の姿勢の基礎をなしていたのであろう。提案された条文は，毎章ごとに日本語に翻訳され，予備会議において意義の解釈と訳語の当否の調査を行った（1885（明治18）年2月まで）。このようにしてテヒョー『訴訟規則原按完』[16]が出来上がった。そ後，1885（明治18）年2月から同年7月まで草案（独文）の修正が行われ，予備会議員は会議を継続し，日本文草案の修正に従事した。この過程で，『テヒヤウ氏訴訟規則修正原案』[17]および『テヒヤウ氏訴訟規則修正原按第六編及第七編』[18]が出来上がったものと

---

16 松本／徳田編著・前掲注（4）〔資料1〕。この資料の本来の名称は『訴訟規則案』である。『訴訟法原案』の名前は，後に資料整理に当たった司法省の関係者が整理のために付したもののように思われる。

17 松本／徳田編著・前掲注（4）〔資料2〕（法務図書館所蔵貴重書目録（和書）XB 500 T1－7。XB500 T1 2a, 2bは別筆写であろう）。

　テヒョーは，土地管轄については合意管轄を適法としたが，事物管轄は不適法にしようとした。始審裁判所の事物管轄に属する事件について当事者が管轄裁判所を合意すること，また治安裁判所事件につき始審裁判所を管轄裁判所とする合意をすることは，ドイツ民事訴訟法（CPO）と異なり，許すべきではないという（松本＝徳田編著・前掲注（4）131頁〔資料2〕第一編第3章4条4号）。理由は，「日本今日ノ情勢ニ於テハタメニ大ニ裁判所ノ制度及ヒ管轄区画ト相連絡セル上訴ノ組織ヲ侵犯セラレテ司法行政ノ利益ニ損害ヲ興ヘントス」ということである（『哲憑氏訴訟規則按説明書第二回』2頁以下）。日本側委員は事物管轄の合意も全面的に適法としようとしていた（ただし，治安裁判所の事物管轄に属する事件について始審裁判所を管轄裁判所とする合意に基づき始審裁判所が第一審としてした判決に対しては，フランス法に倣って，もはや控訴できないものとすべきだとした）。

　テヒョーは，テヒョウ『訴訟規則原按　完』においては，訴訟係属中の係争物の譲渡は困難な問題であり，そのため「潜心注意之ヲ定メサルヘカラス」とし，また物権変動に関係するものであるので，「委員諸君ト会議ノ上之ヲ定ムヘシ」としていたが（松本／徳田編著・前掲注（4）〔資料1〕68頁），『テヒヤウ氏訴訟規則修正原案』（松本＝徳田編著・前掲注（4）〔資料2〕161頁）では，ドイツ民事訴訟法の当事者恒定主義の規律は「甚タ錯雑ナルヲ以テ即チ簡易ニシテ又能ク日本ノ事情ニ適シタル『ウエルテムヘルグ』及ヒ『バイルン』国ノ訴訟法規則ヲ取捨」して訴訟承継に関する規定を定めた。

思われる。テヒョーは同年8月学校視察のため西日本への旅行に出たが、日本側の委員はその後も作業を進めた。予備会議の検討は、十分ではなかったと感じられたのであろう[19]。この継続された検討作業の結果が(テヒョウ)『訴訟法規則修正案 完』[20]であるように思われる。

2 訴訟規則会議（三好委員会）

伊藤博文は、1985（明治18）年9月新たに三好退蔵[21]を委員長とする新たな委員会を制度取調局に設置し、さらにテヒョーの手になる草案の検討を始

---

18 松本／徳田編著・前掲注（4）〔資料3〕。
19 今村信行口述『民事訴訟手続』（非売品、発行所・発行年不詳）4頁は、「當時テッヒョー氏ノ起案未タ終ラス 唯其一小局部ナル三四章ニ就テ之ヲ議セリ 其主意ノ不明瞭不完全ナル言ヲ竣タサルナリ」と記述している。
20 松本／徳田編著・前掲注（4）〔資料6〕。
21 三好退蔵（みよし たいぞう、1845〔弘化2〕年～1908〔明治41〕年）は、廃藩置県後にロンドンに遊学。帰国後、司法省の判事となる。1882（明治15）年、伊藤博文の憲法調査に同行してヨーロッパに渡り、ドイツ、オーストリー、フランスおよびイギリスを訪問し、3年間、司法制度の調査にあたった。1885（明治18）年4月24日帰国。同年9月に訴訟規則会議の委員となったのである。翌1886（明治19）年3月、司法次官となった。同年8月6日付けで、外務省に設置された法律取調委員に任命された。法律取調委員会の司法省への移管後も継続して法律取調委員を務め、「訴訟法組合長」として訴訟法の取調べに力を注いだ。しかし、彼は海外出張を強く希望するようになり、この願いは1888（明治21）年11月20日に叶えられ、ドイツ・ベルリンへの出張を命じられた（訴訟法組合長は松岡康毅が引き継いだ）。留学中の1890（明治23）年10月検事総長に任命され、帰国。6年余り務めたが、その間1891（明治24）年5月11日、日本を訪れていたロシア皇太子ニコライ・アレキサンドロヴィチ（後のロシア皇帝ニコライ二世）が滋賀県大津で警備の巡査・津田三蔵に襲われた大津事件（湖南事件）が発生した。この事件において旧刑法116条の定める皇室罪の適用をめぐって政府と法曹関係者との間で見解の対立が生じたが、三好退蔵大審院検事総長も当初その適用を否定する立場をとり、同年5月15日の京都会議においても伊藤博文らの皇室罪適用論に対して執拗に抵抗したが賛成を得られず、会議が極刑論に決まった後は、山田顕義司法大臣の指揮に従い皇室罪適用の手続をとった。そのため、時の大審院長・児島惟謙から、「彼は、吾等の見解に同意するも、彼は其の職権に於て内閣の下に隷属せざるべからず。若し、自己の意見を支持して内閣の見解に反対せんとせば、勢、其地位と官職とを放棄せざるべからず。此に於て、彼は自己の意見を抑えて、其上級官の意思に服従し、自己の意見を捨てて、地位と官職とを維持するに忠実なるものと化したり。又人情の已を得ざるの数か。三

めさせた22。委員は，伊藤巳代治（内閣総理大臣秘書官），南部甕男（司法省民法局長），栗塚省吾（司法大臣秘書官），菊池武夫（司法大臣秘書官），井上正一（司法書記官），小松済治（司法書記官），本多康直（司法省参事官)23，宮城浩蔵（司法省参事官），今村信行（控訴院評定官），渡邊廉吉（内閣法制局参事

　好検事総長は，既に内閣の意志に一致せり」と，その手記において批判された（児島惟謙著，家永三郎編注『大津事件日誌』〔東洋文庫，1971年・平凡社〕32頁）。もっとも，「護法の神　児島惟謙」という捉え方については，疑問を呈する見解が近時唱えられている（たとえば，楠木精一郎『児島惟謙　大津事件と明治ナショナリズム』（1997年・中央公論社），礫川全次『大津事件と明治天皇』（1998年・批評社）などを参照）。
　大津事件の翌年に起った「司法官弄花事件」（大審院判事が花札賭博をした疑惑で，松岡康毅検事総長が司法大臣の指示により判事懲戒法に基づき大審院長児島惟謙ほか6名の大審院判事（中定勝，栗塚省吾，加藤租一，高木豊三，岸本辰雄および亀山貞義）の懲戒申立てをした事件。大津事件の報復として起きたといわれる。三好司法次官らも取調べを受けた。判決では「被告らは金銭を賭し博打を為したりと認むべき証拠一も之なきを以て」との理由で免訴となった。）の後始末で，判決後に成立した第二次伊藤内閣の法相・山県有朋が児島惟謙に辞任を迫り，相打ちの形で松岡康毅および三好退蔵も退陣を求められたのに応じて，1892（明治25）年8月，三好は司法次官を，松岡は検事総長を辞任した（鈴木正裕『近代民事訴訟法史・日本2』（2006年・有斐閣）94頁注（18）；小田中聰樹「司法官弄花事件」我妻栄編集代表・前掲注（14）176頁以下；楠精一郎『明治立憲制と司法官』（1989年・慶應通信）11頁以下；同・前掲『児島惟謙　大津事件と明治ナショナリズム』83頁以下参照）。その後，三好は翌1893（明治26）年3月に大審院長として司法界に復帰したが，松岡の司法界への復帰はなかった（その後，西園寺内閣の農商務大臣に就任した）。後に，三好は判事の身分保障に関する法解釈をめぐって他の大審院判事との見解の違いが生じ（「甲府地方裁判所判事　別所別〔べっしょ　わかつ〕転補抗命事件」，この事件については，楠・前掲『明治立憲制と司法官』87頁以下参照），1896（明治29）年10月辞任した。大審院長在任期間は3年7ヶ月であった。その後は弁護士に転じ，東京弁護士会長をも務めた。シュルツエンスタイン講義，本田康直演訳＝三好退蔵筆記『勃独司法制度』（司法省・1888年，復刻，2001年・信山社）が遺されている。

22　委員会がすでに存在するのに，伊藤博文が新たな委員会を設置した理由は定かでない。今村・前掲注（19）5頁は「故アリテ該委員ヲ廃セラレ更ニ制度取調局ヲ置キ委員ヲ設ケテ之ニ嘱託セラレタリ」という。制度取調局は，1884（明治17）年3月17日に宮中内に設けられたものであるので，ここでも今村の口述は不正確ということになる。伊藤博文は，最新のドイツ法の知識を得てドイツから帰国した三好退蔵および本多康直を委員にして，民事訴訟法の制定をも制度取調局の仕事にしようとしたのかもしれない。

官）であった。この委員会は「訴訟規則会議」と呼ばれ，制度取調局において作業を実施した。新たな委員会が設けられたが，取調べに迅速さが求められたことに変わりはない。1885（明治18）年10月19日付けの伊藤博文宛の便りにおいて，伊東巳代治は，「訴訟法会議も日々捗取漸く本日より英訳に取掛かり，委員会議の脱稿に随ひ追々採筆会議の成功と共に成訳致候様計画仕居候。其辺は尚三好より復名可致候に付き概要のみ申上候」と述べている[24]。委員会は1885（明治18）年12月末までに取調べを終える予定であったようである。実際にはそれまでに全部の取調べを終えることはできず，この時点で取調べが済んだのは第５編第２章上告までであった[25]。この委員会が合計160回の会議を開き，第３読会を終えるのは，ようやく1886（明治19）年６月である。会議には，伊藤博文自身も時折同席したという[26]。

訴訟規則会議は，『テヒヤウ氏訴訟規則修正原按』[27]，『テヒヤウ氏訴訟規

---

23 本多康直（ほんだ　やすなお，1856〔安政３〕年〜1900年〔明治33〕年）は，伊勢神戸藩第七代藩主本多忠寛の子として江戸で生まれ，のち近江膳所藩主本多康穣の養子となった。1874（明治７）年11月私費留学生として渡独し，ゲッチンゲン大学でドイツの司法制度の研究を行った（インターネットのフリー百科事典ウィキペディア（Wikipedia）は同大学で博士の学位を取得したとするが，ゲッチンゲン大学の図書館蔵書目録には同氏の学位論文は今のところ見当たらない）。帰国後，1882（明治15）年，三好退蔵のもとで，伊藤博文の憲法調査に従事し，1883（明治16）年２年間の官費留学を認められた。1885（明治18）年７月帰国後直ぐに，訴訟規則会議（三好委員会）に名を連ねた。1886（明治19）年11月に，司法省移管後の法律取調委員に任命され，裁判所構成法および民事訴訟法などの調査・起草に従事した。1889（明治22）年10月４日日本法律学校（現在の日本大学）の創設に参画した。その後，大審院判事に就任した。著書に，本田康直講述『民事訴訟法第二編』（東京専門学校蔵本・出版年不詳）；本多康直／今村信行／深野達合著，長島鷲太郎編『民事訴訟法講義』（1893年・日本法律学校）；本多康直＝今村信行『民事訴訟法〔明治23年〕注解』（1891年・博文社，復刻，2000年・信山社）などがある。

24 伊藤博文関係文書研究会編『伊藤博文関係文書（二）』（1974年・塙書房）34頁。

25 三好退蔵から伊藤博文への1885（明治18）年12月31日付けの書簡は，「訴訟規則昨夜八時半迄精々取調候得共漸く第五編第二章上告迄相運ひ条数五百四十八条に相成申候　原案七編の中既済三分の二にして遂に其一分を余し候儀は委託の任を了する能はす恐縮の次第に有之候得共，尽すべきを尽して後止み候義に付宜く御宥恕被下度奉願候」と述べている（伊藤博文関係文書研究会編『伊藤博文関係文書（七）』（1979年・塙書房）225頁による）。このことは，鈴木・前掲注（３）91頁注（67）が明らかにされた。

則修正原按第六編及第七編』[28]および『哲憑氏訴訟規則翻訳原案修正　完』[29]を検討の対象とした。審議の結果出来上がったのが，『訴訟規則会議員修正案　完』（1－473条）[30]であろう。この修正案は，種々の点でテヒョーの修正原案を変更している。これは第二読会においてさらに部分的に修正され，『訴訟法草案第一巻』[31]および『訴訟法草案第二巻』[32]が出来上がった[33]。したがって，これらは訴訟規則会議の第二案ということになろう。

　ただし『訴訟法草案第二巻』は第7編の特別訴訟手続までで終わっており，強制執行の部分は欠けている。強制執行の部分を含む民事訴訟法案の全体をなすのは，『民事訴訟法草案　完』[34]である。『日本訴訟規則修正案説明』[35]は，

26　Entwurf einer Civilprozessordnung für Japan の献辞3頁以下（松本博之／徳田和幸編著『日本立法資料全集193　民事訴訟法〔明治編〕(3) テヒョー草案Ⅲ』(2008年・信山社)〔資料14〕に収録)。

27　松本／徳田編著・前掲注 (4)〔資料2〕。

28　松本／徳田編著・前掲注 (4)〔資料3〕。

29　松本／徳田編著・前掲注 (4)〔資料4〕。

30　松本博之／徳田和幸編著『日本立法資料全集　民事訴訟法〔明治編〕(2) テヒョー草案Ⅱ』(2008年・信山社)〔資料7〕。なお，「法務図書館所蔵貴重書目録（和書）」48頁において，手塚豊教授は訴訟規則委員会の草案は第6次までであり，『訴訟規則会議員修正案　完』は第5次案に当たるとされる。しかし，その根拠は示されていない。この〔資料7〕は，松本＝徳田編著・前掲注 (4) の〔資料2〕および〔資料3〕の上に記載された審議の際の修正メモの内容を整理したものであるので，訴訟規則委員会の第一案であると考えられる。また，『訴訟規則　各国法トノ対比』（「法務図書館所蔵貴重書目録（和書）」XB 500 S7－1）は手塚教授によれば訴訟規則委員会の第3案であるが，この資料は『テヒヤウ氏訴訟規則修正原按』松本／徳田編著・前掲注 (4)〔資料2〕の第一編の各条と外国法の条文との対比を示す検討材料であって，草案と呼べるようなものではない。

31　松本／徳田編著・前掲注 (30)〔資料8〕。

32　松本／徳田編著・前掲注 (30)〔資料9〕。

33　たとえば『訴訟規則会議員修正案　完』の217条は，『訴訟法草案第一巻』（松本／徳田編著・前掲注 (30)〔資料8〕）においては，裁判所又ハ書記ノ作ル可キ調書裁判書其他各種ノ書類及ヒ謄本抜書等ニハ年月日場所ヲ記載シテ裁判所ノ印ヲ押捺シ且官吏署名捺印シ其書類数葉アル時ハ契印ス可シ　若シ裁判所ノ印ヲ押捺スルコト能ハサル場合ニ於テハ其事由ヲ記載スヘシ　書類ヲ作ルニ付キ文字ヲ改竄塗抹スヘ可カラス　若シ挿入削除及ヒ欄外ノ記入アルトキハ其字数ヲ記載シテ之ニ認印ス可シ　文字ヲ削除スルトキハ之ヲ読得可キ為メ字体ヲ存ス可シ」と修正され，『民事訴訟法草案　完』（松本／徳田編著・前掲注 (30)〔資料10〕）に受け継がれている。

委員会の書記であった深野達がテヒョーの修正原案，訴訟規則会議の新案である『民事訴訟法草案　完』を整理して配列し，訴訟規則会議による新案の理由を明らかにしたものである（深野達「日本訴訟規則修正案説明」例言）。曰く，「此書元来原案者ノ説明ナク而シテ委員会議ハ劇タ迅速ヲ要ス　余書記ノ任ヲ以テ傍ラ説明ヲ草ス　復タ或ハ其進行ニ及ハサラントス」と。訴訟規則委員会議は，「原案ノ不備ト認ムルモノハ之ヲ増補シ不宜ト認ムルモノハ之ヲ改訂シ冗ト認ムルモノハ之ヲ刪リタリ」という[36]。訴訟規則会議による大幅な修正・新案の提示を受けて，テヒョーは「哲憑氏訴訟規則按説明書第一回〜第十三回」[37]を提出し，自身の草案の説明，日本側委員の修正事項に対する意見，反論および新たな提案を行った。テヒョーと委員会の対立事項は，多数にのぼる。2，3の事項をあげれば，次のものが注目される。

第1に，日本側委員は，①訴状は準備書面に関する規定に従い記載すべきこと（「訴訟規則会議員修正案」221条新案），②訴状における事実の記載は本案に必要な事実の簡明な記載に限り，一事ごとに項を改めるべきこと（同223条新案），したがって，③法律上の議論を記載すべきでないこと，④訴状に証拠書類を記入または添付すべきでないこと（同224条新案），⑤訴状には弁論または誹謗にわたる事情を記載すべきでないこと（同225条新案），および，⑥同221条新案に違反した訴状は裁判所書記が受領を拒むことができること（同222条新案）を定めようとした。しかし，これらの場合にも「原告若クハ被告ノ申立アル時ハ裁判所ハ訴状ノ改正ヲ許シ又ハ命スルコトヲ得」とした（同233条新案）。「日本訴訟規則修正案説明」の作成にあたった深野達によれば，日本の実務の通弊として，「凡訴答ノ要ハ法律上若クハ事実上ノ争点ヲ明確ナラシムルニ在リ　而シテ此目的ヲ達スルニハ堅〔緊〕要ナル事実ノミヲ成丈簡単ニ述ヘシムルヨリ善キハナシ　顧ミルニ本邦訴答ノ現状ハ全ク此理ニ反スルモノヽ如シ　訴状ト云ヒ答書ト云ヒ多ク不要ノ事実ヲ縷述シ若クハ要不要ヲ問ハス事実ノ陳述ヲ粗略ニシテ徒ラニ議論ヲ縷述シ競フテ文章ヲ飾ルノ風アリ　此大ニ訴答ノ趣旨ヲ誤ルモノト謂フ可シ　訴答書ノ長文ナル

34　松本／徳田編著・前掲注（30）〔資料10〕。

35　松本／徳田編著・前掲注（30）〔資料11〕。

36　深野達「日本訴訟規則修正案説明　例言」（松本／徳田編著・前掲注（30）〔資料11〕246頁）。

37　松本／徳田編著・前掲注（26）〔資料12〕所収。

第1章　明治期におけるドイツ民事訴訟法の継受　　17

ハ之ヲ作ル者ハ勿論之ヲ閲読スル対手人及裁判官モ如何ナル事実ニテ何處カ争点ナルヤヲ識別スルカ為無用ニ時ヲ費スノミナラス徒ラニ訴訟ノ費用ヲ増スノ弊アルヲ以テ宜〔シ〕ク此風ヲ矯メ正路ニ帰セシム可キナリ」[38]といい，225条新案の例はイギリスに見られるので奇異ではないとした[39]。

　この日本側の新案に対し，テヒョーは「哲憑氏訴訟規則案説明書第六回」において猛烈に反論する。すなわち，③については，「事実トハ決シテ其レノミニテ充分セス　事実ハ毎ニ法文ト結合シテ始テ請求ノ点ヲ証明スルヲ得ル者ナリ　而テ簡単日常ノ契約ニ関スル訴ヘニハ其事実ノミヲ挙ケテ足ルモ場合ノ性質ニ因リ二三ノ訴ヘニハ導キトナルヘキ法律上ノ論点ヲ簡単ニ述フルハ免レサル者タリ　之ニ関スル本草案第148条第3号ノ一般規程即チ『必要ナル場合ニハ事実ト共ニ適度ノ法律上論点ヲ述フ』ト云フ規程ハ委員会議ノ抹殺スル所トナレリ　此ノ修正ハ殊ニ書面ノ論辨〔辯〕ヲ記スルコヲ無限ニ禁スルコヲ尚ホ加ヘラルルニ當リテハ益々厳粛ニ熟考セサル可ラス」と指摘し，「書面ニ記載ス可キ事実ハ充分，然シナカラ簡単確固ニ説キ必要アル場合ニハ亦タ法律上理由ヲ述フヘシ，挙ス可キ証拠物ハ綿密ニ挙クヘシ」との規定を加えるように求めた[40]。④については，テヒョーは事実を簡明に記載することは訴状に限られたことではなく，準備書面一般にあたることであるので準備書面のところで記載すべきであり，その際「証拠ヲ綿密ニ挙クヘキコヲ加フレハ便宜ナラン」と反論した[41]。⑤について，テヒョーは，誹謗にわたる事項の記載禁止は準備書面について定められるべきであるほか，これは罰則を定めて禁止すべきであると指摘し，過料の提案をした[42]。⑥については，訴状の形式的な事項についての審査は重要であるけれども，訴状の外形に関する事実と本案に関する事実を厳密に区別することは困難である

38　「日本訴訟規則修正案説明」松本／德田編著・前掲注（30）〔資料11〕223条の説明参照。
39　「日本訴訟規則修正案説明」松本／德田編著・前掲注（30）〔資料11〕225条の説明参照。
40　『哲憑氏訴訟規則按説明書』第六回，松本／德田編著・前掲注（26）〔資料12〕43頁。
41　『哲憑氏訴訟規則按説明書』第六回，松本／德田編著・前掲注（26）〔資料12〕42頁。
42　『哲憑氏訴訟規則按説明書』（第六回）松本／德田編著・前掲注（26）〔資料12〕42～43頁。

のに，「法学上ノ智育ナキ官吏ニ其裁定ヲ任托スルモ以テ失錯ノ気遣ナキモノニハ非サルナリ」といい，またこの規律は上訴手続にも適用しうるものであるから裁判所書記が充分な理由もなく上訴状の受理を拒み上訴人の期限の徒過を招く弊害があること，書記が訴状の記載に関して疑問を抱くときは「適当ト思惟セル所ノ処断ノ案文」を判事に呈供させれば足り，これはプロイセンでも行われていることだと指摘した[43]。

　三好委員会は，このテヒョーの反論に耳を傾けなければならなかった。山田顕義・司法大臣に提出された最終案においては訴えの提起に関しては「第二百八条　訴訟ヲ起ス者ハ訴状ヲ管轄裁判所ニ差出ス可シ」「第二百九条　訴状ハ準備書面ノ規則ニ従ヒ之ヲ作リ且左ノ諸件ヲ記載ス可シ　一　訴訟物件ノ価額，二　請求ノ原因タル事実，三　立証方法，四　一定ノ申立」と定められたのみであって，「前条ノ規程ニ背キタル訴状ハ書記其受領ヲ拒ムコトヲ得」「訴状ニ掲クル事実ハ必要ナル部分ヲ簡明ニ記載シ一事毎ニ項ヲ改ムヘシ」「訴訟ニハ本案ニ関スル証拠ヲ記入若クハ添付ス可カラス」「訴状ニハ弁論若クハ誹謗ニ渉ル事項ヲ記載ス可カラス」のような規定は一切残らなかった。

　第2に，日本側は共同訴訟について特異な規定を提案した。訴訟規則会議員修正案229条は「一　共同訴訟人中ノ一名若クハ数名ハ総員ノ委任ヲ受ケ出訴スルコトヲ得　二　裁判所ハ審理上治安ヲ妨害スルノ恐レアリト認ムル場合ニ限リ前条ノ委任ヲ為スヘキ旨ノ命令ヲ為スコトヲ得」と定めた。テヒョーは，共同訴訟人らにその代人を任定すべきことを命じる権限を裁判所に与える第2項は，裁判所および相手方当事者にとっては便宜ではあるけれども，「訴訟共同者等ニ取テハ多ク面倒ニシテ且事情ニ依テハ危害アラン　又第二編第二章第三条ノ原則トモ抵触スルコトアルヘキナリ」と批判した[44]。この規定も最終的には削除された。

　第3に，当事者は係争物を訴訟係属中に譲渡することができるとの規定（『テヒョウ氏　訴訟規則修正原按』第4編第3章10条・11条）は，この段階で，係争物の譲渡の問題は訴訟法の問題ではなく民法の問題であり，「仮に此事

43　『哲憑氏訴訟規則案説明書』（第六回）松本／徳田編著・前掲注（26）〔資料12〕44〜45頁。

44　『哲憑氏訴訟規則案説明書』（第十回）松本／徳田編著・前掲注（26）〔資料12〕47頁。

ヲ訴訟法ニ掲クルハ便宜ナリトスルモ訴訟中請求権若クハ訴訟ノ目的物ヲ譲リ渡スコトヲ得セシムルハ果シテ本邦今日ノ事情ニ適スルヤ否頗ル議論ヲ惹起スルノ点ナラン……」[45]という理由で削除された。

　以上のように種々の重要な事項について，テヒョーと三好委員会のメンバーの間に意見の対立が生じた。テヒョーの意見が尊重されたものもあるが，結局のところ，テヒョーは原則的な事項を除き大幅に妥協したという[46]。第三読会で纏まったのが，1886（明治19）年6月に当時の山田顕義司法大臣に提出されるいわゆるテヒョー草案であると考えられる[47]。これには，山田司法大臣へのテヒョーの献辞が付されている。

第5款　テヒョー草案

　テヒョー草案の日本語版の訳語は，残念ながら正確さにおいて種々問題があった。翻訳の脱落部分が見られるし，「……スベシ」という条文が「……スルコトカデキル」と訳されたりした。100年以上も前の翻訳であるので止むをえない面があるとはいえ，不適切な訳語が少なくない[48]。

　テヒョー草案の内容分析はこれまで充分行われていなかったが，最近，鈴木正裕はこの作業を実施し，これを詳細に分析し，訴え提起の方式についてテヒョー草案と1868（明治元）年のヴュルテンベルグ王国民事訴訟法（Die

---

45　「日本訴訟規則修正案説明」松本／徳田編著・前掲注（30）〔資料11〕（353頁以下）。
46　『訴訟法草案　完』松本／徳田編著・前掲注（26）〔資料13〕前言（77頁，78頁）。
47　この草案は，日本語のもの（『訴訟法草案　完』）と，ドイツ語のもの（Entwurf einer Civilprozessordnung für Japan (Übersetzung), Tokyo im 19. Jahre Meiji 1886）（松本＝徳田編著・前掲注（26）〔資料14〕）がある。ドイツ語版の方には翻訳との表示があり，公式には日本語版が正文であるが，ドイツ語版が原著である。翻訳には誤訳がある。内容的に当然のことながら，ドイツ語版の方が正確である。翻訳者は今村信行と本多康直とされる（富谷鉎太郎「明治二十三年法律第二十九号民事訴訟法実施に就て」法曹会雑誌8巻12号（1930年）46頁：鈴木・前掲注（3）100頁次（74））。
48　一例を挙げれば，テヒョー草案391条は「判決確定ノ既判力ハ判決文ニ示メシタル判決ニ止マリ其理由ニ及フコトナキモノトス」は，ドイツ語文では"Der Rechtskraft ist nur die in der Urteilsformel enthaltene Entscheidung selbst, nicht die Begründung derselben fähig"（既判力ハ判決主文ニ含マレタル裁判自体ニノミ生シ，判決理由ニハ生シナイ）である。

Civilprozeß-Ordnung für das Königreich Württemberg von 1868）333条〜337条との酷似を指摘している。すなわち，1877年のドイツ民事訴訟法においては，当事者運営（Parteibetrieb）が原則であり，原告が訴状を送達して訴えを提起するが，呼出しが訴状に記載されるべきであったので（CPO191条2項），訴えを提起しようとする原告は，訴状の送達に先立ち訴状を裁判所書記に提出し，裁判長から第一回口頭弁論期日の指定を受けて訴状を被告に送達しなければならなかった[49]。これに対し，テヒョー草案では，原告は訴状を裁判所に提出して訴えを提起する。訴状は準備書面に関する規定に従って作成し，次の事項を記載すべしとする。「一　訴訟物ノ価額，二　請求ノ原因タル事実，三　立証方法，四　一定ノ申立」である（テヒョー草案209条）。「訴訟物件，原被告ノ住所，氏名，請求ノ原因タル事実，一定ノ申立ヲ記載セサル訴状ハ裁判官ノ命令ヲ以テ之ヲ改正セシム可シ　若シ其改正ヲ為サヽル時ハ訴状ヲ却下ス可シ」（同212条）とされる。これが訴状審査・訴状却下の制度である。訴状審査を通過すると，裁判所は職権により訴状の副本を被告に送達し，14日以内に答書を提出するよう命ずる（同217条1項）。被告が答書を提出したときは，裁判所はその副本を原告に送達し，原告は答書中に抗弁もしくは反訴が含まれているときは，7日以内に弁駁書を提出することができる（同221条2項）。弁駁書の副本は被告に送達され，そこに再抗弁もしくは反訴に対する抗弁が含まれているときは7日以内に再答書を提出することができる（同222条2項）。このような準備書面交換手続の後は，もはや準備書面の提出は許されない（同223条2項）。以上のような準備書面の交換の終了後，準備書面提出期限の経過後，または当事者から準備書面不提出の申立てがあったときは，裁判所は口頭弁論期日を指定して当事者双方を呼び出すことになる（同224条1項）。口頭弁論期日において原告または被告が準備書面に記載のない一定の申立てまたは事実主張をする場合，相手方が準備不完全のため弁明することができず期日が延期されたときは，そのために生じた費用は準備書面の記載を欠いた当事者が負担しなければならないとする（同229条2項）。訴訟係属は，被告への訴状副本の送達によって発生する。訴えの

---

[49]　ディーター・ライポルド（松本博之訳）「21世紀における社会的民事訴訟，訴訟の諸原則および訴訟基本権」高田昌宏＝野田昌吾＝守矢健一編『グローバル化と社会国家原則』（2015年・信山社）261頁，262頁参照。

提起時と訴訟係属の発生時は，必然的に異なる。鈴木正裕が指摘するように，このような訴え提起方式の定めは，1868（明治元）年のヴュルテンベルク王国民事訴訟法に存在した。同法が弁護士強制主義を採用せず当事者本人訴訟を許していたことが，裁判所に訴状を提出させ，裁判所が被告に訴状を送達するという方式（職権運営）が採用された原因だとされる[50]。

また，テヒョー草案では，原告の請求またはこれに対する抗弁と法律上関連性のない反対請求は，「義務相殺」であれ，反訴であれ，答弁書をもって申し立てることができるが，その後は申し立てることができないとされた（219条）[51]。「現行民事訴訟手続及カークード氏意見書」の中で，カークウッドは「訴訟ノ被告ハ原告ノ請求ニ対シ反求ノ目的ヲ以テ其答弁書中ニ権利若クハ請求ヲ申立ル事ヲ得　右ノ如キ反求ハ反訴ノ効力ヲ有シ裁判所ヲシテ同一ノ訴訟ニ於テ原請求並反求ノ双方ニ対シテ終審ノ裁判ヲ下ス事ヲ得セシメ且若シ原被告双方ノ請求高ヲ差引シテ其残額被告ニアラハ右残額ヲ得ルノ裁判ヲ被告ニ下スカ或ハ被告当有ノ救済ヲ与フルノ裁判ヲ為スヘシ」との規定を定めるよう提案をした[52]。これによれば，「反求」は反訴の形式をとらない被告の反対権利主張または反対請求であるが，当時「反求」が実務において用いられていたことを強く推測させる。テヒョーは，実務慣行を無視することはせず，被告は非関連債権について答弁書において相殺であれ反訴であれ，反対請求の申立てをすることを認め，ただこの時期を過ぎると反対請求の申立てはもはやできないと，時間的制限を明確にした。これは，ドイツ民事訴訟法にない制度を採用したものである。既判力については，テヒョー草

50　鈴木・前掲注（3）96頁。

51　テヒョー草案219条「反対請求ハ原告ノ請求若クハ之ニ対スル抗弁ト法律上相牽連セサル場合ニ限リ義務相殺ナルト反訴ナルトヲ問ハス答書ヲ以テ之ヲ申立ルコトヲ得其後ニ至リ之ヲ申立ルコトヲ得ス」であり，ドイツ語原文は，"Ein Gegenanspruch darf, gleichviel ob zum Zwecke der Aufrechnung oder mit einer Widerklage, nur in der Klagebeantwortungsschrift, später nicht mehr geltend gemacht werden, wenn er mit dem Anspruche des Klägers oder gegen denselben vorgebrachten Einreden nicht in rechtlichen Zusammenhange steht."である。なぜAufrechnungに「義務相殺」なる意味不明の訳語が当てられたか不明であるが，このような用語が用いられることによって，草案の価値が低下する危険があったであろう。

52　「現行民事訴訟手続及カークード氏意見書」松本＝徳田編・前掲注（37）〔資料17〕496頁以下。

案は「判決確定ノ効力ハ判決文ニ示シタル判決ニ止マリ其理由ニ及フコトナキモノトス」と規定した（391条）。

　もっとも，既判力に関するテヒョー草案391条については，テヒョーはもともと「裁判ノ確定効力ハ専ラ裁判程式ニ挙クル判決ニ在テ裁判所ニ於テノ理由ニ為シタル所ニ在ラス但裁判所ノ意志ニ因リ為シタル裁判書ノ範囲意義及ヒ精神ヲ確定スル時ニ限リ其理由ニ遡ルコトヲ得」（テヒョー訴訟規則修正原按第4編第1章第11節25条）との規定を用意していたが，訴訟規則会議は，但書の部分を削除し，判決理由自体は既判力の対象にならないことを明らかにしようと試みた。

　前述したように，テヒョー草案は1877（明治10）年のドイツ民事訴訟法の編別に従っているけれども，個々の規定の起草の際はプロイセンの施行規則と法律，オーストリーの法律およびハンガリー王国に属さない諸国のための1867年の民事訴訟法草案ならびに1868年のヴュルテンベルグ王国の民事訴訟法を参照し，また日本が実際に応用したイギリス，フランス，アメリカ合衆国の法理原則も顧慮しており[53]，初めからドイツ民事訴訟法に固執することなく，柔軟な姿勢で作業を進めたことが注目される。

　テヒョー草案が1877（明治10）年のドイツ民事訴訟法から個別的に離れた理由は，テヒョーが独自の草案作成の委託を受けたのではなく，飽くまで伊藤博文に示された民事訴訟法草案の修正が彼の任務であったことに求められよう。またテヒョー草案においては，日本の裁判実務における慣行の考慮が重要な役割を果たしたことも看過できないであろう。多分，テヒョーは法の継受には否定的な考えを持っていたのであろう。彼が歴史法学派の立場に立っていたことは明らかである[54]。

53　Entwurf einer Civilprozessordnung für Japan（Übersetzung），II f.
54　テヒョーの法継受についての基本的な立場は，テヒョー家族譜の159頁に示されている。曰く，「外国法は常に不一法（ein Un-Recht）である」。「外国法を継受することはまさに，自分には合わないが，苦しめるけれども誤った崇敬の念から履いている一足のブーツを相続した者の如しである」と。この点につき，鈴木・前掲注（3）103頁注（83）参照（なお，テヒョー家族譜は鈴木名誉教授が個人的に取得されたものであり，筆者は鈴木名誉教授のご好意でそのコピーを頂戴した）。

第2節　民事訴訟法新草案（元老院提出案）の成立

第1款　テヒョー草案のその後──法律取調委員会の設置

　テヒョーは，出来上がった草案がすぐに法律として施行されることを切望した。もともと，明治政府も，民事訴訟法の早期実施を追求していたはずである。しかしテヒョーの希望に反し，テヒョー草案は結局のところ法律になることはなかった[55]。テヒョー草案の提出後，テヒョー草案は，その法律化に進む前に「法律取調委員会」の審議の対象にされ，原型を留めないほどの修正を受けることになった。この背景には，次のような極めて大きな政治情勢が絡んでいた。

　1882（明治15）年における裁判権問題の討議（条約改正予備会議）の後，条約改正会議が時の外務卿・井上馨によって主催され，条約締結国が参加して1886（明治19）年5月1日から1887（明治20）年7月18日まで計27回にわたって開かれた[56]。第1回会議の冒頭，外務卿・井上馨は，日本全国の外国人への開放と治外法権の撤廃を一体化して実施することを基本方針にし，そのときまでの通商裁判条項を定めた「改正条約草案」をはじめとする諸案を各国代表に配布した。そこには裁判権に関して，民事に関しては訴額が500円以下の民事訴訟は，原告被告の国籍を問わず日本裁判所に服せしめること，刑事訴訟は，外国裁判権に服せしめるが日本の刑法を適用すること，外国人に日本行政規則を適用すること，同規則に違反した場合，10日以下の禁固，あるいは30円以下の罰金，または両刑併科は日本裁判権に服せしめることにする，という提案が含まれていた。

55　それにもかかわらず，民事訴訟法の文献には，明治23年民事訴訟法はテヒョー草案に基づくという不正確な記述をするものが多い。細野長良『民事訴訟法要義〔第1巻〕』（1930年・巖松堂）のような戦前の有力な文献もそうである。筆者自身も『歴史学事典9　法と秩序』（2002年・弘文堂）601頁において，テヒョー草案を基礎にした民事訴訟法案に基づき明治23年民訴法が制定されたという不正確な記述をしてしまった。

56　以下の叙述については，藤原明久『日本条約改正の研究－井上・大隈の改正交渉と欧米列強』（2004年・雄松堂出版）133頁以下参照。

イギリス公使プランケット（Plunkett）は，この提案に納得しなかった。プランケットはドイツ公使フォン・ホレーベン（v. Holleben）と協議し，第6回会議において治外法権問題に関して共同の修正案(英独修正案, Anglo-German Project) を提出した57。修正案の内容は次のようなものであった。すなわち，①本条約実施後2年以内に，日本は内地を外国人に開放し，外国人に対し内国人と同様通商居住を許す外，一切の企業権（土地所有権，鉱山権を含む）を享有せしむべく又内地開放と同時に外国人は身分に関する事件の外全然日本人と同様日本裁判所の管轄に属すること。②日本政府はこの裁判権条約の批准後2年以内に，泰西法の主義（principles of western law）に従った「帝国諸裁判所の章程」を制定し，さらに，「1．刑法，2．治罪法，3．民法，4．商法，海上法及び為替手形に関する法律，5．訴訟法，6．4に掲げる事件の訴訟法，7．身代限法」をも編纂する。そして本条約の批准後18か月内に，上記の諸裁判所の章程および諸法典の官訳英文を締約国政府に送付する。これらを改正する際も施行の6か月以前に締約国に通知すること。③外国人・日本人の裁判官からなる混合裁判所を設け（その例はエジプト混合裁判所にあった），この裁判所は民事訴訟では，外国人が原告たると被告たるとを問わず管轄権を有し，しかも外国人は訴額100円以上の事件のときは，控訴院を始審裁判所とすることができること。控訴院の判決に対しては，大審院に「控訴」ができ，大審院の判決に法律違反があるときは同院を構成する裁判官からなる特別の裁判所に「上告」ができること。外国人が原告または被告である事件を取り扱う控訴院および上訴を受ける大審院の裁判廷においては，その担任判事および陪審判事の過半数は外国籍の者をもって充当し，公用語として日本語のほか英語を許し，かつ堪能な通訳を置くこと。

　英独修正案は，他の国々の代表によって歓迎され，日本政府も当初の案を

57　鈴木・前掲注（3）129頁によると，プランケットが井上外相の提出した条約草案についてドイツ公使フォン・ホレーベンと協議した理由は，日本案が青木周蔵，オットー・ルドルフおよびアレクサンダー・ゲオルク・グスタフ・フォン・シーボルト（Alexander Georg Gustav von Siebold）によってドイツ語で作成されたことにある。草案の英語正文はドイツ語テキストの公式翻訳であり，草案のフランス語正文はドイツ語テキストの公式翻訳であった。英独修正案の原案は，フォン・ホレーベンによって起草された。プランケットとフォン・ホレーベンは，第6回会議の前に2度非公式に井上および青木と協議した。井上は英独修正案に同意した。

撤回し，これを審議の基礎にすることに同意し，英独修正案は交渉の基礎にされた[58]。交渉では，日本混合裁判所における英語公用語化の問題，日本混合裁判所の組織・権限の問題など重要問題および移行期間における日本裁判所と領事裁判所との裁判管轄権の分配問題が，議論の主要な対象になった。改正条約会議は，紆余曲折を経て，第26回会議に至って「裁判管轄条約案」を議定した。

① 英語を公用語化する旨の英公使プランケットの要求は実現せず，混合裁判所の公用語は日本語と決まったが，英語を裁判所用の外国語とすること，英語以外の外国語も裁判所の書類並びに往復文書と訴えに用いることができること，「裁判所の宣告書，判決書，意見書等裁判所より発する書類は英語を正文とし，関係人に交付しなければならないこと，英語を理解しない者のために，これらの書類を英語以外の言語に翻訳すること，裁判所に通訳官・翻訳官を附属すること，裁判所はいずれのヨーロッパ語で作成された書類でも受領する義務を負い，関係人に英訳を要求し得ないこと，裁判所間の公用往復文書は英語によって作成することが定められた。

② 日本混合裁判所の組織・権限の問題に関しては，日本政府は，英独修正案に対応して，外務省に設置された法律取調委員会により「裁判所構成法案」を起草し，これを各国委員に送付した。法律取調委員会は，休会中の1886（明治19）年7月下旬フランス公使シェンキェヴィッチ（Sienkiewicz）が司法大臣・山田顕義と会談した際，「日本が近く備えるであろう諸法律の体系をばらばらにしない必要」があるが，「そのためには，1人の大臣を委員長とし，法典起草を担当する外国人を委員とする委員会を作るほかに良策はないのではないか」と進言し，山田司法大臣はこの進言を受け入れ，所定の手続を経て外務省に設置された委員会である。外務大臣・井上馨を委員長とし，西園寺公望（特命全権大使）[59]，三好退蔵（司法次官），ボワソナード（内閣法律顧問），カークウッド（William Montague Hammet Kirkwood：司法省雇法律顧問）[60]およびオットー・ルドルフ（Otto Rudorff, 同左）[61]が法律取調委員であった（1886年8月6日付け任命）。法律取調委員会はまず「帝国裁判所の章

---

58 藤原・前掲注（56）150頁。日本側はこれを喜び，プランケットとフォン・ホレーベンは宮中に招かれ，フォン・ホレーベンには日本の勲章が授与された（プランケットは既に叙勲済みであった）。

程」すなわち裁判所構成法の起草・審議を行ったが，起草の担当者はルドルフであった。1887（明治20）年1月には，「帝国司法裁判所構成法草案」が完成し（原文はドイツ語），英文訳，仏文訳が締約国の代表に配布された。

---

59 西園寺公望（さいおんじ　きんもち　1849〔嘉永2〕〜1940〔昭和15〕年）は，1870（明治3）年官費留学に出発，ソルボンヌ大学で法学者アコラスに学び，同大学初の日本人学士になった。1880年帰国，1881（明治14）年には中江兆民，松田正久らと「東洋自由新聞」を発刊し社長になり，自由民権を唱えた。明治14年の政変に際し参事院が置かれると，西園寺は同年11月，参事院議官補になり，1883（明治16）年には伊藤博文の憲法調査のための渡欧の際その随員に選ばれ，ウイーン大学では伊藤とともにLorenz von Steinから憲法思想を学んだという。1883（明治16）年帰国後，参事院議官，1885（明治18）年駐ウィーン，オーストリーハンガリー公使を務め，1886（明治19）年帰国後，同年8月，法律取調委員を兼任した。1888（明治21）年，駐ベルリン，ドイツ公使兼ベルギー公使となり，9月20日ローマ教皇庁派遣の全権公使を命じられた。ドイツでは条約改正交渉にあたった。伊藤之雄『元老　西園寺公望　古稀からの挑戦』（2007年・文芸春秋）参照。

60 カークウッド（William Montague Hammett Kirkwood, 1850-1926）は，横浜租界地において弁護士（イギリスのバリスター）として活動し，イギリス領事館の法律顧問を務めたが，1885（明治18）年5月に司法省法律顧問に採用された。彼は，就任直後に，1885年春ごろまでの法令および裁判所慣行を収録し編纂した『民事訴訟手続』について意見を求められたものと思われる。この時期にはすでにテヒョーの手になる『訴訟規則原按』が存在していたが，彼には『現行訴訟手続』について意見が求められた。なぜ，テヒョー『訴訟規則原按』について意見が求められなかったのか，議論の存するところである。つまり，司法省がこの時点においてもドイツ法一辺倒ではなく，関係者がテヒョーからカークウッドに乗り換える可能性があったのではないかという視点である（手塚豊「司法省御雇外人カークード」法学研究40巻3号〔1967年〕333頁，336頁；鈴木・前掲注（3）71頁注（45）参照）。しかし，当時『現行訴訟手続』がそれ自体法律案と理解されていたから，カークウッドの意見が求められたのだと見るのが自然ではなかろうか。彼の意見書は，最初の部分が1885（明治18）年6月2日に提出された。現在遺されているのは日本学術振興会による復刻資料『現行民事訴訟手続及カークード意見書』（松本／徳田編著・前掲注（26）〔資料17〕に収録）である。

61 オットー・ルドルフ（Otto Rudorff, 1845-1922）は，ハノーファー・ラント裁判所の裁判官であったが，1884年に東京大学の法学教師の職を得た。翌年司法省の法律顧問になった。憲法はプロイセン憲法をモデルにすることが予定されており，司法は国家高権の一部をなすので，ボワソナードの起草にかかる治罪法が1882年に施行されていたにもかかわらず，政府は，オットー・ルドルフに裁判所構成法の起草を依頼したものと思われる。鈴木・前掲注（3）51頁参照。

(a)　「帝国司法裁判所構成法草案」は，第一審は区裁判所または地方裁判所とし，第三審の上に特別の上告裁判所を設置するようなことは予定していない。先に述べた英独修正案は，外国人には控訴裁判所を第一審裁判所とすることを認め，審級制度上の特権を承認していた。そのため当然，両者の関係が問題になった。帝国司法裁判所構成法草案は1887年1月15日の条約改正第17回会議に上程され，英独修正案を維持するか否かをめぐって議論が闘わされることになる。

(b)　日本混合裁判所における外国人裁判官の数，各国別の割当て等の問題について，各国の利害と威信を背景に激しい議論が展開された。結論は，日本混合裁判所は，合議制裁判所である地方裁判所，控訴院および大審院とし，外国人裁判官の多数で構成する。外国人居留地を中心に裁判所を設けることになり，地方裁判所は，函館，新潟，横浜，名古屋，京都，神戸，山口，長崎の8か所，控訴院は東京と大阪の2か所とされた。控訴院において第一審の裁判を受ける特権を外国人に与えようとする英独案は修正された。すなわち，外国人が原告または被告となる民事訴訟であって，請求の金額または物件の価額が直接または間接に百円を超えるもの，または金額もしくは価額不確定な物件で百円を超過すべき訴訟は，裁判所構成法どおり，外国籍裁判官の多数をもって組織する初審裁判所（地方裁判所）において審理裁判するとされた。また外国人に対する刑事訴訟についても，外国人が「告訴告発ヲ受ケル重罪又ハ軽罪事件ヲ審判スルニハ前項同様ニ組織スベキモノトス」とされた。

(c)　上訴制度についても議論が闘わされた。明治初期に定められた「控訴上告手続」は，大審院をフランスの破棄院をモデルにして，法令の適用のコントロールのみを任務とする裁判所としていた。前述の裁判権条約の交渉は，さながら裁判所構成法の制定会議の様相を呈したといわれる。それは，外国人を日本の裁判所の裁判に服させるために保障すべき手続の内容として，上訴手続の内容も問題とならざるを得なかったからである。裁判管轄条約の交渉過程において，上告裁判所を大審院に限定するか，それとも大審院および控訴院とするかが争われた（上告裁判所の数の問題）。日本側は「帝国司法裁判所構成法案」に基づき控訴院をも上告裁判所とすることを提案したが，これは，オットー・ルドルフがドイツの裁判所構成法を参考に採用したものであった。ドイツの裁判所構成法は刑事訴訟について，控訴裁判所としてのラ

ント裁判所の判決に対する上告裁判所は上級ラント裁判所と定めていたが（ドイツ裁判所構成法123条2号），「裁判所構成法案」はこれと同じように控訴院をも上告裁判所とするとともに，区裁判所の民事判決についても上告できるようにすべきだとの考え方に基づいていた[62]。フランス公使は，フランスの破棄院のように大審院のみを上告裁判所とするよう求めたが，後には控訴院が大審院判例に従うのであれば2つの上告裁判所の併存を認めるとして妥協した。また，上告裁判所が原判決を破棄する場合に事件をさらに審理させるため原判決をした裁判所に差し戻すべきか，それとも原判決をした裁判所以外の裁判所に事件を移送すべきであるかという点についても会議の意見は分かれた。フランスの破棄院は，公益のため法律違反を理由に判決を破棄する国家の監視機関であり[63]，訴訟裁判所ではないので，原判決を破棄する場合，事件を原裁判所以外の裁判所に移送することにも理由があろう。

③ 移行期における裁判管轄権の分配問題も激しく争われた問題であるが，ここでは立ち入らない。

このようにして秘密交渉において「裁判管轄条約案」が纏ったのであるが，その後，これは世論の激しい非難を浴びることになった。井上毅[64]率いる反対勢力が日本混合裁判所のことを知り，秘密文書のいくつかが秘密出版され公になったことにより，反対運動を呼び起こした。暴露された文書の中に，法律取調委員ボワソナード（内閣法律顧問）の井上毅との面談筆記[65]および，

---

62 ルドルフは，ドイツの区裁判所の民事判決がラント裁判所への控訴しか許されないのは「其当ヲ得タルモノニ非サルナリ寧ロ其上告ノタメニ尚一段層ヲ設クルヲ宜シトス」とした。ボワソナードもカークウッドも法案の作成に関与していたが，ボワソナードは控訴院をも上告裁判所にすることに異論を挟まなかった。

なお，ドイツでは最近の法改正に至るまで，区裁判所で開始した手続は第二審のラント裁判所で終了していた。2002年に施行された2001年民事訴訟法改正法によって，控訴裁判所としてのラント裁判所の判決にも連邦通常裁判所への許可上告が適用されるようになった。もっとも，上告が許可されるのは，「1．訴訟が原則的意味を有するか，2．法の継続的形成又は統一的判例の確保が上告裁判所の裁判を要求する場合」である（ZPO 543条2項）。

63 藤原・前掲注（56）295頁。

64 井上毅（1843～1895年）は，1872年，江藤新平司法卿が準備した，ヨーロッパの法制度を調査するための使節団のメンバーとして訪欧した。パリでボワソナードを含むフランス人学者の講義を聴いた。以後，法制官僚として外国憲法を調査し，大日本帝国憲法の制定に尽力した。

ボワソナードが山田司法大臣の要請に基づき提出した詳細な意見書[66]も含まれていた[67]。ボワソナードは，裁判権条約案を詳細に検討し，これを非難し，署名を見合わせるよう明治政府に求めたのである。彼の非難の要旨は，第1に，混合裁判所において外国人裁判官を任用しかつ過半数を外国人裁判官が占めることで，裁判の公平を得ることができず，通常日本人に不利な裁判をもたらすため，国民は政府を恨むことになろう。旧条約によれば原告になる場合に限り外国の裁判を受け，被告のときは本国の裁判権に服するので，日本人の不利益の範囲はその範囲に限定されているが，条約改正草案によれば原告であれ被告であれ日本人は混合裁判所の裁判に服するので，不利益は一般化する。第2に，違警罪および百円以下の訴訟は日本の裁判官の裁判権に専属するといっても，この裁判に対して特別裁判所に控訴することが許されるので，外国人は日本裁判官の裁判に満足しない場合，上級裁判所に控訴を提起するが，控訴の場合，外国人裁判官が多数を占める裁判所では，多くは第一審裁判所がした日本人に有利な裁判も取り消され敗訴の結果を招くであろう。第3に，条約の批准後，18か月以内に日本の各種の法律案を外国政府に通知することは外国政府による検閲に他ならず，立法権を外国によって掣肘されることは最も不可であること，である。

同条約案に対する閣内の反対意見も生じた。1年前にヨーロッパ視察から帰国した農商務大臣・谷干城は，日本の立法への外国人の関与を国家の立法権の侵害として悲憤慷慨し，「明治二十三年現政府ノ組織ヲ一変シ立憲公議ノ新政ヲ施行スル後チニ至リ始メテ断行スベシ」と主張した。しかし，谷は混合裁判所の設置自体には反対でなく，ただ外国人裁判所を控訴院と大審院に限るべきことを主張したにすぎない[68]。同時に，野党の批判の声も大きくなり，世論も草案に反対するようになった[69]。伊藤博文総理と井上馨外務大

---

65 井上毅／ボワソナード「両氏対話筆記」『明治外交全集第六巻 外交編』（1927年）449頁以下。

66 ボワソナード「裁判権の条約草案に関する意見」前掲注（65）『明治外交全集第六巻 外交編』452頁以下。

67 清沢洌『現代日本文明史第3巻 外交史』（1941年・東洋経済新報社）234頁；M. B. Jansen ed. The Cambridge History of Japan, Vol. 5, The Nineteenth Century, 1989, p. 487.

68 谷干城の意見書は『条約改正大日本外交文書 第二巻』542頁以下に収録されている。

臣はボワソナードを叱責したが，政府は条約改正交渉を無期限延期せざるを得ない状況に追い込まれた。井上馨は，1887（明治20）年7月29日，条約改正会議の無期限延期を各国公使に通告した。

　その後，板垣退助が「時弊十条の封事」を上奏し（同年8月15日），これは却下されたものの，秘密出版で世間に伝わり，9月に入ると，内政外交の失策を批判する後藤象次郎の建白書が提出され，井上はついに外務大臣辞任を余儀なくされるに至った（同年9月16日）。伊藤総理が外務大臣を兼任することになった。法律取調委員会は外務省から司法省に移され，山田顕義・司法大臣が委員長の職に着いた（同年9月16日）。その後は，条約改正交渉は新たに外務大臣に就任した大隈重信のもとで遂行されるが，全体会議の方式ではなく，各国との個別交渉を行う方式に移行した。

　以上のように「裁判所構成法案」をめぐる条約改正会議の議論は沸騰したが，日本の裁判所制度を大きく転換する役割をも担った。

第2款　司法省移管後の法律取調委員会による取調べの開始

(1)　条約改正会議の副産物として，刑法などの種々の法律も泰西主義と合致するように法律取調委員会で審議する必要が生じた。

69　1886（明治19）年10月24日イギリスの貨物船ノルマントン号（Normanton）が和歌山沖の海上で沈没した。イギリス人船長 J. W. Drake と欧米人船員は救助されたが，25人の日本人船客とインド人を船の中に置き去りにした。世論の沸騰にもかかわらず，神戸領事裁判所は海難審判手続において，船長は日本人の乗客をボートに誘導しようとしたが，乗客が英語を理解せず救助を拒否したという理由で，船員を無罪とした（1886年11月1日）。ノルマントン事件は，しかし，イギリス人船長と領事裁判所がヨーロッパ基準により行動しなかったことをも示した。日本側が悲憤慷慨したことは，言うまでもない。兵庫県知事は世論の後押しを受け且つ政府の指示により Drake 船長を殺人の嫌疑で告訴した。神戸イギリス領事館での予備審問の後，Drake は横浜イギリス領事館での陪審審理により，1886年12月8日3ケ月の懲役を言渡された。この事件は領事裁判の不公正さと不当性を示した。ノルマントン事件の後，日本混合裁判所の計画が世間に知られた。この事件は裁判権条約に対する民族主義的な反対運動を強めることになった。ノルマントン事件については，Richard T. Chang, The Justice of the Eastern Consular Courts in Nineteenth-Century Japan, 1984, p. 81 ff.；田中時彦「ノルマントン事件」我妻編集代表・前掲注（21）『日本政治裁判史録明治・後』125頁以下参照。

それは次のような事情に基づく。裁判所構成法案が条約改正会議で論じられていたとき，英独修正案には，次のような条項が含まれていた。すなわち，日本政府は，裁判権条約批准後2年以内に泰西の主義に従った「帝国諸裁判所の章程（Constitution of the law courts of the Empire）」を制定し，そして「1 刑法，2 治罪法（Criminal Procedure），3 民法，4 商法，海上法及び為替手形に関する法律，5 訴訟法（Civil Procedure），6 4に掲げる事件の訴訟法，7 身代限法（Bankruptcy Laws）」の諸法典を編纂する。日本政府は，本条約の批准後18ケ月以内に帝国諸裁判所の章程および諸法典の官訳英文を，締約国政府に送付する。これらの諸法典を改正する際も，施行の6ケ月以前に締約国政府に通知する，との条項である。この送付・通知の意義に関して，条約改正交渉の第23回会議（1887年3月18日）においてイタリア全権代表レンマート・デ・マルチーノ（Renmato de Martino）がその後の条約改正交渉の行方を大きく左右する1つの重大な発言をした。イタリア全権代表はそれまでは親日的な発言をしていたようであるが，ここで強硬な意見を表明するに至った。すなわち，イタリア全権代表は，ここにいう「送付」または「通知」は日本が制定する法律の内容または法律の改正が泰西法の原則に合致するか否かを審査する権限が締約国にあることを意味するものだと主張した。ロシア全権代表シェヴィチ（Schévich）は，日本の法律が泰西法の基礎と合致することが確認されるまでは新しい条約の締結を延期することを要求した。アメリカ全権代表ハッバード（Benett Hubbard）は，通知の目的を，日本政府の制定する法律が泰西法の基礎と合致することを証明することにあるとし，日本の法律がこの基礎に合致しないときは，無効であるが，しかし外国政府には日本の立法を支配しコントロールする権限はなく，日本は合意された条件に従って法律を制定し，施行する義務を負い，この場合には締約国は日本の法律を承認する義務を負うとの見解を述べた。イタリア全権代表は，「この送付などは，それを受けた政府をして法律が十分に泰西の法原則に合致しているか否か，ひいては条約をして効力あらしめるために必要な条件を充たしているかどうかを検査するために行われるもの，と了解する」との決議案を提出した。このような審査権限が外国政府にあるとすると，それは日本の立法権を侵害するものであるが，条約案について合意を急ぐ井上馨は，その場では態度を保留したが，第24回会議において，イタリア全権代表の決議案を受け入れたのみならず，当初の英独案には含まれてい

なかった刑法以下の重要な法律の泰西法原則との合致についても自発的に約束をしてしまった[70]。

(2) 第1款で見たように，条約改正交渉は無期限の延期を余儀なくされたが，以上のように，日本政府は今後制定する重要な法律が泰西法の原則に合致するものであることを，外国人委員を含む委員会によって検討することを約束していたので，再開される条約改正交渉を睨んで，法律取調委員会は司法省に移管され，その活動は継続されることになった。その結果，草案が作成されていた民事訴訟法についても泰西法の諸原則に反しないかどうかという観点から法律取調委員会による調査の対象とされた。

1887 (明治20) 年11月4日付けで，新たに法律取調委員と法律取調報告委員が任命されたが，委員はすべて日本人であった。法律取調委員には，大審院長・尾崎忠治，元老院議官・細川潤次郎，同・鶴田皓，同・清岡公張，大審院民事第一局長・南部甕男，東京控訴院長・西成度，元老院議官・渡正元，同・村田保が任命された。従来からの委員である箕作麟祥と三好退蔵がこれに加わった。また，法律取調報告委員には，同日付けで，法制局参事官・今村和郎，同・本尾敬三郎，司法大臣秘書官・栗塚省吾，大審院評定官・寺島直，同・奥山正敬，同・岡村為蔵，法制局参事官・岸本辰雄，外務大臣秘書官・都築馨六，外務省取調局次長・加藤高明，司法書記官・井上正一，司法省参事官・本多康直[71]，司法省民事局次長・小松済治[72]，控訴院評定官・長谷川喬，同・三坂繁人，同・今村信行，同・工藤則勝が任命され，11月17日付けで渡邊廉吉（法制局参事官）が追加任命された[73]。

山田顕義委員長のもとで定められた法律取調委員会略則（全10条）には，次のような規定があった[74]。

「第一条 法律取調委員会ノ目的ハ，民法商法及訴訟法ノ草案条項中，実行シ

---

70 以上，鈴木・前掲注（3）121頁による。同書は，英独修正案にない事柄までもこちら側から約束した井上外相の態度の軽率さを指摘される。この約束がもたらした法典編纂に対する影響の大きさを考えると，もっともな指摘である。ただ，水面下では，種々の重要法律についての泰西法原則との合致が締約国から要求されていた可能性は否定できないであろう。

71 本多康直については，鈴木正裕「明治民訴法の成立と『ドイツ学者』」法の支配151号（2008年）6頁，10頁以下が詳しい。

72 小松済治についても，鈴木・前掲注（71）7頁以下が詳しい。

能ハザルモノアルヤ否，又他ノ法律規則ニ抵触スルコトナキヤ否ヲ審理スルニ在リ。故ニ法理ノ得失，実施ノ緩急，文字ノ当否ハ之ヲ論議スルコトヲ許サズ。

第三条　法律取調委員ノ外，法律取調報告委員若干員ヲ置キ，委員会ニ提出スベキ法律草案ノ下調ヲ為サシム。

第四条　報告委員ハ之ヲ数組ニ分チ，民法商法及ビ訴訟法ノ草案下調ベヲ分担シ，委員会ニ列シ法案ノ報告説明ヲ為スモノトス。但シ議決ノ数ニ加ハルコトヲ許サズ。

第五条　報告委員組合ノ長ハ，委員ヲ以テ之ニ充テ其議事ヲ整理セシム。

第六条　総テ法案ノ起草者ハ外国委員ヲ以テ之ニ充ツ。故ニ起草者ノ説明ヲ要スルトキハ，委員会ニ列セシムルコトアルベシ」

これによれば，草案の起草は「外国委員」の担当とし，外国委員は説明を要するときに会議への出席を求められることになった。テヒョーはすでに帰

73　官報1308号51頁（明治20年11月7日）による。その後も委員の補充があり，1887（明治20）年12月2日付けで大審院刑事第二局長・松岡康毅が，翌年5月24日付けで元老院議官・槇村正直（死去した鶴田皓の代り），同・尾崎三良，東京控訴院評定官・北畠治房が任命された。

　松岡康毅（まつおか　やすこわ，1846（弘化3）年〜1923（大正12）年，徳島市生まれ）は，1870（明治3）年徳島県に出仕，翌1871年司法省に転任を命じられ，判事に任ぜられた。権大書記官，判事を経て，1882（明治15）年広島控訴院長に補せられた。1886（明治19）年，裁判事務視察のためヨーロッパに派遣される。ヨーロッパ滞在中に大審院判事に任ぜられ，1887（明治20）年11月帰国。帰国後，民事第一局長，刑事第二局長に昇任した。帰国後すぐに司法省移管後の法律取調委員に任命され，民事訴訟法，民法，商法の審議に加わり，三好退蔵が渡欧した1888（明治21）年の年末より民事訴訟法の立案を担当する訴訟法組合長を引き受けた。1890（明治23）年東京控訴院長，翌年大審院検事総長に昇進。大津事件の翌年（1892〔明治25〕年）に起こった司法官弄花事件において検事総長として大審院長・児島惟謙ほか6名の大審院判事を判事懲戒法に基づき起訴したが，結果は免訴。判決後に成立した第二次伊藤内閣の法相・山県有朋が児島に辞任を迫り，相打ちの形で松岡および三好も退陣を求められたのに応じて，1892（明治25）年8月辞任。後に内務次官，行政裁判所長官，農商務大臣を歴任した。大山卯次郎編『松岡康毅先生伝』（編纂委員会・1934年）および高瀬暢彦編『松岡康毅日記』（日本大学精神文化研究双書6，1989年）が遺されている。鈴木・前掲注（3）19頁；同・前掲注（21）94頁注（18）；芳賀登ほか編『日本人物情報体系第28巻』（2000年・株式会社皓星社）273頁以下による。

74　この「法律取調委員会略則」は，天皇の裁可を受けたものではない。

国した後であるので75，調査の責任者は1887（明治20）年4月12日に法律取調委員に任命されたアルベルト・モッセ（Albert Mosse)76になった。フランス贔屓の山田司法大臣に好印象をもたないモッセは，これに全く不満であったようである。1887（明治20）年11月15日付けのドイツの親戚，友人に宛てた手紙において，彼は次のように述べ，真情吐露に及んでいる。

「全くフランス法の影響下にあり，民法典を今やもっぱらフランスモデルにより作成させようとしている。私といえば，彼から政府顧問テヒョー（現在 Breslau）作成になる民事訴訟法草案を全くフランス流の刑事訴訟に適合させるために，その改訂を委ねられている。私は，契約上これを引き受ける義務を負っていない仕事を拒否したかった。しかしながら，今のところ強く脅かされているドイツの利益のためにイエスというようドイツ公使に強いられた。だが，山田の指揮のもとでは何かが成立するとは誰も思わない。それゆえに，私は苦労が多くて責任の重い仕事に行きたくない。」

ついで11月19日の手紙では

「法律取調委員会は，今や，当面すべての外国人を追い出し，法案作成のためにのみこれを用いている山田司法大臣（馬鹿者〔Schafskopf〕）に指揮されている。私は，それによって民事訴訟法に限定されている。その上，民事訴訟法では縛られた行軍ルートがある。というのは，私はすでに存在する草案を単に他の草案と調和させるべきなのだから。考えられない，基礎が異なるため解決できない課題であり，これを引き受ける義務を負っていないのだが，〔ドイツ〕公使の説得によって引き受ける決心をした。」77

(3)　司法省移管後の法律取調委員会は，1887（明治20）年12月16日から民事訴訟法に関する審議を開始した。モッセは，自分の任務および作業について明治1887年12月1日付けの文書において次のように記述している（モッセ

75　テヒョーの雇用契約は，明治19年11月16日までであった。テヒョーは勲三等旭日中綬賞を授与され，併せて慰労金として600円下賜されたという。彼がドイツに帰着したのは明治20年春であった。鈴木・前掲注（3）98頁。

76　モッセ（1846年-1925年）は，憲法学者 Rudolf von Gneist（ルドルフ・フォン・グナイスト）の弟子で，伊藤博文がベルリンに滞在したとき Gneist に代わって憲法を講じたという。だが，彼の講義に伊藤はあまり関心を示さなかったようである。滝井一博『文明史の中の明治憲法』（2003年・中央公論社）104頁。

77　*Shirô Ishii, Ernst Lokowandt und Yûkichi Sakai* [Hrsg.], Albert und Lina Mosse, Fast wie mein eigen Land, Brief aus Japan 1886-1889, München 1995, S. 327, 331.

第1章　明治期におけるドイツ民事訴訟法の継受　　　　　35

草案ドイツ語文の前書)。

　「私に与えられた任務によれば，民事訴訟法草案の改訂は，この草案の基礎に触れないで，単にこれを(a)現行刑事訴訟法（治罪法），(b)裁判所構成法草案，民法草案，商法草案と調和させるべきである。

　これらの草案のうち，民法は完成していない。とくにまさに民事訴訟法にとって本質的な部分，すなわち『人の状態』に関する第1編，および証拠に関する第5編が欠けている。このような不完全のため，今のところ民事訴訟法と民法典との調整を行うことは放棄せざるを得ない。むしろ，この課題は後者の草案の審議との関連ではじめて果たすことができるであろう。私の手元にある民法典の両編の内で民事訴訟法にとって主として問題になるのは，以下の条文である。すなわち，30条(359条参照)，37条，100条，118条，212条以下，260条，261条，263条乃至265条，301条，356条(裁判外の督促)，359条，361条，364条，368条，369条，372条以下，402条，406条，426条，427条，446条，462条，463条，470条，472条，480条，497条，499条，550条，554条，599条，600条である。

　商法典の草案ではとくに，18条以下，37条以下，67条，71条，140条5項，142条，180条，202条，206条，207条，245条，254条，257条乃至259条，275条乃至278条，281条6項，283条，291条，292条，294条，295条，304条，307条，426条，440条，451条，712条，723条，752条，754条，758条，759条，773条，888条以下，さらに（破産についての）第3編全部と第4編（商事事件に関する争訟）が強調されるべきであるので，私の引用が完全だと主張することはできない。今や，民法典ないしは商法典におけるこれらの規定の大部分は，実体法でなく訴訟法に属するため全部削除されなければならず，他の部分は別の実体法上の理由からではないが，民法典や商法典との間の緊急に必要な調和を生み出すために大幅に変更されなければならないことは，今や疑いのないところである。この状況にあって――個々の点を別にすれば――実体法に捧げられた2つの草案は民事訴訟法の改定のさい差し当たりは無視するほかはない。民事訴訟法の草案は重要な点においてドイツの民事訴訟法に対応しており，後者は現在ドイツにおいて通用している全く異なる諸民法を顧慮して，その規定が異なる実体法の体系に調和するように起草されていればいるほど，このことは一層実行可能である。それに対し，実体法に属する多数の規定を削除することが必要であろう。……」[78]

---

[78]　松本博之／徳田和幸編著『日本立法資料全集198　民事訴訟法〔明治23年〕(5)』
　　（2015年・信山社）〔資料178〕（原文はドイツ語，訳は私訳である）。

モッセは，以上のようなコメントを付して，異なる実体法に対応することができるドイツ民事訴訟法に倣って日本の民事訴訟法を制定することが当時の立法状況において次善の策であると考えた。かくて，彼は1877年のドイツ民事訴訟法に準拠して新草案を提出しようとした。

　しかし，モッセが提出したドイツ語草案は，1～100条および116～168条（全部で153条）にすぎない。1887（明治20）年12月から翌年1月頃までに作成されたものである（送達に関するモッセの提案を届けた際の添書きには，1888年1月30日の日付がある）。モッセは，いずれにせよ1888（明治21）年3月初旬には民事訴訟法草案作成の作業を完全に止めてしまった。すでに見たように，地方制度に関心をもっていた彼は，もともとこの仕事に大きな不満を抱いていた。民法も商法も定まっていないところで，体系の異なる刑事訴訟法をも含めて民事訴訟法と他の重要な法律または法律案との調整をしろというのはもともと無理な要求であったであろう。そうした中で将来の実体法に十分に対応できる1877年のドイツ民事訴訟法に範をとることは理解できることであったであろう。しかし，彼に課された仕事はまさにハードなものであった。1888（明治21）年1月6日付けのドイツに宛てた手紙では，モッセは，「私の主たる仕事は，現在憲法問題に関する意見書のほかは，民事訴訟法である。たしかに，草案は存在する。しかしながら，これはもともと，そしてとくに他の司法法に鑑み非常に広範な改案を必要とする。したがって，元の草案の多くは残らないであろう。司法法の作成の後，破れたのではなく延期されたに過ぎない条約交渉を再び始めるべき条約列強に鑑みて，仕事は非常に急がされ，したがって平均で週30条を提出しなければならないので，私は十分以上に働いている」と，近況を知らせている[79]。1888（明治21）年3月8日付けのリナ（Lina）夫人のドイツ宛て手紙では，「アルベルト（Albert）は最近再び狂ったように働かなければならなかった。とくに契約上全く義務を負っていない司法省によって負担を負わせられており，彼は大変喜ばしいことに民事訴訟法の仕事を止める（niederlegen）決心をした。これからは，彼は専ら地方法（Communalgesetze）に専念するでしょう」[80]と伝えている。

　鈴木論文は，委員会規則に反して新草案を起草しだした上に，158条の起

79　*Ishii/Lokowandt/Sakai*「Hrsg.」, a. a. O. (Fn. 77), S. 345.
80　*Ishii/Lokowandt/Sakai*（Hrsg.), a. a. O. (Fn. 77), S. 349.

草をした段階で作業をやめてしまったモッセの無責任さを非難する。すなわち，モッセにとって作業がハードになることは初めから明らかであったし，ボワソナードもハードな作業（週50条を起草）をこなしていたと指摘する[80a]。そのような見方も可能であろう。しかし，モッセが提出した新草案の説明を見る限りでは，テヒョー草案と日本の民法草案，商法草案および治罪法との文言上の整合性を検討しており，明治政府の委嘱の趣旨を念頭に置いたかなり丁寧な作業を行っていたように見える。民法だけの草案を作ったボワソナードと異なり，民法草案および商法草案が出来上がっていないところで泰西法原則との適合性を確保するための調整作業は極めて困難であった。たとえば訴訟係属後の係争物の譲渡について，ボワソナードに民法草案の規定について照会していたし，商法草案が完成しておらず，したがって破産法規定が出来上がっていないところで当事者の破産による訴訟中断について規定することは困難であった。モッセは，やはり作業の困難と，契約外の任務による過重負担に立腹し任務放棄に至ったように思われる。

　突然のモッセの離脱によって，民事訴訟法の調査作業は当然大混乱に陥った（明治21年1月20日の会議の後，同年4月13日の会議までの間は，会議は一度も開かれていない）。

　その後は，日本人の報告委員（訴訟法組合）に起草が依頼された。報告委員は，委員長の示唆に基づきテヒョーの案を基本として，これを修正した。部分的には，ドイツ民事訴訟法を翻訳する形での議案を提出することもした。もっとも，ドイツ法に依拠することができない制度がテヒョー草案に含まれており，それについてはテヒョー草案の検討が中心であった。これは，訴え提起以下の規定に当てはまる。すでに述べたように，ドイツ法では，訴えは原告が第一回口頭弁論期日の指定を受けた後，これを含む訴状を被告に送達することによって提起し，その後に口頭弁論期日が開かれるべきであるが，テヒョー草案は，1868年のヴュルテンベルク王国民事訴訟法を参考にして，弁護士制度が確立していない日本においては，訴えの提起は訴状を裁判所に提出して行うべきものと定め，また口頭弁論前に当事者間での書面交換手続を予定し，反訴は答弁書または別個の書面によって提起すべきこと，訴求債権と関連性を有しない反対債権は相殺であれ反訴であれ答弁書においてのみ

80a　鈴木・前掲注（3）154頁注（38）。

主張することができるが，関連性のある反対債権による相殺は答弁書提出期間内に相殺や反訴によってすることを求められず，書面交換手続の後に開かれる口頭弁論期日において口頭ですることができる[81]としていたが，このような問題に関しては，報告委員は1877年のドイツ民事訴訟法（CPO）に依拠して起草することはできなかったものと思われる

　(4)　民事訴訟法についての法律取調委員会の最初の審議は，1887（明治20）年12月16日に始まり，翌年10月11日まで計53回の会議を行った。この委員会の審議の仕方は，一般に（民法や商法の審議の場合も同じである），報告委員より各法律取調委員にあてに事前に「草案」が配布され，次いで法律取調委員会の会議日程に合わせて，会議の2，3日前に報告委員作成にかかる「議案」が送付され，取調委員は会議において報告委員の報告を聞いて意見を交換し，文言を修正するという形式である[82]。

　民事訴訟法の審議については，「議案」は『民事訴訟法草案議案第一号（明治二十年十二月十六日）〜民事訴訟法草案議案第五十一号（明治二十一年十月十一日）』[83]として遺されている。この議案において旧案と呼ばれているのはテヒョー草案であり，原案と呼ばれているのは「民事訴訟法新草案」[84]である。議案には，報告委員がその後の検討の結果草案を修正すべきと考えた結果および修正の理由が示されている。ところが，前述のように民事訴訟法の起草を委嘱されたモッセは途中で作業の困難と時間不足から任務を放棄してしまったため，その後はテヒョー草案を基本にして報告委員が調査・起案作業を続行することとなったので[85]，法律取調委員には表現の修正を施したテヒョー草案，1877年ドイツ帝国民事訴訟法の翻訳[86]が配付されたようである。

　「民事訴訟法草案議事筆記」[87]は，法律取調委員会がこの『民事訴訟法草案議案』を検討した議事録である（ただし，この資料にはかなりの欠落がある。初めから欠落していたのか，日本学術振興会が資料を謄写する際に誤って謄写漏

81　旧民法はフランス民訴法上の反訴たる相殺請求に対応する裁判相殺を定めていたが，ドイツ民訴法には裁判相殺に関する規定はなく，ドイツ法を参照して起草することができなかった。詳しくは，松本博之『訴訟における相殺』（2008年・商事法務）20頁，195頁参照。

82　鈴木・前掲注（3）142頁参照。

83　松本博之／徳田和幸編著『日本立法資料全集194　民事訴訟法〔明治23年〕（1）』（2014年・信山社）〔資料34〕〜〔資料85〕。

84　松本／徳田編著・前掲注（83）〔資料1〕〜〔資料33〕参照。

れが生じたのかはわからない)。議事のさい報告委員のうちで説明役を務めたのは，当時司法省民事局次長であった小松済治だけであった[88]。審議結果を整理したものとして，「修正民事訴訟法草案」[89]が作成されたと思われる。

第3款　法律取調委員会の再調査

　法律取調委員会が「民事訴訟法草案議案」の審議を終えるのは，1888（明治21）年10月21日であるが，法律取調委員会は第一読会の終了前である1888（明治21）年9月7日から，早くも第1条からの再調査（実質的には第二読会）を始めた。審議はそれだけ急がれたということであろう。山田顕義法律取調委員長（司法大臣）が，明治23年の帝国議会開設の前に民法，商法，民事訴訟法を成立させようとしたからである。これらの法律を議会開設前に公布できるためには，法律取調委員会の起草の後，法制局，元老院および枢密院の審査を受けたうえ，さらに条約改定交渉国に示すため法律の英訳を行わなければならないという事情があったので，草案の作成は1888（明治21）年暮れまでに完了していることが必要だとの判断によるとされる[90]。

85　民事訴訟法草案議事筆記第10回（松本博之／德田和幸編著『日本立法資料全集195　民事訴訟法〔明治23年〕（2）』（2014年・信山社）〔資料95〕（272頁））に，この間の様子を示す次のような三好退蔵の発言がある。「御承知ノ通リテ『モツセ』カ即チ茲ノ議場ノ起案者ニナツタノテス。處カ『モツセ』カ先ツ謂ハ死〔ン〕タモノテスカラ其相続人カ出テ来タノテス　然ルニ其相続人ハ結合體テスカラ壱人テ起案スルコトハ往カンカラ先ツ委員長カラ『テヒヨ』ノ案ヲ本トシテソレヲ原案ト思フテ修正シタラ宜カロウト云フノテ成丈ケソレニ拠テ良カロウト云フノテアッタ　ソレテ趣旨ハソレニ相違ナイ　所カ結合體テ起案スルニシテモ編纂ノ手続ヲ変ヘルト矢張新タニ拵イ〔ヘ〕ナケレハナラン　余儀ナク第一節即チ今日初メノ所ヲ拵イ〔ヘ〕タノテドウモ斯ウ云フ風ニナルノテアリマス」。

86　ドイツ民事訴訟法の翻訳の委嘱をドイツ学協会が受けていたことを窺わせる記述が，『民事訴訟法草案議事筆記』にある。鈴木・前掲注（3）155頁注（40）も参照。

87　松本／德田編・前掲注（85）〔資料86〕～〔資料115〕。

88　また報告委員の出席も，第13回会議以降は，小松済治に限られている。鈴木・前掲注（3）158頁注（43）の指摘。小松済治のプロフィールについては，鈴木・前掲注（3）7頁以下参照。

89　松本博之／德田和幸編著『日本立法資料全集196　民事訴訟法〔明治23年〕（3）』（2014年・信山社）〔資料139〕～〔資料158〕。

90　鈴木・前掲注（3）149頁。

再調査の対象になったのは，「民事訴訟法再調査案」[91]である。これは，法律取調委員会の再調査にかけるべく修正民事訴訟法草案に一定の手直しを加えたものであろう[92]。再調査の開始日は，1888（明治21）年9月7日である[93]。民法（一部を除く），商法および民事訴訟法の再調査は，予定どおり，一応1888（明治21）年12月24日または26日には終了したが[94]，その後，再開された。

第4款　再調査の再開

〔1〕　再開された民事訴訟法の再調査は，翌1889（明治22）年3月22日までかかった。民法との調整の必要性などが，このような事態を招いたようである。まず，民法の一部とくに人事編の起草が遅れ，そのため婚姻事件，禁治産事件に関する手続法規定が影響を受けるという事情があった。再開された再調査において「民事訴訟法草案」（再調査委員会による再調査の結果）の第6編「婚姻事件及ヒ禁治産事件」（506条〜561条）が全部削除された。また，民法における債権者平等原則の採用によって，強制執行における優先主義[95]を平等主義に改める必要があるかどうかという問題が生じた。さらに，民事

91　松本博之／徳田和幸編『日本立法資料全集196　民事訴訟法〔明治23年〕(4)』（2015年・信山社）〔資料159〕～〔資料169〕。

92　法務図書館所蔵貴重書目録（和書）49頁は，「民事訴訟法再調査案」は「修正民事訴訟法案」の別名だとするが，字句の修正がなされているので別名ということはできないであろう。

93　この日付は，松本／徳田編著・前掲注（91）〔資料159〕の冒頭にこの日付があることにより確認することができる。

94　法律取調委員であった尾崎三良の日記（伊藤隆／尾崎春盛編『尾崎三良日記　中巻』〔1991年・中央公論社〕243頁）に，明治21年12月26日の午前に「訴訟法留保物会議」があり，「本日ニテ法律取調委員ハ終回ナリ」とある。松岡日記は「是日，訴訟法会議……，本年ノ会議閉ズ」と記す。もっとも，「法政大学所蔵梅謙次郎関連資料目録（和書の部）（Ａ5ａ／10 3　民事訴訟法）」の中に「訴訟法草案脱稿」の記述があり，明治21年2月24日の日付があるとのことである（ただし，この記述は，梅文書研究会編『法政大学図書館所蔵　梅謙次郎文書目録』〔2000年・法政大学ボアソナード記念現代法研究所〕においては省略されている）。この記述に誤りがなければ，本来の審議は12月24日に終わったが，積み残しがあったため12月26日に「留保物会議」が開かれたということになろう。

95　『修正民事訴訟法草案』554条1項，576条，577条，583条，587条，588条，600条〜602条，627条，686条1項等。

訴訟への検事の関与を排除することになっていた再調査案に対する検察側の猛反撃が生じたことを挙げることができる[96]。

(2) 婚姻事件，禁治産事件に関する手続法規定は，特別法に規定することとされた。民事訴訟法施行条例が制定され，その第10条は「婚姻離婚及養子ノ縁組離縁ニ関スル訴ニ付テハ特別ノ慣習アルモノハ当分ノ間其慣習ニ従フ」と規定したが，時を移さず「婚姻事件養子縁組事件及ヒ禁治産事件ニ関スル訴訟規則」（明治23年法律第104号）が制定された。この法律は1898（明治31）年6月21日に人事訴訟手続法が制定されるまで効力をもった。もっともこの点については，民法が施行延期となったため，この「婚姻事件養子縁組事件及ヒ禁治産事件ニ関スル訴訟規則」も施行に至らなかったという見解[97]が主張されているが，この訴訟規則を適用する裁判例[98]が厳に存在する。したがって「婚姻事件養子縁組事件及ヒ禁治産事件ニ関スル訴訟規則」も施行されたことは間違いない[99]。

強制執行の領域では，民法の債権者平等原則の採用に対応して，執行債権者の優先的満足を図る優先主義から，他の債権者の債権の平等な実現を図る平等主義への大転換が行われた。その過程で，いくつかの資料が遺されている。これらの資料には，例によって作成日付が付されていないので，資料相互の関係を見極めることに著しい困難が生じる。記載から見て，次のように判断することができよう。すなわち，まず，「民事訴訟法第七編第二章以下ノ調査案」第1回～第8回終（626条～818条）[100]が報告委員（訴訟法組合）によって作成された（以下では，〔資料172〕という）。「修正民事訴訟法草案」の規定を削除したり，新たな規定を追加したりして，平等主義への転換に伴って必要となると判断された修正を施したものである。これが法律取調委員会の会議に提出されたかどうかは不明である（訴訟法会議は明治22年1月21日か

---

96 鈴木・前掲注（3）166頁。
97 山木戸克己『人事訴訟手続法』（1958年・有斐閣）6頁；鈴木・前掲注（3）166頁。
98 たとえば，大判明治29年3月12日民録2輯3巻56頁；大判明治31年1月18日民録4輯1巻8頁；大判明治32年5月25日民録5輯5巻114頁。
99 岡垣学『人事訴訟の研究』（1980年・第一法規）405頁；同『人事訴訟手続法』（1981年・第一法規）7頁；吉村徳重／牧山市治編『注解人事訴訟手続法〔改訂〕』（1993年・青林書院）9頁〔吉村〕。
100 松本／徳田編著・前掲注（91）〔資料172〕。学振版では「再修正民事訴訟法第七編第二章以下ノ調査案」の題名が付されている。

ら連日開かれていたので101,あるいは,これがこの時に審議されたのかもしれない)。次に,この資料の修正版として,「民事訴訟法草案第七編第二章以下調査案」102が作成された103。これは,626条から765条までの調査案であり,上欄において参照として,「修正民事訴訟法草案」の対応条文やプロイセン不動産執行法の条文,フランス民事訴訟法や旧イタリア民事訴訟法の条文を掲げている。「修正第五百五十四條ハ平等分配ノ主義ニ反スルヲ以テ之ヲ削除ス」と付記しているように,強制執行が優先主義から平等主義に転換されるに伴って必要となる種々の規定を提案するとともに,非常に簡単であるが規定の削除や新設の理由を上欄に記している。これが法律取調委員会における会議案であろう104。この修正案は遅くとも1889(明治22)年2月18日から同月末まで連続して(民法会議と並行して)開かれた訴訟法会議において審議された。強制執行編の改案が終わったのは,同年3月1日である105。結果は,この案が基本的に採用され,その内容は「民事訴訟法元老院提出案」106に受け継がれていく。

もっとも,「民事訴訟法草案第七編第二章以下調査案 自六百五十六條至六百八十七條」107は,不動産の強制競売までの規定の修正案である(以下で

---

101 前掲注(94)『尾崎三良日記 中巻』によれば,法律取調委員会は明治22年1月21日から28日まで連続して(一部は治罪法の修正会議を交えて)開かれた。

102 松本/徳田編著・前掲注(91)〔資料173〕。

103 松本/徳田編著・前掲注(91)〔資料173〕は,〔資料172〕を原案と呼んでいる(強制競売および強制管理の手続における利害関係人への送達に関する本條原案は冗長なため修正するという場合(〔資料173〕の704条の欄外),原案とは〔資料172〕の698条を指す)。〔資料172〕の方が古く,〔資料173〕は〔資料172〕の修正であることが分る。宮脇幸彦「強制執行における平等主義規定の生成」小山昇ほか編集代表『兼子博士還暦記念・裁判法の諸問題下』(1968年・有斐閣)201頁,208頁は,〔資料172〕を「旧案」,〔資料173〕を「新案」と呼ぶ。ところが,法務図書館所蔵貴重書目録(和書)49頁は,逆に,〔資料172〕が〔資料173〕の「第二案」とするが,実際はそうではないのである。なお,鈴木・前掲注(3)206頁注(116)も参照。

104 「民事訴訟法草案第七編第二章以下調査案 債権及ヒ他ノ財産権ニ対スル強制執行(自六百五十六條至六百八十七條)」(松本/徳田編著・前掲注(91)〔資料173〕(212頁))の脇に「自六百五十六條至六百八十七條会議案」なる記入がある。鈴木・前掲注(3)206頁注(116)も参照。

105 鈴木・前掲注(3)181頁。

106 松本/徳田編著・前掲注(78)〔資料176〕。

107 松本/徳田編著・前掲注(91)〔資料173〕。

は〔資料173〕という）。不動産の強制管理，船舶執行，非金銭債権のための強制執行，仮差押・仮処分に関しては，〔資料172〕を修正したものが作成されたかどうか不明である。〔資料172〕の該当部分が法律取調委員会の審議の対象とされ，平等主義に適合させた修正が施されたのであろうか。この審議も，1889（明治22）年2月18日から同月末までに行われたはずである。いずれにしても1889年3月1日には，テヒョー草案以来の強制執行における優先主義の考え方を捨てて，平等主義に転換する修正が行われた。この間，約2か月である。このような短期間に基本原則の大転換が行われたことは，後の執行実務に様々な問題を残す原因になった[108]。

　民事訴訟への検事の関与も，承認された。民事訴訟への検事の立会いについては，テヒョー草案がこれを認めていたが，批判が多く（モッセも批判していた），モッセの草案を翻訳した新草案がこれを採用していなかったことは当然である。山田顕義・法律取調委員長自身なお検事の立会規定に固執したが，反対意見が強く，修正民事訴訟法草案にも再調査案にも登場せず，山田委員長の意見は否定されたかに見えた。しかし，その後，1889（明治22）年になると検事長らからの働きかけがあり，結局，検事の立会いについて2か条を設けた[109]。

　再調査の結果は，強制執行における平等主義の採用，無名義債権者の配当要求の許容，検察官の民事訴訟への関与などの点を除き，全体として1877年のドイツ民事訴訟法の翻訳に近いものになり，テヒョー草案がもっていた種々の特徴は，訴状の提出による訴えの提起と職権による訴状の送達，答弁書または口頭による反訴の提起の許容および当事者尋問の採用，詐害再審のような若干の例外を除き，完全に失われた。

108　宮脇・前掲注（103）209頁，212頁以下参照。
109　この間の経過については，鈴木・前掲注（3）168頁以下が詳しい。もっとも，この2ケ条は，後述のように元老院の審査の際に再び大幅な修正を受けた。

第3節　元老院および枢密院の審議の経過

第1款　元老院の審議

　1889（明治22）年4月10日，民事訴訟法草案は山田顕義・法律取調委員長より内閣総理大臣に提出された。当時の立法の手続として，法制局，元老院および枢密院の審議を経ることになっていた。しかし，山田顕義・司法大臣／法律取調委員長は，これら3機関の審議を，しかも民事訴訟法だけでなく，民法，商法についても全面的に省略しようと考えた。その開設が目前に迫った帝国議会で法案が審議されるならば，議論百出のため法案が成法になる時期が不明になることを恐れたためである。山田法律取調委員長の奮闘により法制局の審議は省略され，元老院の審査については「通常ノ会議法ニ拠ラズ各法案ニ付キ大体ノ可否ノミ議決セシメ」るとする山田司法大臣の発議を内閣が容れ，加えて大体可否をすべき旨の天皇の勅諭も出され，元老院は止むを得ず「大体可否会議仮規則」を作り対応した。民事訴訟法は1889（明治22）年4月29日元老院の審議に付されることになったので，同年4月20日，山田顕義法律取調委員長より政府委員として控訴院評定官・今村信行および司法省参事官・本多康直の2名の推薦があり，同日，総理大臣により決定され，同月22日任命された[110]。

　元老院の審査においては，まず，審査委員の手になる修正案が作成された。「民事訴訟法，元老院第三読会修正」[111]がそれである。この修正は，民事訴訟法（元老院提出案）に審査委員が手書きで修正したものである。この段階では修正案を直ちに元老院の会議にかけず，これを法律取調委員会に交付し，法律取調委員会は審議を再開し，元老院の意見に沿って草案に適宜修正を加えた[112]。修正の多くは殆どが字句の修正であったが，中には上告金（上告提起前に上告人に金10円を預託させ，上告の不適法却下，棄却および上告の取下げ

---

[110] 大久保泰甫／高橋良彰『ボワソナード民法典の編纂』（1999年・雄松堂出版）402頁。

[111] 松本／徳田編著・前掲注（78）〔資料177〕。

[112] 訴訟法組合は，この手書修正を施したものを「訴訟法組合備本　元老院第三修正（最終）　民事訴訟法　第二版」と呼んだ。松本／徳田編著・前掲注（106）〔資料177〕。

の場合にはこれを没収し，上告を認容するときはこれを返却するという制度（「元老院提出案412条・413条」）の削除および検事の立会いに関する規定（「元老院提出案」42条・43条）の修正があった。法律取調委員会によって修正された元老院提出案が総理大臣を通して再び元老院に提出され，元老院は1889（明治22）年12月9日第2回大体可否会議を開いた。

この第2回大体可否会議において，政府委員・本多康直は，「抑々此訴訟法ハ明治17年ノ頃当時内閣雇独逸人『テツヒヨ』氏草案ヲ作リテ之ヲ参事院ノ会議ニ付シ其後20年ニ至テ法律取調委員会ヲ設ケ同委員会ニ於テ更ニ修正ヲ加ヘタルモノナリ　其編纂ノ順序等ハ編目ニ明掲シタルカ如シ　又此訴訟法ハ先キニ於テ元老院ノ議定ニ付シ本院ノ意見ニ従テ修正シ少シク前案ヲ変更シタリ　即チ本法ノ條数ハ初メハ817條ナリシカ数十條ヲ削除分割シテ815條ニ減シタリ　他ニ字句ノ修正等アルモ意義ヲ変更セシトコロハ極メテ僅少ナリ　今其修正中ノ重ナルモノヲ挙レバ原案第442條上告金ノ規定ヲ削除スルト原案第652條強制執行ノ場合ニ於ケル不能力者ニ関スル規定ヲ改削シタル等是ナリ　民事訴訟法ハ今日ニ於テ極メテ必要ナレバ速カニ会議ノ経過センコトヲ希望ス」[113]と述べ，迅速な議事を求め，民事訴訟法は元老院において議定された。

第2款　枢密院の審議

山田顕義法律取調委員長は，枢密院への諮詢を回避しようとしたが，成功しなかった[114]。しかし，枢密院は，審議方式を変えて，審議を第一読会だけで済ますという「大体議」という方式を認めた。1889（明治22）年3月25日に，天皇の臨席のもと民事訴訟法の大体可決が行われ，枢密院への諮詢を終えた。このようにして成立した民事訴訟法は，1890（明治23）年4月21日

113　明治法制経済史研究所編『元老院会議筆記・後期第三五巻』（1990年・元老院会議筆記刊行会）14頁以下。ここで，本多康直がテヒョー草案が参事院の会議に付されたとしている点は本多の思違いであると指摘する，鈴木・前掲注（3）224頁注(133)も参照。

114　枢密院への諮詢を回避しようとする山田法律取調委員長の執拗さ，決議を先送りしようとする一部議員の要求，大木喬任議長の動きなどについて，鈴木・前掲注（3）213頁以下が詳しい。

法律第29号として公布され，1891（明治24）年1月1日より施行された。

第4節　明治23年民事訴訟法の特徴

第1款　特　徴

　このようにして出来上がったのが明治23年の民事訴訟法であり，日本で初めての近代的民事訴訟法である。

　弁護士強制の欠缺（第一審のみならず上訴審においても弁護士強制がないこと），弁護士報酬が訴訟費用に算入されないこと，訴えの提起は訴状を裁判所に提出して行い，訴状は職権によって被告に送達されること，当事者宣誓ではなく当事者尋問が採用されたこと，詐害再審の許容などが，その特徴である。婚姻訴訟など人事訴訟に関する規定は，民事訴訟法には定められなかった。人事訴訟に関しては民事訴訟法施行条例第10条が「婚姻離婚及養子ノ縁組離縁ニ関スル訴ニ付テハ特別ノ慣習アルモノハ当分ノ内其慣習ニ従フ」と規定したが，時をおかず民法附属法として「婚姻事件養子縁組事件及ヒ禁治産事件ニ関スル訴訟規則」（明治23年法律第104号）が制定され，施行された。

第2款　問題点としての民法との調整，その結果としての重要な規定の欠落

　民事訴訟法の制定作業と平行して，民法および商法の制定作業が行われた。ところが，民法はボワソナードの手になる草案が作製され，これを基礎にいわゆる旧民法が制定された。そのため民法に規定すべきものとされ，民事訴訟法に規定されない訴訟に関する事項が生じた。たとえば，証拠に関する規定は，フランスでは，ドイツと異なり民法に定められている。そのため，旧民法は証拠編を定めていた。旧民法証拠編第60条は，フランス民法典と同様，次のように一定額以上の法律行為について書面による証明を要求し，証人尋問を排除した。

「①　物権又ハ人権ヲ創シ，移転シ又ハ消滅セシムル性質ヲ有スル総テノ所為ニ付キテハ其所為ヨリ各当事者又ハ其一方ノ為ニ生スル利益カ当時五拾円ノ価値ヲ超過スルトキハ公正証書又ハ私署証書ヲ作ルコトヲ要ス

② 人証ハ右ノ価値ヲ超過スルニオイテハ法律上明示若クハ黙示ニテ例外ト為シタルトキニ非サレハ裁判所之ヲ受理セス」

また，旧民法の重要な法定証拠規定として，次のものがあった。私署証書の証拠力（旧民法証拠編25条1項），有効な裁判上の自白の証拠力（同36条1項），法律上の推定（同75条以下），取得または免責の時効および既判力を公益に関する完全な法律上の推定とする規定（同76条）。

ただし，宣誓要求の制度は存在しなかった。これは，テヒョー草案においてテヒョーが当事者の証人地位を認める英米法の方が優れているとし，当事者尋問の制度を民事訴訟法に採用したからである。

以上のように，旧民法が証拠規定を定めていたため，1890（明治23）年の民訴法217条は，自由な証拠評価の原則（die freie Beweiswürdigung）についても，「裁判所ハ<u>民法又ハ此法律ノ規定ニ反セサル限リ</u>弁論ノ全旨趣及ヒ在ル証拠調ノ結果ヲ斟酌シ事実上ノ主張ヲ真実ト認ム可キヤ否ヤヲ自由ナル心証ヲ以テ判断ス可シ」と規定しなければならなかった（下線引用者）。多くの規定に関して，民法との調整を行う必要が生じた。民法に規定がある事項は民事訴訟法には改めて定めないことになったが，制定された旧民法典はいわゆる法典論争のため結局施行されなかった。民事訴訟法は予定どおり1891（明治24）年1月1日に施行されたが，旧民法を改正して成立した明治民法が1899（明治32）年に施行されるまでの間必要な民法規定が存在しないという異常な事態が生じた。

その結果，たとえば明治23年民訴法には裁判上の自白に関する規定が存在しなかった。大正15年改正民訴法は，裁判所において自白された事実は証明を要しない旨定めたが，裁判上の自白の撤回に関する規定は定められず，今日でもこの状態が続いている。

第3款　民事訴訟法改正を求める要望

以上のような経過を辿ってようやく成立し，施行された民事訴訟法であったが，この民事訴訟法はその施行後すぐに改正を求める声が大きくなった。「手続煩瑣ニ亘リ実際ノ運用上不備ノ点少ナカラザルヲ以テ夙ニ改正ノ議アリ」[115]というのがその理由である。

この法律は明治24年1月1日から施行されたが，施行までの期間が短く，

準備が不十分であった。このことは，「其新法の主義精神を了解することの困難は勿論のこと，権利拘束とか，主参加，従参加とか，妨訴抗弁とか，支払命令とかいふ極めて耳新らしい，目新らしい法律語には実に眩惑させられたものが多かった」116との回顧談が法律雑誌に発表されたことから見ても明らかである。鈴木正裕は，「テヒョー草案の邦訳さえ予め配布されていたら，新法の主義精神を了解することはもとより，主参加，妨訴（ノ）抗弁はそのまま使われていたし，権利拘束は『訴訟物件ノ拘束』，従参加は『補助参加』，支払命令は『弁償命令』（督促手続の語は，そのまま使われていた）と近似した名前で呼ばれていたので，眩惑されることはなかったであろう」と指摘される117。いずれにせよ，政府の法律実施の準備が不十分であったことは否めない。

第5節　民事訴訟法継受の意味

第1款　継受の媒介作業

以上の叙述から明らかになるように，明治期における民事訴訟法の継受は，泰西法（Western Law）の原則に合致した法典を整備するという政治的課題のなかで，現実には同時代の外国法を全面的に輸入するものであった。ここで重要なことは，土着または既存の法と外来の法を架橋する媒介の作業であろう118。テヒョー草案の場合には，すでに述べたように，テヒョーが外国法の継受にむしろ消極的な考え方をもち，その国の歴史や慣行を重視したので，民事訴訟法の基本原則に反しない限り，当時の日本の法令や裁判所慣行を尊重する態度であったから119，媒介作業はかなり行われたということが

115　「民事訴訟法改正要目」松本博之／徳田和幸編著『日本立法全集11　民事訴訟法〔大正改正編（2）〕（1993年・信山社）559頁。
116　「温故知新（2）」法曹会雑誌12巻5号97頁，104頁。
117　鈴木・前掲注（3）112頁以下。
118　大久保泰甫「法の継受と言葉」林大／碧海純一編『法と言葉』（1981年・有斐閣）149頁，152頁。
119　テヒョー自身，山田顕義司法大臣への献辞のなかで，このことを明らかにしているし，彼が法案作りを引き受けるに当たって有能な実務家から日本の裁判実務についての情報を得ることを要求していた。

できる。しかし，明治23年民事訴訟法は決してそうではなかった。ドイツ民事訴訟法の翻訳が前記の事情により前面に出た。この媒介作業が十分に行われないところでは，軋轢が生じる。それは，実務からの法律批判という形で現われた。

　外国法の継受がその翻訳的輸入であれ，既存の法の修正の形をとるにせよ，困難な問題は，まったく近代的な訴訟制度を知らない国が初めて外国の法制度を受け入れ，自国語で法典化する際に現われる。多数の重要な法概念が全くないところで，適切な訳語を見つけ出し，または初めから造語することは想像を絶する困難を伴う。当時の知識人・森有礼がその著"Education in Japan（日本の教育）"の序文で「日本語は到底支那語を待つに非ざれば其用を為す能はず。国家の法令の如きはとても日本語にて言明するにあらず。故に日本の普通教育には英語を代用すべし」[120]と主張した時代である。明治期にこの翻訳作業に当たった人たちの苦労が思いやられる。外国の法典の翻訳に当たった人たちは，オランダ語および漢学に通じており，適切な用語を見つけ出したとされる[121]。また，単にドイツ法の法律用語だけから訳語を決めたのではなく，他のヨーロッパ諸国の法律用語も参照された[122]。

第2款　実務の継受の困難さ

　明治期における1877年ドイツ民事訴訟法の継受の際，法典の継受は行われたが，この法典に基づく実務の継受は行われず，このことが法律施行後の実務家の困惑をもたらした[123]。もっとも，明治政府は実務の継受に全く無関心だったかというと，必ずしもそう断定することはできないであろう。明治

120　*Arinori Mori*, Education in Japan, Introduction, 1873, p. 16（森有礼全集第3巻（付録）266頁）。

121　大久保・前掲注（118）158頁。権利や義務の用語を日本で初めて用いた箕作麟祥の例は有名である。大槻文彦編『箕作麟祥君伝』（1907年）89頁。

122　たとえば，Rechtshängigkeit は明治23年民事訴訟法では「権利拘束」と直訳されたが，同じ内容の用語としてオーストリーでは Streithängigkeit の語が用いられている。訴訟係属の語はむしろ，この Streithängigkeit の翻訳からきているように思われる。非訟事件を示すドイツ法の用語は freiwillige Gerichtsbarkeit であるが，オーストリー法では Ausserstreitverfahren, Ausserstreitsachen と呼ばれる。日本の非訟事件の用語は後者を参照して決められたのであろう。

時代にはかなりの数の実務家をヨーロッパに派遣して訴訟書類の書式を調べるなど種々の調査をさせていたからである。しかし，一部の者が外国の訴訟実務について知識を持ち帰っても，これを一般の法律家に適時かつ組織的に周知することが必要であるが，明治期の日本にはそのような余裕はなく，十分に行われなかったようである。

法の継受に当たり土着の法と外来の法の媒介作業が不十分な場合には，種々の軋轢を生むであろう。民事訴訟法の場合には，これを日常的に使用する法曹実務家，とくに裁判官から，制定された法律が煩瑣で訴訟を遅延させるという非難が現われ，改正要求が強くなるという軋轢が生じた。

この軋轢は，明治23年民事訴訟法の改正という形で処理されなければならなかった。以後，日本法はドイツ法，オーストリー法あるいは英米法の基礎の上に，独自の法発展に向かうことになる。

第3款　明治期日本における民事訴訟法の継受の意味

1891（明治24）年1月1日に民事訴訟法が施行された。懸案であった不平等条約の改定は難航を極め，挫折を繰り返しながらも，陸奥宗光・外務大臣の時代に，まずイギリスとの間で日英通商航海条約が成立し（1894年7月16日），これを突破口に各国との条約改定が次々と実現した。このようにして，日本は不平等条約の改定に成功した。裁判所法および民事訴訟法の施行による日本の裁判手続の充実が条約改定の条件作りの一翼を担ったことは疑いのないことであろう。テヒョーが1884（明治17）年5月2日付けの伊藤博文への書簡のなかで，たとえ完全でないものにせよ，民事訴訟法の制定は国家の一大急務であり，外国人の日本の裁判手続への信頼を醸成するうえでも一刻も猶予できないことは論を待たないこと，そして完全な民法があっても民事訴訟法がなければ意味がないことを強調したが，実際に，民事訴訟の原則に則った訴訟実務の実施が日本の法律制度への外国人の信用を高めていった。民事訴訟法の継受は，日本が幾多の困難を乗り越えて粘り強い交渉によって不平等条約の改定に成功する礎となった。

123　中野貞一郎は，実務の承継の重要性を指摘している。中野貞一郎「手続法の継受と実務の継受」同『民事手続の現在問題』（1989年・判例タイムズ社）57頁以下参照。

第2章　明治36年草案から大正15年民事訴訟法改正へ

第1節　明治36年草案の成立の経過 —— 民事訴訟法調査委員による民事訴訟法修正案の作成

第1款　改正作業の開始

　第1章において詳しく見たように，明治23年民訴法は，紆余曲折を経てようやく1890（明治23）年4月21日法律第29号として成立した。この法律は翌年1月1日より施行されたが，施行後時を経ずして，「手続煩瑣ニ亘リ実際ノ運用上不備ノ點尠カラサルヲ以テ」[1]，早くも改正問題が生じた。司法大臣芳川顕正は，1995（明治28）年8月28日付けで全国の裁判所および検事局に対して，民事訴訟法及び付属法令に関して，その施行上改正を必要とする意見があれば同年12月中に具申するよう求めた[2]。同様の通知は，同年10月28日付けで各弁護士会にも送られた模様である[3]。裁判所，検事局，各弁護士会から提出された改正意見は，各条文ごとに整理され（「各裁判所提出民事訴訟法修正意見」）[4]，起草者による叩き台の作成資料とされたようである[5]。
　最初に修正案の作成に携わったのは，司法省が選任した「民事訴訟法調査委員」である。明治28年12月中旬に委員が任命され，翌年早々から修正案作りの作業が始まったものと思われる。委員は，横田國臣（司法省民刑局長），

---

1 「民事訴訟法改正要目（修正要目改版ノ分）」松本博之／河野正憲／徳田和幸編著『日本立法資料全集　民事訴訟法〔大正改正編（2）〕』（1993年・信山社）〔関連資料4〕よりの引用。
2 「改正民事訴訟法案審議の沿革」法曹会雑誌8巻12号（1930年）440頁，446頁。
3 大阪弁護士会『大阪弁護士史稿』（1937年・大阪弁護士会事務所）767頁には，大阪弁護士会には明治28年10月28日付けで諮問があり，同会は同年12月28日付けで司法大臣に答申したとある。
4 これは法政大学図書館所蔵の「梅謙次郎文書」に部分的に遺されている。

今村信行（判事）6，高木豊三（判事），河村譲三郎（司法省参事官），富谷鈇太郎（判事），前田孝階（判事），梅謙次郎（法科大学教授）であり，三好退蔵（判事）7が委員長に任命された8（ただし，三好委員長は同月26日までである）。彼らの経歴は次のとおりである。

横田國臣（よこた　くにおみ）は，1850（嘉永3）年生れ。1886（明治19）年と1890（明治23）年ヨーロッパに留学。1891（明治24）年5月帰国。出張中の1890（明治23）年10月に東京控訴院検事，司法省参事官を経て1892（明治25）年11月司法省民刑局長に任ぜられた。1896（明治29）年10月司法次官，1898（明治31）年6月検事総長へと累進した。しかし，同年10月懲戒免官となった。後の第2次山形有朋内閣で清浦奎吾が司法大臣になり，横田の懲戒処分は半年で免ぜられ，1899（明治32）年4月再び検事総長，さらに1906（明治39）年7月大審院長に就任した。大審院長在任期間は，15年間に及んだ。政府による院長退任の示唆にもかかわらず勇退しなかったためであるが，これが司法官定年制が設けられるきっかけになった9。

高木豊三（たかぎ　とよぞう）は，1852（嘉永5）年丹波に生まれ，司法省

5　たとえば明治23年民事訴訟法第一編第一章第六節「検事ノ立会」につき，梅謙次郎委員は次のように存置の意見を提出した。

　　「本節削除ノ説アレトモ是ハ存セラレンコト望ム　其理由ハ民法ニ於テ検事ノ干渉ヲ必要トスル規定極メテ多ク例ヘハ修正案第七条，第十条，第十三条，第二十五条乃至第二十七条，第四十条，第五十六条，第五十七条，第七十五条，第七十六条等ノ如キ其他親族編相続編ニハ殊ニ其規定多カルヘク例ヘハ婚姻，離婚，養子縁組，離縁，隠居，親権，後見，扶養ノ義務，相続人ノ曠欠セル遺産等ニ関シ動モスレハ検事ノ干渉ニ依リ公ノ秩序ヲ維持シ失特者ヲ保護スル規定ノ必要ヲ見ルヘシト信スレハナリ」と。

　　因みに，この「検事ノ立会」の規定は，民事訴訟法修正案においては議決保留となり，明治23年民事訴訟法42条がそのまま残されたが，その後，「民訴甲第一号」では完全に削除された。

6　今村信行の経歴については，第1編第1章注（15）参照。

7　三好退蔵の経歴については，第1編第1章注（21）参照。

8　司法省編『司法沿革史』（1939年・法曹会）164頁；前掲注（2）「改正民事訴訟法案審議の沿革」447頁。

9　『日本人名大事典第6巻』（1979年復刻版，平凡社）438頁；小泉欣司編『朝日　日本歴史人物事典』（1994年・朝日新聞社）1776頁〔楠木精一郎〕による。なお，司法官定年制については，鈴木正裕『近代民事訴訟法史・日本2』（2006年・有斐閣）227頁以下が詳しい。

明法寮で佛法を修め，司法省および法制局に奉職した。1884（明治17）年判事。1886（明治19）年ドイツに留学し，帰国後『日独民事訴訟法対比』（1892年・時習社）を翻訳編纂したのち，福島地方裁判所長，大審院判事，司法省民刑局長を経て司法次官になった[10]。

河村譲三郎（かわむら　じょうざぶろう）は，1886（明治19）年ヨーロッパに留学し，帰国後，司法省参事官，東京控訴院検事等を歴任，1902（明治35）年ヘーグ万国国際法会議に列席した。1903（明治36）年9月より1906（明治39）年1月まで司法省民刑局長，1906（明治39）年から1911（明治44）年9月まで司法次官を歴任した。後に貴族院議員になった。同氏の民事訴訟法改正への関わりは極めて長い。同氏は，旧法典調査会の民事訴訟法改正案の作成に深く関与し，叩台となった条文の試案を提出し，続いて1907（明治40）年5月2日には法律取調委員に就任，民事訴訟法改正主査委員を務めた。司法省の民事訴訟法改正調査委員会では委員長の職を務めたほか，帝国議会の貴族院の民事訴訟法改正法律案に関する特別委員会の副委員長をも務めた[11]。

富谷鉎太郎（とみや　しょうたろう）は，1884（明治17）年司法省法学校を卒業し，1886（明治19）年よりドイツに留学した。帰国後1890（明治23）年に東京地方裁判所判事になり，東京控訴院長，大審院長を歴任した。1899（明治32）年には法学博士の学位を受け，貴族院議員に勅選された。また明治大学学長をも務めた[12]。

前田孝階（まえだ　こうかい）は，1860（萬延元）年加賀に生まれ，1884（明治17）年司法省法学校を卒業した。司法官となり，累進して東京地方裁判所長，宮城控訴院長になった。

民事訴訟法調査委員会の審議開始日を正確に確定することはできないが，1896（明治29）年3月5日付けで共同訴訟に関する修正案が今村信行委員から，同日付けで訴訟参加に関する修正案が河村譲三郎委員から，それぞれ提出されていることからみて[13]，1896（明治29）年の年初から作業が始まったと見てほぼ間違いないであろう。

10　『日本人名大事典第4巻』（1979年復刻版・平凡社）8頁による。著書に『民事訴訟法論綱』〔11版〕（1902年・明治法律学校講法会）がある。

11　富谷鉎太郎，石渡敏一等とともにゾイフェルトの『独逸帝国民事訴訟法同施行條例註釋』（1899年〜1901年）を翻訳し刊行した。

12　『日本人名大事典第4巻』（1937年，1979年復刻版，平凡社）459頁による。

民事訴訟法調査委員会は，裁判所，検事局，弁護士会から寄せられた修正意見を参考にして，起草委員が修正案を提出して審議をしたのであろう。委員提出の修正案は，部分的にコンニャク版の形で遺されている（それは法政大学図書館所蔵の「梅謙次郎文書」に保存されている）。これらの修正案の審議の結果「民事訴訟法原案」[14]が出来上がったのであろうと思われる。この修正原案の一部（『民事訴訟法原案第三編』）は，同じく法政大学図書館所蔵の「梅謙次郎文書」に遺されている。これを整理訂正して，「民事訴訟法修正案」[15]が作成されたと思われる。「民事訴訟法修正案」は，第一編総則，第二編第一審の訴訟手続，第三編上訴から構成され，条文数464条からなる。後に見るように，旧法典調査会案では人事訴訟および強制執行の部分も掲げられているが，人事訴訟法が制定公布されたのは1898（明治31）年6月であり，民事訴訟法修正案の段階ではこれを民事訴訟法に組み込む余地は全くなかった。

第2款　民事訴訟法修正案

民事訴訟法修正案は，明治23年民事訴訟法と比べ，法文の表現の生硬さがなくなったほか，用語もより適切なものになっている。また，より重要なことであるが，旧民法証拠編に規定されていた証拠法規定が，——明治民法においてもはや証拠法が定められなくなったため——民事訴訟法の中に置くべく，その整備が意図されるようになった。この関連では，裁判上の自白に関する規定の新設（237条3号・4号，238条，240条），損害額の評価に関し証明軽減を図る規定（244条）[16]，鑑定人の忌避に関する規定（293条，294条），文書の証拠力に関する規定（306条乃至312条），文書の真否の証明または推定に関する規定（328条，329条）などがある。ここでは，民法と民事訴訟法の調整という残された課題の解決が図られている。

さらに弁護士強制主義も議論された模様であり[17]，上告審に限定して弁護士強制を行う旨の修正案（71条2項，190条）が採択された。法律関係の「成

13　「梅謙次郎文書」による。

14　「民事訴訟法原案」の名称は，「梅謙次郎文書」中の「民事訴訟法原案第三編」に見られる。第一編と第二編の部分は，梅謙次郎文書にも見当たらない。

15　この修正案は，松本博之／河野正憲／徳田和幸編『日本立法資料全集43　民事訴訟法〔明治36年草案〕(1)』（1994年・信山社）〔資料2〕に収録されている。

立・不成立」と証書の真否につき確認の訴えを許す規定が置かれ，その要件として「権利上の利益」を必要とする旨の規定（200条）も用意された。

第3款　法典調査会の審議

(1)　民商法及び付属法律の調査審議のために設置されていた法典調査会は，1899（明治32）年3月9日法典調査会規則の改正により「法典及付属法令ノ改正又ハ制定ニ関スル事項ヲ起案審議」することとなり，司法省の「民事訴訟法調査委員」は解消された。民事訴訟法の改正も法典調査会において審議されることになり，法典調査会第二部がその任にあたることになった[18]。第二部の構成は次のとおりである[19]。

部長
　　明治32年3月20日任命　　　　　　　　　小松英太郎
　　明治32年5月8日任命　　　　　　　　　三浦　安
起草委員
　　明治32年3月20日任命　　　　　　　　　河村讓三郎

16　損害評価に関する規定は，テヒョー草案に由来する「民事訴訟法新草案」261条に定められていたが（松本博之／徳田和幸『日本立法資料全集194　民事訴訟法〔明治23年〕(1)』(2014年・信山社) 67頁），類似の規定が旧民法証拠編に含まれていることが問題になり，1888（明治21）年5月26日の法律取調委員会の審議において「民法証拠編ト対照ノ上議ス事ニ決シ未定」とされた（『民事訴訟法草案議事筆記第23回』松本博之／徳田和幸編著『日本立法資料全集195　民事訴訟法〔明治23年〕(2)』(2014年・信山社) 364頁)。最終的には『民事訴訟法草案』261条は民法草案に含まれていることを理由に削除された。

17　「民事訴訟法議事速記録（第32回）」松本／河野／徳田編著『日本立法資料全集44　民事訴訟法〔明治36年草案〕(2)』(1995年・信山社)〔資料36〕(374頁以下)における三好退蔵委員および「民事訴訟法議事速記録（第33回）」同書〔資料37〕(378頁)における高木豊三委員の発言参照。

18　第二部は，当初，民事訴訟法のほかに裁判所構成法の起案審議も任務としたが，1901（明治34）年7月の規則の改正により民事訴訟法のみの起案審議に携わることになり，裁判所構成法は第四部の担当となった。

19　「法典調査会特別担任年月調　乙」『日本近代立法資料叢書28』(1986年・商事法務研究会) 51頁以下；前掲注(2)「改正民事訴訟法案審議の沿革」452頁以下参照。なお，このとき，松岡義正，横田五郎，宮田四八の三氏が法典調査会補助委員を命じられ，横田氏と宮田氏が第二部勤務となっている。

　　　　　　　　　　　　　　　　　富谷鈖太郎
　　　　　　　　　　　　　　　　　前田考階
委員
　　明治32年3月20日任命
　　　　判事　　　　　　　　　　　井上正一
　　　　司法省民刑局長　　　　　　倉富勇三郎
　　　　東京帝国大学法科大学教授法学博士　梅　謙次郎
　　　　東京帝国大学法科大学教授　岡野敬次郎
　　　　検事　　　　　　　　　　　田部　芳
　　　　従四位法学博士　　　　　　菊地武夫
　　　　正五位　　　　　　　　　　高木豊三
　　　　東京帝国大学法科大学教授法学博士　土方　寧
　　　　正五位　　　　　　　　　　重岡薫五郎
　　　　正六位　　　　　　　　　　江木　衷
　　明治32年3月23日任命
　　　　正三位　　　　　　　　　　三好退蔵
　　明治32年4月13日任命
　　　　　　　　　　　　　　　　　尾崎三良
　　　　　　　　　　　　　　　　　横田國臣
　　　　　　　　　　　　　　　　　都築馨六
　　　　　　　　　　　　　　　　　三浦　安（その後部長に転任）
　　明治32年5月8日任命
　　　　　　　　　　　　　　　　　波多野敬直
　　明治32年5月12日任命
　　　　　　　　　　　　　　　　　穂積陳重
　　　　　　　　　　　　　　　　　長谷川　喬
　　　　　　　　　　　　　　　　　富井政章
　　　　　　　　　　　　　　　　　馬場　治
　　　　　　　　　　　　　　　　　小宮三保松
　　　　　　　　　　　　　　　　　石渡敏一
　　　　　　　　　　　　　　　　　古賀廉造

1899（明治32）年3月24日，司法大臣・清浦奎吾より法典調査会総裁・山

懸有朋に対し，「民事訴訟法修正案」1冊と「民事訴訟法ニ関スル意見書」が一括送付され[20]，いよいよ審議開始の準備がなされた。法典調査会第二部での審議の開始に先立ち，まず起草委員が民事訴訟法修正案の検討を行ったようである。法典調査会第二部会の審議が始まるのは1900（明治33）年9月19日であるから，1899（明治32）年春から翌年秋まで1年半程の間，起草委員が民事訴訟法修正案を検討し，また修正を加え，「民訴甲第一号」[21]を作成したものと思われる。とくに注目すべきは，「民事訴訟法修正案」が明治23年民事訴訟法と同じく事物管轄の規定を裁判所構成法に委ねることにしていたのに対し，「民訴甲第一号」はこれを民事訴訟法に規定することにし，必要な条文を民事訴訟法に用意したことである。これは1900（明治33）年9月11日に各委員に配布された。いよいよ審議の開始である。

(2) 民事訴訟法の改正の趣旨および方針は，第一回民事訴訟法委員会における起草委員富谷鉎太郎の次の発言に明瞭に示されている。

「此法律ハ舊民法其他舊商法ノ出来マシタ當時ニ出来タ法律デアリマスカラ勿論新法典ト一致シテ居ラヌ點ガアルノデス，デアルカラシテ之ヲ改正シナケレハナラヌ云フコトハ民法其他ノ関係アル實質法ガ実施ニナルト同時ニ改正シナケレバナラヌノテコサイマス……大体ノ事ヲ申セハ民事訴訟法實施以来ノ結果デ経験ノ結果ニ依テ或ハ不都合デアルト云フ點モ発見セラレマスルシ又或ハ實際不足デアルト云フ例モアリマシタノデ之ヲ改メナケレハナラヌト云フ必要ガ起ッタ次第テコサイマス……次ニ此改正ヲスル方ガ宜カロウト云フノハ現行ノ訴訟法ハ随分見悪イ點ガ多イト考ヘルノテス……是迄ノ訴訟法ヨリカ幾分カ読ミ善クスルト云フノモ之ヲ改正スル方針ノ一ツニナッテ居ルノデゴザイマス」[22]

これによれば，民法商法等の実体法との調整，明治23年民事訴訟法の不備の是正，条文の見悪さを改め字句の修正を行うことによって読みやいものにすることの，3点が改正作業の主要な目標であったことがわかる。

法典調査会の審議と「民事訴訟法修正案」との関係は，必ずしも明らかでない。「民訴甲第一号」は「民事訴訟法修正案」に検討を加えて作成されたものと思われるが，「民訴甲第一号」は第一編総則（1条～211条）のみであ

20　前掲注（2）「改正民事訴訟案審議の沿革」454頁による。
21　松本／河野／徳田編著・前掲（15）〔資料3〕に収録。
22　松本／河野／徳田編著・前掲（15）〔資料4〕（228頁）。

り，その他の部分については今のところ法典調査会第二部起草委員によって作成された叩き台は見つかっていない。あるいは，民事訴訟法修正案がそのままの形で審議の対象になったのかもしれない[23]。

　(3)　法典調査会の審議は一応，1900（明治33）年9月19日から1902（明治35）年4月頃までと考えられる[24]。第1回から第36回（明治34年7月12日）までは議事録が作成されており，審議の詳細を知ることができる。この期間は平均して1回約2時間審議を行い，各条について起草委員による趣旨説明，委員からの意見の開陳を経て多数決で採否を決するという方式が採られ，かなりの時間をかけた慎重な審議が尽くされている。しかし，この期間に審議済みになったのは，わずか1条から86条までであった。その後の夏休みを経て残りの378条の審議を，1902（明治35）年4月頃までに終えることは，同じ審議方式では到底不可能であったであろう。審議のやり方を大幅に変更して審議の促進を図り，速記録も作成しなかったのであろうと推測されている[25]。しかし，「法典調査会委員勤務調」によれば，第二部会の審議は明治1900（明治33）年9月から11月までの8回，1901（明治34）年3月から5月までの15回，明治1901（明治34）年6月から7月までの13回，計36回であり，1901（明治34）年9月以後は休会となっている[26]。これによれば，87条以下の条文は第二部会の審議にかけられた形跡がないので，委員会審議を省いて改正案の作成が行われた可能性が高い。とにかく時間の制約の下に大急ぎで

23　もしそうであるなら，第4款で述べるように法典調査会において初めて採択された諸規定が存在するが，その起草がどのようにして行われたかという問題が残る。関係規定についてその都度作成された提案文書がどこかに残っているはずであり，その発見が期待される。

24　法典調査会が廃止されるのは1903（明治36）年4月であるが，実質的には前年4月に全委員が罷免され，活動停止状態になっていたといわれている（福島正夫編『穂積陳重関係文書の研究』（『日本立法資料全集別巻』（信山社）所収「穂積陳重博士と明治・大正の立法事業」15頁）。「法典調査会委員勤務調」も，1902（明治35）年1月27日で終わっている（前掲注（19）『日本近代立法資料叢書28』171頁参照）。染野義信「わが民事訴訟制度における転回点」『中田淳一先生還暦記念・民事訴訟の理論（上）』（1969年・有斐閣）1頁，19頁注（10）は法典調査会案の完成時期を明治36年初頭と推測しているが，右のような事情があるとすれば，その時期は大幅にずれることになる。

25　染野・前掲注（24）19頁注（9）参照。

26　前掲注（19）『日本近代立法資料叢書28』167頁以下参照。

作成されたものが，総数997条からなる「民事訴訟法案」[27]であると思われる。明治36年旧法典調査会案は，この「民事訴訟法案」の字句の修正・整理により出来上がったものと思われる。

　旧法典調査会案の骨格が出来上がったのは，遅くとも1902（明治35）年4月頃であろう。法典調査会は，1903（明治36）年4月1日に廃止された。廃止の理由は明らかでない[28]。この改正案については，1903（明治36）年7月15日付けで司法大臣・清浦奎吾より大阪弁護士会に意見が求められ，大阪弁護士会は同年11月30日司法大臣に意見書を提出したという記録が存在する[29]。それゆえ，同様の意見照会が同じ頃，各地の裁判所，検事局，弁護士会等に行われたものと推測される。その結果を整理したのが「民事訴訟法及附属法令修正意見類聚」[30]であろう。

第4款　明治36年旧法典調査会案の内容

1　民法との調整

　ここでは，明治36年旧法典調査会案の内容と意義を詳細かつ正確に明らかにする余裕はないので，思いつくままに，いくつかの点を書き留めるにことができるに過ぎない[31]。まず，当然のことながら，民事訴訟法修正案が用意した民法との調整に関わる条文はほぼ残されている。また，確認の訴えの利益の要件に関する規定も，文言を修正のうえ（「権利上の利益」→「法律上の利益」）残されている（民事訴訟法案217条；旧法典調査会案221条）。

2　新たな制度

　次に注目されるのは，法典調査会が新たに用意した重要な条文（新たな制

27　松本博之／河野正憲／徳田和幸編著『日本立法資料全45　民事訴訟法〔明治36年草案〕（3）』〔資料41〕。

28　福島正夫は「思うに，36年1月には日英同盟条約が締結され，対露風雲の急に接し，内閣付属のこの機関は存続の必要なしと判断されたのであろうか」といわれている（福島・前掲注（24）15頁）。

29　大阪弁護士会・前掲注（3）865頁；同『大阪弁護士会百年史』（1989年）年表12頁。

30　松本／河野／徳田編著・前掲注（27）〔資料42〕に収録。

31　染野・前掲注（24）14頁以下参照。

(1) 当事者能力に関する規定の新設（民訴甲第一号50条，54条，58条；民事訴訟法案49条，51条，53条，54条，60条1項；旧法典調査会案47条，49条1項，52条，53条，59条1項）　「私権ヲ享有スルコトヲ得ル者ハ当事者能力ヲ有ス」と規定し，当事者能力のない者のした訴訟行為の追認を規定した。しかし，この時点では大正15年改正民事訴訟法46条の非法人社団・財団の当事者能力に関する規定は，まだ提案されていない。

(2) 将来の給付の訴えの要件の明文化（民事訴訟法案218条；旧法典調査会案222条）　「期限ヲ附シタル債権ニ付キ将来ノ弁済ヲ求ムル訴ハ被告カ期限ニ至リテ弁済ヲ為ササル虞アルトキニ限リ之ヲ提起スルコトヲ得」と定め，期限付き債権のみを対象とする規定ではあるが，将来の給付を求める訴えの要件を明らかにしようとした。

(3) 送達の改正　明治23年民訴法13条では，職権送達主義が採用されていた。権利拘束（訴訟係属）は訴状の送達によって生じたので（明治23年民訴法195条），訴え提起の効力発生時期との間に間隙ができた。「旧法典調査会案」は「当事者ノ為ス送達ハ裁判所書記ヲ経テ之ヲ為ス」とし，当事者が送達すべき書類を裁判所書記に提出すると，裁判所書記は送達を執達吏に委任するか，郵便により送達することとした（153条）。このような送達のやり方は間接送達主義と呼ばれるが，これを前提に，訴えの提起は訴状を相手方に送達することによって行い（旧法典調査会案220条1項），訴訟係属の発生は訴えの提起により生ずるとした（同227条）。このようにして，訴え提起の時点と訴訟係属発生時点のズレの解消が図られた[32]。

(4) 当事者恒定主義の採用（民事訴訟法案229条；旧法典調査会案233条）　訴訟係属中に係争物の譲渡が生じた場合に，これが訴訟に影響を及ぼさず当事者はそのまま訴訟を続行するという制度（当事者恒定主義）と新たな権利者または義務者が当事者間の訴訟を引き継ぐのでなければ，判決の効力は新たな権利者・義務者に及ばないという訴訟承継主義が制度上存在しうるが，明治23年民事訴訟法にはこの点の規定が存在しなかった[33]。民事訴訟法修正案の段階ではまだ何らの規定も予定されていなかったが，旧法典調査会案に

---

[32] 松本／河野／徳田編著・前掲注（17）〔資料34〕（328頁以下）における起草委員・前田孝階の説明参照。

[33] その理由については，第1章第1節第4款2（18頁）参照。

おいて当事者恒定主義が採用されたことは注目に値する。もっとも，いつ，だれが提案し，どのような議論がなされたかは明らかでない。ドイツ法に倣ったということであろうか。

　(5)　既判力の客観的範囲に関する規定の整備（民事訴訟法案277条；旧法典調査会案281条）　既判力の客観的範囲に関し「終局判決ハ訴又ハ反訴ヲ以テ為シタル請求ニ付キ裁判ヲ為シタル部分ニ限リ既判力ヲ有ス」と規定した（法典調査会案281条1項）。これはドイツ民事訴訟法と同様の文言にする修正であったが，相殺の抗弁が適法である場合に裁判所が下した相殺の抗弁に対する判断には既判力が生ずる旨の規定は明治23年民事訴訟法には存在しなかったし，「民事訴訟法修正案」においても予定されていなかった。法典調査会の審議段階で採択され，「民事訴訟法案」，「旧法典調査会案」に入ったようである。

　(6)　当事者恒定主義の採用に伴う既判力の主観的範囲に関する規定の整備（民事訴訟法案281条；旧法典調査会案285条）　既判力の主観的範囲について，明治23年民訴法はとくに規定を置いていなかったが，すでに述べたように旧法典調査会案では，当事者恒定主義の採用が予定されていた。これに対応し，判決効の主観的範囲も「確定判決ハ当事者，権利拘束ノ発生後ニ於テ当事者ノ承継人トナリタル者又ハ当事者若クハ其承継人ノ為メ請求ノ目的物ヲ占有シタル者ニ其効力ヲ及ホス」と規定した。請求の目的物の所持者に対する判決効の拡張をも併せて規定している。この規定も，ドイツ法の対応する規定の導入を図ったものであろう。

　(7)　為替訴訟の廃止の提案　為替訴訟と証書訴訟の廃止は大正15年改正によって反対意見を押し切って行われたが，それはもともと法典調査会の起草委員の考え方でもあった[34]。すでに「民訴甲第一号」24条は，証書訴訟・為替訴訟の廃止を前提に「手形ヨリ生シタル債権ノ訴」の土地管轄を定めるものである。前掲「各裁判所提出民事訴訟法修正意見」には，証書訴訟の廃止を求める意見[35]や，証書訴訟および為替訴訟の全廃を求める意見[36]が見られる。法典調査会は，両者の全廃には反対であって，為替訴訟を廃止し，これを証書訴訟に吸収するとともに，証書訴訟の手続の簡略化を図り，通常訴

34　染野義信「わが国民事訴訟法の近代化の過程」『菊井先生献呈論集・裁判と法（上）』（1967年・有斐閣）532頁以下；同・前掲注（24）16頁参照。

35　静岡地裁，富山弁護士会，函館控訴院，芝区裁，名古屋区裁の意見である。

訟手続への移行を第一審の口頭弁論の終結時までに制限することにした。

　(8)　**上訴制限の提案**（民事訴訟法案429条2項・463条1項；旧法典調査会案434条1項・468条）　上訴を提起することのできる不服額を定めて上訴を制限する試みは，民事訴訟法立法史の中でもかなり古いものである。すでに，「民事訴訟法案」のなかに登場しているのである（「民事訴訟法修正案」には存在しない）。旧法典調査会案では控訴につき30円，上告につき100円の制限額が予定されていた。

　(9)　**上告審における弁護士強制の提案**（民事訴訟法案79条1項；旧法典調査会案80条）　上告審における弁護士強制の問題は，司法省の民事訴訟法調査委員の段階から提案されていたのであり，法典調査会がはじめて取り上げたものではないけれども，弁護士強制主義との関連で注目される。1896（明治29）年3月24日の日付のある河村譲三郎・民事訴訟法調査委員提出の修正案のなかにすでに，この点についての提案がなされていた[37]。これは各地の裁判所・弁護士会の意見の中に「地方裁判所以上ヲ弁護士訴訟トシ区裁判所ノミニ本人訴訟ヲ許スベシ」という意見が京都地裁，大阪地裁，鳥取地裁，仙台地裁，広島地裁，岐阜地裁，大阪弁護士会，土浦区裁から提出されていた[38]のを，地裁以上の弁護士強制主義を採用しない代わりに，上告審に限り弁護

36　横浜地裁の意見である。また，東京弁護士会は両者の全廃を求め，手形に関する訴訟について反訴禁止規定，応訴期間を24時間に短縮する規定，仮執行を許す旨の規定を定める提案をした。

37　河村委員の提案は，「地方裁判所及ヒ其上級ノ各裁判所ニ於テハ当事者自ラ訴訟ヲ為ササルトキハ弁護士ヲ訴訟代理人トシテ之ヲ為サシムルコトヲ要ス　上告審ニ於テハ弁護士ヲ訴訟代理人トシテ訴訟ヲ為サシムルコトヲ要ス」というものでる。松本博之／河野正憲／徳田和幸編著『日本立法資料全集12　民事訴訟法〔大正改正編〕(3)』(1993年・信山社)9〜10頁参照。

38　「各地裁判所提出民事訴訟法修正意見」の63条の箇所（梅謙次郎文書）および大阪弁護士会・前掲注(3)769頁を参照。なお，法典調査会の第二部民事訴訟委員会に配布された裁判所・弁護士会の意見書（「民事訴訟法第33回議事速記録」（松本博之／河野正憲／徳田和幸編著『日本立法資料全集44　民事訴訟法〔明治36年草案(2)〕』(1995年・信山社)〔資料37〕(376頁)）によれば，弁護士強制を支持する意見は本文掲記の裁判所・弁護士会のほか，福井地裁，静岡地裁，浦和地裁，高知地裁，熊本地裁，盛岡地裁からも提出されていた。これに対し，弁護士協会からは反対意見が提出されていたとのことである（これは主として明治32年4月11日付けで行われた意見照会に対する回答であろう）。

士強制を要求することにしたものと思われる。法典調査会の審議においても，地方裁判所では弁護士訴訟が大半であること，実体法規定の整備の進展，訴訟の専門技術性から弁護士訴訟の必要性を強調して地方裁判所以上における弁護士強制主義を支持する意見が存在したが，弁護士の知識の未熟さや悪徳弁護士の存在等を理由に，この意見は入れられず，弁護士代理原則を規定するにとどまった。そして，法律審である上告審に限った弁護士強制の提案が採択されたのである。

第5款　法典調査会の廃止

1903（明治36）年4月1日に法典調査会は廃止された。これにより，「旧法典調査会案」は宙に浮いた存在になったけれども，なお，これに対する意見照会が行われた。大阪弁護士会には1903（明治36）年7月15日付けで照会が行われたことからみて，司法省においてはなお民事訴訟法改正への熱意は覚めなかったどころか，次のステップに向けての準備がなされていたものと思われる。事実，「旧法典調査会案」は後に法律取調委員会による審議の材料となった[39]。

---

[39] 染野・前掲注（24）17頁は，法典調査会案においては，他の法律との関係や実務とのギャップが改正の主眼であり，また現実との妥協の姿勢が保たれ，「実質的な改正は基本的に意図されていなかった」と評価し，「このような法典調査会の性格からして，それが流産するにいたったのは当然のことといえよう。はじめて改正が着手された明治28年当時ならばともかく，法典調査会案が成立した同年36年には，制度施行後すでに12年が経過していたわけで，当事者・裁判所とも手続にかなり習熟し，それを動揺させることはなんらかの混乱を惹き起こしたであろうことが予想されるからである」と述べる。たしかに，明治23年民事訴訟法施行当時とは異なり，時がたつにつれて法曹が民事訴訟法に習熟しつつあったことは間違いないであろう。しかし，本書の著者は，法典調査会の廃止が予定されていたため明治36年旧法典調査会案の87条以下の規定が遺憾ながら正式審議を経ていなかったか，または全く不十分にしか審議されなかったことがこの案の廃棄をもたらした原因ではなかったかと考えている。この点は，大正15年の民事訴訟法改正の性格をどのように捉えるかという基本的な課題に関わる。ここでは，明治23年民事訴訟法の不備を是正するため種々の提案がなされたことに注目するにとどめ，旧法典調査会案の改正作業全体の中での位置づけの課題は今後の研究に留保したい。

第2節　大正15年改正の経過[40]

第1款　法律取調委員会

1　法律取調委員会による改正作業の開始

司法大臣の指定した「民事刑事に関する法律を調査審議」する目的で1907（明治40）年4月19日に設置された法律取調委員会は，1911（明治44）年5月初め民事訴訟法の改正審議に着手した。法律取調委員会第二部が民事訴訟法を担当した。1人の会長と50人以内の委員から構成された法律取調委員会の調査審議活動のやり方は，15，6名の主査委員からなる主査委員会，主査委員の中から指名された起草委員（当初3名，のちに漸次増員され6名まで増えた）からなる起草委員会を構成し，起草委員会が起稿した原案を主査委員会の議に付し，その上で委員総会が議決するというものであった。

第1回起草委員会の開催は1911（明治44）年5月5日であったが，実質的な審議に入ったのは同年同月24日の第2回起草委員会からであろう[41]。

起草委員会には，起草委員のほか主査委員会幹事，嘱託員，司法省民事局高官等が加わっていた。起草委員会の検討素材は，旧法典調査会が作成した明治36年の民事訴訟法改正案（旧法典調査会案）と，委員・幹事・嘱託員から提出された問題「民事訴訟法改正起草委員会問題」[42]であった。起草委員会は1914（大正3）年6月22日まで合計109回の審議を重ね，立法事項を決定した。その内容は「民事訴訟法改正起草委員会決議」[43]である。起草委員会は，具体的な法文の起草に入る前に，基本的に重要な事項24点について予め主査委員会の議決を経ることとし，「議民乙第一号問題・民事訴訟法改正

---

[40] 以下この節の叙述は，主として，鈴木玄之助「新民事訴訟法の受胎より出産まで」法曹会雑誌8巻12号（1930年）482頁以下；「改正民事訴訟法案審議の沿革」法曹会雑誌8巻12号440頁以下；『民事訴訟法改正調査委員会速記録』（1929年・法曹会）1頁；「民事訴訟法改正要目」（大正15年1月18日印刷）（松本／河野／徳田編著・前掲注（1）〔関連資料4〕）を参照した。なお，染野・前掲注（24）1頁以下参照。

[41] 松本博之／河野正憲／徳田和幸『日本立法資料全集10　民事訴訟法〔大正改正編〕（1）』（1993年・信山社）の〔資料62〕以下がその審議録である。

[42] 松本／河野／徳田編著・前掲注（41）〔資料3〕から〔資料61〕まで。

[43] 松本／河野／徳田編著・前掲注（41）〔資料362〕から〔資料453〕まで。

ニ関ル問題」[44]としてこれを主査委員会に提出した。これは，重要な事項について起草委員会において先に決議をしても後に修正される虞れがあり，また予め主査委員会の決議を求めておくことが必要な問題や主査委員会が委員総会への提出を必要視する問題があるとの判断による。ここで提出された問題は，極めて基本的なものであり，今日の民事訴訟法が抱える問題の多くを含んでいる。日本の民事訴訟法の基本を左右するものであるだけに，今日の目から見ても新鮮な問題提起であり，大いに関心を呼ぶであろう。

2　主査委員会

第1回主査委員会は，1911（明治44）年6月21日に開かれた。ここでは，菊地武夫主査委員を委員長に選任し，審議方針等の協議をしただけであった。主査委員会はしばらく開かれていなかったが，起草委員会の問題提起（「議民乙第一号問題・民事訴訟法改正ニ関スル問題」[45]）を受け，1914（大正3）年11月1日第2回主査委員会が開かれ，1915（大正4）年2月17日の第10回主査委員会まで合計9回の審議会が開かれた。「民事訴訟法主査委員会日誌」[46]は，その審議録である。主査委員会は，「議民乙第一号問題」について審議し，決議を行った。そして，主査委員会は決議した事項中最も重要と考える11の問題について，さらに委員総会の議決を経る必要があるとして，これを総会に提案した。これが「議民甲第一一号　民事訴訟法改正ニ関スル総会議案」[47]であり，1915（大正4）年6月11日に配布された。委員総会は1915（大正4）年6月16日より7月14日まで5回開会されたが，炎暑のため一時休会され，そのまま再会されることはなく，結局一部議了したにとどまった。

委員総会における審議の結果は，次のとおりである[48]。

第1条（「弁護士ニ依ル訴訟代理ノ制ハ現行法ノ主義ニ従フ」）は，原案可決。

第2条（「弁護士ノ受クヘキ報酬ニ付キ相当ノ額ヲ定メ之ヲ訴訟費用中ニ算入スヘキモノトス」）は，民事訴訟費用法の改正に属する問題だという理由で議題

44　松本／河野／徳田編著・前掲注（41）〔資料454〕。
45　松本／河野／徳田編著・前掲注（41）〔資料454〕。これは起草委員会が〔資料453〕において選定した問題である。
46　松本／河野／徳田編著・前掲注（41）〔資料459〕から〔資料470〕まで。
47　松本／河野／徳田編著・前掲注（41）〔資料471〕。
48　鈴木・前掲注（40）506頁による。

から削除。

　第3条（「訴訟ノ準備ニ付キ」「書面ニ依ル準備手続」と「受命判事ノ面前ニ於ケル準備手続」を定める）は，仮決議として「趣旨に於て」原案を可決し，提出さるべき成案につき再審議。

　第4条（「訴カ或種類ノ訴訟条件ヲ具備セサルコト顕カナルトキハ裁判所ハ口頭弁論ヲ経スシテ其訴ヲ却下スルコトヲ得」）は，原案可決。

　第5条（「準備書面ニ依リ本案ノ請求カ不当ナルコト顕カナルトキハ裁判所ハ口頭弁論ヲ経スシテ其請求ヲ却下スルコトヲ得」）は，否決。

　第6条（「欠席判決ハ当事者ノ一方カ口頭弁論ヲ為サスシテ期日ヲ懈怠シタルトキニ限リ之ヲ為ス　続行期日ヲ懈怠シタル場合又ハ当事者双方カ弁論ヲ為シタル後期日ヲ懈怠シタル場合ニ於テハ其弁論ニ於テ提出アリタル攻撃防禦ノ方法ニ基キ対席判決ヲ為ス」）は，原案可決。

　第7条（「欠席判決ニ対シテハ期日ノ懈怠ニ付キ重大ナル過失ナカリシコトヲ理由トスル場合ニ限リ故障ヲ申立ツルコトヲ得ヘク其他ノ場合ニ於テハ直ニ控訴ヲ為スコトヲ得ヘキモノトス」）は，決議を留保。他は審議されなかった。

3　起案会

　その後の作業は，起案会を中心に行われることになる。法文の起案については，1915（大正4）年3月8日の第112回起草委員会において，いよいよ法文の起案に取りかかることをすでに決定しており，起案作業が始まった。具体的には，起案会は委員2名（内訳は，起草委員1名，主査委員兼幹事で事実上起草委員であった者1名）が主任となり（具体的には，松岡義正およ山内確三郎の両委員），幹事がこれに参加した。起案会が条文を起草しこれを起草委員会に提出し，起草委員会が審議しその決議を主査委員会に提案し，さらに主査委員会はその決議を委員総会に提案し，その決議を得るという，たいへん回りくどい手順が踏まれることになっていた。

　第1回起案会は1915（大正4）年3月12日に開かれ，1919（大正8）年6月23日まで計202回の会議を重ねた。起案会は一部ずつ起案を行い（「起案会仮決定案」[49]，「起案会決定案」[50]），これを起草委員会に提出し，起草委員会は

　49　松本／河野／徳田編著・前掲注（1）〔資料473〕，〔資料474〕。
　50　松本／河野／徳田編著・前掲注（1）〔資料475〕。

この起案に基づき順次審議・起草を行うというように作業が進められた。このようにして，起案会は1919（大正8）年6月までに計202回の会議を開き，起草委員会は1919（大正8）年7月4日の通算199回の委員会までに上訴に関する規定まで，起案を終了した（「民事訴訟法起草委員会決議案」51）。ところが，1919（大正8）年7月9日，突然，同年「勅令第三三二臨時法制審議會官制附則」により法律取調委員会が廃止された。

第2款　民事訴訟法改正調査委員会による審議の継続

1　「民事訴訟法改正調査委員会」

この後，民事訴訟法の改正作業は，時を移さず1919（大正8）年7月18日に司法省内に設けられた「民事訴訟法改正調査委員会」に引き継がれた。この委員会には，勅令も省令も委員会規則もなく，「司法省の事務の一つとして設けられた」と言われている[52]。

民事訴訟法改正調査委員会の委員一覧は，次のとおりである。

民事訴訟法改正調査委員

　大正8年7月18日

　　　正三位勲一等　　法学博士　　岡野敬次郎　（大正11年6月16日退任）
　　　従三位勲二等　　法学博士　　河村譲三郎
　　　従四位勲三等　　法学博士　　仁井田益太郎
　　　従四位勲三等　　法学博士　　松岡義正
　　　正四位勲三等　　法学博士　　小山　温
　　　正七位　　　　　法学博士　　原　嘉道
　　　正四位勲二等　　法学博士　　鈴木喜三郎　（大正13年1月8日退任）
　　　正五位勲四等　　法学博士　　山内確三郎
　　　従三位勲二等　　法学博士　　富谷鉎太郎
　　　従四位勲四等　　法学博士　　横田五郎

　大正8年9月13日

　　　正四位勲二等　　法学博士　　豊島直道（大正10年7月5日退任）

51　松本／河野／徳田編著・前掲注（1）〔資料476〕。
52　鈴木・前掲注（40）504頁。

　　　　　従四位勲三等　法学博士　　加藤正治
　　大正10年7月5日
　　　　　従四位勲三等　　　　　　林　頼三郎
　　　　　従四位勲三等　　　　　　牧野菊之助
　　大正10年10月10日
　　　　　正五位勲三等　　　　　　池田寅二郎
　　大正10年12月13日
　　　　　正三位勲一等　　　　　　平沼騏一郎　（大正12年9月21日退任）
　　大正11年4月10日
　　　　　従四位勲三等　　　　　　岩田一郎
　　大正11年4月13日
　　　　　　　　　　　　　　　　　岩田宙造
　　大正11年6月16日
　　　　　従五位勲三等　　　　　　松本烝治
　　大正13年1月16日
　　　　　正五位勲四等　　　　　　山岡萬之助　（大正14年9月5日退任）
　　大正13年6月11日
　　　　　正三位勲一等　　　　　　平沼騏一郎
　　大正13年8月6日
　　　　　正三位勲一等　　　　　　鈴木喜三郎
　　大正13年8月27日
　　　　　司法省政務次官　　　　　熊谷直太（大正14年8月3日退任）
　　　　　司法省参与官　　　　　　岩崎幸次郎　（大正14年8月3日退任）
　　大正14年9月5日
　　　　　司法省政務次官　　　　　本田恒之
　　　　　司法省参与官　　　　　　八並武治

民事訴訟法改正調査委員会幹事
　　大正8年9月13日
　　　　　司法省参事官　　　　　　飯島喬平
　　　　　同　　　　　　　　　　　池田寅二郎
　　　　　同　　　　　　　　　　　霜山精一

同　　　　　　　　　　　長島　　毅
　　　司法書記官　　　　　　　皆川治廣（庶務担当）
大正10年 1 月17日
　　　司法省参事官　　　　　　大森洪太（大正13年 5 月15日退任）
大正11年 5 月 9 日
　　　司法省参事官　　　　　　宮城長五郎
大正12年11月 9 日
　　　司法省人事局長　　　　　光行次郎（大正14年 4 月16日退任）
大正13年 2 月25日
　　　司法省参事官　　　　　　中島弘道
大正13年 5 月15日
　　　司法省参事官　　　　　　森田豊次郎
大正14年 4 月16日
　　　司法書記官　　　　　　　清水壮左久

　河村譲三郎は委員長，仁井田益太郎[53]，松岡義正[54]，小山温，加藤正治，山内確三郎[55]の各氏は，起草委員であった。総会では，草案の起案に携わった委員の一人である松岡義正委員が主として改正案の趣旨説明を担当した。これに対し，活発に討論に参加し質問や修正意見の多くを提出したのは，原嘉道，鈴木喜三郎，岡野敬次郎，平沼騏一郎等の委員であり，後に岡野委員の後任として松本烝治委員がこれに加った。ここでは，これらの論客の経歴を簡単に紹介して参考に供しよう[56]。

---

[53] 仁井田益太郎（1868－1945年）は，1893（明治26）年 7 月東京帝国大学法科大学（独法）卒業後，判事を経て，民事訴訟法研究のためドイツおよびイギリスに留学（1897年 6 月〜1900年12月）。1900（明治33）年12月京都帝国大学法科大学教授となり，民事訴訟法講座を担当。1901年 6 月法学博士の学位を取得。その後1908（明治41）年 7 月東京帝国大学法科大学教授となり，民事訴訟法破産法第二講座を担任。1911（明治44）年 5 月法律取調委員，1919（大正 8 ）年 7 月民事訴訟法改正調査委員に就任した。いずれの委員会においても起草委員を務めた。1921（大正10）年 6 月免官。1926（大正15）年 4 月東京弁護士会長，1934年 7 月〜1945年 1 月貴族院議員。秦郁彦編『日本近現代人物履歴事典』（2002年・東京大学出版会）384頁による。

[54] 松岡義正は，1921（大正10）年 6 月から1928（昭和 3 ）年まで大審院部長を務めた。1913（大正 2 ）年 6 月に法律取調委員になり，また1919（大正 8 ）年 7 月には民事訴訟法改正調査委員になり，いずれの委員会においても起草委員を務めた。

まず，委員総会において最も多くの疑問や意見を提出したのは，原嘉道であると見られる。

原嘉道（はら　よしみち，1867〜1944年）は，1890（明治23）年東京帝国大学法科大学英法科卒業後，数年の行政官生活の後，1893（明治26）年に弁護士を開業し民事弁護士として活躍した。1907（明治30）年法学博士。後に1927（昭和2）年に田中義一内閣の司法大臣に就任。1930（昭和5）年5月から中央大学学長（1939年3月まで）。1931（昭和6）年12月枢密顧問官，1938（昭和13）年12月枢密院副議長。1940（昭和15）年6月から1944（昭和19）年8月まで枢密院議長を歴任。民事訴訟法改正調査委員は，1919（大正8）年7月18日就任の原始メンバーである（因みに，氏は1907〔明治40〕年5月21日に法律取調委員に就任し，また，民事訴訟法主査委員を務めた。民事訴訟法の改正には始めから終わりまで長きにわたって関与した人物である）57。

鈴木喜三郎は，1891（明治24）年東京帝国大学を卒業後，判事となる。大審院判事，東京地裁所長（1908〔明治41〕年3月〜1912〔大正元〕年12月）等を経て検事に転じ，大審院検事，司法次官（1914〔大正3〕年4月〜1921〔大正10〕年10月），検事総長（1921〔大正10〕年10月〜1924〔大正13〕年1月）など司法界の数々の要職を歴任した。1920（大正9）年6月に貴族院勅撰議員，1924（大正13）年1月には清浦奎吾内閣の司法大臣に就任し，さらに1931（昭和6）年にも司法大臣になった。同氏は，1911（明治44）年4月12日に法律取調委員に就任しており，かつ法律取調委員会の民事訴訟法改正起草委員でもあった（1914〔大正3〕年4月まで）。そして，1919（大正8）年7月から

55　山内確三郎は，1913（大正2）年6月に司法省参事官，1919（大正8）年4月から1921（大正10）年10月まで司法省民事局長，1921（大正10）年10月から1924（大正13）年1月まで司法次官，1924（大正13）年1月から同10月まで東京控訴院長であった。民事訴訟法の改正との関わりは随分長い。1908（明治41）年6月8日法律取調委員会幹事，その後1913（大正2）年6月より法律取調委員，1919（大正8）年7月より民事訴訟法改正調査委員を歴任した。いずれの委員会においても改正条文の起案に携わった。

56　司法省編『司法沿革史』（1939年）；『日本人名大辞典』（1979年・平凡社）；竹内昭夫他編『新法律学辞典第三版』（1989年・有斐閣）；『平凡社・大百科辞典』，『［現代日本］朝日人物辞典』（1990年・朝日新聞社）；『コンサイス日本人名事典（改訂版）』（1990年・三省堂）などを参照した。

57　著書に『弁護士生活の回顧』（1935年・法律新報社）がある。

1924（大正13）年1月まで民事訴訟法改正調査委員を務めた。

　岡野敬次郎は，1886（明治19）年東京帝国大学卒業後，商法の研究に従事し，1895（明治28）年東大教授になり商法講座を担当した。その傍ら，法制局長官，行政裁判所長官等を歴任した。東京帝国大学を辞した後は，加藤友三郎内閣の司法大臣，山本権兵衛内閣の文部大臣，農商務大臣，帝国学士院長，枢密院副議長等の要職をを歴任した。同氏は，1899（明治32）年の商法典の起草に尽力したほか，1907（明治40）年5月21日，法制局長官として法律取調委員に就任した。また法律取調委員会の民事訴訟法改正主査委員をも務めた。1919（大正8）年7月18日から1922（大正11）年6月16日まで民事訴訟法改正調査委員であった。1922（大正11）年6月12日に加藤友三郎内閣の司法大臣に就任した。民事訴訟法改正調査委員会の総会では，商法，行政裁判の側からの発言が多い[58]。

　平沼騏一郎は，1888（明治21）年7月東京帝国大学を卒業して判事になり，東京控訴院部長を経て検事に転じた。1906（明治39）年1月より1911（明治44）年4月まで司法省民刑局長，1911（明治44）年9月から1912（大正元）年12月まで司法次官，1912（大正元）年12月より1921（大正10）年10月まで検事総長，1921（大正10）年10月から1923（大正12）年9月までは大審院長の要識を歴任し，1923（大正12）年9月に清浦奎吾内閣の司法大臣に就任した（1924〔大正13〕年1月まで）。民事訴訟法の改正の関係では，1907（明治40）年5月21日法律取調委員に就任し，民事訴訟法改正主査委員を務めた。民事訴訟法改正調査委員は，1921（大正10）年12月13日より1923（大正12）年9月21日までと，1924（大正13）年6月11日から終わりまでである[59]。

　松本烝治は，1900（明治33）年東京帝国大学法律学科を卒業，農商務省参事官を経て1903（明治36）年東京帝国大学助教授，1906（明治39）年から3年間イギリス，フランス，ドイツに留学した。帰国の翌年である1910（明治43）年東京帝国大学教授となり，1913（大正2）年以来法制局参事官を兼任した。1919（大正8）年東京帝国大学教授の識を辞し，満鉄理事，同副社長

---

[58] 著書に，『日本手形法』（1905年），『会社法講義案』（1920年），『会社法』（1929年），『商行為及保険法』（1928年）等がある。

[59] 著書に，『刑法総論』〈述年不祥〉，『民法総論』（1911年），『債権法総論』（1904年）があり，また同氏の所蔵図書・資料は『平沼騏一郎関係文書』として国立国会図書館に収められている。

を経て，1923（大正12）年山本内閣の法制局長官になったが，翌年の虎ノ門事件で退任した。その後，弁護士として活動する傍ら，関西大学長，中央大学・法政大学教授，斎藤内閣の商工大臣，日銀参与・理事などを務めた。また，多くの立法にも関与した。民事訴訟法の関係では，1922（大正11）年6月16日，岡野敬次郎の後任として，民事訴訟法改正調査委員に就任し，1922（大正11）年6月20日の第16回会議から審議に加わった。同氏は周知のように商法学者として高名である。1932（昭和7）年公布の手形法，1933（昭和8）年公布の小切手法の制定，1938（昭和13）年の商法大改正にも参画した。戦後は幣原喜重郎内閣の国務大臣を務め，憲法改正問題を担当したことは有名である[60]。

　岩田宙造（いわた　ちゅうぞう，1875－1966年）は，1898（明治31）年東京帝国大学法科大学英法科卒業後，東京日日新聞の記者を経て，1902（明治35）年4月に弁護士登録をした。以後一貫して民事弁護士として弁護士業務に従事した。日銀，日本郵船等の顧問弁護士を務めるとともに，各種の審議会の委員に名を連ねた。1916（大正5）年法学博士の学位を受けた。1928（昭和3）年に東京第一弁護士会の会長となった（1931年3月まで）。1931（昭和6）年には貴族院議員に勅選された。終戦後は東久邇宮稔彦内閣，幣原喜重郎内閣の司法大臣を務めたが，1946（昭和21）年公職追放を受けた（1951〔昭和26〕年解除）。その後は弁護士として活躍し，1953（昭和28）年日本弁護士連合会会長に就任した。民事訴訟法改正の審議への参加は，1922（大正11）年4月民事訴訟法改正調査委員になってからであり，期間は比較的短いが，民事訴訟法改正調査委員会の委員総会での発言は多い。

2　民事訴訟改正調査委員会の審議の開始

　第1回民事訴訟法改正調査委員会委員総会は，1919（大正8）年9月23日に開かれ，委員長に河村譲三郎，起草委員に仁井田益太郎，松岡義正，小山温，加藤正治，山内確三郎の各氏を選任するとともに，旧法律取調委員会に

60　著書に，『人，法人及物』（1910年），『商行為法』（1914年），『海商法』（1914年），『保険法』（1915年），『会社法講義』（1916年），『手形法』（1918年），『商法総論』（1923年）等の教科書のほか，論文，判例批評を収録した『私法論文集』全3巻(1916年，1919年) および『私法論文集続編』（1938年），『商法判例批論録』（1931年），『商法解釈の諸問題』（1955年）などがある。

おける起案方針を踏襲して起草を継続することを決定した。第1回民事訴訟法改正起草委員会（以後，「起草委員会」という）は，1919（大正8）年10月1日開かれ，起草方針として旧法律取調委員会民事訴訟法改正起草委員会で決議された草案を議案として「継続審議」することを決定した。起案会は法律取調委員会の場合と同様，松岡，山内両委員を主任とし，幹事が参加して構成された。

第1回民事訴訟法改正調査委員会起案会（以後，「起案会」という）は，1919（大正8）年10月10日に開かれ，1920（大正9）年7月16日まで計14回の会合を開いた。「起案会決定案」[61]は，起草委員会に提出され，起草委員会の議案とされた。起草委員会は，一応の審議修正を行ったうえ印刷を行い，更に再審議を行い修正を加え印刷を行い，そのうえ第3回目の審議を行って修正を加えていった。起草委員会は，1921（大正10）年5月までに44回の会議を開き，起案会による起案を基に，民事訴訟法改正調査委員会委員総会に提出する民事訴訟法案421条の起草を完了した。これが「民事訴訟法改正案第一案」[62]である。この過程において，起案会決定案を修正した民事訴訟法改正起草委員会決議案（第一案）[63]，これに対する修正案である「民事訴訟法改正起草委員会第一案ニ対スル起案会修正案」[64]，「民事訴訟法改正案（起草委員会案）」[65]が順次作成された。

3　民事訴訟法改正調査委員会委員総会

起草委員会の作成した民事訴訟法改正案は，民事訴訟法改正調査委員会の委員総会に提出された。この草案は，総則，第一審の訴訟手続，上訴，再審および督促手続の5編からなる。

委員総会は，1921（大正10）年12月15日（第2回）から1923（大正12）年5月1日までの44回に及ぶ会議において一応提案全体につき質問を終了した。委員総会においては，数か条ずつ纏めて審議することになった。会議では個々の条文について種々の疑問や修正意見が委員から多数提出されたので，起草

61　松本／河野／徳田編著・前掲注（1）〔資料475〕。
62　松本／河野／徳田編著・前掲注（1）〔資料479〕。
63　松本／河野／徳田編著・前掲注（1）〔資料476〕。
64　松本／河野／徳田編著・前掲注（1）〔資料477〕。
65　松本／河野／徳田編著・前掲注（1）〔資料478〕。

委員側は多くの条文について再考を約束した。

　提出された問題点は，起草委員会において整理すべきこととされ，1923（大正12）年5月8日から翌年7月中旬まで整理会が開かれた。「民事訴訟法改正案修正問題」[66]と題する書類において問題点の整理を行い，総会の意見を参考にして原案を修正すべき点とこれを維持すべき点が決定された。このとき起草委員会は，総会の再開に備え，委員総会に提出された民事訴訟法改正案に赤インクで修正事項を示した「民事訴訟法改正案（第二案）」[67]，これと内容的には同じであるが，第二案において欄外等に赤インクで書かれていた条文を該当箇所に挿入し，また孫番をなくし，通し番号を付した「民事訴訟法案（第三案）」[68]を用意した。これらは委員総会において配布された。起草委員会は，委員総会が赤インクの箇所を中心に迅速に審議を進めることを望んだ[69]。調査委員会総会（第二次）は，1925（大正14）年4月23日より審議を再開し，同年7月24日法案全部を議了した。たとえば，独立当事者参加に関する大正改正民事訴訟法71条の規定は，1925（大正14）年6月8日の起草委員会において決議されたものである。因みに，「民事訴訟法案（第三案）」69条は，「訴訟参加ハ訴訟ノ結果ニ因リ権利ヲ害セラルヘキコトヲ主張スル為又ハ訴訟ノ目的ノ全部又ハ一部カ自己ノ権利ナルコトヲ主張スル為之ヲ為スコトヲ得此ノ場合ニ於テハ判決ハ参加人ニ対シテモ其ノ効力ヲ生ス（第二項）第六十条及第六十三条ノ規定ハ前項ノ場合ニ之ヲ準用ス」と規定した。この最終段階の審議は，まことに慌しい。1925（大正14）年9月22日起草委員会（第110回）は，幹事会における法案整理の結果を審議し，これを受けて，同年10月15日調査委員会総会は起草委員会の整理結果を審議議了し，ここに第1編から第5編まで総数443条からなる民事訴訟法改正案が確定した。

　その後，起草委員会および調査委員会総会は，民事訴訟法改正案に伴い必要となる関連法律の一部改正案を立案し，これを確定した。

66　松本／河野／徳田編著・前掲注（1）〔資料480〕。
67　松本／河野／徳田編著・前掲注（1）〔資料481〕。
68　松本／河野／徳田編著・前掲注（1）〔資料482〕。
69　『民事訴訟法改正調査委員会速記（続）』（1929年・法曹会）2頁以下がその審議録である（松本博之／河野正憲／徳田和幸編著『日本立法資料全集13　民事訴訟法〔大正改正編（4）〕』（1993年・信山社）〔資料624〕）。

4　審議の特徴

審議上の特徴として，ここでは次の3点をあげることができる。

第1に，しばしば1922（大正11）年1月1日施行の刑事訴訟法やその他の法律の条文との対比に基づき，起草委員に対する多くの質問がなされていることである。これは刑事訴訟法の改正が先に実現しており，技術的な問題では先行している法律との整合性を図ることが適切だと考えられたからであろう。しかし，控訴状を原裁判所にも提出することができるようにするといった技術的な問題に必ずしも限られたわけではなかった。たとえば，証人に対して弁護士からも直接尋問することができるようにすべきかという問題があった。刑事訴訟法（大正11年5月5日法律第75号）338条3項は「検察官又ハ弁護人ハ裁判長ノ許可ヲ受ケ被告人，証人，鑑定人，通事又ハ翻訳人ヲ訊問スルコトヲ得」と規定していた。そのような規定を民事訴訟法にも定めるべきかどうかが議論になった。委員の側（原委員，平沼委員，岩田委員）から，裁判官による訊問では当事者が本当に聞きたいことが聞けない場合があるので，弁護士による訊問を許すべき旨の要望が強かったのに対し，起草委員側はこれを許すと当事者が証人を追窮することになり弊害が生ずるとして反対していた[70]。

第2に，起草者が削除を予定した明治23年民事訴訟法の規定の復活を求める意見が委員の間に強かったという点をあげることができよう。そのような事項は多数にわたる。今日から見て，削除の当否について疑問がある規定もある。そのような例として，慣習法や外国法の証明に関し，「地方慣習法，商慣習及ヒ規約又ハ外国ノ現行法ハ之ヲ証スヘシ裁判所ハ当事者カ其証明ヲ為スト否トニ拘ハラス職権ヲ以テ必要ナル取調ヲ為スコトヲ得」と規定した明治23年民事訴訟法219条がある。この規定を削除しようとする起草委員に対して，松本烝治委員がその存続を強く求めたこと[71]，また明治23年民事訴訟法483条の詐害再審の存続が原委員から求められたことである[72]。

第3に，草案の規定を強化するよう委員側から求めた事項もある。たとえば，大正15年改正の重要な改正事項であった準備手続の原則化は，第1案に

70　松本博之／河野正憲／徳田和幸編著『日本立法資料全集12　民事訴訟法〔大正改正編（3）〕』（1993年・信山社）310頁以下参照。

71　松本／河野／徳田編著・前掲注（70）278頁以下参照。

72　松本／河野／徳田編著・前掲注（70）442頁参照。

はなく（第1案の213条は，「裁判所ハ相当ト認ムルトキハ何時ニテモ訴訟ノ全部若クハ一部又ハ或争点ニ付キ受命裁判官ニ依ル準備手続ヲ命スルコトヲ得」と規定し，準備手続を開くかどうかを裁判所の裁量に係らしめた。），委員総会において原委員らから提案されたものであった[73]。

第4に，第1案にはない，したがって従来知られていなかった制度・規定の導入が起草委員以外の委員から強く求められたこともある。たとえば，原委員は訴訟係属中に債権の譲渡その他係争物の譲渡が生じた場合の処理のために規定を整備することを要望した[74]。第1案においてすでに，権利能力のない社団や財団の当事者能力を一定の要件のもとで認める規定や，選定当事者の制度のように訴訟の簡捷の観点から導入を予定されていたものもあったが，より基本的な制度上の刷新を求める意見が提出されたことが注目される。

総じて，総会（前半部分）においては，たいへん白熱した論議が展開された。それは民事訴訟法の革新のために大いなる成果をもたらした。民事訴訟法改正案第一案の，実に多くの規定を起草委員において再考することが約束された。だが，残念なこともないではない。意見が著しく対立し，激しいやり取りが行われたところでは，速記の中止が命じられたり，懇談会に切り替えるというようなことが行われ，議論の詳細が伝えられていない箇所が存することである。議論のやり取りの詳細が残されていたなら……と惜しまれるところである。以上のように，この速記録にも資料としての制約はあるが，それにもかかわらず民事訴訟法大正大改正の骨格の形成過程を詳細に後世に残す資料としてたいへん貴重である。

5 草案における主要な改正点

法律取調委員会における審議開始から15年の歳月を経て確定された民事訴訟法改正案は，判決手続に関する抜本的改正を目指すものであった。「其ノ主旨トスル所ハ現行法中訴訟遅延ノ原因ト認ムヘキ諸規定ヲ改メ専ラ其ノ円滑ナル進捗ト審理ノ適正トヲ図リタル点ニ存ス」[75]とされた。草案における主要な改正点は，明治23年民訴法の訴額算定の具体的基準に関する5条・6条の規定を削除したこと（そのため，訴額算定基準に関する法律規定は全く存

---

73 「民事訴訟法改正案修正問題」松本／河野／徳田編著・前掲注（1）〔資料480〕（468頁）および『民事訴訟法改正調査委員会速記録（続）』141頁，146頁，215頁参照。
74 松本／河野／徳田編著・前掲注（70）131頁以下参照。

在しないという異常な法状態が生じた），地方裁判所の管轄事件については準備手続を原則化したこと，欠席判決の制度を廃止したこと，証書訴訟・為替訴訟の制度を廃止したこと，当事者の合意による期日変更を制限したこと，専属管轄を除き管轄違いの訴えを職権により管轄裁判所に移送すべきこととし，また管轄裁判所に提起された訴えも一定の要件を満たす場合に裁判所の裁量により他の管轄裁判所に移送することができるようにしたこと（裁量移送），不適法な訴えまたは上訴について口頭弁論を経ないでこれを却下することができる場合を認め，また書面による上告棄却を認めることにより書面審理主義の拡張を図ったこと，時機に後れた攻撃防御方法を職権で却下できるようにしたこと，職権証拠調べの道を開いたこと，代表者または管理人の定めのある非法人社団・財団の当事者能力を承認したこと，選定当事者の制度を導入したこと，軽微な訴訟について上訴制限を導入しようとしたこと，訴訟参加の制度を拡張し独立当事者参加を認めたこと，訴訟係属中に係争権利・係争物の譲渡または債務の引受けが生じた場合に権利承継人の訴訟参加，債務承継人の訴訟引受義務を定めたこと等である。注目されることは，代表者または管理者の定めのある権利能力なき社団・財団の当事者能力の承認，訴訟参加の制度の拡張，訴訟引受等，この大正大改正によって新たに導入された制度についても，訴訟の促進，複雑な争いを１回の訴訟で解決するという視点が強調されたことであろう。

第３款　民事訴訟法中改正法律案の反響

１　法案に対する反対意見

(1)　今村意見書　　すでに述べたように，民事訴訟法改正案は，法律取調委員会における審議開始からでも15年，その前の旧法典調査会の審議開始から数えるとなんと四半世紀の歳月をかけて完成したものである。確定した民

75　「民事訴訟法改正要目（関連法文参照ノ分）」（大正15年１月29日印刷），松本／河野／徳田編著・前掲注（１）〔関連資料５〕による。なお，「民事訴訟法案経過報告」（松本／河野／徳田編著・前掲注（１）〔関連資料２〕）には，「現行法中訴訟ノ遅延ヲ来スヘキ禍根ヲ刈除シテ専ラ其ノ進捗ヲ図リ晦渋煩瑣ノ点ヲ削リテ手続ノ簡捷ヲ期シ且缺漏ノ点ヲ補ヒテ法規ノ運用ヲ円満ナラシムルコトヲ期シタルハ本案ヲ一貫スル大趣旨ナリ」という表現が見られる。

事訴訟法改正案について，議会提出前に各界の意見を求めることは行われず，直ちに1926（大正15）年２月第51回帝国議会に提出された。そのためか，改正法律案に対しては，賛成意見[76]とともに，強く反対意見を表明するものもみられた。反対意見のうち，とくに注目すべきものは，司法省民事局長・池田寅二郎に対して提出された今村恭太郎の意見書「民事訴訟法改正ト訴訟ノ促進」[77]，帝国弁護士会の「民事訴訟法改正案修正意見」[78]および日本弁護士協会・東京弁護士会が発表した「民事訴訟法改正案ニ対スル修正意見」[79]である。

ここでは，これらの反対ないし修正意見を中心に議会提出前後の状況を概観しておこう[80]。反対意見ないし修正意見の嚆矢をなし，その後の反対意見に大きな影響を与えたのは，当時，東京地方裁判所長であった今村恭太郎の意見書である。同意見書は，まず第１に，改正案について広く司法官や弁護士の意見が求められていない不当を指摘し，第２に，民事訴訟法改正案が訴訟促進に適するか否かにつき疑問があることを主張する。

第１の点につき，今村は次のようにいう。訴訟実務に大きな影響を与える民事訴訟法改正案については司法官および弁護士の意見を徴すべきであるのに，改正案の審議の過程においては審議内容は極秘事項とされる一方，草案成立後は直ちに議会に提出されようとしているが，「民事訴訟法改正ニ付テハ前ニ進行頗ル緩慢ナリシモ今ヤ突如トシテ其促進ヲ計リ近時民事訴訟遅延ノ為メ廣ク世ニ問フノ違ナシト為セリ　将シテ訴訟進行斯ク遅延アルヤ否ヤ疑ナキ能ハス」[81]と。

第２の点，すなわち，民事訴訟法改正案が訴訟促進の目的に適していない

76　たとえば，松倉慶三郎「改正民事訴訟法案に対する批判」（帝國辯護士會誌）正義２巻５号（1926年）57頁以下は「第五十一議会に提出せられたる改正民事訴訟法案は余程時代の要求に順応して国民生活の保護に適したる点少なくないことがあるのを喜ぶと共に尚ほ一歩進んで眞に理想的の改善を望むものが大にあるのである」と言う。

77　松本／河野／徳田編著・前掲注（１）〔関連資料７〕。

78　松本／河野／徳田編著・前掲注（１）〔関連資料８〕。

79　松本／河野／徳田編著・前掲注（１）〔関連資料11〕。

80　これについては，すでに染野義信による先駆的研究（前掲注（24）１頁，45頁以下）がある。本稿もこの論文から多くの有益な示唆を受けている。

81　松本／河野／徳田編著・前掲注（１）〔関連資料７〕（571頁）。

として指摘されているのは，主として次の3点である。(a)為替訴訟の廃止，(b)欠席判決の廃止，(c)書面審理主義の拡張である。

(a) 為替訴訟の廃止について　手形の流通性と証書債権の点から見て，為替訴訟・証書訴訟を廃止するのは，手形請求の迅速な解決を不能にし手形の流通性を害するため，誤りであり，また為替訴訟は大部分簡易訴訟により迅速に終了して，訴訟の促進に寄与していると，論じる。為替訴訟が訴訟の促進に大きな役割を果たしていることの証左として，統計上の数字があげられた。すなわち，為替訴訟は手形の流通に伴いますます多くなり，全国民事訴訟地方裁判所事件の1割5分，都会の地方裁判所の3割，全国区裁判所4分，都会の区裁判所の1割を占めており，そのうち通常訴訟となるものは約1割，留保判決による権利行使を行うものは為替訴訟として判決がなされたものの約8分であり，したがって，都会の地方裁判所の民事訴訟の2割4厘が為替訴訟によって終了していることが指摘されたのである。なお，今村は，このような為替訴訟の判決だけで終了する事件ならば支払命令によって容易に解決するはずだとの反論を予想して，支払命令に対して債務者の異議申立てがあると債務者の意の儘に通常手続として進行せざるをえなくなるから，為替訴訟の便を補うことはできないと予め再反論を行っている[82]。

(b) 欠席判決制度の廃止について　欠席判決に代わる制度を設けることは至難であることが，反対理由であった。改正案のように最初の口頭弁論に出頭しない当事者が提出した書面記載事項を陳述したものと見なし，相手方に弁論を命ずること（準備手続期日の場合にも同じ原則に従う。しかも出席当事者の陳述を調書に明確にして，これを相手方に送達する）は，口頭陳述と書面に基づく対席判決をすることになり，事案の真相を得ることが困難になるのみならず，その煩雑・困難さは単純な欠席判決の比ではない。単に義務履行の延期策として争いを試みる者は準備手続では多数の攻撃防御方法を提出するが，口頭弁論には欠席することが多く，このような場合にも裁判所は対席判決をしなければならないのは訴訟を促進する所以ではない，と言う[83]。

(c) 書面審理主義の拡張について　改正案は準備手続においては口頭演述の調書に代え準備書面で代用し，準備手続期日において当事者の一方が欠席

82　松本／河野／徳田編著・前掲注（1）〔関連資料7〕（572頁〜572頁）。
83　松本／河野／徳田編著・前掲注（1）〔関連資料7〕（573頁〜574頁）。

したときは出席当事者の陳述を調書に明確にしてこれを相手方に送達することにするというように，準備手続は書面準備となる傾向を有し，審理公開の原則から疑問だとする[84]。

　今村は，当時訴訟の著しい遅延はないとしたが，もとより一層訴訟の促進を図ることに異論はなく，そのために執るべき措置として次の点を指摘したことにも言及しなければならない[85]。すなわち，当事者の合意による期日変更の制限，計算事件の準備手続を複雑な訴訟の準備手続に準用すること，欠席判決の送達を本人にすること，判決送達の職権化，控訴期間を判決言渡時より進行させること，攻撃防御方法提出の最終時期の制限，訴訟手続休止の制限，里程猶予の改正である。

　(2)　**帝国弁護士会の意見書**　　今村意見書と基調を同じくして改正法律案を批判するのは，帝国弁護士会の意見書である。同弁護士会の意見の結論は，議会に提出された民事訴訟法改正案の決議を次議会まで延期すべきこと，および改正を要する部分は単行法によって一部改正を行うのが適当だということである[86]。

　その理由として，次の5点があげられている。①改正案は司法官及び弁護士の意見を徴することなく，直ちに議会に提出されたものであるので，慎重審議の必要があること，②現行法は35年間にわたって司法官・弁護士の習熟するところであり，著しい差支えはないから，全部改正の必要はないこと，③法改正を行うにしても単行法によってする一部改正が適切であること，④実質において東京地方裁判所司法官の意見を代表したものと認められる今村東京地方裁判所長の意見書があるが，司法官の反対意見に留意すべきこと，⑤訴訟進行の現状には著しい遅延がないこと，である[87]。

　さらに帝国弁護士会は，改正案の示す重要な改正事項について次のように強く反対の意向を表明した。すなわち，証書訴訟・為替訴訟の廃止は「商取引ノ現況ヲ顧ミス世運ニ逆行セントスル立法ト云フモ過言ト云フヘカラス」[88]という。欠席判決によって落着する事件は多数存するので（大正11年の

84　松本／河野／德田編著・前掲注（1）〔関連資料7〕（575頁～576頁）。

85　松本／河野／德田編著・前掲注（1）〔関連資料7〕（575頁）。

86　帝国弁護士会「民事訴訟法改正案修正意見」（大正15年2月）松本／河野／德田編著・前掲注（1）〔関連資料8〕（578頁）。

87　松本／河野／德田編著・前掲注（1）〔関連資料8〕（578頁～579頁）。

対席判決数約1万4,000件，欠席判決数約1万件のうち故障申立ては5,500件で，4,500件は欠席判決が確定している。再度の欠席判決はあるが僅少である)，欠席判決制度の廃止は不適当であるという[89]。準備手続の拡張については，単純な事件では準備手続を必要とせず，これを行えば二重の手続になり，複雑な事件では一切の攻撃防御方法，争点に関するすべての証拠を受命裁判官に提出することは不可能であり，また証拠調べの結果新たな争点や新たな証拠調べの必要が生ずることもある。これらの取調べを受命判事の手に委ねれば，形式的な証拠調べに終わるか，審理の中心が受命判事に移るか，さもなければ受命判事と裁判所の審理の重複を招くことになる，と批判した[90]。上訴の制限については，「訴訟当事者ニ取リテハ訴訟価格三百円未満ノ場合ニ於テモ権利ノ主張トシテ訴訟ヲ遂行スルノ必要ナルコトアリ単ニ訴訟価格ノミヲ以テ其当事者ニ関スル利害ノ軽重ヲ定メ難キ場合」があるので，上訴制限はわが国の国情に適しないという[91]。合意による期日変更の制限は「当事者処分主義」に反するほか，弁論期日の変更が許されなければ「当事者ニ於テ満足スヘキ程度ノ立証及準備ヲ為スコトヲ得スシテ不満足ナル立証ヲ以テ裁判ヲ受ケサル可カラザル事トナリ従テ其判決ニ対シテモ之ニ服セスシテ控訴ヲ為ス者多キヲ加フルニ至ルベク」，逆に期日変更が許されるならば判決に対する控訴は比較的少数になり，結局，期日の変更を許すのが国家の側からみても当事者の私的処分から見ても利益になるという[92]。強制執行，公示催告，仲裁手続の改正を分離することも，誤りであるという[93]。

---

88 松本／河野／徳田編著・前掲注（1）〔関連資料8〕(580頁)。日本弁護士協会・東京弁護士会「民事訴訟法改正案ニ対スル修正意見」は，被告保護の制度（敗訴被告が留保判決による通常訴訟手続の期日指定の申請と同時に被告に対し保証を条件として，為替訴訟・証書訴訟により確定した判決の停止等を認めること）を付加して，これらの訴訟手続を存続させることを提案した（松本／河野／徳田編著・前掲注（1）〔関連資料11〕(608頁)。

89 松本／河野／徳田編著・前掲注（1）〔関連資料8〕(580頁)。日本弁護士協会・東京弁護士会の前掲修正意見も欠席判決の存続に賛成する。

90 松本／河野／徳田編著・前掲注（1）〔関連資料8〕(580頁〜581頁)。

91 松本／河野／徳田編著・前掲注（1）〔関連資料8〕(581頁)。同旨，日本弁護士協会・東京弁護士会「民事訴訟法改正案ニ対スル修正意見」松本／河野／徳田編著・前掲注（1）〔関連資料11〕(603頁)。

92 松本／河野／徳田編著・前掲注（1）〔関連資料8〕(581頁〜582頁)。

(3) **両意見書の相違点**　今村意見書と帝国弁護士会の反対意見は，同じ基調を有するものではあるが，以上の説明からも明らかなように，相違も見られる。その最たるものは，当事者の合意による期日変更の制限である。帝国弁護士会は合意による期日変更の禁止に対して全面的に異を唱えていたのであるが，今村意見書は，むしろ，これを訴訟促進の1つの方法であることを認めていたことは注意しなければならない。

2　帝国議会における審議

(1) **参議院の審議**　1926（大正15）年2月12日帝国議会に提出された「民事訴訟法中改正法律案および民事訴法中改正法律施行法案」は，同月15日一括して第一読会に付され，かつ特別委員会に付託された。委員は，酒井忠亮（子爵），森　俊成（子爵），水上長次郎，河村譲三郎，池田長康（男爵），渡邊修二（男爵），永田秀次郎，村田新吉，伊東祐弘（子爵），板倉勝憲（子爵），渡邊　暢，清水小一郎，松岡均平（男爵），安立綱之，佐竹三吾の15氏であった[94]。委員長に伊東祐弘，副委員長に河村譲三郎が選任された。担当国務大臣は江木翼・司法大臣[95]，司法省所管事務政府委員は，池田寅二郎[96]であり，両氏が委員会で答弁にあたった。

民事訴訟法改正案に対しては，司法官や弁護士会から反対意見が公表されたことはすでに述べたとおりであるが，この反対意見は貴族院の特別委員会の冒頭で取り上げられ（質問者は清水小一郎委員），政府側の説明が求められた。「第五一回帝国議会貴族院民事訴訟法中改正法律案外一件特別委員会議

93　松本／河野／徳田編著・前掲注（1）〔関連資料8〕（582頁）。

94　前掲注（2）「改正民事訴訟法案審議の沿革」478頁；「第五十一帝国議会貴族院民事訴訟法中改正法律案外一件特別委員会議事速記録第一号」1頁による（この資料は，松本博之／河野正憲／松本博之編『日本立法資料全集13　民事訴訟法〔大正改正編（4）〕』（1993年・信山社）〔資料641〕（299頁以下）に収録されている）。

95　江木　翼（えぎ　たすく，1873-1932年）は，1897（明治30）年東京帝国大学法科大学英法科を卒業し，内務省に入省。法制局参事官，内閣書記官などを経て，1913（大正2）年第3次桂内閣の内閣書記官長，第2次大隈内閣の内閣書記官長，1924（大正13）年護憲三派内閣の成立とともに三たび内閣書記官長になり，行政整理，貴族院改革，普選案などの成立に尽力した。1925（大正14）年の第2次加藤高明内閣の司法大臣に就任し，翌年成立した第1次若槻内閣で留任した。この時，民事訴訟法案の議会審議に関与した。『大人名事典第十巻』（1953年・平凡社）406頁による。

事速記録第一号」(大正15年2月19日)によれば，政府委員の答弁は概ね次のようなものであった。

① 本改正法律案は明治36年旧法典調査会の草案に基づいており，更に裁判所，弁護士会，商業会議所等の意見を徴した上，学者・弁護士・裁判所等の中で特に学識経験に秀でた士から成る委員会が長い期間かけて慎重審議した結果でき上がった案であるから，迅速な訴訟処理の必要上早く実施に移す必要があり，改良を要する点は実施後の経験に基づき部分改正を重ねる方が，法案の修正のため議論を重ねるよりは効果が多い，との答弁がなされた[97]。

② 一部改正で足りるという批判があるが，実体法は条約改正の際の法整備の必要上改正されたが，手続法が後回しになり，なかでも民事訴訟法が最後までとり残された形になっており，他の法典と調和をとるために全部改正の必要が大きい。加えて，民事訴訟法に対する社会の信頼を維持するため民事訴訟の弊を改めるには，民事訴訟法典の全体を改正して「一般人ノ心ヲ新ニスルト云フコトハ誠ニ必要デアル」[98]との説明がなされた。

③ 準備不十分なまま「公判」が開かれると，訴訟の審理はダラダラになり，延いては裁判官の更迭の場合新たな主任は証人尋問調書によって心証をとること，つまり書面が主になるから，準備手続を設けて公判を準備することが必要である。このことはイギリスやオーストリーの裁判実務が示してい

---

96 池田寅二郎（いけだ　とらじろう）は，1879（明治12）年に佐賀県に生まれ，1903（明治36）年東京帝国大学法科大学英法科を卒業後，東京地裁判事，大審院検事，司法省参事官，司法省民事局長を経て，大審院判事，大審院長（1936年〜1939年）を務めた。この間，多くの法律の制定・改正事業に参画した（経歴については，国家学会雑誌84巻1・2号43頁参照）。民事訴訟法の改正については，1911（明治44）年4月12日司法省参事官として法律取調委員会幹事に就任し，同年5月2日には民事訴訟法改正の調査を命じられた。法律取調委員会廃止後は，1919（大正8）年9月13日，破産法改正ならびに民事訴訟法改正の委員会幹事に就任し，さらに，1921（大正10）年10月10日には民事訴訟法改正の調査委員に就任した。民事訴訟法中改正法律案，民事訴訟法中改正法律施行法案が帝国議会に提出される直前の大正15年1月20日には，司法省民事局長として「司法省所管事務政府委員」になった。

97 前掲注（94）「第五十一帝国議会貴族院民事訴訟法中改正法律案外一件特別委員会議事速記録第一号」4頁（松本／河野／徳田編著・前掲注（94）〔資料641〕（307頁以下））。

98 前掲注（94）「第五十一帝国議会貴族院民事訴訟法中改正法律案外一件特別委員会議事速記録第一号」4〜5頁（松本／河野／徳田編著・前掲注（94）〔資料641〕（309頁））。

るという趣旨の説明がなされた[99]。

④　欠席判決の廃止について　欠席判決は，必ずしも所期の効果を挙げておらず，訴訟の遅延をもたらしているという。すなわち，相当の程度まで訴訟が進行していても，事件を引き延ばしたいが延ばせない当事者の一方が口頭弁論期日に欠席し，下された欠席判決に対して故障の申立をすれば元に戻って審理をするということになるから，真摯な事件であれば中々欠席判決だけでは済まない。なるほど，廃止反対論にいうように，相当多数の事件が欠席判決だけで確定しているが，統計表においては欠席判決がなされた事件は欠席判決をするまでを一事件と扱い，故障によって弁論をやり直す事件は別事件となっているから，本当の意味で解決するまでの計数を見ると相当事件が延びていることを考えなければならないと説明された[100]。

⑤　為替訴訟によって多数の事件が迅速に落着しているのに，これを廃止するのは逆行であるという指摘に対しては，為替訴訟の多く（6割位）は欠席判決で済んでいるのであって，それは為替訴訟本来の使命を果たしていないこと，3月以上為替訴訟・証書訴訟が係属する事件数が相当多く，証拠制限にもかかわらず訴訟がこれほど長引くのは「証書訴訟トシテノ完全ノ使命ヲ達シテ居ナイ」のであって，このことは1923（大正12）年における審理進行中の事件の審理期間からも裏付けられる。すなわち，この年，為替訴訟等の5割5分は3か月以上の審理期間になっているが，これは通常訴訟の6割7分よりは幾らか少ないものの，完結までにはもう少し時間がかかると見なければならない，と述べた[101・102]。

⑥　強制執行の改革については，民事訴訟法の改正が成立すれば「早急ニ

99　前掲注（94）「第五十一帝国議会貴族院民事訴訟法中改正法律案外一件特別委員会議事速記録第一号」5～6頁（松本／河野／徳田編著・前掲注（94）〔資料641〕（311頁以下））。なお，当時のイギリスおよびオーストリーの準備手続については，「池田寅二郎関係文書」に「英国民事訴訟法ニ於ケル準備手続ノ概要」（松本／河野／徳田編著・前掲注（64）〔関連資料15〕）；「英国民事訴訟法ニ於ケル準備手続ノ要旨」（松本／河野／徳田編著・前掲注（1）〔関連資料16〕）；「準備手続ニ関スル墺国民事訴訟法ノ規定ノ大要」（松本／河野／徳田編著・前掲注（1）〔関連資料17〕）が遺されている。

100　前掲注（94）「第五十一帝国議会貴族院民事訴訟法中改正法律案外一件特別委員会議事速記録第一号」7～8頁（松本／河野／徳田編著・前掲注（94）〔資料641〕（316頁以下））。

別ニ委員ヲ組織イタシマシテ，サウシテ比調査ヲ進メル計画ニ相ナッテ居ルノデアリマス」[103]との答弁がなされた。以上のような政府委員の説明ののち，法案の審議は小委員会を設けて行うこととなった。

　小委員会の審議は，2月20日より3月3日まで12日間行われた。小委員会では2月25日に一委員から，「政府ニ於カレマシテモ，此法案ハ重大ナ法案デアル，又永久ニ亙ツテ施行スルモノデアル，又当議会ニ於テハ，斯ノ如キ法案ヲ審議熟慮スルト云フコトハ聊カ無理デアロウト云フヤウナ思召シガアルナラバ，何故ニ此継続委員ニ御掛ケニナラヌカト云フコトヲ，第一ニ御尋ネスルノデアリマス」[104]と司法大臣に対する質問もあったが，審議の続行に決まった。2月27日，3月1日，2日，3日は，速記を止めて懇親会が開かれた。

　小委員会は，22項目にわたる修正を特別委員会に提案した。殆どは軽微な修正であるが，重要な修正もあった。両当事者が口頭弁論に出頭せず，出頭しても弁論をせずに退廷したのち期日指定の申立てをしないことにより訴えを取り下げたものと見なされる期間を6か月から3か月に短縮したこと，上訴の制限額は反対意見を参酌して300円から200円に引き下げたこと，控訴の取下げにつき238条1項但書（被告が本案につき準備書面を提出し，準備手続に

101　前掲注（94）「第五十一帝国議会貴族院民事訴訟法中改正法律案外一件特別委員会議事速記録第一号」9頁（松本／河野／徳田編著・前掲注（94）〔資料641〕（319頁以下））。

102　なお，「池田寅二郎文書」には，為替訴訟廃止反対論に対する反論を行う文書「証書訴訟為替訴訟ノ廃止反対論ニ対スル反駁」が遺されている。これによれば，廃止反対論は「皮想ノ見」である。すなわち，証書訴訟・為替訴訟では，債権の成立につき被告が争う意思のない事件が多いため通常訴訟になることなく証書訴訟・為替訴訟で終了する事件が多いのであって，このような事件は通常訴訟によっても同一の結果が得られるはずであり，特別訴訟手続の効果ということはできない。のみならず，為替訴訟のような特別訴訟手続がもっている固有の難点を無視するものであり，反対論は失当である（この文書の執筆者は明らかでないが，池田寅二郎のような政府委員が議会で答弁する際の資料として作成されたものであろう）。

103　前掲注（94）「第五十一帝国議会貴族院民事訴訟法中改正法律案外一件特別委員会議事速記録第一号」（松本／河野／徳田編著・前掲注（94）〔資料641〕（320頁））。

104　「第五十一帝国議会貴族院民事訴訟法中改正法律案外十一件特別委員小委員会議事速記録第六号」1頁（松本博之／河野正憲／徳田和幸編著『日本立法資料全集14　民事訴訟法〔大正改正編〕（5）』（1993年・信山社）〔資料650〕（42頁））。

おいて申述しまたは口頭弁論をした後は，訴えの取下げは相手方の同意がなければその効力が生じない）の準用を削除したことである。それ以外は，ほぼ原案が承認された。3月4日には，小委員会の審議の結果が特別委員会において報告され，可決された[105]。貴族院の可決を経たのは翌3月5日であった[106]。

(2) **衆議院の審議**　衆議院では1926（大正15）年3月9日に，貴族院から送付された民事訴訟法中改正法律案，民事訴訟法中改正法律施行法案につき第一読会が開かれた。主務大臣として法案の趣旨説明に当たったのは，江木翼司法大臣である。

趣旨説明に対しては，まず，黒住成章議員がそれまでに弁護士会等から提出されていた法案に対する反対意見を踏まえた質問を行った。①議会提出前に公表して広く意見を求めることをしなかったことの不当，②改正の必要があるにしても部分改正で足りること，③争点の極めて簡単な事件について特別手続による迅速な終結を図る方策を否定することは，訴訟遅延の原因の除去という改正目標と合致しないこと，④訴訟救助を拡張しないだけでなく，外国人の訴訟救助規定を廃止することは不当であること，⑤欠席判決および証書訴訟・為替訴訟の廃止は妥当でないこと，⑥上訴制限の不当，⑦合意による期日変更を廃止することの不当，⑧職権主義の加味および準備手続の拡張に伴う書面審理主義を適正に運用するために必要な人材確保の必要性などを指摘し，司法大臣の見解を求めた。司法大臣の答弁ののち，質問を打ち切り，委員会に付託する旨の動議が早々と提出されたため，議事進行に不満をもつ議員が次々に動議という形で発言し，法案を激しく批判する事態になった。しかし結局，委員会を設置し，議長指名の27名の委員に付託することに落ち着いた。

「民事訴訟法中改正法律案外一件委員」として，高木益太郎，斎藤隆夫，菅原英伍，廣瀬徳蔵，武富濟，鳩山一郎，熊谷直太，横山勝太郎，平川松太郎，横山金太郎，岡本実太郎，戸津民十郎，磯部尚，黒住成章，岩崎幸治郎，原惣兵衛，渡邊伍，簏純義，原夫次郎，谷原公，清瀬一郎，山本芳治，佐々

---

[105]　「第五十一帝国議会貴族院民事訴訟法中改正法律案外十一件特別委員会議事速記録第四号」3～4頁（松本／河野／徳田編著・前掲注（104）〔資料654〕（119頁））。

[106]　「民事訴訟法中改正法律案外一件第一読会の続き，第二続会，第三続会――大正一五年三月五日貴族院議事速記録第二一号四五九頁・四六一～四六七頁」（松本／河野／徳田編著・前掲注（104）〔資料655〕（120頁以下））。

木文一，則元由庸，井坂豊光，禱苗代，山口政二の27氏が指名された[107]。

「衆議院民事訴訟法中改正法律案外一件委員会」の審議は，3月10日から3月22日まで連日にわたり行われた（ただし，3月10日は委員長（斎藤隆夫委員）と理事の選任のみ）。委員は概ね弁護士であり，かなり専門的な観点から有益な議論が展開された。答弁に立ったのは，主として，江木司法大臣と，政府委員である長島毅・司法書記官と森田豊次郎・司法書記官であった。ここでも，審議時間が極端に短いことに対する不満が極めて強かったが，今日の民事訴訟法改正論議に通ずる建設的な質疑も行われ，今日的な視点から見ても新鮮なものを含んでいる。とくに，訴訟遅延の原因は訴訟法のみにあるのではなく，裁判官，弁護士，裁判所書記等の能率があがらないことにも原因があるとの指摘は，裁判官の増員を含むハード面の整備の重要性を強調するものであった。また，社会関係の変化に対応するため特殊な事件について特別の機関による紛争解決を図る必要があるのではないか，時代の進展に伴いラジオ，カメラ，蓄音機のような機械力の利用を図る必要があるのではないか，電話や速記の利用を図る必要性があるのではないかとの指摘，また証人の旅費・日当の請求方法に見られるような裁判所手続の非常識の指摘，弁護士報酬の限定的訴訟費用化の必要性の指摘等，たいへん興味深いものがある。委員会は3月16日から各条項の質問に入ったが，小委員会に委譲する主要な問題を除き，3月17日にはその審議を終えた。委員長は次の10名を小委員に指名した。斎藤隆夫，菅原英伍，磯部尚，黒住成章，禱苗代，平川松太郎，廣瀬德蔵，熊谷直太，則元由庸，清瀬一郎。3月19日，20日の両日開かれた小委員会は，速記をやめ懇談会形式で審議を行い，修正案を作成した。主要な実質的修正は，152条第4項として，「口頭弁論ニ於ケル最初ノ期日ノ変更ハ顕著ナル事由ノ存セサルトキト雖当事者ノ合意アル場合ニ於テハ之ヲ許ス　準備手続ニ於ケル最初ノ期日ノ変更亦同シ」と定め，合意による期日変更の制限を緩和したこと，上訴制限を定める361条を削除したこと，当事者本人尋問を定める336条について「其ノ他必要アリト認ムルトキ」の文言を削除したことである[108]。その他の点では，条文の整理と字句の修正に止まった。小委員会の修正案は3月22日の委員会において了承され，また委員

107　前掲注（2）「改正民事訴訟法案審議の沿革」479頁。
108　「民事訴訟法中改正法律案（政府提出，貴族院送付）の修正」松本／河野／徳田編著・前掲注（1）〔資料565〕（490頁～493頁）参照。

会は，黒住成章委員提出の希望条件，すなわち，「委員会ハ本案ヲ審議決定スルニ當リ改正案ノ精神趣旨ニ鑑ミ左ノ希望条件ヲ附シテ本案ニ賛成ス　第一，裁判官及裁判所書記優遇ノ方法ヲ講シ人材簡抜ノ途ヲ開キ訴訟遅延ノ弊ヲ一掃スルコト，第二，次期議会ニ於テ弁護士法改正案ヲ必ス提出スルコト，第三，次期議会ニ強制執行法及競売法ノ改正案ヲ提出スルコト，第四，執行機関ヲ改善シ其監督ヲ厳ニシ以テ裁判ノ進行ニ遺憾ナカラシムルコト」を満場一致で可決した。翌23日，修正された民事訴訟法中改正法律案は，衆議院において可決され[109]，貴族院に回付され，貴族院は24日衆議院の修正を全部可決した[110]。このうち，執行法・競売法の改正，執行機関の改善が全く進展しなかったことは，周知のとおりである。

第4款　大正15年改正民事訴訟法と民事訴訟法学

以上のようにして，民事訴訟法改正法律は，かなり多数の事項について裁判官や弁護士のような裁判現場を担う人達から反対の声が上がったにもかかわらず，関連法律の改正とともに成立し，1926（大正15）年4月24日法律第61号として公布された。この法律は，1929（昭和4）年10月1日から施行され，平成民事訴訟法の施行日（1998〔平成10〕年1月1日）の前日まで適用された。

第1章において指摘したように，明治23年民訴法は民法が成立していない時点において同時平行的に制定作業が行われ，同時に審議されていた民法に規定がある事項については民事訴訟法に規定されなかったが，制定された民法および商法はいわゆる法典論争のため施行延期になったため，民法に定められていた事項については必要な規定が全く存在せず，また裁判にとって必要な実体法規定がそもそも存在しないという異常な事態が生じた。旧民法を改正して成立した明治民法は1899（明治32）年に施行されたが（なお，商法は1893〔明治26〕年に会社法・手形法・破産法の部分が施行され，1898〔明治31〕

109　「民事訴訟法中改正法律案外一件第一読会の続き，第二続会，第三続会――大正一五年三月二三日衆議院議事速記録第三五号九二五頁・九四六～九四八頁」松本／河野／德田編著・前掲注（104）〔資料669〕（404頁以下）。

110　「会議――大正一五年三月二四日貴族院議事速記録第三〇号七七七頁・八二六～八三七頁」松本／河野／德田編著・前掲注（104）〔資料670〕（413頁以下）。

年に旧商法典の全面施行が行われた），今度は民事訴訟法ととくに民法との調整の必要性が生じ，民事訴訟法の改正が必要となった。

　明治23年民訴法の不備を補う規定として，当事者能力，訴訟能力に関する大正15年改正民訴法45条，裁判上の自白の拘束力に関する同法257条，相殺の主張に対する判断の既判力についての同法199条2項，既判力の主観的範囲に関する同法201条，執行力の拡張に関する同法497条ノ2，文書の真正の推定についての同法323条1項，324条，326条などが定められた。

　大正15年民訴法改正は，詐害再審の廃止の反面，ドイツ法にはない重要な新たな制度をも導入し，民事訴訟法学に対して，それらの規定の解釈という重要な課題をもたらした。とくに権利能力なき社団・財団の当事者能力（とくに積極的当事者能力，46条），選定当事者制度の導入（47条），これに伴う選定者への既判力の拡張規定（201条2項），第三者の当事者参加と従前の当事者の訴訟脱退の許容（71条・72条）および，訴訟係属中に係争権利・係争物の譲渡または債務の引受けが生じた場合の権利承継人の訴訟参加権，債務承継人の訴訟引受義務（73条・74条），訴訟告知の要件の緩和（76条）と参加がなかった場合の告知の効果（78条），文書提出義務の範囲の拡張（312条1項3号）などがそうである。これらの制度については，解釈の著しい対立が生じたものもある。このうち，係争権利・係争物の譲渡および債務引受け，および独立当事者参加は，極めて重要な問題を扱っているにもかかわらず，短時間のうちに改正法律案の中に入れられたこともあり，規定が不十分であることは否めない。係争権利・係争物の譲渡については，権利承継人の当事者参加を許すのであるが，従前の当事者間でのそれまでの訴訟結果が参加人を拘束することは相手方の保護の必要上不可欠であるけれども，この点について改正法は何らの規定をも定めなかった。これらの新しい制度は訴訟の促進という観点から説明されたに過ぎず，個々の制度の目的や予想される運用上の問題点についてはどのような議論がなされたか，必ずしも明らかでない。これらの点については，民事訴訟法改正調査委員会の委員総会において改正案が確定した後，広く各界の意見が聴取されていたならば，あるべきよりよい制度の構想・規定の作成に進んだかもしれない。いずれにせよ，法律の改正を急ぐ余り，強引さが目立つ立法過程であった。

　訴訟係属中の係争権利や係争物の譲渡については，兼子一「訴訟承継論」[111]が公表され，当事者参加の法的構成についても多くの議論が出された。独立

当事者参加の制度についても，様々な解釈論が展開された[112]。

　また規定の削除にも，いろいろ問題が生じた。欠席判決や為替訴訟の廃止については反対意見が強かったことはすでに見たが，それ以外にも削除された規定が必要であることが明確になったものがある。外国法の職権調査を定めた明治23年民訴法219条は職権証拠調べ規定の導入によって不要になったとして削除されたが，削除後も学説の多数は適用外国法について裁判所の職権調査を主張した。訴額の算定基準を定めた明治23年民訴法の訴額の算定に関する規定について，ある起草委員は訴額算定に関する詳しい規定は実際上余り必要でないといい[113]，別の起草委員は裁判所手数料に関しては訴訟費用法に定めるのが望ましいとの見解を示したが[114]，今日まで訴訟費用法に定められることはなかったし，現在もそうである。戦後，最高裁判所は，ようやく1956（昭和31）年12月12日付けで高等裁判所長官，地方裁判所長宛てに民事局長通知を発し，若干の訴訟類型について訴額の算定基準を示しているが，これとてもごく一部の領域についてであり，全く不十分である。根本的には，市民の権利保護のための手数料として市民に支出要求するものを法律によらないで定めることができる根拠がどこにあるのか，はなはだ疑問である。また，最高裁判所の訴額通知は法的拘束力を有しないが，現実には法律のように扱われているという，法治国家として信じ難い問題も生じている。

111　兼子一「訴訟承継論」同『民事法研究Ⅰ』（1950年・酒井書店）1頁以下（初出は法学協会雑誌49巻1号，1931年）。兼子論文の問題点について詳しくは，本書第3編第1章参照。

112　細野長良『民事訴訟法要義第2巻』（1930年・巌松堂書店）347頁以下；山田正三『日本民事訴訟法論第2巻』（1934年・弘文堂）228頁以下など参照。

113　民事訴訟法改正調査委員会での起草委員・松岡義正の発言，「民事訴訟法改正調査委員会議事速記録」松本博之／河野正憲／徳田和幸編著『日本立法資料全集12　民事訴訟法〔大正改正編〕（3）』（1993年・信山社）〔資料582〕（33頁）。

114　民事訴訟法改正調査委員会での起草委員・山内確三郎の発言，「民事訴訟法改正調査委員会議事速記録」松本／河野／徳田編著・前掲注（113）〔資料582〕（33頁）。

第3章　民事訴訟法昭和改正

第1節　昭和23年民事訴訟法改正

第1款　日本国憲法および裁判所法の施行と民事訴訟法の改正

1　GHQによる日本統治

　1945（昭和20）年8月15日にポツダム宣言受諾の玉音放送があり，同年9月3日，東京湾上の米戦艦ミズーリにおいて，日本側代表は重光葵外相，梅津美治郎参謀総長，連合国側は連合軍最高指令官ダグラス・マッカーサーのほか，合衆国代表，中華民国代表，イギリス代表，ソ連代表，オーストラリア代表，カナダ代表，フランス代表，オランダ代表，ニュージーランド代表が「降伏文書」に署名を行い，これによって，日本の無条件降伏が法的に確定した。ここに，第二次世界大戦が正式に終結し，連合国による日本占領が始まった。

　ポツダム宣言の第10項は「日本国政府ハ日本国国民ノ間ニ於ケル民主主義的傾向ノ発展強化ニ対スル一切ノ障碍ヲ除去スベシ　言論，宗教及思想ノ自由並ニ基本的人権ノ尊重ハ確立セラルベシ」と定め，日本政府は降伏文書において右条項の誠実な履行および実施に必要な一切の命令および措置の権限を連合国最高司令官等に委ねた。これに基づき，GHQによる日本統治が始まった。法令はすべてGHQの審査・承認を受けなければならなかった。司法関係の法令の審査を管轄したのは，GHQ民生局（Government Section），法務局立法司法課（Legislative and Justice Division）であった。

2　オプラーとブレークモア

　GHQの法務局立法司法課には，オプラー（Alfred C. Oppler），ブレークモア（T. Blakemore），J・バッシン（法律課長）らがいた[1]。日本の法律制度の改革に主導的役割を果たしたのは，オプラーである。彼の略歴は次のとお

りである。彼は1893年アルザス・ロレーヌで生まれたドイツ人で，ミュンヘン大学，フライブルグ大学，ベルリン大学およびシュトラスブルグ大学で法律学を学び，国家試験に合格して法曹資格を取得，38歳のときプロイセン上級行政裁判所の主席判事，プロイセン懲戒裁判所の副所長になったが，ナチスの迫害を逃れてアメリカ合衆国に亡命した。アメリカ合衆国では，1940年にハーヴァード大学講師を経て1944年に連邦政府の官吏となり，ドイツ占領に参画した[2]。その後ペンタゴンから，日本占領に関する職務の為に1946年2月にGHQ民生局の求めで来日し，民生局政治部法制司法課の課長を務めたが，後に法務局立法司法課長になった。

ブレークモアは，1915年にアメリカ合衆国に生まれ，オクラホマで育ち，1938年オクラホマ大学卒業，弁護士資格を取得した。1939年ケンブリッジ大学に留学，さらに同年から1941年まで東京帝国大学法学部に留学して日本の法律学を学んだ。帰国後，アメリカ合衆国国務省に入り，1946年国務省の外交官助手の一員として再来日した。彼はGHQ民生局への移籍後，民法および民事訴訟法の改正に関与することになる[3]。

オプラーとブレークモアが司法関係の法改正に関与したことが，大部分ドイツの民事訴訟法の考え方を基礎とする日本の民事訴訟法が根本的な修正を受けることなく今日まで受け継がれることに寄与したことと思われる。ブ

1　オプラーとブレークモアについては，根本松男「オプラー博士とブレイクモア氏――GHQの法令審査」法学セミナー185号（1971年）95頁以下がある。本章もこれに多くを負っている。

2　根本・前掲注（1）95頁。オプラーについては，納谷広美解説・訳『法制・司法制度の改革』（GHQ日本占領史第14巻）（1996年・日本図書センター）38頁以下；高地茂世ほか『戦後の司法制度改革――その軌跡と成果』（2007年・成文堂）の第2編「民事訴訟制度の改革――その軌跡と成果」（63頁以下，納谷広美担当）がある。オプラー自身の著作としては，A・オプラー著（内藤頼博監・納谷広美＝高地茂世訳）『日本占領と法制改革』（1990年・日本評論社）（書評に，石渡哲・法学教室127号〔1991年〕79頁）；"The Judicial and Legal System", Chapter VIII, Vol. 1 of Political Reorganization of Japan, September 1945 ～ Sep. 1948, published November 1949 by U. S.. Government Printing Office；The Reform of Japan's Legal and Judicial System under the Allied Occupation" Washington Law Review, Vol. 24, August 1949, No. 3；"Japan's Courts and Law in Translation", Contemporay Japan, Vol. XXI, Nos. 1-3, June 1952；"PostWar Developments in Japanese Law", Wisconsin Law Review, July 1947, part 1 がある。

レークモアは司法省の事務官との交渉に当ったが，アメリカ法を押し付けることに懐疑的であり，日本の将来を考えた態度で交渉に臨んだとされる。アメリカ側の担当者オプラーがドイツ法に精通しており，またブレークモアが日本法を学んでいた人物であったことが，大きな要素をなす。その交渉の記録は資料集に収められている[4]。

第2款　昭和23年民事訴訟法の一部改正

1　応急措置法

1946（昭和21）年11月3日に日本国憲法が公布された（施行は翌年5月3日）。併せて，裁判所構成法が廃止され，代わって裁判所法が制定され，裁判機構の大改革が生じた。日本国憲法77条1項は，「最高裁判所は，訴訟に関する手続，弁護士，裁判所の内部規律及び司法事務処理に関する事項について，規則を定める権限を有する」と定め，裁判所法は，地方裁判所での単独裁判官による裁判を可能にし，区裁判所を廃止して，第一審裁判所としての簡易裁判所を設置することにした。

このような状況の変化に対応するため，「日本国憲法の施行に伴う民事訴訟法の応急措置に関する法律」（応急措置法）が定められ，施行された。応急措置法は以下の内容を有していた。

①　判決以外の裁判は判事補が単独で裁判できること（3条）。

②　高等裁判所が第一審または第二審としてした終局判決に対しては最高裁判所が，地方裁判所がした第二審の終局判決に対しては高等裁判所が上告裁判所となること（4条）。

③　高等裁判所が上告裁判所である場合には，最高裁判所が定める事由が

---

[3] 以上につき，根本・前掲注（1）85頁；竹前栄治『GHQの人々』（2002年・明石書店）64頁参照。なお，ブレークモアは，1949年に当時の外国人向け司法試験に合格し，占領終了後，外国人弁護士として日本で法律事務所を開設し，欧米企業と日本企業の仲介役として活躍したほか，1988年に帰国するまで，養沢毛鉤専用釣場や果樹栽培の実験農場の開設などを行い，日本人との交流を行ったという。ブレークモアの論文として，"Post-War Developments in Japanese Law", Wisconsin Law Review, July 1947, Part 1 がある。

[4] 松本博之編著『日本立法資料全集61　民事訴訟法〔戦後改正編〕（1）』（2009年・信山社）〔資料27〕～〔資料32〕〔資料38〕。

あるときは決定で事件を最高裁判所に移送しなければならないこと（5条）。

④　高等裁判所が上告審としてした終局判決において，法律，命令，規則または処分の憲法適合性に関して判断が行われ，この判断が不当であることを理由とする場合には，最高裁判所に更に上告できること（6条）。

⑤　不服を申し立てることができない決定または命令において，法律，命令，規則または処分の憲法適合性に関して判断が行われている場合，この判断が不当であることを理由とする場合には最高裁判所に特に抗告できること（7条）。

⑥　行政庁の違法な処分の取消しまたは変更を求める訴えは，他の法律に特に定めがない限り，当事者は処分があった日から6ケ月以内に提起しなければならず，処分の日から3年を経過するともはや訴えを提起することができないこと（8条）。

2　民事訴訟法の改正の経過

この応急措置法が1948（昭和23）年1月1日から失効するのを前に，民事訴訟法をどうするかが重大な立法課題となった。そのさい大問題となったのは，憲法が最高裁判所に規則制定権を付与したため，どのような形式で民事訴訟を規律すべきかということであった。政府部内では，①民事訴訟法を全面的に廃止し，従来民事訴訟法が規定していた事項はすべて最高裁判所の定める「民事訴訟規則」によって規律すべきものとする見解，②応急措置法の失効までに民事訴訟法の全規定を，規則との調整を図って削除または改正し，条文を整備すべしという見解，③応急措置法の延長，④規則との関係なしに民事訴訟法の全条文を整理すべきであるとの意見があったとされる[5]。

立法当局は，民事訴訟に関する法律と規則との関係につき，民事訴訟に関する手続はすべて規則で定めるべきものであり，これを定めた法律は無効であるとする見解と，民事訴訟に関する手続は法律と規則のいずれによっても

5　松本・前掲注（4）〔資料21〕参照。この問題に関する文献として，小野木常「最高裁判所の規則制定権」法学論叢54巻3・4号（1947年）65頁以下；横井大三「法律と裁判所の規則」法学新報55巻1号（1948年）11頁以下；坂野英雄「米国における裁判所の訴訟手続規則制定権」法律タイムズ1巻4号（1947年）4頁以下；早川武夫『裁判所規則制定権の歴史』（法学理論篇141〔法律学体系第2部〕，1952年・日本評論社）などがある。

定めることができるが，両者の抵触の場合には法律優先説と規則優先説があるが，「現時におけるもっとも実際的な立場においては，民事訴訟に関する手続については，法律又は規則で規定することができるが，少なくとも左の事項は法律を以てこれを規定すべきものと考える」とした。法律事項と考えられたのは，①他の法律が訴訟法をもって規定すべきものとしている事項，②国民の権利義務に直接重大な影響を及ぼす事項，および③民事訴訟制度の根本に関する事項である。このような事項は法律で規定すべきものとしながらも，「法律は固定的性格をもつものであることに留意し，法律を以て規定することにより，いやしくも裁判所の自律権に無用の制限を加えることのないよう十分の配慮と工夫がなされなければならない」と指摘し[6]，規則説または規則優先説にも配慮する。

このような理解を前提にして，民事訴訟法一部改正案が1947（昭和22）年2月に作成された[7]。その後，同年8月には「民事訴訟法及び規則の規定すべき事項案 —— 現行法を中心として —— メモ」という文書が作成され[8]，次いで同年9月になって「民事訴訟法中改正法律案（第一次案） —— 第一編乃至第五編」[9]が，同年11月に「民事訴訟法の一部を改正する法律案」[10]が纏まった。日本側のこの改正案について，GHQの審査が1948（昭和23）年1月14日から同年2月5日まで15回にわたって司法省の事務官とGHQ側担当者ブレークモアとの間で行われた。改正法案の審査は，「司法省側から，改正の要点の説明に代えて該法案の提案理由（日文）を提出し，改正案について逐条的に審査を受ける」形で行われた[11]。この第1回会談の際も，訴訟手続に関する最高裁規則と法律との関係が問題になり，日本側は上に述べた基本的見解を述べたのに対し，ブレークモアは「米国でも，国会が最高裁判所にルール制定権を与えた後，裁判所では各方面の人材を集めルール制定委員会を作り慎重審議の結果成案を得るまで前後8年余も要しているのであって，日本でも現在の情勢の下で至急にこれらの問題を一挙に解決することは困難であ

---

6 松本・前掲注（4）〔資料21〕。
7 松本・前掲注（4）〔資料11〕〔資料12〕。
8 松本・前掲注（4）〔資料16〕。
9 松本・前掲注（4）〔資料19〕。
10 松本・前掲注（4）〔資料25〕。
11 松本・前掲注（4）〔資料27〕。

り，不可能であろう．ある具体的な事項がルール事項であるか，或は法律事項であるかは，具体的に問題が提起された都度解決して行けばよいと思う旨を述べた」とされている[12]。GHQ 側の意見は，「民事訴訟法の改正について総司令部担当官の述べた意見——その（1）ないしその（3）」[13]として遺されている。これに対する日本側の見解は，「民事訴訟法の改正について総司令部担当官の述べた意見に対する見解」[14]に簡単にメモされている。その結果，事務官だけでは確定できない事項25項目が生じ，GHQ 側の希望で，最高裁判所裁判官2名，学者1名の出席を求めて，1948（昭和23）年2月9日から同月19日まで4回にわたって会議がもたれた。出席者は，オプラー，ブレークモア，モナガン，長谷川太一郎（最高裁判事）[15]，岩松三郎（最高裁判事）[16]，奥野健一（司法省民事局長）[17]，関根小郷（最高裁判所事務局民事部長）[18]，兼子一（東京大学教授）その他とされる[19]。この会議の結果に基づき，「民事訴訟法中改正法律案の修正及び追加（案）」[20]が作成された。その後若干の検討を経て，「民事訴訟法の一部を改正する法律案」[21]が出来上がった。

　GHQ との折衝で注意を惹くのは，今日でも問題になる重要な事項につい

12　松本・前掲注（4）〔資料27〕。
13　松本・前掲注（4）〔資料29〕～〔資料31〕。
14　松本・前掲注（4）〔資料32〕。
15　長谷川太一郎は，弁護士（第一東京弁護士会会長）を経て，1947（昭和22）年8月から1951（昭和26）年11月まで最高裁判所判事。
16　岩松三郎は，大審院判事を歴任したのち，1947（昭和22）年より1956（昭和31）年まで最高裁判所判事。著書に，『民事裁判の研究』（1961年・弘文堂）；『ある裁判官の歩み』（1967年・日本評論社）などがある。
17　奥野健一は，戦前，仙台高裁所長，大審院判事を歴任，戦後，司法省民事局長，参議院法制局長などを経て，1956（昭和31）年11月から1968（昭和43）年11月まで最高裁判所判事。著書に，『民法債権編總論上下』（横田正俊との共著，1933年・啓法会）；『民事裁判の再検討』（1940年・厳松堂書店）；『改正民事訴訟法の解説』（三宅正雄との共著，1948年・海口書店，復刊，信山社）などがある。
18　関根小郷は，戦時中は満州国最高法院審判官，戦後は民事裁判官として活躍し，初代の最高裁判所事務局民事部長になった。1969（昭和44）年1月から1977（昭和52）年8月まで最高裁判所判事。著書に，関根小郷＝新村義広編『裁判今昔ものがたり』（1956年・河出書房）がある。
19　松本・前掲注（4）〔資料38〕。
20　松本・前掲注（4）〔資料39〕〔資料40〕。
21　松本・前掲注（4）〔資料43〕。

てGHQ側から問題提起があったが，日本側が色々理由をあげて採用しないよう努めた多くの事項である．2，3の例をあげよう．

① 「官吏又は官吏であった者を証人として職務上の秘密について尋問する場合全然当該監督官庁の許可を得ることを要しないとまでは考えないが，当該監督官庁が特に秘密を必要とする事情を述べた場合に限り尋問することができないとの趣旨に改めるべきである」との提案[22]に対し，日本側がどのように反論したかわからないが，その後GHQ側はこの提案を撤回した[23]．

② 移送申立てを却下する決定に対する即時抗告権を定めるようにとの提案に対しては，本案前の問題を争う可能性を余りに多く認め，訴訟引延しのために悪用されることは避けるべきだと反論したが，GHQ側が譲らず，結局，即時抗告権を承認することになった[24]．

③ 裁判官の更迭の際に証人尋問を新たな裁判官の面前で再度実施すべきであるとのGHQ側の提案については，「日本側では，直接主義，口頭主義を徹底する趣旨の総司令部側の提案は，理想として結構ではあるが，英米と異り，裁判官の更迭が縷々行われるわが国では到底実行することはできない旨を説明したが，総司令部側は，実行上の困難は諒とするが，国民の権義に関係のある重大な問題であり，例えば証人調書は証言の要領を記載しているにとどまり，特に文字に現われない心証も重要であるから，合議体の裁判官の1名のみが更迭した場合は格別，それ以外の裁判官更迭の場合には，証人調などはすべてもう一度行うべきである，裁判官の更迭の結果生ずる訴訟遅延は，更迭はあらかじめ通知して置き，その期間内に極力係属事件を終結せしめる等の措置を講ずることによりこれを避くべきである旨強調し」たという．今日ドイツ法でも問題になっている事項であり[25]，もっともな指摘であった．日本側では，「当事者が異議を述べたときには再度証拠調べをなすこととするか等対策を考究したが，なお，問題が重要なので，双方において更に研究考慮することとなった」[26]とされている．この問題は，最終的には，当

---

22 松本・前掲注（4）〔資料30〕項目2（110頁）．
23 松本・前掲注（4）〔資料32〕その2の2（112頁）．
24 松本・前掲注（4）〔資料38〕第1回（120頁）．
25 *G. Walter*, Freie Beweiswürdigung, 1979, S. 333 ff.；松本博之「控訴審における『事後審的審理』の問題性」『青山善充先生古稀祝賀論文集・民事手続法学の新たな地平』（2009年・有斐閣）459頁，484頁以下（本書490頁，513頁以下）参照．

事者が求めるかぎり証人等の再度の尋問をしなければならないということで決着が図られた。

④　判決裁判所に自己の判決の誤りを正させるため，上訴の場合に再度の考案をさせるか，上訴とは別に判決に対する異議の申立てをさせ再度の考案をさせる制度を考慮すべきであるという提案[27]に対して，日本側は，「提言として注意に値するが，判決に対する不服の申立制度の問題として更に研究を要すべく，今回の応急的改正の際直ちに決することは困難である」[28]と答えたが，1948年2月19日の会議で「長谷川，岩松両裁判官から，本提案の趣旨には賛成であるが，昨日の問題13の下級審の判決の修正については，上訴の途で救済でき，修正申立てを許すことは事態を複雑にするのみだから反対である旨述べられたのに対し，総司令部側は，下級審については，職権をもって判決を修正し得ることとすべき旨主張し，主として下級審の判決の修正の点について論議の末，結局上告審については総司令部の提案の通り，下級審については，判決言渡後一週間内に限り職権で更正できる旨規定することとなった」[29]とされる。これが，下級審判決について変更判決の制度が，上告審判決について異議の制度がそれぞれ導入された背景である（もっとも，後者は1954（昭和29）年改正（「民事訴訟法等の一部を改正する法律」）によって廃止された）。

⑤　不控訴の合意を第一審判決言渡し後に限るべきだとの提案に対し，日本側は「不控訴の合意は主として事実に争がなく法律的判断を求める際利用されるもので，不当ではない旨主張したが，結局提案通りにすることに決した」[30]。

⑥　裁判上の和解について，裁判官の意見で無理に和解をさせたときは不服申立ての方法を認め，または和解に関する手続を整備すべきであるとの指摘は，「手続等について特に定めず自由に任せて差支えない。和解勧告の際における裁判官の行き過ぎ等は，別に行政監督，弾劾等によって処置せらるべきである」として退けられた[31]。

26　松本・前掲注（4）〔資料38〕第2回8（124頁）。
27　松本・前掲注（4）〔資料31〕5（111頁）。
28　松本・前掲注（4）〔資料32〕その3の5（113頁）。
29　松本・前掲注（4）〔資料38〕項目15（127頁）。
30　松本・前掲注（4）〔資料38〕項目17（127頁）。

⑦　通常の弁護士報酬を訴訟費用化すべきであるとの提言に対しては，日本側は「趣旨には賛成するが，元来訴訟費用法の問題であり，又何をもって通常の報酬とするか等更に研究の上決すべき問題である」[32]と主張し，GHQ側もそれ以上問題にしなかったようである。

3　改正法の成立

「民事訴訟法の一部を改正する法律案」は，1948（昭和23）年6月に第2回国会に提出され，一部修正のうえ同年7月1日国会を通過し，成立した。

第3款　改正法の特徴

1948（昭和23）年の民事訴訟法の一部改正は，最高裁判所規則と法律との関係というような根本問題の解決を待たずに行われたものであって，もともと応急的な性格を有していた。この改正によって変更された点および新たに導入された制度の主要なものは，以下のものである。

1　日本国憲法，裁判所法および民法の一部を改正する法律の施行に伴い必要になった条文の整理と恒久法化

上告は高等裁判所が第一審または第二審としてした終局判決に対しては最高裁判所，地方裁判所がした第二審の終局判決に対しては高等裁判所が，それぞれ上告裁判所として管轄することが応急措置法によって定められていたが（4条），これを民事訴訟法において規定した。

高等裁判所が上告裁判所である場合に，最高裁判所が定める事由があるときは，決定で事件を最高裁判所に移送しなければならないことが応急措置法によって定められていたが（5条），これも民事訴訟法の中に定められた。

高等裁判所が上告審としてした終局判決において，法律，命令，規則または処分の憲法適合性に関して判断が行われ，この判断が不当であることを理由とする場合には，最高裁判所に更に上告できることが応急措置法によって定められていたが（6条），民事訴訟法の中に定められた。

31　松本・前掲注（4）〔資料30〕5（110頁），〔資料32〕その2の5（112頁）。
32　松本・前掲注（4）〔資料29〕5（109頁），〔資料32〕その1の5（112頁）。

不服を申し立てることができない決定または命令において，法律，命令，規則または処分の憲法適合性に関して判断が行われている場合，この判断が不当であることを理由とする場合には最高裁判所に特に抗告できることも応急措置法に定められていたが（7条），これも民事訴訟法に定められることになった。

2 地方裁判所において単独制裁判所が審理裁判することが認められたことに伴う必要な規定の整備

これに属するものとして，たとえば地方裁判所の単独裁判官の除斥，忌避に関する規定，単独裁判官の準備手続に関する規定がある。

3 証拠調べに関する規定の改廃

補充的職権証拠調べ規定の廃止，証人や鑑定人に対する当事者の尋問権の拡張（交互尋問制の採用），裁判官の更迭の場合および証拠保全手続で証人等を尋問した場合の再度の尋問の可能性が定められた。すなわち直接主義の徹底のため，合議体の裁判官の過半数の更迭（交代）があった場合に，当事者の申立てがあればすでに尋問した証人等の再度の尋問をすべきこととされた。

(1) 補充的職権証拠調べ規定の削除　大正15年改正民訴法が採用した補充的職権証拠調べ規定が，職権探知主義の排除のため削除された。

(2) 交互尋問制の採用　当事者が主導して証人尋問を実施することが真実の発見を容易にする。すでに大正15年改正の際に，当事者が証人の尋問に当たることを認めるべきであるとの意見があり，これが容れられた。すなわち，裁判所の許可を得て，当事者は証人を尋問することができるようになっていた。交互尋問は，裁判官ではなく，当事者が主体的に証人等を尋問する方法である。それゆえ，当事者による部分的な証人への発問の許可と，交互尋問は異なる。戦時中にアメリカ合衆国の裁判所における交互尋問の研究[33]や，植民地経営との関係であろうが，インド証拠法，海峡植民地証拠法の研究が行われていたため[34]，交互尋問制の採用に抵抗感は少なかったであろう。

---

33 『米国裁判所の組織及び訴訟手続』〔クラアレンス・エヌ・カレンダー著・司法省調査課，1928年〕司法資料130号。

34 司法大臣官房秘書課『印度及海峡植民地証拠法』（司法資料284号，1943年）。

(3) 公示送達の場合の擬制自白の排除　公示送達によって送達を受けた被告が口頭弁論に欠席した場合，口頭弁論期日に出頭した原告の主張した事実につき擬制自白は成立せず，被告がこの事実を争った場合と同様に，原告がこの事実を証明すべきものとされた（昭和23年改正による140条3項の追加）。

4　正当な理由なく裁判所に出頭しない証人または鑑定人に対する制裁の強化

　制裁としての過料の額の増額とともに，裁判所の権威や訴訟の促進の見地から不出頭に対して科料や拘留の制裁をも科することができるようにした（もちろん，実際に科料や拘留の制裁を課するためには検察官の起訴を必要とする）。

5　簡易裁判所の審理および裁判についての特則の制定

　これには，簡易裁判所における審理裁判につき調書に記載すべき事項の省略や，口頭弁論期日に出頭しない当事者が提出した書面を陳述されたものと見なす場合の拡張などがある。

6　上告規定の改正

　最高裁判所の設置に伴い，最高裁判所は長官と14名の最高裁判所判事により構成されることになった（裁判所5条1・3項）ほか，行政事件も管轄し，また法令の憲法適合性の判断に関する終審裁判所としての権限を有することになり，総じて非常に大きな変革が生じた。これに応じて，上訴一般につき不必要なまたは不当な目的の上訴を防止し，上告裁判所ことに最高裁判所の負担軽減を図るために，訴訟を遅延させる目的だけで上訴をした場合（上訴権の濫用），制裁金の負担を命じることができることとされたほか，明らかに法令に違反した判決について判決裁判所が，判決言渡後すぐにこれに気づいた場合，一定の要件のもとで自らその変更をすることができるようにして（変更判決），不必要な上訴の防止を図ることとされた。また，最高裁判所の違憲法令審査権に鑑み，法律，命令，規則，処分の合憲性が争われ，裁判所がこの点につき判断をした場合には，不服申立方法のない決定や命令という裁判についても特に抗告を許すことにした（特別抗告）。

7　訴訟や強制執行における関係人の権利の伸長または利益保護のための規定

これには，口頭弁論を経ないで訴えを却下する場合における当事者の審尋に関する規定，債権の差押禁止範囲の拡張，上告裁判所の判決に対する異議申立ての制度の採用などがある。

第2節　昭和25年「民事上告特例法」とその延長について

第1款　はじめに

1948（昭和23）年の民事訴訟法の一部改正は，必要な最少限度の改正を意図して行われたものであり，民事訴訟法の根本的改正は後日の課題とされていた。

1947（昭和22）年4月16日に公布された裁判所法は最高裁判所の裁判官の員数を長官と14人の最高裁判事としたが，前節で述べたような最高裁判所の権限・任務の増大に鑑み，民事事件の上告を何らの制限なしに従前どおり許すことができるかという問題は，潜在的には裁判所法の制定時点ですでに存在していた[35]。しかし，この時点では民事事件，とくに上告事件はまだ多くはなく，また憲法が認める最高裁判所の規則制定権と法律との関係が明らかでなかったことや，上告制度の改正といった基本的な制度改革は短時日に行うことができないという事情もあり，さらに連合国側も上告制度の改正について指示を出していなかったというような事情も加わったのであろう。上告制度は，昭和23年改正の対象とはならなかった[36]。事件数が増加し始めるのは，1947（昭和22）年の年央からであり，1948（昭和23）年1月にかけて一旦減少するが，その後は再び増加に転じ，1949（昭和24）年末には1946（昭和21）年の約1.75倍に増えた[37]。こうした事情は，最高裁判所が機構改革問題と関連して，上告制限と訴訟促進という解決すべき2つの大きな課題を立法者と裁判所にもたらした。

35　松本博之編著『日本立法資料全集62　民事訴訟法〔戦後改正編〕（2）』（1997年・信山社）〔資料9〕（41頁）における眞野毅（最高裁判事）の発言，〔資料9〕（55頁）における兼子一の発言参照。

第2款　昭和25年「民事上告特例法」とその延長について

1　上告制限問題

　上告制度および上告理由の改正に関わる改革論議は，1949（昭和24）年頃から始まったようである。一方において，戦後，日本国憲法の制定とともに，最高裁判所の任務が大幅に拡がったが，裁判官の員数は大審院と比べ大幅に減少した（大審院は，民事及び刑事の事件だけを処理するのに，時期によって異なるが，30数名から47名位の裁判官を擁していた）。すなわち，最高裁判所は違憲審査権を有する終審裁判所であるほか（憲法81条），規則制定権（憲法77条），司法行政権をもつとともに，行政事件について最終審として裁判をすることとなったのに，最高裁判所の裁判官の員数は長官と14人の最高裁判所判事と定められたのである（裁判所5条1項・3項）。これは憲法問題のような基本的で重大な問題を判断するには適しているけれども，通常の多数の上告事件

36　もっとも，1947（昭和22）年8月29日の日付けのある「民事訴訟法及び規則の規定すべき事項案」という文書（松本編著・前掲注（4）〔資料16〕（64頁）には，民訴法394条は法律で規定すべきであるが，「適当に制限する要あり」とされていた。「民事訴訟法の一部を改正する法律案―上告理由に関する規定案（昭22・1・29民印）」は，次の2案を示していた。
「甲案
第394条　上告ハ判決カ其ノ理由ニ於テ法令ノ適用ヲ誤リタルコトヲ理由トスルトキニ限リ之ヲ為スコトヲ得
乙案
(1)　第394条　上告ハ判決ニ影響ヲ及ホスヘキ重要ナル事項ニ付法令ノ適用ヲ誤リタルコトヲ理由トスルトキニ限リ之ヲ為スコトヲ得
(2)　394条　上告ハ判決ニ影響ヲ及ホスヘキ重要ナル事項ニ付法令ノ違背アリタルコトヲ理由トスルトキニ限リ之ヲ為スコトヲ得
備考
（1）絶対的上告理由に関する規定は，両案とも，これを設けないこと。
（2）甲案では，再審申立事由中に，「口頭弁論公開ノ規定ニ違背シタルコト」を加えること。」
　乙案は明確に一般的上告理由の制限を意図するものである。しかし，連合国側は上告理由の規律に関しては，「唯一の証拠方法を却下したことは上告理由となることを明確にすべきである」と述べている程度であった（松本編著・前掲注（4）〔資料31〕（111頁）参照。

37　松本編著・前掲注（35）〔関連資料1〕参照。

を裁判する体制としては不十分であった。刑事事件については1949（昭和24）年1月1日施行の刑事訴訟法が上告制限を行ったのに対し，民事事件では最高裁判所への上告の制限が行われていなかったため，社会情勢を反映して訴訟事件数が激増するにつれて，最高裁判所への上告事件が年々増加していった。そのため，最高裁判所の負担を軽減すべく，「最高裁判所の裁判権の範囲に関する調整」が議論されるに至った。

2　法制審議会への諮問

政府は，1949（昭和24）年8月13日法制審議会に対し，「民事訴訟における上告制度の改善について，その要綱を示されたい。」という諮問を行った。法制審議会は，民事訴訟法部会を設け，調査審議をさせ答申案を作成させることとした。民事訴訟法部会は，裁判所関係者6名，弁護士会関係者4名，学界関係者6名，法務府関係者6名，計22名の委員から構成された。部会長には，眞野毅・最高裁判事が就任した。

民事訴訟法部会は，1949（昭和24）年10月19日から12月19日まで5回の会議を重ね，①最高裁判所への上告の範囲，②高等裁判所に法令違反について上告を扱う特別部を設けることの可否，③事実審を二審級とすべきか否か，について議論をした。民事訴訟法部会は，答申案を作成するため各問題について採決を行ったところ，③については出席者全員の一致で従来どおり二審級の事実審を維持することを採択した。①について，最高裁判所に対する上告範囲を憲法違反，判例抵触および法令解釈に関する重要な事項に限ることとし，憲法違反と判例抵触を義務管轄，法令解釈に関する重要な事項は裁量管轄とする案が出席委員の過半数の賛成を得た。そして，最高裁判所への上告範囲の制限に伴い，特別の法律審として高等裁判所の上告部を設ける案も出席委員の大多数の賛同を得た。そこで，民事訴訟法部会は，この多数意見による答申案を作成して，法制審議会に報告した[38]。法制審議会は，1949（昭和24）年12月23日，民事訴訟法部会の報告どおりの内容の答申を法務総裁に行った[39]。

法改正に向けたその後の作業は，この法制審議会答申の線に沿って進めら

---

[38]　松本編著・前掲注（35）〔資料2〕参照。
[39]　松本編著・前掲注（35）〔資料3〕参照。

れ，高等裁判所に上告部を設け，最高裁判所への上告を制限する改正案の作成が図られた。この過程で，「民事上告制度改革案要綱案（民事局試案）」[40]と「民事訴訟法改正案（民事局試案）」[41]が作成された。

　この案は，しかし，その後挫折し，法案にまでは至らなかった。その原因は必ずしも明らかでない。第7回国会の衆議院法務委員会に参考人として出席した眞野毅・最高裁判所判事は，「たまたま私がその法制審議会の民訴の方の部会の部会長の任にありましたから，法務庁の関係の方々と一緒に関係方面へ行って話をしました。その結果がこの委員会に提案になっておりますような案がここへ現われて来た。こういう経過でありまして……」[42]と述べているように，「関係方面」の同意が得られかったことが，その原因であったようである。「関係方面」とはGHQのことであるが[43]，関係方面がどの点を問題にしたかは明らかにされていない。1950（昭和25）年4月17日の衆議院法務委員会における野木新一政府委員の説明の中に見られる次の指摘は，その間の事情を推測させるものであろう。曰く，「その後関係方面と連絡していろいろ研究しているうちに，どうも特別上告案というものは，次の3点において，この際すぐにとる案としては好ましくないということになったわけであります。その3つの点といいますのは，1つは，特別上告案をとりますと，特別上告に行った方の事件は，さらにそれが憲法違反といったような場合には，最高裁判所にさらに上告をする道を開かなければなりません。そうしないと憲法違反のきらいがありますので，そういうふうな方向をとりますと，どうしてもその点が二審制度になるきらいがある。そういうことは世界のどこにもあまり例がないことであるから，やはり日本の民事訴訟制度は1つの世界的な方向——世界的方向と申しましても，現在では英米法にならったような方向に大体歩んで行くということから見ますと，大勢としてはおもしろくないという点が1つ。それからいま1つは，特別上告のようなも

40　これは，松本編著・前掲注（35）〔資料4〕に収録されている。
41　これは，松本編著・前掲注（35）〔資料6〕に収録されている。
42　松本編著・前掲注（35）〔資料9〕（45頁）参照。
43　後にこのことを明言するのは，中田秀慧「法制審議会巡り（4・完）民事訴訟法部会の審議状況」財政経済弘報513号（1955年）3頁第3段目，ならびに，五鬼上堅磐『『民事訴訟法等の一部を改正する法律案』等について」ジュリスト55号（1954年）6頁である。

のを設けますと，最高裁判所が2つできるようなことになる。本来の最高裁判所のほかに，小さな最高裁判所ができるようなことになってしまう。そうすると，最高裁判所の権威が2つにわかれるようなことになってしまう。そうなりますと，ほんとうの最高裁判所の方の権威というものが少し脅かされることになりませぬかということが第2の疑問の点であります。それから第3の疑問の点として考えられましたのは，新刑事訴訟法の少なくとも上告審は，アメリカの最高裁判所制度などを参照いたしましてできたものであるわけでありますが，それとあまりかけ離れてしまうことになって，どうも将来の大方向としてはおもしろくない，なお，慎重に検討してみなければいかぬというような結論が最有力になりまして，そこで政府といたしましては，審議会の答申もありましたが，その後の研究の結果のそういう有力な意見を参考といたしまして，技術的に今度の案をつくったわけであります。」[44]

以上のように，高等裁判所に「特別上告部」をつくり最高裁判所の負担を軽減するという案は法案にならなかったのであるが，それに代えて，野木政府委員の言葉を借りれば「技術的に」作成されたのが「民事訴訟法の一部を改正する法律案」である。事実上上告を制限しようとする法案を「技術的に」作ったというのは，あまり穏当でないように思われるが，更に，この改正案がどのようにして起草されたか，全く明らかでないことも気に掛かる。上告制限は慎重な審議を必要とする問題だといいながら，慎重な審議を経ないで法務府において「技術的に」作ったということであろうか。ともかく，「民事訴訟法の一部を改正する法律案」が第7回国会に提出された。

3 民事訴訟法の一部を改正する法律案

第7回国会に提出された「民事訴訟法の一部を改正する法律案」は，一般的上告理由に関する民事訴訟法394条をそのまま維持して，上告審の調査範囲に関する同法402条に次のただし書を加え，調査範囲の制限を行おうとするものであり，いわゆる裁量調査制を採用しようとするものであった。改正事項は，次の通りである。

「但シ最高裁判所カ上告裁判所タル場合ニ於テハ上告理由ニシテ左ノ各号ニ該当スルモノノ外法令ノ解釈ニ関スル重要ナル主張ヲ含ムト認ムルモノニ基キ調

---

[44] 松本編著・前掲注（35）〔資料9〕（86頁）。

査ヲ為スヲ以テ足ル
　一　原判決カ憲法ノ解釈ヲ誤リタルコト其ノ他憲法ニ違反シタルコト
　二　原判決カ最高裁判所ノ判例ト相反スル判断ヲ為シタルコト
　三　最高裁判所ノ判例ナキ場合ニ於テ原判決カ大審院又ハ上告裁判所タル高等裁判所ノ判例ト相反スル判断ヲ為シタルコト
　第四百条ノ二中『判決ニ於テ法律，命令，規則又ハ処分カ憲法ニ適合スルヤ否ニ付為シタル判断ノ不当ナルコト』を『判決カ憲法ノ解釈ヲ誤リタルコト其ノ他憲法ニ違背シタルコト』に改める。
　第四百十九条ノ二第一項中『裁判ニ於テ法律，命令，規則又ハ処分カ憲法ニ適合スルヤ否ニ付原裁判所カ為シタル判断ノ不当ナルコト』を『裁判カ憲法ノ解釈ヲ誤リタルコト其ノ他憲法ニ違背シタルコト』に改める。」

　この改正案は，国民の権利保護に対して重大な影響を与えるため，日本弁護士連合会から反対意見が衆参両院議長宛てに提出された[45]。また学界にも，この改正案に対して反対意見があった。これを受けるような形で，法案は衆議院法務委員会での審議の際，厳しい批判・反対に遭遇した[46]。衆議院法務委員会は，最高裁判所判事・眞野毅，東京高等裁判所長官・小林俊三，東京地方裁判所判事・鈴木忠一，慶応義塾大学教授・宮崎澄夫，早稲田大学教授・中村宗雄，東京大学教授・兼子一および日本弁護士連合会弁護士・小林一郎の7名の参考人を招き，参考意見を求めた。

　審議の過程で委員から「民事訴訟法の一部を改正する法律案」を修正し，この改正案の一部を「最高裁判所における民事上告事件の審判の特例に関する法律」として2年間の時限立法とする修正案が提出され，これに対するGHQのアプルーヴァルを得たうえ，この修正案が無修正で可決され，「最高裁判所における民事上告事件の審判の特例に関する法律」(昭和25年法律第138号，民事上告特例法)として成立した。その内容は，次の通りである。

　「民事訴訟につき最高裁判所が上告裁判所である場合には，裁判所は，民事訴訟法（明治二十三年法律第二十九号）第四百二条の規定にかかわらず，上告理由で左の各号に該当するもののほか，法令の解釈に関する重要な主張を含むと認められるものに基いて調査すれば足りる。
　一　原判決が憲法の解釈を誤ったこと，その他憲法に違反したこと。
　二　原判決が最高裁判所の判例と相反する判断をしたこと。

45　松本編著・前掲注（35）〔資料13〕。
46　松本編著・前掲注（35）〔資料9〕参照。

三　最高裁判所の判例がない場合に，原判決が大審院又は上告裁判所である高等裁判所の判例と相反する判断をしたこと」

この民事上告特例法は，時限立法の性質上，最高裁判所に対する上告における調査範囲の制限についてのみ規定し，政府案にあった400条ノ2，419条ノ2第1項についての改正事項は含まれていない。

4　民事上告特例法の延長

この民事上告特例法は，1950（昭和25）年6月1日から施行され，1952（昭和27）年6月1日から失効する予定であった。政府は，民事上告特例法の失効に備えるため，ようやく1951（昭和26）年5月になって法制審議会に対し，諮問第8号として「民事訴訟法（強制執行編を除く）を改正する必要があると思われるがその法案を示されたい。」という諮問をするとともに，民事訴訟法改正問題に関する16項目にわたる問題点を若干の説明を付して示したほか，法務府法制意見長官名で裁判所，弁護士会および学界に対しこの問題点に関する意見を求めた。その16項目とは，①弁護士強制主義の採用，②訴訟扶助，③攻撃防御方法に関する随時提出主義の制限，④訴訟記録の簡易化，⑤訴訟書類の送達に関する当事者主義の採用，⑥欠席判決制度の採用，⑦無担保仮執行宣言の原則化，⑧裁判書の簡易化，⑨当事者双方が口頭弁論期日に出頭しない場合の処置の強化，⑩尋問を申し出た当事者による証人同行主義の採用，⑪いわゆる開示（Discovery），証言調書（Depositiones），宣誓口供書（Affidavit）の制度の採用，⑫為替訴訟制度の採用，⑬簡易裁判所における訴訟手続の簡易化，⑭控訴審の構造，⑮上告の範囲，⑯その他であった。

諮問を受けた法制審議会は民事訴訟法部会を設置し，同部会は眞野毅・最高裁判所判事を部会長として，1951（昭和26）年5月以降，翌年1月まで7回にわたって会議を開き，上記の16項目について順次討議をしたようである。同部会の議論は概括的な意見交換程度で一応終了し，結論は更に小委員会を設けて詳しく検討したうえで得ることとされたようである。第1回の小委員会は1952（昭和27）年1月下旬に開かれたが，民事上告特例法の失効を控えて上告範囲の問題が取り上げられた[47]。しかし，この問題についても，結論を得ることができなかった。当時の審議の状況は，後に，「上告範囲の調整

47　中田・前掲注（43）3頁参照。

は，ひとり民事訴訟だけでなく，刑事訴訟をも含めた訴訟制度全般に対する検討を経た上で解決すべきであるとする意見や，占領下未だ過渡期を脱しなかった当時の情況からして，いま暫く民事上告特例法の運用，係属事件の変動及び事件処理状況の推移を見極めた上で恒久的措置を決すべきであるとする意見が有力に主張され，差し当たり民事上告特例法の有効期間を二年間延長することを相当とする点で意見の一致を見をみた。」[48]と要約されている。こうして，政府は第13回国会に民事上告特例法の延長に関する法案を提出することになり，延長期間は 2 年とされた。

　国会審議において，当然のことながら，民事上告特例法施行後の上告事件数の推移と処理状況について質問が集中した。これに対し，政府および最高裁判所は，特例法の適用のない旧法事件の処理に最初の 1 年間を要したため，現状では特例法の失効までに堆積する事件を処理することは不可能なこと，刑事事件の処理の進捗によって生ずる余力を考慮に入れ 2 年間の延長により民事事件の処理もほぼ常態に復することが可能な旨数字を挙げて縷々説明した。議員の側からは，特例法再延長の可能性につき強い懸念が示され，政府・最高裁判所も再延長はしない旨事実上述べざるを得なかった。

　以上のような経過を経て，民事上告特例法の 2 年間の延長が議決された（昭和27年法律第157号）。

第 3 款　訴訟促進のための改革

1　訴訟促進の必要性

　第二次世界大戦の終結した当時，戦争の影響によって裁判所の新受件数は低迷していた。1946（昭和21）年の裁判所の 1 年の新受件数は373,611件であったが，1947（昭和22）年半ばよりＶ字型カーブを描いて増加の一途を辿り，1948（昭和23）年に478,251件，1949（昭和24）年末には661,898件（調停，家事審判，家事調停事件を含む）というように鰻上りに増加し，1941（昭和16）年頃の状態になった[49]。そのため， 1 件あたりの審理期間が非常に長くなり，訴訟の促進が喫緊の課題となった。田中耕太郎・最高裁判所長官は就任直後

48　中田・前掲注（43） 4 頁。
49　松本編著・前掲注（35）〔関連資料 1 〕参照。

に行われた「高等裁判所長官，地方裁判所長及び家庭裁判所長の会同」（昭和25年4月24日，25日開催）において，「訴訟の遅延は，慢性的疾患の観を呈しており，これが防止は，長年の懸案であります。これは，朝野の法曹が全能力と誠意を傾注して何とか解決し，もって国民の権利，自由の保護に遺憾なきを期さなければなりません」[50]と述べ，訴訟促進の必要性を強調した。

1950（昭和25）年6月には，各高等裁判所管内別の民事裁判官会同が開かれ，訴訟促進について協議が行われた。これらの協議を経て，当時「米国に派遣されていた栗山最高裁判所判事以下の視察の結果等をも参酌して，訴訟の能率化その他に関する根本的な方策を検討する」ことになり[51]，1950（昭和25）年7月に栗山茂判事を委員長とし，裁判官，検察官，弁護士を委員[52]とする「裁判手続の運営に関する協議会」が設置され，この協議会に訴訟促進の具体的方策について諮問がなされた。同協議会は，同年8月1日以来数回の会議を開き検討を加え，同年10月18日，委員全員の一致をもって訴訟の迅速処理のための必要最小限の方策を纏めて最高裁判所長官（代理）に答申した[53]。同協議会は，答申事項の実施について，事項に応じて最高裁判所規

---

50 裁判所時報57号2頁。
51 裁判所時報63号（1950年8月）6頁所載の雑報「裁判手続の運用に関する協議会」よりの引用である。
52 栗山委員長以外の委員は，次の各氏である。
眞野毅（最高裁判所判事），島保（最高裁判所判事），岩松三郎（最高裁判所判事），五鬼上堅磐（最高裁判所判事），小林俊三（東京高等裁判所長官），西久保良行（東京地方裁判所長），佐藤博（東京高等検察庁検事長），馬場義続（東京地方検察庁検事正），鎌田豊吉（弁護士），柴田武（弁護士）。
53 もっとも，同協議会は，1950（昭和25）年9月15日に第一回答申（未公表）を提出したが，「大体において継続審理，準備手続を中心とした方策で，とくに特定の裁判所の新受件数についてそれを試みた上，よければ他の裁判所にも及ぼそうということで，モデルコートを考えたのであります。しかし，それでは現に係属中の未済事件については促進を期せられないということで，更に審議をつづけた」とされている（松本編著・前掲注（35）〔資料35〕306頁における関根発言）。内藤頼博「訴訟促進の問題をめぐって」法曹時報12巻12号（1950年）621頁，623頁は，「近年の事件の激増に伴って，裁判所には事件が山積している。ことに刑事事件については，新刑事訴訟法が施行されてすでに1年半を超えているのに，なお全国の裁判所に係属する旧法事件は1万9千件に及んでいる。問題が一歩を進めて係属事件処理の方策に及ぶことは，むしろ当然の成り行きであった」と，この間の事情を述べているが，おそらくGHQの要求もあったのであろう。

則の制定，通達の発布，立法措置の推進などの措置を講ずるよう要望した。
　時を同じくして，GHQは，日本政府に宛て「民事及び刑事裁判権行使に関する連合国最高司令官覚書」を出した。これは，占領下における日本の裁判権の拡大を図り「非占領軍要員」に対し刑事裁判権を及ぼすものであったが，併せて，同覚書は第12項において，「日本政府に対し，民事事件及び刑事事件の審判を促進する措置を直ちに講ずるよう」指令した[54]。

2　「裁判手続の運用について」の通達から，民事訴訟法の改正および継続審理規則の制定へ

　このような情勢の急激な展開を受けて，最高裁判所は，「裁判手続の運営に関する協議会」の答申を基礎に1950（昭和25）年10月30日，「裁判手続の運用について」と題する通達（最高裁判所秘書課甲第334号高等裁判所長官，地方裁判所長及び家庭裁判所長宛て最高裁判所長官代理送達）を発した[55]。通達は，「この覚書に応じて，最高裁判所は，審理促進のため，直ちに規則の立案に着手し，法律の改正に関して国会及び法務府と折衝を重ねている。しかし，事態は，法律，規則の改正をまつことを許さない状況にある。さらにくわしい通達は，規則の改正と同時に発せられる予定であるが，その間，各裁判所においては，現行法規による権限の範囲内で，左の事項につきとくに考慮し，事件の迅速な処理にできる限りのくふうと努力をいたされたい」と緊急事態を告げた。この通達の内容の主要な部分は，①法定合議事件を除き，できる限り1人の裁判官で事件を扱うことを要請したこと，②のちに民事訴訟法の改正および継続審理規則によって正式に導入される集中審理原則と，その前提としての口頭弁論の準備のための準備手続を拡充し，準備手続をなるべく経験豊かな裁判官に担当させること，当事者にその申請した証人を必ず期日に出頭させるように努力させること等を軸とした訴訟促進措置を求めたことであるが，③当事者の事実関係調査義務および主張立証義務を掲げたことも注目される。
　第9回国会には，「裁判所法の一部を改正する法律案」と「民事訴訟法等

---

[54] この指令の英文は，次のとおりである。"Expedite Trials, The Japaneses Government is directed to take immediate action to expedite the trial of criminal and civil cases"（昭和25年10月24日裁判所時報号外2頁による）。

[55] 裁判所時報69号2頁以下。

の一部を改正する法律案」が提案され，最高裁判所は，平行して「民事訴訟の継続審理に関する規則」の制定に向けた作業を推し進めた。

「裁判所法の一部を改正する法律案」は，簡易裁判所の事物管轄を5,000円以下から30,000円以下の訴額の事件に引き上げることとした。「民事訴訟法等の一部を改正する法律案」は，①昭和23年改正で「裁判所ハ訴訟ニ付合議体ニ於テ審理ヲ為ス場合ニ於テ相当ト認ムルトキハ受命裁判官ニ依リ訴訟ノ全部若ハ一部又ハ或争点ノミニ付口頭弁論ノ準備ヲ為スコトヲ命スルコトヲ得」(249条) と規定され，準備手続は昭和23年改正によって合議体事件についてのみ開かれうるものになっていたのを，今度は，単独裁判所でも準備手続を開くことができるものとし，準備手続ですべての攻撃防御方法を明らかにし，その上で口頭弁論を開いて集中的に審理・証拠調べを行い，迅速に訴訟を終了させようとし，②準備手続を経た口頭弁論期日の変更はやむを得ない事情がある場合でなければ許さないとし，③在廷証人の取調べの場合にも，裁判所の召還による場合と同じく日当，旅費および宿泊料を支給できることにするというのが，この改正案の主要な内容であった。「裁判所法の一部を改正する法律案」は1950 (昭和25) 年法律第287号として，「民事訴訟法等の一部を改正する法律案」は1950 (昭和25) 年法律第288号として，それぞれ成立し[56]，これと併せ，「民事訴訟の継続審理に関する規則」(昭和25年12月20日最高裁判所規則第27号) が制定された[57]。

以上のように，この改正は，「裁判手続の運営に関する協議会」の答申を基礎に，準備手続の改革と集中審理方式の採用によって訴訟の促進を図ろうとするものであった。すなわち，準備手続によって口頭弁論の準備を十分行ったうえで，口頭弁論期日を開き，口頭弁論が始まると，それは継続して実施することとされた。注目されることは，次の2点である。第1に，この改正が，従来，当事者およびその訴訟代理たる弁護士が事実関係を充分調査しないで訴えの提起に及び，証人尋問などによって訴訟資料を収集しようとする悪弊を排し，当事者およびその訴訟代理人の事実関係調査義務を強調し，弁護士が偽証教唆と見られることを恐れるあまり証人との接触を避けようとす

---

[56] 松本編著・前掲注 (35)〔資料20〕,〔資料21〕。

[57] 松本編著・前掲注 (35)〔資料23〕。以上の法律および規則の解説として，関根小郷「継続審理を中心とする民事訴訟法の改正と最高裁判所規則の制定について」法曹時報3巻1号 (1951年) 38頁以下がある。

る慣行を是正し，事実関係の調査と証拠の収集に努めるべきことを求めたこと（継続審理規則2条）である。第2に，継続審理規則が，従来の実務の反省に立って，受訴裁判所を構成する裁判官所属の裁判所に属する，できるだけ経験豊な裁判官によって準備手続を行うべき旨を定めたこと（継続審理規則12条3項）である。

3 準備手続と継続審理の実施状況

　最高裁判所は，改正法の施行の2年後にあたる1953（昭和28）年2月26日および27日の両日にわたって「第一審強化に関する民事裁判官会同」を開き，種々の問題について協議した。とくに当事者・訴訟代理人の事実関係の調査と証拠収集義務，ならびに，準備手続および継続審理規則の運用状況について興味深い報告や協議が見られる。

　最高裁事務総局によると，継続審理規則の施行直後である1951（昭和26）年2月頃の調査では，全国平均で約15.2％の事件につき準備手続が行われ，1952（昭和27）年1月から10月までの期間の準備手続の実施状況調査によれば，全国平均で約9.6％の事件につき実施されたとのことである。

　各裁判所からの発言では，東京地裁の近藤完爾判事（当時）の発言が特に興味深い。それによると，東京地裁では継続審理規則が出た頃，規則12条の趣旨に従って準備手続を専門にする裁判官を置くか，それとも受訴裁判所の構成員または単独裁判所が自ら準備手続をするかについて意見が分かれ，結局，新しい方式ではなく従来どおりの方式で準備手続を行うことになったこと，物的施設と時間的余裕が乏しいため次第に準備手続の形をとらなくなり，単独事件が多いため法廷において口頭弁論での釈明または審理によって整理することが多くなって，口頭弁論と準備手続とのけじめが曖昧になり，255条（失権効）の適用もされていないこと，できるだけ準備手続の形でやろうとする部では非開廷日に登庁して空いた室を探し準備手続をする試みもしたが時間と労力の制約から，そのような事件数はだんだん減ってきた。更に，そうした状況の中で練達の準備手続専門の裁判官を置くことを考えたらどうかという意見も出ているという報告がなされた[58]。民事局側（寺田次郎）か

---

[58] 最高裁判所事務総局民事局『第一審強化に関する民事裁判官会同要録』民事裁判資料33号（1953年11月）129頁以下（松本編著・前掲注（35）〔資料42〕（58頁以下））。

らは，準備手続における主張・証拠の整理を十分行えるように当事者に事実関係調査義務を課したが，それだけでは不十分で，アメリカのディスカヴァリのような制度が必要なこと，裁判所の方では老練な裁判官に準備手続を担当させなければならないという規定を作ったが，準備部のような構成で準備手続を組織化するのが望ましいとのコメントがなされた[59]。そのメンションされた準備手続の組織化構想である，最高裁判所事務総局民事局の手になる「事件の割当についての試案」[60]は，参考資料として『第一審強化に関する民事裁判官会同要録』に付録として掲載された。

第3節　昭和29年民事訴訟法改正

第1款　はじめに

第2節で見たように，1950（昭和25）年6月1日に施行され，1952（昭和27）年6月1日に失効する予定であった民事上告特例法は，法制審議会において上告制度の改正について成案が得られなかったため，第13回国会にその施行期間の延長に関する法案が提出され，2年間の延長が議決された（昭和27年法律第157号）。延長後の民事上告特例法も，1954（昭和29）年6月1日には再び失効することになっていた。上告範囲の問題は，民事訴訟のみならず刑事訴訟にも関係し，最高裁判所の機構の在り方とも関わるため，これらを併せて検討する必要があるほか，1951（昭和26）年以降未済件数が急激に増加して7000件を突破したという事情から，法務大臣は法制審議会に対し，1953（昭和28）年2月，諮問第9号をもって「裁判所の制度を改善する必要があるか，あるとすればその要綱を示されたい。」と諮問した。法制審議会は，司法制度調査部会を設け，検討を開始した[61]。最高裁判所の機構改革問題の審議の幕開けである。同部会は，1953（昭和28）年3月27日から翌年1月16日まで8回の会議を開き審議し，1954（昭和29）年1月16日に中間報告を出した[62]。司法制度部会の審議は，1954（昭和29）年の民事訴訟法の一部改正後も続き，最高裁判所の機構改革および上訴制度の部分に限って答申がなさ

59　最高裁判所事務総局民事局・前掲注（58）130頁以下（松本編著・前掲注（35）〔資料42〕（510頁以下））。

60　松本編著・前掲注（35）〔資料44〕。

れたのは，ようやく1956（昭和31）年5月8日であった。

第2款　司法制度改革論議の中での上告理由

1　改革案

司法制度部会では，次の6つの改革案について議論が闘わされた[63]。大別すると，（1）「最高裁判所裁判官増員案」，「新機構設置案」および「現行機構維持案」が区別される。新機構設置案には，次の（2）上告部設置案と（3）上告審査部設置案があった。現行機構維持案には，（4）原裁判所に上告審査をさせる案，（5）原裁判所に再度の考案をさせる案，および（6）現機構をそのまま維持する案があった。

---

[61] 委員はおよび幹事は，次の各氏である。

委員：眞野毅，井上登，藤田八郎（以上最高裁判事），五鬼上堅盤（最高裁事務総長），垂水克己（東京高裁長官），佐藤藤佐（検事総長），岸本義広（次長検事），岡弁良（東京弁護士会弁護士），山崎佐（第一東京弁護士会弁護士），広井義臣（第二東京弁護士会弁護士），津田勅（大阪弁護士会弁護士），島田武夫（第一東京弁護士会弁護士），我妻栄，宮沢俊義，兼子一（以上，東京大学教授），高柳賢三（成蹊大学学長），小野清一郎，坂野千里（以上弁護士），佐藤達夫（法制局長官），清原邦一（法務事務次官）

幹事：石田和人（最高裁判所事務総局総務局長事務取扱），関根小郷（最高裁判所事務総局民事局長），江里口清雄（最高裁判所事務総局刑事局長），佐藤利雄（日本弁護士連合会事務局長），平野龍一，三ケ月章（以上，東京大学助教授），野木新一（法制局第二部長），村上朝一（法務省民事局長），井本台吉（法務省刑事局長），浜本一夫（法務省訟務局長），位野木益男（法務大臣官房調査課長）

[62] 「第19回国会衆議院法務委員会議事録第30号」における村上政府委員の立案経過の説明（松本博之編著『日本立法資料全集63　民事訴訟法〔戦後改正編〕（3）－Ⅰ』（1997年・信山社）66頁以下）および関根小郷「上告手続に関連する民事訴訟法の改正等について」法曹時報6巻6号（1954年）580頁，584頁を参照。

[63] 司法制度部会における議論を整理したものとして，「裁判所の制度の改善に関する意見の分類」（松本博之編著『日本立法資料全集64　民事訴訟法〔昭和改正編〕（3）－Ⅱ）』（1997年・信山社）〔資料70〕および「上訴制度改正に関する意見の大要」同〔資料69〕がある。前者においては，各案につき提案者および賛成者の名が付記されているほか，支持理由が詳細に整理されている。当時，関根・前掲注（62）580頁以下は，この資料に基づき各案の説明を行っている。本節もこれらの論述に依拠するものである。

(1) 最高裁判所裁判官増員案　最高裁判所裁判官の員数を2倍ないし2倍半程度に増員し，一般の法令違反についても最高裁判所への上告を許す案である。この案は，大法廷は一部の裁判官（認証官）のみによって構成すべきことを提案した。

(2) 上告部設置案　原判決の憲法違反，判例抵触および法令解釈に関する重要な事項を最高裁判所が取り扱うべき上告の範囲とし，前二者を義務管轄，最後のものを裁量管轄とすることとし，最高裁判所で扱わない上告事件は特別の法律審として上告裁判所を新設するか，東京高等裁判所に上告部を設ける案である。この案は，1949（昭和24）年12月の法制審議会の上告制度の改正に関する答申に近いものである。

(3) 上告審査部設置案　これは，最高裁判所の取り扱う上告事件を，原判決の憲法違反，判例抵触および法令解釈に関する重要な事項に限ることとし，かつ高等裁判所に上告審査部を設けて，上告審査部に最高裁判所に対するすべての上告につき適法か否かの審査をさせ，上告適法の理由を具備しないことが明らかな上告を直ちに却下できるとする案である。

(4) 原裁判所に上告審査をさせる案　これは，最高裁判所の取り扱う上告事件を，原判決の憲法違反，判例抵触および法令解釈に関する重要な事項に限ることは(3)の案と同じであるが，上告が適法の理由を具備するか否かの審査を原裁判所に担当させようとする案である。

(5) 原裁判所に再度の考案をさせる案　最高裁判所の取り扱う上告事件を，原判決の憲法違反，判例抵触および法令解釈に関する重要な事項に限ることとし，最高裁判所に対する上告はすべて原裁判所を経由すべきこととし，原裁判所は上告の提起があると法令違反の有無につき再度の考案をし，法令違反を認めれば変更判決をするが，そうでなければ上告理由が法令解釈に関する重要な事項に該当するか否かについて意見を付して事件を最高裁判所に送致すべきこととする案である。

(6) 現機構維持案ないし民事上告特例法の恒久化案　これは，最高裁判所の機構を原則として維持し，かつその権限は刑事訴訟法または民事上告特例法の定めるままとする案である。

　これらの案は，おのおのその細部につきヴァリエーションがあり，複雑な様相を呈していた。

2 上告理由

上告理由を制限すべきか否かという角度から見ると，上告理由の制限を完全に否定し，むしろ民事・刑事の上告の範囲を拡張すべしとするのは，最高裁判所裁判官増員案であった。この見解は，最高裁判所の任務範囲の拡大のなかで15名の裁判官によってその任務を全うすることは困難であり，それゆえ裁判官を増員して対処すべきだとするものである。弁護士委員の多くと小野清一郎委員によって主張された。この見解は，法令解釈の統一のみならず，一般の法令違反をも上告理由とすることによって裁判の適正を確保すべきであり，判例違反について上告を認めながら一般の法令違反につき上告を認めないことは合理的根拠を欠くし，憲法の予定する最高裁判所が憲法裁判所ではなく司法裁判所である以上は，一般の法令違反につき審判すべきは最高裁判所の当然の任務であるとした[64]。

最高裁判所裁判官増員案の対極にあるのは，(3)案ないし(6)案の見解であり，いずれも上告理由を憲法違反，判例抵触および法令解釈に関する重要な事項に限るべきだと主張した。これに対し，(2)の上告部設置案は，最高裁判所に対する上告の範囲については(3)案ないし(5)案と同じく制限するが，最高裁判所が関わらない上告事件は特別の上告審とくに上告裁判所を設置し，また東京高等裁判所に上告部を設けようとする案であり，折衷的見解である。最高裁判所判事増員案に強く反対した最高裁判事も上告理由の制限を要求したが，(3)案は眞野毅によって主張され[65]，(4)案は田中耕太郎によって支持され[66]，(6)案は中田淳一，藤田八郎が主張した[67]。(5)案は兼子一によって示唆された方策であった[68]。

---

64 松本編著・前掲注（63）〔資料70〕。
65 眞野毅「最高裁判所の訴訟促進について」ジュリスト3号（1952年）17頁＝最高裁判所事務総局『上告制度関係資料』民事裁判資料36号・刑事裁判資料88号（1954年2月）174頁。
66 田中耕太郎「上訴権の濫用とその対策」法曹時報6巻1号（1954年）4頁＝前掲注（65）『上告制度関係資料』48頁。
67 松本編著・前掲注（63）〔資料51〕「民事訴訟法の改正に関する学識経験者の意見」における中田淳一の意見；藤田八郎「最高裁判所の機構改革に関する諸説について（1）〜（5）」法曹時報5巻1〜5号（1953年）；同「民事特例廃止すべからず」ジュリスト47号（1953年）2頁＝前掲注（65）『上告制度関係資料』155頁。

第3款　「民事訴訟法等の一部を改正する法律案」の成立と国会審議

1　司法制度部会の審議結果

(1)　最高裁判所の機構改革をめぐり，以上のように種々の案が提案され主張された法制審議会司法制度部会の審議においては，各案の主張者が互いに譲らず，結局見解の一致を見出すことはできなかった。そのため，1954（昭和29）年6月1日の民事上告特例法の失効を前にして，これに対する対処を迫られた。法制審議会司法制度部会は，機構改革問題は継続して審議することとし，民事上告特例法の失効を睨み，1954（昭和29）年1月16日に中間報告を法制審議会長に提出した。

その内容は次のとおりである。最高裁判所の機構その他の裁判所の制度の問題は引き続き司法制度部会において審議すること，民事上告特例法の失効後の善後措置は民事訴訟法部会において検討すべきこと，司法制度部会の考えとしては「判決に影響を及ぼすことが明らかな法令違反」をも上告理由とし，上告に関する適法要件を原裁判所に審査させることとする等上告手続を改正し，簡易裁判所の事物管轄の範囲を拡張する等の方法を考慮し，最高裁判所の負担を調整することを相当と考えること，刑事訴訟については，上告手続の改正の要否等について刑事法部会において検討すべきこと，であった[69]。

民事上告特例法の失効後の善後措置について検討を求められた民事訴訟法部会は，1954（昭和29）年1月21日から23日まで3回にわたってこの問題について審議を行った。同部会が審議の対象にした原案は，法務省の事務当局が準備していた「民事訴訟法等改正要綱案＝民事訴訟法部会幹事案」[70]であった。同部会は審議の結果，多数意見に基づき，5項目にわたる「民事訴訟法等改正要綱」[71]をまとめ，これを民事訴訟法部会長から法制審議会長に中間

68　兼子一「上告制度の目的」法曹時報5巻11号（1953年）374頁，381頁＝前掲（65）『上告制度関係資料』34頁，41頁（後に，同『民事法研究第Ⅱ巻』（1954年・酒井書店）171頁以下に収録）。

69　松本編著・前掲注（62）〔資料2〕。

70　松本編著・前掲注（62）〔資料18〕「第19回国会衆議院法務委員会議事録第30号」および〔資料30〕「第19回国会参議院法務委員会議事録第17号」における村上政府委員の説明参照。

71　松本編著・前掲注（62）〔資料3〕。

報告した。その第１項は，上告手続の改正に当てられ，「上告理由を判決に影響を及ぼすことが明らかな法令違背に限ること」，「上告に関する適法要件を欠くことが明らかな場合には，原裁判所において上告を却下できるものとすべきこと」とした。以後は，法制審議会司法制度部会と民事訴訟法部会の中間報告を受けて，民事訴訟法と裁判所法の改正案が作成された。

(2) 一般的上告理由を「判決に影響を及ぼすことが明らかな法令違背」とすることは，以上に見てきた上告制限をめぐる意見の対立を調整する妥協の産物として，司法制度部会中間報告および「民事訴訟法等改正要綱」の段階で現われたものである。この一般的上告理由は，まず，司法制度部会の第７回会議と第８回会議の間に小委員会によって作成された「（採決に入らない場合の措置についての案）司法制度部会長から法制審議会会長に対する中間報告（案）」[72]という文書に現われている。この文書は，最高裁判所の機構改革問題について各案の採決を行わず，引き続き司法制度部会で検討を続行すると決せられる場合のために，民事上告特例法の失効に対処する中間報告の案として，幹事によって作成されたものに，小委員会の審議結果を織り込んだものとされている[73]。

「判決に影響を及ぼすことが明らかな法令違背」は，「今までの民事上告特例法，或は刑事訴訟法できめられております上告の調査の範囲よりは範囲を拡張いたしております。ただ，現在の特例法のない状態における民事訴訟法で規定される上告理由よりは幾分ちぢめるというような考え方を表現したもの」[74]と説明されている。この上告理由の定めの当否について同部会では殆ど実質的な検討は行われず[75]，参考意見の形で中間報告に記載された。

2 「民事訴訟法の一部を改正する法律案」

法制審議会民事訴訟法部会の中間報告を基礎に「民事訴訟法の一部を改正する法律案」が策定され，第19回国会に提出された。この改正案は，上告理由を憲法違背および判決に影響を及ぼすことが明らかな法令違背に限るとし

72　松本編著・前掲注（63）〔資料72〕。
73　松本編著・前掲注（63）〔資料60〕「法制審議会司法制度部会第８回会議議事速記録（昭和29年１月16日）」における冒頭の我妻部会長の説明参照。
74　松本編著・前掲注（63）〔資料60〕「法制審議会司法制度部会第８回会議議事速記録（昭和29年１月16日）」における位野木幹事の説明参照。

た上で，原審に，上告が適法の理由を具備するか否かの審査を行わせようとし，仮差押・仮処分に関してなされた判決に対しては，憲法違背を理由とする特別上告の外は上告を許さないこととし，仮執行宣言付判決に対する上告提起の場合における執行停止の要件を加重した。また調書の形式・内容および判決の方式等について原則的事項のみを法律に規定し，細目を最高裁判所規則に規定することによって，裁判官の執務の能率を図ろうとした。

「民事訴訟法の一部を改正する法律案」1条は，上告手続に関して次のように規定した。

「第三百九十四条を次のように改める。

第三百九十四条　上告ハ判決ニ憲法ノ解釈ノ誤アルコト其ノ他憲法ノ違背アルコト又ハ判決ニ影響ヲ及ボスコト明ナル法令ノ違背アルコトヲ理由トスルトキニ限リ之ヲ為スコトヲ得

第三百九十五条第一項中『判決ハ左ノ場合ニ於テハ常ニ法令ニ違背シタルモノトス』を『左ノ場合ニ於テハ常ニ上告ノ理由アルモノトス』に改める。

第三百九十七条から第三百九十九条までを次のように改める。

第三百九十七条　上告ノ提起ハ上告状ヲ原裁判所ニ提出シテ之ヲ為スコトヲ要ス

前条ニ於テ準用スル第三百七十条ノ規定ニ依ル裁判長ノ職権ハ原裁判所ノ裁判長之ヲ行フ

第三百九十八条　上告状ニ上告理由ヲ記載セザルトキハ最高裁判所規則ノ定ムル期間内ニ上告理由書ヲ原裁判所ニ提出スルコトヲ要ス

上告ノ理由ハ最高裁判所規則ノ定ムル方式ニ依リ之ヲ記載スルコトヲ要ス

第三百九十九条　左ノ各号ニ該当スルコト明ナル場合ニ於テハ原裁判所ハ決定ヲ以テ上告ヲ却下スルコトヲ要ス

一　上告ガ不適法ニシテ其ノ欠缺ガ補正スルコト能ハザルモノナルトキ

75　兼子委員は，「私は小委員として，この案の作成に参画したのでありますが，私の考えでも，民訴部会に任せる場合，これを拘束するような内容をもつては困ると考えます。……私自身としても，先程，藤田委員がいわれた『判決に影響を及ぼすことが明らかな法令違反』については，これは民訴部会にいってから考えてみようという程度の気持ちしかなかったのですから，そういう意味で，この部会としては考慮の対象にのぼったという程度のことを附記していただくというのが妥当ではないか。この部会ではこういう方針となつたのだということを民訴部会で考えたらどうだという意見のつけ方は，少し強すぎるのではないかという感じをもつ」と述べている。松本編著・前掲注（63）〔資料60〕（890頁）。

二　前条第一項ノ規定ニ違背シ上告理由書ヲ提出セズ又ハ上告ノ理由ノ記載ガ同条第二項ノ規定ニ違背スルトキ
　　三　上告ガ法令ノ違背ヲ理由トスルモノニ非ザルトキ又ハ判決ニ影響ヲ及ボサザルコト明ナル法令ノ違背ヲ理由トスルモノナルトキ
　　前項ノ決定ニ対シテハ即時抗告ヲ為スコトヲ得
　第三百九十九の次に次の二条を加える。
　　第三百九十九ノ二　原裁判所ハ上告状却下ノ命令又ハ上告却下ノ決定アリタル場合ヲ除クノ外事件ヲ上告裁判所ニ送付スルコトヲ要ス
　　第三百九十九条ノ三　第三百九十九条第一項ノ各号ノ場合ニ於テハ上告裁判所ハ口頭弁論ヲ経ズシテ判決ヲ以テ上告ヲ却下スルコトヲ得」

3　国会審議

　国会審議は，1954（昭和29）年3月9日の衆議院法務委員会における趣旨説明から始まった。この法案に対する批判は，上告が法令違反を理由としていないとき，または判決に影響を及ぼさないことが明らかな法令違背を理由としているときは，399条1項3号によって，原裁判所が上告を却下することができるという点に生じた。これは，不服を申し立てられた判決をした原裁判所に，上告理由として適法な法令違背の主張があるか否かを審査させるものであって，国民の権利保護を軽んずるものであるという批判である。とくに，判決に影響を及ぼさないことが明らかな法令違背を理由とする上告か否かについて原裁判所が審査をすると，原裁判所は安易にこれを肯定してしまう虞があり，国民の上告権を不当に制限することになるという危惧が生じたのである。また，口頭弁論調書の記載事項や判決の方式に関する規定の詳細を最高裁判所規則に委ねる点についても，国民の権利擁護という点から疑問が出された。これらの点について激しい質疑の後，この法案は，口頭弁論調書や判決の方式に関する規定の改正部分，および，提案された399条1項3号などを削除する一部修正を行ったうえで成立した（昭和29年法律第127号）。このようにして，民事上告特例法によって導入された，一般の法令解釈の誤りについて最高裁判所の調査義務を制限する形での上告制限（裁量審査制）に終止符が打たれた。

　1954（昭和29）年の改正法は，憲法違反とその他の法令違反を区別し，後者については判決に影響を及ぼすことが明らかであることを要求するに至った。これは上告制限の全廃を意図せず，一般の法令違反について「判決ニ影

響ヲ及スコト明ナ」ものに限定して上告理由として認める趣旨であった。しかし，一般の法令違反の上告理由と原審による上告の適法要件の審査とが一体のものとして構想された法案の趣旨76が，改正案399条1項3号の削除によって実現しなかったことは否めないであろう。

以上のような経過を経て，394条は憲法違反と判決に影響を及ぼすことが明らかな法令違背を上告理由と定め，395条が判決への影響が擬制される，いわゆる絶対的上告理由を定めた。その結果，判決に対する因果関係の要求につき憲法違反とその他の法令違反を区別することが妥当か否か，また，判決の結論への影響が明らかにならない手続違反について因果関係の蓋然性の証明を要求することが妥当か否かという問題が生じた77。

第4款　最高裁判所の機構改革問題のその後

1954（昭和29）年の民事訴訟法の改正後も，法制審議会は司法制度部会，刑事法部会および民事訴訟法部会から選ばれた小委員によって構成される合同委員会を設置し，最高裁判所の機構改革と民事事件・刑事事件の上告の範囲について審議を続行した。合同小委員会の議論は，当初，裁判所側と弁護士会側の意見の対立を引き継ぎ難航したようであるが，徐々に歩み寄りが見られ，最高裁判所が機構改革に前向きの姿勢を示すことにより78，ついに合同小委員会の意見の一致を見るに至った。合同小委員会見解は，各小委員会の同意を得た。ついに法制審議会は，1956（昭和31）年5月8日，諮問第7号，第8号についてはなお審議中としながらも，最高裁判所の機構改革および上訴制度の部分について答申をした79。

76　小室直人『上訴制度の研究』（1961年・有斐閣）182頁参照。以上の沿革については，関根・前掲注（62）580頁以下；斎藤秀夫「民事訴訟法等の一部改正について」法律時報26巻9号（1954年）82頁以下に詳しい。なお，斎藤秀夫ほか編『注解民事訴訟法〔第2版〕(9)』（1996年・第一法規）400頁以下；桜井孝一「上訴制度」鈴木正裕＝鈴木重勝編『講座民事訴訟(7)　上訴・再審』（1985年・弘文堂）79頁，85頁以下；上野泰男「上訴制限について」関大法学論集43巻1・2号（1993年）745頁，755頁以下など参照。

77　この問題については，鈴木正裕＝鈴木重勝編『注釈民事訴訟法(9)』（1997年・有斐閣）の394条の注釈〔松本博之〕を参照。

答申の内容は，次のとおりである。
「第一　最高裁判所の機構
　一　最高裁判所は，大法廷又は小法廷で審理及び裁判をすること。
　二　大法廷は，長官及び大法廷判事八人で構成すること。
　三　小法廷の数は六とし，小法廷においては，小法廷判事三人以上の合議体

78　最高裁判所は，裁判官会議により機構改革および上告範囲・審判手続につき次のような多数意見を取りまとめた（出典は，法務大臣官房調査課『最高裁判所機構改革問題関係資料その二（法制審議会上告制度合同小委員会関係）』（司法制度調査資料第15巻，1957年6月）586頁である）。
　「上告制度改正に関する試案に対する最高裁判所における多数意見
　　上告制度改正に関する試案（乙案）について，次のように改めるほか，原案を可とする。
　第一　最高裁判所及び上告部の機構
　　一　最高裁判所は，長官及び最高裁判所判事八人で構成するものとし，全員の裁判官の合議体で審理及び裁判をすること。
　　二　長官及び最高裁判所判事の任命については，裁判官，検察官，弁護士および学識経験者で構成する選考委員会の意見を聞くものとすること。
　　三　最高裁判所に上告部（下級裁判所）を附置すること。
　　　1　上告部法廷の数は六とし，上告部判事三人以上の合議体で審理及び裁判をすること。
　　　2　上告部法廷は，原則として，民事法廷及び刑事法廷とすること。
　　　3　上告部判事の待遇については特に考慮することとし，そのうち法廷の長となるべき判事は認証官とすること。
　第二　上告の範囲及び上告事件の審判
　　一　上告の理由は，民事については現行法どおりとし，刑事については左の範囲まで拡張すること。
　　　　判決に影響を及ぼすことが明らかな法令違反があって原判決を破棄しなければ著しく正義に反すること。
　　　　第二の二及び三のうち「大法廷」を「最高裁判所」に，「小法廷」を「上告部」に，「最高裁判所」を「最高裁判所又は上告部」に，「異議の申立」及び「異議」を「不服の申立」に改める。
　末尾に次の項を加える。
　　附帯要望事項
　　　第一　第一審の充実強化について立法上必要な措置を講ずること。
　　　第二　刑事控訴審の構造を続審又は覆審としないこと。」
79　その資料として，前掲注（78）『最高裁判所機構改革問題関係資料その二（法制審議会上告制度合同小委員会関係）』がある。

で審理及び裁判をするものとし，小法廷判事の総数は三十人とすること。
　四　小法廷は，原則として，民事小法廷及び刑事小法廷とすること。
　五　大法廷判事及び小法廷の長となるべき小法廷判事の任免は，天皇が認証すること。
　六　長官及び大法廷判事に限り，その任命は国民審査に付するものとし，その任命については，裁判官，検察官，弁護士および学識経験者で構成する選考委員会の意見を聞くものとすること。
第二　上告の範囲及び上告事件の審判
　一　上告の理由は，民事については現行法どおりとし，刑事については左の範囲まで拡張すること。
　　判決に影響を及ぼすことが明らかな法令違反があって原判決を破棄しなければ著しく正義に反すること。
　二　上告事件の審判は，左の場合は大法廷でするものとし，その他の場合には小法廷でするものとする。
　　1　当事者の主張に基き，法律，命令，規則又は処分が憲法に適合するかどうかについて判断するとき。（小法廷の意見が，前に大法廷でした，その法律，命令，規則又は処分が憲法に適合するとの裁判と同じであるときを除く）。
　　2　1の場合を除いて，法律，命令，規則又は処分が憲法に適合しないとの判断をするとき。
　　3　憲法その他の法令の解釈適用について，前に最高裁判所のした判例を変更するとき。
　　4　事件が法令の解釈適用で特に重要な事項を含むものと認められるとき。
　三　小法廷の裁判に対する憲法違反を理由とする異議の申立については，最高裁判所規則の定めるところによるものとすること。
附帯要望事項
　第一　第一審の充実強化について立法上必用な措置を講ずること。
　第二　刑事控訴審の構造を続審又は覆審としないこと。」

　このように判決に影響を及ぼすことが明らかな法令違反を民事の一般的上告理由とする昭和29年改正法の立場は，その後の法制審議会において終局的に是認されたことを確認することができる。

第4節　民事訴訟規則の制定

第1款　はじめに

　前節第4款において見たように，法制審議会司法制度部会は最高裁判所の機構改革をめぐって白熱した議論ののち1956（昭和31）年にようやく改革案を纏めたが，その実現に向けての動きは，どういうわけか，あまり活発ではなかった。この改革案は，最高裁判所の機構改革を主眼とするものであり（大法廷判事8人，小法廷判事30人の区別，大法廷と小法廷の管轄区分の定め），民事訴訟の上告理由の定めについては，1954（昭和29）年の民事訴訟法の改正どおり，「判決ニ影響ヲ及ボスコト明カナル法令違反」を一般的上告理由とすることとされた。したがって，刑事訴訟上の上告理由はともかく，民事訴訟上の上告理由に関しては，法制審議会の改革案は全く目新しいものを含んでいなかった。この改革案は，結局，文字どおり案にとどまり，まったく実現しなかった[80]。

　当時，最高裁判所の機構改革論議が続くなか，人々の関心は第一審訴訟手続の充実に向かったようである。先に見たように，最高裁判所の機構改革に関して最高裁判所が取り纏めた「上訴制度の改正に関する最高裁判所における多数意見」[81]は，その附帯要望事項として，「第一審の充実強化について立法上必要な措置を講ずること」を求めていた。これを受けて，1960（昭和35）年5月8日の法制審議会答申は，「第一審の充実強化について立法上必要な措置を講ずること」を附帯要望事項として掲げた[82]。こうした中，最高裁判所は第一審強化方策を策定し，第一審の訴訟実務の強化に向けてのアクションを起こした。

---

[80]　「民事訴訟規則の解釈適用に関する民事裁判官会同 —— 協議事項録（速記要旨）」松本博之編著『日本立法資料全集65　民事訴訟法〔戦後改正編〕(4)−Ⅰ』（1998年・信山社）〔資料15〕）433頁，451頁注（10）は「諸般の事情から，第24回国会には，これに関する法律案は提出されなかった」とのみ注記されている。

[81]　前掲注（78）『最高裁判所機構改革問題関係資料その二（法制審議会上告制度合同小委員会関係）』586頁（松本編著・前掲注（62）13頁注（1））。

[82]　前述124頁。

第2款　民事訴訟規則（昭和31年最高裁判所規則第2号）の制定

1　憲法と規則制定権

　日本国憲法77条1項は，最高裁判所に「訴訟に関する手続，弁護士，裁判所の内部規律及び司法事務処理に関する事項について」規則制定権を付与している。このうち，訴訟手続に関する規則は，民事訴訟法と規制範囲の交錯が生ずるため，いかなる範囲において最高裁判所が訴訟手続規則を制定することができるかという問題が生じた。この問題の解明は，長い間懸案となっていた。訴訟手続に関する最高裁判所の規則制定権は，「合目的的に迅速適正な裁判を為す方法は職業的専門的な経験を有する裁判所をして定めさせる」のが適切であるとの見地から認められるものとされる。その際，国民の権利義務に重大な関係を有する刑事訴訟手続または民事訴訟手続は法律で制定されるべきであり，規則は，法律に対して補充的効力しか有しないという法律優位説と，規則制定権が憲法77条に基づくという理由から，訴訟手続に関する規則が法律に優先するという規則優位説が対立した[83]。この対立は，すでに述べたように，昭和23年民事訴訟法の一部改正の際にも，立法当局によって検討された。たとえば，「民事訴訟法及び規則の規定すべき事項案 ── 現行法を中心として ── メモ（昭和22年8月19日民印）」[84]が遺されている。このメモは非公式のものではあるが，そこでは，交互尋問の実施に関する規定が規則事項とされていることが注目される。

　また，学説の中には，最高裁判所は無制限に規則によって民事訴訟を規律することができるという見解[85]もあった。

2　昭和29年改正の規則事項をめぐる国会論議

　国会において民事訴訟規則について議論がなされたのは，1954（昭和29）年に第19国会に提出された「裁判所法の一部を改正する法律案」および「民

83　法学協会編『註解日本国憲法』（1949年・有斐閣）314頁以下参照。
84　松本編著・前掲注（4）〔資料16〕。
85　兼子一は，法制審議会司法制度部会において，最高裁判所の権限は最高裁が自らルールを決めてよく，国会が法律で最高裁判所の権限を決めても，それは一種のアドバイス，サジェスチヨンにすぎないという見解を示していた（松本編著・前掲注(63)〔資料56〕（760頁以下）。

事訴訟法の一部を改正する法律案」についての審議の際であった。その改正案は，前述のとおり主として，民事上告特例法の失効に直面して上告理由の規律のために行われた改正であったが，調書や判決書の記載を合理化するため，その方式等，形式的な事項は最高裁判所規則に譲ることを定める規定をも置いていた。すなわち，口頭弁論調書その他の調書については，「期日における審判に関する重要な事項」を記載するものとし，その方式等は最高裁判所規則の定めに委ねようとし[86]，また，判決書は「主文のほか事実及び争点並びに理由を明らかにしなければならない」が，その方式等は最高裁判所規則の定めに委ねることを提案した[87]。しかし，改正案のこの部分は，弁護士会および議会の強力な反対に遭い，結局，国会で削除された。調書の記載方法も当事者の訴訟上の地位に大きな影響を与えるものであるのに，調書が簡素化されるとその正確性を欠くおそれがあり，また判決書を簡素化すると当事者を納得させるのが不可能である，また，国会の定めでなく，最高裁判所の規則によって定めることは国会の立法権との関係で問題が生ずる，というのが反対の理由であった[88]。

3　民事訴訟規則の制定

　以上のような過程を経て，それまで個々的に定められていた民事訴訟に関する最高裁判所規則を法律の範囲内で整理統合する方向に進んだ。

　『民事訴訟規則の解説』[89]によれば，①継続審理規則は占領中に制定されたものであり，日本の実情にそわない点が少なくなく，運用上困難な規定もないではなかったこと，②上告手続規則も極めて短い期間に立案制定されたため，施行後2年を経て改正を要する点が生じたこと，③証人の交互尋問に関してその具体的な方法について詳細な規則を設ける必要性が唱えられるようになったこと，④調書の方式の合理化に関する規則の制定の機運が熟し，法の枠内での実施が現実性を帯びてきたことに伴い，単行規則の改正および制定により対処するか，これらを統合した統一的規則を制定するかが問題となり，前者によるべきだとの意見もあったけれども，単行規則が増えすぎるの

86　改正案143条。
87　改正案191条。
88　松本編著・前掲注（62）〔資料26〕（258頁），〔資料41〕（493頁）参照。
89　松本編著・前掲注（80）〔資料3〕に収録。

は利用上不便であり，また「将来民事訴訟法および同規則の運用により実際上の法廷慣習を作り上げ，その運用の実績にかんがみ逐次に規則の内容の充実をはかるという点では，かえって統一的規則とした方が好ましい」という理由で統一的規則の制定に向かった[90]。

　民事訴訟規則の要点として注目されるのは，「裁判所は，審理が公正かつ迅速に行われるように努め，当事者その他の関係人は，これに協力しなければならない」とする3条，当事者の事実関係調査義務を定める4条，「当事者は，争点を明確にするよう努めなければならない」と定める5条，事件を準備手続に付するのは事件が煩雑と認められる場合に限るとする16条・17条，準備手続を経ない事件の口頭弁論につき準備的口頭弁論を実施できるようにし，この場合に準備手続を実施した場合と同様に継続審理を行うものと定めた26条・27条，証人等の交互尋問の方法，とくに質問の制限につき規定する33条ないし36条の規定などである[91]。

第3款　第一審強化方策要綱とその実施について

1　第一審強化方策要綱

　最高裁判所の負担過重に端を発した上告制度の改革問題は，法制審議会段階での結論を得るまでに大変長い時間を要したが，裁判所サイドでは，関心は徐々に第一審の訴訟手続の改善に向けられたようである。最高裁判所はすでに1953（昭和28）年2月26日・27日の両日に民事裁判官会同を開き，第一審の訴訟審理に関する種々の問題を検討したが[92]，1955（昭和30）年の年末には「第一審強化方策協議会」を設け，第一審における審理を充実強化するための具体的方策を諮問した。同協議会は，民事訴訟規則制定後の1956（昭和31）年6月21日，「第一審強化方策要綱」と題する答申[93]を行い，最高裁

90　松本編著・前掲注（80）〔資料3〕（48頁）。
91　詳細は，前掲『民事訴訟規則の解説』松本・前掲注（80）〔資料3〕（50頁以下）の説明を参照。
92　松本編著・前掲注（35）〔資料42〕『第一審の強化に関する民事裁判官会同──協議議事録』参照。
93　松本博之編著『日本立法資料全集66　民事訴訟法〔戦後改正編〕（4）　Ⅱ』（1999年・信山社）〔資料17〕中の別紙（573頁）。

判所はこれを全面的に採択した。この要綱は，①運用改善，②施設の整備，③裁判官の充実，④二人制合議制の採用，および，⑤各地方裁判所所在地における第一審強化協議会の設置の5項目からなる。

2 運用改善についての提言

運用改善について，協議会は民事事件の審理と刑事事件の処理に分けて重要な提言を行った。ここでは民事事件についての方策の概要を述べよう。①事実の事前調査として，原告側弁護士には訴え提起前，被告側弁護士には受任後速やかに，できる限り詳細に事実関係を調査すべきこと，②準備手続・準備的口頭弁論（準備的手続）と本質的口頭弁論（争点および証拠の整理の完了した事件の口頭弁論）を手続上明確に区別して実施すべきこと，準備的手続は裁判所の実情に応じて，準備的手続のみを行う裁判官に担当させるべきこと，③準備的手続においては，事件につき争点および証拠を整理するため，当事者双方はすべての攻撃防御方法をできるだけ速やかに提出し，裁判官は釈明処分により争点を明らかにするよう努力し，当事者は争点の整理に協力すべきこと，④本質的口頭弁論においては，簡易な事件を除き，なるべく当事者の意見を考慮したうえ，合議体で審理・裁判すべきこと。本質的口頭弁論が2日以上にわたるときは，できるだけ継続して実施すべきこと，⑤当事者は自ら申請した証人等の出頭確保に努めるべきこと。証人の不出頭の場合における勾引，制裁等の規定を活用すべきこと，真に出頭しがたい証人等について証拠保全や出張尋問等の方法を考慮すべきこと。当事者はその申請した証人等の尋問期日前その証人等に面接し，当該証人により立証できる事項の範囲を明らかにしておくべきこと，⑥期日の指定はできる限り開始時刻を細分して行い，裁判官および書記官は開始時刻に必ず法廷または準備手続室に在席すべきこと。開始時刻に在席しない当事者は，不出頭として扱うべきこと，である[94]。

最高裁判所は，1956（昭和31）年7月6日付けで高等裁判所長官，地方裁判所長および家庭裁判所長に宛て「第一審強化方策要綱の実施について」と題する最高裁判所長官通達を出し，運用の改善と地方協議会の設置について，各地方裁判所において検察庁および弁護士会と緊密な連絡を図り，できる限

---

94 松本編著・前掲注（93）〔資料17〕。

り速やかにこれを実施に移すことを求めた[95]。また，第一審強化方策要綱には立法および予算上の措置を要する事項もあることから，最高裁判所の機構改革に関する議論の過程において，「上訴制度改正に関する最高裁判所における多数意見」の附帯要望事項として「第一審の充実強化について立法上必要な措置を講ずること」を求めたのは，このような関連においてである。

その後，最高裁判所は，第一審強化方策の実施の成果を点検するため，「第一審強化方策要網の実施の成果に関する民事裁判官会同」を実施した[96]。この民事裁判官会同を始め，訴訟手続の問題点を協議するため頻繁に民事裁判官会同が開かれた。その際の記録が残されている[97]。これらの記録は，当事者・弁護士の事実関係調査義務，準備手続の実施に関する諸問題など訴訟手続全般にわたって行われた議論を再現しており，今日的な視点から見ても非常に重要である。

95　松本編著・前掲注（93）〔資料17〕（576頁）。
96　松本編著・前掲注（93）〔資料20〕～〔資料22〕。
97　松本編著・前掲注（80）〔資料5〕～〔資料16〕；松本編著・前掲注（93）〔資料23〕
　　～〔資料27〕。

第4章 平成民事訴訟法の制定
—— 迅速で充実した審理裁判へ向けて*

第1節　はじめに

第1款　新民事訴訟法の成立とその背景

　新民事訴訟法は，1996（平成8）年6月18日国会を通過・成立し，同年6月26日「民事訴訟法（平成8年法律第109号）」として公布され，1998（平成10）年1月1日に施行された。

　従来，民事訴訟は訴えの提起から判決に至るまで長時間を要し，今日の社会の生活テンポの速さに著しく適合しなくなっていた。そのため，訴訟を現代の社会生活に相応しいものに改善するとともに，審理の充実を図ることが求められていた。日本の民事訴訟の審理は，本来，口頭弁論期日までに提出しておくべき準備書面をその口頭弁論期日に提出し，準備書面記載の内容を陳述し（それも準備書面記載どおりとのみ陳述し），その内容に対する相手方の反論のための次回期日を定めてその期日を終了し，次回期日も同じようなやり方で進行し，その間に，争点が十分に整理されないまま証拠調べも実施し，その後に新たな攻撃防御方法が提出されるというように，悠長な五月雨的な審理が行われた。そして，法曹関係者は長い間このような実務に慣れ親しんでいた。

　しかし，このようなやり方では，口頭弁論の終結と判決の言渡しまで長時間を要するため，事実の存否につき裁判官が的確に心証を形成することが困難なうえ，審理の途中で裁判官の更迭が生ずる危険が大きい。裁判官が通常，

　＊　本章は，『1997年民事訴訟学会国際シンポジウム　民事訴訟法・倒産法の現代的潮流』（1998年・信山社）の第4章を論文名を変更して収録するものである。ドイツ語版 „Zur Struktur des japanischen Zivilprozesses nach der Zivilprozessordnung von 1996" は，ZZP Int Bd. 2（1996），333 ff.に掲載されている。

一定の期間職務を行ったのち他の裁判所に転任する日本の実務においては，裁判官の更迭は常態化している。裁判官の更迭があると，新たな裁判官は弁論の更新を受けるものの，実質的には訴訟記録に基づき，すでに口頭弁論において提出された裁判資料から事件についてのイメージを得ることになり，直接（審理）主義の理念に反するのが実情であった。このため，口頭弁論に関与した裁判官が直接当事者の陳述や証人の証言を聴き，証人の態度等を観察して新鮮な印象に基づきこれらを評価して事実の存否を判断するという直接主義の利点は殆ど失われ，実質上は，少なくとも部分的には，書面審理になるという事態が生じていた。このような事態が当事者ならびに訴訟代理人たる弁護士の利益にならないことは，明らかである。

　もちろん，このような悲惨な状態に対し，立法者や裁判所側が拱手傍観していたのではなく，審理の「充実」と促進のための種々の工夫を行ってきたことは，周知のとおりである。最近では各地の弁護士会も，問題解決に積極的に取り組む姿勢を示していた。裁判所によるそのような試みの1つが「弁論兼和解（期日）」であり，他が「集中審理」の試行であった。弁論兼和解期日は――統一的な概念規定は存在しないけれども――概ね，法廷ではなく，裁判官室，和解室，準備室のようなところで非公開で開かれ，争点の整理と和解の試みを一体として行おうとする実務と解することができる。一方において，とりわけ裁判実務において，しかし学界においてもまた，これを高く評価する声があった反面，他方において，法律上の根拠がなく，手続が公開されず，その手続には透明さが欠けているという問題が存在し，とくに憲法の保障する口頭弁論の公開原則に反しないかという疑念が出されていた。さらに，弁論兼和解においては当事者を別々に聴取することすら禁止されず，当事者公開の原則が無視されうるという問題が存在していた。このような事態は，実務では例外かもしれないが，理論的には起こりうる事態である。この場合和解が成立しなければ，このような期日において裁判所が実質的に形成した心証が，当事者公開がなかったにもかかわらず，判決の内容に影響を与えることがありうる。

　別の問題は，訴訟における訴訟資料や証拠方法の収集に関する。今日の複雑な社会において，訴訟にとって必要な訴訟資料や証拠方法を相手方の方が排他的に有する訴訟事件においては，原告が自己の権利を根拠づける事実やこの事実を証明すべき証拠方法を手に入れることに著しい困難が伴い，それ

は，権利の実現の困難をもたらす。このような状態を改善するため，原告が相手方または第三者が有する情報を取得できる訴訟上の手段を充実させる必要がある。同じことは，抗弁を提出する被告にも当てはまる。

第2款 新民事訴訟法の重点

新民事訴訟法は，1926（大正15）年に民事訴訟法の判決手続の部分が全面的に改正されて以来（1930〔昭和4〕年10月施行），実に70年ぶりの大改正であり，多くの規定が手直しされた。また，情報通信システムの進展に対応して，電話会議システム・テレビ会議システム，コンピュータやファックスなどOA機器の利用による無駄の排除・効率化が追求され，この面がむしろ社会的に注目された[1]。

しかし，いわば新民事訴訟法の規律の目玉とされたのは，次の4つの制度の改善ないし新設である。

① 争点を的確かつ迅速に整理し，証拠調べ（証人尋問および当事者尋問）の集中的な実施を可能にするための争点整理手続の整備
② 相手方および第三者から訴訟資料および証拠方法を収集し提出するための手段の充実
③ 最高裁判所への上告の制限
④ 少額の金銭請求権を簡易迅速に実現するための少額裁判制度の新設

第3款 本章の課題

1 争点整理

以下において主として，本来の口頭弁論（本質的口頭弁論）を準備すべき種々の争点整理手続について検討することとする。その他，証拠方法を収集するための手続の改善を取り上げ，最後に，裁判官権能と当事者の手続支配の関係に何らかの変動が生ずるかという問題に触れることとする。

争点および証拠の整理の問題は，すでに1926（大正15）年の民事訴訟法（判

---

[1] 園部逸夫「民事司法政策，日英で同時進行」日本経済新聞1997年2月8日朝刊経済教室欄参照。

決手続）の全面改正および1950（昭和25）年の一部改正の際にも取り上げられ，当時の歴史的状況のもとで多くの議論が積み重ねられ，その結果，立法措置が施された，いわば「普遍的な問題」である。それゆえ，以下の論述では，過去の2回の改正のさいの議論もできる限り参照したいと考える。

2　大正15年改正民訴法における準備手続

　1926（大正15）年の改正の際は，地方裁判所における第一審の訴訟手続は，すべて合議制裁判所によって審理裁判されていたのであるが，受命裁判官によるいわゆる準備手続を一般化・原則化するための法改正が行われ，実務の改革も図られた。1890（明治23）年の民事訴訟法においては，準備手続は計算事件，財産分割事件等の訴訟でのみ利用できる例外的な手続であった。しかも，当時の改正論議のさい，1924年改正令によるドイツの改正民事訴訟法，オーストリー民事訴訟法およびイギリスのマスターの手続を参考にして構想されたものであるが，出来上がった制度はそのいずれとも同じではなかった。オーストリーの準備手続は，口頭弁論の形式で行われるものであったし，ドイツでも準備手続は準備単独裁判官（Einzelrichter）が担当する口頭弁論の一部であり，しかも一定の場合には証拠調べや終局判決もできた。

　これに対し，日本の準備手続は，非公開の場で（口頭弁論としてではなく）攻撃防御方法の提出とこれに対する応答を行い，争点を明らかにし，かつ証拠を整理し（証拠調べは行わず），その結果を準備手続調書に記載するというものであり，本来的に非公開の手続として構想された「日本独自の制度」[2]と評価すべきものであった。この準備手続は，改正法施行直後においては，訴訟の促進にとってかなりの成果を挙げたという報告がある[3]。とくに，裁判官が法服を脱いで当事者と同じテーブルを囲んで形式張らず，打ち解けた雰囲気のなかで手続を進めるため，事件の真相が頭に入りやすく心証がとりやすいし，釈明もしやすいという，裁判官から見た利点を指摘する声が多かった[4]。これは，平成民訴法制定前の「弁論兼和解」の実務の長所といわれた

2　村松俊夫「準備手続と訴訟の遅延」同『民事裁判の研究』（1955年・有斐閣）84頁。
3　法曹会雑誌8巻12号（1930年）「新民事訴訟法実施記念号」における各地裁判所からの報告を参照。
4　河本喜興之「準備手続の実際に就て」訴訟法学会編『訴訟法学の諸問題第一輯』（1938年・岩波書店）237頁。

ものと驚くほど一致する評価である。しかし、その準備手続は弁護士には不評であったし、弁護士会は法案の段階から強い反対の態度を示していた。このような状況にあって、次第に準備手続それ自体の遅延が慢性化し、また、失権効（大正15年改正民訴法255条）の厳格な適用も控訴審では骨抜きになった。時が経つにつれて、準備手続は次第に利用されなくなり、準備手続による審理手続の改革構想は失敗に帰した。

3　単独制裁判所と準備手続

次に準備手続が注目を集めたのは、第二次世界大戦終結後の裁判制度ならびに民事訴訟法の改革期においてであった。それ以前は、地方裁判所の訴訟手続はすべて合議制裁判所により審理されたのであるが、1947（昭和22）年5月3日施行の裁判所法により、地方裁判所の第一審訴訟手続について単独制裁判所が認められるようになるに及んで、準備手続は、事件が合議体で審理される場合で、しかも裁判所が適切と認めた場合にのみ行うこととされ、制度上もいったん脇役に引き下がった[5]。大正15年改正における準備手続の原則化の目的が合議制裁判所の司法エネルギーの有効な活用にあった以上、単独裁判官による訴訟審理が可能になると、準備手続の必要性がそれだけ低下することは当然であって、この改正は必然的なものであったであろう。

しかし、準備手続は、戦後の社会的混乱期における深刻な訴訟遅延に鑑み、再び注目され直すことになる。1950（昭和25）年の民事訴訟法の一部改正の際、単独裁判官の手続においても準備手続を実施する道が開かれ、これによって、争点の整理を確実にしたうえで口頭弁論と証拠調べを実施することが試みられた。また、民事訴訟法の改正と同時に制定された「継続審理規則」によって、当事者（および訴訟代理人）に訴訟関係の調査を行う責務が課されたほか（同規則2条）、準備手続を経た訴訟においては、口頭弁論が一回で終了しない場合には、できるだけ口頭弁論を継続して実施するとの原則（継続審理主義）が導入された。戦後における争点と証拠の整理の着想には、当時のアメリカ合衆国のプリトライアル・カンファランスの考え方が多くの示唆を与えたようである[6]。準備手続は、受訴裁判所の構成員であるか否かを問わず、受訴裁判所を構成する裁判官が所属する裁判所の経験豊かな裁判官(受

---

[5] 1948（昭和23）年の民事訴訟法の一部改正による249条。

訴裁判所を構成するのでない裁判官を含む）に準備手続を担当させ，和解の可能性を探りつつ争点の整理を行い訴訟の促進を図ることに主眼があった。このような構想は，しかし，物的施設・人的資源の欠乏もあって十分な成果を挙げることができず，関係裁判官の熱意あふれる推進にもかかわらず[7]，この改革も結局は失敗に終わった。

第2節　本質的口頭弁論の準備

第1款　迅速で的確な争点解明の必要性

　審理の充実と促進のためには，口頭弁論の実施前にできるだけ争点が解明され，訴訟がその点に限定されることが必要不可欠である。争点の整理のための手段としては，準備書面の交換が一般的であろう。日本でも準備書面は明治23年民訴法以来規定されていたが，当事者の一方が事前に準備書面を裁判所に提出し，これが相手方に送達され，相手方が必要な準備をしたうえ口頭弁論に臨むというあるべき実務慣行は確立しなかった。準備書面の事前提出は，法律の予定に反し，当事者（訴訟代理人たる弁護士）によって励行されなかったためである。

第2款　新民事訴訟法による口頭弁論の準備

　審理の充実と促進のための工夫として，新民事訴訟法は，「準備的口頭弁論」「弁論準備手続」および「書面による準備手続」を用意した。また，これらの手続によらずに最初から口頭弁論を開き，口頭弁論のなかで争点を明らかにし具体化していく方法も否定されておらず，むしろ社会的に注目度の

6　継続審理規則17条は，当事者は準備手続において，争点の整理に関する事項，証拠の整理に関する事項その他必要な事項につき「協議しなければならない」と規定した。これは，争点および証拠の整理につき協議に基づく合意の成立を目指すものであった。「民事訴訟の継続審理に関する規則について」松本博之編著『民事訴訟法〔戦後改正編〕（2）』（1997年・信山社）〔資料39〕（391頁，409頁以下）参照。

7　松本編著・前掲注（6）〔資料42〕（508頁以下）における近藤完爾裁判官（当時，東京地方裁判所）の発言参照。

高い事件や多数当事者が関与する事件，あるいは労働事件では準備段階の手続を経ず，早期に口頭弁論を開いて争点を整理していくことも想定されているようである。

　弁論の準備のための3つの制度のうち，書面による準備手続は，今回の法改正によって初めて導入されたものであるが，他の2つは制度としては従来から存在したものであり，今回の新民事訴訟法によって所要の改正が加えられたのである（とくに弁論準備手続の充実のための工夫）。以下では，各々について沿革と特徴を考察することにする。

1　準備的口頭弁論

　これは，口頭弁論を準備段階と本質的口頭弁論との段階に区別し，前者において争点と証拠の整理を行い，その後の本質的口頭弁論において弁論と集中的証拠調べを実施して裁判官の新鮮な印象に基づき事実を認定し判決を行うことを狙った方策である。このような手続分割は，1950（昭和25）年の戦後改正による準備手続の構想（昭和25年の民事訴訟法の一部改正と継続審理規則による。）が失敗に帰したのち，1956（昭和31）年に制定された民事訴訟規則によって採用された方策である。これが今回の新民事訴訟法によって法律事項として規定されることになった（164条以下）。

　準備的口頭弁論はそれ自体口頭弁論であるから，この手続を実施するのは受訴裁判所であり，したがって受訴裁判所の有する判決手続上の権限のすべてを行使することができる。裁判所は，この手続においては証拠調べを行うことができ，また中間的裁判をすることもできる。準備的口頭弁論に付するか否かは，裁判所の裁量に委ねられる。この手続では，当事者は攻撃防御方法を提出し，相手方の主張を争いまたは自白することができる。裁判所は，部分的に証拠調べをも実施しながら争点を確定するとされる。同時に，この争点について証拠の整理を行う。準備的口頭弁論を終了するときは，その後の証拠調べにより証明すべき事実を当事者との間で確認する（165条1項）。裁判所は相当と認めれば，準備的口頭弁論を終結するに当たり，当事者に争点および証拠の整理結果の要約書面を提出させることができる（165条2項）。準備的口頭弁論で提出されなかった攻撃防御方法は，直ちに失権することはないが，準備的口頭弁論終結後にこれを提出しようとする当事者は，相手方からの求め（詰問）があれば[8]，相手方に対して，準備的口頭弁論の段階で

これを提出できなかった理由を，原則として書面で説明しなければならない（167条，規則87条1項）。相手方の説明いかんによって，裁判所はこの攻撃防禦方法を時機に遅れたものとして却下することができよう（157条）。

2 弁論準備手続

これは，受訴裁判所または受命裁判官が口頭弁論前に争点および証拠の整理のために開く事前手続である（口頭弁論ではない）。この手続は，当事者双方が立ち会うことのできる期日に開かれる（169条1項）。手続は非公開であるが，裁判所が相当と認めた者には傍聴が許され，また，当事者が申し出た者については，手続上支障が生ずる虞がないかぎり傍聴を許さなければならない（同条2項）。これは，弁論兼和解方式の疑問の1つであった手続公開の問題に対する中間的解決である。弁論準備手続では，当事者は攻撃防御方法を提出し，必要な証拠の申出を行う。当事者は，この手続の期日に訴えの取下げ，請求の放棄・認諾および訴訟上の和解をすることができる（当初は，電話会議システムを用いた弁論準備手続においては，請求の放棄・認諾をする旨の書面の提出がある場合を除き，請求の放棄・認諾はできなかったが，その後の法改正によって可能になった。

法律は，弁論準備手続が第一回口頭弁論期日前に開くことができるかという問題につき明確な規定をしていない。新民事訴訟規則60条1項ただし書によれば，両当事者が第一回口頭弁論前に弁論準備手続を開くことに異議を述べないときは，それは適法である。この場合，当事者の一方が弁論準備手続に欠席すると（欠席判決の制度がないため），欠席判決によって訴訟を終了することができない。それゆえ，裁判所は第一回口頭弁論期日を開き，弁論準備手続を行うことが適切であるか否かを検討し，その上でこの手続を命ずることが原則とされるべきであろう9。

---

8 中野貞一郎『解説新民事訴訟法』（1997年・有斐閣）37頁は，これを「詰問権（説明請求権）」と呼ぶ。

9 日本の民事訴訟法は欠席判決の制度を有しないため，当事者の欠席の可能性を考慮して第一回口頭弁論期日を開かざるを得ないという指摘が以前から行われていた。最高裁判所事務総局「民事関係諸規則の解釈運用に関する民事裁判官会同要録」（1955年・民事裁判資料52号）104頁以下（松本博之編著『日本立法資料全集65 民事訴訟法〔戦後改正編〕（4）－Ⅰ』（1998年・信山社）〔資料11〕（344頁以下））参照。

弁論準備手続における裁判所側の権限には、この手続を担当するのが受訴裁判所であるか、受訴裁判所が合議体である場合に任命されうる受命裁判官であるかによって、著しい差異がある。受訴裁判所が弁論準備手続を行う場合には、170条2項は、「証拠の申出に関する裁判その他の口頭弁論の期日外においてすることができる裁判及び文書（第二百三十一条に規定する物件を含む。）の証拠調べをすることができる。」と規定する。「口頭弁論の期日外においてすることができる裁判」には、文書提出命令、文書送付嘱託、調査嘱託、証拠調べをする決定、証拠調べの申出を却下する決定、弁論の制限・分離・併合の決定、受継および参加の許否の裁判、訴訟引受け、訴訟救助、訴訟費用の担保、訴えの変更に関する裁判、控訴審での仮執行宣言などが含まれることになろう。これに対して、受命裁判官が準備手続を行う場合には、弁論準備手続の指揮に関する異議に対する裁判ができないほか（171条2項ただし書）、受訴裁判所が弁論準備手続を行う場合に認められる、口頭弁論の期日外において行うことのできる裁判は、受命裁判官はすることができない。また、当初は文書および準文書の取調べもできないとされた。
　弁論準備手続の核心は、両当事者と裁判所との間で行われる協議にあると解される。当事者は、裁判官の指揮のもとで協議によって争点の単純化を図るべきである。これは、当事者が何を証明し、相手方は何を反証しようとするかを陳述するよう求め、そのさい取り調べるべき証人や検証物を明らかにしていくことによって行われるべきである。これによって真の争点が存在しない領域が明らかになれば、そのような事項については、当事者がすでにした主張を撤回し、あるいは相手方の自白が得られることが期待されよう。このように限定された争点に関して取り調べるべき証拠を、関連性と必要性が十分な証拠に限定する合意を成立させることが追求される。その際、弁論準備手続における裁判官の手続指揮の程度が問題となる。アメリカ合衆国では、真の争点を浮かび上がらせ争点を限定するよう弁護士をリードする上での裁判官の手腕と関心がプレトライアル・カンファランスの成否にとって重要である旨指摘されているが、同時に協議における合意が裁判官の押しつけであってはならないことが強調されている[10]。新民事訴訟法の施行を前にして、弁護士の間には争点および証拠の整理は当事者（訴訟代理人）主導で進めら

---

[10] *James/Hazard/Leubsdorf*, Civil Procedure, 4. ed., 1992, p. 285.

れるべきことを主張する声が聞かれたが11，当然のことながら，裁判官サイドはそれほど楽観的ではない。この点には，後に立ち返ることにしよう。

　また，これと関連して，弁論準備手続と和解の試みとの関係が，立法準備段階から議論されてきた。一部の論者は，弁論兼和解手続の不明朗を排し，これを争点整理手続に特化することに平成民事訴訟法制定の重点があったことに鑑み，弁論準備手続の中で併せて和解の試み実施するという「弁論準備手続兼和解」は許されるべきでないと主張している12。このような主張の背景には，裁判所が和解による事件の処理を急ぐあまり弁論準備手続において争点の整理に努力を注がず，和解の成立に熱心になるという危惧がある。昭和25年の一部改正の際にも準備手続のメリットとして，裁判所が相当積極的に和解の勧告ができるという点が挙げられていた。この当時は，準備手続は本質的口頭弁論を担当する裁判官とは別の経験豊かな練達の裁判官が担当すべきであるという構想が前面に出ていたのであり（継続審理規則12条3項）13，右の指摘もこのような構想を前提としているのである。本質的口頭弁論を担当して判決を行う裁判官としては，あまり積極的に和解に関して自己の意見を述べることは差し控えなければならず，そのために突っ込んだ和解の勧告はできず，また，和解協議によって心証を得てしまうことも避けなければならないが，準備手続のみを担当する裁判官ならばその虞はないということである14。和解協議のなかで得られた裁判官の心証が，和解が成立せず判決が

11　大阪弁護士会・民事訴訟法改正と民事裁判改善に関するシンポジウム実行委員会「意見書・新民事訴訟法のもとでの審理のあり方」（1997年）15頁（判タ938号〔1997年〕50頁）（以下では大阪弁護士会「意見書」と略称する）；加藤新太郎『手続裁量論』（1996年・弘文堂）42頁。

12　瀧井繁男「当事者から見た弁論準備手続をめぐる若干の問題点」判タ915号（1996年）49頁，52頁以下；大阪弁護士会・前掲注（11）意見書16頁（判タ938号49頁）。

13　最高裁判所が作成した「民事訴訟の継続審理に関する規則について」という解説は，この構想について「理想的にいえば，準備手続は，現在アメリカで行われているように，その裁判所における最も老練な裁判官が準備手続のみを専門に行うことが望ましい。けだし，準備手続は爾後の審理の基礎をなす手続であるから，その巧拙が爾後の訴訟の進行に影響を及ぼすことが少なくなく，また当事者に対する関係からいっても，その尊敬をかち得られるような裁判官でなくては，争点及び証拠の整理を強力に実施することは困難だからである。しかし，現在におけるわが国の裁判所の実情からいうと，直ちに準備手続を専門にする裁判官を定めることは，困難を伴う場合も少なくないと」と述べた（松本編著・前掲注（6）〔資料39〕（404頁）。

下される際に重要な役割を果たすことは「弁論兼和解」の欠点の1つでもあったのであり，注意を要する問題である。ただ，争点の整理を進めていくなかで事案の真相がかなり明確になり，そこから当事者間に和解の気運が盛り上がる場合に，弁論準備手続では和解が認められないという必要はないであろう。すなわち，裁判所が弁論準備手続兼和解というような特別の期日の指定をすることは不適法であるが，争点と証拠の整理が和解のきっかけになり，和解が成立することまで否定する必要はない，と解すべきである。

　弁論準備手続が争点および証拠の整理という目的を達成できた場合に終結することは，当然である。このほか，当事者が弁論準備手続期日に出頭せず，または期間内に準備書面を提出せず，もしくは証拠の申出をしないときは，裁判所は弁論準備手続を終結することができる。問題は，弁論準備手続における当事者の欠席である。欠席に対する対処の方法として弁論準備手続の終結しかないのは，不十分であろう。1950（昭和25）年改正後の準備手続に関するある裁判官の報告においても，この問題に対処するため正式の欠席判決制度を導入し，準備手続においても欠席判決ができるようにすべきだとする提言が行われていた[15]。口頭弁論では欠席のもたらす不利益な効果のゆえ当事者は欠席することが少ないが，欠席に対する制裁が十分でない準備手続では手続が弛緩する虞があった。この問題につき，立法者は明確な対策を執らなかった。

　弁論準備手続が目的を達成して終結する場合，争点および証拠の整理の結果について当事者と裁判所の間で齟齬が生じないよう，これを明確にしておく必要がある。そのため，準備的口頭弁論の終了の場合と同様，裁判所は当事者との間で「その後の証拠調べにより証明すべき事実を確認する」ことになる（170条5項による165条1項の準用）。この確認は口頭の確認で足りると解されている。また，裁判長は，相当と認めるときは，弁論準備手続を終結

---

[14] 古関敏正「民事訴訟における継続審理」法曹時報4巻11号（1952年）655頁，669頁。ただし，準備手続と口頭弁論を担当する裁判官は別の裁判官であるべきだとの見解に対しては，口頭弁論を担当する裁判官は報告書だけでは事件を理解するのは容易でないという批判があった。「民事訴訟の促進に関する民事裁判官会同」（松本編著・前掲注（6）〔資料35〕（371頁））。

[15] 古関・前掲注（14）667頁。ただし無条件の故障申立てを許すと，訴訟引延ばしのために欠席判決が悪用される危険を認識し，一定の事由ある場合にのみ故障申立てを許すことが提案されていた。

するに当たり当事者に弁論準備手続の結果を要約した書面（要約書面）を提出させることができる（170条5項，165条2項）。この要約書面はかつて旧民事訴訟規則21条に定められていたものであるが，その運用につき問題が生じたものであった。訴訟代理人による要約書面の提出は実際上困難であり，提出されなかったという指摘がなされていた[16]。そこから，裁判官が弁論準備手続の結果を要約した書面を作成し，当事者にこれを渡しその後の弁論の集中に役立てることも考えられる。今日一部の裁判所で行われている争点整理案の作成[17]も，このようなやり方と共通するものであろう。

弁論準備手続後の本質的口頭弁論において，当事者は弁論準備手続の結果を陳述しなければならない（173条）[18]。この結果陳述は，その後の証拠調べによって証明すべき事実を明らかにしなければならない（規則89条）。弁論準備手続で提出されなかった攻撃防御方法は，直ちに失権することはないが，弁論準備手続終結後にこれを提出しようとする当事者は，相手方から求めがあれば，相手方に対して，弁論準備手続の段階でこれを提出できなかった理由を，原則として書面で説明しなければならない（174条による167条の準用）。

3　書面による準備手続

当事者が遠隔地に居住している場合には，裁判所に出頭して口頭弁論の準備をするとなると費用や時間のロスが大きく，また，期日の調整が困難になり，その結果，訴訟の遅延をもたらす虞がある。このような危険を避けるために，当事者が裁判所に出頭することなく準備書面の提出・交換を行い，争点および証拠の整理を行うことを認めて，早期の争点の整理を可能にするのが，書面による準備手続である。法文上は裁判所が相当と認める場合にも書面による準備手続を行うことができることとなっている。

この手続を実施するのは，裁判長である。高等裁判所では，受命裁判官も

---

[16] 『第一審強化方策要綱の実施に関する民事裁判官会同要録』（1959年・民事裁判資料71号）165頁以下（松本博之編著『日本立法資料全集66　民事訴訟法〔戦後改正編〕(4)−Ⅱ』(1999年・信山社)〔資料21〕(719頁以下))。

[17] 小林昭彦「集中審理実施報告」判タ909号（1996年）38頁以下；村上正敏「集中証拠調べについて（体験報告）」判タ909号（1996年）45頁以下参照。

[18] 結果陳述については，鈴木正裕「当事者による『手続結果の陳述』」『石田喜久夫・西原道雄・高木多喜男先生還暦記念論文集　金融法の課題と展望（下巻）』(1990年・日本評論社) 407頁以下が詳しい。

担当できる（176条1項）。裁判長等は準備書面の提出または証拠申出をすべき期間を定めなければならない（同条2項）。この手続内において，裁判長等は当事者双方と電話会議システムを用いて，争点および証拠の整理等に関して協議することができる。この協議の結果は，裁判所書記官に記録させることができる（176条3項）。手続の終結後，裁判所はその後の口頭弁論期日に，証拠調べによって証明すべき事実を当事者と確認すべきである（177条）。

第3款　新民事訴訟法が用意する争点および証拠の整理手続の評価

　以上のように，争点および証拠の整理のための3つの手続が用意された。立法者はいずれの争点整理手続を原則とするかを決定せず，これら3つの手続を並列的に規定した。このことにより，3つの手続の間に優先順位が存在するのか，いずれの手続が優先するかという問題が生じている[19]。さらに，手続選択の主体および当事者の意見の聴取，およびこれに伴う利害の調整という問題，さらに，弁論準備手続には大正15年改正民訴法のような失権効に関する規定（同法255条）がないため，当事者・代理人が弁論準備手続の円滑な遂行に協力しないとき，所期の目的を果たすことができるかが問題となる。

　(1)　手続選択の問題では，書面による準備手続は限定的な要件のもとでのみ用いることのできる手続であるので，あまり大きな運用上の問題は生じないであろう。しかし，準備的口頭弁論と弁論準備手続は，目標を同じくするものの，前者は公開法廷での口頭弁論手続であり，後者は一定の場合に傍聴が許されるけれども，基本的に非公開の手続である。裁判所としても——少なくとも単独事件の場合には——いずれを選択してもさほど大きな差異が生じないときに，両当事者の意見が一致しない場合，いずれの手続を選択するかはかなり問題である。裁判所はこの点につき裁量権を有するという見解，準備的口頭弁論を原則とするという見解，さらに裁判所が相当と認める限り三種類の準備手続のいずれを選択するかは裁判所の裁量に委ねられるという見解[20]が対立しうる。

　弁論準備手続については，裁判所が事件をこの手続に付する際，当事者の

19　石川明「新民事訴訟法と弁論およびその準備」判タ919号（1996年）63頁以下参照。
20　石川・前掲注（19）64頁。

意見を聴かなければならず（168条），また，いったん弁論準備手続を開始しても，「裁判所は，相当と認めるときは，申立てにより又は職権で，弁論準備手続に付する裁判を取り消すことができる。ただし，当事者双方の申立てがあるときは，これを取り消さなければならない」（172条）。それゆえ，当事者の一方が弁論準備手続を望まず，準備的口頭弁論の方を強く望む場合に，裁判所が弁論準備手続を選択することはあまり賢明な選択とはいえない[21]。

(2) 新法施行後，弁論準備手続の運用がどうなるかは，未知の問題である。この手続の成果は，挙げて当事者および弁護士の協力と裁判所の運用姿勢の如何に左右されよう。しかも，われわれは過去に「準備手続」の失敗を2度経験している。いうまでもなく，準備手続を取り巻く客観状況は過去2回と同じではない。ことに，法制審議会民事訴訟法部会の審議において日本弁護士連合会推薦の委員が数名関与したが，それだけ手続改革への熱意が弁護士層に充満していることは注目されなければならない。しかし，再び失敗を繰り返さないためにも，過去の経験に学ぶ必要があることは確かであろう。

大正15年改正民訴法による「準備手続」について，失敗の原因として，つぎの点が指摘されていた。第1に，準備手続それ自体の遅延[22]，第2に，準備手続を経た場合，口頭弁論では法律上，攻撃防御方法の提出は厳格に制限されるはずであったが（大正15年改正民訴法255条），事件が控訴審に移審すれば控訴裁判所は新たな攻撃防御方法の提出を認めたため，第1審でも大正15年改正民訴法255条を厳格に適用することが無意味になり，準備手続の枠組みが崩れてしまったこと[23]，第3に，代理人である弁護士が事実関係を十分調査しないで口頭弁論に臨み，証拠調べをして初めて必要な主張・立証に気づき，第一審ではもはや提出できないので控訴審で新しい事実主張を行い，新たな証拠を提出することである。また，昭和25年の一部改正による準備手続については，準備手続裁判官の権限の限定もその欠陥として指摘された。

21　加藤・前掲注（11）26頁以下は，複数の争点整理手続の選択は，当事者の意向の尊重は当然の前提であるが，基本的には裁判所の手続裁量に委ねられるべきであって，多種多様なケースに柔軟に対応するため裁判所の手続裁量を制限するような定めをすべきでないと主張していた。

22　前掲注（9）「民事関係諸規則の解釈運用に関する民事裁判官会同要録」103頁以下（松本編著・前掲注（9）〔資料11〕（352頁以下））における植山日二裁判官の発言。

23　前掲注（9）「民事関係諸規則の解釈運用に関する民事裁判官会同要録」松本編著・前掲注（9）〔資料11〕（351頁）における宅間達彦裁判官の発言。

第2の点，すなわち準備手続の失権効については，これがあると失権を恐れるあまり，当事者が不必要な訴訟資料まで提出するため準備手続が混乱して不合理であるという理由から今回の改正においては失権規定は採用されなかった。しかし，174条・167条だけで十分なのかどうか，疑問なしとしない。

第3の点については，昭和25年の一部改正に伴う継続審理規則2条が「当事者は，あらかじめ証人その他の証拠について事実関係を詳細に調査し，裁判所の釈明をまつまでもなく主張及び立証の義務を尽さなければならない」と規定し，当事者（および訴訟代理人）の事実関係調査義務を規定した。この規定は，1926（昭和31）年の民事訴訟規則を経て新民事訴訟規則85条に受け継がれている。

第4款　民事訴訟改革を確実にするための条件整備の必要性

民事訴訟法の改正は手続の改革に照準を合わせたものであり，裁判官や裁判所書記官の増員，物的施設の改善などの条件の整備とは切り離して行われたものである。物的設備の充実は過去の民事訴訟法の改正の際とは異なり，今日はるかに充実しているであろう。

裁判官や書記官の増員の実現可能性は，より問題が多い。1950（昭和25）年の一部改正後の民事裁判官会同において，裁判官や書記官の増員を求める声が多く聞かれたことが注意されるべきである。裁判官の負担過重は今日まったく変わっておらず，この状況は改善されなければならない。

平成民事訴訟法の制定の際も，参議院法務委員会が附帯決議の第7項において，「政府及び最高裁判所は，裁判事務の適正迅速な処理を図るため，事件動向等を踏まえた上で，裁判所の人的・物的施設の拡充・整備をすることについて特段の努力をすべきである。」と指摘し，政府ならびに最高裁判所の特段の努力を求め，政府側も担当大臣である法務大臣が「ただいま可決されました附帯決議につきましては，その趣旨を踏まえ，適切に対処してまいりたいと存じます」[24]と述べていることは甚だ注目される。

24　第136回国会衆議院法務委員会会議録第10号12頁。

第3節　事案解明手段の拡張

第1款　はじめに

(1)　訴訟において請求の当否を判断する上で重要な事実および証拠方法を当事者が原則として自力で収集し提出しなければならないか，それとも，相手方または第三者は事案の事実面の解明に協力すべき義務を一般的にまたは制限的に負うのかという問題は，訴訟における事案の解明，したがって裁判の適正にとって極めて重大な関係を有する。それゆえ，この問題は世界の民事訴訟法学の主要な関心の1つとなっているといってよい。そして，まさに，この問題についてアメリカ合衆国，ドイツおよび日本において異なる解決が与えられ，時に国際的司法摩擦の原因にもなっている。最も広い範囲で相手方および第三者に協力義務を負わせるのは，クーパー講演25から明らかになったように，アメリカ合衆国の法である。これに対し，訴訟上の解明義務という点でもっとも慎重で，アメリカ法と対極をなすのはドイツ法であるといってよい。とはいっても，ドイツ法は個別領域においては，実体法上の情報請求権を承認し，また，一定の要件のもとで，証明責任を負わない当事者にも事実陳述＝証拠提出義務（Substantiierungspflicht)26を課していることを看過すべきでない27。

(2)　日本では，当事者またはその訴訟代理人が訴訟の準備をするのに，相手方または第三者から必要な情報を取得する手段が不十分であることが指摘され，改善が求められていた。まず，訴訟において相手方または第三者から情報を取得する方法として，従来どのようなものが認められていたかを，当

25　エドワード・H・クーパー「プリトライアルとトライアルの構造：アメリカ合衆国の視点」民事訴訟法学会編『1997年民事訴訟法学会国際シンポジウム　民事訴訟法・倒産法の現代的潮流』（1998年・信山社）3頁以下。

26　松本博之「証明責任を負わない当事者の具体的事実陳述＝証拠提出義務について」曹時49巻7号（1997年）1,611頁以下（同『民事訴訟における事案の解明』〔2015年・日本加除出版〕25頁以下）参照。

27　ドイツ法，アメリカ合衆国法およびスイス法についての比較法的研究として，P. Gottwald, Die prozessuale Aufklärungspflicht im Rechtsvergleich, Linzer Beiträge zum Zivilprozess, Bd. V, 1995, S. 19 ff.

事者と第三者を区別して紹介し，続いて，どのような不備が存在したか，判例や新民事訴訟法によってどのように改善ないし整備が図られたかを概観することにする。

第2款　従前の法状態

日本の民事訴訟法では，相手方当事者または第三者が訴訟上重要な情報を提供すべきことが求められる場合として，旧法時において次のものがあった。

1　当事者の協力義務

まず，当事者は，訴訟代理人によって代理されている場合にも，口頭弁論または準備手続に自ら出頭するよう命じられることがある（大正15年改正民訴法131条1項1号＝新民訴法151条1項1号）。これは事実関係を最もよく知っている当事者に直接陳述を求め，訴訟関係を明瞭ならしめるためである。訴訟代理人の陳述が不明瞭または不完全である場合，当事者本人から事情を聴くことによって争点の明確化・単純化を図ることができるという利点がある。裁判所の出頭命令に反して当事者本人が出頭しない場合，不出頭に対する制裁はない。

当事者はさらに一定の証明主題について証拠方法として尋問を受けることがある（当事者尋問）。当事者尋問における当事者の供述は証拠資料であり，自由心証によってその証拠力が評価される。当事者尋問は申立てによりまたは職権で開始される。この場合，裁判所は尋問を受ける当事者に宣誓をさせることができるが，これを強制することはできない。当事者が正当な理由なく出頭せず，または宣誓もしくは陳述を拒むときは，裁判所は「尋問事項に関する相手方の主張を真実と認めることができる」にすぎない（大正15年改正民訴法338条＝新民訴法208条）。大正15年改正民訴法は当事者尋問を，他の証拠の取調べによって心証を得ることができない場合に初めて行うことができる補充的な証拠調べとしていた。しかし，これは迅速な事案解明に対する無用な制約と感じられた[28]。新民事訴訟法は，当事者尋問の補充性を排除したのみならず，証人と当事者本人の尋問の順序について，新たな規律を加え

28　中野貞一郎『民事手続の現在問題』（1989年・判例タイムズ社）188頁，190頁以下。

た。すなわち，証人の尋問を先にするのが原則であるが，両当事者の意見を聴いた上で，例外的に当事者尋問を先にすることができることとした（新民訴法207条2項）。

次に，文書や検証物の提出義務がある。アメリカ合衆国法によれば，クーパー講演[29]において詳しく述べられているように，当事者は相互に自己の有する書類について相手方に開示しなければならないとするディスクロージャーの制度がある。しかし，日本法ではドイツ法と同様，証拠申出／文書提出命令の申立ては，具体的事実に関係づけられる（新民訴法180条1項，221条1項4号）。また，文書提出義務は，大正15年改正民訴法によれば，法定の要件を具備する場合にのみ生ずる制限的な義務であったが，新民事訴訟法はこれを一般義務化したほか，提出が求められる文書の特定の困難を除去するため，文書の所持者にその所持する文書の「表示」と「趣旨」を明らかにすべきことを挙証者の申立てにより裁判所が命ずることを可能にした。

大正15年改正民訴法312条によれば，①相手方が引用した文書（312条1号），②当事者が引渡または閲覧請求権を有する文書（312条2号），③挙証者の利益のために作成された文書（利益文書）および挙証者と文書の所持者との間の法律関係につき作成された文書（法律関係文書）（312条3号）が，裁判所の文書提出命令の対象とされた。とくに問題が多いのは，③であった。この規定の射程距離をいかに解するかは，挙証者と文書の所持者の利益に大きな影響を及ぼすが，これを狭く解釈すると事実認定にとってとくに重要な証拠方法である文書が十分に訴訟に現われないからである。

こうした中，科学技術の発達とともに科学的知識を必要とする，複雑な事実認定を要する事件が増大し，しかも重要な証拠方法たる文書を相手方が所持するケイスが多くなった結果，実務において相手方や第三者の所持する文書を「利益文書」または「法律関係文書」としてその提出を求める文書提出命令の申立てが頻発するようになった。このような状態に対して，裁判実務はその要件をかなり緩やかに解釈する傾向を生じた。たとえば，直接挙証者のために作成された文書のみならず間接的に挙証者の利益を含む文書も「利益文書」にあたるとし[30]，その利益は当事者の立証上または証拠確保上の利益でもよいとされ[31]，法律関係に関係のある事項を記載した文書も[32]，法律

29　クーパー・前掲注（25）20頁。

関係の形成ないし生成過程において作成された文書も33,いずれも「法律関係文書」にあたると解された。他方,このような文書提出義務の拡張解釈に反対する裁判例も,部分的に存在した。たとえば,「利益文書」の「利益」は直接的利益に限られ,かつそれは文書作成時に存在することを要すると解する裁判例があり34,文書の所持者が相手方となっている場合に常に法律関係が存在することになるような「法律関係文書」の範囲の解釈は不適切とする裁判例もあり35,また「自己使用のための内部文書」を理由に提出義務を否定する裁判例も相当数存在した。また,法律関係文書は,挙証者と文書の所持者との間の法律関係に関して作成された文書であるので,挙証者でない当事者と文書の所持者との間に法律関係に関して作成された文書は提出義務の対象とならないため不都合が生じていた。

　文献では,実務におけるこのような文書提出義務の拡張解釈に鑑み,種々の見解が主張された。ここでは詳論することはできないが,次の点だけは指摘しておきたい。いわゆる内部文書または自己利用文書が本来提出義務から除外されるべきか,それとも逆に証言拒絶事由に相当する事由が存在しない限り一般的な文書提出義務が認められるべきかという点について,見解が対立していた。この点と関係して,挙証者と文書の所持者との間の文書の共通性が利益文書および法律関係文書のための要件か否かも争われていた。文書の共通性を要求する見解は,この点の判断に際し当該文書作成の目的,作成者の性格,法律上の作成義務の存否および文書の内容等を斟酌すべきだと説

30　福岡高決昭和52年7月13日高民集30巻3号175頁＝判時869号32頁＝判タ351号249頁など。

31　東京高決昭和56年12月24日下民集32巻9－12号1612頁＝判時1034号95頁＝判タ464号99頁。

32　仙台高決昭和31年11月29日下民集7巻11号3460頁；福岡高決昭和48年12月4日判時739号82頁＝判タ307号203頁；東京高決昭和50年8月7日下民集26巻5－8号686頁＝判時796号58頁＝判タ333号200頁；東京高決昭和54年9月19日下民集32巻9－12号1478頁＝判時947号47頁＝判タ406号125頁。

33　東京高決昭和51年6月30日判時829号53頁；高松高決昭和50年7月17日行集26巻7－8号893頁＝判時786号3頁＝判タ325号160頁；大阪高決昭和53年3月6日高民集31巻1号38頁＝判時883号9頁＝判タ359号194頁。

34　東京高決昭和59年9月17日高民集37巻3号164頁＝判時1131号87頁＝判タ538号244頁。

35　大阪高決昭和54年9月5日下民集32巻9－12号1471頁＝判時949号68頁。

いた[36]。いずれにせよ，この見解によれば，文書提出義務の存否の判断には裁判所のかなり広い判断余地が存在した。こうした状況において，新民事訴訟法の立法過程において文書提出義務の新たな規律が検討され，一般義務的な規定が成立したのであるが，その詳細は後に立ち戻ることにする。

　検証物の提示または送付について，すでに旧法上，基本的に文書提出命令に関する規定が準用されたが，文書提出義務の範囲を制限的に定めていた大正15年改正民訴312条は準用されていなかった（同法335条）。それゆえ，当事者（および後述のように第三者）は検証物の提示または送付につき一般的義務を負っていたが，新民事訴訟法においても同様である（同法232条1項）。当事者が検証物提示命令に従わないときは，文書提出命令不遵守のときと同様，その拒絶は裁判官の自由な心証によって評価される。挙証者が検証物の性状について具体的な主張をすること，および当該検証物によって証明すべき事実を他の証拠によって証明することが著しく困難なときは，裁判所は要証事実に関する挙証者の主張を真実と認めることができる（同法232条・224条3項）。ただ，日本法は，身体検査受忍義務，血統訴訟についての血液型鑑定受忍義務や検証のため土地や建物への立入りを受忍すべき義務については，明文規定を有しおらず，解釈に委ねられている[37]。

2　第三者の協力義務

　第三者が訴訟上情報を提供すべき場合として，証言義務（大正15年改正民訴271条＝新民訴法190条），文書提出義務（大正15年改正民訴312条・318条＝新民訴220条・225条）および検証物提示義務（大正15年改正民訴335条2項＝新民訴法232条2項）がある。

　第三者は，証人として尋問を受け，供述しなければならない。証人には出頭義務，宣誓義務および供述義務がある。証人が正当な理由なく出頭しないときは，訴訟費用の負担，過料の制裁を受けることがあるほか（大正15年改正民訴法275条＝新民訴法192条1項），罰金・拘留の刑を課されることがあり（昭和23年改正民訴法277条の2＝新民訴法193条1項），また勾引が命じられる

36　兼子一／松浦馨／新堂幸司／竹下守夫『条解民事訴訟法』（1986年・弘文堂）1056頁，1060頁。

37　この問題については，春日偉知郎「父子関係訴訟における証明問題と鑑定強制（検証協力義務）」曹時49巻2号（1997年）299頁以下参照。

こともある（大正15年改正民訴法278条1項＝新民訴法194条1項）。証言拒絶事由が存在するときは，証人は証言を拒むことができる。証言が証人または証人と一定の親族または姻族関係にある者の刑事訴追または有罪判決を招き，または名誉を害する虞がある場合（大正15年改正民訴法280条＝新民訴法196条）のほか，職務上の秘密，技術または職業上の秘密に関する場合（大正15年改正民訴法281条＝新民訴法197条）にも証言を拒絶することができる。

　文書提出義務については，大正15年改正民訴法のもとにおいて，第三者も当事者と同一の範囲で文書提出義務を負っていたが，新民事訴訟法のもとにおいても同様である。証言拒絶事由に当たる事由が存在する場合には，文書の提出を拒絶することができた。新法の下でも同様である。第三者が文書提出命令に従わない場合には，過料の制裁を受けうる（大正15年改正民訴法318条＝新民訴法225条1項）。

　検証物提示義務は第三者にも存在し（大正15年改正民訴法335条2項＝新民訴法232条2項），一般的義務と解されている。その他，第三者のうち「鑑定に必要な学識経験を有する者」には，鑑定義務が存在する（大正15年改正民訴法302条1項＝新民訴法212条1項）。鑑定人に指定された者は，鑑定事項について書面または口頭で意見を述べる義務を負う（大正15年改正民訴法308条＝新民訴法215条1項）。

第3款　近時の法発展

　日本の新民事訴訟法は，情報・証拠の収集のための手段を拡張するために，当事者照会制度と呼ばれる相手方当事者に対する質問の制度と，相手方当事者および第三者に対する文書提出命令の要件の緩和を図った。この改革は，関係者の利害に影響するところが大きいため，立法段階において反響を巻き起こしたことはいうまでもない。また，公務秘密文書については，公文書公開のための情報公開法の問題との関わりから国会において論議を呼び，法案の修正をもたらした。

　それはともかく，新民事訴訟法は文書提出義務の要件の主張立証が，従来は，申立人が文書の謄本をもっているなどの場合を除き，困難であったことに鑑みて，裁判所が一定の要件のもとに提出義務の存否を秘密手続によって確定することを可能にするなどの手続面の改革をも加えたことが注目される。

1 当事者照会制度

(1) 制度内容　当事者相互間で，当事者の一方が相手方に対して訴訟上重要な事項について書面による質問をし，書面で回答を得て，取得された情報を口頭弁論の準備に役立てようとする制度である（新民訴法163条)38。従来，日本の民事訴訟法には相手方当事者より訴訟資料を取得することを可能にする制度が不十分であったため，当事者は訴訟にとって重要な情報を取得するのに困難が生じていたという理由から，英米法の質問の制度(interrogatories)を参考にして構想されたものである。ただ，当事者の一方の照会に対して相手方が回答しない場合や，回答してもそれが十分でない場合に裁判所に対して救済を求めることができないという不備がある。

(2) 要件　①訴訟係属中に，②相手方に対し，③主張又は立証を準備するために必要な事項について，④相当の期間を定めて書面で回答するよう求めて，⑤書面により照会することが要件である。③の照会事項が中心的な問題である。当事者照会は，次に述べる除外事由に当たらない限り，主張・立証を準備するのに必要な事項に関するものであれば，広い範囲の事項について照会できることとされている。たとえば，その際，訴訟法上の他の手段によって情報を取得できる方法が存在することは，当事者照会を行うことの妨げとならない。たとえば，文書提出命令の申立てをしようとする当事者は，この申立ての要件である，文書の表示（新民訴法221条1項1号）または文書の趣旨（新民訴法221条1項2号）を明らかにすることが著しく困難な場合に，裁判所を通して文書所持者にこれらの事項を明らかにするよう求めるという手段（新民訴法222条1項）によらないで，文書提出命令の申立ての前に，当事者照会によりこれらの事項について照会することができるとされている。

当事者照会には，制度の濫用を防ぐため，一定の除外事由が定められている（新民訴法163条ただし書）。照会が，具体的または個別的でないものである場合，相手方を侮辱しまたは困惑させるものである場合，すでにした照会と重複する場合，意見を求めるものである場合，相手方が回答するため不相当な費用または時間を要する場合，証言拒絶事由がある事項と同様の事項についてなされている場合，当事者は質問書を出すことはできず，また相手方

38　清水正憲「当事者照会制度」ジュリスト1098号（1996年）48頁以下；増田勝久／田原睦夫「証拠収集方法の拡張」判タ851号（1994年）15頁以下参照。

も回答する義務を負わない。

　問題は，当事者照会の実効性にある。相手方が照会に対し回答する義務を負うにもかかわらず回答しない場合，または回答が不十分な場合に，この義務違反に対し制裁を課する旨定める規定がない。せいぜい，訴訟費用の裁判の際に考慮されうるほか，このような相手方の態度は弁論の全趣旨として事実認定の際に斟酌されうるにとどまる。この点は，たとえばアメリカ合衆国の連邦民事訴訟規則33条による質問の制度において，裁判所のディスカヴァリ命令を無視すると裁判所侮辱として罰せられ，加えて自白と見なされ，当事者が自己の攻撃防御方法を排除されることがあり，また質問を受けた相手方はこの制度の濫用に対して裁判所の保護を求めることができるのと比較して，雲泥の違いがある。

2　文書提出命令制度の改革

(1)　**文書提出義務の一般化**　前述のような解釈による文書提出義務の拡張の不安定さに鑑み，立法者は文書提出義務の範囲を立法によって拡張する必要性を認めた。法制審議会民事訴訟法部会の民事訴訟法の改正準備作業において，①証言拒絶事由と同様の事由がある場合を除き，文書提出義務を証人義務と同様に一般義務化する案，②一般義務化は否定しつつ，大正15年改正民訴法312条1号から3号までの文書に加え，「挙証者と所持者との間の法律関係と密接な関係を有する事項について作成された文書」についても文書所持者に提出義務を課する案が提示され，各界の意見が聴取されたが，意見の対立に鑑み[39]，さらにその後，第③案として，証言拒絶権に相当する事由のある場合や自己利用のために作成された文書を除き，すべての文書の提出義務を第三者を含む文書所持者に課する案が浮上し，紆余曲折ののち，③案が法案に採用され，法律になった。

　新民事訴訟法220条は，従来の文書提出義務を定める大正15年改正民訴法312条1〜3号に加え，

　　「前三号に掲げた場合のほか，文書（公務員又は公務員であった者がその職務に関して保管し，又は所持する文書を除く。）が次に掲げるもののいずれ

---

[39]　柳田幸三ほか「『民事訴訟手続に関する検討事項』に対する各界意見の概要（6）」NBL 517号（1993年）48頁以下参照。

にも該当しないとき。
　　イ　文書の所持者又は文書の所持者と第百九十六条各号に掲げる関係を有する者についての同条に規定する事項が記載されている文書
　　ロ　第百九十七条第一項第二号に規定する事実又は同項第三号に規定する事項で，黙秘の義務が免除されていないものが記載されている文書
　　ハ　専ら文書の所持者の利用に供するための文書」
と規定した（後に，平成13年に改正）。

　この規定は一般的な文書提出義務を認める規定としては，法文の構成がかなり不自然であるけれども，第4号を見る限り一般的文書提出義務を定めたものと解される。提出拒絶事由の不存在についての証明責任は，文書提出命令の申立人にあると解されている。もっとも，提出拒絶事由の存否の判断のために秘密審理手続を定めたことが注目される。すなわち，裁判所は提出拒絶事由の有無を判断するために必要と認めるときは，文書の所持人に当該文書を提示させ，提示された文書を誰にも開示しないで判断することができる（223条3項）。

　大正15年改正民訴法の下で挙証者と文書の所持者との間に直接法律関係が存在しない場合，たとえば損害賠償請求訴訟の被告（交通事故の加害者，公害企業等）と，原告を治療した医師または病院との間には法律関係は存在しないが，診療録が大正15年改正民訴法312条3号の利益文書に当たるか否かをめぐって裁判例の対立が見られたのであるが[40]，このような文書が新民事訴訟法では文書提出義務の範囲に入ることは疑いがない。しかも，原告患者はその主張する薬害や身体障害に関し診療内容について秘密を放棄したと見なされるから，診療に当たった医師または病院は新民訴法220条4号ロを援用して診療録の提出を拒絶することはできない（新民訴法220条4号は2001年7月改正されたが，この条文の引用は改正前のものである。以下においても同じ）。

　4号の定める提出拒絶事由は，証言拒絶事由に該当するもの（イおよびロ）と，いわゆる自己利用文書（ハ）である。日記帳や家計簿のような自己利用文書であることが明らかなものは問題がないが，自己利用文書の概念が大正15年改正民訴法のもとで312条3号に基づく提出義務を制約する要素として

---

[40] 福岡高決昭和52年7月13日高民集30巻3号175頁＝判時869号32頁；大阪地決昭和54年8月10日下民集32巻9－12号1453頁＝判タ395号77頁（肯定）；東京高決昭和59年9月17日高民集37巻3号164頁＝判時1131号87頁＝判タ538号244頁（否定）。

機能したことから，自己利用文書または内部文書の範囲について，解釈上問題が生ずる。大正15年改正民訴法下では，自己利用文書または内部文書は一定の法律関係ないしその基礎となる事項を明らかにする目的で作成されたものでないという理由で，法律関係につき作成された文書とはいえないとされ，この見地から会社内部の稟議書，議事録，報告書，製品に関するクレイム報告書，社内用の製品事故報告書のようなものは法律関係文書に当たらないとされた[41]。問題は，このような大正15年改正民訴法についての解釈は220条4号ハについて完全に払拭されたか否かである。この点について，「およそ外部のものに開示することを予定していないような文書についてまで提出義務を負わせ，所持者の意思に反して提出を強制することができるものとすると，たとえそれが証言を拒むことができる事項が記載されている文書（第4号イまたはロの文書）ではなくても，文書の所持者は著しい不利益を受けるおそれがある」から，この不利益を阻止するのが自己利用文書という拒絶事由の役割だとする見解のもとに，自己利用文書か否かの判断は「文書の記載内容や，それが作成され，現在の所持者が所持するに至った経緯・理由等を総合考慮して，それがもっぱら内部の者の利用に供する目的で作成され，外部の関係のない者に見せることが予定されていない文書かどうかによって決まる」という見解が主張され[42]，このような自己利用文書の理解と大正15年改正民訴法下の自己利用文書の概念の連続性が指摘されている[43]。

　以上のような事情を反映して，自己利用文書の範囲について見解の対立が生じている。1つの見解は，「専ら文書の所持者の利用に供するための文書」は文書提出義務の一般義務たる性格からして限定的に解されなければならず，稟議書や企業の会議の議事録のような文書は自己利用文書には当たらないとする見解[44]である。他は，法律上作成が義務づけられている文書は自己利用文書から除外されるが，「社内においては公式文書であるが，もっぱら社内

---

[41] 菊井維大＝村松俊夫『全訂民事訴訟法Ⅱ』（1989年・日本評論社）620頁参照。

[42] 法務省民事局参事官室編『一問一答　新民事訴訟法』（1996年・商事法務研究会）251頁以下。

[43] 松井秀樹「新民事訴訟法における文書提出命令と企業秘密（3）」NBL606号（1996年）30頁，31頁。

[44] 田原睦夫「文書提出義務の範囲と不提出の効果」ジュリ1098号（1996年）61頁，64頁。

の事務処理上の便宜のために作成されるもので，第三者とはおよそ関係のない文書」および「第三者に積極的に開示することを予定して作成されていないが，内容や作成経緯において，第三者との具体的紛争・事故等に関連のある文書」は自己利用文書になり，ただ後者については，「第三者による使用を『全く』目的としていないといい切れるか否か，外部に開示することを『全く』予定していないといい切れるか否かを，厳格に判断し，自己利用文書には該当しないと解して提出を認めることが適切な文書もあろう。」という見解[45]である。この問題は，自己利用文書を除外するという4号ハが，一般義務化案と挙証者と文書所持者との間の法律関係に密接に関係する事項に関する文書に限定しようとする案との折衷案として定められたという経緯に由来するものである。今後も見解が対立することが予想される[46]。

(2) **公務員が職務上知りえた事項に関する文書の提出義務**　この問題は，立法過程において激しい論議を呼んだ。国会に提出された民事訴訟法案は，公務員の職務上の秘密に関する文書については，監督官庁の承認がなければ提出義務の対象にならないことを規定し（民事訴訟法案220条4号ロ），この文書について文書提出命令の申立てがあったとき，裁判所は必要と認めれば監督官庁に承認をするか否かを照会しなければならないと定め（民事訴訟法案222条1項），また監督官庁は「公共の利益を害し，又は公務の遂行に著しい支障を生ずるおそれがある場合を除き」，承認を拒むことができないと定めた（民事訴訟法案222条2項・191条2項）。ここでは，実際上，監督官庁の承認拒絶事由が広いことと，提出義務の存否についての裁判所の判断とその手続が予定されていないという2点において，問題を残していた。

　公務員の職務上の秘密に関する文書の取扱いについては，当時立法課題となっていた情報公開制度の扱いとも絡んで，日本弁護士連合会が反対意見を表明し，また，国会審議においても強い批判が生じた。すなわち，民事訴訟法案220条4号ロは公務秘密文書について，行政庁による情報隠しを許すものだとの疑念が生じたのである。日弁連は，「民事訴訟法改正に関する緊急

45　松井・前掲注（43）30頁，32頁。
46　この折衷的性質から，220条4号の除外事由と220条1〜3号との関係，すなわち220条1〜3号にも除外事由の適用があるか，適用がないとすれば，とくに3号の利益文書および法律関係文書の概念の拡大解釈は適切ではないのでないかという問題が生じる。佐藤彰一「証拠収集」法律時報68巻11号（1996年）15頁，18頁以下参照。

意見書」(平成8年3月27日)を発表し，行政文書で提出拒絶ができるものを「当該文書の提出により公共の重大な利益が害されることになるもの」に限定し，監督官庁に対する承認に関する照会規定(法案222条)を削除し，裁判所が拒絶事由たる「公共の重大な利益」の侵害の有無を判断すべきことを求めた[47]。国会審議において，政府委員や法制審議会の委員であった参考人からは，①公務文書につき大正15年改正民訴法312条3号の利益文書または法律関係文書として同条同号の要件のもとで提出を命ずる従来の実務に変更を加えることを意図するものでなく，新民事訴訟法220条4号は1～3号によっては提出義務の及ばない文書についても4号の定める提出拒絶事由の存在しない限り(しかも提出拒絶事由の証明責任は申立人にある)，その提出を義務づける「一般義務」を定めたものであること[48]，②民事訴訟において公務員が職務に関して知った秘密について当該公務員を証人として尋問するには，監督官庁の許可を受けなければならず(民事訴訟法案191条1項)，また，刑事訴訟における証人尋問および文書の押収，議員証言法による国会による証人尋問や文書等の提出要求の場合にも監督官庁の承認を要件としていること，を指摘して，文書提出命令に関する民事訴訟法案220条4号ロも，これと平仄を合わせたにすぎないこと[49]，③行政改革委員会において行政文書の公開の問題が検討されている時期において民事訴訟法の世界だけ先行することは，適当でないと考えられた旨説明された[50]。しかし，審議の結果，法案220条4号ロは削除され，この文書は220条4号の規定対象でないこととし，情報公開制度に関する議論と並行して総合的検討を加えることとされ，新民事訴訟法公布後2年を目途に必要な措置を講ずることとされた(附則27条)。総合的な検討には，「公務員の職務上の秘密に関する文書に関し，秘密の要件の在り方，提出義務の存否についての判断権の在り方及びインカメラ手続を含む審理方式について司法権を尊重する立場から再検討を加えること」(衆

47　なお，小林秀之ほか「＜座談会＞民訴改正要綱・民訴法案をめぐって」判タ903号(1996年)4頁，44頁における倉田卓次発言，小林秀之発言をも参照。

48　第136回国会衆議院法務委員会議録第9号2頁における中野貞一郎参考人の意見陳述，10号(その2)3頁における松浦馨参考人の意見陳述。

49　前掲注(48)衆議院法務委員会議録第9号2頁4段目以下，および7頁2段目における中野貞一郎参考人の意見陳述。

50　前掲注(48)議院法務委員会議録第9号2頁4段目における中野貞一郎参考人の意見陳述。

議院法務委員会附帯決議第2項1）が含まれている。以上のように，公務員の職務上の秘密に関する文書については新民事訴訟法によっては特段の規律がなされなかったのであるが，国会での政府側の答弁のように，新民事訴訟法220条3号の文書として，同号の定める要件のもとで提出命令の対象となり，大正15年改正民訴法312条3号についての裁判例[51]もそのまま妥当することになった[52]。

　(3)　**提出を求める文書の特定に必要な情報の開示制度**　文書提出命令の申立てによって書証の申出を行う場合，文書の表示，文書の趣旨，文書の所持者，証すべき事実および文書提出義務の原因を明らかにしなければならない（大正改正民訴法313条）。ところが，申立人が，文書の内容を正確には知らないため，文書の表示及び趣旨を明らかにすることが容易でない事態も生じうる。そこで，文書提出義務の範囲の拡張と並んで，提出を求める文書の特定に必要な情報の開示を相手方に義務づける制度の導入が検討され，実現した。新民事訴訟法222条1項は「文書提出命令の申立てをする場合において，前条第1項第1号（文書の表示）又は第2号（文書の趣旨）に掲げる事項を明らかにすることが著しく困難であるときは，その申立ての時には，これらの事項に代えて，文書の所持者がその申立に係る文書を識別することができる事項を明らかにすれば足りる。この場合においては，裁判所に対し，文書の所持者に当該文書についての同項第1号又は第2号に掲げる事項を明らかにすることを求めるよう申し出なければならない」と規定し，新民事訴訟法222条2項は「前項の規定による申出があったときは，裁判所は，文書提出命令の申立てに理由がないことが明らかな場合を除き，文書の所持人に対し，同項後段の事項を明らかにすることを求めることができる。」と規定する。

　(4)　**文書提出命令違反の効果**　当事者または第三者が文書提出命令に従わない場合の効果についても，新法は明確化を図った。従来は，このような場合，裁判所は「文書ニ関スル相手方ノ主張」を真実と認めることができると規定していたため（大正15年改正民訴法316条），その事実の証明のために文書提出命令が申し立てられた事実それ自体は真実と見なされないのではない

51　重要なものを2，3挙げると，東京高決昭和44年10月15日下民集20巻9－10号749頁＝判時573号20頁；高松高決昭和50年7月17日行集26巻7－8号893頁＝判時786号3頁（伊方原発訴訟）がある。

52　田原・前掲注（44）62頁。

かという疑問が提出されていた。新民事訴訟法は，不提出の原則的効果として，裁判所が文書の内容に関する挙証者の主張を真実と見なすことができるとする（224条1項）。それとともに，申立人が「当該文書の記載に関して具体的な主張をすること及び当該文書により証明すべき事実を他の証拠により証明することが著しく困難であるときは，裁判所は，その事実に関する相手方の主張を真実と認めることができる」と規定した（224条3項）。

3 その他の制度

その他，新民事訴訟法及び他の法律によって導入された若干の制度がある。たとえば，従前は，裁判所は当事者と業務上密接な関係にある者でも釈明処分として裁判所に出頭を求めることはできなかったが，新民事訴訟法により，裁判所は，相当と認める場合，釈明処分として，「当事者のため事務を処理し，又は補助する者で裁判所が相当と認めるもの」の出頭を命じ，陳述させることができるようになった（151条1項2号）。また，宣誓供述私書証書の認証制度が新設された。これは，一定の陳述内容を記載した私書証書を公証人の前に提出する者が，証書の記載内容は真実であると宣誓したうえその場で署名もしくは捺印し，または，証書の署名または捺印は自分がしたものであることを陳述した場合に，公証人がそのことを認証した私書証書である（公証人法58条ノ2第1項）。争点整理の段階で書証として提出される場合には，結果的に争点整理に役立つほか，証拠保全の機能をも営む。証書の記載が虚偽であることを知りながら宣誓した者は，10万円以下の科料に処せられる（公証人法60条ノ5）。

4 証明責任を負わない当事者の具体的事実陳述＝証拠提出義務

(1) 判例の発展　判例は，今のところごく限られた一定の領域においてではあるが，最近，極めて重大な主張と証明の困難に直面する訴訟当事者のために主張・証明の軽減法理を発展させてきた。まず，判例は，納税者が課税処分取消を求める税務訴訟（行政訴訟）において，税務署長（平成16年の行政事件訴訟法の改正後は国）が証明責任を負う納税者の必要経費について，〈納税者は必要経費の存否および額について主張し証拠を提出する「必要」があり，これを怠ると当該必要経費の不存在が事実上推認される〉との判例を確立した[53]。その基礎には，必要経費の具体的内容は納税者が知悉しているが，

被告たる課税庁は原告の指摘なしには把握が不可能なことが多いという認識がある。

　また，環境訴訟の領域において，判例は類似の判断を示した。それは原子炉設置許可処分の取消訴訟（行政訴訟）における最高裁判所の判決である。この判決は，原子炉施設の設置許可取消しを求める行政訴訟において，訴訟上の審査は当該行政処分の前提となった原子炉安全審査会の審査判断に不合理な点がなかったか否かに限られるべきであるとしたうえで，主張＝証明責任および，証明責任を負わない当事者の協力に関し，次のような注目すべき判断を示した。「原子炉設置許可処分についての右取消訴訟においては，右処分が前記のような性質を有することにかんがみると，被告行政庁がした右判断に不合理な点があることの主張，立証責任は，本来，原告が負うべきものと解されるが，当該原子炉施設の安全性審査に関する資料をすべて被告行政庁の側が保持していることなどの点を考慮すると，被告行政庁の側において，まず，その依拠した前記の具体的審査基準並びに調査審議及び判断の過程等，被告行政庁の判断に不合理な点のないことを相当の根拠，資料に基づき主張，立証する必要があり，被告行政庁が右主張，立証を尽くさない場合には，被告行政庁がした判断に不合理な点があることが事実上推認されるものというべきである」[54]と（傍点引用者）。

　この判例の示した判断は，その後の環境訴訟における下級裁判所の判決（行政訴訟とは限らない）の基礎とされている[55]。

　(2)　判例の意味　　判例は一定の領域において一定の要件の下で証明責任を負わない当事者に事案の解明への協力を求めていることが，以上において確認された。それでは，判例の言う，証明責任を負う当事者のための主張と証明の軽減は，理論上どのように意味づけられるべきであろうか。この点について，文献の関心は不思議にも，さほど高くないが，見解は分かれうるであろう。考えられるのは，①事実上の推定の適用と見る見解，②証明妨害の

53　広島高（岡山支）判昭和42年4月26日行集18巻4号614頁；東京地判平成3年2月27日税務訴訟資料182号432頁など。松本・前掲注（26）1616頁以下（同『民事訴訟における事案の解明』〔2015年・日本加除出版〕31頁以下）参照。

54　最判平成4年10月29日民集46巻7号1174頁＝判時1441号37頁。

55　仙台地判平成6年1月31日判時1482号3頁；岐阜地判平成6年7月20日判時1508号29頁；金沢地判平成6年8月25日判時1515号3頁。

法理の適用と見る見解，③証明責任を負わない当事者の一般的事案解明義務 (die allgemeine Aufklärungspflicht) を認めたものとする見解，④信義則の個別的適用に基づく訴訟上の協力義務と解する見解である。

　(a)　**事実上の推定**　日本の判例にいう事実上の推定は，ドイツ法における表見証明がそうであるように56，種々の意味を有している。すなわち，(ア)実質的な証明責任の転換を意味する場合，(イ)経験則の適用による事実の推認を意味する場合，および(ウ)証明度の軽減を意味する場合がある。

　(ア)は，主として民事保全における保全命令の取消しの場合に不当執行によって生じた損害賠償請求における執行債権者の過失につき問題となる。仮執行宣言付き判決の執行の場合の無過失損害賠償請求権（260条2項）を保全命令の取消しの場合には認めない判例は，本案訴訟において被保全権利の不存在が確定すると，他に特段の事情がないかぎり，債権者の過失を「推認」し，債権者側の「相当な理由」が証明された場合に債権者の過失を否定し，両者の利益調整を図った56a。無過失責任を基本とすべきだという見解は，この債権者の過失の「推定」は事実上の無過失責任に近づくものと見た。この立場によれば，この事実上の推定は隠れた証明責任の転換を意味する。ところが前掲の判例は，いずれも請求者の方に客観的証明責任があることを明言しており，その上で証明責任を負わない当事者が資料を排他的に有していることから公平の見地に基づき，相手方に事実資料と証拠の提出を求めるものであるから，不当執行の場合に過失の証明責任について行われうる，隠れた証明責任の転換の場合とは大いに異なる。そして事案の具体的事情に従い，相手方に事実資料と証拠の提出を求めるのであるから，客観的証明責任の転換を認めることは不当である。判例が証明責任の転換を指向しているのでないことは，主張＝証明責任を負わない当事者が要求される陳述と証拠の提出を尽くと，「事実上の推定」が破れ，証明責任を負う当事者が原則に立ち返って証明を行うべきことにも端的に現われている。もっとも，以上は判決文の

56　Vgl. *Hanns Prütting*, Beweisprobleme im Arzthaftungsprozess, 150 Jahre Landgericht Saarbrücken, Festschrift, 1985, S. 257 ff.
56a　最判昭和43年12月24日民集22巻13号3428頁＝判時547号40頁。もっともその後の最高裁判所の判例は本案敗訴などの事実は経験則の適用上過失を推認させる徴表にすぎないとみる見解に立っているようである。最判57年7月1日金商681号34頁；最〔2小〕判平成2年1月22日判時1340号100頁＝判タ721号130頁参照。

分析からいえることであって，本来あるべき姿としては，原子炉の安全性の調査審議および判断について看過することのできない過誤，欠陥がないことについて行政庁の側が証明責任を負うべきだという解釈がありうる。

　一応の証明（prima-facie-Beweis）は事実上の推定の一種である。これは，具体的な事象の経過を明らかにすることを要せず，一定の事実から一定の結果を推認させる定型的事象経過の存在（高度の蓋然性を内容とする経験則の適用）により事実の認定を可能にするものであるが，上述の判例の事案において一応の証明の適用を見出すことはできない。なぜなら，事実が証明責任を負わない当事者の危険＝支配領域にあるにもかかわらず，この者が事実の詳細を陳述せず，必要に応じて証拠を提出しない場合には，その事実が存在するとの高度の蓋然性を基礎づける経験則は存在しないからである。事実，訴訟の具体的進行状況に応じた経験則に基づく裁判官の心証形成と無関係に主張・立証の「必要性」について言及されており，経験則に基づく推定と解することはできない[57]。

　(b)　証明妨害　　証明責任を負わない当事者が判例の要求する主張＝証拠提出に応じない場合の効果として，事実上の推定による事実認定を認める判例の立場からは，証明責任を負わない当事者の態度は証明妨害と評価されていると解することもできないわけではない。日本では証明妨害説を主張する論者は見当らない。ドイツでは，この見解が見られる。すなわち，主張責任を負う当事者が請求にとって重要な事象経過の外にいるが，相手方はすべての重要な事実を知っているという事案類型（たとえば不正競争禁止法3条の事案）について，連邦通常裁判所は信義則により請求の相手方にドイツ民事訴訟法138条1項の完全陳述義務を超える陳述義務を課していると解することを前提に，証明相手方が情報を独占している場合ないしは証拠方法を排他的に支配している場合には，一般原則により証明責任を負う当事者に課される証拠提出責任またはこれに対応する陳述責任が証明相手方に移り，証明相手方が証拠提出または事案解明をしないとドイツ民事訴訟法138条3項により不利な判決を受けるという証明妨害の考え方に合致すると説く[58]。

　57　同旨，竹下守夫「伊方原発訴訟最高裁判決と事案解明義務」木川統一郎博士古稀記念『民事訴訟の充実と促進』（1994年・判例タイムズ社）1頁，19頁。

　58　*Kur*, Beweiswlast und Beweiswürdigung im Wettbewerbsprozess, München 1981, S. 190.

以上の証明妨害説の説明からも明らかなように，証明妨害が成立するためには，証明責任を負わない当事者が証明に協力すべき義務を負っていることが先行する。しかし，日本では，この証明に協力すべき義務の存在がまだ明確になっていない。したがって，問題は，なぜに証明責任を負わない当事者は一定の要件のもとで主張＝証拠提出義務を負うかということであるから，右のような判例を単に証明妨害事例と説明するだけでは全く不十分である。

　(c)　訴訟上の一般的事案解明義務　　これは，ドイツにおいて Stuürner（シュテュルナー）によって，憲法や民事訴訟法の実定規定（ドイツ民事訴訟法423条，445条，448条）および若干の連邦通常裁判所の判例を基礎にして類推の方法で理論構成された訴訟上の一般的義務であり，証明責任を負う当事者が自己の主張につき一応もっともだと思わせる手掛かりを示せば，容易に事実を主張し証拠を提出しうる証明責任を負わない当事者が事案の解明に協力すべき義務を負い，この義務に違反すれば，当該事実が真実と擬制されるという重大な不利益を負うとする理論である[59]。この理論は，ドイツにおいて，提唱されているような広範な訴訟上の一般義務としては，これを認めることはできないという批判が多い。連邦通常裁判所は，一般的な訴訟上の解明義務を否定する判断を示した。連邦通常裁判所は，「実体法は一般的情報義務を知らないし，これを導入することは訴訟法の課題ではない。むしろ，いずれの当事者も相手方の勝訴のために，相手方が自分でもっていない資料を与える義務を負うものではないという原則のままである。」と判示した[60]。

　日本では一般的事案解明義務は春日偉知郎[61]のほか，前述の伊方原発最高裁判決を詳細に検討した竹下守夫によって主張されている。竹下は，伊方原発訴訟の最高裁判決を，最高裁判所が一般的事案解明義務を認めた例と捉えている[62]。しかし，ドイツにおける一般的解明義務論に対する批判と同様に，日本の一般的解明義務を承認する学説に対しても疑問が多い。まず第1に，事案解明義務は直接には証明責任・主張責任を変更するものではないが，間接的にはこれに重大な影響を与えうる[63]。というのは，証明責任を負わない

---

[59]　*Stürner*, Die Aufklärungspflicht der nicht beweisbelasteten Partei desZivilprozesses, 1976.

[60]　BGH NJW 1990, 3151 = ZZP 104（1991），103 mit Anm. v. *Stürner*.

[61]　春日偉知郎『民事証拠法研究』（1991年・有斐閣）233頁以下。

[62]　竹下・前掲注（57）1頁以下。

当事者が自己に課せられた事案解明義務を履行しない場合，この理論によれば，証明責任を負う当事者によって主張された事実は真実と擬制され，もはや証明責任判決の余地はなくなるからである。第2に，一般的解明義務が当事者権に悪影響を及ぼさないか否かが問題となる。事案解明義務の成立のためには，証明責任を負う当事者の主張をもっともならしめる手掛かりが存在する必要がある。Arens（アーレンス）は，証明責任を負う当事者の具体的事実陳述を伴わない主張のもっともらしさ（Plausibilität）を調査することを可能にする必要な蓋然性がいつ存在するかという点について，明確に限界づけられた事案グループとルールを定立することは不可能なことを例を挙げて指摘した[64]。事案解明義務違反の効果の点では，Stürner は証明責任を負う当事者に有利な解明結果を措定する擬制を認める。この擬制は解明義務違反とその非難可能性を要件とするという。これらの要件の確定は時に非常に困難でありうる。Arens は，解明義務を負う当事者が自己固有の領域を保護しようと欲し，それゆえ真実を述べず，いずれにせよ完全には真実を述べない場合があり，このような場合には，何がこの当事者に要求できるかという問題に答えることは非常に困難であること，その場合個別事案に照準を合わせざるをえず，すべてを裁判官の裁量に委ねざるをえなくなる[65]，と指摘した。一般的事案解明義務論に対するこの批判は正当である。このように見れば，一般的事案解明義務はむしろ当事者間の武器平等の原則に反しうる。

(d) **具体的事実陳述義務・証拠提出義務（Substantiierungspflicht）説** この問題においては，信義誠実の原則の適用を考慮すべきであろう。上述の判例においては，証明責任を負う当事者が主張の真実性の判断にとって決定的に重要な事情の外におり，自ら事案を解明することができないが，これに対し相手方は具体的な事情を知っていたり，または相手方だけが必要な資料を有していることが強調されている。さらに，具体的な事実主張と証拠提出の必要性を基礎づけるために当事者平等の観点が指示されている。したがって，

---

63 Arens, Zur Aufklärungspflicht der nicht beweisbelasteten Partei im Zivilprozess, ZZP 96 (1983), 1 ff.; Rosenberg/Schwab/*Gottwald*, Zivilprozessrecht, 15. Aufl., 1993, § 117 Ⅵ 3; *Hansen*, Bewei und Beweiswürdigung im Versicherungsrecht, Frankfurt a. M./Bern/New York/Paris 1990, S. 7 f.

64 *Arens*, a a O (Fn. 63), 14.

65 *Arens*, a. a. O. (Fn. 63), 17.

日本の判例のいう，証明責任を負わない当事者が事実を陳述し，証拠を提出する「必要」は，信義誠実の原則の個別適用に基づく証明責任を負わない当事者の主張＝証拠提出義務を意味すると解するのがもっとも合理的であろう。すなわち，①証明責任を負う当事者が事象経過の外におり，②事案を自ら解明する可能性を有していないが，③それに対して相手方は難なく必要な解明を与えることができ，かつ，④具体的事件の事情から見て，解明を相手方に期待しうる，という４つの要件が具備する場合，相手方が事案の解明に協力しないことは信義則に反すると解するのである。これに対し，前掲伊方原発訴訟最高裁判決を詳細に検討した竹下守夫は，証明責任を負わない当事者に具体的事実陳述や証拠提出を要求する理由として，事件の専門技術的性格ゆえに証明責任を負う当事者に事案の解明を期待しえないという要因を強調する[66]。なるほど，日本の裁判例には被告の科学的専門技術的知見に基づく判断の合理性が争われたケースが多いが，税務訴訟で必要経費の存否・額が争いになった裁判例が示すように，つねに科学的専門技術的事項だけが問題になるのではない。筆者は，証明責任を負わない当事者に具体的事実陳述＝証拠提出義務を課する根拠が信義則であることに鑑み，その要件として事件の専門技術的性質ゆえの事案の解明困難を挙げる必要はないと考える。ただ，証明責任を負っている当事者にとって，具体的事実陳述が相手方より著しく困難だという事情だけでは，相手方に具体的事実陳述義務を負わせるには，不十分である。本来，原則として相手方は証明責任を負う当事者に必要な訴訟資料を提供すべき義務を負っていないのであるから，具体的事実陳述義務の成立のためには，その要件の１つである期待可能性の観点から両者の特別の接点を必要とすると解すべきである。そのような接点として，証明責任上有利な地位にある当事者の一定態様の先行行為（たとえば，証明責任を負わない当事者による，危害発生の危険のある原子力施設の設置認可，原子力発電所の稼働など），証明責任を負わない当事者の個人的事情（たとえば，納税者の所得のための必要経費）や相手方との特別の関係である[67]。もっとも，この点は今後さらに深められなければならない論点である。

(3) 期待可能性と企業秘密　　以上に述べた証明責任を負わない当事者の

66　竹下・前掲注（57）19頁。
67　Vgl. BGH NJW 1997, 128 (129).

主張＝証明義務は信義則に基づくものであるので，主張や証明が求められる事項が企業秘密として保護されるべきものである場合には，主張や証拠の提出は期待できないのではないかという問題が生ずる。前掲の最高裁判例は，この問題には言及していない。原子力関係訴訟においては，従来から裁判所は原子炉設置許可申請書またはその写しの提出が求められた事件において，第三者に対して契約上の秘密保持義務を負う旨の主張や当該申立書類には重要な企業秘密が含まれている旨の相手方の主張を排斥して，大正改正民事訴訟法312条3号後段に基づき当該文書の提出を命ずるものが多かった。たとえば，昭和47年1月27日の浦和地裁決定（判時655号11頁，14頁）は「被告は，一企業として，本件の如き臨界実験装置を設置するに際しては，原告ら住民の安全を確保すべきはもとより，住民によりその安全性に疑問が持たれるに至った場合には，積極的にその安全性につき解明し，住民の不安解消のために努力すべき社会的責務を負っているのであって，この責務以上に究極的には企業の個人的利益を前提とした技術提携会社との秘密遵守義務を優先させることは許されないものというべきである。」と判示したし，伊方原発訴訟最高裁判決の原審たる高松高裁の昭和50年7月17日決定（行集26巻7～8号893頁，901頁＝判時786号3頁，6頁）は，「企業がその業務を遂行する上で行政庁の許可を得る必要が生じ，自己の有利に右許可を得るべく，その参考に資するため行政庁に一定の資料を提出しておきながら，その後第三者が右許可処分によって自己の利害が侵害されるとし，その違法を主張して右許可処分の取消を求める抗告訴訟において，企業秘密を理由に，企業や企業との契約により黙秘義務を負担した行政庁が，右資料の公表を拒否することは，公平の原則上ないしは信義則上許されないと解するのが相当である」と判示した。同様の判断は，最近の文書提出命令に対する抗告審の決定においても散見される。証言拒絶事由に相当する事由があれば文書の提出を拒絶できるというのが，支配的見解である。もちろん，文書提出拒絶事由としての技術または職業上の秘密は，そのすべてについて拒絶権が認められるものでなく，当該秘密の公表によって秘密の主体が受ける不利益が深刻重大で，裁判の公正を犠牲にしてもその結果を回避する必要が存するのでなければならないと解されている。いかなる場合がそれに当たるかは，個々のケースの具体的事情について判断すべきだとされている。

　証言拒絶の際の企業秘密の考慮を，直ちに当事者の主張＝証明義務に持ち

込むことができるかは，問題である。原子力発電所関係の事件では，被告は本来，関係住民の安全性を確保すべき義務を負っていること，原子炉設置許可処分のための資料として提出されたものは，厳密な意味では秘密性を失ったものであること，訴訟審理の中心が原子炉施設の安全性であることからすれば，行政庁に提出された資料は必要不可欠のものと認められることから，これらの文書の提出は相手方にとって期待不能（unzumutbar）とはいえないため，秘密の保護は後退せざるを得なかったと思われる。

　もっとも，一般には，主張＝証明義務の存否およびその範囲の決定における相手方の企業秘密の斟酌は，微妙な考慮を必要とする困難な問題である。問題の解決のためには裁判例の積み重ねが必要であるが，ドイツの判例や学説に示された見解は役立つであろう。主張＝証明義務を負う当事者が自己の違法行為または疑わしい行為によって自ら訴訟を招いたときは，相手方（証明責任を負う当事者）が将来，前者の企業秘密を不法に利用する危険は，解明の期待不可能性を根拠づけることができない，と考えられる。*Stürner* が強調するように，「法を破る者は彼の行態の結果の解明のために必要な一切のことをしなければならず，相手方の可能な不法を指示することによって自己の不法の原状回復を免れることはできないからである」[68a]。

　事案解明の必要性と相手方の秘密保護の必要性が真正面から衝突する場合には，証明責任を負う当事者が同意するかぎり，守秘義務を負う第三者に必要な資料を提出させ，この者が取り調べた結果を裁判所に報告することが認められてよいであろう。このような手続に当事者が同意しない場合には，秘密保持の利益の方を優先されることになる。この場合，当事者公開を排除して裁判所による秘密手続を導入しようとする *Stürner* の見解には，直ちに従うことはできない。

第4節　新民事訴訟法による民事訴訟の構造

第1款　処分権主義・弁論主義と裁判所の釈明権

(1)　民事訴訟においては，処分権主義および弁論主義の原則が妥当する。

68a　*Stürner*, a. a. O. (Fn. 59), S. 221.

すなわち，訴訟当事者は，訴訟の開始，終了および範囲を自由に決定することができ（処分権主義），また裁判所が判決の基礎とすべき事実は当事者が提出したものに限られる（弁論主義）。裁判所は，たとえ証拠調べの結果裁判にとって重要な事実の存在を認識したとしても，当事者の主張がなければ，これを判決の基礎とすることは許されない。当事者間に争いのある事実については，裁判所は当事者の申し出た証拠に限って取り調べることができる。

(2) 処分権主義・弁論主義のもとでは，事件の適正な解決にとって必要な申立て，事実および証拠方法が，当事者から十分に裁判所に提出されないという事態が起こり得る。これは，当事者が必要な注意を欠くために起こりうるが，事件に適用されるべき法規につき当事者と裁判所との間に見解の相違が存在することが原因をなす場合もある。

釈明権は，当事者の申立てまたは事実陳述に不明瞭または矛盾，あるいは不正確または不十分な点がある場合に，訴訟関係を明瞭にするため事実上または法律上の事項につき質問しまたは証拠の提出を促すことにより事案の解明に協力する裁判所の権能ないし義務である。日本では地方裁判所以上の裁判所における民事訴訟においても，当事者が弁護士の代理なしに自ら訴訟を追行することが許されている（弁護士強制の不存在）。弁護士代理が行われていない訴訟では，一層，当事者の訴訟追行が不十分な場合が生じえ，また，弁護士が訴訟代理人として関与している場合にも，申立てや事実陳述が明瞭さを欠き，明らかに不十分であり，もしくは矛盾することが生じ，または，必要な証拠が提出されないことがある。このような場合に，弁論主義を厳格に適用すると，判決は真実の事実関係から遠ざかる虞があり，十分な審理を尽くしたといえないことは明らかである。さらに具体的な事件において，裁判所が重要と考える法的観点が当事者または訴訟代理人が重要と考えるものと食い違う場合，この点を当事者または訴訟代理人に指摘して，裁判所が重要と見る法的観点に適合する申立てを行い，または訴訟資料をさらに提出する機会を与えなければ，当事者は下された判決によって不意打ちを受けることになる。

新民事訴訟法によれば，充実した本質的口頭弁論の準備を可能にするために，裁判所の釈明権の行使は，口頭弁論または弁論準備手続の期日外においても，電話やファクシミリを利用して行うことができる（149条1項・170条5項）。ただし，主要事実の追加または変更をもたらすような釈明や立証を

促す釈明のように，攻撃防御方法に「重要な変更を生じ得る事項」について釈明する場合には，相手方が適切に準備できるようにするため，その内容は相手方に通知されなければならない（149条4項・170条5項）。

(3) 釈明権は裁判所の訴訟指揮権の一部であり，その行使は実体的訴訟指揮に属する。他方，裁判所には期日の指定，弁論の併合・分離のような形式的な訴訟進行上の事項について基本的に訴訟指揮権が認められている。この点に関連して，新民事訴訟法がかなり多くの手続場面において当事者の意見を聴くべきことを裁判所に要求しており（たとえば，弁論準備手続に付すべき決定，当事者尋問を証人尋問に先行させる場合の当事者の意見の聴取），手続進行面での当事者の地位強化が図られたことが注目される。このことは具体的な場面において，場合によっては困難な解釈問題を引き起こすかもしれない。

第2款　本質的口頭弁論の準備段階における裁判官の釈明活動と弁論主義（当事者支配）への影響

(1) 前述のように，裁判所は弁論準備段階において広範な訴訟指揮権の内容として釈明権を有する。問題となるのは，このように手続を弁論準備段階と本質的口頭弁論に二分することがいかなる意味を有するのか，いかなる範囲において裁判所は釈明権能を弁論主義の後退において拡張することができるかである。

(2) アメリカ合衆国の民事訴訟手続は，プリトライアルとトライアルへの手続の二分によって特徴づけられる。当事者は，トライアルにおいて十分訴訟資料を提出し，証拠方法を申し出ることができるように，プリトライアルの段階において広範なディスカヴァリの手段を与えられる。これによって，トライアルにおける不意打ちを避けることができる。事前手続では，ディスカヴァリは主張された事実との密接な関連なしに許される。そこでは，事実主張の十分性（Schlüssigkeit）は重視されない。

日本法はこのような民事訴訟手続の二分を知らない。なるほど，上述のように日本法においても口頭弁論の準備段階と本質的口頭弁論を区別する試みがなされている。しかし，この二分はアメリカのトライアル段階とプリトライアル段階の分離に対応するような意味を有しない。弁論準備段階は単に口頭弁論の準備に資するにすぎないからである。

日本の新民事訴訟法による民事訴訟手続は，むしろ，裁判所に早期に訴訟関与を可能にする点に特徴があるということができる。訴状には請求の趣旨・原因（133条2項2号）のほか，請求を理由づける事実を具体的に記載し，重要な間接事実および証拠方法をも記載することが求められる（民訴規則53条1項）。裁判長は，訴訟開始後，最初の口頭弁論期日前に，当事者から訴訟の進行に関する意見その他訴訟の進行について参考とすべき事項を聴取することができる（民訴規則61条1項）。裁判所または受命裁判官は，期日間においても釈明権を行使することができる。手続の進行にとって基準となるのは，事実主張の十分性（Schlüssigkeit）と抗弁の重要性（Erheblichkeit）である。

　(3)　口頭弁論に関する規定の弁論準備手続への準用が示すように，弁論準備手続を行う裁判所には口頭弁論と殆ど同じ訴訟指揮権が帰属する。弁論準備手続では，口頭主義は少なくとも完全には維持されない。しかし，弁論主義は，もともと149条（釈明権），151条（釈明処分）によって影響を受ける以上には破られない。裁判所によって取り調べられた事実資料は，当事者がこれを口頭弁論において陳述する場合にのみ判決の基礎にすることができるからである（173条）。その限りで，裁判所は弁論準備手続において自らある事実を手続対象とする権能を有するものではない。

　検証の命令および証拠調べを準備するため口頭弁論へ鑑定人を呼び出すことは，151条の釈明処分に含まれる。これに対し，検証の実施および鑑定の取寄せは，すでに証拠調べの実施である。

　当事者の主張から具体的な争点が明らかになる前に検証を実施し，または鑑定を命ずることができ，これらの証拠調べの結果に基づき当事者に事実主張の補充または変更を促すべきだとする見解が，個々的に主張されている[68]。しかし，このような当事者の一方的な主張に基づく釈明処分が適法か否かが問題となる。このような証拠調べを許すことは，体系違反であろう。それは先行的証拠調べだからである。弁論準備手続の範囲内では，裁判所は書証に限り証拠調べをすることが許されるのであり（170条2項），そこから先行的証拠調べの原則的不適法が明らかになる。もちろん，このことは準備的口頭

---

[68]　木川統一郎「釈明・釈明処分と弁論準備処分」『中村英郎教授古稀記念　民事訴訟法学の新たな展開』（1996年・成文堂）3頁以下：木川統一郎＝吉田元子「新民事訴訟法における期日外釈明規定の運用について」判タ925号（1996年）4頁。

弁論には当てはまらない。ここでは裁判所には口頭弁論と同じ権能が帰属し、したがって証拠調べを行うことができるからである。先行的証拠調べの合目的性は、別個の問題である。たとえば、裁判所が、当事者の弁論前に予断によって相当と見なす事項について鑑定を提出させるならば、当事者に弁論させず、訴訟を誤った方向に導く危険が生ずる[69]。

この関連で、いわゆる「陳述書」の問題性に触れておきたい。実務では、裁判所は弁論準備段階において口頭弁論の効率的な準備のために陳述書を用いるべきだという見解が主張されている[70]。訴訟の場合、陳述書の利点は次の点にあるとされる。まず、裁判所は当事者本人から事実関係の完全な説明を受けることができること、陳述書は当事者または証人の供述内容を予告する点でプリトライアル・ディスカヴァリの機能を有すること、それによって本来の証人尋問または当事者本人尋問を短縮でき、したがって手続全体の促進に資することである。

これに対し、主として弁護士側から主張された反対説[71]は、計算関係や技術的説明等限られた範囲において陳述書の利用を認めるけれども、証人尋問または当事者尋問を形骸化するものとして原則として不適法または望ましくないと見なす。

民事訴訟法自身は、当事者または証人の陳述書について規定を有しない。

---

69 Vgl. *Baur*, Die Vorbereitung der mündlichen Verhandlung im Zivilprozess, ZZP 66 (1953), 209, 218.

70 大藤敏「審理充実方策の実践」自由と正義46巻8号（1995年）5頁、10頁以下；伊藤眞ほか座談会「民事集中審理の実際」判タ886号（1995年）19頁（園尾隆司発言）；那須弘平「争点整理における陳述書の機能」判タ919号（1996年）19頁以下（「訴訟の現実をありのまま観察すると証拠（書証及び人証）を利用することはごく普通に行われていることであり、しかもその傾向は強まっている」（判タ919号21頁）と指摘されるが、人証を争点整理に利用しているというのは従来型の五月雨式審理を前提としているのであろう。そうだとすれば、適切な指摘でないことは明らかであろう）；篠原勝美ほか『民事訴訟の新しい審理方法に関する研究』（司法研究報告書48輯1号〔1996年〕76頁以下。なお、西口元「陳述書をめぐる諸問題」判タ919号（1996年）36頁。

71 松森彬「民事裁判の新方式の問題点」自由と正義46巻8号（1995年）21頁、24頁以下；高木佳子ほか座談会「民事訴訟実務の改善を目指すシンポジウム」判タ898号（1996年）4頁以下；大阪弁護士会・前掲注（1）意見書18頁以下および26頁（判タ938号（1997年）47頁、49頁）。

種々のものが陳述書と解され，そのことがすでに議論を困難にする。ここでは，二種の陳述書，すなわち，口頭弁論の準備段階において間接事実や事件の背景の説明のために提出される陳述書，および主として弁論準備段階の終了時点で提出され，証拠調べにおける不意打ちを避けまたは当事者や第三者の供述内容を予告するのに資すべき陳述書を区別して検討しよう。前者は当事者自身の陳述書である。後者は，当事者または第三者の陳述（供述）に関する。その際，陳述書の利用は適法か否かという問題と，適法と解される場合に合目的的か否かという問題を区別すべきであろう。

　後者の陳述書は，宣誓に代わる保証（die eidesstattliche Versicherung）ではなく，通常，弁護士たる訴訟代理人の関与のもとに作成される準備書面類似の書面である。その性質上，証明文書に類し，裁判官はこれに基づき事実関係について心証を形成することがある。一説によれば[72]，このような陳述書の適法性は書面尋問（205条）との比較から明かになる。しかし，この理由づけには疑問がある。なるほど，205条によれば，裁判所は，裁判所が相当と認め，かつ当事者が異議を述べない場合には，口頭による尋問に代えて証人に書面による回答を求めることができる。しかし，証拠申出に対する書面尋問は，当事者がこれに同意しない場合には許されないのであり，このことは弁論準備段階においても妥当しなければならない。また，書面尋問を相当とする事情とは，病気や職務多忙等の理由で裁判所に出頭することが困難なことであるが，その証人と当事者との人的関係や尋問事項から見て信頼できる正確な供述が得られる見込みがあり，わざわざ嘱託尋問や臨床尋問をする必要がない場合などをいうのであるから，証人と当事者との密接な人的関係の存在は書面尋問を不適法ならしめる。証人の陳述書が得られるのは，証人が陳述書を提出する当事者に協力的な場合が多い。以上の理由から，私見によれば，陳述書の適法性を例外的制度である書面尋問を定める205条によって基礎づけることはできない[73]。加えて，205条は，もっぱら証人の尋問につき妥当するものであり，当事者本人尋問には当てはまらない。

　判例は，訴え提起後に挙証者または第三者が作成した文書を適法な証拠方法として認めており[74]，学説も同様である。弁論準備段階におけるかかる文

---

[72] 高橋宏志「陳述書について」判タ919号（1996年）27頁以下（同『新民事訴訟法論考』（1998年・信山社）107頁以下所収）。

書の利用は，正式の証拠調べが行われておらず，相手方は態度決定や反証の機会をもたなかったにもかかわらず，裁判官がそこから事実について心証を得ることがあるため，とくに疑問である。裁判官が事件の全貌を理解する上で陳述書がすぐれた機能を有するというのであれば，事件の背景事情を含む詳細な準備書面の提出を求めれば足りると思われる[75]。裁判官が当事者から事情を聴くことを重視する場合には，法律は裁判官にそれを可能にしているのである。すなわち，裁判官は，当事者に出頭を命じ事実関係につき質問をすることができる（151条1項1号）。その限りで，陳述書を提出させる実際上の必要性もないと思われる。

　一部では，陳述書の機能を「プリトライアル・ディスカヴァリ」と比較することが行われている。しかし，陳述書はアメリカ民事訴訟における「デポジッション」とは異なる。むしろ陳述書は，相手方による反対尋問の機会なしに一方的に，しばしば提出者側の弁護士の関与のもとで作成される書面である[76]。陳述書の内容は，すでに存在する書証その他の情報を考慮に入れて弁護士により矛盾なく整理されることがある[77]。そこでは，証人が後に証拠調べにおいて証言をこの陳述書の内容に適合させる虞があり，このようにして陳述書の影響を受ける危険が生ずる[78]。

　裁判所は弁論準備段階においてすでに証人の書面尋問を求めることができるかは，もちろん別個の問題である。書面尋問は民事訴訟法改正前は簡易裁判所においてのみ利用可能であったので[79]，この問題は従前は論じられな

---

[73] もっとも実務において陳述書の提出につき裁判官から訴訟代理人に要請があり，訴訟代理人がこれに同意している場合には，当事者の同意が得られているということができるかもしれない。しかし訴訟代理人にとって裁判官の要請を断ることは容易であろうか。形の上で同意があっても，真の同意と言えるか疑問の場合もあろう。

[74] 大判昭和14年11月21日民集18巻1545頁；最判昭和24年2月1日民集3巻2号21頁。

[75] 同旨，山本克己「人証の取調べの書面化——陳述書の利用を中心に」自由と正義46巻8号（1995年）54頁，59頁。なお，山本克己「陳述書問題について」判タ938号（1997年）69頁以下も参照。

[76] 那須・前掲注（70）19頁；西口・前掲注（70）37頁。

[77] 井上正三ほか「民事訴訟手続シンポジウム・民事訴訟における審理」判タ915号（1996年）12頁，40頁の山脇純夫弁護士の発言を参照。

[78] 西口・前掲注（70）39頁注（13）参照。

[79] 書面尋問はもともと戦時民事特別法9条によって導入され，昭和23年民事訴訟法の一部改正の際に簡易裁判所の訴訟手続の特則として規定された（358条ノ3）。

かった。弁論準備手続においてこれが不適法なことは，裁判所はこの手続では書証の取調べを除く証拠調べをすることができないことから，明らかになる。準備的口頭弁論では，205条の要件を満たす限り，したがって裁判所が相当と認め，当事者が異議を述べないときは適法であろうが，準備的口頭弁論も本質的口頭弁論の準備を目指すものである以上，望ましいかどうかは疑問である。

(4)　最後に，文書提出義務の一般義務化，当事者照会の導入および証明責任を負わない当事者の事実陳述＝証拠提出義務が弁論主義といかなる関係に立つかという点に言及しておこう。

前二者は弁論主義に反しない。文書提出命令を求めるか否かは当事者の意思に委ねられており，裁判所は職権により文書を取り調べることはできない。もちろん，文書提出義務の一般義務化と151条1項3号との関係も問題になりうる。しかし，この規定によれば，裁判所が証明責任を負わない当事者に文書の提出を命ずることができるのは，この当事者が訴訟において文書を引用した場合に限られる。提出拒絶事由を含む文書提出義務の一般義務化は，釈明処分としての裁判所による提出命令の範囲に変更を加えていない。弁論主義は151条1項3号によって破られていない[80]。

当事者照会によって取得された訴訟資料も，当事者によって提出されて初めて判決の基礎とされることができる。やや問題があるのは，証明責任を負わない当事者の解明義務である。一般的事案解明義務と異なり，本章で主張した証明責任を負わない当事者の事実陳述＝証拠提出義務は明確に限界づけられており，弁論主義に対して間接的に影響を及ぼす危険は存在しないであろう。

第3款　弁論公開の原則

(1)　口頭弁論の公開は憲法上の要請であるが，当事者がプライバシーまたは企業秘密を訴訟において放棄せざるを得ない事態を招く。そのため近時，企業秘密の保護の必要性との関係で，公開制限の可否が繰り返し論じられて

---

[80]　伊藤眞「開示手続の意義と理念（下）」判タ787号（1992年）11頁，26頁；小林秀之「証拠収集手続の拡充」NBL 572号（1995年）48頁，50頁参照。

いる。

　一般公開の排除に関しては，憲法自身が「裁判所が，裁判官全員の一致で，公の秩序又は善良の風俗を害する虞があると決した場合には，対審は，公開しないでこれを行ふことができる」(憲法82条)と定め，非公開の手続を厳格に制限している。日本の民事訴訟には，ドイツの裁判所構成法172条2号のような，一定の要件のもとで個別的に手続の公開を排除する権限を裁判所に与える規定は存在しない。また，裁判所に在廷する者に弁論または事件に関する「公的」書面を通して了知した事実につき秘密保持を命ずる権限を裁判所に与える規定も存在しない。

　さらに，訴訟記録の保存または裁判所の執務に影響のない限り，誰でも訴訟記録の閲覧を裁判所書記官に請求できる(大正15年改正民訴法151条1項＝新民訴法91条1項・5項)。第三者でさえ，利害関係を疎明すれば，訴訟記録の謄写，またはその正本，謄本，抄本の交付を無制限に裁判所書記官に請求することができた(大正15年改正民訴法151条3項)。

　このように，日本の民事訴訟法によるプライバシーや企業秘密の保護が全く不十分であることは，明らかである。このことは前述の1990年の不正競争防止法の改正の際にも議論になったようであるが，当時は裁判所外での証拠調べの可能性(大正15年改正民訴法265条)の活用や訴訟指揮上の工夫が指摘されたにすぎず，問題の検討は民事訴訟法の改正に委ねられた[81]。

　(2)　民事訴訟法の改正作業では，1991年に法務省民事局が公表した「民事訴訟手続に関する検討事項」において，次の3つの問題が提起され，各界の意見が求められた。

　①　「秘密保護のために訴訟審理を非公開とすることができる場合を法律で明確にする」ことの当否

　②　「訴訟審理を非公開とする場合において，更に必要があると認めるときは，裁判所は当事者及び証人その他の関係人に対し，その期日において知った秘密の保持を命ずることができるものとするとともに，違反に対する刑事罰を含む制裁規定を設ける」ことの当否

　③　「訴訟記録の閲覧・謄写について，裁判所は秘密保護の必要性に応じ，

---

[81]　田邊誠「民事訴訟における企業秘密の保護(上)」判タ775号(1992年)25頁；中山信弘「営業秘密の保護に関する不正競争防止法改正の経過と将来の課題(下)」NBL 471号(1991年)25頁，26頁参照。

閲覧・謄写の請求をできる者を当事者にかぎり，閲覧・謄写をした者に秘密の保持を命じ，秘密保持命令違反の場合に刑事罰を含む制裁規定を設けること」の当否

　意見照会の結果，公開の制限に対して反対意見が存することが明らかになった。主要な反対理由は，訴訟審理の公開は憲法上の要請であること，非公開によって国民の知る権利や報道言論の自由が奪われること，さらに手続の公開がプライバシーや営業秘密の保護を口実に裁判所により安易に排除されることに対する危険があること等であった[82]。続いて，訴訟記録中，当事者の私生活についての重大な秘密または営業秘密に関する部分の閲覧・謄写またはその正本，謄本もしくは抄本の交付を請求できる者を，秘密を保有する当事者の申出により裁判所が決定により当事者に制限できることとし，この裁判所の決定に対しては閲覧等を請求した第三者が抗告をすることができる旨の規定が提案された。この提案が新民事訴訟法の92条に採用された。その他の点は規定されなかった。

　(3)　一般公開の排除に関して，東京地裁は企業秘密を保護するために弁論および証拠調べを非公開手続において行うことは不適法である旨判示した[83]。この事件はアメリカ合衆国においてノウハウの侵害を理由とした日本企業に対する損害賠償請求訴訟の係属中，アメリカ訴訟の被告が日本において損害賠償債務不存在確認訴訟を起こした，いわゆる対抗訴訟のケースである。この事件において，日本訴訟の被告（アメリカ企業）は企業秘密を守るため非公開の手続においてのみ主張および立証を行うことを固執した。

　公序良俗違反を理由に一般公開の排除を適法と見る見解[84]は，現在，全く少数説である[85]。私見によれば，公序の観点から企業秘密の保護のため審理

---

[82]　柳田幸三ほか「『民事訴訟手続に関する検討事項』に対する各界意見の概要（5）」NBL 516号（1993年）45頁，48頁参照。

[83]　東京地判平成3年9月24日判時1429号80頁＝判タ769号280頁。

[84]　多数説は憲法の定める公開原則を厳格に解している。小橋馨「営業秘密の保護と裁判公開の原則」ジュリスト962号（1990年）38頁，40頁；松井茂記「裁判の公開と『秘密』の保護（1）」民商106巻4号（1992年）425頁以下参照。

[85]　伊藤眞「営業秘密の保護と審理の公開の原則（上）（下）」ジュリスト1030号（1994年）78頁以下，1031号（1994年）82頁以下。なお，楠賢二「ノウハウをめぐる諸問題——手続法の側面から」鈴木忠一／三ケ月章監修『実務民事訴訟講座（5）』（1969年・日本評論社）329頁，332頁。

の公開を排除する可能性を追求するのが相当と思われる。なぜなら，審理の公開を固執することは，企業秘密を法的に（実体法上および訴訟上）保護せんとする不正競争防止法改正法に現われた立法者の意思に明確に抵触するからである。一方において企業秘密を裁判上保護しようとし，他方において企業秘密の開示が強制されることになる審理の公開を固執することは，全くばかげている。審理の非公開に反対する理由とされている国民の知る権利や報道言論の自由の侵害は，一般的には最大限尊重されるべきであるが，ここで問題になっている企業秘密の保護のための審理の非公開については，全く理由がない。企業秘密は法がその秘密保持を保護の対象としている法益であるから，そのようなものについて国民の知る権利や報道の自由は問題にならないからである。公開の原則は企業秘密の保護に道を譲るべきである。同じことはプライバシーにも当てはまる。

　文献においては，アメリカ合衆国の秘密審理やドイツの議論に触発されて秘密保持のための当事者公開の制限も議論されている。これは，秘密保持と当事者間の公平ないし事案解明要請とを両立できるような手続の工夫を検討するものである。

　具体的には，守秘義務を負う中立の第三者による証拠調べと，当事者の一方または双方を排除した証人尋問の可能性が提案され，検討されている。前者については，この第三者による証拠調べを鑑定の延長線上で捉え，証人尋問の権利を失うことについての両当事者の同意があれば可能だとする[86]。後者は，当事者公開の原則に一義的に違反するものであるが，論者によれば，当事者の立会権を絶対視することはできず，立会権の重視が秘密の保護または権利の実効的な保護の閑却を招いてはならないとし，当事者を訴訟手続から排除すべきものとしつつ，その代わりに，裁判所が新たに選任した弁護士によって，立会を否定される当事者の利益を代表させるべきだと主張する[87]。

　しかしながら，当事者の一方または双方を訴訟手続から排除し，裁判所選任の弁護士によって代理させるという提案には従うことができない。秘密手続は訴訟法の基本的な命題，すなわち双方審尋の原則と合致しないからである[88]。審理から排除される当事者は，証拠調べの結果について意見を述べる

---

[86] 田邊誠「民事訴訟における企業秘密の保護（下）」判タ777号（1992年）31頁，41頁以下。

[87] 田邊・前掲注（86）42頁。

ことができない。この当事者のために裁判所によって弁護士が選任され，弁護士が当事者に代って証拠調べの結果について意見を述べても，この弁護士は当事者と信頼関係によって結ばれていないのである。このことは，民事訴訟における当事者の自己決定権と相容れない。加えて，裁判所は，秘密手続においては自由心証主義によって事実を確定することができない。たとえば，鑑定人が企業の秘密書類を閲覧し，鑑定書を作成するが，裁判所は書類の内容を了知しない場合，裁判所は鑑定内容を十分に評価することができない。これは民事訴訟法247条違反を意味するであろう[89]。なるほど，日本の憲法は法的審問請求権を直接規定してはいないけれども，双方審尋原則のような手続保障は基本的な要請として認められている。以上に述べたことは，ある人が陳述する事実を公証人が公証するが，相手方または（および）裁判所がその人の名を知ることができず，公正証書を書証の方法で評価する場合にも妥当する。

　後記　　本章は，当初の平成民訴法の意義を明らかにすることが目的であるので，民訴法220条4号のその後の改正については触れられていない。同号は2001（平成13）年6月27日の民事訴訟法一部改正法によって改正され，2002（平成14）年1月1日から施行された。公務秘密文書（4号ロ），自己利用文書であって国または地方公共団体が所持するもの（4号ニ括弧書）および刑事訴訟記録等（4号ホ）について，220条4号の提出義務の特則および公務秘密文書性についての判断手続（223条3～5項）を定めた（詳細は，松本博之／上野泰男『民事訴訟法〔第8版〕』〔2015年・弘文堂〕〔560〕以下参照）。自己利用文書に関しては，最高裁判所平成11年11月12日第二小法廷決定（民集53巻8号1787頁）が自己利用文書の判断基準を示し，これが以後の裁判実務に決定的な影響を及ぼしているが，種々問題がある（松本／上野・前掲〔560a〕を参照）。

---

[88] *Prütting*, Geheimnisschutz im Zivilprozess, Festschrift fur Kigawa, Bd. 3, 1994, S. 88 ff.; *Prütting/Weht*, Geheimnisschutz im Prozessrecht, NJW 1993, 576; ders., Nochmals: Zur Zulässigkeit beweisrechtlicher Geheimverfahren, AuR 1990, 269.

[89] *Prütting*, a. a. O. (Fn. 88), Festschrift für Kigawa, S. 93 f.

第 2 編

訴訟目的論と訴訟法規の解釈方法

第1章　訴訟法ドグマーティクにおける実体法と訴訟法*

第1節　民事訴訟法の継受と民事訴訟法学の始まり

第1款　明治期における民事訴訟法の継受と民事訴訟法学の始まり

　日本において民事訴訟法学の基礎となる民事訴訟法が制定されたのは，1890（明治23）年のことであった[1]。民事訴訟法は，いわゆる不平等条約の改正という政治目標を背景に，外国人の権利保護を要求する諸外国に対応すべく制定されたものである。民事訴訟法は長い準備作業を経て制定されたが，それは結局のところ，大部分1877年のドイツ民事訴訟法（CPO）を翻訳的に継受するものであった。法律は1891（明治24）年1月1日に施行された。この法律の制定後，いち早く数点の解説書が公刊されたが，その多くは体系的に民事訴訟法を叙述するものではなく，個々の条文の解説を行うものであった。体系書の体裁をもつ書物が現われるのは，ようやく高木豊三の著作[2]が最初のようである。

---

*　本章は，2009年にドイツ・フライブルグ大学で行われた大阪市立大学法学部とフライブルグ大学法学部との日独法学シンポジウムにおける著者の報告「民事訴訟法ドグマーティクにおける実体法と訴訟法」（松本博之／野田昌吾／守矢健一編『法発展における法ドグマーティクの意義』（2011年・信山社）219頁以下）を必要な補正を施し収録するものである。この報告のドイツ語版 „Materielles Recht und Prozessrecht in der Dogmatik des Zivilprozessrechts" は，*R. Stürner*[Hrsg.], Die Bedeutung der Rechtsdogmatik für die Rechtsentwicklung, 2010, S. 203 ff.に掲載されている。

1　Vgl. *H. Matsumoto*, Die Rezeption des deutschen Zivilprozessrechts in der Meiji-Zeit und die weitere Entwicklung des japanischen Zivilprozessrechts bis zum zweiten Weltkrieg, ZZP 120 (2007), 3 ff.
2　高木豊三『民事訴訟法論綱』（1896年・明治法律学校講法会）。

明治政府は，条約改正のための法典整備を計画する中で，1886（明治19）年には15名の人々をドイツに送り出した[3]。そしてドイツで学んだ学生の中から，帰国後，立法，司法および法学の研究教育において活躍する有為な人材を輩出することになった。

　鈴木正裕の研究[4]によれば，1887（明治20）年9月に「ドイツ法学」を置き，英法，仏法，独法の三部構成とした帝国大学法科大学の場合，1890（明治23）年に学科課程に変更を加え，それまでの外国法を中心とした講義から日本の法典を中心に講義科目が設られた。講義担当者を見ると，1890（明治23）年から1892（明治25）年まで「構成法・民事訴訟法」の講義を嘱託されたのは，田部芳[5]であり，1893（明治26）年から1896（明治29）年までは高木豊三[6]であり，1896（明治29）年から1905（明治38）年までは前田高階[7]であった。前田の後の担当者は加藤正治[8]であった（加藤は民法第四講座との兼担であった）。加藤を除く各氏は，すべて司法官であり，しかも1886（明治19）年に渡独したグループに属する。後に民事訴訟法の体系書を著す仁井田益太郎[9]が東京帝国大学の民事訴訟法の教授に迎えられたのは，1908（明治41）年である。仁井田もドイツに留学している。

3　この留学生には，官費による出張者，私費出張者，司法省留学生，非職（休職）出張者があった。鈴木正裕『近代民事訴訟法史・日本2』（2006年・有斐閣）は，これらのグループを綿密に調べ上げ，彼らの帰国後の活躍を克明に明らかにする。なお，これより前に民事訴訟法の立法に携わった人でドイツ等に滞在した著名な人物として，たとえば，三好退蔵（1882年に伊藤博文の憲法調査に同行し3年間司法制度の調査に従事），本多康直（1874年，私費留学生として渡独），宮城浩蔵（1876年，司法省法学校からヨーロッパに留学）を挙げることができる。三好退蔵の経歴の詳細については，本書12頁（注21），本多康直の経歴の詳細については，本書14頁注(23)を参照されたい。

4　鈴木・前掲注（3）181頁以下。

5　田部芳は，1879（明治12）年12月東京外国語学校から司法省法学校に編入学し，卒業後司法省御用係として翻訳課に勤務，司法省留学生として1886年に渡独した。

6　高木豊三の経歴については，本書52頁以下参照。

7　前田高階の経歴については，本書53頁参照。

8　加藤正治は，1897年東京帝国大学法科大学を卒業し，1899年，ドイツおよびフランスに留学，1901年帰国後直ぐに東京帝国大学法科大学助教授に就任した。

9　仁井田益太郎の経歴については，本書69頁注（53）参照。

第2款　本章の課題

本章は,「ドグマーティクが法発展に与えた影響」のシンポジウムの統一テーマの中で,日本における民事訴訟法ドグマーティクの意味を考えてみることにある。その際,第1に,訴訟目的論の変遷についてささやかな考察を行い,次いで個々の解釈問題におけるプラグマティクな議論の進展について報告し,最後に現在におけるプラグマティクな議論の台頭のもつ問題性に目を向けたい。

第2節　訴訟目的論

　民事訴訟において実体法と訴訟法がどのような関係に立つかという基本的な問題の捉え方は,筆者の印象によれば,まず,個別訴訟ではなく,全体として民事訴訟の目的を何に求めるかという点について明瞭に現われるように思われる。その訴訟目的の理解については,日本ではこれまで大きな変遷があり,それが今日の民事訴訟法解釈にも大きな影響を与えているように思われる。以下では先ず,民事訴訟目的論の変遷についての一瞥から始めよう。

第1款　明治23年民事訴訟法の下での訴訟目的論

　明治23年民事訴訟法の下での訴訟目的論を理解するためには,その前提として,当時の民事訴訟法の研究がどのような状況にあったかを明らかにする必要がある。明治23年民事訴訟法が一部の例外を除き大部分1877年のドイツ民事訴訟法（CPO）の翻訳的継受に終始したものであったことは,その後の研究方向を当然左右し,ドイツ民事訴訟法に依拠した解釈法学をもたらした。当時の文献を2,3見ておこう。
　高木豊三は『民事訴訟法論綱』（明治28年）を著したが,これはおそらく日本における民事訴訟法の最も早い体系書であろう。高木は,民事訴訟法の直接の目的は「私法の保護」であり,訴訟の目的は権利保護の請求であり,裁判所の判決は事件に対する法律の適用であって,判決が法律すなわち権利を創定するという見解は謬見であるとした[10]。私法の保護というのはやや分かりにくいが,法の適用による権利の保護が考えられているものと思われる。

仁井田益太郎も，民事訴訟の目的を私権の保護に求め[11]，訴訟の基本原則として処分権主義および弁論主義を挙げる。仁井田は，弁論主義について「凡民事訴訟ハ私権保護ノ目的ヲ有スルモノナルカ故ニ裁判所ヲシテ当事者ノ提出セサル事実及ヒ証拠方法ヲ斟酌セシメサルヲ至当トスルノミナラス当事者間ニ争ナキ事実ニ付キテハ心証ヲ得ルト否トヲ問ハスシテ之ヲ認メシムルヲ至当トス可之裁判所ヲシテ当事者ノ提出セサル事実及ヒ証拠方法ヲ斟酌セシメサルトキハ当事者ハ其提出ニ努ムルニ至ルヘシ是レ即チ事実及ヒ証拠方法ノ蒐集ニ関シテ弁論主義ヲ採ルノ必要アル所以ナリ」と説いた[12]。

第 2 款　大正15年改正民事訴訟法の下での訴訟目的論

1　大正15年民事訴訟法改正

民事訴訟法の研究に大きな転機をもたらすのは，1926（大正15）年の民事訴訟法の改正である。明治23年民事訴訟法は，その施行後すぐに改正を求める声が大きくなった。新しい民事訴訟法の運用に当たった法曹の間で「手続煩瑣ニ亘リ実際ノ運用上不備ノ点少カラ（ズ）」という不満の声が上がったためである[13]。しかし他方で，運用の未熟さを指摘する声もあった[14]。新しい法律は，1890（明治23）年4月21日に公布され，翌年1月1日に施行された。僅か8ヶ月ほどの間に新法施行の準備をしなければならなかった。この準備不足が，時の裁判官に大きな困惑をもたらした。次のような当時の裁判官の回顧がある。曰く「当時我邦に旺盛を極めたのは仏蘭西系の法学であって，独逸法系の輸入は極めて少なかった。これに関する著書翻訳書なども亦た寥々たるものであった。然るに新民事訴訟法は独逸民事訴訟法の忠実なる翻訳であったので，其新法の主義精神を了解することの困難は勿論のこと，新奇なる用語例は権利拘束とか，主参加，従参加とかいう極めて耳新しい，

10　高木・前掲注（2）8頁以下。
11　仁井田益太郎『民事訴訟法要論上巻〔訂正4版〕』（1907年・有斐閣）183頁。
12　仁井田・前掲（11）185頁以下。なお，同『民事訴訟法大綱（第2版）』（1918年・有斐閣）3頁。
13　「民事訴訟法改正要目」松本博之／河野正憲／徳田和幸編著『日本立法全集11　民事訴訟法〔大正改正編〕（2）』（1993年・信山社）559頁。
14　中野貞一郎「手続法の継受と実務の継受」同『民事手続の現在問題』（1989年・判例タイムズ社）57頁以下，61頁参照。

目新しい法律用語には実に眩惑させられたものが多かった」15と。

　いずれにせよ，明治政府は，改正要求を無視することはできず，1895（明治28）年末に民事訴訟法調査委員を任命して修正案作りの作業を始めさせた。同時に，いわゆる法典論争によって施行延期になった旧民法の改正作業が行われており，民法との調整のためにも民事訴訟法の改正を必要とするという事情も存した。改正作業は途中，法典調査会の廃止，（第二次）法律取調委員会の設置およびその廃止，これに伴う民事訴訟法改正調査委員会（司法省）の設置など組織変更が相次ぎ，順調には進行しなかったけれども，約30年の後，民事訴訟法改正案の作成に漕ぎ着けた。これに基づき，1926（大正15）年に民事訴訟法（判決手続）の改正が実現した。

　大正15年改正民事訴訟法の特徴は，補充的職権証拠調べを許容するなど職権主義の強化による訴訟の促進に焦点が当てられたこと，また新たな制度も訴訟の促進のためと説明されたことであろう。本章との関係で大正15年改正民事訴訟法に関して注目されるのは，ドイツ法にない制度を導入したことである。すなわち，権利能力のない社団・財団の全面的な当事者能力の承認（したがって能動的当事者能力の承認を含む），選定当事者制度の導入，準備手続の原則化，係争権利・係争物の譲渡の場合の権利承継人の訴訟参加の許容，義務承継人の訴訟引受義務，独立当事者参加，文書提出義務の範囲の拡張などを挙げることができる。このことは，新たに規定された制度・条文を正しく解釈し適用する課題を民事訴訟法学にもたらし，ドイツ法を参考にして解釈論を展開しておればよいというような状況を一変させたということができる。しかも，新たに定められた規定が十分明瞭に要件と法律効果を定めていたかという点について，疑問もあった。事実，大正15年の民事訴訟法改正を経て，民事訴訟法の関係文献の出版が質量ともに充実するようになった。

2　大正15年改正民事訴訟法の下での訴訟目的論

　大正15年改正民事訴訟法について，ドイツ留学の経験があり，後に大審院長になった細野長良（大審院判事，後に〔最後の〕大審院長）は，1930（昭和5）年に公刊された『民事訴訟法要義第一巻』において，次にように論じて民事訴訟の目的について権利保護説に立った。すなわち，権利の自助救済の

15　柳沢重勝「温故知新」法曹会雑誌12巻5号（1934年）97頁，104頁。

第1章　訴訟法ドグマーティクにおける実体法と訴訟法

弊害を防ぐため，国家は自助救済の禁止の代償として裁判所を設けて，権利主張者の要求により権利保護の場合か否かを調査し保護の完全を期す。そして，「権利保護ヲ以テ国家ノ責務ト為ストキハ茲ニ私人カ国家ニ対シテ権利保護ノ請求権ヲ認ムルニアラサレハ其目的ヲ達スルノ術ナシ……憲法二十四條ニ日本臣民ハ法律ニ定メラレタル裁判官ノ裁判ヲ受クル権ヲ奪ハルルコトナシト規定シタルニ徴シ明白ナリト謂ハサルヘカラス」[16]と論じた。雉本朗造も，権利保護説を主張した[17]。

　しかし，その後の民事訴訟法学に極めて大きな影響を与え，そして今日においてもなお持続的に影響を与えている兼子一は，1931（昭和6）年に発表された処女論文「訴訟承継論」において，民事訴訟制度とくに判決手続の目的を「私人間の利益紛争の法的共同体の判断による法律的解決にあると考え」[18]，そして，この判断は本案判決の確定によって得られるものであるから，「訴訟は既判力を得んことを目的とする手続で，而も此の既判力の実体は手続の進行と共に，実体法と訴訟法，内容と形式との交渉の成果として，順次に形成せられて来るのであって，訴訟は実質的に観察すれば，生成経過中の既判力（die werdende Rechtskraft）そのものであると謂ひ得ると思ふ」[19]と論じた。この見解は，直接には大正15年改正民事訴訟法が導入したと今日一般に理解されている，係争物の譲渡の場合の訴訟承継主義（原則）を理論的に根拠づけようとする意欲的な試みの中で表明されたものであるが，訴訟目的としての法秩序維持という兼子の考えがすでに見出されるように思われる。当事者の権利保護でなく，法的共同体の認識が重要とされているからである。事実，兼子は，この論文発表の7年後，1938（昭和13）年に『民事訴訟法概論』（岩波書店）を著したが，ここではそれまでの著者らとは異なり，民事訴訟の制度目的を私法秩序維持に求めた[20]。もっとも，この私法秩序維持説は，単に法の確証（Rechtsbewährung）を重視するものではなく，特別な意味をもつように思われる。この書は，同年4月1日国家総動員法が施行されていることからも分るように，社会全体が右傾化する中で出版されたも

16　細野長良『民事訴訟法要義第一巻』（1930年・巌松堂書店）11頁。
17　雉本朗造「訴権論」同『民事訴訟法の諸問題』（1955年・有斐閣）1頁，13頁。
18　兼子一「訴訟承継論」同『民事法研究第1巻』（1950年・酒井書店）33頁。
19　兼子・前掲注（18）34頁。
20　兼子一『民事訴訟法概論』（1938年・岩波書店）1頁以下。

のであり，時代思潮に影響を受けたものであろう。兼子は，訴訟は静止的な法律関係と捉えるべきでなく，*J. Goldschmidt*（ゴルトシュミット）に従って，判決に向かって発展し進行する動的な手続（訴訟法律状態）と解すべきであるとする。*Goldschmidt* と異なる兼子の独自性は，本来事実的なものである訴訟法律状態に，生成経過中の既判力（法的な拘束力）を結びつけることにより，これに強い規範的な性質を与えようとしたことであろう。

　すなわち，彼は，この基本的立場に基づき，たとえば大正15年改正民事訴訟法が新設した訴訟係属中の係争物の譲渡および債務引受けに関する73条および74条を訴訟承継原則を定めたものと解し，権利承継や義務承継を「生成経過中の既判力」の承継として，承継人の訴訟状態承継義務を根拠づけようとした[21]。これには，次のような事情があるように思われる。すなわち，係争物の譲渡に関する民事訴訟法の規定は訴訟承継原則を定めるものとしては全く不完全なものであり，係争物の譲渡がある場合に譲受人が訴訟参加することができること（および債務引受人は相手方の申立てにより訴訟を引き受けなければならないこと）を定めるだけであり，参加人（または引受人）がそれまでの訴訟の結果に拘束されるという必須の規定を有していなかった（その他，第三者の善意取得を保護するための規定も設けられなかった）[22]。兼子は，この権利義務の承継人が負う訴訟状態承継義務を，生成経過中の既判力を承継人に拡張することによって根拠づけようとしたのであった。また，兼子は，大正15年改正民事訴訟法が導入した当事者参加の制度を，第三者が独立の当事者たる地位により係属中の他人間の訴訟に介入するものであり，独立当事者参加がなされると，訴訟は三当事者が対立拮抗して争われると見る三面訴訟説[23]を支持した[24]。

21　兼子・前掲注（18）『民事法研究第１巻』45頁。
22　立法の際の議論については，本書277頁以下参照。
23　長島毅／森田豊次郎『改正民事訴訟法解釋』（1930年・清水書店）80頁以下；森田豊次郎『民事訴訟法概要』（1936年・巌松堂）83頁。
24　兼子一『新修民事訴訟法体系〔増訂版〕』（1965年）416頁。

第3款　第二次世界大戦終了後の民事訴訟法学における
　　　民事訴訟目的論

1　兼子一による「紛争解決説」の提唱と席巻

　第二次世界大戦終了後，兼子一は，訴訟目的についての自らの私法秩序維持説を逸早く放棄し，1947（昭和22）年に全体としての民事訴訟の目的を紛争解決に見る新たな見解を公にした[25]。彼は，すでに1931（昭和6）年の論文において紛争の法律的解決を強調していたのであるが，ここでは法律的解決ではなく規範的に無色の，即物的な紛争の解決を訴訟目的と見るのである。この見解の特徴は，訴訟以前の権利は仮象のものであり，むしろ訴訟を通じて権利が実在化するのであって，判決以前には権利は存在しないと見る点にある。そして，この権利の「実在化」をもたらすものが，まさに確定判決の既判力であるとする。彼は，この見解を近代法によって法制度が整備される前には訴訟を通じて法が形成されてきたという歴史的認識を基礎に，近代法が整備された後も，訴訟前の権利の存在を否定する。曰く，「私人の私法上の権利は，この私法の適用を通じて，そして訴訟における裁判所の判決はその公権的適用として，始めてその存在が観念されるのである。又反対論者がいうように，訴訟の判決は権利関係が現実に不明確であり，当事者間に対立があるからこそ要求されるものであるのを，最初から権利があるのだから，その通りの判決をしろということを訴訟制度の主体である国家なり若はその機関である裁判官に請求する権利があるとの構成は，恰も受験生が自己の実力を云々して，試験官に対して合格請求権を有すると見るのと同様非常識である」[26]という。

　この見解は，兼子の東京大学法学部教授の地位から，その後の民事訴訟法学に大きな，かつ持続的な影響を及ぼしたし，また今日でも及ぼしている。たとえば，小山昇は，社会におけるもっとも強力な権力の保持者としての国家だけが私人間の利益対立を解決することができるのであるから，訴訟制度の目的は紛争の強行的な解決であると論じる[27]。(故)三ケ月章は，既判力による紛争の公権的強行的解決の必要性を強調して訴訟目的を紛争解決だと

25　兼子一「民事訴訟の出発点に立ち返って」同・前掲注（18）『民事法研究第1巻』475頁以下。

主張した[28]。ただし注意を要するのは，彼らは主として給付訴訟の訴訟物を個々具体的な実体法上の請求権から切り離して理解する，いわゆる新訴訟物理論の提唱との関連でこの訴訟目的説に立っていることである。

2 少数説としての権利保護説

もっとも，紛争解決説を批判して，権利保護説を主張した論者がなかったわけではない。

小室直人は，1962（昭和37）年に「訴訟対象と既判力対象」を発表し，その中で訴訟目的として権利保護・法秩序維持を主張した。彼は，紛争解決説についての兼子一の理由づけを次のように批判した。すなわち，「古代裁判と近代裁判とを同一範疇において論じることにはまず問題がある。確かに，古代裁判もそれが裁判という名において観察される限りは，紛争を解決するものであった。その点においては，古代裁判も近代裁判も変わりはない。いなその点においてのみ共通点をもつ。だからといって，すべての時代の裁判が紛争解決を目的とするのだと断定するのは，あまりにも素朴な考察である。それはあたかも，古代の機織が衣服を作ることを目的としたから，資本主義経済社会における近代的繊維産業も同一の目的をもつものだと主張することが，後者のもつ時代的意義づけを説明するのになんら役立たないのと似ている。裁判＝訴訟が紛争を解決するのは，その目的というよりも，その作用である。だから時代を超えてその点に共通点をもつのである」[29]と。小室によ

26　兼子一『實體法と訴訟法』(1957年・有斐閣) 109頁。受験生の合格請求権の例は，個人の国家に対する公権の存在を否定する*J. Kohler*, Der Prozess als Rechtsverhältnis, Neudruck der Ausgabe Mannheim 1888, Aalen 1969, S. 13 ff. が持ち出した例と同じである（なお *ders.*, Der Rechtsschutzanspruch, ZZP 33 (1904), 211, 213 f.）。*Kohler*は，能力のある者が不合格になることがあり，能力のない者が往々にして合格する試験において，能力のある者の合格請求権について語ることの誤りを指摘し，この合格請求権は合格した者は有能であり，不合格になった者は有能でなかったという擬制に依拠せざるを得なくなるという。公法上の権利としての権利保護請求権を否定する*Kohler*らの議論に対しては，*G. Jellinek*, System der subjektiven öffentlichen Rechte, 2. Aufl., 1919, S. 125 Fn. 2が「主として公法上の請求権の本質についての喫緊の研究の欠缺に基づくものである」と批判をしていたが，兼子論文はこの点には全く触れていない。

27　小山昇『民事訴訟法〔5訂版〕』(1989年・青林書院) 4頁。

28　三ケ月章『民事訴訟法〔法律学全集〕』(1959年・有斐閣) 4頁以下。

ると,「法規制の安定性,合理性を不可欠なものとして,確認訴訟という観念的な紛争解決形態を備えるに至った近代的訴訟制度は,処分権主義をとおして,権利保護をはかりつつ,法秩序の維持とその実効性の確保を第一義的な目的とする」30。もっとも,小室においては,権利保護と法秩序維持が同列に並べられている。しかし,当事者の訴えの提起がなければ裁判は行われない民事訴訟において,法秩序維持は訴訟の第一次的な制度目的となりえないように思われる。

3 兼子理論の特徴

しかし,兼子は,小室が指摘するように,本案判決請求権と紛争解決請求権の等置以外には紛争解決説の具体化を何ら行っていない31。海老原明夫が指摘するように32,Erich Bley(エーリヒ・ブライ)の主張した本案判決請求権説は,本案判決請求権の要件として法的利益を要求する。その際,原告が訴訟前に有している権利的利益が考えられている。Bleyは,原告の権利は利益対立があるため不安定になっているけれども,訴訟前の権利の存在を否定してはいないのである。しかし,兼子は,本案判決請求権の要件として法的利益ではなく原告の「正当な利益」を要求するだけであるが,それにもかかわらず「正当な利益」を「法的利益(rechtliches Interesse)」と同視する。したがって,Bleyのいう本案判決請求権と兼子のいう本案判決請求権には違いがあることは確かである。この関連において,「紛争」の意味や範囲および「紛争解決」の意味が兼子によって明確にされていないことも指摘されるべきである。いかなる場合に紛争が存在し,訴訟手続によって取り上げられることができるのか,そしてどのような状態において紛争が解決しているといえるのかが,明確にされていないのである。いな,判決はそのとおり実現されるとは限らないので,判決は紛争を解決するとは限らないということができる。また,いかなる場合に本案判決を求める正当な利益が原告に存在するかを論理的に説明することはできないのである。

---

29 小室直人『訴訟物と既判力』(1999年・信山社)4頁(初出は,大阪市立大学法学雑誌9巻3=4号〔1962年〕345頁,348頁以下)。
30 小室・前掲注(29)5頁。
31 小室・前掲注(29)5頁。
32 海老原明夫「紛争解決と訴権論」ジュリスト966号(1990年)12頁。

また，兼子理論においては，法の不完全性に目が向けられ，訴訟を通じて判決によって法が形成されるということが重視されていることも特徴的なように思われる。このことは，兼子が「立法と司法とが明確に区別され，法典の完備を誇るに至ったフランス民法が，一方に於て，裁判による法定立を極力警戒して，裁判官に一般的法則的な立言を以て裁判することを禁じたのにも拘らず（同第5条），他方裁判官は法律規定の不明確，不完全を理由とし，裁判を拒むことは許されないとの原則を採用していることは（同第4条），法律のない場合にも，民事裁判の必要はこれを承認したものと云える。……この点で，民事訴訟の目的を，私法法規の実効性の保障にあるとした，私の従来の見解は，私法を訴訟制度の論理的前提とし，裁判が司法作用であることを絶対視したために，目的と手段とを取違えていたものものであった」[33]という場合，兼子理論における訴訟による法形成の重視が明瞭に現われているように思われる[34]。

　しかし，たとえ実体法に部分的に不十分なところがあっても，直ちに訴訟制度の目的は紛争解決であるというのは短絡的に過ぎるし，また兼子自身，民事訴訟の訴訟物は「権利主張」であると見ており，しかも権利の確認を求める確認訴訟こそあらゆる訴訟類型の原型（Prototyp）であるというのであるから[35]，実体権が訴訟の前に前提にされているのである。兼子理論は，この点で明らかに首尾一貫性を欠いている。もっとも兼子は，「訴訟の判決による紛争の解決は，原告の紛争上の利益主張の当否の法律的な判断によって行われるため，原告はその主張を請求という形で持出さなければならず……」，この主張は権利主張だというのである。しかし，この説明は，右のような首尾一貫性の欠如を覆い隠すことはできないであろう[36]。兼子説の立場では，むしろ，たとえば給付訴訟の訴訟物は権利主張ではなく，裁判所に対する一

33　兼子・前掲注（18）『民事法研究第1巻』480頁以下。ここでは，スイス民法第1条や日本の明治8（1875）年6月8日の裁判事務心得（太政官布告第103号）3条も援用されている。

34　藤田宙靖「現代裁判本質論雑考」同『行政法学の思考形式〔増補版〕』（2002年・木鐸社）295頁は，誤った裁判も確定し法的に有効な裁判として当事者を拘束する現実に直視する限り，裁判によって拘束的な法が創られ，当事者の権利が創造されると見る法創造説の立場に理論構造上も系譜上も立つものとして，紛争解決説を位置づける。

35　兼子『新修民事訴訟法体系』（増訂版，1965年・酒井書店）162頁。

定内容の紛争解決を求める申立てに求めるのが論理的に一貫するからである。そして，首尾一貫性の欠如の原因は，兼子が訴訟承継についていわば立法論的な解釈を行っていることに示されているように，ドグマーティクと法政策的解釈の混在ないし結合またはドグマーティクの軽視がある点に求めることができるように思われる。すなわち，兼子は，訴訟係属中の係争物の譲渡の場合に，当事者間の訴訟によって形成された「生成経過中の既判力」がもとの当事者間の訴訟状態を承継人が引き継ぐべき義務の基礎をなすと主張するのである。しかし，訴訟過程を既判力の生成過程と捉えることは可能であるとしても，まさに生成経過中の既判力とはまだ既判力が生じていないことを意味するのであり，――口頭弁論終結後の承継人の既判力の承継の場合とは異なり――未だ発生していない確定判決の既判力は当事者に及ばないし，況や係争物の譲受人に及び得ないことは自明であり，この理由づけから係争物の譲受人の訴訟状態承継義務を根拠づけることができないことは当然だからである[37]。兼子自身「訴訟承継論」以後は，もはや「生成経過中の既判力」とはいわず，「判決の既判力の萌芽と云うべき訴訟状態」[38]または「当事者双方の訴訟状態上の既得的地位」[39]というのであるが，かくては単なる既判力の萌芽または既得的な訴訟状態がなぜ権利承継人を拘束するのか，ますます説明することができないであろう。そのためであろうか，論者によっては「生成経過中の既判力」によって訴訟承継主義を説明しようとした者がいた。

また，法形成を訴訟の目的として重視するのであれば，法形成の要件や方法についての理論枠組の構築が必要であるけれども，兼子自身には，その用

---

36 藤田・前掲注（34）300頁は，少なくとも三ケ月章の新訴訟物理論について，紛争解決説が権利主張を訴訟物と捉えるので，実体法規の裁判における意義を著しく軽視するには至っておらず，このようにして抑制が利かされていると見る。しかし新訴訟物理論の論者のいう「給付を求める法的地位」や「受給権」は実体的に色づけされていない無色の地位ないし権利であり，請求認容判決の既判力も裁判所の認容した実体法上の請求権の存在には生じないとされることから見て，やはり実体法軽視という面は拭われないであろう。むしろ，新訴訟物理論を紛争解決説のもとに主張する学説が権利主張を訴訟物として不可欠と見て「奇妙な論理構造」（藤田・前掲302頁）を持ち込むことによって，体系的理解を遠ざけることに重大な問題がある。

37 新堂幸司「訴訟承継論よ　さようなら」新堂幸司／山本和彦編『民事手続法と商事法務』（2006年・商事法務）355頁，378頁以下参照。

38 兼子・前掲注（20）459頁。

39 兼子・前掲注（35）421頁。

意はなかった。また訴訟の目的を権利保護と解する場合にも，訴訟による法形成は可能であり，必要でもあることは当然である[40]。

第4款　憲法（法治国家原理）および国際人権規約との関係

ドイツでは，訴訟の目的を基本法の法治国家原理により基礎づける試みがなされた。今日では，訴訟の目的が市民のための憲法上の実効的権利保護であることは広く承認されている。これに大きく寄与したのは，Wilhelm Dütz[41]（ヴィルヘルム・デュツ）が1970年に公刊した教授資格請求論文 "Rechtsstaatlicher Gerichtsschutz im Privatrecht（私法における法治国家的な裁判所保護）"である。彼は，ごく例外的な場合を除き自力救済が禁止されるドイツにおいて，国家は法律により権利の法律要件を定め，権利主張をする者がある場合には自力救済を禁止して，裁判所に権利保護を求めるように指示するのは，法治国原理に基づき市民に憲法上の権利保護を保障したものであることを明らかにした。連邦憲法裁判所の判例においても，憲法上の権利保護請求権が承認されている[42]。そして，これが実効的な権利保護に反する立法，法解釈および実務に歯止めをかける役割を演じていることを看過すべきでない。もっとも，この権利保護請求権は，かつて主張された国家に対する有利な判決を求める権利保護請求権とは異なる。この市民に付与される請求権は，主張される私権との関係をもたない。その意味で，それは形式的権利保護請求権である[43]。

しかし，日本の民事訴訟法学では，このようなパイオニアワークは，非常に残念なことながら，今日まで現われなかった。日本では，訴権を勝訴判決請求権としての権利保護請求権と捉えるワッハ＝ヘルヴィヒ流の権利保護請求権の考え方が否定されたのみであり，裁判所に対する憲法上の権利としての権利保護請求権には殆ど関心が向かわなかった。もっとも兼子自身，私法

40　新堂幸司／小島武司編『注釈民事訴訟法第1巻』（1991年・有斐閣）14頁〔新堂〕は，権利保護説を実体法の自己完結性を前提とする見方とし，私法秩序維持説を実体法の自己完結性を否定し「訴訟による実体法の内面的完結を帰結する」見解と捉え，両者の対立点とする。しかし，権利保護説は法実証主義と同じではないし，少なくとも今日の権利保護説は法の欠缺の存在を否定しない。

41　Dütz, Rechtsstaatlicher Gerichtsschutz im Privatrecht, 1970.

第1章 訴訟法ドグマーティクにおける実体法と訴訟法

上の権利を要件とする勝訴判決請求権としての権利保護請求権を否定する文脈においてではあるが，Richard Schmidt（リヒャルト・シュミット）の見解[44]を引用して，「権利保護請求権は法治国家における法による裁判の保障を強調し，国民の信頼を深める実践的な意義に外ならないというべきである」と述べており，一見したところ，兼子自身，憲法上の形式的権利保護請求権を否定していないように見える。しかし，彼は，続けて，「裁判官が法規を忠実に適用すべきことは，その一般的職責であって，個々の訴訟事件の当事者に対して義務づけられ，したがって当事者がこれを請求する権利があることに基づくものでないことは，個々の受験生が試験官に対して，自分の答案を公正に間違いなく採点しろという請求権があるわけでないのと同様である」[45]と断じ，憲法上の権利保護請求権には関心を示さなかった。兼子は裁判所の面前での手続を規律する民事訴訟法と民事訴訟がいかなる関係に立つかという点についても，言及しなかった。この関連で想起されるのは，彼が第二次世界大戦後，最高裁判所は憲法77条1項が最高裁判所に付与した訴訟規則制定権に基づき民事訴訟手続を全面的に規律することができると考えた

---

[42] BVerfGE 54, 277 (291 ff.):「基本法の法治国家原理から，実体的意味における民法上の争訟についても，実効性に富んだ権利保護の保障が引き出されうる。実効性に富んだ権利保護は，訴訟物の原則的に包括的な事実上および法律上の調査と，裁判官による拘束力のある裁判を可能にしなければならない。……法的請求権の私人間での，勝手気ままで暴力的な実行を原則として禁止することは，法治国家性の中心的な局面である。当事者は裁判所への道（Rechtsweg）を指示される。そこでは，当事者は秩序ある訴訟手続（Rechtsgang）において暴力なくその争訟の決着をつけ，拘束力のある裁判を取得すべきである。裁判権において，国内的暴力禁止と国家による暴力の独占がはっきりと現われる。ここから明らかになるのは，裁判所へのアクセス，手続の進行および上訴のあり方に関する規律が法秩序の維持に対してもつ根本的な意味である。ここから上訴裁判所へのアクセスについても，市民ができるだけ明瞭に認識できるように，かつ明確に規律されることが要請される。なぜなら，この規律が，いかなる限度で，かつ，どのようにして市民が自分の権利を探すことができるかを定めるからである。この方法で関係人に多様な人間的および物質的な負担，なかんずく裁判上および裁判外の費用が生ずるのであればあるほど，その場合の明確性が一層必要である。」; 80, 103 (107); 85, 335 (345); 88, 118 (123); 93, 99 (107); 107, 395 (406 f.).

[43] Rechberger/Simotta, Zivilprozessrecht, 6. Aufl., 2003, Rdnr. 13.

[44] Richard Schmidt, Prozessrecht und Staatsrecht, 1903, S. 30, 67.

[45] 兼子・前掲注（26）109頁．

ことである。もっとも，裁判所は憲法76条3項により法律に拘束されるので，法律により規定されている事項については，規則は補充的効力をもつにとどまるという見解であった[46]。

私見によれば，自力救済の禁止，法に基づく裁判の要請は，日本においても異ならない。憲法は財産権を保障し（憲法29条1項），法律により法律効果とそのための法律要件を定め，法律効果をめぐって争訟が生じた場合には裁判を受ける権利を国民に保障しているのである（憲法32条）。また日本も加入し批准している「市民的および政治的権利に関する国際人権規約」（International Covenant on Civil and Political Rights）14条1項2段も，公平な裁判所による公正な公開審理を受ける権利を保障している。これらの諸事情は，憲法上の権利保護請求権を肯定することを支えるものである[47]。もっとも本稿では，この権利保護請求権の法律構成に立ち入ることはできない。

---

[46] 兼子一「司法制度」国家学会編『新憲法の研究』（1947年・有斐閣）229頁，240頁。その後，兼子は，法学協会編『註解日本国憲法中巻』（1949年・有斐閣）323頁において，最高裁判所の規則制定権は立法者たる国会の干渉を排除するほどの強い効力をもつものではなく，国会は訴訟手続上の事項についても法律による規定を妨げられないが，ただ純粋に技術的な部分や裁判所の内部事項は規則に委ねるのが望ましいとした。もっとも，当時，日本国憲法77条1項に定められた最高裁判所の規則制定権は法学に，この規則制定権と訴訟法とはいかなる関係に立つのか，そして両者が矛盾する場合にいずれが優先するかという問題を突きつけたこと，最高裁判所は訴訟法に反しても訴訟手続に関しすべての事項を自由に規律することができるという規則優位説（たとえば，小野木常「最高裁判所の規則制定権」法学論叢54巻（1947年）65頁以下）も主張されたことを指摘すべきであろう。

[47] 公法学の領域では近時，とくに公権力による国民の権利侵害に対する保護との関係で，裁判を受ける権利から実効的権利保護保障を導く有力学説が登場していることが注目される。たとえば，笹田栄司『実効的な基本権保障論』（1993年・信山社）；戸波江二「裁判を受ける権利」ジュリスト1089号（1996年）279頁，282頁以下；市川正人「裁判へのアクセスと裁判を受ける権利」公法研究63号（2001年）207頁，209頁；片山智彦『裁判を受ける権利と司法制度』（2007年・大阪大学出版会）54頁以下。

第3節　民事訴訟法学におけるドグマーティクからの離反

第1款　解釈の柔軟化への指向の根強さ

　日本では1960年代にドイツ民事訴訟法学における訴訟的訴訟物理論の影響を受け，実体法上の請求権ごとに給付訴訟の訴訟物を個別化する見解（旧実体法説）を批判する見解が主張され始めた。しかし判例は，訴訟法的な訴訟物学説を採用せず，今日でも依然として実体法上の請求権ごとに給付訴訟の訴訟物を捉える見解を維持している。しかし，その上で訴訟的な訴訟物学説が主張してきた紛争解決の一回性は，私見によれば望ましくない方法で徐々に別の観点から――部分的にあれ――採用されつつある。以下ではまず，そのような傾向をもついくつかの例を挙げて検討することにしたい。

1　重複訴訟の排除

　民事訴訟法146条は，重複起訴の排除を規定する。重複訴訟の成立の判断基準は，伝統的には前訴と後訴の訴訟物の同一性に求められていた。しかし，今日多数説はむしろ，前訴と後訴の訴訟物が異なりまたは権利保護形式が異なっても，審理の重複と判断の矛盾のおそれが存在する場合には，後訴を別訴として別個の訴訟手続を行わせる必要はなく，係属中の訴訟手続の中で原告による訴えの変更，または被告による反訴の提起によらせるべきだとする。その際，ある見解は，前訴と後訴の主要な争点の共通性を重複起訴の成否の判断基準とし[48]，別の見解は，後訴の訴訟物が前訴のそれと異なっても，これと「密接に関連する訴訟物について当事者が重ねて本案の審理を求めて」いるか否かに求め，訴訟物をなす権利関係の基礎をなす生活関係が同一であり，主要な「法律要件事実」が共通であれば重複起訴が成立するとする[49]。

　ここでは重複訴訟の成否の問題であるにもかかわらず，実際には別訴を許したとしても既判力の衝突が生じないような場合にまで，上述の基準により重複訴訟の成否を判断すべきものとされており，結局のところ，関連訴訟の

---

[48]　新堂幸司『新民事訴訟法〔第5版〕』（2011年・弘文堂）227頁以下。
[49]　伊藤眞『民事訴訟法〔第4版補訂版〕』（2014年・有斐閣）218頁以下。

併合強制が問題とされているということができる。しかし，併合強制は，民事訴訟法が規律していない，重複起訴の排除の問題と異なる別個の問題である。

2　相殺の抗弁と重複訴訟

　訴訟において訴訟上の相殺の抗弁が提出される場合，反対債権について訴訟係属が生じるかという問題につき見解の対立がある。判例[50]および多数説[51]は，別訴請求中の債権を自働債権とする相殺の抗弁を許すならば，反対債権の存否について審理の重複，訴訟上の不経済が生ずるのみならず，既判力の衝突の可能性もあるから，重複起訴の禁止を定めた民事訴訟法142条の法意に反することになるという理由で，この相殺の抗弁を不適法とする。

　ここから生じるのは，別訴で訴求中の債権を，別訴の相手方が提起した訴訟において，この訴訟の被告（別訴の原告）が相殺に供することは重複起訴を理由に不適法とされ，法律が付与している実体法上の相殺権が訴訟上の理由により故なく制限されてしまうことである。そのような解釈がなぜ許されうるのか，判例およびこれを支持する見解はその理由を全く説明しない。既判力の衝突のおそれがいわば絶対視され，既判力の衝突を回避する手段が他にあっても，これを考慮に入れることは初めから排除されている。

3　一部請求棄却判決後の残部請求の信義則違反を理由とした排斥

　公然の一部請求訴訟において請求を全部または一部棄却する判決は，請求権の一部が訴訟物であったため，残部請求訴訟は前訴判決の既判力によっては遮断されないが[52]，前訴は請求権全体の成立事由，消滅事由の有無について審理し請求棄却の結論を得ているので，残部請求の後訴は相手方の紛争決

　50　最〔3小〕判平成3年12月17日民集45巻9号1435頁。
　51　伊藤・前掲注（49）222頁；上田徹一郎『民事訴訟法〔第6版〕』（2009年・法学書院）150頁；梅本吉彦『民事訴訟法〔第4版〕』（2010年・信山社）277頁；河野正憲『相殺の抗弁と重複訴訟禁止の原則』同『当事者行為の法的構造』（1988年・弘文堂）75頁，116頁以下；同『民事訴訟法』（2009年・有斐閣）304頁；新堂・前掲注（48）228頁；反対：中野貞一郎「相殺の抗弁」同『民事訴訟法の論点II』（2001年・判例タイムズ社）136頁，163頁以下；高橋宏志『重点講義　民事訴訟法〔上〕』（2005年・有斐閣）125頁以下；松本博之『訴訟における相殺』（2008年・商事法務）109頁以下。
　52　最判昭和37年8月10日民集16巻8号1720頁。

着期待を害し，それゆえ信義則に反するため不適法だとするのが判例53である。判例のこの見解は，有力な学説54によって全面的に支持されている。

　私見によれば，判例が一部請求訴訟の訴訟物は訴求された債権の部分に限られているとしつつ，一部請求棄却判決は債権全体について争いが決着したとの被告の正当な期待を生ぜしめるという理由を掲げて，信義則の適用により，残部請求の後訴を不適法とすることは全く問題である。なぜなら，公然の一部請求訴訟の被告は，一部請求訴訟の訴訟物についての判例の見解に立つ限り，債権の全体は裁判されないことを初めから知らされているからである。かかる場合には，信義則の適用はそもそも問題にならないといわなければならない。とりわけ被告は，残部債権の不存在の確認を求める中間確認の反訴を容易に提起することができるから，なおさらである55。

4　争点効理論・信義則による判決効の拡張

　(1)　**争点効理論**　　ドイツ民事訴訟法と同様，日本の民事訴訟法による既判力の客観的範囲は狭い。そのため，民事訴訟法学においては確定判決による紛争解決機能の低さに対する批判がなされてきた。その中で登場したのが，新堂幸司による争点効理論の提唱である。

　争点効理論は，アメリカ合衆国法上の争点排除効をモデルに，信義則または当事者間の公平を根拠に既判力とは異なる争点効という確定判決の拘束力を肯定することを要求する解釈論である。それによれば，「前訴で当事者が主要な争点として争い，かつ，裁判所がこれを審理して下したその争点についての判断に生じる通用力で，同一争点を主要な先決問題とした異別の後訴請求の審理において，その判断に反する主張立証を許さず，これと矛盾する判断を禁止する効力」56と定義される。この理論は，判決理由の既判力が否定されるのは，当事者が訴訟上の権能と機会を利用するにせよ，しないにせよ，訴訟目的の達成のために必要最小限のこととして判決主文中の判断に拘

53　最判平成10年6月12日民集52巻4号1147頁。
54　中野・前掲注（51）107頁，124頁。
55　この問題については，松本博之『既判力理論の再検討』（2006年・信山社）201頁以下；松本博之／上野泰男『民事訴訟法〔第8版〕』（2015年・弘文堂）〔680〕参照。
56　新堂・前掲注（48）709頁以下（初版は1974年）。明確に争点効理論を支持するものとして，高橋・前掲注（51）562頁以下。

束されることを明らかにし，かつ，前提問題については既判力を及ぼさないことによって当事者の自由な訴訟活動と審理の弾力性を確保するためであるとする。このような理由によって判決理由の既判力が否定されるのであれば，当事者が主要な争点について争い，裁判所がこれについて実質的な判断を下した場合，そしてそのような場合に限って，その判断を関連請求の当否の判断の基礎として通用させる方が当事者間の公平に合致すると，この説は見る。

なるほど事案によっては，争点効が事案の適切な解決をもたらす場合があるかもしれない。しかし，問題は，判決理由の既判力を否定した立法者の決定が，誤った裁判所の判断が永久化され，当事者がその訴訟に賭けた利益を超えて広範な既判力効を当該事件から派生する将来の訴訟に及ぼし，それによって当事者が予期しない不利益を受けるのを防ぐこと，および，当事者がいかなる範囲で既判力に拘束されるかを明確にして予見可能性を確保することを目的としていることとの関連である。この立法者の決定は，当事者が当該争点について十分に争ったか否か，裁判所がそれについて実質的に判断を下したか否かということと無関係である。当事者が当該争点をいかに真剣に争っても，裁判所が事実の認定や法の適用において誤ることは常に起こりうるからである。したがって，結果として判決理由に一定の範囲で既判力を承認することに帰する争点効理論は，この点で無理があろう。しかし争点効論に対する批判においては，以上の点は殆ど指摘されず，その適用要件の不明瞭さのみが問題とされたのは，批判として些か不十分であったように思われる。このことがその後，直ぐ後に述べるように信義則による判決理由の拘束力の承認をもたらすからである。しかし，問題は次の点にあるように思われる。すなわち，争点効が承認される場合，争点効を避けるために特定の事実上または法律上の争点について争わないとすると，このことにより不利な判決を招く虞があるので，結局，前提問題について当事者の自由な訴訟活動と審理の弾力性を確保することができないのみならず，いずれにせよ当事者は裁判所が事実認定や法適用を誤ることを阻止することができないという点である。

(2) 判例による争点効理論の拒否と信義則による後訴の排除　　文献における批判に直面して，争点効論者は要件の精緻化を図ったが，他方では争点効論者の問題提起を受け止め，これを信義則の適用による判決理由の拘束力として理論構成するものが現われた[57]。判例においては，争点効理論に対して

下級裁判所が対立した見解を示したのち，1969（昭和44）年に最高裁判所がこれを拒否する判断を示した[58]。その後，前訴確定判決の理由中の判断と矛盾する後訴における主張を信義則の適用により排斥する判例が現われ，注目されている。すなわち，最高裁判所は，次のような事実関係を基礎とする事件を裁判しなければならなかった。Aの相続人X_1がもとAの所有で自作農創設特別措置法による買収処分がなされ，Bに売り渡された本件農地をBから買い受ける契約が成立したと主張して，B死亡後，その子であるY_1，Y_2およびBの妻に対して農地法上の許可申請手続およびその許可を条件とする所有権移転登記手続を求める訴えを提起し，請求棄却判決を受けた。この判決の確定後，X_1はX_2 X_3 X_4を原告に加え，Y_1 Y_2およびY_3（係争土地の一部譲受人）に対して，今度は農地買収処分の無効等を主張して真正名義回復のための所有権移転登記請求の訴えを提起したという事案である。最高裁は，次のように判示して上告を棄却し，訴えを不適法として却下した原判決を維持した。「本訴は，実質的には，前訴のむし返しというべきものであり，前訴において本訴の請求をすることに支障もなかったのにかかわらず，さらに上告人らが本訴を提起することは，本訴提起時にすでに右買収処分後約20年も経過しており，右買収処分に基づき本件各土地の売渡を受けた右B及びその承継人の地位を不当に長く不安定な状態におくことになることを考慮するときは，信義則に照らして許されないものと解するのが相当である」[59]。この判例は，その後の裁判実務に大きな影響を及ぼしている[60]。

第2款　判例の発展に対する学説の協働

上述の判例の展開は，実務によって主導されたものではない。むしろ，争点効理論や信義則の適用による判決理由の拘束力の承認に見られるように，

---

[57] 中野貞一郎「争点効と信義則」同『過失の推認』（1987年・弘文堂）201頁以下。

[58] 最判昭和44年6月24日判時569号48頁＝判タ239号143頁。この判例については，高橋宏志／高田裕成／畑瑞穂編『民事訴訟法判例百選〔第4版〕』（別冊ジュリスト201号，2010年）180頁以下〔松本博之〕参照；最判昭和48年10月4日判時724号33頁。

[59] 最判昭和51年9月30日民集30巻8号799頁。

[60] 最判昭和52年3月24日金商548号39頁；最判平成10年6月12日民集52巻4号1147頁。最近の下級審裁判例として，千葉地判平成20年11月17日TKC25440220；知財高判平成21年1月29日TKC25440286；知財高判平成22年5月27日TKC25442228がある。

文献における若干の著者がこれに協力し，これを支えた。とくに中野貞一郎や竹下守夫による信義則の強調が大きな役割を果たしたと思われる。すなわち彼らは，信義則の適用類型としての矛盾挙動禁止原則や権利失効の原則に照準を合わせた。

争点効理論を否定した竹下は，彼の提案する失効の要件が具備する場合，そしてその場合に限り争点効と類似の結果を得ようと試みた。権利失効の法理は，権利者が適時に権利を行使しなかった結果，もはやこの権利は行使されないであろうという相手方の期待に反して行われた権利行使を信義則に反するものとして斥けようとするものであるが，これを判決理由の拘束力に関しても応用しようとする。すなわち，「確定判決の理由中で判断された事項について，一方の当事者に，すでに前訴で決着が着いたとの正当な信頼が生じ，法の規範的要求として，その事項につき再度の応訴，弁論を強要しえないと認められるときは」，その理由中の判断は，①それが主要な争点に関し，②その争点につき不利な判断を受けた当事者がその判断を上訴で争う可能性を有し，③前訴と後訴が同一の社会的紛争から生じたものである限り，拘束力が承認され，後訴においてこれと抵触する攻撃防御方法を提出することは，当事者が拘束力を援用する限り，排斥されるという[61]。

昭和51年9月30日の最高裁判決に関しては，農地買収処分の無効が約20年以上も経ってから主張され，かつ第一審裁判所が被告側の取得時効の成立を理由に原告の所有権の不存在を認定していたという事案の特殊性から見て，その射程距離は長くないとする見解[62]があったが，新堂幸司[63]は，既判力を超える失権効を前訴とは異なる訴訟物をもつ後訴に及ぼすこの最高裁判例を支持し，この判例に即して，このような後訴に対する拘束力の拡張の要件を確定することを試みた。彼は，前訴で争点を絞った趣旨，裁判所の訴訟指揮，ことに釈明権の行使，前訴判決確定から長期間の経過や反訴の提起のような被告側の対応策の有無等を「手続事実群」と呼び，これを考慮して事後的評

61　竹下守夫「判決理由中の判断と既判力」山木戸克己教授還暦記念『実体法と手続法の交錯（下）』（1978年・有斐閣）92頁，100頁以下。

62　新堂幸司／青山善充編『民事訴訟法判例百選〔第2版〕』（別冊ジュリスト76号，1982年）236頁〔三ヶ月章〕参照。

63　新堂幸司「訴訟物概念の役割」同『訴訟物と争点効（下）』（1991年・有斐閣）113頁，131頁以下；同・前掲注（48）725頁以下。

価に基づき，訴訟物を異にする後訴にも既判力効を超えた失権効が働くと主張した。

しかし，既判力に関する法原則は，既判力が後訴に及ばない限り，確定判決は失権効を後訴に及ぼさないということから出発しているので，以上のような考え方は体系違反ということができる。紛争解決に対する期待の保護の必要性が，既判力を超える失権効を要求し，これを正当化することができるのであれば，既判力規定は殆ど不必要であろう。なぜなら，すべては信義則の適用によって処理することができるからである。さらに争点を絞ったことが紛争全体の解決への当事者の期待を基礎づけうるとすることも疑問である。なぜなら，当事者は訴訟物に鑑み争点を限定したところ，除去した争点に関して後訴において失権効を受けるとすると，当事者はそれによって不意打ちに曝されるからである。

第3款　評　価

以上に示した近時の日本の訴訟法解釈の歩みをどう評価すべきか。信義則の適用は人の感情に訴え，したがって受け入れられ易い。しかし，判決効のような重要な問題に十分なドグマーティシュな理由なしに答えを与えることは全く問題であろう。もっともここでは，この問題にこれ以上立ち入ることはできない。ここでは，法律が既判力を判決主文に含まれた裁判に明文規定によって制限しているところで（民訴法114条1項），なぜ判決効の領域において信義則が勝利行進できるのか，その理由だけが問題である。日本では，これまで民事訴訟法の原則や基本概念は必ずしも軽視されてきたのではないと筆者には思われる。しかし，訴訟法規の解釈にあたり民事訴訟法の原則や基本概念を重視するという基本態度は，困難な解釈問題が現われるほどプラグマティックな解釈に対して後退しているのである。そして訴訟目的を紛争解決と捉える見解は，このような方向に道を開く。すなわち確定判決による紛争解決の範囲の拡大を追求する場合には，信義則は非常に有用である[64]。

しかし，たしかに言えるのは，信義則の適用には安定性がないことである。この不安定性は，たとえば原告が金銭消費貸借契約に基づき利息の支払いを請求し，確定判決によって，契約は成立しなかったという理由で棄却されたという事例を手掛かりに容易に理解することができる。この事案で同じ金銭

消費貸借契約に基づき元本の返済を求める第2の訴訟において，前訴で契約の成立が争われ裁判所が契約は不成立だと判断していた場合に，後訴裁判所は信義則によりこの消費貸借の成立については裁判済みとすることができるかどうか問題となろう。これを肯定することは，満足できる結果ではない。もちろん，この事案では，当事者は金銭消費貸借契約をめぐる争訟の全体に決着がついたという期待を抱いても，それは正当な期待ではなく，したがって信義則の適用はないと指摘されるかもしれない。しかし，この例は，信義則の適用要件の具備を一義的に判断することが極めて困難であることを示している。原告が所有権に基づく妨害排除請求訴訟においてその所有権の不存在を理由に請求棄却判決を受けた場合も同じである。原告の所有権の存否について争われ，裁判所がこれを否定的に判断し，請求棄却判決をすると，所有権を前提問題とし所有権から派生する法律効果をめぐるあらゆる後訴は信義則によって不適法とされてよいのであろうか。この訴訟では，被告が差止めを求められた行為を行う権限が被告に帰属しているかどうかが最大の問題である。そのような訴訟で前提問題として原告の所有権を否定する判断が下されたとしても，この判断は原告の所有権をめぐる後訴に影響を及ぼすべきではないのである。

また，信義則の適用が安易になされるおそれがあり，これによって国民の裁判を受ける権利が侵害される危険がある[65]。

第4節　最終的コメント
―― プラグマティックな訴訟法解釈の勝利か？

以上の考察は，日本では多数説によって，権利保護が訴訟目的として承認

---

[64] 紛争解決説を主張した兼子自身がこのような意図を有していたかどうか，確実に述べることはできない。しかし，彼が債務不存在確認訴訟の係属中に被告によって提起された同一権利関係に基づく給付の訴えを重複起訴として不適法と見なし，公然の一部請求訴訟の判決確定後の残部請求の訴えは前訴確定判決の既判力を受け不適法と見る場合，彼の見解が紛争解決説と結びつけられることはもっともであろう。なお，新堂＝小島編・前掲注（40）15頁〔新堂〕参照。

[65] 最判昭和59年1月19日判時1105号48頁＝判タ519号136頁は，被告の紛争決着期待に反するとして信義則違反を理由に後訴を不適法却下した原判決を，信義則違反はないとして破棄した裁判である。

されず，規範的に無色の紛争の解決が訴訟目的とされていることを明らかにした。そして実際の法適用においては，プラグマティックな考察方法を信義則の適用という形で，しかも判決効の領域で優遇する傾向が現われている。ここでは信義則は，必ずしも個別事案の個別事情に照準を合わせてその適用が判断されるというものではない。これは，公然の一部請求訴訟を全部または一部棄却する判決が確定した後の残部請求の後訴を，被告の紛争決着期待を理由に不適法とする判例および学説に端的に現われている。ここでは事案の特殊な状況が考慮されているのではなく，一部請求棄却判決の確定後の残部請求であることを理由に一般的に信義則の適用が語られていることが特徴的である。しかし，このような傾向は，判決効の領域以外の領域においても個別事情ではなく信義則の一般的な適用に向かう虞がある。

　以上のように見てくると，日本の民事訴訟法解釈学においては重要な問題についてドグマーティク離れが徐々に，しかし確実に進んでいるということができる。これは，法律解釈の方法として利益考量がますます利用されることを招く。しかし，利益考量論には様々な問題がある。一例を挙げれば，放送記者の取材源についての証言拒絶権に関する最高裁判所の近時の裁判[66]を指摘することができよう。最高裁判所は初めて，この問題において利益考量に賛成した。曰く「もっとも，ある秘密が上記の意味での職業上の秘密に当たる場合においても，そのことから直ちに証言拒絶権が認められるものではなく，そのうち保護に値する秘密についてのみ証言拒絶が認められると解すべきである。そして，保護に値する秘密であるかどうかは，秘密の公表によって生ずべき不利益と証言の拒絶によって犠牲になる真実発見及び裁判の公正との比較衡量により決せられるというべきである」。本件での具体的な比較衡量につき，最高裁判所は，取材源の秘密は職業の秘密にあたることを認めた上で，保護に値する秘密であるかどうかは，「当該報道の内容，性質，その持つ社会的な意義・価値，当該取材の態様，将来における同種の取材活動が妨げられることによって生ずる不利益の内容，程度等と，当該民事事件の内容，性質，その持つ社会的な意義・価値，当該民事事件において当該証言を必要とする程度，代替証拠の有無等の諸事情を比較衡量して決すべきこと

66　最〔3小〕決平成18年10月3日民集60巻8号2647頁。これにつき，松本博之・ジュリスト1332号（2007年）129頁参照。なお，最〔3小〕決平成20年11月25日民集62巻10号2507頁も参照。

になる」という。そして，この比較衡量に当たっては，次の点が考慮されなければならないとされる。「報道機関の報道は，民主主義社会において，国民が国政に関与するにつき，重要な判断の資料を提供し，国民の知る権利に奉仕するものである。したがって，思想の表明の自由と並んで，事実報道の自由は，表現の自由を規定した憲法21条の保障の下にあることはいうまでもない。また，このような報道機関の報道が正しい内容を持つためには，報道の自由とともに，報道のための取材の自由も，憲法21条の精神に照らし，十分に尊重に値するものといわなければならない。……取材の自由の持つ上記のような意義に照らして考えれば，取材源の秘密は，取材の自由を確保するために必要なものとして，重要な社会的価値を有するというべきである。そうすると，当該報道が公供の利益に関するものであって，その取材の手段，方法が一般の刑罰法令に触れるとか，取材源となった者が取材源の秘密の開示を承諾しているなどの事情がなく，しかも，当該民事事件が社会的意義や影響のある重大な民事事件であるため，当該取材源の秘密の社会的価値を考慮してもなお公正な裁判を実現すべき必要性が高く，そのために当該証言を得ることが必要不可欠であるといった事情が認められない場合には，当該取材源の秘密は保護に値すると解すべきであり，証人は，原則として，当該取材源に係る証言を拒絶することができると解するのが相当である」と。

　筆者には，秘密の開示についての利益考量の方法が秘密の要保護性を正しく捉えることができるかどうか，疑問なように思われる。法律が職業上の秘密を証言拒絶事由と定めていない刑事訴訟と異なり，民事訴訟法は明文規定によって技術または職業の秘密を保護している。ここでは法律上の秘密の保護に重点が置かれており，真実の確定はその限りで初めから放棄されているということができる。そうだとすると，ある秘密の要保護性が，たとえば当該事件が重大な公共の利益に関わり，代替的な証拠方法がない場合に，否定されうるとすることは，理解困難である。その他の点では，利益考量は，同じ事項がある事件では保護に値する秘密とされ，別の事件では保護されないという結果になりうる。このようにして，訴訟における秘密保護の予見可能性が失われる[67]。基本的に問題なのは，私法上の権利または利益が争われているにすぎない民事訴訟において，真実発見という公益の考慮が技術または

---

[67] 松本・前掲注 (66) 131頁；松本／上野・前掲注 (55) 〔540e〕。

職業の秘密の法律上の保護を排除することができるかどうかである。弁論主義が妥当する民事訴訟において，法律上の秘密保護が具体的な事件における公共の利益を理由に削減されることは正当化できないように思われる。

　上述のところによれば，法解釈における一義的な判断を保障し，実務上の取扱いの安定性と明確性を確保することは重要な課題である。この必要に応じるためには，訴訟の基本原則や制度の意味などの基本的な事項に基づく訴訟法解釈に立ち返ることが必要であると思われる。

第2章　民事訴訟法学と方法論*

第1節　はじめに

(1)　ある訴訟法規が種々の意味に解釈され得る場合，われわれは法の適用に当たって可能な解釈のいずれを選択すべきか。この問題は，民事訴訟法のみならず，あらゆる法領域において普遍的に生ずる法律学の最も基本的な問題の1つである。したがって，法解釈の方法が全法分野の基本的関心事であることはいうまでもない。多くの法分野において，法解釈のあり方をめぐって長期にわたって議論が積み重ねられてきた。論争が熾烈となることも稀ではなかった。このことは，民事訴訟法学と機能的に密接な関係にある民法学においてとくに顕著に見られたことである[1]。

(2)　民事訴訟において適用される訴訟法規の解釈のあり方は，具体的な訴訟の結果にも直接または間接に重大な影響を及ぼし得るほか，訴訟手続の公正性や公平性に関係し，また，下された判決が当事者によって受容されるかどうかを左右し得るのであるから，訴訟法規の解釈に当たってどのような基準または観点が重視されるべきかという問題は，極めて重要で，理論的かつ実際的意義を有するものである。

ところが，日本の民事訴訟法学の文献は，これまでのところ，この問題について比較的冷淡なように見える。比較的規模の大きなコンメンタールで

---

*　本章は，松本博之「民事訴訟法学と方法論」新堂幸司監修　高橋宏志／加藤新太郎編『実務民事訴訟講座［第3期］(1) 民事司法の現在』(2014年・日本評論社) 107頁以下を収録するものである。

1　民法学における法解釈方法論については，加藤一郎『民法における論理と利益考量』(1974年・有斐閣)；星野英一「民法解釈論(序説)」同『民法論集第1巻』(1970年・有斐閣)；甲斐道太郎『法の解釈と実践』(1977年・法律文化社)；広中俊雄『民法綱要第1巻　総論上』(1989年・創文社) 59頁以下；瀬川信久「民法の解釈の方法」法律時報1989年2月号などを参照。

あっても，訴訟法規の解釈方法の問題に多くのスペースを割くということはなかったようである2。そこでは，例外はあるが，大量現象としての訴訟の性格に鑑み，手続の画一性・安定性の必要が強調されるにとどまるのが普通であったといってよい。しかし，これによって民事訴訟法規の解釈にとって必要かつ重要な指針が得られたかというと，そうでないことは明瞭であろう。このことは，今日まで民事訴訟法学において，なぜ本格的な解釈方法論の展開を見なかったのか，その原因を探るとともに，民事訴訟法がその実現を目指す価値と実体法が保護しようとする価値の双方を視野に入れた解釈方法論の構築の必要性をも示唆しているように思われる。

　(3)　ところで，民事訴訟法の個々の重要な解釈問題を見ていると，重要な結論がたとえば「……の趣旨に照らし……と解釈されるべきである」というような理由づけのみで，いとも簡単に，粗雑な「目的論的解釈」により規定の類推適用が行われ，実質的な理由を示していない裁判例やこれを支持する文献に出くわすことが少なくない。種々の利益（当事者または第三者の利益と真実発見または審理の充実のような公的な利益）の比較考量が重要であるとして，利益考量ないしは比較考量に基づき，またはこれを基調として，解釈問題について大胆な結論を得ようとする裁判例や文献も，少なからず存在する。また「実務的解釈」として実務（または裁判実務家）に都合のよい結論が理論的な理由を殆ど示すことなく主張されることもある。しかし，その射程距離に注意を払わない，無制約の「目的論的解釈」によって，ある規定がそれの本来の射程距離を超えた広範な影響を及ぼすおそれがある。ここでは，本

2　斎藤秀夫／小室直人／西村宏一／林屋礼二編著『注解民事訴訟法　第1巻〔第2版〕』(1991年・第一法規) 141頁〔斎藤〕――しかも，民事訴訟法とこれと抵触する民事訴訟規則の規定の優劣を論じているにすぎない；兼子一／松浦馨／新堂幸司／竹下守夫／高橋宏志／加藤新太郎／上原敏夫／高田裕成『条解民事訴訟法〔第2版〕』(2011年・弘文堂) 11頁以下〔新堂／高橋／高田〕：新堂幸司／小島武司編『注釈民事訴訟法　第1巻』(1991年・有斐閣) 40頁以下〔井上治典〕――多数の事件の画一的処理の必要性を強調する通説に対し，「通常の任意規定の解釈・運用にあたっては，事件の性質や当事者の意向にあわせて個別的，弾力的に処理していく余地は認められるべき」ことを主張するとともに，関連して，「紛争解決にあたっての制度としての利益を公益である」と捉えること，または，納税者の利益を制度利用者である私人の利益と対立させることを批判する。後者の部分には，利益考量論批判の萌芽が見られることに注目すべきである。

当の目的論的解釈が行われているかすら全く明らかでないように思われる。また，利益考量論は，考量の対象とされるいずれの利益も，もともと法的保護に値するものであることを論理的前提とする以上，保護されるべき利益がいかなる基準により保護を要しなくなるのか，あるいは，他の利益に道を譲らなければならないのかを明確にしなければならないはずであるが，利益考量論では，そのような判断基準を見出すことは論理的に不可能であり，実際にも明確にされていない。また利益考量論は，異質な利益の考量が可能であるとし，考量により結論を出す傾向にあり，それによって規定の内容を実質的に変更する危険を包蔵する。ここでは，そのような例を二，三取り上げよう。

たとえば，相殺の抗弁は，現行法上明らかに，反訴とは異なるものとして観念されている[3]。しかし，判例および多数の学説は，別訴訴求中の債権による相殺の抗弁は，反訴の提起の場合と同様，複数の裁判所の判断の矛盾をもたらす危険があるという理由だけで，しかもその危険の現実化の可能性は高くないにもかかわらず，判断の矛盾を回避するという「重複起訴禁止の趣旨に照らし」不適法であると解している[4]。ここでは，裁判所に係属するのと同一事件についての重複した訴えを不適法として却下すべきものとする重複起訴禁止の制度の，相殺の抗弁への拡張が安易に肯定され，その結果，別訴訴求中の債権を相殺債権とするという理由だけで，重複起訴禁止規定の類推適用により，被告（別訴原告）の相殺権の行使が少なくともその訴訟では排斥され，事実上不可能になる[5]。これにより，相殺の担保的機能も失われ

---

[3] 相殺を裁判所の判決によって行うものとする制度（裁判上の相殺）の下では，相殺は裁判相殺であるから，反訴に近い性格をもつが，相殺を意思表示によって行うとする民法506条のもとでは，反訴ではない。

[4] 最判平成3年12月17日民集45巻9号1435頁。なお，最判昭和63年3月15日民集42巻3号170頁；東京高判平成4年5月27日判時1424号56頁も参照。判例に賛成する文献が多い。新堂幸司『新民事訴訟法〔第5版〕』（2011年・弘文堂）228頁；河野正憲『当事者行為の法構造』（1988年・弘文堂）115頁；同『民事訴訟法』（2009年・有斐閣）304頁；梅本吉彦「相殺の抗弁と二重起訴」鈴木忠一／三ケ月章編『新・実務民事訴訟講座第1巻』（1981年・日本評論社）384頁以下；同『民事訴訟法〔第4版〕』（2009年・信山社）277頁；伊藤眞『民事訴訟法〔第4版補訂版〕』（2014年・有斐閣）221頁；上田徹一郎『民事訴訟法〔第7版〕』（2011年・法学書院）150頁；小島武司『民事訴訟法』（2013年・有斐閣）292頁以下など。

る。しかし，先行して別訴を提起した当事者が重複起訴禁止に準じてなぜ相殺の抗弁につき制約を受けなければならないのか，その法的理由は判断の矛盾のおそれ以外には，何ら示されていない。判断の矛盾を避ける方法は，決して重複起訴禁止の類推適用だけではない。現に裁判例は，手形債務不存在確認の訴えが先行する場合の手形金支払請求のための，手形訴訟手続による後訴の提起を重複起訴として不適法とはしていない。この問題では，実務的な方法で判断の矛盾を避けることができると判示する裁判例6もある。そうであるなら，なぜ相殺の抗弁の場合にも実務的な方法での判断矛盾の回避が追及されないのであろうか。いずれにせよ，重複起訴に準じて，別訴請求中の債権を相殺債権とする相殺の抗弁を不適法とするならば，相殺権という実体法上の形成権が，権利者の何らの落ち度もなくその機能を失うことになる。民事訴訟法の解釈はこのような謂れのない権利消滅や実体権の機能不全をもたらすようなものであってよいのであろうか。民事訴訟法の解釈は，実体権を不当に消滅させ，またはその効力を制限するようなものであってはならない。実体権の維持に適合的な解釈（後述する「親実体権的解釈」）が要請されなければならないし，それは訴訟目的と合致するものでもなければならないであろう。この点は後に立ち返る。

　同じく訴訟における相殺の問題であるが，判例は一部請求訴訟において被告が相殺の抗弁を提出した場合，相殺は残部債権に先に充当する形でなされるべきだとする，いわゆる外側説と呼ばれる見解に立っている。その際，判例は「一部請求は，特定の金銭債権について，その数量的な一部を少なくともその範囲においては請求権が現存するものとして請求するもの」であるから，外側説によらなければ「一部請求を認める趣旨に反する」という7。しかし，外側説は被告の防御の利益を軽視し，相殺権者の受働債権指定権を不当に否定する。一部請求訴訟は債権の当該訴求部分のみを訴訟物とするのであるから，訴訟上の相殺という被告の防御方法はこの訴求部分に向けられている。それにもかかわらず，外側説が残部債権から先に相殺するのでなければ一部請求を認める「趣旨」に反するというのは，この被告の相殺権の機能

5　前訴当時存在した反対債権による相殺に基づく請求異議の訴えを不適法と解する見解によれば，その訴訟だけでなく，その後の訴訟においても相殺権は失われる。

6　東京地判平成3年9月2日判時1417号124頁＝判タ769号237頁。

7　最判平成6年11月22日民集48巻7号1355頁。

不全をもたらし，防御を恣意的にできなくし，実体権を少なくとも当該訴訟との関係では無力化する解釈である。このような解釈は，後述の親実体権的解釈の要請に反する。

　重複起訴の問題では，通説は，「二重審理の無駄の回避，判決効抵触の予防という二重起訴禁止の趣旨」を重視し，XのYに対する所有権確認の訴えの提起後のYのXに対する同一物の所有権確認の訴えや，債務不存在確認訴訟係属後の給付の訴えの提起は反訴によるのでない限り，訴訟上の請求の同一性を超え重複訴訟として不適法だとし，これを「目的論的解釈」だとしている[8]。さらに，主要な争点が共通すれば，「その争点につき二重審理となり，内容が実質的に矛盾する判決が生ずる恐れがあることは審判対象同一・近似の場合と異ならない」から，「やはり別訴禁止・併合強制または手続の停止と言う意味での二重訴訟の禁止となる」[9]と主張されている。以上の解釈によれば，（訴訟物について旧実体法説に立つ場合）競合する請求権の1つを主張する訴訟が係属しているときは，競合する他の請求権を主張する訴えの提起は重複起訴に当たるとされるのであろう[10]。しかし，主要な争点が共通であるとはどのような場合をいうのかは必ずしも明らかでないうえ，民事訴訟法142条は主要な争点の共通する請求相互の間では審理の重複を許さないことを宣言したものと解することができるのであろうか。訴訟物が異なれば，人事訴訟法25条のような併合強制や別訴禁止の定めがないかぎり，別々の訴訟の遂行を許すのが民事訴訟法の出発点ではないのか。たとえば所有権確認判決の確定後に提起されたその物の所有権に基づく返還請求の後訴に前訴判決の既判力が及ぶが，これは各々の請求を別々に提起することを許すことを前提にしている。このように請求を審理する際，部分的に審理の重複が生じうることは，別訴禁止の定めがないかぎり，民事訴訟法が甘受していることである。また，目的論的解釈が云々されているが，目的論的解釈には後述のように，主観的目的論的解釈と客観的目的論的解釈とがあるが，論者がそのいずれを主張し，またどのように解しているのか全く明確ではない。伊藤眞は，立法者は訴訟物ではなく「事件」という用語を用いることによって訴訟物を超えて重複訴訟が成立することを明らかにしたと述べ，主観的目的

　8　高橋宏志『重点講義民事訴訟法　上〔第2版補訂版〕』（2013年・有斐閣）130頁。
　9　高橋・前掲注（8）132頁。
　10　これを明言するのは，伊藤・前掲注（4）220頁。

論的解釈を採用するようである。しかし、民事訴訟法142条が裁判所に「係属する事件」という場合、事件は訴訟物を意味すると解さざるを得ない。なぜなら、「係属」とは裁判所が事件を審理裁判できる状態をいうが、裁判所が審理・裁判できるのは原則として訴訟物（訴訟上の請求）であり、「訴訟物と密接関連のある他の訴訟物」については審理裁判できないからである。受訴裁判所が審理・裁判できない請求について別訴が提起されたからといって、重複起訴になるはずがない。また、民事訴訟法142条にいう「事件」の概念は既判事項（res iudicata）にいう事項と同じ概念であり、せいぜい重複起訴と既判力の関係を示唆するにすぎない。高橋宏志が客観的目的論的解釈方法をとっているとすれば、法は広い範囲の重複起訴の成立を認めることによって訴訟の集中を目指していることになるが、訴訟上の請求ごとに訴訟を許す民事訴訟法の大前提と合致するとは思われない。

(4) 以上のような認識から、本章の課題も自ずから明らかになろう。それは、従前の民事訴訟法の解釈方法論を検討し、どこが不十分であり、いかなる観点が重視されなければならないかを明らかにすることによって、民事訴訟法の解釈についての確固とした方法論的な基礎を得ることである。その際、抽象的な議論を避けるため、従来の解釈方法の問題点を個々の解釈問題の例示により指摘し、明らかにすべきであろう。

　もっとも本章では、問題を詳細に論ずることは、遺憾ながら到底不可能である。やや詳細な問題提起にとどまらざるを得ない。また本章が扱うのは主として民事訴訟法（判決手続）の解釈方法であって、民事執行法や民事保全法のそれは対象外であり、しかも、法律による規律を欠く場合の法形成の問題も考察の範囲外にある[11]。

11　これについては、松本博之「日本の民法・民事訴訟法における先例効の問題」石部雅亮／松本博之編『法の実現と手続』（1993年・信山社）79頁以下（同『既判力理論の再検討』〔2006年・信山社〕325頁以下所収）参照。

第2節　民事訴訟法学における訴訟目的の理解と解釈方法論

第1款　紛争解決説の登場

　前節で，日本の民事訴訟法学において解釈方法論に言及されることは甚だ稀であることを指摘した。その原因がどこにあるのかを明らかにすることも，民事訴訟法の解釈方法の検討にとって重要な課題であると思われる。それゆえ，この問題をここで簡単に見ておきたい。

　この問題は，日本の民事訴訟法学における訴訟目的の理解と密接な関係があるように，筆者には思われる。法律がその成立要件および消滅要件等を定めている権利の自力救済が禁止される法秩序のもとで，その代償として裁判上の権利保護を権利者に与えることが民事訴訟制度の目的（少なくともその目的の1つ）と解することが妥当と思われるが，そうしないのが多数説であろう。むしろ，「紛争の解決」が民事訴訟の目的であると解する見解が，文献においても支配的である。日本では明治期にドイツ民事訴訟法をいわば翻訳的に継受して民事訴訟法が制定されたが，当初から，紛争の解決が民事訴訟の目的と解されたのではない。権利保護制度としての民事訴訟[12]が語られたのち，漸く第二次世界大戦の終了後に「紛争解決説」が提唱された。この説が急激に通説化するには，有力学説による提唱と，それへの批判を経ない追随があった[13]。紛争解決説の提唱者は，いうまでもなく兼子一である。

　兼子は，もともと民事訴訟の目的を私法秩序の維持に求めた[14]。しかもその場合の当時の私法秩序は，不幸にも右傾化した社会における私法秩序であった。周知のように第二次世界大戦の終了後の1947年に，兼子は「民事訴訟の出発点に立返って」という論文[15]を公表し，法・権利より前に紛争が先行し，「民事紛争解決という社会の根源的・本能的な要請」が民事訴訟の目的を規定するので，訴訟により私法秩序の維持を図るという自分の以前の見

12　仁井田益太郎『民事訴訟法要論（上）』（1907年・有斐閣）183頁；雉本朗造「訴権論」法学論叢6巻1号（1921年）19頁以下（同『民事訴訟法の諸問題』〔1955年・有斐閣〕1頁以下に収録）；細野長良『民事訴訟法要義第一巻』（1930年・巖松堂）11頁などを参照。

第2章　民事訴訟法学と方法論　　213

解は主客顛倒の議論であったとして、かつて自ら主張した私法秩序維持説を
あっさりと放棄して、「法的に色づけされていない紛争の解決」に全体とし
ての民事訴訟の目的を見出した。兼子は、すでに1931年の論文において紛争
の法律的解決を強調していたのであるが、戦後は紛争の法律的解決ではなく
規範的に無色の即物的な紛争の解決を訴訟目的と見るのである。兼子理論の
特徴は、訴訟以前の権利は仮象のものであり、むしろ訴訟を通じて権利が「実
在化」するのであって、判決以前には権利は実在しないと見る点にある。こ
の権利の実在化をもたらすものが、まさに確定判決の既判力であるとする。
兼子は、この見解を近代法によって法制度が整備される前には訴訟を通じて
法が形成されてきたという歴史認識を基礎に、近代法が整備された後も、訴
訟前の権利の存在を否定する（仮象とする）。曰く、「私人の私法上の権利は、
この私法の適用を通じて、そして訴訟における裁判所の判決はその公権的適
用として、始めてその存在が観念されるのである。又反対論者がいうように、
訴訟の判決は権利関係が現実に不明瞭であり、当事者間に対立があるからこ
そ要求されるものであるのを、最初から権利があるのだから、その通り判決
をしろということを訴訟制度の主体である国家なり若はその機関としての裁
判官に請求する権利があるとの構成は、恰も受験生が自己の実力を云々して、

13　三ケ月章「民事訴訟の機能的考察と現象的考察」同『民事訴訟法研究第1巻』（1962
　　年・有斐閣、初出は1958年）249頁、251頁は、「その透徹した思索から生まれる理論
　　は、簡潔な表現の中に圧縮されているとはいえ読む者に殆ど抵抗し難い感を与える
　　程の論証力と説得性をもつが故に、異常な速さをもって学界及び実務の世界に浸透
　　して行った。日本で、法律学の一つの分野において、通説といわれるものの境界標
　　を、一つの学説がかくも大幅に移動せしめ、その出発の前と後とで、学界における
　　通説なるものの所在をこれ程大きく再編成したという現象は、他の実定法解釈学の
　　領域においても殆どみられないものであるといって過言ではあるまい」と述べ、兼
　　子の業績を高く評価する。しかし、兼子理論の論証力と説得性について十分な検討
　　がなされなかったことも、今日では明らかになっている。逆にいうと、通説の一大
　　再編成が行われたとしても、それは個々の問題についての詳細な検証がなかったか
　　ら可能になったのではなかろうか。
14　兼子一『民事訴訟法概論』（1938年・岩波書店）1頁以下。
15　法協65巻2号（1947年）76頁以下（後に同『民事法研究第Ⅰ巻』〔1950年・酒井書
　　店〕475頁以下に収録）。松本博之「民事訴訟法ドグマーティクにおける実体法と訴
　　訟法」松本博之／野田昌吾／守矢健一編『法ドグマーティクの意義』（2010年・信山
　　社）209頁以下（本書180頁以下）参照。

試験官に対して合格請求権を有すると見るのと同様非常識である」[16]と。

　兼子の提唱した紛争解決説は，博士の東京大学法学部教授の地位から，その後の民事訴訟法学に大きな，かつ持続的影響を及ぼした。たとえば，小山昇は，社会における最も強力な権力の保持者としての国家だけが私人間の利益対立を解決することができるのであるから，訴訟制度の目的は紛争の強行的な解決であると論じた[17]。三ケ月章は，既判力による紛争の公権的強行的解決の必要性を強調して，訴訟の目的は紛争解決であると主張した[18]。ただし，これらの見解は，主として給付訴訟の訴訟物を個々具体的な実体法上の給付請求権から切り離して理解するいわゆる新訴訟物理論の提唱と関連づけられていることに注意すべきである。とくに三ケ月章の訴訟物理論では，紛争の公権的強行的解決から「紛争解決の一回性」の命題が導かれ，給付訴訟の訴訟物についていえば，「給付を求める法的地位」たる権利主張というサイズの大きな訴訟物の捉え方がこれによって正当化されている。

　同じく新訴訟物理論を主張した新堂幸司は，全面的に紛争解決説に立つのではなく多元説と呼ばれる見解を主張するのであるが[19]，次のように説き，紛争解決説の功績を高く評価し，強調する。曰く，「紛争解決という社会の

16　兼子一『実體法と訴訟法』（1957年・有斐閣）109頁。因みに，受験生の合格請求権の例は，国家の裁判義務に対応する個人の国家に対する権利保護請求権たる公権の存在を否定する *J. Kohler*, Der Prozess als Rechtsverhältnis, Neudruck der Ausgabe, Mannheim 1888, Aalen 1969, S. 19 ff. が持ち出した例と全く同じであり (*ders.*, Der sogenannte Rechtsschutzanspruch, ZPP 33 (1904), 211, 213 f.)，兼子自身そのことを明示している。Kohler（コーラー）は，能力のある者が不合格になることがあり，能力のない者が往々にして合格する試験において，能力のある者の合格請求権について語ることの誤りを指摘し，この合格請求権は合格した者は有能であり，不合格になった者は有能でなかったという擬制に依拠せざるを得なくなる，と述べた。公法上の権利としての権利保護請求権を否定するKohlerらの議論に対しては，*G. Jellinek*, System der subjektiven öffentlichen Rechte, 2. Aufl., 1919, S. 125 Fn. 2が「主として公法上の請求権の本質についての喫緊の研究の欠缺に基づくものである」と痛烈に批判し，細野・前掲注（12）11頁も憲法上の権利保護請求権を承認していたが，兼子論文はこの点には言及していない。

17　小山昇『民事訴訟法〔5訂版〕』（1989年・青林書院）4頁。

18　三ケ月章『民事訴訟法〔法律学全集〕』（1959年・有斐閣）4頁以下；同・前掲注（13）249頁以下。

19　新堂・前掲注（4）6頁以下。

現実的必要に着眼せしめるものであっただけに、現在の民事訴訟制度がその社会の現実的の要請に対してどれだけ応えているかという、民事訴訟の現実的機能・効用に関心を呼ぶ理論であった。事実、紛争解決説は、民事訴訟は社会の紛争解決の必要により積極的に応えるべきであるという形で、解釈論としての新訴訟物論を指導した。また、紛争解決説に立った三ケ月章博士によって、紛争解決の目的をより効率的・合理的に達成するための手段方法としてはどうあるべきかという合目的的考慮で、具体的な解釈論・立法論を展開すべきであるという方法論——「機能的考察方法」——が提唱されたのである。……もっとも、いうところの機能的考察方法は、解釈論なり立法論のあり方としてみたとき、至極当たり前な議論である。しかし、このような考察方法がことさら強調されなければならなかったところに、わが民事訴訟法学の当時の座標を見ることができる」[20]。この説明は、1か月または2か月に一度口頭弁論期日が開かれ、その口頭弁論期日においても準備書面を提出して、これを陳述するだけで、相手方の反論は次回期日に行うといった悠長な訴訟審理が行われ、結審にまで何年も要したかつての民事訴訟実務に対する批判としては意味を有するのかも知れない。しかし、紛争の解決が、社会が民事訴訟に求める唯一の、または主たる目的なのであろうか。とりわけ様々な複雑な権利侵害が発生する現代社会において、人々は、自己の権利の保護でなく、権利が保護されるかどうかを問わず、今ある「紛争」の解決を求めるために時間と費用のかかる訴えを提起して裁判所の判決を求めるのであろうか。権利の保護こそ、法制度全体の中での民事訴訟の中核的な目的なのではなかろうか。

第2款　兼子理論の評価

　兼子理論は、小室直人が指摘したように[21]、本案判決請求権と紛争解決請求権を等値した以外には、紛争解決説の具体化を行っていない。訴権としての本案判決請求権説は *Erich Bley*（エーリッヒ・ブライ）[22]が主張したのであ

20　新堂／小島編・前掲注（2）14頁以下〔新堂〕。
21　小室直人「訴訟対象と既判力対象」大阪市立大学法学雑誌9巻3－4号（1963年）348頁以下（同『訴訟物と既判力〔民事訴訟法論集（上）〕』（1999年・信山社）1頁以下所収）。

るが，*Bley* は，本案判決請求権の要件として法的利益を要求する。そのさい原告が訴訟前に有している権利利益が考えられている。*Bley* は，原告の利益は利益対立があるため不安定になっているけれども，訴訟前の権利の存在を否定してはいないのである。兼子は，本案判決請求権の要件として原告の「正当な利益」を要求し，「正当な利益」を「法的利益」と同視する（「正当な利益」の語に rechtliches Interesse〔法的利益〕のドイツ語を当てる）。したがって，*Bley* の本案判決請求権と兼子のいう本案判決請求権との間には大きな違いがある[23]。正当な利益が認められる基準も，必ずしも明らかでない。この関連において，「紛争」や「紛争解決」の意味が兼子によって明らかにされていないことも指摘されるべきである。いかなる場合に紛争が存在し，訴訟手続によって取り上げることができるのか，そしてどのような状態において紛争が解決しているといえるのかが明確にされていない。いな，判決はそのとおり実現されるとは限らないので，判決は紛争を解決するとは限らないということもできる。結局，確定判決の取得によって「紛争」が解決されるというのであるから，民事訴訟は確定判決の既判力の取得を目的とすることになり，民事訴訟は自己目的であることになる。また，いかなる場合に本案判決を求める正当な利益が原告に存在するかを論理的に説明することはできない。

　また，兼子理論においては，法の不完全性に目が向けられ，裁判所によって下された確定判決の既判力によって法が形成されるということが重視されていることも特徴的である。しかし，実体法に部分的に不備な点があっても，直ちに訴訟制度の目的は紛争の解決であるというのは短絡的に過ぎる。また兼子自身，民事訴訟の訴訟物を裁判所に対する紛争解決請求または紛争解決の申立てであるとは見ず，あらゆる訴訟類型を通して「権利主張」であるとしており，しかも権利または法律関係の確認を求める確認訴訟こそあらゆる訴訟類型の原型であるという。具体的には，給付訴訟は給付請求権に限定された特殊な確認訴訟であり，形成訴訟は形成権に限定された特殊な確認訴訟であるというのであるから[24]，実体法上の権利の訴訟前の存在が兼子の民事訴訟法解釈の前提にされていることは明らかである。このように，兼子理論

22　*Bley*, Klagrecht und rechtliches Interesse, 1923.
23　海老原明夫「紛争解決と訴権論（2）」ジュリスト966号（1990年）12頁参照。

は，全く一貫性に欠けているといわざるを得ない。もっとも兼子は，「判決による紛争の解決は，具体的な権利又は法律関係の存否の確定によってもたらされるのであるから，請求もこれに応じて，具体的な権利関係の存否の主張という内容をもたなければならない」といい，訴訟上の請求は具体的な権利主張だと説明する。しかし，この説明によっては，以上のような一貫性の欠如を覆い隠すことはできないであろう。兼子説の立場では，むしろ訴訟物は特定の紛争について裁判所に対しその解決を求める申立てと定義するのが論理的に首尾一貫するからである。この一貫性の欠如の原因は兼子理論による，法解釈論と立法論の混在ないし結合，または法解釈論（Rechtsdogmatik）の軽視がある点に求められるように思われる[25]。

第3款　紛争解決説と利益考量論

　権利保護が訴訟目的として承認されず，規範的に無色の紛争の解決が訴訟目的とされている日本の民事訴訟法学において，様々な解釈問題が利益考量論の形で論じられ，プラグマティックに結論が導かれていることを見逃すことはできないであろう。紛争解決説と利益考量論との関係は非常に密接であると，筆者には思われる。

　前述の新堂幸司の指摘に現われているように，紛争の迅速な解決の必要性

24　兼子一『新修　民事訴訟法体系〔増訂版〕』（1965年・酒井書店）144頁。確認訴訟原型説の評価については，小室直人「『確認訴訟が訴訟の基本的な類型である』との理論を評価せよ」同・前掲注（21）『訴訟物と既判力』169頁以下を参照。

25　このような傾向は，兼子一「訴訟承継論」同『民事法研究第Ⅰ巻』（1975年・酒井書店）1頁以下にすでに現われている。すなわち，この論文は，訴訟係属中の権利承継人の訴訟状態承継義務を，それまで当事者間で実施された訴訟手続から生じた訴訟法律状態のもつ「生成経過中の既判力」によって根拠づけようとする。しかし，「生成経過中の既判力」とは既判力がまだ生成されていないということであり，裁判所が裁判をし，それが確定する前には，裁判の既判力は問題にならない。存在しない既判力が訴訟中に権利承継人に拡張され，権利承継人がこれに拘束される余地は，初めから存在しない。詳しくは，松本博之「民事訴訟における訴訟係属中の係争物の譲渡（1）」龍谷法学42巻3号（2010年）859頁，863頁以下（本書，258頁，261頁以下）参照。生成経過中の既判力の観念を否定する新堂幸司「訴訟承継論よ　さようなら」新堂幸司／山本和彦編『民事手続法と商事法務』（2006年・商事法務）355頁以下も参照。

に人々の目を向けたことが紛争解決説の長所として強調されている。しかし，民事訴訟の目的が実体権の保護ではなく，紛争の解決に求められる場合，訴訟経済に適った，あるいは迅速な紛争の解決が民事訴訟法解釈の指針になり得ても，実体権の保護や憲法価値の実現にかかわる観点は訴訟法規の解釈の指針とはなりえないか，または，より低い重要性しか与えられないのは，当然であろう。たとえば前に若干指摘し，後に詳述する親実体権的解釈や実効的権利保護を目指す民事訴訟法解釈は，ここからは登場しようがない。なぜなら，権利の既存を否定し，訴訟目的から権利保護を排除し，訴訟を自己目的と見ている紛争解決説は，そもそもこうした観点を民事訴訟法解釈の中に取り入れる余地を残していないからである。また，権利保護もまた訴訟の目的とされていても，そのほかに紛争解決や私法秩序維持も訴訟目的とする多元説の立場でも，親実体権的解釈や実効的権利保護を解釈基準とすることはできない。なぜなら多元説では，訴訟目的相互の優先順序が決まらないからである。また，権利保護説は訴訟の迅速な進行の必要性を無視した訴訟目的論であろうか。逆である。時間のかかりすぎる訴訟は権利保護の役に立たないゆえ，実効的な権利保護は妥当な期間内の権利保護を要求するのであり，権利保護説は訴訟遅延の問題を視野に入れるはずの理論なのである[26]。

第3節　民事訴訟法の解釈方法論——総説

第1款　出発点としての文理解釈の重要性，文言形式主義（Wortformalismus）の禁止，体系的解釈および目的論的解釈

1　出発点としての文理解釈

民事訴訟法の解釈には，原則として一般的な解釈準則が妥当する。制定法の解釈の出発点は，もちろん法律の文言の解釈である（文理解釈）。これは，制定法が用いている文言の意味を，その用語法と文法の規則および経験則に従って理解することである。この出発点は，自明のように見えながら，これ

26　紙数の関係でここでは詳論することができないが，筆者は，民事訴訟の制度目的を権利保護と捉え，しかも現行憲法は憲法上の権利保護請求権を市民に付与していると解している。本書第2編第1章第2節第4款および本書付録「民事訴訟法研究の出発点に立ち返って」を参照。

まで必ずしも十分認識されず，そのため，解釈者の主観的な解釈が行われることがあったように思われる。そのような場合を2，3挙げよう。

　民事訴訟法228条4項は，私文書について，「本人又はその代理人の署名又は押印があるときは，真正に成立したものと推定する」と規定している。文書の記載内容を証拠資料として要証事実を認定するためには，当該文書が形式的証拠力を有することを確定する必要がある。そして，文書が形式的証拠力を有する前提として，文書が真正であることが必要である。これは，文書がその作成者であると挙証者が主張する者の意思に基づいて作成されていることをいう。そして，本人または代理人の署名または押印が真正であれば，私文書全体の真正が推定されることが民事訴訟法228条4項によって明文規定で定められているのである。ところが，兼子一を筆頭に，通説は，この私文書の真正の「推定」という言葉は法律上の推定を意味するのではなく，法律上の推定とは全く異なる「法定証拠規定」であるとして，旧民法証拠編25条1項（「前数条ノ方式ニ従ヒ調整シタル私署証書ニシテ其対抗ヲ受クル者カ追認シ又ハ裁判上ニテ其者カ追認シタリト為シタルモノハ其主文及ヒ之ト直接ノ関係ヲ有シ且之ヲ保管スル文言ニ付キテハ其者ニ対シテ完全ナル証拠トス」）と同じ形式の規定であるとの解釈をする[27]。すなわち，この民事訴訟法228条4項の規定が法律上の推定規定であるならば，法律効果を定める法規の法律要件とは異なる事実を推定規定の前提事実としなければならないが，「他の法規の要件と直接無関係な，随って又如何なる法条を適用するに当たっても問題となり得る事実に付て推定を設けて居る場合は，事実認定に際し裁判官の自由心証に対する一応の拘束としての法定証拠法則と見るべき」だとする[28]。法律上の推定規定であると解すれば，推定相手方は文書が真正でないことを証明しない限り，当該文書は真正文書としてその形式的証拠力および実質的証拠力が判断されるが，法定証拠規定説は，文書の真正を争う挙証者の相手方が当該文書が真正であるかどうか真偽不明であるとの心証を裁判官に与えれば，反証が成功するという帰結を導く。

27　兼子・前掲注（24）277頁；伊藤・前掲注（4）404頁；加藤新太郎「文書成立の真正」中野貞一郎先生古稀祝賀『判例民事訴訟法の理論（上）』（1995年・有斐閣）575頁，592頁以下。

28　兼子一「推定の本質及び効果について」同・前掲注（25）『民事法研究第Ⅰ巻』295頁，310頁。

しかし，法定証拠規定説による，このような民事訴訟法228条4項の規定の解釈は，法律上の推定が実体法上の法律要件要素についてのみ認められるとして法律上の推定の成立範囲を限定するものであるが，法律は法律上の推定を実体法上の要件に限定しているのではない。訴訟法上の要件である文書全体の真正が署名捺印の真正から推定される場合には，推定事実が実体法上の法律要件要素に当てはまる事実でないことは当然であるから，上記の理由づけは民事訴訟法228条4項が法律上の推定規定でないことの論証にはならない。また少なくとも，大正15年の民事訴訟法改正法の立案担当者が推定の用語を法定証拠の意味で用いていないことも，注意を要する。なぜなら，同法の起草者は，法定証拠規定を定めないことを前提にしていたからである[29]。最近では，同条は経験則に基づく事実上の推定を法定したものと解する見解も主張されているが[30]，立法者が法律上の推定を定める場合，多くの場合，経験則を基礎としているけれども，事実上の推定を制定法化したものとは限らないし，事実上の推定の法定と解したのではなくて済む規定になる。ある規定を立法者が注意的に規定した，あってもなくてもよい規定と解釈するには，それ相応の根拠が必要であろう。

　先に挙げた重複訴訟の例では，民事訴訟法142条は，重複訴訟は裁判所に係属する事件について更に提起された「訴え」について成立することを定めている。相殺の抗弁は抗弁であり，訴えではないので，別訴訴求中の債権による相殺の抗弁を重複起訴と同様に扱うことは文理解釈の点でまず問題がある。

　文理解釈が法解釈の出発点であることを明らかにする判例として，最高裁判所平成22年3月2日第3小法廷判決[31]が注目される。これは，パブクラブの経営者がその雇用するホステスに対する報酬からペナルティの額および所得税法205条2号，所得税法施行令322条の控除額として出勤日数にかかわらず半月の日数を乗じた額を差し引いた残額に10％を乗じて計算した金額を源

29　松本博之『民事自白法』（1994年・弘文堂）110頁注（61）参照。
30　加藤・前掲注（27）592頁；伊藤・前掲注（4）404頁注（357）。
31　民集64巻2号420頁＝判時2078号8頁＝判タ1323号77頁。調査官解説として，鎌野真敬具・曹時64巻2号454頁がある。判例批評として，高野幸大・判時2099号164頁；佐崎英明・別冊ジュリスト207号30頁；岩崎政明・平成23年度重要判例解説（ジュリスト臨時増刊1440号）209頁などがある。

泉所得税額として納付した事案において，所得税法施行令322条にいう「当該支払金額の計算期間の日数」とは，ホステスの実際の稼働日数を指すのか，当該期間に含まれるすべての日数を指すのかが争われた事件である。原審が実際の稼働日数が基準になるとしたのに対し，最高裁は次のように判示して原判決を破棄した。

「一般に，『期間』とは，ある時点から他の時点までの時間的隔たりといった，時的連続性を持った概念であると解されているから，施行令322条にいう『当該支払金額の計算期間』も，当該支払金額の計算の基礎となった期間の初日から末日までという時的連続性を持った概念であると解するのが自然であり，これと異なる解釈を採るべき根拠となる規定は見当たらない。

原審は，上記4のとおり判示するが，租税法規はみだりに規定の文言を離れて解釈すべきものではなく，原審のような解釈を採ることは，上記のとおり，文言上困難であるのみならず，ホステス報酬に係る源泉徴収制度において基礎控除方式が採られた趣旨は，できる限り源泉所得税額に係る還付の手数を省くことにあったことが，立法担当者の説明等からうかがわれるところであり，この点からみても，原審のような解釈は採用し難い。

そうすると，ホステス報酬の額が一定の期間ごとに計算されて支払われている場合においては，施行令322条にいう『当該支払金額の計算期間の日数』は，ホステスの実際の稼働日数ではなく，当該期間に含まれるすべての日数を指すものと解するのが相当である。

(2) 前記事実関係によれば，上告人らは，本件各集計期間ごとに，各ホステスに対して1回に支払う報酬の額を計算してこれを支払っているというのであるから，本件においては，上記の『当該支払金額の計算期間の日数』は，本件各集計期間の全日数となるものというべきである。」

本件は，租税法の規定の解釈が問題になった事件であるが，規定の解釈に当たりその文言の意味の重要性を指摘する点で，租税法だけでなく一般に法解釈のあり方を示した意義を有する。加えて，文言を出発点としながらも，最高裁は立法担当者の説明から，ホステス報酬に係る源泉徴収制度における基礎控除方式の趣旨を「できる限り源泉所得税額に係る還付の手数を省くことにあったこと」に求め，目的論的解釈を加味した。

文言の意味はある規定の可能な解釈の範囲を限定するので，文言の意味の探求が出発点となる。もっとも，語義は，必ずしも日常用語を用いているのでない日本法においても[32]，一義的でないことが多く，いくつかの語義バリ

エーションの余地を残す。その場合には，体系的解釈，目的論的解釈など他の解釈基準に移る必要がある。そして種々の解釈基準のウエートづけは，原則として，それらが個々の場合に何を提供するかにかかっているといえる。もっとも民事訴訟法では，通常の法解釈とは異なり，後に述べるように，実体権の尊重の観点や当事者間の武器対等の原則など民事訴訟法固有の価値評価が十分顧慮されるべきであろう。

2　文言形式主義（Wortformalismus）の禁止

法文の文言は解釈にとって重要ではあるが，法解釈は文言形式主義に陥ってはならない。

ところで，民事訴訟法は，①「裁判所は……をしなければならない」（義務規定），②「裁判所は……をすべきである」（当為規定），③「裁判所は……をすることができる」（権限規定）というように規定の表現を使い分けている。民事訴訟法は，しばしば裁判所が一定の行為または命令をすることをその裁量事項とする。そして，③の表現の利用は，裁判官に対する裁量承認のメルクマールと見なされる。

しかし，権限規定を常に無批判に裁量規定と解することは問題である。たとえば釈明権に関する民事訴訟法149条１項の規定は，「裁判長は，……当事者に対して問いを発し，又は立証を促すことができる」と規定しているが，裁判長は全く自由な裁量で釈明権を行使し，またはしないことができるのではない。釈明権は，不意打ちを避け，当事者権を確保するための不可欠の手段である。また両当事者には知識や経験において格差があるが，そのような格差の調整のためにも，釈明権は重要な役割を果たすので，裁判長が自由な裁量で釈明権を行使したり，しなかったりすることは，同様の訴訟状況にある他の訴訟当事者との関係での平等取扱いの面から憲法上も疑念がある[33]。

同様に，「人事訴訟においては，裁判所は，当事者が主張しない事実をしん酌し，かつ，職権で証拠調べをすることができる」と規定する人事訴訟法20条前段について，「できる」という文言から任意的補充的職権探知主義を

32　日本の民事訴訟法の立法に大きな影響を与えたドイツ法やオーストリー法では，日常用語を用いた法律が多いので，語義の多様性は日本法以上に問題になる。

33　松本博之／上野泰男『民事訴訟法〔第８版〕』（2015年・弘文堂）〔48a〕〔松本〕参照。

定めたものと解釈することはできない。
　このように，法律が権限規定の形式で規定していても，義務規定と解すべきものがあることに注意しなければならない。

3　体系的解釈
　ある表現が用語法によって有するいくつかの意味のうち，いずれの意味が当該場合に妥当するかは，最終的な正確さを有するものでないにしても，その表現が用いられている連関から明らかになりうる。ある法文の理解が当該法律におけるその法文の位置またはその法律の法秩序における位置によっても規定されうるように，個々の命題や言葉の理解をまず決定するのも，法律の意味連関（Bedeutungszusammenhänge）である。もっとも，立法者の行動は理論の要求するほど体系的にも用語的にも正確さを備えているとは限らず[34]，したがって語義は個々の場合に規範ごとに異なりうることも考慮に入れられなければならない。それゆえ，純然たる文言解釈では済まず，法律の目的に立ち返らなければならない。かくて体系的解釈は，法律の意味および目的（Sinn und Zweck des Gesetzes）を把握し，種々の法規の関連から個々の規定の意味とその特別の目的を引き出すべきこととなる（目的論的解釈）。

4　目的論的解釈の位置づけとその濫用
　目的論的解釈は，それ自体，法規定の具体化の独立の要素でなく，むしろそれは「複合的論拠（ein zusammengesetztes Argument）」であるとされる[35]。意味づけられるべき規定の「意味と目的（Sinn und Zweck）」という観点は，他の諸要素の助けを借りて証され得る限りでのみ利用できるので，目的論的解釈は規範の具体化の独立した要素ではない[36]。その他の諸要素の枠内で，かつそれによってコントロールされて，目的論的解釈は追加的観点を提供することができるにすぎない[37]。この目的論的解釈には，歴史的，発生史的観

34　たとえば民事訴訟法内部においても，訴訟対象を示すために，「訴訟の目的」「訴訟の目的である権利」「訴訟の目的である義務」「訴訟の目的である権利義務」「請求」「事件」のような，多くの用語が用いられている。

35　*K. Blume*, Die subjektiven Grenzen der Rechtskraft im Rahmen des § 325 II ZPO, 1999, S. 6.

36　*F. Müller*, Juristische Methodik, 7. Aufl., 1997, S. 248.

点に基づく主観的＝目的論的解釈（subjektiv-teleologische Auslegung）と，文言と体系を操作する客観的＝目的論的解釈（objektiv-teleologische Auslegung）とがある。

(1) 主観的＝目的論的解釈　これは，当該規定に，現在ではもはや妥当していないどのような規範テキスト（Normtexte）が先行したか，どの範囲で非規範テキスト（Nicht-Normtexte）が立法機関の審議から見て現在の法律解釈にとって有意義であるのかという観点からの解釈ということができる[38]。これは問題となる規定の成立史および関係立法資料を基礎とした目的論的解釈方法である。その際，法律の草案理由は重要な資料である[39]。もっとも，これらは裁判所に対し拘束力をもたない。とくに倫理的基本観念の変遷は，また法共同体の内部における民事訴訟法の使命観の変遷も，立法者の歴史的な意図を他の目的論的な基準の背後に後退させることができる[40]。

(2) 客観的＝目的論的解釈　Larenz（ラーレンツ）は，「立法者が法律によって実現しようとする諸目的は，すべての場合においてでないにしても多くの場合に，平和の保持，適正な裁判，賭けられた諸利益の最適の考慮の意味における規律の釣合い（Ausgewogenheit），法益の保護および公正な裁判手続のような，法の客観的な目的である。それを超えて，たいての法律は実質的（sachgemäß）である規律を得ようと努めている。立法者にこの意図があると仮定する場合にのみ，適切な解決を可能にする結果に解釈によって到達するであろう」という[41]。そして，これまで述べられた基準（文言解釈，体系的解釈，主観的目的論的解釈）が疑問のない答を与えることができない場合に，したがって解釈の衝突がある場合に，客観的＝目的論的な基準が決め手とならなければならないが，以上のことから，この客観的目的論的解釈基準には，2つのグループ，すなわち，いかなる解釈が実質的であるかという基準と，法の客観的目的から生ずる客観的目的論的解釈基準があることが明

37　*Blume*, a. a. O.（Fn. 35），S. 6.
38　*Blume*, a. a. O.（Fn. 35），S. 41.
39　日本では公式の詳しい草案理由書が作成されていないことは，主観的目的論的解釈の妨げとなる。法治国家として，少なくとも主要な法律については，公式の草案理由書が作成され公開される必要がある。
40　*Fasching*, Lehrbuch des österreichischen Zivilprozeßrechts, 2. Aufl., 1990, Rdnr. 125 ff.
41　*Larenz*, Methodenlehre der Rechtswissenschaft, 4. Aufl., 1979, S. 322.

らかになるとする[42]。

　もちろん、抽象的な法の客観的目的を解釈基準とすることに対しては、批判もある。*Gaul*（ガウル）は次のように主張する。すなわち、ある訴訟上の規律の背後には種々の目的が存在しているのであって、固有の問題は各々の規律の基準となっている評価ファクターの考量および究明であり、それは退けられるべき空疎な形式主義なのではなく、むしろ、手続の一定の司法形式性（Justizförmigkeit）が不可欠である。このようにして、当事者の平等扱い、すなわち具体的な訴訟における武器対等の原則ならびに各手続の一定の計算可能性も保障される[43]、と。*Gaul* は、ドイツの判例の訴訟目的の理解が問題とされた訴訟法規定の違いによって一定でないことを指摘し、その曖昧さを問題にしたのであるが、後述のようにドイツの判例が親実体権的解釈を重視して実体法との機能的関連を重視した意義は否定されないであろう。

　(3)　**目的論的解釈の濫用の危険**　　目的論的解釈方法は、濫用の危険を伴う。冒頭で指摘した別訴訴求中の債権による相殺の抗弁の例のように、粗雑な目的論的解釈により相殺の抗弁を重複起訴に準じて不適法とする解釈は、目的論的解釈の濫用による類推適用と見られなければならないであろう。裁判所が重複起訴禁止の意味・目的や相殺の抗弁の意義・機能をどう解したかを明らかにせず、また矛盾した裁判を防ぐ方法が他にないかどうかを検討することもなく、単に「重複起訴禁止の趣旨」を援用するだけで、相殺権の機能剥奪をもたらしているからである。

第2款　利益考量論・比較考量論の問題性

1　当事者利益の顧慮の必要性

　法は一定の社会関係において発生している利益紛争に解決を与える基準であるから、どのような法解釈でも、当該社会関係において対立している関係人の諸利益の内容を明らかにし、この利益の評価を経て、いずれの利益をより強く保護するべきかという観点が意味を有しうることは一定範囲必ずしも否定することはできない[44]。民事訴訟法の解釈においても、両当事者の諸利

42　*Larenz*, a. a. o. (Fn. 41), S. 322.
43　*Gaul*, Zur Frage nach dem Zweck des Zivilprozesses, AcP 168 (1968), 27, 37 ff.

益を評価することには，一定の意味がある。一定の解釈命題（たとえば，私法法規は訴訟行為には適用も類推適用もされないという命題）45が形成されているけれども，これが当事者の利益状態のアンバランスな考慮しかもたらさない場合には，両当事者の利益状態を考慮に入れた解釈をする必要は否定されないであろう。

　私法法規は訴訟行為に適用も類推適用もされないかという問題の１つに，訴訟行為への実体法上の表見法理の適用または類推適用の可否の問題がある。判例46および通説は，訴訟行為は取引行為ではないという理由で，実体法上の表見法理は訴訟行為には適用も類推適用もされないという見解である。しかし，具体的な事案を考慮に入れると，このような解釈に重大な問題があることが直ちに明らかになる。すなわち，表見法理の適用が問題となる状況を作り出している一方の当事者，たとえば会社の代表者として登記されている者が初めから全く代表権限のない者である会社や，代表者が交代しているにもかかわらずその旨の登記をしないで不実登記を放置している会社がある場合に，この登記を信頼するしかない，会社の真の代表者が分からない相手方の不利に，実体法上の表見法理が全く適用されず，また類推適用もされないというのは，真実に合致する登記をすべきであるにもかかわらず，義務に反して不実登記を行い，またはこれを放置した会社を保護する機能しか果たさない。

　2　利益考量論・比較考量論

　このように訴訟法規の解釈にとっても，当事者の諸利益を評価考量するという視点の意味は必ずしも否定されないが，このことと，今日広く行われているいわゆる「利益考量論」や「比較考量論」とは，明確に区別されなければならない。現代の民事訴訟は，憲法秩序の下で，権利主張者に対し自力救済を禁止して裁判所の裁判を受けるべきことを指示する法秩序のもとに行われるのである。したがって，関係諸利益の評価は，単に利益の平板な列挙と解釈者による基準の不明確な比較考量にとどまってはならない。むしろ，民

44　甲斐・前掲注（１）137頁。

45　松本博之「当事者の訴訟行為と意思の瑕疵」竹下守夫／石川明編『講座民事訴訟第４巻　審理』(1985年・弘文堂) 283頁以下参照。

46　最判昭和45年12月15日民集24巻13号2072頁。

事訴訟法の解釈は，憲法の保障する価値の実現に向けられたものでなければならないし，訴訟制度の目的の理解と無関係であってはならない。民事訴訟の制度目的については，訴訟目的論が個々の法規の解釈に殆ど反映していないことを理由に，これを棚上げにすべきだとの主張47が一部で見られるが，そのような見解は，民事訴訟法解釈にとって重要な視点をみずから放棄するものであって，妥当性を欠く。むしろ，訴訟目的論の軽視が，利益考量論を背後から支えているともいうことができる。

しかし今日，民事訴訟法の解釈論において，しばしば重要な解釈問題について個々の事件の事情に基づく利益考量により，ある場合にはある訴訟上の規制が肯定され，他の場合にはその規制が認められないという個別事件ごとの相対的問題解決を主張する見解が，相当多くの，しかも重要な解釈問題について主張されている。その顕著な例として，証言拒絶事由や文書提出拒絶事由としての「技術又ハ職業ノ秘密」（民訴197条1項3号・220条4号ハ）の判断基準，違法収集証拠の排除の可否，民事訴訟法220条4号ニの「自己利用文書」の範囲，既判力の標準時後の形成権の行使または行使結果の主張が既判力の遮断効により制限を受けるか否かという問題，必要的共同訴訟の範囲の解釈の問題等をあげることができる。ここでは，これらの問題のいくつかを例示的に取り上げ，若干の具体化と分析を行うことにしよう。

(1) **技術または職業の秘密** 民事訴訟法197条1項3号・2項は，技術または職業の秘密について尋問を受けた証人は黙秘の義務が免除されていない限り証言を拒絶することができる旨規定し，同様に，220条4号ハは，技術または職業の秘密で黙秘義務が免除されていないものの記載を含む文書の所持者は文書の提出を拒むことが出来る旨定めている。技術または職業の秘密とは，公知でなく，秘密帰属主体が秘密保持の意思を有し，秘密の保持に客観的に是認される利益を有する技術上または職業上の手際，手法および事実で，「その事項が公開されると，当該技術の有する社会的価値が下落しこれによる活動が困難になるもの又は当該職業に深刻な影響を与え以後その遂行が困難になるもの」[48]をいう。ところが，下級審の裁判実務や文献では，保護される技術または職業の秘密に利益考量による制限を加えることが一般化

---

47 高橋・前掲注（8）23頁。これに対し，新堂・前掲注（4）4頁；前掲注（2）『注釈民事訴訟法第1巻』16頁〔新堂〕は，訴訟目的論と利益考量論の関連を指摘している。
48 最〔1小〕判平成12年3月10日民集54巻3号1073頁。

している。すなわち、秘密の要保護性は、その事項が公表されることにより秘密帰属主体の被る不利益と、証言または文書提出によって可能になる審理判断の充実、真実発見および裁判の公正の促進との比較考量によって決まるとされ、その際、事件の公益性の程度、当該証拠の重要性、代替証拠の有無、および立証事項について証明責任を負っている当事者の相手方の支配下にある証人が証言を拒否し、または文書の提出を拒否しているか否かなどを考慮すべきだとされる[49]。

　技術または職業の秘密が法律上証言拒絶事由として定められておらず、かつ真実の発見が強く要請される刑事訴訟において、新聞記者の取材源について証言拒絶が認められるか否かをめぐって、問題が先鋭化し、最高裁判所は比較考量説を採用した[50]。ここでは、比較考量によって秘密保持の利益が裁判所によって優越すると認められる範囲においてのみ、証言拒絶権が確保される。これに対し、前掲注（48）最高裁平成12年3月10日決定は比較考量説には言及していなかったが[51]、その後、最高裁判所は、放送記者の報道の自由を理由とする証言拒絶および文書提出命令申立事件における職業の秘密を

49　札幌高決昭和54年8月31日下民集30巻5=8号403頁；柏木邦良「企業秘密と証言拒絶」鈴木忠一／三ケ月章監修『新実務民事訴訟講座（2）』（1981年・日本評論社）113頁以下；兼子／松浦／新堂／竹下／高橋／加藤／上原／高田・前掲注（2）1103頁、1206頁以下〔松浦／加藤〕；菊井維大／村松俊夫原著　秋山幹男／伊藤眞／加藤新太郎／髙田裕成／福田剛久／山本和彦『コンメンタール民事訴訟法Ⅳ』（2010年・日本評論社）194頁以下、403頁以下；田辺誠「民事訴訟におけるいわゆる企業秘密の保護（上）」判タ775号25頁；小林秀之『新証拠法〔第2版〕』（2003年・弘文堂）133頁；谷口安平／福永有利編『注釈民事訴訟法（6）』（1995年・有斐閣）322頁〔坂田宏〕；出水順「文書提出義務――四号文書と証言拒絶権の関係」滝井繁男／田原睦夫／清水正憲共編『論点　新民事訴訟法』（1998年・判例タイムズ社）259頁、272頁；春日偉知郎「証言拒絶権」松本博之／宮崎公男編『講座新民事訴訟法（2）』（1999年・弘文堂）146頁以下（同『民事証拠法論』〔2009年・商事法務〕184頁；三木浩一「文書提出命令の申立ておよび審理手続」前掲『講座新民事訴訟法（2）』59頁、66頁；福田剛久／金井康雄／難波孝一編『民事証拠法大系（3）各論Ⅰ人証』（2003年・青林書院）47頁、77頁以下〔早田尚責〕；長谷部由起子「文書提出命令の発令要件」学習院大学法学会雑誌43巻2号（2008年）73頁、106頁以下など。

50　最〔大〕決昭和44年11月26日刑集23巻11号1490頁。

51　もっとも、最決平成13年2月22日判時1742号89頁＝判タ1057号144頁＝金商1117号3頁＝金法1610号89頁は、比較考量説に立つ原決定を是認した。

理由とする文書提出拒否に関し，要保護性を比較考量説によって判断すべき旨を明言した[52]。民事訴訟法が技術または職業の秘密を明文規定によって証言拒絶事由および文書提出拒絶事由として定め，秘密保護を重視し，その限りで真実発見の要請はもともと犠牲にされているので，比較考量説には疑問がある。比較考量説によれば，保護の対象となる秘密は，その事項を公表することにより秘密帰属主体の被る不利益と，証言により可能になる審理判断の充実，真実発見および裁判の公正の促進との比較考量によって決まるとされ，そして比較考量の際には，事件の公益性の程度，当該証拠の重要性，代替証拠の有無，および立証事項について証明責任を負う当事者の相手方の支配下にある証人が証言を拒否しているか否かなどを考慮すべきだとされる。

しかし，民事訴訟法が明文規定によって保護しようとする技術または職業の秘密の保護を訴訟における審理の充実，真実の発見および裁判の公正の促進との比較考量によって相対化することが，技術または職業の秘密の保護を定めている民事訴訟法の規範目的に合致するのか，甚だ疑問である。第1に，弁論主義を訴訟原則とする民事訴訟法は，秘密保護を定めることによって，これをより重視し，真実の発見をもともとその限りで犠牲にしているのである。たとえば憲法上保護される人格権（プライバシー）や，不正競争防止法上保護される営業秘密であっても，訴訟上は比較考量説によって秘密が開示されてしまう事態が生じ得，法秩序の一体性が保てなくなる（同様に，職務上知りえた事実で秘匿すべきものとして法律が守秘義務を課しているにもかかわらず，比較考量説によると訴訟上保護されないことも生じ得ることになり，法秩序の一体性から見て問題である）。第2に，考量すべきものとされている事由も適切かどうか，はなはだ疑問である。たとえば，事件の公益性が高く，または（および）代替証拠が存在しない場合には，なぜ法律上保護すべき技術または職業の秘密の要保護性がなくなるかは理解し難いし，同じ種類の情報でも訴訟の種類や性質または具体的な訴訟の証拠状態によって秘密保護の要否に差異が生ずることになり，その結果保護に対する秘密帰属主体の予測可能性をも失わせ，結果として法の保護目的が害される[53]。第3に，同じ技術または職業の秘密に関わる情報であっても事件の社会的意義や証拠状況が異

---

52 最〔3小〕決平成18年10月3日民集60巻8号2647頁＝判時1954号34頁。この判例については，松本博之・平成18年度重要判例解説（ジュリスト1332号）129頁以下参照。

なれば保護されたり保護されなかったりすることになり，当事者間の武器対等の原則に反することになる。武器対等の原則は，後述のように憲法上の保障でもあり，それに違反するような解釈が当然のこととして行われるのは極めて問題である。

　ところが，以上のような利益考量説批判に対して，「数限りなく存在する技術又は職業の秘密の中から，当該技術の『客観的性質』のみを根拠に，真に法が保護に値すると考えた秘密を選別する作業を想定すると，その困難さは否定しがたい」とか，そのような選別によって保護されないと判断された秘密について保護されないことの理由付けを得ることが困難だとの反論[54]が裁判実務の側からなされている。論者は，ある情報が技術または職業の秘密に当たるか否かの判断は困難であるので，秘密保持の利益と裁判の公正ないし真実発見という訴訟上の利益の比較考量により秘密の要保護性を判断することを立法者が裁判所に委ねたという解釈を示し，比較考量論を正当化する。しかし，この議論は，説得力に乏しいように思われる。第1に，技術または職業の秘密が数限りなくあるとしても，何が保護に値する技術または職業の秘密に当たるかは，裁判所が判断しなければならないのであり，その際，裁判所は取引通念と秘密帰属主体の正当な期待を基準に，性質上技術または職業の秘密として保護されるべき事実（情報）かどうかを判断すべきである[55]。これは通常の法適用と異なるところはない。第2に，技術または職業の秘密の保護の必要性は，あるかないかであって，真実に基づく裁判の要請によって左右されるべきものでない。第3に，法律が比較考量により保護される技術または職業の秘密の範囲を画そうとしているのであれば，「事情によって技術または職業の秘密が保護される」と定めているはずであるけれども，そ

53　伊藤・前掲注（4）381頁以下：松本／上野・前掲注（33）〔540e〕〔松本〕：松本博之・私法判例リマークス22号（2001年）122頁以下；川嶋四郎・法学セミナー624号（2006年）106頁：安達栄司・ひろば60巻7号（2007年）57頁，61頁。坂田宏「取材源の秘密と職業の秘密に基づく証言拒否権について」ジュリスト1329号（2007年）9頁，14頁以下は，比較考量論は取材源の秘密の疎明の特殊性との関連で認められるべきものであり，その射程を職業の秘密一般に及ぼすべきでないとする。

54　福田／金井／難波編・前掲注（49）79頁〔早田〕。森脇純夫「企業秘密と訴訟審理」新堂幸司監修　高橋宏志／加藤新太郎編『実務民事訴訟講座〔第3期〕第4巻　民事証拠法』（2012年・日本評論社）189頁，199頁も，この指摘に従う。

55　Thomas/Putzo/*Reichold*, ZPO, 30. Aufl., 2009, § 385 Rdnr. 5；§ 384 Rdnr. 7,

のような定め方にはなってはいない。立法者が裁判所に比較考量を求めているということが立法資料等から明らかなのであろうか。また，真実に基づく裁判の要請が職業の秘密の保護より優越するということは全く証明されていないところか，そもそも証言拒絶権の制度は真実の発見をその限りで犠牲にすることを前提とするものであることを想起しなければならない。第4に，同じ種類の職業の秘密にかかわる事項であっても，事件の内容と当該事件における証拠状況が異なれば，ある事件では秘密が保護され，別の事件では保護されないという，憲法が保障する法の下の平等に反する状況が生じ，後述のように武器対等の原則に反することはどのように正当化されるのか，全く見解の提示がないことを指摘することができる。第5に，ある情報が技術または職業の秘密に属するかどうかを括弧に入れたまま要保護性について利益考量がなされると，訴訟における真実発見の利益や代替証拠の欠缺のような事情があると，それだけで問題の情報は保護に値しない，したがって技術または職業の秘密に当たらないと判断されることになり，利益考量すら行われなくなることにも注意されなければならない[56]。最後に，職業の秘密が保護されないという場合に，その理由づけを得ることが比較考量説ならば困難でないとどうして言うことができるのであろうか。比較考量説が考量の基準を示すことができない以上，この説の方が職業の秘密の帰属主体に対して，当該秘密がなぜ保護に値しないのかを説得力をもって説明することができないのである。

　以上のように，利益考量説または比較考量説は全く不当な解釈方法といわざるをえないのである。

(2)　固有必要的共同訴訟の成否　　ある訴訟が必要的共同訴訟と性質づけられると，各共同訴訟人の訴訟追行は，矛盾した裁判を回避する必要上，著

---

[56]　判例はもともと真実に基づく裁判の重要性をいうに当たり事件の公益性の重大さを比較考量の要素としていたが，最〔3小〕判平成20年11月25日民集62巻10号2507頁においては，「本件訴訟は必ずしも軽微な事件であるとはいえず」というだけであり，「当該民事事件が社会的意義や影響のある重大な民事事件」であるとの確定は行っておらず，他方において，本件文書（「本件分析評価情報」部分）は証拠として重要性が高いことを強調する。事件が軽微な事件でないと述べるだけで十分であるとすると，職業の秘密の保護の必要性を否定するためには，当該情報が裁判にとって最良の重要な証拠方法であれば足りることになり，比較考量すら必要でないことになろう。この点につき，松本博之・判評607号（2009年）11頁（判時2045号157頁）参照。

しい制約を受ける。だが，ある事案が固有必要的共同訴訟であるか否かは，法律（民法を含む）の規定が必ずしも十分でないため明確でなく，見解の対立が著しい。訴訟の対象である権利または法律関係の管理処分権が関係人全員に共同的に帰属し，したがって当該権利についての訴訟追行権も全員に帰属するか否かによって，固有必要的共同訴訟か否かを決すべきであるとするのが，伝統的な見解（管理処分権説）である。この見解に従い実体法的な基準により，ある訴訟が固有必要的共同訴訟とされると種々の不都合な結果が生ずるとして，管理処分権説に対して厳しい批判がなされている。すなわち，共同訴訟人たるべき者の一部が訴えの提起に同調しない場合には訴訟による権利保護は不可能になるとか，争わない関係人をも共同被告にしなければならないとすると，共同訴訟人が多数にのぼり，その全員を確知する困難に直面せざるを得ず，その結果，必要な共同訴訟人が漏れていたことが訴訟係属中に明らかになる場合には，訴えを不適法として却下せざるを得なくなるという難点が問題にされ，またこれによって生ずる訴訟不経済が指摘されている。

　管理処分権説を批判する見解は，固有必要的共同訴訟とされる場合の，このような難点を避けるため，固有必要的共同訴訟に当たるか否かを，種々の実体法的観点および訴訟法的観点の考量により判定すべきものとする（利益考量説ないし訴訟政策説と呼ばれる）。これによれば，①各人が権利利益を単独で処分できないこと，②関係人の中に当事者にすることが容易でない者が含まれており，固有必要的共同訴訟と解すると他の関係人または相手方の本案判決を受ける権利を事実上否定しかねないこと，③一部の者による訴訟追行を許すと，敗訴の場合に他の関係人の利益を実質的に害するおそれや，相手方が他の関係人による訴えの提起により再度の応訴を強いられるという，一部の者の訴訟追行を許す場合に生ずる不都合，④第一審の本案判決後に共同訴訟人となるべき者の一部が当事者となっていなかったことが判明した場合に，第一審判決を取り消し最初から審理をやり直すかどうかはこれによって生ずる訴訟不経済のほか，当事者から漏れていた者の利益保護はそれまでの審理で十分図られており，将来の関与だけで十分と見うるかどうかといった当該訴訟の進行段階およびその具体的経過を考量して，固有必要的共同訴訟と扱うべきか（その場合には，一部の関係人を欠く訴えは不適法として却下される），それとも必要的共同訴訟でないと扱うべきか（そうだとすると訴訟追

行者だけによる通常共同訴訟と扱われる）を決めるべきものとされる（利益考量説）57。もっとも，以上の２説の対立といっても，管理処分権説においても訴え提起の難易のような訴訟法的要素を考慮に入れなければならないとしており，利益考量説（訴訟政策説）も複数の利害関係人の密接な利害関係を前提にしていることによって，両説の対立の度合いはさほど大きくないとする見方58もある。

　しかし，利益考量説のいうような利益考量は容易でなく，客観的で公正な判断は期し難いのではなかろうか。のみならず，原告側の必要的共同訴訟の場合に，第一審裁判所が請求を認容する判決を下し，事件が控訴審に移審してから必要的共同訴訟人の一部の者が漏れていたことが判明する場合，漏れていた者の利益擁護はそれまでの審理によって図られているとして利益考量の結果，訴えは通常共同訴訟として適法と認められうる点に利点があるにせよ，逆の場合，すなわち第一審裁判所が請求を棄却していた場合には訴訟に加わらなかった者の利益を尊重して訴えは不適法と見られるとすれば，手続の安定という利点も限られたものになる。さらに問題なのは，第一審で原告の請求が認容される場合と棄却される場合とで，後述の当事者間の武器対等の原則に反する結果が生ずることである。すなわち，請求棄却の場合には訴訟に加わらなかった者の利益の尊重のため訴えが却下される結果，請求棄却判決を得る被告の利益は常に否定されるのに対し，請求認容の場合には控訴審において原判決が維持されうることは，明らかに原告と被告の訴訟上のチャンスとリスクの釣合いがとれない事態をもたらすからである。それゆえ，利益考量説に賛同することはできない。権利が利害関係人に共同的に帰属し，それゆえ訴訟追行権が利害関係人の全員に帰属している以上，訴訟法の評価としても，一部の利害関係人を欠く訴訟追行は適法とは認められず，したがって固有必要的共同訴訟と見なければならないとする管理処分権説をもって，基本的に正当とすべきであろう59。その上で，一部の者が共同提訴を拒む場合に，訴えの提起が事実上不可能になるような事態を避ける方策を検討し，

57　新堂・前掲注（４）773頁以下；小島武司『要論民事訴訟法〔全訂版〕』（1982年・中央大学出版会）296頁；同・前掲注（４）759頁以下；高橋宏志『重点講義民事訴訟法下〔第２版補訂版〕』（2014年・有斐閣）329頁以下。学説の詳細は，上田徹一郎／井上治典編『注釈民事訴訟法（２）』（1992年・有斐閣）82頁以下〔德田和幸〕参照。
58　松本／上野・前掲注（33）〔826〕〔上野〕。

また訴えによって要求される給付をなす義務を負うことを認め、その用意があることを表明する者をも共同訴訟人としなければならないかどうかについて、十分検討し妥当な解決を見出す方向に進むべきであろう。

3　利益考量論・比較考量論の問題性

個々の事件の事情に基づく利益考量により重要な解釈問題について、ある事件ではある法規の適用を肯定し、他の事件では同じ法規の適用を否定する、事件ごとの相対的法解釈は、次の点で根拠づけることができないように思われる。すなわち、考慮されるべきとされる個々の「利益」は相互に比較できない私益と公益というような性質の異なる利益であることが多いうえ、利益考量論は、比較考量されるべきいずれの利益もそれ自体法律上保護に値することを前提とするのであるから（そうでなければ比較考量の条件が存在しない）法律上保護されるべき利益がいかなる基準によって保護を要しなくなるのか、あるいは他の利益に途を譲らなければならなくなるのかを明確にしなければならないが、この説ではそれは論理的に不可能であろう。また、そのような個別的解決によっては法的安定性が失われるであろう。

第3款　「実務的」解釈、運用論および民事訴訟法の「訴訟運営論的」解釈

1　はじめに

民事訴訟法学が扱う諸問題が裁判手続に関するものであるので、民事訴訟法に関しては、実務家の手になる論文も数多く発表されている。そこでは争いのある法律問題について、「実務的観点」から結論を導くものが見られる。また研究者の手になる論文にも、実務の観点を強調するものが見られる[60]。以下では、これが民事訴訟法の解釈方法の見地から見てどのような問題を含むかを一瞥しておこう。

59　近時の固有必要的共同訴訟についての注目すべき労作として、鶴田滋『共有者の共同訴訟の必要性』（2009年・有斐閣）がある。

60　たとえば、三木浩一「一部請求論について－手続運営論の観点から」民訴雑誌47号（2001年）30頁以下（同『民事訴訟法における手続運営の理論』〔2013年・有斐閣〕94頁以下所収）。

2　陳述書の適法性の問題

　裁判実務が独自の見解を主張している問題の1つに，陳述書の適法性がある。陳述書にも様々な態様があるが，ここで採り上げるのは，争点整理手続の最終段階で当事者や証人となるべき者によって提出される陳述書である。時間のかかる交互尋問制を維持しつつ，形式的な争点は交互尋問によるのではなく，主尋問に代え陳述書を用い，交互尋問を実質的争点に限定することにより手続の迅速化を図る狙いがあるとされ，多くの裁判所が陳述書提出を当事者に求めていると聞く。作文による事実の歪曲の危険に注意を払いながら，重要な事実については反対尋問権を十分に確保すれば，時間を節約しながら精密な尋問ができると指摘して，その有用性を承認する見解[61]も有力である。

　たしかに，計算関係や帳簿・通帳の関連性の説明などの技術的な事項の説明は，尋問事項から見て信頼できる確実な供述が得られる見込みがあり，両当事者が同意している限り，主尋問を実施するまでもないであろう。このような事項については書面尋問が許されていることから見ても，陳述書の利用に異を挟む必要はない。しかし，陳述書の利用は技術的な事項に限られていない。

　主尋問を実施して，裁判所が証人等の口頭での供述に直に接し，これを聴取して直接その証拠力を判断することは，民事訴訟法の基本原則の1つである直接主義の要求である。また，証人の尋問が可能な場合に，陳述書によって主尋問に対する証言に代えることは口頭での証言原則に反する[62]。この自明の事柄が，日本の裁判実務では完全に否定されている。たとえば，「直接主義を受訴裁判所において証拠調べが行われることとすると，書面を介しての人証調べも直接主義に反するものではない」[63]と主張する文献があるが，そうではない。陳述書を取り調べても，裁判官は証人が口から発する情報を

61　新堂・前掲注（4）635頁。
62　ドイツにおいても，行政訴訟についての裁判例であるが，「書証の形式での陳述書（schriftliche Erklärungen）の利用は，しかし，当該人物が証人として尋問されうる場合には許されない。行政訴訟は口頭主義および直接主義によって支配されているので，裁判所は可能な証人による証明を書証に代えてはならない（BVerwG, Beschl. v. 10. 9. 1979-3 C B117/79）。人の知覚に関する文書は，裁判所による証人尋問の際，記憶力または信用性のコントロールにつき証人に突きつけられるかぎりでのみ意味をもつ」と判示されている（VGH Kassel, Urt. v. 11. 7. 1983, NJW 1984, 821）。

直接取得することができるのではないからである[64]。それにもかかわらず、直接主義に反してでも陳述書を適法と見る実務の基礎には、直接主義は大した訴訟原則ではないという評価（「直接主義の神話」[65]）と実務にとっての便宜があるのであろう。しかし法律が間接者の調査の結果に基づき裁判することは、法律自身が例外的に許している場合を除き、当該人物が証人として尋問されうる場合には不適法としているのであり、法律遵守義務を負う裁判官がこれを無視することは許されないであろう。訴訟代理人である弁護士がその作成に関与することが多いとされる陳述書の証拠価値の低さは常識に属するという理由で、裁判所が予断を抱くなど取扱いを間違うことはないなどの指摘が裁判所サイドからは行われているが、すべての裁判官にそのように適切な取扱いが期待できるのであればともかく、そうでない以上、このような言明は問題の解決に役立たないのみならず、真実の発見に不適切な実務を擁護するものというほかないように思われる。

3 控訴審の事後審的運営

(1) **控訴審の事後審的運営**　第一審判決に不服のある当事者は、控訴を提起して控訴裁判所の判断を求めることができる。控訴審の目標は、正しい判決の確保による当事者の権利保護である。正しい判決は、正しい事実認定と正しい法の適用によって可能になる。民事訴訟法は、控訴審を第一審の手続の続行とする（296条1項）。ところが、近時の控訴審の訴訟審理において

63　鬼澤友直「証拠調べ手続」福田剛久／金井康雄／難波孝一編『民事証拠法大系第2巻　総論Ⅱ』（2004年・青林書院）159頁、164頁。

64　鬼澤・前掲注（63）164頁は、書面を介しての人証調べも直接主義に反しないと主張する。その直接主義は形式的直接主義だというのだが、直接主義は証拠調べとの関係では、中間者の関与を排して判決裁判所が証人および当事者の供述態度をも見て証言および当事者の供述の内容を評価することを意味するのであり、このことを最良証拠（証拠の実体的直接性）との対比で形式的直接主義というべきである（松本／上野・前掲注（33）〔80〕〔松本〕参照）。裁判官が陳述書を介して情報を得ても、裁判官が証人等の証言や当事者の供述に接していない以上、それは形式的直接主義の要請を充足していないのであり、直接主義に反するのである。

65　控訴審における直接主義の問題についてであるが、これを明言するものに、たとえば、藤原弘道「『民事控訴審のあり方』をめぐる2、3の問題点」判タ871号（1992年）4頁がある。

は，「事後審的審理」または「事後審的運営」が行われているといわれる。4名の高裁判事の共同研究を掲載した『民事控訴審における審理の充実に関する研究』によれば，続審制の事後審的運営とは，「第一審の審理の不必要な重複ないし不当な蒸し返しとなりがちな覆審的運営を改め，控訴審の審理を，適時に，集中することにより，その充実を目指す合理的な訴訟運営と理解することができるものであって，これまでの民事控訴審の実態と経験を踏まえ，新民訴法の趣旨に適合するもの」[66]とされる。内容的には，「第一審の争点と控訴審の争点とはその範囲を異にせず，そのうちの特定の争点について控訴審で更に具体化ないし深められる」通常の場合については，「控訴状又は控訴理由書でその争い方が更に具体化され，又は深められた特定の争点（ほとんどは1ないし2個）について，これに対する答弁書その他の反論準備書面による認否反論を聴き，証拠調べの要否を判断し，必要がある証拠を取り調べて最終判断に至るというイメージのものになる」[67]とし，「他面，第一審の争点と異なる問題点が控訴審で争点となる場合にも，その争点の特定，明確化は，第一審の審理経過を踏まえた相当の提出期間内の弁論（主張及び立証）準備の下に，控訴人がまず控訴理由書で主張し，これと同時に（ないし引き続き速やかに）立証の申出をし，これに対して被控訴人が反論準備書面で認否反論し，控訴裁判所はこれらの弁論を聴いて争点を固め，証拠調べの要否を判断し，必要がある証拠を取り調べて最終判断に至るというイメージのものとな（る）」[68]とする。そして，この審理方式では，同一事項に関して同一証人を再度取り調べることは直接主義の観点からは行わないと強調されている[69]。加えて，証人の再度の尋問を行わないという扱いは，控訴裁判所が第一審における証人の証言や当事者の供述に第一審裁判所と異なる評価を与える場合にも妥当するとされているようである。控訴人が第一審裁判所の事実認定の誤り・証拠評価の誤りを主張して，第一審で取り調べられた証人や当事者の再尋問を申し出る場合には，事実認定を批判する控訴理由に説得力があれば証拠調べに移るが，裁判所から見て説得力がなければ，これを採用せ

---

66 司法研修所編『民事控訴審における審理の充実に関する研究』（2004年・法曹会）42頁。
67 司法研修所編・前掲注（66）43頁。
68 司法研修所編・前掲注（66）43頁。
69 司法研修所編・前掲注（66）129頁。

ず，第一回口頭弁論期日に口頭弁論を終結するという実務70が行われ，これを意図してか，それとも結果としてかどうかは兎も角，控訴審の第一回口頭弁論期日に結審する「第一回結審」なるものが定着しているとされる。

しかし，控訴が不適法でその不備を補正することができないため，口頭弁論を経ないで控訴却下判決がなされる場合（290条）を除き，控訴審の口頭弁論は，当事者が第一審判決の変更を求める限度において，第一審の口頭弁論の続行として行われる（続審制，296条1項）。第一審で行われた訴訟行為は，すべて引き続き控訴審においても効力を有する（298条1項）。したがって，第一審の最終口頭弁論までになされた訴訟行為，および，第一審において実施された証拠調べの結果は，控訴審において新たに提出された攻撃防御方法および証拠調べの結果とともに控訴裁判所の判決の基礎になる。このように，民事訴訟の控訴審は事実審であり，第一審訴訟手続の続行である（続審制）。したがって，法律上，事後審とされていない控訴審について，どのようにして「事後審的審理」を行うことができるのか，まず疑問である。また，控訴裁判所から見て説得力のある控訴理由と説得力のない控訴理由との線引きがどのような基準によって行われるかは明らかでない。本来，控訴理由が説得力を有するかどうかは口頭弁論を経て判断されるべきであるのに，事前審査において，その基準が両当事者に事前に示されないまま，事実認定の誤りを主張する控訴が（控訴審が事実審であり，第一審の事実認定の誤りの是正が控訴審の重大な役割の1つであるにもかかわらず）裁判官の主観的な判断により排斥される危険が生じ，しかも第一回口頭弁論期日に結審される結果，控訴審の手続がこの裁判官の主観的な判断を争う機会を当事者に与えずに終了してしまい，これに対する不服は上告または上告受理申立てによって主張するしかないというのは，果たして法治国家原則に合致した控訴審の使命に忠実な法解釈なのであろうか。しかも，裁判所の第一回口頭弁論前の事前審査に用いられる控訴理由書や反論書は，控訴状に不服申立ての範囲および不服の理由を記載しなかった場合に，控訴の提起後50日以内にこれらの事項を記載して控訴裁判所に提出するよう民事訴訟規則182条によって求められている書面とその反論書であるが，不提出の場合または期限後の提出の場合にも，それを理由に控訴が不適法として却下されるものではない。控訴理由の

---

70 藤原・前掲注（65）4頁。

記載が不十分な場合にも裁判所はその補充等を促すべきであって[71]，説得力のある控訴理由の主張がないとして第一回期日に結審するような取扱いは甚だ妥当ではないであろう[72]。事後審的運営の実務は，後述の法治国家原則から派生する当事者の公正手続請求権を侵害するものではないかと思われる。

(2) **事後審的運営の正当化に対する批判**　控訴審の事後審的運営の正当化としていくつかの理由が挙げられているが，これを本書の観点から若干の検討をしておきたい[73]。

第1に，正当化の根拠としていわれているのは，第一審の訴訟手続のあり方との関係である。第一審で充実した審理が行われており，そこで裁判に熟

---

[71] 控訴審の事後審的運営が新民事訴訟法の「趣旨」にも適合するといわれている。しかし，1996年の新民事訴訟法（現行民事訴訟法）は控訴について殆ど新たな規律をもたらさなかった。したがって，新民事訴訟法の「趣旨」といわれているのは，弁論準備手続等の争点整理手続を経た口頭弁論による審理の充実・促進が念頭に置かれているのであろう。しかし，弁論準備手続は当事者公開を保障しているが，控訴審の第一回口頭弁論前の事前審査は当事者からの個別の聴取が行われたとしても当事者公開の保障すらない。控訴理由書提出期間の失権効の定めすらないのであるから，口頭弁論において控訴理由の不十分さを指摘し，控訴人にその補充の機会を与えるのは当然の措置であろう。

[72] 大阪弁護士会がその会員弁護士に対して行った最近のアンケート調査の興味ある結果が，2013年1月に報告されている（大阪弁護士会司法改革検証・推進本部『民事裁判についての弁護士会アンケート調査』）。そこでは，控訴審の第一回結審について，次のような注目すべき結果が報告されている。

　高等裁判所で第一回結審して問題だと思ったことはあるかという質問に対し，約15％が「よくある」と答え，約39％が「時折ある」と答え，約46％が「ほとんどない」と答えたという。半数以上の回答が第一回結審を問題と感じている。これに関する自由記載欄では，裁判所が第一回結審で原判決の判断を逆転させ，不意打ち的な訴訟進行をしたことに対する強い不満が示され，控訴審では書証や人証の取調べをしないこと，および，裁判官が記録を十分読み検討することをしていないという指摘がなされ，「高裁が地裁判決に疑問があると考えるのであれば，何も言わずに結審するのではなく（または1回結審後の和解期日において心証開示するのではなく），結審前に心証あるいは問題点を開示し，その点について双方の主張立証を促した上で，和解による解決の可能性を探るなど，充実した審理を行うべきである等の意見が寄せられた」（同書17頁）とされている（自由記載の内容は同書72頁以下にある）。

[73] 詳しくは，松本博之「控訴審における『事後審的審理』の問題性」青山善充先生古稀祝賀論文集『民事手続法学の新たな地平』（2009年・有斐閣）459頁，473頁以下（本書第3編第6章第3節）参照。

したとして口頭弁論を終結し，判決がなされている以上，控訴審の審理はこれを出発点として，控訴人が控訴状または控訴理由書において指摘する不服の理由（原判決の取消しまたは変更を求める理由）に基づき判断すれば足りるのであって，控訴裁判所が事実認定を批判する控訴理由に説得力があると見ない場合には，第一回口頭弁論期日に結審に至るのは当然の成り行きであり，何ら異とするに足りないと主張されている[74]。控訴人が指摘した事実認定の誤り以外の点は，控訴裁判所は第一審判決の判断を援用するのだという[75]。第2に，上訴審の直接の審理・裁判の対象をなすのは，当事者の上訴または附帯上訴による不服の主張の当否であって，原告の請求の当否ではないという考え方である。しかも，原告の請求は第一審の判決の「殻」または「ヴェール」を被っているから，この「殻」または「ヴェール」を打ち破らなければ，控訴裁判所は原告の請求の当否について審理することはできないという論拠である[76]。この主張が正しければ，新たな攻撃防御方法を提出する権限（更新権）は別として，見方によっては，第一審手続の続行としての控訴審も性質上第一審判決に対する控訴人の取消し・変更の申立てを審理裁判の対象とするものであるから，敢えて「事後審的審理」などといわなくても，あるべき姿として事後審的なものであるということもできそうである[77]。第3に，事後審的運用は控訴審においても妥当する直接主義違反をもたらすのではないかという批判に対しては，「供述の信憑性はむしろ，供述をそれ自体が自然で無理のないものかどうか，他の動かない間接事実・事態と照らし合わせて辻褄があっているかどうかといったような，客観的観点から判断すべきものであって，直接主義の神話のようなものを余り過大視するのは妥当ではない」[78]とされる。

74　藤原・前掲注（65）6頁以下。

75　田尾桃二「いわゆる『実務の知恵』について（随想）」判タ781号（1992年）4頁，6頁。

76　兼子一「上級審の裁判の拘束力」同『民事法研究第Ⅱ巻』（1967年・酒井書店）81頁，90頁以下。中田淳一「控訴審の構造」民事訴訟法学会編『民事訴訟法講座（3）』（1955年・有斐閣）867頁，870頁；小室直人『上訴制度の研究』（1961年・有斐閣）57頁以下も参照。

77　このような見解は，勅使川原和彦「続審制の変容」民事手続法研究2号（2006年）35頁，49頁にも見られる。

78　藤原・前掲注（65）10頁。

しかし，以上の正当化論議は，本書の立場からすると非常に多くの問題を含んでいるように思われる。まず，第一審の訴訟手続が充実しておれば，控訴裁判所は控訴状または控訴理由書に説得力のある控訴理由を見出さない限り，第一審の事実認定を出発点としてよいという点，すなわち事後審制のもとでの審理をしてよいという点が問題であろう。第一審訴訟手続が充実していても事実認定の誤りが生ずると見られるのであって，自ら事件について裁判する義務を負う控訴裁判所が控訴理由に説得力があると見ないかぎり第一審判決の事実認定を前提にしてよいとは直ちにはいえないからである。加えて，陳述書が多用される現在の訴訟実務では第一審の証拠調べが充実していると直ちにいうことができるかどうかも疑問であろう。第 2 の点，すなわち控訴審は本来的事後審的な性格をもつのだという前述の見解が正しいのかどうかは，本当に控訴審手続の目的は第一審判決の当否の審査であって，審理裁判の対象は控訴人の不服や原判決の取消・変更の事由の主張なのか，それとも控訴人の不服や原判決の取消・変更の事由の主張は第一審での訴訟上の請求に対する判断の当否を判断する上で原判決の不当さに控訴裁判所の注意を向ける手段にすぎないのであって，控訴審の裁判の対象は第一審での訴訟上の請求なのかどうかである。控訴は，第一審判決の誤りを主張して訴訟上の請求につき正しい判決を求める申立てである[79]。第一審判決は，控訴の提起によって確定を遮断され（民訴116条2項），まさに未確定の状態に置かれ，既判力のような他の裁判所を拘束する効力を有しない。また，判決をした裁判所を拘束する羈束力は，上級裁判所を拘束しない。「生成経過中の既判力」[80]のような効力は，そもそも存在しない。したがって，第一審判決に「殻」または「ヴェール」を被せるようなものは存在しない。それゆえ，「殻」または「ヴェール」を破らなければ第一審の請求の当否について審理できないというような議論は初めから成り立たない。

第 3 の点，すなわち控訴審における直接主義について，最高裁判所は，民訴法249条の前身である大正15年改正民訴法187条3項はいわゆる裁判官の更

---

[79] 松本博之『人事訴訟法〔第3版〕』（2012年・弘文堂）221頁；上野泰男「続審制と控訴審における裁判資料の収集」民事手続法研究2号（2006年）59頁，76頁以下；松本／上野・前掲注（33）〔949〕〔上野〕など。

[80] 「生成経過中の既判力」については，兼子・前掲注（25）『民事法研究第Ⅰ巻』34頁。

迭の場合にのみ適用され，当然に第一審と異なる裁判官が事件の審理に当たり裁判を行う控訴審では適用されない旨判示した[81]。しかし，弁論一体の原則が控訴審を含め妥当する以上，一体的な弁論の中で判決裁判所の構成に変更が生ずるのであるから，同一審級における裁判官の交替の場合と基本的な違いはない。それゆえ，控訴に基づき新たな手続が開始されることは，直接主義の裁判上の重要性を左右することができない。ただ，新たな裁判官が控訴審に関与することは当該訴訟中の裁判官の更迭の場合とは異なる面がある。控訴があった場合，当事者の一方が申し立てると例外なく第一審での証人尋問の繰返しが必要になるというのは，明らかに合理性を欠く場合がある。とくに証人が証明主題について首尾一貫した供述をしており，かつその信頼性についていずれの当事者からも異議が述べられていない場合，このような証人の再尋問の実施は当事者にとっての無駄な費用と裁判所の余計な仕事を意味するだけである。このような場合を除き，とくに証人に対する個人的な印象に基づき証言内容を評価すべき場合には，控訴裁判所はその証人の再尋問を実施しなければ的確な証言の評価ができないので，証人の再尋問が必要になる。

　原審が不適法に証人尋問の申出を却下していた場合にも，控訴審で改めてその証人を取り調べることが必要である。したがって，控訴裁判所は，第一審裁判所はたいてい必要な証拠方法の取調べを済ましているとの前提のもとに判断してはならない[82]。

81　最判昭和27年12月25日民集6巻12号1240頁；最〔3小〕判昭和38年9月3日裁判集民事67号379頁；最判昭和39年7月3日裁判集民事74号417頁。

82　司法研修所編・前掲注（66）131頁も，第一審で取調べが不可能であった証人の取調べが可能になった場合や第一審裁判所が取り調べるべき人証を取り調べていなかった場合には控訴審において取り調べる必要があることを認めている。しかし，事後審的運用，第一回結審が前面に出ると，第一審裁判所が不適法に証人尋問の申出を却下していたかどうかの判断が杜撰になる危険が生ずる。

第4節 民事訴訟法に特有の観点の顧慮

第1款 はじめに

 以上のように，原則として，民事訴訟法の解釈にも一般的な解釈原則が妥当すること，および，利益考量論や実務的解釈または訴訟運営的解釈は，極めて問題であることが明らかにされた。

 特別の視点は，民事訴訟の特性から生じうる。すなわち，民事訴訟は当事者の権利保護を目的とし，実体権の実現に仕える法律上の手続である。ドイツ連邦通常裁判所（BGH）がいうように，「民事訴訟は実体権の実現を目標とする。民事訴訟について妥当する諸規定は，自己目的ではなく，合目的的規範であり，それは合目的的で迅速な手続の方法での法的争訟の実質的な裁判（sachliche Entscheidung）に向けられている」[83]。この目的規定（Zweckbestimmung）から，訴訟法の一般的な解釈原則が導かれうる[84]。この解釈原則は，手続法規定は権利追求者にその権利の行使を容易にするという目的に奉仕するのであり，これを困難にすることにあるのではないという解釈原則である。この原則のもとでは，手続法規定は，「疑問がある場合には実体法状態に関する裁判を可能にし，これを妨げないように解釈されるべきである」[85]。

 また，憲法秩序の下にある民事訴訟は，憲法とくに基本的人権を視野に入れた解釈が要請される。現代の民事訴訟は，憲法秩序の下で，権利主張者に対し自力救済を禁止して裁判所の裁判を受けるべきことを指示する法秩序のもとに行われる。ここでは，2つ以上の解釈が可能な場合には最もよく憲法に適合し基本的人権を最も有効に貫徹できる解釈が優先されるべきである[86]。憲法は様々な基本的人権を保障しているが，憲法自身，民事訴訟に関して訴訟基本権を定めている。すなわち，憲法が定める基本的人権を保障するため，

---

[83] BGHZ 10, 350 [359]; BGHZ 18, 98 [106]; BGHZ 34, 53 [54]. このドイツ連邦通常裁判所の判例は，ライヒ裁判所の判例（RGZ 105, 421 [427]）を引き継いだものである。

[84] Vgl. *Gaul*, a. a. O. (Fn. 43), 37 ff.

[85] BGHZ 73, 87 [91]; BGHZ 75, 340 [348]; BGHZ 101, 134 [137]; BGHZ 105, 197 [201]; BGHZ 144, 160 [162].

違憲立法審査権を憲法により付与された裁判所の裁判を受ける権利が市民に与えられている。したがって，憲法32条の定める裁判を受ける権利は，「基本権を確保するための基本権」[87]または「訴訟基本権（Prozessgrundrechte）」[88]と呼ばれる。この意味における訴訟基本権には，法的審問請求権，法定裁判官請求権，公正手続請求権，実効的権利保護請求権，平等原則から法治国家原則との関係で導かれる当事者平等の原則，裁判所へのアクセスの平等，法適用の平等，権利保護の平等，当事者の武器対等の原則，客観的恣意のない手続を求める権利などが属する[89]。

本章では紙数の関係で，訴訟基本権に属するこれらの種々の権利について詳論することができないので，以下では親実体権的解釈の必要性を論じたのち，法治国家的手続形成の要請として公正手続請求権，権利保護の平等および当事者間の武器対等の原則，ならびに訴訟経済の原則に限って若干の考察をすることにする。

第2款　親実体権的解釈の要請

1　親実体権的解釈の意義

民事訴訟法の規定は，他の法分野の規定と同じく種々解釈されうる。親実体権的解釈または実体権親和的解釈（die materiellrechtsfreundliche Auslegung）とは，訴訟法規範の適用に当たり，可能ないくつかの解釈のうち実体法に最もよく合致する解釈を優先させるべきだとする解釈理論であり，ドイツで通説的に主張されている[90]。この原則は，上述のように，実体権に

86　BVerfGE 35, 348 [362]; BverfGE 46, 166 [184]; BverfGE 47, 182 [190f.]; BVerfGE 49, 148 [157]; BVerfGE 49, 252 [257]; BverfGE 51, 97 [110]; BverfGE 59, 330 [334]; BverfGE 75, 183 [191ff]; BGHZ 84, 24 [28 f.]; BGHZ 170, 180 [182].

87　芦部信喜編『憲法Ⅲ　人権（2）』（1981年・有斐閣）275頁。

88　中野貞一郎「民事裁判と憲法」小島武司／萩原金美編『講座民事訴訟第1巻　民事紛争と訴訟』（1984年・弘文堂）1頁以下（同『民事手続の現在問題』〔1989年・判例タイムズ社〕5頁以下所収）；新堂／小島編・前掲注（2）54頁以下〔中野貞一郎〕参照。中野貞一郎の著作は，すでに1980年代の時点で民事訴訟と憲法との関係に注意を向けた秀逸の論文である。

89　Vgl. Zöller/*Vollkommer*, ZPO, 29. Aufl., 2012, Einleitung, Rdnr. 92 ff.

第2章　民事訴訟法学と方法論　　　　　　　　　　245

奉仕するという民事訴訟法の機能から導かれる。すなわち、実体法の命令を妨げ、または消去することは民事訴訟法の使命でないので、親実体権的解釈が要請される、といわれる。この原則は、連邦通常裁判所の判例によっても明確に確認されている。曰く、「手続法上の規律(verfahrensrechtliche Regelungen) は、権利追求者に権利の追求を容易にする目的に仕えるのであり、それを困難にするのに仕えるのではない。それゆえ、訴訟法上の規制の解釈に当り、概念的考慮は、当事者に争訟の裁判のため、法的平和の回復のため迅速で確実な道を開くという要請の背後に退かなければならない」[91]。

ところで日本では、民事訴訟法の制度目的について、種々の見解が主張されている。私権の保護を目的と見る権利保護説、私法秩序の維持を目的とするものと見る私法秩序維持説、紛争の解決を目的とする制度と見る紛争解決説、多元説および手続保障目的説である。ここでは、これらを詳細に説明することはできないので、若干のコメントに止めざるを得ない。権利保護説と私法秩序維持説は、実体法の実現を念頭に置く見解であるのに対し、紛争解決説は、前述のように権利・法以前に存在する紛争の裁判所による解決に民事訴訟制度の目的を見るものである。専ら既判力の取得を訴訟の目的と見た J. Goldschmidt (ゴルトシュミット) と同じく、どのような内容の判決であろうと確定すれば紛争は解決されると一応はいうことできるのであるから、紛争解決説によれば、訴訟は自己目的となり、理性的な意味を失うことになる。もちろん紛争解決説が既判力の本質についての権利実在説と結びつくとき、法形成という訴訟目的を見ることも可能であろう。しかし、訴訟外において仮象である権利が判決によって実在化するとする見方は、権利は訴訟外では不確かなものであり、これを訴訟によって明確化するという認識に基づくが、それでは、通常の法取引は法の外で行われていることになってしまう。紛争解決説は、親実体権的な解釈という観点を原理的に持ち得ない理論ということができる[92]。

90　Stein/Jonas/*Schumann*, Kommentar zur Zivilprozeßordnung, 20. Aufl., 1979, Einleitung, Rdnr. 68 ff.; *Schumann*, Die materiellrechtsfreundliche Auslegung des Prozeßgesetzes, Festschrift für Larenz, 1983, S. 571; Stein/Jonas/*Brehm*, Kommentar zur Zivilprozessordnung, 22. Aufl., 2003, Einleitung, Rdnr. 92; Zöller/*Vollkommer*, Zivilprozeßordnung, a. a. O. (Fn. 89), Rdnr. 99.

91　BGHZ 34, 64.

また，訴訟目的を多元的に解する論者は，「多元説は，それまでの目的論がもっていた憲法論的意義，方法論的意義等を，民事訴訟なり民事訴訟法の解釈論・立法論を展開していくうえでいずれも必要なものと理解するとともに，目的論を解釈論・立法論の指導原理としてみる立場から，訴訟法学の考察方法として，利益衡量論を正面から認知しようとする方向をそこにみることができる」[93]という。また，同じ論者が，すぐ続けて，「どのような目的論を掲げるかということと個々の問題でどのような解釈論を採るかということとの結びつきは，論理必然的なものとはいえない。個々の解釈論となれば，そのすべてが常に一つの目的に収斂されるほど単純なものではないからである。したがって，あらゆる解釈論を貫く指導原理として目的論を考えようとするならば，必然的に多元説的発想を採らざるをえない。しかし多元説においては，どの目的がどの解釈論の中でどの程度強調されるべきかという問いに対する答えが，その目的論自身の中に組み込まれているわけではない。その意味で，目的論を解釈論立法論の指導原理としてみようとするかぎり，目的論の意義自体を否定するか，限りなくそれに近づくことになろう」[94]という。多元説は，もともと，その内容上いずれの訴訟目的を民事訴訟法の解釈の指針とすべきかを明らかにすることができず，結局は利益考量論と結びつくものなのである。その際，多元説が利益考量論を積極的に理由づけているわけではなく，利益考量論しか残らないというのが実情なのであろう[95]。

2 親実体権的解釈から見て検討を要すると思われる問題

現実の日本の民事訴訟法解釈においては，親実体権的解釈の要請に反するのではないかとの疑問を生ぜしめる判例・学説がこれまで相当多数存在するのは事実である。以下では，その顕著な例を取り上げて具体的に検討を行う

---

92 実体法が整備されている現代では紛争解決も実体法の基準に基づきなされるのは当然であるとして，紛争解決説を修正して「紛争の法的解決」を民事訴訟の目的と見る見解が見られるが（たとえば，伊藤・前掲注（4）19頁），この見解は実体法の存在を前提とするものであるから兼子・紛争解決説とは異なり，その出発点と相容れないことに注意しなければならない。
93 新堂／小島編・前掲注（2）15頁〔新堂〕。
94 新堂／小島編・前掲注（2）16頁〔新堂〕。
95 松本／上野・前掲（33）〔15〕〔松本〕参照。

(1) 相殺の抗弁と訴訟係属　相殺の抗弁は，被告にとって重要な防御方法であると同時に，自己の債権をいわば自力執行的に実現できる手段である。本章の冒頭で述べたように，この重要な権能である相殺権について，判例は，すでに別訴係属中の債権を自働債権として訴訟上の相殺の抗弁を提出することは，「重複起訴の禁止を定めた民事訴訟法231条（現行民事訴訟法142条）の法意に反する」という理由で不適法だとし[96]，この類推適用肯定説を支持する見解の増加を見る[97]。類推適用肯定説の理由は，同一の債権の存否について別訴裁判所の判断と相殺の抗弁に対する判断が食い違う余地を排除しなければならないという考え方にある。反面で，この説は，本訴よりも別訴の方が先に提起され係属しているにもかかわらず，後に本訴が提起されると別訴係属中の債権による相殺の抗弁を許さないことにより，実体法が与えた相殺権の行使を不可能にするのである。しかし，相殺の抗弁は，通常予備的相殺の形で現われるように，裁判所がこれに対して必ず実体判断をするとは限らない。訴求債権の存在が認定されなければ，実体法上の相殺の意思表示は，相殺の要件の不存在によりその効力を生じない。それゆえ，相殺の効力について実体審理と裁判がなされるかどうか不確定な段階で相殺の抗弁を封殺してしまうことは相殺権の剥奪に等しい。訴訟法規の解釈は実体権に親和的でなければならず，この観点から類推適用肯定説は大きな問題を内包している。

(2) 一部請求訴訟における相殺の抗弁の取扱い　いわゆる一部請求訴訟において被告が相殺の抗弁を提出し，相殺に供された自働債権が存在する場合に，相殺は原告が認容判決を求める請求部分に対してなされるべきか（内側説），原告の訴求外の債権部分から優先的になされるべきか（外側説），それとも，認定される債権総額に対する請求額の割合によって相殺控除の額を算出すべきか（按分説）という問題があり，見解が対立する。判例は外側説に立つ。その理由は，そうでなければ「特定の金銭債権について，その数量的な一部を少なくともその範囲において現存するものとして請求するもの」だから，外側説によらなければ「一部請求を認める趣旨に反する」というにある。文献においても，外側説を支持するものが多い。しかし，外側説は被告

96　最〔3小〕判平成3年12月17日民集45巻9号1435頁。
97　前掲注（4）所掲の文献参照。

の受働債権指定権を無視し，相殺権の機能を弱めるものである[98]。

(3) **標準時後の形成権の行使**　既判力の標準時である事実審の最終口頭弁論終結後に形成権を行使したことによって生じた法律状態の変動を後訴において主張することは，当該形成権の発生原因（形成原因）が口頭弁論終結前に存在していた場合，既判力によって妨げられるか否かという問題があるが，その解決は，当然，当事者の利害に著しい影響を及ぼす。判例および支配的見解は，紆余曲折ののち，今日，個々の形成権に応じて異なる扱いをしている。すなわち，取消権，解除権および白地手形の白地補充権の成立原因は前訴の事実審の最終口頭弁論終結時前にすでに存在したこと，また前訴において白地補充ができたことを理由に，これらの形成権については既判力の標準時後の行使に基づく訴えは既判力により遮断されるとし，他方，相殺権については前訴の事実審の最終口頭弁論終結後の相殺権の行使により債務が消滅したことを後訴において主張することは既判力により妨げられないとする。

親実体権的解釈によれば，標準時後に行使された形成権の既判力による失権を拒否すべきでないかという問題が生ずる。*Schumann*（シューマン）は，既判力による失権は実体法の定めに反するとし，失権を否定する[99]。しかし，この場合には，親実体権的解釈に一般的な優先的地位を与えることは出来ないように思われる。なぜなら，*Weinzierle*（ヴァインチアーレ）が指摘するように，民事訴訟法は場合によっては実体権の実現と合致しないような結果になる規律を定めており，そこでは実体権の実現と合致しない評価と目的設定が規律の基礎とされているからである。既判力はその典型例である。既判力は，実体法状態と合致しない危険を犯してでも確定判決の判断に内容的存続性を付与するものであり，それによって勝訴当事者の保護，法的安定性，法的平和，訴訟経済の確保を図ることをその基本思考とする[100]。さらに，時機に後れた攻撃防御方法の却下のように，訴訟促進を目指す手続内の失権規定も存在する。このような規範のすべてに対して親実体権的解釈の原則を直ちに優先させようとすると，一定の特別の訴訟状態に合わせた詳細な規定が

98　松本博之「一部請求訴訟の趣旨」民訴雑誌47号（2001年）1頁以下（同『訴訟における相殺』（2008年・商事法務）153頁以下所収）；松本／上野・前掲注（33）〔393〕〔松本〕参照。

99　*Schumann*, a. a. O. (Fn. 90), S. 571 ff.

100　松本／上野・前掲注（33）〔656〕参照。

親実体権的解釈のためつねに最小限にまで縮減されることになるという不合理な結果がもたらされることになる。親実体権的解釈を無制限に貫けば，既判力や訴訟内の失権というような訴訟法上の制度は存在しえないのであるから，民事訴訟法はいかなる犠牲を払ってでも実体権の実現を追及しているとはいえないことは否定し難い[101]。このことは個々の訴訟法規の解釈の際，考慮されるべきである。

3 親実体権的解釈の必要性

以上の若干の例は，日本の判例および通説がいかに実体権の実現を妨げ，または，これを消去する結果を合理的な根拠なしにもたらしているかを明らかにすることができた。親実体権的解釈は，訴訟法の解釈に当たり尊重されるべきそれ自体非常に重要な視点の1つであることを確認することができる。もっとも，標準時後の形成権行使結果の主張が既判力により遮断されるか否かという問題において典型的に現われているように，親実体権的解釈が唯一決定的な解釈基準でないことも明らかである。しかし，親実体権的解釈原則は，他の訴訟上の解釈基準と並んで考慮されるべき解釈基準であることに変わりはない。重要なのは，親実体権的解釈原則が個々の解釈問題においてどのような重みを持つかが，個々の場合に評価的考察によって明らかにされなければならないことである。

第3款 法治国家的手続形成の要請 —— 公正手続請求権

1 信頼保護の原則

民事訴訟法2条は「裁判所は，民事訴訟が公正かつ迅速に行われるように努めなければならない」と定めている。これは公正な手続の要請という，憲法の法治国家原則や国際人権規約が要求する「訴訟基本権」の民事訴訟法における顕現の1つであるが，具体化を必要とする。

裁判所は予見可能な形で手続を進めなければならないことは，公正な手続

---

101 *Weinzierle*, Die Präklusion von Gestaltungsrechten durch § 767 Abs. 2 ZPO unter Berücksichtigung der materiellen Rechtskraft, 1997, S. 80 f.（松本博之「既判力の標準時後の形成権行使について」同『既判力理論の再検討』〔2006年・信山社〕111頁，178頁以下参照）。

の要請の1つの具体化である。たとえば，裁判所は従来行われてきた実務から予告なしに離反してはならないという信頼保護の要請は，その典型である。最高裁判所昭和40年7月8日第2小法廷判決（民集19巻5号1170頁）は，第一審，第二審ともに先例の認める訴えによって勝訴した原告に対して最高裁判所が上告審として職権で訴えの適否を調査し，抵当権の不存在を理由として任意競売の停止を求めるために原告が提起した請求異議の訴えを不適法として却下したケースである。この新判例の登場以前は，任意競売に対する不服申立てとして請求異議の訴えを準用して競売手続の停止・取消しを認めるのが判例であった。この新判例は，先例に従って訴えを提起し，第一審および第二審で勝訴した原告に対して上告審が何の予告もなく判例を変更し，請求異議の訴えを不適法として却下した[102]。この新判例は，確立された実務に対する信頼を無視し，それまでの原告の手続遂行を無駄にしたものであって，信頼保護の原則に違反し公正手続請求権を侵害するものであった[103]。

2　裁判所の矛盾行為の禁止と権限濫用の禁止

　裁判所の矛盾行為の禁止および権限の濫用またはシカーネの禁止も，公正な手続の要請に属する。たとえば，裁判所がその裁量に属する弁論の分離を行った結果，相殺の抗弁が重複起訴禁止の類推により不適法になったとして相殺の抗弁を却下することは，裁量権の濫用に当たると解すべきである。最高裁判所は，このような原審の措置につき権限の濫用を問題にせず，これを是認したが[104]，極めて問題である。すなわち，当該事案において弁論の分

102　この判例を批判する新堂幸司・前掲注（4）63頁，71頁；同『判例民事手続法』〔1994年・弘文堂〕440頁，449頁；同「民事訴訟法理論はだれのためにあるか」同『民事訴訟制度の役割』〔1993年・有斐閣〕1頁，27頁以下は，上告審の法統一機能の公益性を強調するあまり原告の立場を無視した処理であるとして，当事者のための民事訴訟法理論の観点からこの判例を強く非難される。松浦馨「当事者行為の規制原理としての信義則」竹下守夫／石川明編『講座民事訴訟第4巻　審理』（1985年・弘文堂）251頁，263頁以下および三谷忠之「裁判所側の信義誠実義務」青山善充ほか編『新堂幸司先生古稀祝賀・民事訴訟法理論の新たな構築〔上巻〕』（2001年・有斐閣）323頁，329頁以下は，裁判所の信義則違反の観点から判例を批判する。

103　信義則違反の観点からではなく，憲法違反の観点から問題を捉えることによって憲法違反を上告理由として主張することができるという利点がある。

104　最〔3小〕判平成3年12月17日民集45巻9号1435頁。

離がなされなかったならば，反対債権について訴求債権との審理の重複や判断の矛盾が生じるおそれなどなかったのである。それにもかかわらず原裁判所は弁論の分離を行い，その上で相殺の抗弁を重複起訴に準じて「理由がない」とする判断を下したのである[105]。相殺権の剥奪をもたらす弁論の分離は，裁判所がこのことを積極的に意図していたかどうかを問わず，法治国家の訴訟手続に相応しくない，客観的に恣意的な訴訟指揮として，当事者の公正手続請求権の侵害に当たると解すべきである[106]。

　控訴審の事後審的運用も，公正手続請求権の観点から極めて疑問の多い実務であることは，すでに述べた。

第4款　権利保護の平等，当事者の平等扱いと武器対等の原則

1　権利保護の平等

　憲法は法の下の平等を定めているが，これは訴訟との関係では，当事者は権利保護の平等を保障されなければならないことを意味する。そして権利保護の平等の要請から，権利保護の実現において，資力のある者と無資力者の状況の調整が要求される[107]。

2　武器対等の原則

(1)　**武器対等の原則**　訴訟における当事者の平等扱いは，当事者の武器対等を要求する。武器対等の原則は，両当事者が同じスタートの可能性を，訴訟経過の中では裁判所の裁判への影響に関して同じチャンスと権能を有し，

---

[105] 本件での弁論の分離および相殺の抗弁却下の異常さは，山本克己・平成3年度重要判例解説（ジュリスト1002号，1992年）121頁；高田昌宏・法学教室142号（1992年）99頁；中野貞一郎／酒井一・民商107巻2号（1992年）253頁〔中野〕；松本博之・民事訴訟法判例百選〔第3版〕(別冊ジュリスト169号，2003年）92頁；笠井正俊「口頭弁論の分離と併合」大江忠ほか編『手続裁量とその規律』(2005年・有斐閣）141頁，153頁などによって指摘されている。また，相殺の抗弁を重複起訴に準じて「理由なし」として排斥する点において，原裁判所の訴訟法理解の不十分さは際立っている。

[106] 松本・前掲注 (98)『訴訟における相殺』112頁以下参照。

[107] BVerfGE 81, 347 [356]; BVerfG NJW 2004, 1789; BverfG NJW 2010, 3083 [3084] Tz 10; BGHZ 170, 108 [114]; BGHZ 173, 14 [21]; BGHZ 176, 379 [381]; BGHZ 186, 70 Rdnr. 23.

訴訟の結果と費用負担に関して同じリスクを負担しなければならないことを意味すると解すべきである[108]。それゆえ，武器対等の原則は，裁判所の面前での法的審問が保障されて初めてその意味をもつといえる。

　もっとも，日本国憲法には，ドイツ基本法103条１項のような法的審問請求権を直接定める規定がないので，日本法において法的審問請求権が保障されているか否か，まず問題となる。この点，手続保障は今日一般的な承認を受けた手続原則ということができる。憲法レベルの法的審問請求権も，個々の訴訟の訴訟関係人の平等のみならず同様の訴訟状況にある他の訴訟の当事者との関係での平等をも保障する平等原則[109]，および，自己の言い分を十分に聴いて貰うことを内容とする個人の尊厳の保障から演繹することができる。したがって，日本法においても法的審問請求権の原則は，憲法上の原則として妥当する手続保障と解することができる。たとえば，定型的な証明困難が存在し，証明上の不平等状態が存在する場合には，不利益当事者のために証明責任を負わない当事者に事実陳述義務を課し，あるいは証明度を軽減すべきかどうかを検討する必要が生ずる[110]。

　(2)　**武器対等の原則から見て問題のある解釈**　　従前の民事訴訟法解釈においては，当事者の武器対等の原則に反するのではないかとの疑問を生ぜしめる解釈が相当数存在する。一例を上げよう。

　訴訟担当者が権利義務の帰属主体との間に利害対立が存在する法定訴訟担当につき，担当者が受けた判決の効力は被担当者（権利義務の帰属主体）に及ぶかどうかという問題につき，周知のとおり，見解の対立がある。たとえば債権者代位訴訟において，訴訟が被代位者（債務者）のためにもなった場合，したがって訴訟担当者が勝訴判決を受けた場合にのみ既判力が被代位者

108　BVerfGE 52, 131 [132 ff., 153 ff].

109　*Waldner*, Der Anspruch auf rechtliches Gehör, 1989, Rdnr. 17 f. は，審問を求める権利が明文規定により付与されていないスイス法において，「ある訴訟の関係人相互間の平等扱いのみならず，同様の訴訟状況にある他の訴訟当事者との関係での平等取扱いをも保障する」という意味での平等原則から，審問請求権が演繹されたことを指摘する。

110　証明責任を負わない当事者の事実陳述義務については，松本博之『民事訴訟における事案の解明』（2015年・日本加除出版）；松本／上野・前掲注（33）〔384〕以下〔松本〕参照。証明度の軽減については，松本／上野・前掲注（33）410頁以下〔松本〕参照。

に及ぶことを承認し，敗訴判決の場合にはこれを否定する見解[111]が主張され，あるいは債権者代位訴訟は代位債権者が他人の権利関係につき独立の訴訟をもってしても保護されるべき訴訟の結果に係る重大な利益を有する場合であり，それゆえ自己固有の当事者適格を有するから，債権者代位訴訟の判決の効力は権利義務の帰属主体に及ばないという固有適格説[112]が主張されている。これらの見解によれば，代位債権者が敗訴した場合には，第三債務者は被代位者（債務者）または他の代位債権者からさらに請求を受けることが生ずる。その結果，債権者側は，ある代位債権者または他の代位債権者が第三債務者に対し一度勝訴すれば権利を実現することが可能になるのに対し，第三債務者が債務を免れるためには，代位債権者の提起するすべての訴訟に勝訴しなければならないという重大な不均衡が生ずる。それゆえ，代位債権者の敗訴の場合に既判力の債務者への拡張を否定する見解は，当事者間の武器対等の原則上極めて問題だといわなければならない。

同じことは，差押債権者による債権取立訴訟についての固有適格説にも当てはまる[113]。

第5款　訴訟経済の原則

訴訟経済の原則とは，民事訴訟法の可能な複数の解釈のうち，目標への到達のためにより単純で，より費用が少なくて済み，かつより迅速な手続が選択されるべきであるというものである。従来から民事訴訟法の理念として，多数の事件の迅速かつ安価な解決が説かれていた。訴訟経済の原則は，民事訴訟法規の解釈の1つの基準となりうる。

実際，争いのある解釈問題について訴訟経済にも決定的な意義が与えられることがある。たとえば，第三者異議の訴え（民執38条）に対して，被告で

111　三ケ月章「わが国の代位訴訟・取立訴訟の特異性とその判決の効力の主観的範囲」同『民事訴訟法研究（6）』（1972年・有斐閣）1頁以下：同『民事訴訟法〔法律学講座双書，第3版〕』（1992年・弘文堂）227頁，238頁。

112　福永有利「当事者適格論の再構成」山木戸克己教授還暦記念『実体法と手続法の交錯（上）』（1978年・有斐閣）34頁以下（同『民事訴訟当事者論』〔2004年・有斐閣〕126頁以下所収）。

113　債権取立訴訟（民執157条）については，松本博之『民事執行保全法』（2011年・弘文堂）266頁以下参照。

ある執行債権者は債権者取消権（民法424条）を抗弁として主張し，請求棄却判決を求めることができるかどうかが争われる。判例および通説は，贈与による所有権取得を理由とする第三者異議訴訟の係属中に，被告より提起された贈与の詐害行為による取消しを求める反訴に対し，詐害行為取消権が肯認され原告の所有権取得が否定された場合，原告主張の所有権は第三者異議の訴えの異議事由に該当せず，したがって第三者異議の訴えは棄却を免れないとする（反面，抗弁の方法での詐害行為取消権の主張は許されないとする）114。詐害行為取消権は，判例および通説（いわゆる折衷説）によれば，詐害行為の取消しと取消しの効果である財産返還請求の権利であるから，詐害行為の取消しのためには詐害行為の取消しが判決主文において宣言されることが必要である。このような詐害行為取消権の理解からすると，裁判所は，詐害行為取消権が存在するとの判断を，この判決の確定前に第三者異議訴訟の判決において斟酌することが許されるかが，大いに問題になるのである。新堂幸司は，訴訟経済の観点から，これを適法と見る115。反対説は，債権者取消権を抗弁の方法で主張することができるとし，そうすると，第三者異議の訴えに対する詐害行為取消しの反訴の狙いは第三者異議の訴えの請求棄却に尽きるから，反訴の必要性を欠くことになると主張する116。

　訴訟経済は，それ自体，自己目的ではない。権利の実現という訴訟目的は，訴訟経済の原則に制限をもたらしうる。たとえば主として裁判官の負担の軽減だけに仕える法解釈は，不適法と見ることができる117。控訴審における反訴の提起は，相手方の同意を要し制限されているので（民訴300条1項），抗弁による詐害行為取消権の主張を許す実益があり，また，詐害行為取消しの訴えを形成訴訟と解しても，第三者異議の請求棄却のためには，反訴請求棄却判決の判決主文による詐害行為取消しの宣言を必要とするものでないから，抗弁による詐害行為取消権の主張を許すべきであろう118。そして，こ

114　最判昭和40年3月26日民集19巻2号508頁。もっとも，判例は，反訴でなく別訴として提起された詐害行為取消しの訴えは弁論の併合により1つの手続で審理裁判されるのでない限り，裁判所は詐害行為取消判決の確定前に第三者異議の訴えを棄却することはできないとする（最判昭和43年11月15日民集22巻12号2659頁）。

115　新堂・前掲注（102）『判例民事手続法』64頁，69頁。

116　飯原一乗『詐害行為の取消権・否認権の研究』（1989年・日本評論社）169頁以下。なお，中野貞一郎『民事執行法〔増補新訂6版〕』（2010年・青林書院）324頁も参照。

117　BverfGE 51, 113；BVerfG NJW 81, 41 f.

の見解の方が訴訟経済によりよく合致する。

　もっとも，訴訟経済という曖昧な概念は，訴訟法上の諸問題の解決にとって適切でないとして，これを解釈基準にすることに否定的な見解[119]もある。そこでは，秩序ある，そして計算可能な手続の進行を破壊するのみならず，権利保護の制限（Beschneidung）を招くと批判されている。この批判は重要であり，権利保護の制限をもたらすような訴訟経済の原則の顧慮は正しくない。しかし，民事訴訟法の規定がもともと訴訟経済を考慮に入れている場合など，解釈に訴訟経済の観点を考慮することに問題がない場合もあろう。権利保護の制限を招くことがない範囲での訴訟経済の原則の考慮は，必要である。

第5節　おわりに

　日本の民事訴訟法学においては，これまで解釈方法として訴訟経済を語ることはあっても，親実体権的解釈や当事者間の武器対等の原則を論ずる文献はごく一部を除き存在しなかった。その背景には，訴訟目的論としての紛争解決説と利益考量論があった。本章は，紛争解決説の問題性を指摘するとともに，日本において支配的な解釈方法としての利益考量論や実務的考察に対する基本的な疑問を提示した。そして，憲法を頂点とする法秩序の根幹を担う民事訴訟法の解釈は，正当な訴訟目的の理解のもとに訴訟目的に適合するものでなければならないこと，かつ，憲法価値に根ざすものでなければならないことを主張した。前者の訴訟目的との関係では，親実体権的解釈が顧慮されなければならないこと，後者の憲法との関係では，公正手続請求権や当事者の平等および武器対等の原則にとくに考慮が払われなければならないことを主張した。本章は不十分さを残した論述に終わった部分があるが，この点は今後研究を深めたい。

118　松本・前掲注（113）412頁。
119　*Schwab*, NJW 1959, 1824; *Gaul*, a. a. O. (Fn. 43), 42.

第 3 編

個別領域の展開

第 1 章　民事訴訟における訴訟係属中の係争物の譲渡*

第 1 節　訴訟承継主義の後退か

第 1 款　日本の民事訴訟法の特徴としての訴訟承継主義

　日本の民事訴訟法の制定に大きな影響を与えたドイツ民事訴訟法やオーストリー民事訴訟法と比較して，今日の日本の民事訴訟法を特徴づける制度の 1 つと見られるのは，いわゆる訴訟係属中の係争物の譲渡の場合の訴訟承継主義の採用であると思われる。ドイツやオーストリーの法秩序においては，訴訟承継主義は原則として採用されず，訴訟係属後に係争物が譲渡された後も譲渡人がそのまま訴訟を続行することができるのである。これに対し，訴訟承継主義とは，訴訟係属中にいわゆる訴訟の目的である係争権利の譲渡や目的物の処分（以下では係争物〔res litigiosa〕[1]の譲渡という）が当事者によって行われ，実体法上，主張された権利義務の帰属主体に変動が生じた場合に，この訴訟に参加して当事者として訴訟を追行することを譲受人に許すのみならず，相手方の申立てがあれば，譲受人が訴訟を承継して手続を続行することを義務づける制度と解されている。訴訟承継主義のもとでは，譲受人が当事者として訴訟に加わり判決の名宛人となって判決を受けなければ，譲渡人と相手方との間で判決が下され，これが確定した場合にも，その判決は譲受人に既判力を及ぼさないことを意味する。譲受人が自ら訴訟に参加してこない限り，相手方は係争物の譲渡があったかどうかを正確に把握することがで

---

　*　本章は，龍谷法学42巻 3 号（2010年）859頁以下，43巻 4 号（2011年）1610頁以下，44巻 3 号（2011年）883頁以下に掲載された同名の論文を必要な補正のうえ収録するものである。

　1　「係争物」という言葉は，民事保全においても用いられる法律用語である。民保23条，25条の 2 第 1 項・ 2 項。

きず，譲受人に対して訴訟引受の申立てをする機会を失い，折角，譲渡人に対する勝訴判決を得たとしても，譲受人に対して判決の効力が及ばないという事態を招くことになるのである。

　訴訟係属後の係争物の譲渡によって訴訟当事者に生じる不利益を防止することは，訴訟法の立法者の大きな関心事でなければならない。このような不利益を避ける手段として，ローマ法やドイツ普通法では係争物の譲渡それ自体が禁止された[2]。ここでは，原告が所有物の返還を求める訴訟（対物訴訟）において召還後に，被告占有者が禁止に反してその物を譲渡した場合には，原告は取得者をして物を直ちに被告に返還させる方法で譲渡を無効と扱うか，それとも，譲渡者に対する訴訟をそのまま続行することができ，原告が勝訴すれば，物の権利とその返還に関する限り，取得者はその判決を直接自己の不利にも承認しなければならず，原告はこの判決を取得者に対して執行することができる，とされた[3]。しかし，係争物の取引の実際上の必要性から，プロイセン一般ラント法，ヴュルテンベルグやザクセンの地方法およびフランス法においては，係争物の譲渡禁止原則は採用されず，譲渡は許されたといわれる。係争物の譲渡を許す場合には，ドイツ民事訴訟法265条のように，従来の訴訟は原則としてもとの当事者間で有効に続行されるとするか[4]，または，訴訟は権利承継人による訴訟の承継後に続行される必要があった[5]。前者がドイツ民事訴訟法やオーストリー民事訴訟法の採用する「当事者恒定主義」であり，後者はたとえば1868年のヴュルテンベルグ王国民事訴訟法が採用した「訴訟承継主義」である。当事者恒定主義においては，係争物の譲渡は無条件で許されるが，これは訴訟に影響を及ぼさず，もとの当事者はそのまま訴訟を続行して判決を得ることができ，譲受人は譲渡人の相手方の同意（および譲渡人の同意）がない限り当事者として訴訟を引き継ぐことはできず，もとの当事者間で下された判決の既判力は当事者にならなかった権利

2　もっとも例外的には，ドイツ普通法においても，係争物の譲渡が許された。*Carl Georg Wächter*, Handbuch des im Königsreiche Württemberg geltenden Privatrechts, Bd. 2, 1842, Nachdruck 2001, S. 529によれば，「結婚の支度のための，物に関する和解の結果としての，または分割の結果としての物の譲与は，このような譲渡の禁止から除かれている。当然に，物の終意処分も禁止の中に入らないし，直接物に関する法的必要性の結果として，または長期の保管により物が腐るので行われた譲渡もそうである。」

3　*Wächter*, a. a. O. (Fn. 2), S. 529.

承継人のためまたはこの者に対して及び，判決は権利承継人のためまたはこの者に対して執行力をも及ぼすという規律が行われる（ドイツ民訴法265条・325条・727条）。ここでは，係争物の譲渡人は，もはや権利義務の帰属主体たる地位（実体適格〔Sachlegitimation〕）を欠くに至るにもかかわらず，以後は権利承継人の法定訴訟担当者として訴訟を追行する。もっとも，前主は係争物を譲渡することによって実体適格を失うことは，訴訟上どのように反映されるのかが問題となる。この点について，係争物の譲渡は，それが全く生じなかったかのごとく，当事者地位にも，基礎にある請求権の実体的判断にも何らの意味をも有しないという「無影響説（Irrelevanztheorie）」と，係争物の譲渡は譲渡人の訴訟上の地位には影響を及ぼさないけれども，原告は実体適格の欠缺による請求棄却を避けるためには譲渡のときから訴えの申立てを変更し，訴えの申立てにおいて，権利承継人が原告に代わるようにしなければならないとする「影響説（Relevanztheorie）」[6]の対立を見る。

　無影響説によると，譲渡または譲受人に関する抗弁は排除され，訴訟物に関する処分は譲渡人の権限であり，判決も譲渡人の有利かつ不利に下されうるのに対して，影響説によれば，譲渡または譲受人に関する抗弁は適法であ

4　もっとも，ドイツ民事訴訟法266条は，土地の譲渡について「土地のために請求される権利または土地の上に存すべき義務の存在または不存在につき，占有者と第三者との間で訴訟が係属する場合に，土地の譲渡の場合には，権利承継人は訴訟が存する状態においてその訴訟を主たる当事者として引き受ける権利を有し，かつ，相手方の申立てがある場合にはこれを引き受ける義務を負う。同じことは，登記された船舶または船体の上に存する義務の存在または不存在についての訴訟に妥当する。

　(2)　この規定は，無権利者から権利を引出す規定がこれに対立する限りで適用されない。この場合には，譲渡したのが原告である場合には第265条3項の規定が適用される」と規定し，本条の規定する土地についての訴訟に関して訴訟承継を定めている。

　この規定は，土地についての所有物返還請求の訴えや土地登記簿訂正請求の訴えには適用されない。適用があるのは，訴訟の対象が用益権のような土地のために請求される権利または所有者に帰属する物上負担および先買権の存否である場合，または訴訟の対象が抵当権を含む物的負担である場合で，譲渡占有者，通常は所有者と，第三者との間で，訴訟係属中に土地の譲渡が行われる場合である。Vgl. Stein/Jonas/*Roth*, ZPO, 22. Aufl., Bd. 4, 2008, § 266 Rdnr. 3.

5　歴史については，*Kiefner*, Ut lite pendente nil innovetur, Zum Verbot der Verfügung über res und actions litigiosae im römischen Recht und im gemeinen Recht im 19. Jahrhundert, Gedächtnisschrift für Kunkel, 1984, S. 117 ff.

り，原告側の承継の場合には判決は原告としての承継人に有利な内容になり，被告側の承継の場合には譲受人に給付を命じる判決を求めるように申立てを修正することが要求され（厳格説），あるいは，譲受人は訴訟に関与していないため給付命令の相手方とすることはできないとするが，しかし譲受人に帰属する抗弁および権利移転後に生じた抗弁のすべてを原告に対して対抗することができるとされる（緩和説)[7]。

これに対し，理念的な訴訟承継主義のもとでは，譲受人は現状において主たる当事者（Hauptpartei）として訴訟に参加することを許され，かつ相手方の要求により譲受人による訴訟引受が義務づけられる。ここでは，それまでの訴訟審理の結果は譲受人に引き継がれ，係争物の譲渡が相手方に不利益を負わせないことが確保される。

以上の考察から，普通法上の係争物の譲渡禁止，当事者恒定主義，訴訟承継主義のいずれも，係争物の譲渡が譲渡人の相手方に不利益を負わせないことを目的とする点で共通性を有することを確認することができる。その上で係争物の譲渡の現実の必要性に考慮を払うのが，後二者だということができる。

第2款　兼子論文による「訴訟状態承継義務」の根拠づけ──「生成経過中の既判力」と「当事者適格」の承継──とその問題点

1　兼子・訴訟承継論の登場

後述のように日本では，係争物の譲渡に関する規定は明治23年民事訴訟法には全く存在しなかったが，今日では，大正15年改正民事訴訟法が訴訟承継主義を採用したと一般に理解されている（同法73条・74条)。1996年制定，1998年施行の平成民事訴訟法においては，これらの大正15年改正民事訴訟法の規

---

[6] ドイツの判例は原告側の権利承継につき影響説に立ち（BGHZ 26, 31 [37] ; BGHZ 158, 295 [304] = BGH NJW 2004, 2152 [2154] ; BGH NJW 2011, 2649, 2651, Rdnr. 16など），ドイツの文献においても，これが多数説である（Stein/Jonas/*Roth*, a. a. O. (Fn. 4), §265 Rdnr. 21 ; Thomas/Putzo/*Reichold*, ZPO, 30. Aufl., 2009, §265 Rdnr. 13 ; MünchKommZPO/*Becker-Eberhard*, 4. Aufl., §265 Rdnr. 83 ; Baumbach/Lauterbach/*Hartmann*, ZPO, 67. Aufl., 2009, §265 Rdnr. 17 ; Zöller/*Greger*, ZPO, 27. Aufl., 2009, §265 Rdnr. 6a)。

[7] Vgl. *Rechberger/Simotta*, Zivilprozessrecht, 5. Aufl., 2000, Rdnr. 233.

定の部分的な補充がなされたのみであり，基本的な法改正は行われなかった（現行民訴法49条～51条）。

　周知のように，大正15年改正民訴法73条，74条の両規定に基づき，兼子一の著名な論文「訴訟承継論」が公表され，これが以後の日本の民事訴訟法学におけるこの問題の理論的基礎を打ち建てた金字塔であると，長い間見られてきたし，今日でも基本的にはなおこのように見られている。その中心的な内容は，参加承継人または引受承継人が参加承継または引受承継の時点における訴訟の状態に拘束されることを，この点についての法律規定を全く欠くにもかかわらず，当時ドイツにおいて「訴訟的ないしは動的考察方法」を強調して華やかに主張された J. Goldschmidt（ゴルトシュミット）の訴訟状態説を支持しこれを導入することにより基礎づけようとしたことにある。先ず，兼子論文の構成を再確認しておこう。

　兼子論文は，民事訴訟制度，とくに判決手続の目的を「私人間の利益紛争の法的共同体の判断による法律的解決にある」[8]との考えを出発点とする。そして，この法的共同体の判断は本案判決の確定によって得られるものであるから，「訴訟は既判力を得んことを目的とする手続で，而も此の既判力の実体は手続の進行と共に，実体法と訴訟法，内容と形式との交渉の成果として，順次に形成せられて来るのであって，訴訟は実質的に観察すれば，生成経過中の既判力（die werdende Rechtskraft）そのものであると謂ひ得る」[9]とする。この見解は，まさに係争物の譲渡の場合の訴訟承継主義（原則）を理論的に根拠づけようとする意欲的な試みの中で表明されたものである。兼子は，訴訟は訴訟法律関係説がいうように静止的な法律関係と捉えるべきでなく，J. Goldschmidt に従って，判決に向かって発展し進行する動的な手続（訴訟法律状態）と解すべきであるとする「訴訟的考察方法」を主張するが，兼子理論の独自性は，本来事実的なものであるべき「訴訟法律状態」に，生成経過中の既判力（法的な拘束力）を結びつけることにより，これに強い法規範的な性質を与えようとしたことであろう。訴訟の目的である確定判決の既判力

　8　兼子一「訴訟承継論」同『民事法研究第1巻』（1950年・酒井書店，初出は法学協会雑誌49巻1・2号〔1931年〕33頁。もっとも，私法秩序維持説は戦後放棄され，訴訟は規範的色づけのない裸の紛争の解決をその目的とするとの紛争解決説を兼子自らも主張した。

　9　兼子・前掲注（8）34頁。

がすでに訴訟係属中に，したがって判決前に，承継時点における訴訟状態限りであれ，発生すると論じられているのである。

2 「当事者適格の承継」

兼子論文は，承継の原因を「当事者適格」の承継に求める。ここに当事者適格とは，正確には，係争法律関係の帰属主体たる地位を示す実体適格（Sachlegitimation）のことである。すなわち，兼子によれば，「訴訟の承継の原因は，——先ず原告の主張に随って争いの存在を仮定し，その争いに関し原告は如何なる立場から関係しているのか（所謂原告の適格　Aktivlegitimationの問題），如何なる点で被告を相手方として居るのか（被告の適格　Passivlegitimationの問題）を見，両者何れかの側の此の関係が訴訟中第三者に移転したか否かを考察する必要がある。此の点は従来所謂正当な当事者（richtige Partei），当事者の適格（Sachlegitimation），乃至訴訟追行権（Prozessführungsrecht）と称せられていた問題であって，訴訟の承継はありと仮定せられる此等の関係の移転であると謂ひ得る」。「訴訟追行権或いは当事者適格とは訴訟物を構成する一定の私法上の法律関係に関し，自己の名を以て訴訟を為す権能と解されている」[10]。

実体適格と訴訟追行権を「正当な当事者」＝「当事者適格」の概念に纏めたのは多分，雉本朗造が初めてであると思われる。雉本論文は，ドイツでは，訴訟物をなす私法上の請求権または法律関係が訴訟当事者に属することを実体適格（Sachlegitimation）と呼び，訴訟担当の場合を訴訟適格（Processlegitimation）と呼んでいたことを認識しつつ，権利または法律関係の主体である場合にも単に主体であることが重要なのではなく，主体であるために訴訟をなす権能を有することが要点であることは訴訟担当の場合と異ならないとして，両者を「総括」して「正当な当事者」と呼ぶ。原告として訴訟をなす権能（Aktivlegitimation）を有する当事者を「正当ナル原告」，被告として訴訟をなす権能（Passivlegitimation）を有する当事者を「正当ナル被告」と呼ぶ。そして，訴訟目的として権利保護請求権に立つ雉本は，私法上の請求権が存

10　兼子・前掲注（8）50頁以下。Sachlegitimation（実体適格）に「当事者適格」の訳を付する兼子に見られる誤訳または誤解は，たとえばE. Bley, Klagrecht und rechtliches Interesse, 1923の邦訳である小野木常訳『エーリッヒ・ブライ著・訴権と法的利益』（1933年・山口書店）142頁などにおいても見られる。

在し，保護の適格を有し，かつ履行期にあることは権利保護要件をなすとして，実体適格も権利保護要件と位置づけ，したがって訴訟法上の問題に位置づけた[11]。かくて，Aktivlegitimation は積極的実体適格であり，Passivlegitimation は消極的実体適格であるにもかかわらず，権利保護要件の問題，したがって訴訟法上の問題として扱われた。このようにして，実体適格は，請求の理由具備の問題であるにもかかわらず，いわゆる実体的権利保護要件に吸収され，独自の概念としては民事訴訟法学から消えた。ここに，実体適格と訴訟追行権の混同の原因がある。兼子論文も，雉本論文と同じ意味で「正当な当事者」の概念を用いた。後の兼子一『新修民事訴訟法体系〔増訂版〕』158頁以下も，訴訟物である権利主張についてその存否を確定する判決を受ける適格を「当事者適格」と呼び，あるいは訴えの目的を達するために当事者として訴訟を追行する権能として「訴訟追行権」といい，このような適格または権能を有する者を「正当な当事者」と呼ぶ。兼子説は，権利保護請求権を否定したにもかかわらず，雉本と同様，実体適格と訴訟追行権を「正当な当事者」の概念に統合し，両者の違いを曖昧にした。兼子理論は，判決確定前の権利を仮象とするため実体適格の概念を用いることができない。

しかし，兼子・訴訟承継論が Sachlegitimation の用語をもって示す「当事者適格」は，内容上，当事者の主張から見た係争法律関係の帰属主体たる地位であり，請求の理由具備の問題である。したがって，この「当事者適格」は，誰を当事者として訴訟を行うことが訴訟目的の実現にとって必要かつ有効であるかという訴訟上の観点からする訴訟追行権とは全く異なる概念である。両者は，日本では今日においてもなお必ずしも明確に区別されていない。訴訟承継の原因は「当事者適格」の承継をもってしては説明できないという，適格承継説に対する，後述のような有力な批判が近時説得的に行われている原因は，この概念的区別の不十分，不徹底さにある。ともあれ，兼子論文が承継人に移転すると考えていたものは，内容上，係争中の権利または法律関係の帰属主体たる地位，すなわち実体適格であることを確認しておくことが重要であろう。この点には後に立ち返り詳論するであろう。

---

11 雉本朗造「民事訴訟ニ於ケル『正当ナル当事者』ナル観念及其訴訟上ノ地位ヲ論ス（Die richtige Partei - Sachlegitimation u. Processführungsrecht）」同『民事訴訟法論文集』（1928年・内外出版印刷）1頁以下（後に同『民事訴訟法の諸問題』〔1955年・有斐閣〕31頁以下に収録。初出は1909年）。

3 大正15年改正民訴法における重要な規定の欠如

　大正15年改正民訴法73条（現行民訴法49条）は，後に述べるように直接には権利承継人の当事者参加権を規定したものであるから，当然のことながら，訴訟承継を定めたとすれば本来用意されるべきであったと考えられるいくつかの重要な規定が欠落していた（また，平成民事訴訟法においても，それらは遺憾ながらなお欠けている）。それは，原告の権利承継人は参加の時点における訴訟の結果（訴訟状態）を承継すべき義務を負う旨の規定，および，被告が係争物を処分した場合の権利承継人のそれまでの訴訟結果（訴訟状態）を承継すべき義務についての規定である。被告側の権利承継の場合において，原告が被告側の権利承継を知らないため，原告が権利承継人の訴訟引受けを申し立てることができなかった場合には，権利承継は事実審の最終口頭弁論終結後に行われたものと見なすというような原告保護規定もそうである。さらに，訴訟係属発生後の権利承継の場合にも，実体法の定める対抗要件規定や善意者保護規定が適用になることを定める規定である。

　ところで，承継人がそれまでの当事者間の訴訟結果（訴訟状態）を承継すべき義務は，伊藤博文の依頼によって民事訴訟法草案の作成に尽力したドイツ人法律家 *Hermann Techow*（ヘルマン・テヒョー）が訴訟承継主義の導入を提案した「テヒヤウ氏訴訟規則修正原按」においては，後に詳しく述べるように，当然の前提とされ，明文規定が置かれていたし，民法の善意取得に関する規定の適用についても規定されていた。大正15年改正民訴法の立法者が「テヒヤウ氏訴訟規則修正原按」をどの程度考慮に入れたかは明らかでなく，日本の立法作業の継続性が問題になる。実務家主体の改正作業において，立法作業の継続性や理論面での慎重な検討を期待するのは無理であったのであろうか。いずれにせよ，この点は今日まで殆ど指摘されてこなかったし，訴訟状態承継義務の根拠づけの問題を後世に残すことになった。

　訴訟状態承継義務を規定しなかった大正15年改正民訴法のもとで，兼子理論によって「訴訟状態承継義務」が承認され，後述のように判例も後にこれに従った。そのため，平成民事訴訟法（現行民事訴訟法）は，訴訟状態承継義務を定めることなく，①訴訟係属中に権利の全部または一部を譲り受けた第三者に対し，被承継人の相手方は同法50条（訴訟の目的である義務の承継）の規定により引受承継の申立てができること，および，訴訟の目的である義務の全部または一部を承継したことを主張する第三者は同法47条から49条

（訴訟の目的である権利の承継）の規定により訴訟参加をすることができることを定め（51条），②承継後の手続につき，引受承継の場合には，必要的共同訴訟に関する40条1～3項の規定が準用される参加承継の場合（49条・47条4項）とは異なり，もとの当事者間の訴訟と引受人と相手方との訴訟には，平成民事訴訟法が新たに規定した同時審判の申立てに関する同法41条1項および3項が準用されることを定めたにすぎない（50条3項・51条後段）。①は，すでに兼子論文が主張し，その後通説化するに至ったものを明文規定で再確認したにすぎず，全く新味に欠けるのみならず，規律の内容にも疑問があるのである。すなわち，占有承継人のような被告側の権利承継人が自ら訴訟参加の申立てを行うのでなく（この場合は参加申立ての適否は口頭弁論によって審理される），原告から訴訟引受の申立てがなされる場合には，審尋はなされるものの，口頭弁論ではなく決定手続によって訴訟引受義務の存否が審理され，肯定されれば訴訟引受が命じられることは，合理的な差別なのかどうか甚だ疑問だからである。なぜなら，この場合には，純然たる債務引受の場合とは異なり，権利承継人の固有の実体法上の法的地位の存否も争われうるのであり，この争いを決定手続で裁判するのは不適切だからである。②は，引受承継につき，同法40条1～3項の規定が準用される権利承継の場合との著しい差異をもたらす規律であり，後述のように，その合理性が著しく疑われるものである。平成民事訴訟法は，訴訟係属発生後の権利承継の場合にも，実体法の定める対抗要件規定や善意者保護規定が適用になる旨を定めなかった。

第3款　学説における「訴訟状態承継義務」に対する批判から否定へ

　訴訟承継については，これまで多くの有力な研究者が研究成果を公にしてきたが，この間徐々に，訴訟を承継する義務自体と訴訟状態承継義務ないしは訴訟関係承継義務とを切り離せない一体をなすものと見ない見解，したがって訴訟承継の要件と訴訟状態または訴訟関係の承継義務の範囲を切り離して考察する見解がかなり増加していることが注目される。

1 井上治典の問題提起

(1) この傾向の嚆矢をなすのは，井上治典の「訴訟引受けについての手続上の問題点」における見解である[12]。

井上論文は，詳細を後日に留保するとしつつも，次の4点の主張を行った。第1に，口頭弁論終結後の承継人への既判力の拡張の場面で承認されている承継人の固有の抗弁と「前主自身の攻撃防御方法」とはそれほど明確に区別できるものとはいえず，承継人自身の利益擁護のための手続の繰返しや新主張が一定の範囲で認められる余地があること，第2に，既判力の承継人への拡張の場面において，前主の相手方当事者が前訴当時承継人の登場を予見できなかった限り，前訴と別個の法的観点から承継人と争うことができると解する見解[13]を支持する場合，承継人も，もとの訴訟当事者間の訴訟状態に拘束されない独自の立場で争うことができなければならないこと，第3に，訴訟承継が問題になるのは訴訟手続の進行中であるから，口頭弁論終結後の承継の場合よりもさらに弾力的に従前の訴訟状態からの自由を承認する余地があること，第4に，第三者に求償または損害賠償を請求するため第三者を訴訟に引き込む場合には —— これが可能であるとして —— 引き込まれた第三者は原則として従前の訴訟状態に拘束されないというべきであるから，第三者が引込申立人の要請によって応訴する義務と既存の訴訟状態を承認して引き継ぐ義務とは必ずしも一体でありえないという主張である。

以上の井上論文の訴訟状態または訴訟関係の承継義務の弱体化の議論は，口頭弁論終結後の承継人，訴訟に引き込まれる第三者の地位などとの比較において，訴訟承継人は前主の訴訟関係を全面的に引き継ぐのではなく，承継人自身の利益擁護のための手続の繰返しや新主張が一定の範囲で許容される余地があることを理由づけようとするものである。

(2) しかし，これらの指摘は訴訟状態承継義務または訴訟関係承継義務の弱体化を正当化することに成功していないように思われる。

第1に，訴訟承継の場合にも承継人固有の法的地位が保護されるべきであ

---

12 井上治典『多数当事者の訴訟』(1992年・信山社) 63頁，91頁以下 (初出は1981年)。
13 吉村徳重「既判力の第三者への拡張」吉村徳重／井上正三編『講座民事訴訟 (6)』(1984年・弘文堂) 139頁，148頁。なお，新堂幸司「訴訟承継論よ　さようなら」新堂幸司／山本和彦編『民事手続法と商事法務』(2006年・商事法務) 355頁，373頁注(14)。

るが，顧慮されるのは承継人固有の法的地位に限られなければならないのであり，これと前主自身の攻撃防御方法とは明確に区別されなければならない。

第2に，通謀虚偽表示による売買であることを理由に被告に対して提起した移転登記の抹消登記請求訴訟において請求認容判決を受けた原告は，口頭弁論終結後に被告から本件不動産を譲り受けた第三者に対しては，原告・被告間の売買が無権代理によるものであったことを主張できるべきであるとの見解に立つと，訴訟係属中の承継人ももとの訴訟当事者間の訴訟状態に拘束されない独自の立場で争うことができなければならないという主張も，説得力があるかどうか疑問である。口頭弁論終結後の譲受人が虚偽表示につき善意の第三者であることを主張し，これが正当である場合には，この第三者には前訴確定判決の既判力は拡張されない。しかも，この場合に前訴裁判所による虚偽表示の存在についての判断は判決理由であり，判決理由には既判力が及ばないのであるから，前訴原告は既判力の及ばない第三者との関係では前訴とは異なる請求原因によって権利主張をすることができなければならない。訴訟係属中に，虚偽表示であることに善意で目的物の譲渡を受けた第三者は，自己固有の法的地位を有するので，前主の訴訟関係を引き受ける義務を負わないと解される。しかし，この場合，原告は改めてこの譲受人を被告として，原告被告間の売買契約が無権代理によって無効であることを主張することはできる。しかし，このことは承継人の固有の法的地位の保護が認められるべきことの結果であって，一般に承継人はもとの訴訟当事者間の訴訟状態に拘束されない独自の立場で争うことができることの根拠とはならない。

最後に，第4の指摘は，訴訟に引き込まれる第三者の地位との比較論であるが，比較される事項が共通の基礎を有していないため，これも承継人はもとの訴訟当事者間の訴訟結果に拘束されない独自の立場で争うことができることの根拠づけとして適切ではない。しかしながら，井上論文の見解はその後の学説に一定の影響を与えた。

「訴訟状態承継義務」に対する批判的な近時の見解として，中野貞一郎の「訴訟承継と訴訟上の請求」[14]，加波眞一の「訴訟承継論管見」[15]および新堂

---

14 中野貞一郎「訴訟承継と訴訟上の請求」同『民事訴訟法の論点Ⅰ』（1994年・判例タイムズ社）149頁，157頁以下（初出は判例タイムズ804号〔1993年〕）。

15 加波眞一「訴訟承継論覚書」摂南法学30号（2003年）1頁以下。

幸司の「訴訟承継論よ　さようなら」[16]をとくに挙げることができる。

2　中野貞一郎の見解

(1)　**中野論文による疑問の提示**　2003年に発表された中野論文は、かなり早く訴訟関係承継義務に疑問を提示した論文である。承継人の訴訟関係承継義務の存否に関する主張の要旨は、おおよそ次のとおりである。すなわち、参加承継および引受承継においては、承継人は被承継人と相手方の間で形成された訴訟法律関係を承継するのでなく、承継されるのは、被承継人と相手方との間で形成された訴訟状態だけであるとする。その理由は、訴訟承継にあっては従前からの当事者間の旧請求と承継人に関する新請求は併存し、また被承継人が訴訟から脱退する場合にも旧請求は（残存当事者間の判決の効力が脱退者にも及ぶから、48条）潜在的に訴訟物たり続けるし、承継人の請求または承継人に対する請求は旧請求とは別個の存在であり、このことは、債権の全部譲渡や免責的債務引受のように、権利関係が実体的同一性を保持しつつ全面的に移転した場合にも変わらないという[17]。派生的法律関係の設定の場合は、承継人に対する新請求は、主体も内容も異なることを指摘する。したがって異なる訴訟物について承継人の手続保障要求を無視することはできず、承継人に旧請求についての「生成中の既判力」を押し付けることは当然にはできないと強調される[18]。

　第2に、権利承継および義務承継の区別に重要な意味を認めず、承継人が自ら参加する場合を定めたのが現行民訴法49条であり、相手方が承継人を訴訟に引き込む場合を定めたのが50条であるとする現在の通説の見解によっても、中野論文は承継されるのは訴訟状態の全部ではなく、限界があることを強調する。それの1つの場合として、権利承継と訴訟参加の間の時点において被承継人が行った訴訟行為に承継人は拘束されるべきでないことを強調する[19]。また、紛争に対する承継人と被承継人の対応に差異がある場合には、被承継人と相手方との間で形成された訴訟状態が承継人を全面的に拘束することを認めることは訴訟承継制度の逸脱になることがありうるとし、前主が

16　新堂・前掲注（13）355頁以下。
17　中野・前掲注（14）157頁。
18　中野・前掲注（14）158頁。
19　中野・前掲注（14）161頁以下。

馴合的な訴訟追行を行ってきたことを知らずに係争物を譲り受けた者，建物収去土地明渡訴訟によって収去を求められている建物を抵当権実行のための競売手続によって取得したような者については独自の攻撃防御方法の提出を許すべきだとする[20]。

(2) **中野説の問題点**　中野説が「生成中の既判力」の観念を承認した上で，手続保障上これを承継人に及ぼすことは不当であるとする点は，注目される。しかし，中野説には次の点に疑問が感じられる。

第1に，確かに前主に対する請求と承継人に対する請求とが異なる場合は存在する。このような場合，前主も当事者として残るのであるから，言葉の純粋な意味での訴訟承継が存在しないことも確かである。給付訴訟の原告側の債権譲渡のように，前主の請求と譲受人の請求とが同じ場合でも，前主が訴訟から脱退しない限り，当事者の交替は生じず，三当事者の訴訟になる。しかし，このことから，承継の対象は被承継人とその相手方との間の訴訟関係ではなく，「訴訟状態」であるとして，この訴訟状態は必ずしも承継人を拘束するものではないとの帰結は，直ちに生ずるものではない。

中野説は，訴訟承継と言いながら実は権利承継人に当事者参加を許すことに，訴訟承継主義といわれているものの実質を認めるものと評価することができる。確かに後述のように，現行民訴法49条は沿革上，訴訟承継主義を定めるというよりは，訴訟係属中の係争物の権利承継人による独立当事者参加の可能性を認めた規定である。しかし，係争物の譲受人が自己に有利な前主の訴訟状態を承継するだけで，自己に不利な訴訟状態は承継しないと解すると，当事者間の武器対等の原則に明確に反するであろう。なぜなら，このような解釈は，相手方は自己に有利な訴訟状態の参加人に対する拘束を否定されるのに，相手方に不利な訴訟状態は参加人のために相手方を拘束することの承認をもたらすからである。多くの場合，係争物の譲渡は相手方の知らないところで行われるから，この不均衡が一層際立つことは言うまでもない。承継人は前主と相手方との間に存在する承継時までの訴訟の結果を承継すると解さなければ，関係人間の武器対等の原則を確保することはできない[21]。訴訟承継主義が採用される場合には，後述のように[22]，当事者が係争物の譲

20　中野・前掲注（14）162頁。
21　この点は，兼子・前掲注（8）142〜143頁によっても指摘されている。

渡により係争法律関係の主体たる地位を失うことによって，相手方が初めから譲受人を相手に訴訟をし直さなければならなくなる法的不安定の回避に，訴訟承継規定の目的があるのであるから，承継人が従前の前主に不利な訴訟状態の拘束を全く受けることなしに訴訟を受け継ぐことができるとするのは，従前の当事者のそれまでの訴訟の結果を全く無駄にすることになり，訴訟承継主義を採用する理由に反するからである。

　第2に，実体法上保護されるべき承継人の固有の法的地位の主張が許されることが訴訟状態承認義務の制限要素と見られている点が問題であろう。訴訟承継主義を採用する場合にも，口頭弁論終結後の承継人への既判力の拡張の場合と同じく，実体法が承継人に与える固有の法的地位の保護は確保されるべきであり，これはもともと訴訟状態承認義務と矛盾するものではないからである。実体法が保護する承継人の固有の法的地位の主張は，当事者恒定主義のもとでも同じく許されなければならないものである。

　第3に，権利承継と訴訟参加の間の時点において被承継人が行った訴訟行為には承継人は拘束されるべきでないとすると，相手方としては承継原因を知らなかったため承継人に訴訟への参加を求めることができなかったにもかかわらず，被承継人との間で生じた自己に有利な訴訟状態は承継人に引き継がれないことになり，ここでも当事者間の武器対等の原則に反する事態が生じうる。むしろ，被承継人が訴訟承継の申立てまでの間に行った訴訟行為によって承継人に生じうる不利益は，解釈論による対処を検討することができるし，また，訴訟係属中に係争物の譲渡を受けた譲受人のリスクであって，必要ならば譲渡人の義務違反として譲渡人（被承継人）との間で解決されるべきものと見ることもできる。

　第4に，中野説は「生成中の既判力」の観念自体を承認しているが，後述のように，この観念はありえないものではないかと思われる。

　第5に，中野説が承継の原因を何に求めるのか，必ずしも明らかにされていない。結論として，いわゆる派生的法律関係の設定の場合にも紛争主体たる地位の承継として訴訟承継を肯定する判例・通説を是認するに過ぎない。

22　後述275頁以下；323頁以下。

3 加波眞一の見解

加波眞一は，承継人が被承継人の訴訟状態を引き継ぐ義務を負うにふさわしい訴訟承継許容要件を求めて判例学説を検討するなかで，訴訟承継の許容要件を実体法上の権利変動によって第三者（譲受人）が譲渡人の「当事者適格」を承継することに求める見解（適格承継説）を次のように批判する。すなわち，「当事者適格の移転を基準として訴訟承継許容要件を判断するとすれば，その当事者適格の判断基準自体が問題となる。この点，通説的見解によれば，一般的には，訴訟物たる権利関係の存否の確定について法律上の利害の対立する者（またはその法的利益をもつ者）か否かで判断する。すると，訴訟の訴訟物が債権的請求権である場合では，その債権関係にない第三者は，原告が主張するその債権的請求権の存否と関わりを持たない者であるから，その存否の確定について法律上の利害の対立する者（またはその法的利益を有する者），すなわち，当事者適格を有する者には当たらないことになる。……」[23]と。また，「いわゆる派生的権利関係（訴訟物の基礎たる権利や訴訟物から派生する権利関係）の承継事案では，多くの場合，被承継人の訴訟における訴訟物と承継人のそれとは異なることになるため，訴訟承継は認められないことになろう」[24]と。その例として，原告（X）の土地賃貸借契約の終了を理由とする被告（Y）所有の建物の収去と土地明渡しを求める訴訟の係属中に被告から建物の一部を譲り受けた者（Z）は，XY間の契約関係とは全く関係のない者であり，したがって債権的な目的物返還義務を負う可能性のない者であるから，XZ間では債権的返還義務は問題にならず，したがって適格承継は認められないという。加波論文も，原告の請求が物権的返還請求であれば，被告から占有を承継した第三者の当事者適格の承継は認められるという。しかし，物権的請求の場合にも，占有承継人に対する物権的請求権は被承継人に対する物権的請求権とは異なる新たに発生した請求権であるから，直ちにこのようにいえるかは疑問である。ここでは，差し当たり民訴法49条と50条の文言を別にすれば，訴訟係属発生後の係争債権，係争物の譲渡や移転が問題になっており，技術的な意味での訴訟物の承継が問題なのではない。したがって，仮に訴訟物に関して旧実体法説に立ったとしても，訴訟

---

23 加波・前掲注（15）13頁。
24 加波・前掲注（15）14頁。

物とされる実体法上の請求権の主張について承継が問題になるのではなく，問題となるのは係争債権，係争物の譲渡や移転である。それゆえ，適格承継説は成り立たないと思われる。

　もっとも，ここで「適格承継」といわれているのは，いわゆる訴訟法上の概念としての訴訟追行権（Prozessführungsbefugnis）の承継という意味においてであって，兼子説はこの意味での適格承継を考えているのではなく，彼が「当事者の適格」という場合，訴訟の対象となっている係争法律関係の帰属主体性の意味での「実体適格（Sachlegitimation）」を念頭においてのことである。それゆえ，訴訟承継にいう承継は，この実体適格の承継と解する余地があることに注意する必要がある。この点も後に立ち返る。

4　新堂幸司の見解

　新堂幸司は，前に言及した「訴訟承継論よ　さようなら」と題するたいへん衝撃的なタイトルをもつ論文において，要旨，次のように主張している。すなわち，訴訟状態承継義務は完全に否定すべきであり，参加承継または引受承継が行われる場合には，承継人のまたは承継人に対する新たな請求について，その両当事者に「完全な当事者権ないし手続保障」を認めるべきであって，「生成中の既判力」の考え方を根拠にした訴訟関係承継義務を完全に否定すべきであるというものである。

　これまで兼子理論に依拠して訴訟承継理論を説明してきた新堂幸司[25]が訴訟状態承継義務を否定したことの衝撃は大きいであろう。ただ，「生成中の既判力」の承継人に対する拘束力によって訴訟状態承継義務を根拠づけようとする，ないしは説明しようとする考え方は比喩的な説明にとどまり，これが容易に破綻することは，初めから運命づけられていたといってよい。なぜなら，訴訟係属後，訴訟の発展によって生じるとされる「生成経過中の既判力」は，既判力がいまだ生じていないことを自ら述べているのであり，生じていない既判力が当事者や当事者の（実体法上の）承継人を拘束しないことは当たり前だからである[26]。兼子自身，後の著作では「生成経過中の既判力」とは言わず，「判決の既判力の萌芽とも云うべき訴訟状態」[27]とか，「当事者

25　新堂幸司「訴訟当事者から登記を得た者の地位」同『訴訟物と既判力（上）』（1988年・有斐閣）297頁，305頁。

双方の訴訟状態上の既得的地位」[28]と述べるにすぎないことに注意しなければならない。そうなると，既判力の萌芽状態や当事者の既得的地位がなぜ第三者を拘束するかの法理論的な説明はないことになる。また，もとの当事者間で将来下される判決の既判力の観点から承継人の訴訟状態承継義務を根拠づけうるとすれば，それはその将来の判決の既判力が承継人に及ぶことが前提となるはずであるが，当面の問題においては，もとの当事者間において訴訟が続行され判決がなされ，これが確定しても，この判決の既判力は口頭弁論終結前の承継人には及ばないので（民訴115条1項），既判力の口頭弁論終結後の承継人への拡張から口頭弁論終結前の承継人の訴訟状態承継義務を根拠づける基礎に欠けていると言わなければならない。

第4款　従前の訴訟結果承継義務の否定がもたらすもの

以上のように近時の有力説は訴訟状態承継義務を否定するのであるが，これが否定されると，立法者がまさに避けようとした（または避けるべきであったと考えられる）係争物の譲渡に伴う相手方の訴訟上の地位の劣悪化を防止することができなくなることは必然であろう。そして，敗訴を予感する当事者は，訴訟係属中に，殊に事件が控訴審に係属しているときにも，何の制約もなく意のままに係争権利や係争物を第三者に譲渡することができ，譲渡を受け訴訟に参加した譲受人は前主と相手方間の訴訟手続の結果に拘束されないでフリーハンドを確保することになる。そのため，譲渡人の相手方は必要な訴訟資料を再度提出しなければならず，前主のした裁判上の自白の拘束力も失われる。前主が時機に後れた攻撃防御方法をもはや提出することができなくなっていても，承継人はこれを提出することができることになる。証人

26　「生成経過中の既判力」をもって訴訟状態承継義務を根拠づけようとする兼子の試みの原型は，ドイツの当事者恒定主義における係争物の譲渡人の訴訟追行権の不消滅が後に下される確定判決の既判力が係争物の譲受人に及ぶこと（§325 ZPO）によって正当化されていること（vgl. E. Bley, Klagrecht und rechtliches Interesse, 1923）にあるように思われる。しかし，当事者恒定主義のもとで譲受人への既判力の拡張が生じるのは，飽くまで判決確定後であるのに対して，兼子説では訴訟係属中に生成経過中の既判力の作用が問題とされているという差異がある。

27　兼子一『民事訴訟法概論』（1938年・岩波書店）459頁。

28　兼子一『新修民事訴訟法体系〔増訂版〕』（1965年・酒井書店）421頁。

第1章　民事訴訟における訴訟係属中の係争物の譲渡　　275

尋問の結果についても，交互尋問が行われる場合，尋問の仕方如何によっては証拠結果に差異が生じうる以上，当事者の申立てがあれば，すでに取り調べた証人の再尋問も必要となろう。中間判決の拘束力も疑問となる。また控訴審で係争物の譲渡が行われる場合には，殆ど手続のやり直しが必要となろう。こうなると，訴訟において不利な判決を予感する当事者は係争物を第三者に譲渡することによって難なくこれを回避することができるようになり，相手方の有利な判決取得の期待は簡単に葬り去られてしまうであろう。そして，判決の言渡しは殆ど無制限に遅延するであろう。

　しかし，本来の訴訟承継制度は，後述のように，民事訴訟法の歴史が示すように，係争物の譲渡禁止が現実社会における取引の必要性から維持することができず，係争物の譲渡禁止が行われたドイツ普通法においても実際にこの原則の例外が認められていたという現実を踏まえ，係争物の譲渡禁止原則を廃止する代わりに，訴訟係属中に係争物の譲渡が行われたため権利義務の帰属主体に変動が生じることにより，請求棄却判決がなされざるを得なくなることによる（譲渡人の）相手方当事者の不利益を回避することを目的とする。1868年制定のヴュルテンベルグ王国民事訴訟法の草案理由はこの間の事情を説明して次のように述べているが，説得的である。

　　「被告は，債権譲渡によって自己の状況が悪化しないことを要求できるに過ぎない。彼はこれを，譲受人側の訴訟の承継を強制する権能によって達成することができる。したがって彼は，譲渡人に対する訴訟で勝訴した後は，譲受人側の新たな訴訟にもはや曝されない。彼が譲渡を知らないために引受け（Reassumtion）を要求することができなかった場合，民法上の原則により，譲渡もその限りで彼に対する関係では効力を有しなかったことになり，譲受人は譲渡人の訴訟追行を承認しなければならない。

　　債権譲渡について妥当することは，すべての種類の債権の特定承継に適用される。*Sintenis*, Civilrecht, II S. 803. 337条2項の規定は，しかし，一連の債権譲渡が例外的に入らない普通法上の禁止よりも広い。*Sintenis*, Civilrecht, l. c. S. 814 Ziff 2.

　　2）　普通法上の係争物の譲渡禁止は，その効果において広すぎ，その範囲において十分ではない。*Wächter*, Württembergisches Privatrecht, II, S. 529.

　　被告の譲渡を直ちに取り消す原告の権利は，原告の利益によって動機付けられない取引制限を含む。他方，一連の譲渡が除外されており，禁止はある物が原告の所有物として要求される物的訴えにおいてのみ妥当する。実務は，すで

にこれまで譲渡禁止を，原告が取得した確定判決が被告の特定承継人に対して執行できるようにのみ適用した。*Bayer*, Civilprozeß, 8. Aufl., S. 561.

　原告の正当な利益は　a)　係属する訴訟において承継人を拘束する判決を取得できること，b)　訴訟中の被告と承継人の，原告に不利な法的処分から守られ，c)　実質（Substanz）の悪化を防ぐことができることにある。」[29]

　要するに，係争物の譲渡は譲渡人の相手方（原告側の譲渡においては被告，被告側の譲渡の場合には原告）に不利益を生ぜしめないという前提でのみ正当化される，という規範的判断が行われている。それは，係争物の譲渡の自由は権利承継人のそれまでの訴訟結果の承継義務を認めることにより，相手方の訴訟上の地位の劣悪化を回避して初めて可能である，という規範的判断である。したがって，訴訟結果の承継義務の否定は，このような訴訟物の譲渡禁止原則廃棄の不可欠の前提を全面否定することを意味するのであり，一方的に係争物の譲受人に有利な取扱いを肯定し，訴訟承継主義の根底を覆すことになると見ざるを得ないのである。さらに訴訟結果の承継義務を肯定する場合にも，承継人は裁判上の自白の撤回をすることができるし，場合によれば証人尋問の補充を認める余地もある。承継人に決定的な不利益が生じるわけでもないと思われる。

第5款　本章の課題

　以上の問題状況は，われわれに日本民事訴訟法における係争物譲渡の問題を根本的に再検討する課題を提示しているということができる。

　本章は，先ず日本の民事訴訟法立法史における係争物譲渡の問題が，いつ，いかなる観点から扱われ，判例を含む現在のような規律を持つに至ったか，その結果どのような問題が生じたのか，それらの問題は判例学説によってどのように成功裏に解決されたのか，それとも問題の解決に失敗したのか，後者の場合には今後どのような方向で問題解決に取り組むべきなのかという

29　Kodifikationsgeschichte Zivilprozeßrecht Edition Württemberg（Hrsg. von *Schubert*），Die Civilprozeßordnung für das Königsreich Württemberg von 1868, Bd. 2, Goldach 1997, S. 123. もっとも，ヴュルテンベルク王国民事訴訟法が施行されたのは，統一法である1877年のドイツ民事訴訟法の施行までであるから，訴訟承継主義がもたらしうる様々な問題についての解決は残されていない。

様々な課題について論じることを目的とする。

第2節　立法史における訴訟承継

第1款　「テヒヤウ氏　訴訟規則修正原按」第4編第1章第1節　第10条～第12条

1　テヒョー草案と訴訟承継

　日本の民事訴訟法の立法史の中で訴訟承継主義が検討されたのは，一般にはあまり知られていないが[30]，意外と古い。

　明治23年に制定された民事訴訟法典の編纂は，江戸幕府が西欧列強と締結することを余儀なくされた不平等条約を改正するという明治維新政府の悲願を背景に，直接には1884（明治17）年4月，伊藤博文（当時，参議・宮内卿）が，彼の要請によりドイツ政府から教育制度の新たな導入のための顧問として派遣されていたドイツ人法律家 Hermann Techow（ヘルマン・テヒョー）に，120条からなる日本の「民事訴訟法草案」を示し，これについて意見を求めたことに始まる。日本の民事訴訟法の制定に多大の関心を示した Techow は，自らに草案作成を委嘱するよう伊藤博文に求め，委嘱を受け，極めて精力的に活動し草案作成作業を行った。そして，日本人法律家の協力を求める Techow の要請に応じて司法省によって選任された日本人委員から成る委員会との約2年間にわたる共同作業の成果として，1886（明治19）年6月に草案が成立し，当時の山田顕義・司法大臣に提出された。この草案がいわゆるテヒョー草案である[31]。しかし，テヒョー草案は係争物の譲渡について何らの規定を置かなかった[32]。しかし，この結果に至るまでに，これまで殆ど注目されていない看過することのできない歴史がある[33]。

30　もっとも兼子一「民事訴訟法の制定——テッヒョー草案を中心として」同『民事法研究第2巻』（1950年・酒井書店）1頁，11頁以下がテヒョーによる訴訟承継主義の構想に言及している点は注目される。

31　この間の経緯については，鈴木正裕『近代民事訴訟法史・日本』（2004年・有斐閣）35頁以下および本書9頁以下参照。

32　松本博之／徳田和幸編著『日本立法資料全集191　民事訴訟法〔明治編〕（1）テヒョー草案Ⅰ』（2008年・信山社）3頁，9頁〔松本執筆〕参照。

テヒョー草案前の草案作成過程において，実際には訴訟承継に関する詳細な規定がTechowによって提案されていた。Techowは，最初の構想の段階では，訴訟係属中の係争物の譲渡は困難な問題であり，そのため「潜心注意之ヲ定メサルヘカラス」とし，また物権法に関係するものであるので，「委員諸君ト会議ノ上之ヲ定ムヘシ」[34]としていたが，その後，ドイツ民事訴訟法の当事者恒定主義の規律は「甚タ錯雑ナルヲ以テ即チ簡易ニシテ又能ク日本ノ実情ニ適シタル『ウエルテムヘルグ』及ヒ『バイルン』国ノ訴訟法規則ヲ取捨」して，ヴュルテンベルグ王国民事訴訟法とバイエルン王国訴訟法に倣って次のような訴訟承継主義規定を提案した[35]。

「テヒヤウ氏　訴訟規則修正原按」第4編第1章第1節
第10條「原告ハ訴訟スル請求ヲ第三者ニ譲与スルコトヲ妨ケラレス　但其権利相続人ハ其訴訟ニ加入シ現状ノ儘之ヲ継続スルノ権利アルノミナラス被告ノ請求ニ因リ之ヲ継続スヘキ義務アルモノトス

　本来ノ原告（先権者）其訴訟ヲ脱スルニハ被告ノ承諾ヲ得ルヲ要ス

　訴訟ニ加入シタル権利相続人ハ従来生シタル費用ヲ先権者ト共ニ負担ス可シ　但権利相続人別ニ先権者ニ係リ之ヲ請求スルコトヲ得　又向後ノ費用ハ権利相続人ニ於テ弁償シ能ハサル限リ先権者之ヲ負担ス可シ

　被告権利相続人ノ加入ヲ請求スル時其訴訟手続ハ第2編第1章第7条ノ規則ニ従フ」

第11條「被告ハ訴訟中其訴訟物件ヲ他人ニ譲与スルコトヲ得

　被告訴訟物件ノ拘束后ニ於テ第三者ノ利益ノ為メニシタル所為ハ原告及ヒ其第三者ニ対シテハ確定裁判后初メテ為シタル所為ト同一ニ看做ス可シ」

33　斎藤秀夫ほか編著『注解民事訴訟法〔第2版〕（2）』（1991年・第一法規）285頁〔小室直人／東孝行〕は，明治23年民事訴訟法は係争物の譲渡の問題を真剣に検討した形跡がないという。しかし，この指摘は必ずしも当たっていない。

34　テヒョー『訴訟規則原按　完』第4編7～9条（松本／徳田編著・前掲注（32）〔資料1〕（68頁））。なお，この資料はこの資料集によって初めて日の目を見たものである。

35　『テヒヤウ氏訴訟規則修正原按』第4編第1章第1節10条～13条の備考（松本／徳田編著・前掲注（32）〔資料2〕（161頁））。Techowは訴え提起の方式についても1868年のヴュルテンベルグ王国民事訴訟法の規律に倣った規定を提案したが，その理由については，鈴木・前掲注(31)95頁以下参照。なお, W. Henckel, Die Veräusserung der Streitsache, Festschrift für Walder, 1994, S. 193, 201も，ヴュルテンベルグ王国民事訴訟法の訴訟承継主義に言及している。

第12條 「物件ノ保有者ト認メ訴訟スル場合ニ於テ其物件ノ拘束后被告ノ権利相続人タル者ハ原告ノ請求ニ因リ訴訟ニ加入シ現状ノ儘之ヲ継続スヘキ義務アルモノトス　但権利相続人原告ノ請求ヲ承認スル時ハ此限ニ在ラス

　権利相続人原告ノ請求ヲ承認スル時ハ訴訟費用ヲ負担セスト雖モ若シ訴訟ニ加入スル場合ニ於テハ費用ニ関シ第10條末項ノ規則ニ従ヒ負担セサル可カラス

　原告，被告ノ相続人ノ加入ヲ請求スル時其訴訟手続ハ第２編第１章第７条ノ規則ニ従フ」

第13條　「被告ノ権利相続人物上権ニ関スル原則ニ依リ他人ノ請求ニ対シ担保セラレアル限リハ前條ノ最初ノ２項及ヒ第11條第２項ノ規則ヲ適用セス」

因みに，Techowが依拠したとする1868年のヴュルテンベルグ王国民事訴訟法327条が，次のように規定していた。

「係争債権又は物の譲渡禁止は廃止される。

原告は訴求された請求権を第三者に譲渡することを阻止されない。但し，訴訟係属発生後の原告の権利承継人はすべて，原告に対して提起された反訴を含め訴訟を現状において受け継ぐ義務を負う（300条）。

被告は訴訟係属によって訴訟の目的を譲渡することを妨げられない。但し，訴えが物の占有者自身に向けられている場合には，訴訟係属発生後に被告の特定承継人となる者はその当時の状況において訴訟を引き継ぐ義務を負う。

訴訟係属発生後に被告が係争物につき第三者のために行った処分はすべて，原告に関し，被告の不利に，判決確定後になされた処分と同視される。

本条第３項第４項の規定は，被告の権利承継人が民法の特別規定によって第三者の請求から守られている場合には，そしてその限りで適用されない。」

また，1868年のバイエルン王国民事訴訟法493条１項は，次のように規定していた。

「係争権利又は負担付の物の特別の法権原による移転は，訴訟の進行を中断しない。

新たな関係人は訴訟に参加することができ，現状において訴訟を続行することができる。」

2　ヴュルテンベルグ王国民事訴訟法327条

「テヒヤウ氏　訴訟規則修正原按」における係争物の譲渡に関する規定は，その翻訳の拙劣さも加わって，かなり難解である[36]。しかし，1868年ヴュルテンベルグ王国民事訴訟法327条を併せて読むと，意味がはっきりする。

まず，*Techow* にあっては，原告側および被告側の権利承継（Rechtsnachfolge）だけが規定されており，被告側の債務承継（Schuldübernahme）については全く規定されていない。原告側の権利承継の場合，承継人は現状において訴訟を承継する権利を有するとともに，その義務をも負うことが明らかにされている。被告側の権利承継の場合，物の占有者に対する請求については被告の権利承継人（特定承継人）はその当時の状況において訴訟を継続する義務を負うとするとともに，さらに，訴訟係属発生後に被告が係争物につ

---

36 参考のため，「哲憑氏　訴訟規則翻訳原案修正」第4編第1章第1節第10条〜13条における該当条文の訳を掲げておく。

　第10條「原告ハ訴訟トナリタル請求ヲ他人ニ譲渡スルコトヲ妨ケラレサルモノトス　但其権利相続人ハ其訴訟ニ加入シテ訴訟ヲ現状ノ儘継続スルノ権利ヲ有スルノミナラス被告ノ求メニ依リ亦其義務ヲ有スルモノトス

　最初ノ原告ノ訴訟ヲ脱スルニハ被告ノ承諾ヲ得ルニアラサレハ之ヲナスコトヲ得ス

　是レマテノ費用ニ付テハ訴訟ニ加入シタル権利相続人最初ノ原告ト共ニ責任ヲ負担スルモノトス其権利相続人最初ノ原告ニ對シ償還要求ヲナスハ格別ナリトス其后ノ費用ニ付テハ権利相続人ヨリ之ヲ徴収スルコト能ハサルモノニ限リ最初ノ原告モ亦責任ヲ負担スルモノトス

　被告権利相続人ノ加入ヲ求ムルトキハ其裁判手続ハ第2篇第1章第7条ノ規則ニ従フモノトス」

　第11條「被告ハ訴訟事件ヲ売渡シ及譲渡スルコトヲ訴訟ノ為メ妨ケラレサルモノトス

　但被告裁判関係トナリタル後他人ノ利益ノ為メ訴訟事件ニ付テナシタル各個ノ処分ハ原告及他人ニ對シテハ之ヲ裁判確定ノ後始メテナシタル処分ト同視スルモノトス」

　第12條「物件ノ現有者ニ對シ其現有者トシテナシタル訴訟ノ場合ニ於テ其裁判関係トナリタル后被告ノ権利相続人トナリタル者ハ原告ノ請求ヲ承認スルコトヲ欲セサルトキハ原告ノ求メニ依リ訴訟ニ加入シ現状ノ儘訴訟ヲ継続スルノ義務アルモノトス

　其権利相続人原告ノ請求ヲ承認スルトキハ訴訟費用ニ付キ責任ヲ負担セサルモノトス　其権利相続人訴訟ニ加入スルトキハ第10條末項ノ規定ニ従ヒ訴訟費用ニ付キ責任ヲ負担スヘキモノトス

　原告其権利相続人ノ加入ヲ求ムルトキハ其裁判手続ハ第2篇第1章第7条ノ規定ニ従フモノトス

　第13條「前條ノ最初ノ両項及第11條第2項ノ規定ハ被告ノ権利相続人他人ノ請求ニ對シ民法ノ原則ニ従テ保証ヲナシタルトキ及其場合ニ限リ之ヲ適用セサルモノトス」

き第三者の利益のために行った処分はすべて，原告に関し，被告および第三者に対して，判決確定後になされた処分と同視されるとする。兼子論文は，後者は被告側の譲渡につき当事者恒定主義を定めたものという[37]。しかし，この理解は「テヒヤウ氏訴訟規則修正原按」第4編第1章第1節12条に反する。また，被告による第三者の利益のための係争物の処分は，訴訟係属中ではなく，判決確定後に行われたものと見なすのであるから，訴訟係属中の係争物の処分の存在を前提とし譲渡人による訴訟の継続的追行を許す当事者恒定主義とは異なる。したがって，原告の申立てによる被告の権利承継人の訴訟承継義務を前提としながら，原告が第三者に対する訴訟引受の申立てをしなかった場合にも，原告との関係では被告は実体適格を喪失することはなく，原告が被告との関係で取得した確定判決は有効であるとするものであり，かくて，原告が第三者に対する訴訟引受の申立てができなかった場合にも，そのことによって原告が不利益を受けないようにした規定であると解すべきであろう。被告の権利承継人が実体法によって保護されるべき法的地位を有する場合には，この者は訴訟を引き継ぐ義務を負わないし，また，訴訟係属中の処分はもはや判決確定後の処分とも見なされない。Techowによると，原告または被告がそれぞれ相手方の権利承継人に訴訟への加入を求める手続は，『テヒヤウ氏　訴訟規則修正原按』第2編第1章第7条の規定，すなわち，訴訟当事者の死亡の場合の相続人による受継に関する規定によるべきこととされている。

　Techowの構想では，債務引受はヴュルテンベルグ王国民事訴訟法327条にいう「訴訟の目的」と同じく，「テヒヤウ氏　訴訟規則修正原按」第4編第1章第1節第11条にいう「訴訟物件」には含まれないようである。これは訴訟承継が係争物の譲渡禁止を廃止するための前提として不可欠であるため法律上規律されることに鑑み，債務引受を含めないのは首尾一貫した措置であると考えられる。

---

[37] 兼子・前掲注（30）11頁以下；日比野泰久「訴訟承継主義の限界について」名古屋大学法政論集120号（1988年）85頁，91頁。

第2款　訴訟規則会議(三好委員会)による訴訟承継の不許

　*Techow*の訴訟規則修正原按が提出されたのは1885(明治18)年8月であるが,その後,伊藤博文は,同年9月新たに三好退蔵を委員長とする新たな委員会を制度取調局内に設置し,*Techow*の手になる草案の検討を改めて行わせた。「訴訟規則会議」と呼ばれるこの委員会には,委員として,伊藤巳代治(内閣総理大臣秘書官),南部甕男(司法省民事局長),栗塚省吾(司法大臣秘書官),菊池武夫(司法大臣秘書官),井上正一(司法書記官),小松済治(司法書記官),本多康直(司法書記官),宮城浩蔵(司法書記官),今村信行(控訴院評定官),渡辺廉吉(内閣法制局参事官)が加わった。

　訴訟規則会議は,「テヒヤウ氏　訴訟規則修正原按」および「哲憑氏　訴訟規則翻訳原案修正」を検討の対象とした。審議の結果出来上がったのが『訴訟規則会議員修正案　完』(1-473条)[38]である。この修正案は,種々の点で「テヒヤウ氏　訴訟規則修正原按」を変更している。これは第二読会においてさらに部分的に修正され,『訴訟法草案第一巻』[39]および『訴訟法草案第二巻』[40]が出来上がった。委員会の書記であった深野達によれば,訴訟規則委員会議は「原案ノ不備ト認ムルモノハ之ヲ増補シ不宜ト認ムルモノハ之ヲ改訂シ冗ト認ムルモノハ之ヲ削リタリ」という[41]。訴訟規則会議による大幅な修正・新案の提示を受けて,*Techow*は「哲憑氏訴訟規則按説明書第一回～第十三回」[42]を提出し,自身の草案の説明,日本側委員の修正事項に対する反論および新たな提案を行ったと思われる。*Techow*と委員会の対立事項は多数にのぼる[43]。

38　松本博之／徳田和幸編著『日本立法資料全集192　民事訴訟法〔明治編(2)テヒョー草案〕Ⅱ』(2008年・信山社)〔資料7〕(3頁以下)に収録されている。

39　松本／徳田編・前掲(38)〔資料8〕。

40　松本／徳田編・前掲(38)〔資料9〕。

41　深野達「日本訴訟規則修正案説明　例言」。「日本訴訟規則修正案説明」(松本／徳田編著・前掲注(38)〔資料11〕)は,三好委員会の書記であった深野達が作成した文書であり,*Techow*の修正原案と訴訟規則委員会の修正案の対置およびその説明があり,なぜある条文案を削除し,また修正しようとするのか,その理由を明らかにする説明書であり,訴訟規則委員会の考え方を知る上で非常に重要な資料である。

42　松本博之／徳田和幸編著『日本立法資料全集193　民事訴訟法〔明治編〕(3)テヒョー草案Ⅲ』(2008年・信山社)〔資料12〕(3頁以下)に収録。

その1つが，まさに本章の扱っている係争物の譲渡に関する規律であった。当事者は係争物を訴訟係属中に譲渡することができる旨の規定（『テヒヤウ氏訴訟規則修正原按』第4編第1章第1節10条・11条）は，この段階で，係争物の譲渡の問題は訴訟法の問題ではなく民法の問題であり，「仮ニ此事ヲ訴訟法ニ掲クルハ便宜ナリトスルモ訴訟中請求権若クハ訴訟ノ目的物ヲ譲リ渡スコトヲ得セスムルハ果シテ本邦今日ノ事情ニ適スルヤ否頗ル議論ヲ惹起スルノ点ナラン……」[44]という理由で削除された。係争物の譲渡が自由にできることによる，他人の係争物の投機的な買受けの弊に対する嫌悪感が広く行き渡っていたのであろう。そして，訴訟承継の必要性は代替手段によってカヴァーできると考えられたようである。係争物譲渡に関する規定を削除しようとする提案に対して，Techow は『哲憑氏　訴訟規則按説明書』[45]において次のように指摘して，これに反論した。

「本草按ハ原告ノ出訴シタル請求権ヲ他人ニ譲リ又ハ被告ノ訴訟物件ヲ他人ニ譲リタル場合ニ於テハ旧原被一方ノ権利相続人ニ新ニ此訴訟事件ニ與ルコヲ許シ又對手人ノ望ニ依リテハ其相続人ハ之ニ與ル可ヘキ義務アルヲ挙ケタリ

此規程ハ従来ノ実施ヲ変更シ且ツ異議ス可キ者トナシタルナラン其故ハ請求ノ利ヲ得ン為メ他人ノ為ニ公事ヲ企ツル所ノ悪評アル者ヲ尚ホ此訴訟ニ與ラシメ且又如此キ者ニ訴訟委任者トナルコヲ許可スル如キ裁判所権利ノ空妨スルコヲ豫防ス可キトノ故ナラン然ト雖トモ此目的ヲ達セントハ少〔シ〕ク疑ヒ無キ能ハス何トナレハ若シ自ラハ訴訟ヲ成スヲ好マサル権利者ノ始メヨリ原告トナリテ出訴スルコ無ク直〔チ〕ニ其請求権ヲ或ル三百代言人ニ（訴訟ノ利ヲ得ン為メ）名目上譲リ渡ストキハ裁判所ハ之ニ対シテ何ノ処分ヲモ全ク成スコ能ハサルヘシ

何ニ致セ権利相続人ノ訴訟ニ與ルコヲ禁止スル所ノ特別方法ハ固ヨリ成サル可ラス且如此キ関係ヲ斎〔粛？〕正スル規程モ亦闕ク可ラス然〔レ〕トモ如此キ規程ノ起草ハ暫ク止メ以テ此事ニ直接ノ関係アル規程即チ権利相続人ノ利害ニ関スル権制執行ノ規程ニ付キテ委員会ノ決議アル迄待タサル可ラス」

このように Techow は，訴訟承継の規定の削除に同意したのでなく，「権制執行」すなわち強制執行に関する規定である執行力拡張規定の起草まで先

43　松本博之「テヒョー草案の成立」松本／徳田編著・前掲注（32）1頁，7頁以下。

44　「日本訴訟規則修正案」松本／徳田編著・前掲注（38）〔資料11〕（353頁以下）；『日本近代立法資料叢書　24』（1986年・商事法務）95頁参照。

45　松本／徳田編著・前掲注（42）〔資料12〕（49頁以下）。

送りすることを提案したのであるが，日本側委員が三百代言人の跋扈を嫌ったため，結果としては訴訟承継規定の復活はなかった。

　以上の経過によって，明治23年民事訴訟法は係争物の譲渡に関する規定を持たないことになった。民法は係争物の譲渡を禁止していないから，訴訟係属中に原告側であれ，被告側であれ，係争物の譲渡がなされると，そのまま訴訟を続行して判決が言い渡され，それが確定しても，確定判決は権利承継人には何の効力をも有しないという事態が生じた。これが訴訟手続の存在意義を疑わせる事態であることは，多言を要しない。

第3款　明治36年旧法典調査会案における係争物の譲渡

　以上のような紆余曲折を経て制定された明治23年民事訴訟法は1891（明治24）年1月1日に施行されたが，この法律の実務における評判は，決して芳しいものではなかった。人は，民事訴訟法は手続を不必要に複雑にすると批判した。加えて民法の改正が迫っていた。政府は，1895（明治28）年12月中旬に民事訴訟法の改正草案作成のために民事訴訟法調査委員を任命した。委員は，横田国臣（司法省民刑局長），今村信行（判事），高木豊三（判事），河村譲三郎（司法省参事官），富谷鈇太郎（判事），前田考階（判事），梅謙次郎（法科大学教授）であり，三好退蔵が委員長に任命された（ただし，三好委員長は明治28年12月28日までである）。明治29年1月13日から伊藤悌治（判事）が加わった。民事訴訟法調査委員は裁判所，検察庁，弁護士会から寄せられた修正意見を参考にして，修正案を提出し審議をしたものと思われるが，この委員が作成した民事訴訟法修正案には，訴訟係属中の係争物の譲渡に関する規定は定められなかった。1899（明治32）年に法典調査規則が改正され，民法商法および付属法律の調査審議のために設置されていた法典調査会が「法典及付属法令ノ改正又ハ制定ニ関スル事項ヲ起案審議」することになり，司法省の民事訴訟法調査委員は解消され，民事訴訟法の改正も法典調査会第二部がその任に当たることになった。

　法典調査会の審議は一応1900（明治33）年9月15日からと考えられるが，第1回から第36回（1901（明治34）年7月12日）までは審議録が作成されており[46]，審議の詳細を知ることができる。この期間は，かなりの時間をかけた慎重な審議が行われたが，この期間に審議済みになったのは僅か第1条から

第86条までであった。その後夏休みを経て残りの378条の審議を，1902（明治35）年4月頃までに終えることは到底不可能であった。審議のやり方を大幅に変えて審議の促進を図り速記録も作成しなかったのであろうと推測されている。法典調査会委員勤務調によれば，1901（明治34）年9月以後は休会となっているので，87条以下の条文は第二部の審議にかけられた形跡はない。したがって，委員会審議を省略して改正案の採択が行われた可能性が高い。時間の制約のもとで大急ぎで作成されたのが，総数997条からなる「民事訴訟法案」であったと思われる。明治36年旧法典調査会案は，この「民事訴訟法案」の字句の修正整理により出来上がったものと思われる。明治36年旧法典調査会案第233条は，「権利拘束カ生シタル後権利又ハ其目的ノ移転アルモ訴訟ニ影響ヲ及ホスコトナシ　2．承継人ハ訴訟ノ相手方ノ同意ヲ得テ当事者ニ代ハリ訴訟ヲ引受ケ又ハ第二十四条ニ依ル訴ヲ提起スルコトヲ得」と規定し，同24条は，「他人間ノ訴訟ノ目的ノ全部又ハ一部ヲ自己ノ為ニ請求スル訴ハ権利拘束中本訴訟ノ第一審裁判所ニ之ヲ提起スルコトヲ得」と規定した。

　233の規定は，訴訟係属中の係争物の譲渡が生じた場合，これは訴訟に影響を与えない旨規定し，当事者恒定主義を定めるものであった。承継人が訴訟を引き受けることができるのは，相手方の同意を得た場合のみであった。これは，ドイツ民事訴訟法265条の制度を導入しようとするものであった。もっとも，いつ誰が提案し，どのような議論があったかは，まったく明らかでない。

第4款　大正15年改正民事訴訟法における係争物の譲渡

　民事訴訟法改正草案が出来上がったのは，ようやく大正14年になってからであった。大正15年に改正草案は帝国議会を通過し，改正民事訴訟法は昭和4年に施行された。

46　これは，松本博之／河野正憲／徳田和幸編著『日本立法資料全集43　民事訴訟法〔明治36年草案〕（1）』（1994年・信山社）〔資料4〕以下および『日本立法資料全集44　民事訴訟法〔明治36年草案〕（2）』（1995年・信山社）に収録されている。

1 立法過程における議論

　明治23年民訴法の改正作業は法典調査会第二部によって行われていたが，法典調査会は明治36年に廃止され，次に設置された法律取調委員会も廃止された。その後，民事訴訟法の改正作業を継続するために，司法省は同省内に民事訴訟法改正調査委員会を設置した。この委員会の総会に提出された「民事訴訟法改正案（第一案・議案）」の第69条は，「訴訟参加ハ訴訟ノ目的ノ全部又ハ一部カ自己ノ権利ナルコトヲ主張スル為之ヲ為スコトヲ得此場合ニ於テハ判決ハ参加人ニ對シテモ其ノ効力ヲ生ス　２　第57条條及ヒ第61條ノ規定ハ前項ノ場合ニ之ヲ準用ス」と規定し，70条は「前條ノ場合ニ於テハ被参加人ハ相手方ノ承諾ヲ得テ訴訟ヨリ脱退シ参加人ヲシテ訴訟ヲ引受ケシムルコトヲ得但判決ハ脱退シタル当事者ニ對シテモ其効力ヲ有ス」と規定した。しかし，同案は係争物の譲渡に関しては規定を用意しなかった。起草委員は，この条文によって債権譲渡もカヴァーされると考えていた[47]。しかし，改正調査委員会の総会において，委員から様々な異論が出た。

　たとえば，「69條は之れは指名参加の規定ですか」という岡野敬次郎の質問に対して，起草委員の１人で，起草委員を代表する形で答弁を行った松岡義正は，「そればかりではないが，それも這入って居ります」と答えている[48]。指名参加は，債権者から訴えの提起を受けた債務者が当該債権が自分に帰属していると主張する第三者に訴訟告知を行う場合，この第三者が補助参加人として訴訟に加入し，被告が債務額または供託可能な債務の目的物を供託し訴訟から離脱した後，その第三者に主たる当事者（Hauptpartei）として原告と訴訟を続行することを許す制度である。注意すべきは，この指名参加訴訟では，この第三者は他の場合と異なり，従前の訴訟追行の結果に拘束されないとされることである[49]。「民事訴訟法改正案（第一案・議案）」69条が指名参加の場合をも含んでいると答える起草委員の考えも，同じように，権利主張のために補助参加をした第三者も従前の当事者間の訴訟追行の結果に拘

47　民事訴訟法改正調査委員会議事速記録第９回（大正11年４月４日），松本博之／河野正憲／徳田和幸編著『日本立法資料全集12　民事訴訟法〔大正改正編〕（３）』（1993年・信山社）132頁において，松岡義正は，69条において債権譲渡について書いていないことは69条でいけることを意味すると説明した。

48　民事訴訟法改正調査委員会議事速記録第８回（大正11年３月７日）（松本／河野／徳田編著・前掲注（47）129頁。

束されないというものであったと思われる。

　起草委員会は，訴訟係属後の係争物の譲渡に対しては，この第1案第69条によって対応することができると見ていた。起草委員の考えでは「訴訟ノ結果ニ因リ権利ヲ害セラルヘキコトヲ主張スル為又ハ訴訟ノ目的ノ全部又ハ一部カ自己ノ権利ナルコトヲ主張スル為メ」第三者が訴訟参加をする場合，参加人が訴訟を引き受けることになるのは，被参加人が相手方の承諾を得て訴訟から脱退する場合である。相手方の承諾が得られなければ，訴訟脱退はなく，したがって訴訟引受もないことになる。この点が，民事訴訟法改正調査委員会の総会において問題とされた。すなわち，第一審裁判所が原告勝訴判決をし，被告が提起した控訴により事件が控訴審に移審した後，控訴審手続中に債権譲渡が行われ，譲受人が債権を主張して訴訟参加をする場合，原告（譲渡人）の請求権は債権譲渡によって消滅しているから，相手方は譲渡人の訴訟脱退に同意することは考えられず，譲渡人の請求は棄却される運命にあるから，譲受人としては訴訟に参加しても譲渡人の請求棄却判決しか期待できないから，参加することはない，という岡野敬次郎の批判である[50]。また，委員であった原嘉道も，第1案の第69条では，債務の履行を求める訴訟において原告勝訴判決がなされた後，被告の控訴によって事件が控訴審に移審し，控訴審において原告による債権譲渡があった場合，譲受人が69条によって訴訟に参加して，原告が訴訟から脱退するにつき被告の承諾を得ようとしても，被告は，原告の請求は債権譲渡によって理由のないものになっているため請求棄却判決を得ることができるので，脱退に承諾するはずがない，被告が承諾をしないため脱退がないから，第1案69条の規定は債権譲渡の場合には何の役にも立たないと批判した[51]。起草委員（松岡義正）は，多くの場合，原告（譲渡人）は脱退するであろうが，脱退しない場合には参加人は参加人として判決を受けるが，控訴審では「参加人は債権を譲受けてそれが権

49　Stein/Jonas/*Bork*, ZPO, 22. Aufl., Bd. 2, 2004, § 75 Rdnr. 11 ; Rosenberg/Schwab/*Gottwald*, Zivilprozessrecht, 17. Aufl., 2010, § 42 Rdnr. 8. なお，德田和幸「訴訟参加制度の継受と変容――本人指名参加の廃止を中心として」同『複雑訴訟の基礎理論』(2009年・信山社) 141頁，155頁以下も参照。

50　「民事訴訟法改正調査委員会議事速記録第8回 (大正11年3月7日)」(松本博之／河野正憲／德田和幸編著『日本立法資料全集12　民事訴訟法〔大正改正編〕(3)』(1993年・信山社) 129頁以下。

51　松本／河野／德田編著・前掲注 (50) 131頁以下。

利者であると云うことに極まったならば矢張り控訴を棄却すると云うことになる，さうして控訴を棄却して被告の防御方法を排斥してしまへば夫れで目的を達する」[52]と答えたが，この回答に対して，これでは誰が債権者であるか判決では決まらないと批判され[53]，さらに，69条は権利主張参加の場合，判決は参加人に対しても効力を生ずると規定している以上，控訴審で控訴を棄却した判決によって参加人は執行ができるのかと質問がでた[54]。

　以上の民事訴訟法改正調査委員会の総会（前半）の議論は，「本條ハ現行法ノ指名参加ノ場合ニ限リ適用セラルヘキ主旨ニ改ムルヲ可トセスヤ」とか，「債権ノ譲渡其ノ他係争物ノ譲渡アリタル場合ニ付特別ノ規定ヲ設クルヲ可トセスヤ」との意見があったと整理された[55]。

　これを受けて起草委員会による再検討が行われたようである。しかし，起草委員会の結論は，いずれについても，民事訴訟法改正調査委員会総会での委員の意見には従わないという消極的なものであった。訴訟係属中の債権譲渡その他係争物の譲渡について特別の規定を設けることの可否について，松岡義正は「之は我々共に於て研究した結果，之は57條の共同訴訟参加として権利を主張して行くとすれば其目的を達するから特に明文を置く必要はないと云ふ所から御質問の趣旨に副はなかつたのであります」と述べた[56]。共同訴訟参加とは，ドイツ法の共同訴訟的補助参加を参照した立案されものであり，「訴訟ノ目的カ当事者ノ一方及ヒ第三者ニ付キ合一ニノミ確定スヘキ場合ニ於テハ其第三者ハ共同訴訟人トシテ訴訟ニ参加スルコトヲ得」と規定した。民事訴訟法改正調査委員会総会（前半）の論議を踏まえて作成された第2案で注目されるのは，債務の承継に関する規定が提案されたことであろう。第2案第67条ノ3は，「訴訟ノ係属中第三者カ其訴訟ノ目的タル債務ヲ承継シタルトキハ裁判所ハ当事者ノ申立ニ因リ其ノ第三者ヲシテ訴訟ヲ引受ケシムルコトヲ得　（2）裁判所ハ前項ノ規定ニ依リ決定ヲ為ス前当事者及第三

52　松本／河野／徳田編著・前掲注（50）130頁。
53　松本／河野／徳田編著・前掲注（50）130頁。
54　松本／河野／徳田編著・前掲注（50）135頁。
55　「民事訴訟法改正案修正問題」松本博之／河野正憲／徳田和幸編著『日本立法資料全集11　民事訴訟法〔大正改正編〕（2）』（1993年・信山社）〔資料480〕（222頁）。
56　松本博之／河野正憲／徳田和幸編著『日本立法資料全集13　民事訴訟法〔大正改正編〕（4）』（1993年・信山社）27頁。

者ヲ審訊スルコトヲ要ス　（3）前條ノ規定中脱退及判決ノ効力ニ関スルモノハ第1項ノ規定ニ依リ訴訟ノ引受ケアリタル場合ニ之ヲ準用ス」と規定した。

　この第2案をめぐっては，再開後の民事訴訟法調査委員会総会においてかなり議論があったようである。しかし，速記の中止のため（これは議論が紛糾すると，しばしば行われた），われわれは残念ながら議論の詳細な内容を知ることができない。結論として，第2案67条（第1案69条），第2案67条の2（第1案70条），第2案67条の3などの規定の採否は，大正14年6月9日の総会において決することをせず，先送りとなった[57]。

　この第2案の規定を整理したものが，第3案69条（「訴訟参加ハ訴訟ノ結果ニ因リ権利ヲ害セラルヘキコトヲ主張スル為又ハ訴訟ノ目的ノ全部又ハ一部カ自己ノ権利ナルコトヲ主張スル為之ヲ為スコトヲ得此ノ場合ニ於テハ判決ハ参加人ニ對シテ其効力ヲ生ス　（2）第60條及第63條ノ規定ハ前項ノ場合ニ之ヲ準用ス」），同第70条（「前条第一項ノ規定ニ依リ自己ノ権利ヲ主張スル為訴訟ニ参加シタル者アル場合ニ於テハ被参加人ハ相手方ノ承諾ヲ得テ訴訟ヨリ脱退シ参加人ヲシテ訴訟ヲ引受ケシムルコトヲ得　但シ判決ハ脱退シタル当事者ニ對シテモ其ノ効力ヲ有ス」），同第71条（「訴訟ノ係属中第三者カ其ノ訴訟ノ目的タル債務ヲ承継シタルトキハ当事者ノ申立ニ因リ其ノ第三者ヲシテ訴訟ヲ引受ケシムルコトヲ得　（2）裁判所ハ前項ノ規定ニ依リ決定ヲ為ス前当事者及第三者ヲ審訊スルコトヲ要ス　（3）前條ノ規定中脱退及判決ノ効力ニ関スルモノハ第1項ノ規定ニ依リ訴訟ノ引受アリタル場合ニ之ヲ準用ス」）である。

　その後，起草委員は次の規定を提案した。第3案の69条は，第4案では71条として「訴訟ノ結果ニ因リテ権利ヲ害セラルヘキコトヲ主張スル者又ハ訴訟ノ目的ノ全部又ハ一部カ自己ノ権利ナルコトヲ主張スル者ハ当事者トシテ訴訟ニ参加スルコトヲ得此ノ場合ニ於テハ第62條及第65條ノ規定ヲ準用ス」と規定され（傍点は引用者），かつ第4案73条は，「訴訟ノ係属中其ノ訴訟ノ目的タル権利ノ全部又ハ一部ヲ譲受ケタルコトヲ主張スル為第71条ノ規定ニ依リテ為シタル訴訟参加ハ訴訟係属ノ始ニ遡リテ時効ノ中断又ハ法律上ノ期間遵守ノ効力ヲ生ス」と規定した。『テヒヤウ氏　訴訟規則修正原按』および1868年のヴュルテンベルグ王国民事訴訟法が定めていなかった債務承継に

57　松本／河野／徳田編著・前掲注（56）28頁。

ついて，第4案74条は次のように定めた。

> 74条「訴訟ノ係属中第三者カ其ノ訴訟ノ目的タル債務ヲ承継シタルトキハ裁判所ハ当事者ノ申立ニ因リ其ノ第三者ヲシテ訴訟ヲ引受ケシムルコトヲ得
> 　裁判所ハ前項ノ場合ニ依リ決定ヲ為ス前当事者及第三者ヲ審訊スルコトヲ要ス
> 　第72条ノ規定中脱退及判決ノ効力ニ関スルモノハ第1項ノ規定ニ依リ訴訟ノ引受アリタル場合ニ之ヲ準用ス」

このようにして，民事訴訟法中改正法律案（議会提出・第5案）は，次の内容を取得した。

> 73条「訴訟ノ係属中其ノ訴訟ノ目的タル権利ノ全部又ハ一部ヲ譲受ケタルコトヲ主張シ第71条ノ規定ニ依リテ訴訟参加ヲ為シタルトキハ其ノ参加ハ訴訟ノ係属ノ初ニ遡リテ時効ノ中断又ハ法律上ノ期間遵守ノ効力ヲ生ス」
>
> 74条「訴訟ノ係属中第三者カ其ノ訴訟ノ目的タル債務ヲ承継シタルトキハ裁判所ハ当事者ノ申立ニ因リ其ノ第三者ヲシテ訴訟ヲ引受ケシムルコトヲ得
> 　裁判所ハ前項ノ規定ニ依リテ決定ヲ為ス前当事者及第三者ヲ審訊スルコトヲ要ス
> 　第72条ノ規定中脱退及判決ノ効力ニ関スルモノハ第1項ノ規定ニ依リテ訴訟ノ引受アリタル場合ニ之ヲ準用ス」

このように，大正15年改正民訴法は，係争物の譲渡に関し規定したのは，訴訟係属中の権利承継人の当事者参加権のみであった。相手方の申立てによる権利承継人の参加義務ないしは承継義務は規定されなかったが，これは当事者間の武器対等の原則から見てもともと非常に疑問のある規律であったであろう。武器対等の原則は，当事者の訴訟上の地位の対等の保障を意味するが，権利承継人は譲渡人の相手方に対して当事者として参加できるが，譲渡人の相手方の申立てによる参加義務を負わないとすれば，訴訟上の地位の対等性が全く保障されないからである。他方，債務引受については，単なる訴訟経済の観点から債務承継人の訴訟引受義務が規定された。

2　新規定の内容 ── 訴訟承継の効果である従前の訴訟結果の承継義務についての規定の欠如

大正15年改正民訴法の立法者は，従来の学説においても指摘されているように[58]，その旨の問題提起があったにもかかわらず，係争物の譲渡について

58　斎藤ほか編著・前掲注（33）289頁〔小室直人／東孝行〕。

訴訟承継を規定しようとする意図は殆どなかったといってよい。それは係属中の訴訟の「目的ノ全部若ハ一部カ自己ノ権利ナルコトヲ主張スル」第三者に当事者参加を許す大正15年改正民訴法71条との関係で，訴訟係属中に「訴訟ノ目的タル権利ノ全部又ハ一部ヲ譲受ケタルコトヲ主張」する第三者にも，71条の形式での訴訟参加を許すことを目的とした規定であった。もちろん訴訟参加が行われた後，もとの当事者の一方が訴訟から脱退すれば，結果として訴訟承継が生じる。しかし，脱退当事者の供託義務を定めるなどの，訴訟脱退に対する相手方の同意を容易にする措置は執られておらず，訴訟承継を目指したということはできないのである。

　大正15年改正民訴法は，訴訟承継を定めようとしなかったのであるから，訴訟承継の効果である従来の訴訟結果の承継義務について規定を設けなかったのはいわば必然的であった。かえって，権利承継人の参加申立ては当事者参加の方法によることとされたため，大正15年改正民訴法71条（現行民訴法47条）の参加の場合がそうであるように，参加申立人は従前の当事者間の審理の結果に拘束されないかのような状況が生じた。もし，権利承継の場合に参加申立人は従前の当事者間の審理の結果に拘束されないことが意図されていたとすれば，それは訴訟係属後の実体適格の変動に対する配慮を欠く全く不十分な立法であったであろう。

　また，従前の訴訟結果の承継義務の定めがないことは，その反面，実体法上保護されるべき自己固有の法的地位を有する権利承継人（第三者）のための保護規定を欠くという事態をも生じさせたように思われる。この点も，口頭弁論終結後の承継人について実体法上保護されるべき固有の法的地位を有する承継人（第三者）の保護に関する規定を定めなかったことと相俟って，不十分な立法の誇りを免れないであろう。もっとも，実体法上保護されるべき自己固有の法的地位を有する権利承継人は大正15年改正民訴法71条によって当事者参加することができるため，規定を要しないと考えられたのかもしれない。同条は権利承継人の固有の法的地位の保護に全くよく適合する規定なのである。

第3節　学説と判例の展開

第1款　学説の展開

1　はじめに

　日本にそれまで存在しなかった，訴訟係属中の係争物の譲渡および係争債務の引受に関する新規定が大正15年改正民訴法によって定められた。訴訟係属中の係争物の譲渡に関する規定は，本来，相手方当事者の保護のために必要となるものである。ところが注目すべきことは，大正15年改正民訴法が相手方の保護のために考慮をめぐらせた形跡は殆どなく，単に係争中の権利の譲渡につき権利譲受人の訴訟参加権を認め，債務引受の場合に債務引受人の訴訟引受義務を定めたにすぎない[59]。権利承継人の訴訟引受義務は規定されなかった。これでは，係争物の譲渡という事態に直面して相手方を保護するという課題を認識せず，必要な対策を講ずる規定として全く不備なものであったほか，権利承継の場合と債務引受の場合とで第三者の手続加入の方法が全く異なり，加入後の手続規律にも重大な差異が出る結果となった。

　大正15年改正民訴法が新設した係争権利・係争物の譲渡に関する規定は，前述の兼子一・訴訟承継論が登場する前，当時の文献においてどのように解釈されたのであろうか。ここでは，この改正法の立役者であった大審院判事・松岡義正の見解と，当時の司法省民事局長（後に司法次官）・長島毅と司法書記官・森田豊次郎の共同見解，およびドイツ留学から帰国した後民事訴訟法の浩瀚な体系書を物した大審院判事・細野長良の見解を中心に大正15年改正民事訴訟法制定直後の学説を見ておきたい。

　その際，すべての論者に共通していることは，「訴訟の目的」であり，し

---

[59]　権利承継の場合にも，相手方がそれまでの訴訟追行によって取得した有利な訴訟結果を偶然の権利承継によって喪失させられないようにする必要があるが，第2章において述べたように，これは民事訴訟法大正改正の際，全く立法者の念頭にはなかった。ドイツ民事訴訟法265条2項の定める当事者恒定主義がこの相手方の保護を主要目的としていることにつき，*Zeuner*, Verfahrensrechtliche Folgen des Betriebsübergangs nach § 613a BGB, in: Festschrift für K. H. Schwab, 1990, S. 575 ff.; *W. Henckel*, a. a. O. (Fn. 35), S. 193 ff. 参照。

たがって係争中の権利の帰属主体の変動が生ずることによって，本来であれば訴訟の目的である権利を譲渡した原告の請求は原告が権利の帰属主体性（積極的実体適格）を失うに至るため論理的には請求棄却判決がなされるべきところ，権利承継人が大正15年改正民訴法73条に基づき同法71条の規定により訴訟参加を申し出る限りにおいて，直ちに請求棄却となるのではなく，原告が訴訟から脱退するまでは原告の請求と参加人の請求とは必要的共同訴訟の関係に立つとされること，すなわち，訴訟参加によって係争権利関係の主体面の実体的変動が係属中の訴訟に与えうる影響が排除されるとの認識である[60]。このことは，大正15年改正民訴法74条の定める被告の免責的債務引受についても当てはまる。

2　大正15年改正民訴法73条

まず，大正15年改正民訴法73条は，訴訟係属後の権利承継人にも同法71条による参加申立権を付与するものと解されている。松岡義正は，時効中断その他法律上の期間遵守の効力は，訴えの提起時に，また請求の変更または拡張が行われるときは，その旨の書面が裁判所に提出された時に，それぞれ生ずるという原則の例外として，訴訟係属後の係争権利の譲受を主張して大正15年改正民訴法71条の規定により当事者として訴訟に参加した第三者については，もとの訴訟の係属の初めに遡って時効中断その他法律上の期間遵守の効力が生ずるのであると，条文どおりの説明をするのみである[61]。長島毅と森田豊次郎は，この規定がなければ，訴訟係属後の係争権利の譲受を主張して大正15年改正民訴法71条により当事者として参加した第三者は参加前に時効が完成しまたは出訴期間を徒過するときは参加も棄却され，また原告の請求も参加人への権利の譲渡を理由に棄却されるため，改正法は時効が中断された権利または出訴期間を遵守したその権利の譲受があったと見なし，かくて時効中断その他法律上の期間遵守の効果が維持されると指摘する[62]。これ

60　当事者恒定主義を定める ZPO 265条について，*Schilken*, Veränderungen der Passivlegitimation im Zivilprozess, 1987, S. 6 f.; Musielak/*Musielak*, Kommentar zur Zivilprozessordnung, 7. Aufl., 2009, § 265 Rdnr. 1.

61　松岡義正『新民事訴訟法註釈第4巻』（1930年・清水書店）396頁；菰淵清雄『改正民事訴訟法註解』（1929年・清水書店）123頁以下も同旨。

62　長島毅／森田豊次郎『改正民事訴訟法解釈』（1930年・清水書店）87頁以下。

は前節において考察したように，参加する権利譲受人が取得した権利について参加の時点では消滅時効が完成している場合があり，その場合にはこの参加制度は意味をなさないとの重要な指摘が民事訴訟法改正調査委員会の委員によってなされ，立法の当否に重大な疑問が呈されたことを受け，大正15年改正民訴法73条の文言になったという事情を忠実に述べているにすぎない。

　細野長良は，大正15年改正民訴法71条の訴訟参加について，これを主参加併合訴訟で，かつ参加人が当事者の一方に補助参加をするものと理解する。細野によれば，大正15年改正民訴法71条所定の第三者が訴えを提起し併合するものである以上は，71条の参加は主参加訴訟と本訴訟との併合ある場合と同様の関係に立つべきものであるとともに，「第三者ハ既存ノ訴訟ノ当事者双方ヲ（原則トシテ）共同ノ敵トスルモ先ス既存ノ訴訟ニ於テ給付ヲ請求スル原告ノ勝訴ニ因リ判決ノ執行ヨリ被ルヘキ損害ヲ予防スル為メ先ツ自己ノ敵ナル被告ヲシテ之ニ戦ハシメ之ニ協力シテ被告ヲ勝訴セシメ原告ヲ倒スニ付キ法律上ノ利益ヲ有スル者ナルコトハ之ヲ認ムヘキ所ニシテ独逸ニ於ケル通説カ主参加訴訟ノ提起セラルル場合ニ主参加人カ本訴訟ノ当事者ノ一方ニ従参加スルコト認ムル所以ニ外ナラス」[63]。そして，細野は，補助参加訴訟の判決が従参加人に及ぼす効力は既判力だと見る[64]。その結果，第三者が提起した当事者双方を相手方とする主参加併合訴訟と，彼が補助参加する当事者間の訴訟との間に類似必要的共同訴訟の関係が生ずるので，必要的共同訴訟に関する大正15年改正民訴法62条が準用されるのだと説明する。細野は，起草委員と同じく，訴訟係属中の係争物の譲渡を同法71条の当事者参加の一場合として扱い，係争物の譲渡に固有の問題には全く注意を払っていない。中島弘道は，71条の参加により三面訴訟が成立するのでなく，単に3つの訴訟関係が発生するとするが，訴訟係属中の債権譲受人のような係争権利の譲受人の訴訟参加は通常の71条参加にあたると見た[65]。

63　細野長良『民事訴訟法要義第2巻』（1930年・巌松堂書店）347頁以下。河本喜與之『民事訴訟法提要』（1934年・南郊社）314頁以下は細野説を支持。山田正三『日本民事訴訟法論第2巻』（1934年・弘文堂）228頁は，独立参加を主参加併合訴訟と解する立場から，係争物の譲受人は大正15年改正民訴法73条により主参加併合訴訟を提起すると見た。

64　細野・前掲注（63）349頁。

65　中島弘道『日本民事訴訟法』（1934年・松華堂）318頁。

以上の諸説において非常に興味深いことは、いずれの見解も問題を係争物の譲渡に伴う訴訟承継の観点からではなく、単に権利承継人の訴訟参加権の側から見ていることである。係争物の譲渡により訴訟参加がなされても、その後に訴訟脱退が行われない限り、元の当事者間の訴訟は権利承継人に引き継がれるのでなく、これが残ることを念頭に置いているということができる。ただ、本来であれば消滅時効が完成しまたは出訴期間を徒過することになる権利主張であっても、訴訟係属中の権利承継を主張する場合には、もとの訴えの提起時に生じた時効中断および法律上の期間順守の効力が継続するという処置は、民事訴訟法が係争中の権利の譲渡についての譲受人の利益状態を考慮して譲受人に付与する特別の効果である。これは、相手方当事者と前主の間の訴訟追行よって生じた当事者に有利または不利な手続形成の結果がいわば訴訟法上の特典または負担として譲受人に承継される法律上の例と解することができる。

3 大正15年改正民訴法74条

次に大正15年改正民訴法74条については、訴訟係属中、第三者がその目的である債務を承継したときは、原告が被告に対して訴訟を継続するときは請求棄却を免れず、第三者がその引き受けた債務を弁済しないときは、原告は再度その第三者を被告として訴えを提起しなければならないが、このようなことは訴訟経済に合致しないので、相手方の申立てにより第三者に訴訟を引き受けさせ、訴訟を続行する便法を認めたものと説明される[66]。しかし、この説明は、なぜ債務承継人は前主と相手方との間の訴訟結果を引き継ぐ義務を負うのかその理由を明らかにしていない。「便法」は、これを認めても不当な結果にならない条件があって初めて認めることができるものだからである。

注目されるのは、細野長良がすでに、占有の承継取得は占有関係の承継であって、「物ノ占有ニ因ル義務ヲモ承継スルモノニ外ナラス 即チ正当ノ権原ナクシテ物ヲ占有スル者ハ所有者ニ対シ之カ引渡ノ責務ヲ有スル者ナリ 而シテ其物ノ占有権ノ移転セラルルトキハ承継人ハ責務ヲモ承継スルモノナリ」と述べることである。彼は、口頭弁論終結後の占有移転の場合であれば判決の効力の及ぶべき者については、この者がこの訴訟係属中に物の占有を

---

66 菰淵・前掲注（61）125頁以下。

取得したのであれば訴訟に加入させて口頭弁論終結後の占有承継と同一の効果を付与するのが大正15年改正民訴法74条の「趣旨」であるとの理由を挙げている[67]。しかし，占有の承継人は権原なしに占有するとは常にはいえないのであるから，この説明はやはり不十分である。中島弘道も，債務承継人の範囲を広く解した。しかし，債務承継人に前主と相手方との間の訴訟結果を引き継ぐ義務を負わせる「便法」がなぜ占有承継人にも通用するのか，74条の「趣旨」を持ち出すだけで説明したことにはならないであろう。なぜなら，「趣旨」という内容の定まらない説明では，何も説明していないのと異ならないからである。

　大正15年改正民訴法73条と74条の解釈は以上のとおりであるが，学説は，両条を関連づけて解釈することはしておらず，むしろ71条の方式によるかどうかの大きな違いに鑑みて別個の制度と捉えた[68]。

4　兼子・訴訟承継論

　このような状況の中で1931（昭和6）年に登場するのが，前出の兼子一・訴訟承継論である。兼子説は，訴訟係属後の係争物の譲渡に独自の規律を与えるべく，権利承継人の当事者参加権を規定した大正15年改正民訴法73条から当事者参加の性格を払拭し，訴訟承継主義を採用したものと換骨奪胎しようと試みた。そして，同法73条の「権利」の譲受，同法74条の「債務」の承継という文言にこだわるべきではなく，73条は74条と相俟って「訴訟承継制度」を定めたものであり，その適用範囲についても，一方において，「訴訟上有利な地位」を承継すべき者が ── 権利承継人であれ，債務承継人であれ ── みずから訴訟に参加するのが73条の定めるところであり，他方において，訴訟上不利な地位を承継すべき者 ── 権利承継人であれ，債務承継人であれ ── を相手方が訴訟に引き込む場合を規律するのが同法74条であるとの大胆かつ独自の解釈を提示した。その際，訴訟の発展段階を，その訴訟において下される確定判決の既判力に向けられた発展的訴訟状態と捉え（動態的訴訟的考察方法），これが「生成経過中の既判力」を形成し，訴訟係属中の「承継人」，すなわち「当事者適格（Sachlegitimation）」＝実体適格の承継人をも

67　細野・前掲注（63）392頁。
68　同旨，上田徹一郎『民事訴訟法判例百選Ⅱ〔新法対応補正版〕』（1998年）398頁。

拘束するのだとするのである。この解釈を基礎に，兼子説は，大正15年改正民訴法の73条と74条を一体的に捉え，73条にいう権利および74条にいう債務とは，実体法上の権利義務やその帰属主体たる地位ではなく，「訴訟物の譲渡により争の主体の変更を生じた場合，当該訴訟に於て訴訟状態上の有利なる地位を承継せる者は，第73条の参加により此の訴訟状態を利用し得る権能が与えられると共に，譲渡者の相手方が有利なる地位に立てる時は，第74条の引受により承継人を訴訟に引入れて在来の訴訟状態を之に及ぼし得る」[69]と主張した。このように，兼子説は，権利承継人であれ，債務承継人であれ，訴訟状態上の有利な地位を取得した第三者がみずから訴訟に参加するのが73条の規律領域であり，相手方が訴訟状態上の不利な地位を承継すべき者を――権利承継人であれ，債務承継人であれ――訴訟に引き込む場合を定めるのが74条の規律領域であるとの解釈を示した。そして，この兼子・訴訟承継論は，ほぼ全面的に支持され[69a]，次に述べるように，後に最高裁判所の判例にも採用され，今日では日本民事訴訟法の訴訟承継主義理解の根幹を形作っている。

しかし，以上の兼子説の論述において気になるのは，「生成経過中の既判力」が拘束するのはSachlegitimation（実体適格）の承継人だとされていたはずであるが，係争物の譲渡により「争の主体」の変更が生ずるとの非法律的な説明に変わることである。しかし，実体適格の承継と「争の主体の変更」という概念の異動ないし関係についての説明がないこと，それにもかかわら

---

[69] 兼子・前掲注（8）139頁。

[69a] 山木戸克己「訴訟参加と訴訟承継」民事訴訟法学会『民事訴訟法講座第1巻』（1954年・有斐閣）273頁，299頁以下は，兼子・訴訟承継論をほぼ全面的に支持した。加藤正治『民事訴訟法要論』（1946年・有斐閣）167頁は，訴訟係属後の係争物の譲受人を独立当事者参加の参加人と捉えたうえで，この場合には訴訟の承継が生ずるので参加人は前主の訴訟上の地位を承継するとし，債務の承継の場合にも訴訟引受は訴訟承継であるから前主の訴訟上の地位の承継が生ずるとしたが，権利承継人であれ債務承継人であれ，自分から係属中の訴訟に参加（介入）するのが大正15年改正民訴法73条であり，当事者からこれらの者を訴訟に引き込むのが同法74条の定めであるとの解釈を採ってはいない。また，加藤は，独立当事者参加につき三個訴訟併合説を採るが，権利承継人の前主の訴訟上の地位の承継という考え方と三個訴訟併合説の整合性に問題（すなわち，参加人の訴訟と前主の訴訟は別個の訴訟であるのに，なぜ前主との関係で形成された訴訟状態を参加人が承継しなければならないかを説明できないという問題）がある。

ず，後に見るように，最高裁判所の判例も後にこの「紛争の主体たる地位」の承継という考え方を援用していることに，注意しなければならない。

5 兼子説による権利承継と債務承継の差異の無視

　兼子説は，権利承継と債務承継との違いを全く無視するものであり，この違いから生じる両者の手続上の取扱いの違いに対する配慮の必要性をも，また完全に無視したと見なければならない。

　たとえば，訴訟外においてある物の所有者と主張する者からその物の返還請求を受けた占有者がその物の所有権を第三者に譲渡し，その占有を第三者に移転した場合，第三者は前主から物の所有権——これを返還請求者に対抗することができるかどうかは別にして——を取得したのであって，決して物の返還債務を引き受けたのではない。この第三者が物の所有者に対して物の返還義務を負う場合にも，これは実体法上，前主の返還義務に依存しない現占有者の独自の法律上の返還義務である。これに対し，債務引受は，免責的債務引受であれ，重畳的債務引受であれ，債務引受人と債権者との合意として，または債務者と債務引受人の合意に債権者が同意して行われる[70]。ところが，被告・占有者による目的物の譲渡・占有移転は，多くの場合，相手方の意思とは無関係に行われる。ここでは，返還を求められている物を占有する者に消極的実体適格があるので，占有関係の変動は消極的実体適格の変動をもたらす。

　以上の関係を訴訟に移してみると，原告から所有物の返還を求められた被告から目的物の所有権を取得するとともに，この目的物の占有の移転を受けた第三者は，被告の返還債務を引き受けたのではなく，目的物の所有権とその占有を取得したのであり，したがって，あくまで権利承継人として位置付けられるべきである。ただ，この第三者は占有の移転を受けることにより，実体法上，係争物について所有権に基づく返還請求の相手方となるべき法的地位（消極的実体適格）を取得したのであり，消極的実体適格の承継があると見るべきかどうかが問題となる。そして，この場合に，相手方からこの権利承継人に訴訟参加を求めるために大正15年改正民訴法74条の訴訟引受の申立てをすることができ，その結果，権利承継人と前主の審尋はなされるにせ

---

[70] 鈴木禄弥『債権法講義』(1981年・創文社) 329頁。

よ，この申立てを決定手続で裁判できるというのは不適切であろう。消極的実体適格の承継の有無について前主と第三者との間に争いが予想され，また第三者の権利取得が法律上保護される場合もある以上（たとえば，動産の即時取得や不動産の二重譲渡の場合の登記取得の先行），相手方はむしろ同法73条の手続に準じた手続ないしは第三者に対する反訴により第三者を訴訟に引き込むことができると言うべきであろう。もちろん，同法73条は確かに規定の表面上，権利承継人が自己のイニシアティブで当事者参加する場合のみを規定しており，この条文により相手方が占有承継人に参加を強制することはできないという反論が予想される。これは，後述するように，当然克服できない問題ではない。

ところが，細野説や兼子説によって，相手方から占有承継人に対して訴訟引受を申し立てる場合は，大正15年改正民訴法74条の訴訟引受の申立てによることができるとの解決案が早々に示された。これが影響したと思われるが，次に見るように，大審院の判例は初めから被告側の占有承継人を「義務」承継人の範疇で捉えるようになった。そして戦後は，兼子説を基礎にした最高裁判例によって「訴訟承継主義」の確立を見たと一応いうことができよう。次節では，判例を紹介し分析し，問題点を明らかにしよう。

第2款　判例の展開

大正15年改正民訴法73条と74条は，実務においてどのように扱われたのであろうか。以下では，本章にとって必要な範囲で，判例によるこれらの条文の解釈を見ておこう。

判例においていち早く現われたのは，特定物の返還請求訴訟，とくに建物収去土地明渡請求訴訟の係属中に当該物（建物および土地）の占有が被告から第三者に移転された場合に，この占有承継人は大正15年改正民訴法74条によって訴訟を引き受ける義務を負うかという問題であり，74条の本来の適用場面である債務引受ではない。というより，本来の債務引受の事案は，公表された判例集や雑誌には殆ど現われない。特定物の返還請求訴訟の係属中に被告の占有が第三者に移転された場合，大正15年改正以前にはこれに対処する方法がなく，被告の実体適格の消滅により訴訟は理由を欠くに至り，そのため請求棄却となるという深刻な状況が生じていたと考えられる。大正15年

改正民訴法74条ができ，被告側の占有移転に対処することをこの規定に期待するのはある意味でもっともなことであり，同条は救世主の役割を果たしたのであろう。

　判例は，占有承継人は物の返還請求権に対応する被告の引渡義務をも承継し，あるいは，所有権に基づく登記抹消請求訴訟の被告から移転登記を受けた第三者は前主に対する登記抹消請求権に対応する「義務の承継人」であるというように大正15年改正民訴法74条を解釈していくのである。【1】と【2】は，占有承継の事例に関する大審院判例である。これらの大審院判例の原審は，被告側の占有承継人を前主の返還義務の承継人ではないと解し，74条による訴訟引受義務を否定したが，大審院は占有の移転によって占有権または所有権に基づく返還請求権に対応する占有者の返還債務も占有承継人に移転するとする。【3】は，所有権に基づく登記抹消請求訴訟の係属中に第三者が被告から所有権の移転登記を受けた事案に関する大審院判例である。ここでも原審は，第三者は所有権に基づく登記抹消請求権に対応する義務の承継人に当たらないとしたのに対し，大審院は移転登記を受けた第三者は登記抹消義務の承継人に当たるとした。【4】は，訴訟引受の申立ては当事者（相手方）側からできるのみならず，債務引受人も大正15年改正民訴法74条により自ら訴訟引受の申立てをすることができる旨を判示する。土地の転貸人の転借人に対する建物収去土地明渡請求訴訟の係属中に被告より建物の所有権を取得し，占有の移転を受けた第三者が承継人になるか否かという問題については，東京控判昭和10年4月18日新聞3852号5頁＝新報405号11頁＝評論24巻民訴344頁（訴訟引受を否定）と東京控判昭和12年3月31日新聞4134号7頁（訴訟引受を肯定）が対立する判断を示した。

　なお，占有承継人や登記の移転を受けた第三者を所有物返還請求権または登記抹消請求権に対応する義務の承継人と捉える判例は，口頭弁論終結後の承継人への既判力の拡張との関係でも，占有承継人や移転登記を受けた者を債務の承継人として捉えた[71]。

【1】　大判昭和5年8月6日民集9巻10号772頁[72]

　本件は，X組合が他から借り受けて占有する土地上に勝手に小屋を建ててXの占有を妨害するAの死亡により相続人となったYに対して，Xが提起した妨害物取払いの訴えである。訴訟係属中，Yは当該小屋を第三者Zに

売却した。Xは民事訴訟法74条によりZに対し訴訟引受の申立てをしたが，第一審裁判所は，Zは74条の承継人に当たらないとして申立てを却下した。Zの抗告に対し抗告裁判所も原審の見解を支持し，かつXとYとの間の本案訴訟は終局判決の確定によって終了したため，抗告はその利益を欠くに至った旨述べて抗告を棄却した。これに対し，Zが再抗告を提起し，（1）本件の小屋取払義務は所有権に基づくものであるから，小屋の譲受人は74条の義務承継人である，（2）本件抗告は本案訴訟の判決確定前に提起されたものであり，かつ抗告人の主張が是認されるときは本案訴訟の終了いかんにかかわらず，訴訟の引受は許されなければならない，と主張した。大審院は抗告を棄却したが，次の理由で小屋の譲受人が債務承継人に当たることは認めた。

「凡ソ他人ノ占有セル土地ノ上ニ何等ノ権原無クシテ工作物ヲ設置シ依テ以テ右土地ノ占有権ニ妨害ヲ加ヘタル場合ニ所謂妨害ノ停止即チ当該工作物ヲ除去スルノ義務ハ何人ニ於テ之ヲ負担セリヤト云フニ開〔蓋？〕ハ場合ヲ別チテ之ヲ考ヘサル可カラス即チ其ノ工作物ニシテ例ヘハ家屋ノ如ク土地ト独立シテ所有権ノ対象トナルモノナルトキハ右ノ義務ハ其ノ現時ノ所有者ニ於テ之ヲ負担シ反之当該工作物ハ所有権ノ独立ナル対象トシテハ其ノ存在ヲ失ヒ土地ト一体ヲ成スニ至ルトキハ右ノ義務ハ其ノ現時ノ占有者ニ於テ之ヲ負担スルモノトス蓋前叙ノ当該場合ニ於テ工作物ノ除去ト云フ事実行為ハ其ノ所有者若クハ占有者ニシテ始メテ其ノ能クスルトコロナルハ多言ヲ俟タサレハナリ故ニ此義務ナルモノハ夫ノ所謂所有者若クハ占有者ノ資格ニ於テ負担スルモノニシテ工作物ニ対スル所有権若クハ占有権カ他人ニ譲渡サレタルトキハ右ノ義務モ亦従ヒテ特定承継人ニ於テ之ヲ承継スルモノタルハ以上ノ判示ニ照シ之ヲ了シ得ラレムナリ然ラハ即チ抗告人主張ノ如キ事実関係ニシテ存スル以上本件申立ハ民事訴訟法第七十四条第一項ニ適合スルモノトシテ之ヲ許ス可キニ拘ラス原審カ茲ニ出テサリシハソレ自身失当ナルヲ免レスト雖一面抗告人（原告）対河合誠一（被告）間ノ本案判決ハ已ニ確定シ訴訟ノ繋属ハ終了シタルヲ以テ此点ニ於テ本

---

71 大判昭和5年4月24日民集9巻6号415頁は，建物収去土地明渡を命じられた者から事実審の最終口頭弁論終結後にその建物の譲渡を受けた第三者は「義務」の承継人であるとしていた。また，戦後の最高裁判所の判例であるが，最判昭和26年4月13日民集5巻5号242頁は，建物収去土地明渡を内容とする訴訟上の和解後にその建物を賃借した第三者を大正15年改正民訴法203条・201条との関連で「義務」の承継人と見た。
72 評釈として，兼子一『判例民事訴訟法』（1950年・弘文堂）144事件がある。

件申立ハ結局之ヲ容ルルニ由無ク抗告ハ其ノ理由ナキニ帰スモノトス」

【2】　大判昭和7年7月12日法学2巻367頁
「原審の確定した事実に依れば地主たる被上告人と借地人たる上告人半田政吉との間の本件賃貸借は，解約に因り，昭和4年10月13日消滅したるに拘らず，爾来右上告人は其の所有に係る右土地上の建物三棟を収去せずして被上告人の該土地の占有を妨害し之れが為に，本訴の提起を見るに至りたる処，第一審において右上告人に対し，前示建物三棟を取払ひ，右土地を被上告人に明渡すべき旨の判決言渡ありたる後，上告人石塚栄三郎は昭和5年5月30日右地上の建物三棟の所有権を競落に因り，取得して本件土地を占有するに至り，現時に及ぶものなるを以て，右上告人は前示の建物に対する上告人半田政吉の所有権を譲受くることに因りて，訴訟の目的たる同人の該建物を収去して，本件土地を明渡すべき義務を承継したものに外ならず，而して斯る事由に因る占有の妨害物の現時の所有者は民訴第74条の承継人に該当することは本院判例とする所なり」

【3】　大判昭和11年9月26日民集15巻20号1741頁[73]
Xは，自己の所有不動産上に存するY名義の抵当権設定登記の無効を主張して同登記の抹消登記手続を求めてYを被告として訴えを提起し，請求認容判決を得た。Yは事件が控訴審に係属中に，同登記に基づき競売申立てを行い，自ら競落人になり，所有権取得登記を得た。そのため，Xは競売に基づくYの所有権取得登記の抹消をも請求するために訴えの変更を行った。その後，Zが本件不動産をYより買取したとして所有権移転登記を受けたので，XはZに対して訴訟引受の申立てを行い，引受決定を得て，Zに対しても移転登記の抹消を請求した。控訴裁判所は，XのYに対する登記抹消

73　評釈として，兼子一・法協55巻3号（1937年）610頁以下（同『判例民事訴訟法』〔1950年・弘文堂〕〔145〕）；中村宗雄・民商5巻4号（1937年）856頁以下；高橋静一・法学新報47巻4号（1937年）693頁以下がある。なお，新堂・前掲注（25）303頁以下も参照。ただし，新堂論文においては判例【3】の事実関係の捉え方が不正確であることを指摘しなければならない。すなわち，大審院はXのYに対する競落による所有権取得登記の抹消登記請求とXのZに対する移転登記の抹消登記請求との間での義務承継を問題にしているのであって，新堂論文がいうように，XのYに対する抵当権設定登記の抹消請求とXのZに対する移転登記の抹消登記請求との間での義務承継を肯定しているのではない。

第 1 章　民事訴訟における訴訟係属中の係争物の譲渡　　303

請求は認容したが，Z に対する登記抹消請求を棄却した。その理由は，「訴訟引受人ニ対シ義務ノ履行ヲ請求シ得ルガ為ニハ，訴訟引受人ノ義務ガ実体上当該訴訟ノ目的タル義務ヲ承継シタルモノト認メ得ベキ場合ニ限」るが，本件の Y および Z は独自に無効な所有権取得登記の抹消義務を負担するものであるから，Z の登記抹消義務は Y の登記抹消義務を承継したものということはできないので，「X ハ Z ニ對シ別訴ニ於テ右所有権取得登記ノ抹消ヲ求ムルハ格別，本件訴訟手続ニ於テハ之ヲ請求シ得ザルモノ」だからというものであった。

　X は，Z を相手方として上告を提起し，74条にいう債務には物権的請求権に対する義務をも包含すべきであり，本件の場合にも重畳的に Z に対する訴訟引受を認め，これに対する請求を許すべきであると主張した。大審院は，次の理由で原判決を破棄し，事件を原審に差し戻した。

　「民事訴訟法第七十四条第一項ニ所謂第三者カ其ノ訴訟ノ目的タル債務ヲ承継シタルトキトハ単ニ当該訴訟ノ目的タル義務カ従来其ノ主体タリシ訴訟当事者ヲ離脱シテ第三者ニ帰属スルニ至リタル場合ノミニ限ラス従来如上義務ヲ負担シ居リタル訴訟当事者カ之ヲ負担セルコト依然旧ノ如クナルト共ニ其ノ義務負担ニ関連シテ更ニ第三者カ之ト訴訟ノ目的ヲ一ニスル新義務ヲ負担スルニ至リタル場合ヲモ亦之ヲ包含スルモノト解スルヲ相当トスヘキハ多言ヲ俟タス而シテ本件ニ於テ被上告人（Z）カ上告人（X）ニ対シテ負担スル所ノモノハ自己カ原審控訴人出竹伊三郎（Y）トノ間ノ売買ニ因リ本件不動産所有権ヲ取得シタル旨ノ登記ヲ抹消スヘキ義務　右伊三郎（Y）カ上告人（X）ニ対シテ負担スル所ノモノハ同人カ競落ニ因リ右不動産所有権ヲ取得シタル旨ノ登記ヲ抹消スヘキ義務（是レ上告人ト同人トノ間ノ本件訴訟ノ目的タリ）ナレハ被上告人（Z）ハ上告人（X）ト右伊三郎（Y）トノ間ノ本訴ノ目的タリシ伊三郎ノ義務ト同一内容ノ義務ヲ負担シタルモノニ非サルハ勿論ナリト雖　是等ノ義務ハ倶ニ本件不動産ニ付存スル無効登記ヲ消滅セシメテ之ニ因リ現ニ妨害ヲ受ケツツアル上告人（X）ノ所有権ヲ円満ナル状態ニ復セシムヘキ義務ニ外ナラスシテ　訴訟ノ目的ヲ同一ニスルノミナラス　被上告人（Z）ノ右義務ノ内容トシテ抹消スヘキ登記ハ右ノ如キ義務ヲ有スル伊三郎（Y）ヨリ被上告人（Z）ニ対シテ当該不動産ヲ売渡シタリトシテ為サレタルモノニ係リ　伊三郎（Y）ノ義務違反ノ行為ニ由来シ　被上告人（Z）ノ右義務ハ伊三郎（Y）ノ右義務者タル地位ト密接関連ノ関係ニ在ルモノト謂フヘク　斯ノ如キ場合ハ如上ノ理由ニ依リ亦右法条ニ所謂債務承継ノ一場合トシテ訴訟引受ヲ許スモノト解スヘキモノトス　蓋若シ反対

ノ解釈ヲ採ランカ無効ノ所有権取得登記ニ因リ相手方ノ不動産所有権ヲ妨害シツツアル訴訟当事者ニ於テ当該訴訟ノ口頭弁論終結前其ノ登記簿上ノ所有名義ヲ他ニ移転シタルトキハ相手方ハ更ニ新名義人ヲ被告トシテ別訴ヲ提起スルニ非サレハ完全ニ所有権ノ妨害ヲ除去スルヲ得スシテ頗ル訴訟経済ニ反スルノミナラス　順次同一ノ奸策ヲ施サルルトキハ則チ終ニ救済ヲ得ルノ期ナキニ至ルナキヲ保スヘカラスシテ　斯ノ如キハ民事訴訟法カ訴訟ノ引受ナル制度ヲ認メタル精神ニ離ルルコト遠ケレハナリ　原審ハ即此ノ解釈ニ反スル見地ニ立テルモノニシテ　法律誤解ノ違法アルモノト謂ハサルヲ得ス　論旨理由アリ　原判決ハ破毀ヲ免レサルモノトス」（下線は引用者）

【4】　大判昭和11年5月22日民集15巻988頁
　Xは，Yに対し清算取引の委託の結果，620円の支払請求権と証拠金代用として交付した約束手形の返還請求権を生じたと主張して訴えを提起した。これに対し，Yは当該委託に基づく取引の結果はXの損失に帰し，証拠金代用株式を処分してもなお2500円の不足が生じたと主張して，請求の棄却を求めるとともに，2500円の支払を求める反訴を提起した。Y勝訴の第一審判決後，事件が控訴審に係属中，Yの隠居によりZがYを相続したので，Zは本訴については債務の承継人として訴訟引受の申立てをし，反訴については権利承継人として訴訟参加の申立てをしたところ，Yは相手方Xの承諾を得て訴訟から脱退し，控訴審ではXとZの間で訴訟が続行され，Z勝訴の判決があった。Xは上告し，他の上告理由とともに，民訴法74条の引受の申立ては当事者側からすべきものであって，承継人よりはすることができないと主張した。大審院はこの上告理由に対し，次のように判示してこれを退けた。

　「民事訴訟法第七十四條第一項ニ依レハ訴訟繋屬中第三者カ當該訴訟ノ目的タル債務ヲ承繼シタルトキハ裁判所ハ其ノ第三者ヲシテ訴訟ヲ引受ケシムルコトヲ得ヘク而シテ此ノ場合當事者ノ申立ニ因リテ之ヲ爲スモノナル旨規定スルモ是レ唯一般ノ通則ヲ示スモノタルニ止リ<u>敢テ債務ヲ承繼シタル第三者ノ爲ニ訴訟引受ノ申立ヲ禁スルノ趣旨トハ解スヘキニアラス　蓋債務ヲ承繼シタル第三者ニ訴訟ヲ引受シムルコトハ啻ニ權利者タル原告ノ利益タルニ止ラス既存ノ訴訟資料ヲ利用スルコトハ債務承繼人ノ利便トスルトコロナルノミナラス又訴訟ノ引受ニ因リテ新訴ノ提起ヲ阻止シ得ル等訴訟經濟ノ點ニ鑑ミルモ寧ロ債務承繼人タル第三者ニ對シテモ訴訟引受ノ申立ヲ許容スルヲ相當トスルカ故ナリ</u>

本件記録ニ依レハ本訴債務ヲ承繼シタル被上告人（Z）ヨリ訴訟引受ノ申立ヲ爲シタルトコロ原審ハ當事者竝同引受申立人ヲ審訊シタル上被上告人ニ對シ其ノ先代（Y）ノ訴訟手續ヲ引受クヘキ旨命シタルモノナルカ故ニ原審ノ執リタル右ノ處置ハ適法ニシテ本論旨モ亦採ルニ足ラス」（下線は引用者）

　最高裁判所の時代になってからは，【5】において，建物収去土地明渡請求訴訟の被告から建物の所有権の譲渡を受けた第三者が大正15年改正民訴法73条により参加申立てをした場合に，この第三者は74条により訴訟引受の申立てをすべきか，73条による参加申立てをすることが許されるかどうかが争われた。大審院の判例【4】に従ってこのような第三者は74条により訴訟引受の申立てをすべきだとした原判決を取消し，最高裁は73条の参加申立てを許すべきものとし，兼子理論を受け入れた。【6】においては，いわゆる派生的法律関係の事案について訴訟承継を肯定する判断が示された。【7】は，権利の承継人に対しても，相手方は74条に基づき訴訟引受の申立てをすることができることを判示した。

【5】　最判昭和32年9月17日民集11巻9号1540頁[74]
　自己の所有地上にYが無権限で家屋を建築し所有していると主張してYに対し所有権に基づき建物収去土地明渡請求の訴えを提起したXは，第一審で請求認容判決を取得したが，事件が控訴審に係属中，Yが係争家屋を第三者Zに譲渡し，これを引き渡した。そこでZは，自分は本件訴訟の目的たる債務を承継するに至ったと主張して，大正15年改正民訴法73条による訴訟参加の申立てをした。控訴審は，前掲【4】に従って，訴訟の目的たる債務の承継を理由として訴訟参加をするためには必ず大正15年改正民訴法74条による訴訟引受の申立てをすべきであり，73条による参加申立ては許されないとしてZの参加申立てを却下した。Zの上告に対して，最高裁は次のように判示して原判決を破棄した。

　「民訴73条，同74条の両規定は相俟って訴訟の目的たる権利または債務の承継人及び相手方に対し既存の訴訟状態を自己のために利用する機会を平等に与えるために設けられたものと解するを相当とする。けだし，権利といいまた義務

---

[74] 評釈として，中田淳一・判評11号（1958年）18頁（判時134号）；小室直人・民商37巻3号（1958年）416頁；鈴木正裕・続判例百選〔第2版〕（1965年）140頁；同・民事訴訟法判例百選（1965年）45頁；上田・前掲注（68）398頁などがある。

というも，そは畢竟表裏の関係にあり，単に権利者またはその承継人に対してのみ既存の訴訟状態を利用する機会を与えることは公平の観念に反し妥当を欠くからである。それ故に，<u>民訴73条の趣意は承継人が自ら進んで既存の訴訟に加入しうることを認めたものであり，また，同法74条の趣意は従来の訴訟の当事者が承継人を強制して訴訟に参加せしめうることを認めたものであつて，その承継人は訴訟の目的たる権利または債務のいずれの承継人たるを問わないものと解すべきである。民訴73条は権利の譲受といい，また，同法74条は債務の承継というも，これは単に通常の場合を例示したに過ぎないものであつて，これによって，債務承継人の民訴73条，同71条による訴訟参加が否定され，また，権利承継人に対する同法74条による訴訟引受の申立が否定されたものと解すべきでない</u>」（下線は引用者）。

【6】　最判昭和41年3月22日民集20巻3号484頁＝判時450号22頁[75]

　Xの所有地を賃借し建物を所有するYに対し，XはYによる無断増築による土地賃貸借契約の解除および期間満了を理由に建物収去土地明渡しを求めて訴えを提起した。Yは本件訴訟の係属中に建物の一部をZに賃貸したので，XはZに対し訴訟引受の申立てをし，建物からの退去を求めた。Zは，XのYに対する請求とZに対する請求は別個異質であるから，Zは74条の承継人に当たらないと主張して訴訟引受の申立ての却下を求めたが，第一審裁判所は，訴訟の目的である債務そのものが第三者に移転した場合のみでなく，この義務に関連してさらに第三者がこれと訴訟の目的を一にする新たな義務を負担するに至った場合にも義務承継人に当たるとし，本件のZもXの土地所有権の円満な状態を復せしめる義務という点で目的を同じくするとして義務承継人に当たると判示した（本案も原告の請求を認容）。

　X・Z双方の控訴が棄却された後，最高裁は次のように判示して，Xの上

---

[75]　解説および評釈として，蕪山巖『最高裁判所判例解説　民事篇　昭和41年度』112事件；池田浩一・判評96号17頁；上北武男「訴訟承継」小室直人編『判例演習講座民事訴訟法』（1973年・世界思想社）92頁以下；新堂幸司『判例民事手続法』（1994年・弘文堂）226頁以下（初出1967年）；林田学・民事訴訟法判例百選Ⅱ〔新法対応補正版〕（1998年）400頁以下；加波眞一・民事訴訟法判例百選〔第3版〕（2003年）230頁以下；松浦馨・民商55巻4号（1967年）678頁以下；飯倉一郎・國學院法学4巻3号（1966年）139頁以下；遠藤功・法学31巻3号（1967年）391頁以下；豊田健・法学研究40巻12号（1967年）1677頁以下；萩大輔・続民事訴訟法判例百選（1972年）64頁以下；高見進・民事訴訟法判例百選〔第2版〕（1982年）96頁以下などがある。

告を棄却した。

「賃貸人が，土地賃貸借契約の終了を理由に，賃借人に対して地上建物の収去，土地の明渡を求める訴訟が係属中に，土地賃借人からその所有の前記建物の一部を賃借し，これに基づき，当該建物部分および建物敷地の占有を承継した者は，民訴法74条にいう『其ノ訴訟ノ目的タル債務ヲ承継シタル』者に該当すると解するのが相当である。けだし，土地賃借人が契約の終了に基づいて土地賃貸人に対して負担する地上建物の収去義務は，右建物から立ち退く義務を包含するものであり，当該建物収去義務の存否に関する紛争のうち建物からの退去にかかる部分は，第三者が土地賃借人から係争建物の一部および建物敷地の占有を承継することによって，第三者の土地賃貸人に対する退去義務の存否に関する紛争という型態をとつて，右両者間に移行し，第三者は当該紛争の主体たる地位を土地賃借人から承継したものと解されるからである。これを実質的に考察しても，第三者の占有の適否ないし土地賃貸人に対する退去義務の存否は，帰するところ，土地賃貸借契約が終了していないとする土地賃借人の主張とこれを支える証拠関係（訴訟資料）に依存するとともに，他面において，土地賃貸人側の反対の訴訟資料によってされうる関係にあるのが通常であるから，かかる場合，土地賃貸人が，第三者を相手どって新たに訴訟を提起する代わりに，土地賃借人との間の既存の訴訟を第三者に承継させて，従前の訴訟資料を利用し，争いの実効的な解決を計ろうとする要請は，民訴法74条の法意に鑑み，正当なものとしてこれを是認すべきであるし，これにより第三者の利益を損うものとは考えられないのである。そして，<u>たとえ，土地賃貸人の第三者に対する請求が土地所有権に基づく物上請求であり，土地賃借人に対する請求が債権的請求であって，前者と後者とが権利としての性質を異にするからといつて，叙上の理は左右されないというべきである</u>。されば，本件土地賃貸借契約の終了を理由とする建物収去土地明渡請求訴訟の係属中，土地賃借人であつた第一審被告亡小能見唯次（Y）からその所有の地上建物中の判示部分を賃借使用するにいたった上告人富永キクエ（Z）に対して被上告人がした訴訟引受の申立を許容すべきものとした原審の判断は正当であり，所論は採用できない」（下線は引用者）。

【7】 最判昭和52年3月18日金法837号34頁＝金商548号39頁

「原審が適法に確定した事実関係に徴すると，被上告人は，本件約束手形の所持人であつた第一審原告から，同人がその振出人である上告人に対して有していた約束手形金債権を，いわゆる手形の返還により承継取得したものと解すべ

きであるが，かような権利の承継人に対し民訴法74条による訴訟引受の申立が許されることは当裁判所の判例（最高裁昭和30年（オ）第218号同32年9月17日第3小法廷判決・民集11巻9号1540頁）とするところであり，訴訟引受を命ぜられた承継人は，被承継人と相手方との間の既存の訴訟状態をそのまま利用することができる地位に立つのであるから，第一審原告の本訴提起による時効中断の効力は被上告人についても生ずるものといわなければならない。これと同趣旨の原審の判断は正当であり，原判決に所論の違法はなく，論旨は採用することができない」。

第3款　判例・通説の問題点

以上の判例の多くは，土地所有権（または土地賃貸借契約の終了）に基づく建物収去土地明渡請求訴訟の被告が訴訟係属中に当該建物を第三者に譲渡してこれを引き渡し，または建物貸借契約を締結し，これを第三者に引き渡す場合，第三者は大正15改正民訴法74条による債務承継人になるかどうかを論じ，これを肯定する。その上で，この意味での「債務」承継人に対する同法74条による相手方からの訴訟引受の申立てを適法とするのみならず，今日では，この「債務」承継人が同法73条による参加申立てをする権能を有することを認めている。

判例の見解，ことに昭和32年の最高裁判所判例（【5】）に対しては，小室直人が，この判決は権利義務が表裏の関係にあるということから，73条は承継人が自ら進んで既存の訴訟に参加する場合を定めたもので，74条は従来の訴訟の当事者が承継人を強制して訴訟に参加させることを認めたものであって，承継人は訴訟の目的である権利または債務のいずれの承継人たるを問わないとするのは，73条・74条の解釈論としては「やや無理を犯したものという感じがしないでもない」[76]と評した。

私見によれば，同法73条と同法74条を基礎に統一的な訴訟承継原則を解釈上形成できるためには，その前提として，これらの条文の規律が等質的なものでなければならない。しかし，私見によれば，この前提は備っていない。その理由は次のとおりである。第1に，すでに指摘したところではあるが，同法74条の定める債務承継人の訴訟引受義務は，通常，債権者および債務引受人間の合意，または債務者および債務引受人の合意とこれに対する債権者

---

[76] 小室・前掲注（74）民商37巻3号420頁。

の同意によって成立する債務引受を前提とするものであるので，債権者自身，債務引受を承知し，これを承認しているのである。この場合には，免責的債務引受の場合においても，裁判所が被告は債務を免れたとして原告の請求を棄却して訴訟を終了することも，法政策的には十分根拠があろう。債権者は，この結果に満足できない場合には免責的債務引受に同意しなければよいだけである[77]。現行法が債務引受の場合にも引受人の訴訟承継義務を定めているのは，訴訟係属中の債務引受から不可避的に必要となる規律ではなく，それまでの訴訟経過を無駄にしたくないという立法者の訴訟経済的考慮に基づく単なる政策的措置にすぎない。

　第2に，訴訟係属中の債務引受は，債務引受が訴訟前になされる場合と比べ，その目的に違いがありうる。訴訟の係属を知って債務引受をする第三者はその訴訟の判決で確定した債務を引き受ける趣旨であるという場合があるのであり，この場合には，債務引受があったというだけで引受人が訴訟を承継しなければならないというのはこの債務引受の趣旨に合致しない。これに対し，上記の建物収去土地明渡請求訴訟の被告による地上建物の処分，およびこれに伴う土地の占有移転の場合は，債務引受の場合と利益状態が全く異なるのである。被告は原告の意向などと無関係に建物の所有権を第三者に移転し，または建物に賃借権を設定することは禁止されないからである。大審院が判例【3】において物権的請求権に対応する義務の承継を肯定するに当たり，第三者の登記が登記抹消義務を負う前主の「義務違反の行為に由来」することを重視しているけれども，係争物の譲渡が禁止されていない以上，このような義務違反をいうことはできない。それゆえ，大正15年改正民訴法74条の拡張解釈の基礎が存在するということはできず，判例の立論の出発点はそもそも不当というべきである。

77　Vgl. *Henckel*, Urteilsanmerkung, ZZP 75 (1962), 325; *derselbe*, ZZP 88 (1975), 324, 329; MünchKommZPO/*Becker-Eberhard*, a. a. O. (Fn. 6), § 265 Rdnr. 55; Musielak/*Foerste*, Kommentar zur Ziivlprozessordnung, 7. Aufl., 2009, § 265 Rdnr. 6; Rosenberg/Schwab/*Gottwald*, a. a. O. (Fn. 49), § 100 Rdnr. 10; Saenger/*Saenger*, Handkommentar-Zivilprozessordnung, 3. Aufl., 2009, § 265 Rdnr. ; Stein/Jonas/*Roth*, a. a. O.(Fn. 6), § 265 Rdnr. 5; Zöller/*Greger*, a. a. O.(Fn. 6), . Henckelは，当事者恒定主義を定めるドイツ民事訴訟法265条2項について，免責的債務引受人は承継人でなく，したがって同条は適用されないという連邦通常裁判所1974年10月31日判決（ZZP 88, 324）を支持する。

第3に，承継原因の判断手続が大正15年改正民訴法74条と同法73条とで全く異なることが指摘されなければならない。74条の場合には，債務承継の主張があれば，これが外形的に債務承継に当たる限り，実体適格の問題であるにもかかわらず実体審理をしないで引受申立てが許容される[78]。本案の審理の段階になって「債務承継」が存在しないこと（たとえば占有を取得したとして訴訟引受を命じられた第三者が実際には訴え提起前からの占有者であったこと）が明らかになれば，どのような裁判をすべきかが議論されている。請求棄却説[79]，訴え却下説[80]および引受申立て却下説がある。しかし，たとえば同じ係争物の占有承継が生じた場合に，承継人の方から訴訟に参加するのが大正15年改正民訴法73条の定めるところであり，相手方からこの承継人に訴訟を引き受けさせるのが同法74条だと解釈するのは，参加手続や参加後の手続の違いに鑑みて，甚だ不当である。承継人が同法73条により訴訟に参加できるのであれば，相手方の方でも73条と同じ方法で承継人に参加を求めることができなければならない。小室直人が判例が「やや無理を犯した」というのは，このようなことを指しているのであろう。

　したがって，問題の正しい解決は，次の点にあると思われる。建物収去土地明渡請求訴訟の被告による当該土地の占有移転の場合には，建物の所有権を取得しまたは建物を賃借することによって土地の占有を承継する第三者は，大正15年改正民訴法73条の定める係争物の譲受人，したがって権利承継人の範疇に属するのである。それゆえ，この者はもともと同法73条に基づき自ら原告被告間の訴訟に当事者として参加し，原告に対し，たとえば占有権原の存在確認の申立てをすることが許されなければならない[81]。判例は建物の所

78　加波・前掲注（75）230頁は，「従来の判例は，引受承継申立人の，承継人に対する請求権成立の可能性が存在（し）さえすれば，承継されたものが債権的債務か物権的債務か，債務か権利かを問わず，広く承継を認めてきたと評価できよう」と表現する。

79　田尾桃二「訴訟引受の一つの問題」判タ242号（1970年）66頁以下；鈴木正裕「訴訟内訴え提起の要件と審理」新堂幸司編『特別講義民事訴訟法』（1988年・有斐閣）222頁，264頁；中野・前掲注（14）167頁；新堂幸司『新民事訴訟法〔第5版〕』（2011年・弘文堂）861頁；高橋宏志『重点講義民事訴訟法〔下〕〔第2版補訂版〕』（2014年・有斐閣）575頁。

80　上北武男「当事者の交替」上田徹一／福永有利編『講座民事訴訟第3巻　訴訟の提起』（1984年・弘文堂）299頁，320頁；上田徹一郎／井上治典編『注釈民事訴訟法（2）』（1992年・有斐閣）303頁（池田辰夫）。

有権の取得者または建物の賃借権を取得した第三者を権利承継人ではなく，「債務」承継人の範疇で捉えたために[82]，この者が自ら訴訟に参加する場合についてまで74条の訴訟引受の申立てによるべきか，同法73条の参加によるべきかという余計な問題を生ぜしめた。そして判例【4】は訴訟引受の申立てによらなければならないとした。判例【5】は同法73条の参加によることができるとしたが，これでは「債務」を承継したことを理由に権利主張参加をするという不自然な説明をせざるをえなくなる。ここでは，被告側の占有承継人が当事者として参加することができる場合，相手方（原告）もこの第三者に対して当事者として訴訟に参加するように求めることができると解さなければならない。文脈は異なるが，最高裁判所も判例【5】において指摘するように，当事者の訴訟上の地位は対等でなければならないので，もとの訴訟の原告が第三者に対して参加要求をすることができないとすれば，憲法上も保障されるべき当事者間の武器対等の原則に違反することになるからである[83]。権利承継人は同法73条によって訴訟参加をすることができるとのみ規定し，相手方の権利承継人に対する引受申立の権能を73条に規定しなかった立法者は，これを排斥する意図で規定しなかったのではない。単に立法者

---

81 斎藤ほか編著・前掲注（33）の73条のコメント参照。

82 このような捉え方に対し，井上正三「参加承継と引受承継」中田淳一／三ケ月章編『民事訴訟法演習』（1963年・有斐閣）96頁，102頁は，これを「むしろ義務承継の語義をあいまいに用い，前後義務の間に実体法上同一性のない場合をもここに含めていたと見るべきだし，……このように義務承継の意義を曖昧に用いることは，その限界を不明ならしめるものであり，ことが訴訟承継の許否，更には同一事態が口頭弁論終結後に生じた場合既判力の拡張を受ける承継人（〔大正改正民訴法〕201条1項の範囲を決めるにあたって，その基準となるべき重要な概念であるだけに，より適切な公準を探求する必要がある」と正当な指摘を行い，加波・前掲注（15）9頁は，判例は前主の義務と第三者の義務の間に「実体法上同一性がない場合にも義務承継に含めており，義務承継の意義が曖昧に用いられていたと評価されている」と述べている。秋山幹夫／伊藤眞／加藤新太郎／高田裕成／福田剛久／山本和彦〔菊井維大／村松俊夫原著〕『コンメンタール民事訴訟法Ⅰ〔第2版〕』（2006年・日本評論社）495頁は，訴訟物についての義務を承継したものと「みなされる場合」と言うが，見なすことがどのように正当化されるかについての言及は全くない。

83 訴訟における当事者の武器対等の原則については，松本博之「民事訴訟法学と方法論」新堂幸司〔監修〕　高橋宏志／加藤新太郎〔編集〕『実務民事訴訟講座〔第3期〕』（2014年）107頁，151頁以下（本書251頁以下）参照。

の考慮が不十分だっただけである。このように解すれば，前記の建物収去土地明渡請求訴訟の被告による，当該土地の占有移転の場合には，原告の申立てに基づき同法73条の類推適用により（すなわち，同法74条による債務承継人としてではなく，権利承継人として）占有承継人を訴訟に参加させることができる。すなわち，占有承継人の訴訟参加義務は債務引受人の訴訟引受義務に関する同法74条の適用や類推適用によってではなく，同法73条に基づく権利承継人としての参加義務によって根拠づけられるべきであった。当事者参加ができる第三者が自ら訴訟に参加してこない場合に相手方から第三者に対して参加を強制するという措置は，他のところでも認められているものであり，決して奇異なことではない。たとえば民訴法は，当事者の一方と第三者との間に必要的共同訴訟人の関係が存在する場合，第三者が共同訴訟参加をすることを許すが（現行民訴法52条），第三者が自ら訴訟参加をするとは限らない。とくに被告側の固有必要的共同訴訟人が欠けている場合，原告の側から必要的共同訴訟人を追加的に併合することが問題なく許されている。

　訴訟係属中の係争物の譲渡によって相手方は不利益を負わせられるべきでないという出発点からすれば，解決すべき問題は，むしろ次の点にあるように思われる。すなわち，被告側の権利承継人が訴訟の係属を知らないため訴訟参加をせず，原告も被告側の権利承継を知らないため，原告が権利承継人の参加を求める申立てをすることができず，訴訟手続が続行されて判決がなされる場合に，この判決が無効な判決になるのでは，この出発点に反することになる。それゆえ，ここでは当事者間の武器対等を確保するためには，被告による係争物の譲渡は判決に接着する最終口頭弁論終結後に行われたと見なすような規定の必要性である[84]。もちろん，この点は第三者の手続保障との緊張関係をもたらしうる。

　私見のように同法73条の類推適用に基づく権利承継人の参加義務と，判例・通説の言うような大正15年改正民訴法74条の適用とでは，様々な差異が生ずる。第1に，訴訟引受の申立人と引受人間での請求提示の必要性が問題となる。この問題について，前主（被告）に対する請求と引受人（占有承継人）に対する請求は同一とは限らないことを理由に，訴訟引受の申立人は請

---

[84] 1886年のWürtemberg王国民事訴訟法327条4項は，この事態に対処する規定であった。

求を提示しなければならないとする肯定説85，基本的には肯定説に立ちながらも，原告側の承継で被告が引受承継の申立てをする場合には，受動的立場にある被告に原告側承継人の請求を自ら提示せよと要求するのは無理だから，引受決定の発効によって原告側承継人の被告に対する請求が法律上擬制されるという見解86，訴訟引受の申立てには引受人に対する請求が含まれているとして，原告側の債権譲受人に対する被告の訴訟引受の申立てには債務不存在確認請求が含まれているとする見解87，さらに引受申立てには必ずしも請求の提示は必要でなく，引受が認められ承継人が前主の訴訟上の地位を引き継いだときに申立人または承継人が必要に応じて請求を提示すれば足りるとする見解88などが対立している。たしかに，訴訟引受の申立てをした被告が原告の地位に立って請求を提示しなければならないというのは，同法74条による訴訟引受の問題だとすると違和感があろう。しかし，引受決定の発効によって原告側承継人の被告に対する請求が法律上擬制されるというのも，処分権主義から見て問題であろう。ここで相手方による訴訟引受の申立てといわれているものは，相手方による第三者に対する反訴の実質を有するであろう。したがって，問題になっているのが被告（相手方）による原告側の債権譲受人に対する同法73条の類推適用による訴訟参加の要求だと解すれば，被告（相手方）が債権譲受人に対して自己の請求を提起する必要があることは当然である。

　第2に判例【2】の事案において，原告は所有権に基づく登記抹消請求訴訟の被告から所有権の譲渡を受け移転登記を経た第三者に対して引受申立てをすることができるとするのが判例・通説89であるが，この事案では前主の登記名義の抹消が必要であるので，前主は承継人の共同訴訟人として訴訟に残留するとされる。しかし，ここでは当事者の交替は生じず，これで果たして「引受承継」といえるのであろうか。従来の学説にも，前主が訴訟引受の

85　山木戸・前掲注（69）306頁；同・法律時報36巻6号88頁；上北・前掲注（80）317頁以下；同「訴訟参加及び訴訟引受け」三宅省三ほか編『新民事訴訟法大系第1巻』（1997年・青林書院）197頁以下。
86　中野・前掲注（14）165頁以下；高橋・前掲注（79）575頁。
87　新堂・前掲注（79）861頁。
88　井上・前掲注（12）66頁以下。
89　兼子一『判例民事訴訟法』（1950年・弘文堂）〔145〕事件；中村・前掲注（73）856頁。

後も当事者として残留する場合，引受承継においても三者間の利害の対立が存在するときは，必要的共同訴訟の手続準則が妥当すると指摘するものがある[90]。この点は本書の主張するように，原告は第三者（占有承継人）に訴訟への参加を求めることができると解する場合には，前主の訴訟当事者としての残留を違和感なく説明することができる。

第3に，同法74条の類推適用の方法では，参加を命じられる係争権利または係争物の譲受人が参加義務を根拠づける権利承継の有無を十分争うための手続保障が，参加承継についての同法73条の場合よりはるかに劣っている。これは看過することのできない事態である。

次の問題は，訴訟係属中に係争権利または係争物の譲渡を受けた第三者はいかなる原因に基づき訴訟に参加することができるか，いかなる原因により訴訟を引き受けなければならないか，したがってまた参加または引受ができる第三者の範囲の問題である。節を改めてこの問題を検討する。

第4節　訴訟参加および訴訟引受の原因

第1款　「適格承継説」および「紛争の主体たる地位」承継説に対する疑問

1　適格承継説

適格承継説によって訴訟承継の要件を律することができないという近時の学説によって行われている前述の批判[91]は，「当事者適格」の概念を純然たる訴訟法上の意味において，すなわち「訴訟追行権」の意味において理解する限り，全く正しい。

たとえば所有権に基づく特定物引渡請求訴訟の被告が目的物を第三者に賃貸する場合，適格承継説は，これまで目的物の賃借人は被告から「被告適格」

---

[90] 井上・前掲注（12）68頁以下；飯倉一郎「係争物譲受人の訴訟上の地位」木川統一郎博士古稀祝賀論集刊行委員会編『木川統一郎博士古稀祝賀　民事裁判の充実と促進（上）』（1994年・判例タイムズ社）352頁，365頁；上田／井上編・前掲注（80）264頁以下〔池田〕；上北・前掲注（80）322頁；上田徹一郎『民事訴訟法〔第6版〕』（2009年・法学書院）574頁。

[91] 上田／井上編・前掲注（80）248頁〔池田〕；加波・前掲注（15）14頁。

＝「被告としての訴訟追行権」を承継すると説明してきた。しかし，この場合，訴訟物についての旧実体法説によれば，被告に対する請求と目的物の賃借人に対する請求とは訴訟物を異にし，具体的な訴訟物について判断されるべき訴訟追行権の承継があるということはできない。のみならず，所有権に基づく返還請求訴訟の被告から目的物（係争物）の所有権を取得した第三者に対する原告の所有権に基づく返還請求権は，原告の被告に対する所有権に基づく返還請求権とは別個の権利であり，原告の被告に対する返還請求権が第三者に移転したものではないから，ここでも訴訟追行権の承継があるとはいえない。

　また，「当事者適格」＝「訴訟追行権」の承継だとすると，訴訟追行権だけの承継がある場合にも訴訟承継の手続によるべきことになり，甚だ不都合である。たとえば選定当事者が選定の取消しまたは辞任によりその資格を喪失した場合，選定者自身または新選定当事者に大正15年改正民訴法73条（現行民訴法49条）による参加申立てを許す必要はなく，当然承継の手続を行えばよいからである（現行民訴法124条1項6号）。

　それゆえ，訴訟上の請求について訴訟追行権者が誰であるかを問題にする適格承継説では，譲受人に対する訴訟上の請求がもとの被告に対する訴訟上の請求と異なる場合，訴訟追行権の承継を基礎づけることができない。

2　「紛争の主体たる地位」承継説

　判例【7】は，建物収去土地明渡請求訴訟の被告から当該建物を賃借した第三者は，兼子・訴訟承継論における「紛争主体の変更」と同様「紛争の主体たる地位」を承継したとする。判例を支持し，訴訟承継において承継人が前主から承継するのは「紛争の主体たる地位」だとする学説がある[92]。

　(1)　利益考量説　　ここにいう「紛争」とは何か，またその主体とは何かは，明確に定義されておらず，不明瞭である。新堂幸司は，「紛争の主体たる地位」の承継を判断する基準を具体的利益考量に求める。すなわち，①訴訟承継前の訴訟当事者間の紛争（旧紛争）と当事者の一方と第三者との間のその後の紛争（新紛争）が，主要な争点の共通性を有し，これの決着によっ

---

[92] 新堂・前掲注（79）859頁。同旨；高橋・前掲注（79）581頁以下；中野貞一郎『民事裁判入門〔第3版〕』（2010年・有斐閣）168頁。

て両紛争の解決内容が決定的な影響を受けるという密接な関係にあるかどうかという視点と，②新旧両紛争が社会通念上，旧紛争から新紛争が派生したと見られるものであり，旧訴訟の目的達成というものも新紛争を同時に解決しない限り十分保障されないという関係があるかどうかという観点から，前後２つの紛争の関連性が肯定される場合に，新紛争の主体たる地位をもつ者は旧紛争の主体たる地位を承継したと評価できるとされる[93]。この基準により，論者は，たとえば建物収去土地明渡請求訴訟の被告から建物の所有権を譲り受け土地の占有を取得した者は，建物収去土地明渡をめぐる紛争の主体たる地位を譲り受けた者として承継人であるとする。この紛争主体たる地位は，訴訟物が所有権に基づく請求であるか，賃貸借契約の終了に基づく債権的明渡請求であるかどうかを問わないとされる。

　しかし，この見解は承継の概念と範囲を説得的に明らかにし，明確な基準を提供しているとは，必ずしもいい難いように思われる。すなわち，本来の債務の引受の場合についていえば，重畳的債務引受においては明らかに前述の②のファクターが欠けている。旧紛争は新紛争の帰趨の如何を問わず解決されうるのであって，旧訴訟の目的達成が新紛争の解決に依存しているのではない。重畳的債務引受においては，債権者の訴訟上の地位は債務引受によって何ら悪化しない。免責的債務引受の場合にも，旧訴訟は債務引受によって理由を欠くに至っているのであって，共通の主要な争点の決着によって新旧両紛争の解決内容が決定的な影響を受けるという密接な関係にあるわけではない。立法者がいうように，債務引受人に訴訟を引き受けさせるのは訴訟経済に基づく便宜的措置にすぎず，旧訴訟は独自に解決できるものであろう。それゆえ，紛争の主体たる地位の承継に照準を合わせる見解は，法律が明文規定で定めている訴訟係属中の本来の債務引受の場合について，訴訟承継を理論的に根拠づけることができないという奇妙な結果になる。この説は，むしろ，占有承継人のような「債務引受の類推」といわれる場合を取り込んでいるといえよう。また，債務引受の類推の事案においても，いわゆる派生的法律関係の承継の事案では，「紛争の主体たる地位」承継説は，収去を求められている建物の賃借人のような占有の部分的承継人が承継人に当たることを説明することができないように思われる。この事案において被告占有者に

93　新堂・前掲注（25）315頁以下。

対する訴訟上の請求が家屋の債権的明渡請求である場合，被告との紛争を実効的に解決するためには新たな占有者との紛争を同時に解決しなければならないというものではなかろう。ここでも，②の要素が充足しないのである。このことは，「紛争の主体たる地位」承継説は，「債務引受の類推」の事案においても訴訟承継を根拠付けることができない場合があることを示している。

しかし，「債務引受の類推」の事例においては，すでに述べたように，実際には債務承継は存在しないのであり，存在するのは「権利承継」である。たとえば所有権に基づく建物収去土地明渡請求の事例では，多くは被告の占有権原の存否が争われるであろう。訴訟係属中に建物所有権を取得し建物の引渡しを受けた第三者は，物の占有を取得したのであり，この占有が原告に対抗できる占有権原に基づくものであるかどうかが問題なのである。この占有を取得した第三者が建物の所有権を取得し，その占有権原が争われる場合にも，この第三者は以上の意味において権利承継人と捉えられるべきであり，この占有承継人を債務引受人と位置づけることは全く適切ではない。この者の訴訟参加権は，本来，大正15年改正民訴法73条（現行民訴法49条）によって基礎づけられるべきものである。

(2) 依存関係説　承継の概念としては「紛争の主体たる地位」承継と解しつつ，承継人の判断基準として，承継人の法的地位の前主の法的地位への依存性に求める見解がある。たとえば，上田徹一郎は，前主の訴訟追行により承継人に「訴訟状態の帰属効」を認めるに十分な手続保障が常に充足しているわけではないが，承継人の法的地位が前主の法的地位に依存している場合には，「係争物につき当時最も緊密な利害関係にあった前主の訴訟追行があり，さらに承継後は承継人自身が当事者権保障の下に自ら訴訟を追行しうる関係にあることとあいまって，承継原因発生時点での前主の訴訟追行上の地位の承継を認めうる」[94]と主張する。

しかし，承継人のための手続保障が重要なのであれば，いかに前主が訴訟物に密接な利害関係を有して訴訟を追行するのであっても，手続保障の目的を当事者の主体性の確保と解する限り，承継人は手続保障を受けなかったことに変わりはなく，前主の手続保障で代替することはできないはずである。この説によれば，重畳的債務引受人のように前主の債務に依存する債務を引

94　上田・前掲注（90）569頁，571頁。

き受ける者も承継人になるであろうが，債務を承継していない者を承継人とすることはできないように思われる。また，この説は「馴合的・詐害的な前主の処分的訴訟行為（自白や攻撃防御の懈怠による失権）については，承継原因発生後はもとより（前主は，本来は訴訟物につき当事者適格を失っている），それ以前の場合にも，信義則違反と評価される場合には，個別に訴訟状態帰属効を否定すべきである」[95]と主張する。しかし，この説においても，債務引受人が自ら参加申立てをする場合には，それまでの審理の結果（論者の用語では「訴訟状態の帰属効」）を承継するのであるが，相手方からの訴訟引受の申立ての場合には，なぜ「訴訟状態の帰属効」の制限が可能なのか，これでは武器対等の原則に反するのではないか，逆に，「訴訟状態の帰属効」の制限が可能なのであれば，それは訴訟参加の場合にも妥当しなければならないのではないかという疑問がある。私見によれば，「訴訟引受の類推」の場合には，前述のように参加承継の手続によるべきであるから，これを引受承継の対象としたうえで，これに限って再び手続保障により訴訟結果の拘束の制限を問題とすることは初めから疑問である。

第2款　実体適格の承継 ── 私見

　前節において確認したように，大正15年改正民訴法によって，立法者は訴訟係属後に「訴訟の目的たる権利」の譲受人については，この者の訴訟参加権能のみを規定したのであって，統一的な訴訟承継制度を明確に構築しようとしたのではなかった。そのため当然のこととして，訴訟承継を定めたものとすれば，それに応じて必要となる，訴訟承継の要件およびその効果についての規定は設けられていない。このことが，何が訴訟参加または訴訟引受の原因であるかという問題を引き起こしている。現行民訴法49条も依然として「訴訟の目的である権利」の譲受を，同50条は「訴訟の目的である義務」の引受を，それぞれ規律の対象にしており，これらの規定は，1996年にできた規定であるにもかかわらず，訴訟承継の要件の定めとして，もともと不完全な規定である。これは，ドイツ民事訴訟法265条2項が係争債権の譲渡および係争物の譲渡として規定していることが問題の全体を捉えるのに狭すぎる

95　上田・前掲注（90）571頁。

といわれる96のと類似する。したがって,「訴訟の目的である権利の全部又は一部を譲り受けたことを主張して」という文言に関しては,現行民訴法49条の規定の目的を達成することができるように,「訴訟の目的である権利」の承継を広義に解釈する必要がある。すなわち,訴訟において争われている実体法上の権利の承継を超えて特定物の給付訴訟のその目的物の取得をも含み,しかも法律行為による譲渡に限らず,法律または裁判所の競売における売却許可のような国家行為による権利の移転をも含め,広く係争法律関係上の当事者の地位の承継と解すべきである。この係争法律関係上の地位には,占有,登記あるいは債権差押債権者の取立権のような権限の取得も含まれる。

　私見は,係争物の譲渡の場合に訴訟参加の原因となるのは,主張された当事者の実体適格(Sachlegitimation),すなわち原告側では積極的実体適格(Aktivlegitimation),被告側では消極的実体適格(Passivlegitimation)の変動であると解する。訴訟係属中に係争権利・係争物の譲渡または免責的債務引受によって積極的実体適格または消極的実体適格の変動が生じ,原告は積極的実体適格を,被告は消極的実体適格をそれぞれ失うため,そのまま訴訟を続行しても,前述のように新たな積極的実体適格者または消極的実体適格者を拘束する判決をすることができないため,当事者恒定主義を採用するか,新たな積極的実体適格者または消極的実体適格者による訴訟の続行を認めるか(訴訟承継主義)の方策が必要になるのであるからである。いずれの原則を採用する場合にも,承継されるのは実体適格であると見るべきである97。日本の訴訟承継論の根幹を論じた兼子説が少なくとも当初は実体適格の承継を念頭においていたことは,すでに指摘したところである98。

　訴えの理由具備要件に属する原告または被告の実体適格が,係属中の訴訟において争われている権利または物と当事者との法的関係に基づく場合に,したがって,このような実体適格が直接訴訟の対象をなす場合に,この係争

96　Stein/Jonas/*Roth*, a. a. O. (Fn. 6), § 265 Rdnr. 12.
97　当事者恒定主義をとるドイツ法においても,承継の対象は訴訟追行権ではなく,実体適格であると解するのが支配的である。たとえば,Rosenberg/Schwah/*Gottwald*, a. a. O. (Fn. 49), §100 Rdnr. 12 ; *Schilken*, a. a. O. (Fn. 60), S. 4 ; Thomas/Putzo/*Reichold*, a. a. O. (Fn. 6), § 265 Rdnr. 3 ; Zöller/*Greger*, a. a. O. (Fn. 6), § 265 Rdnr. 1 ff.; Prütting/Gehrlein/*Geisler*, ZPO Kommentar, 1. Aufl., 2010, § 265 Rdnr. 4.

権利または係争物はその当事者との関係で係争状態にあるということができる[99]。この意味での係争権利または係争物に対する当事者の法的関係が訴訟係属中に第三者に全部または一部移転した場合に，実体適格の承継が存在する。実体適格と訴訟追行権は，異なる概念である。両者は常には明確に区別されていないけれども，厳密な区別が必要である[100]。訴訟追行権は，形式的当事者概念のもとで，権利義務の帰属主体でない者が他人の権利義務について訴訟を行うことを可能にするものである[101]。訴訟追行権を欠く者の訴えは，不適法な訴えとして却下される。しかし，これは訴訟承継や既判力の承継が問題になる場面に関するものではない。これに対し，実体適格は，訴えの適法不適法に関する要件（したがって訴訟法上の事項）ではなく，請求の理由具備要件であり，実体適格の欠缺は請求を理由なきものとする。

もちろん，当事者恒定主義を採るドイツにおいても，少数説ではあるが，実体適格の移転の場合のみならず，訴訟追行権の承継がある場合にも当事者恒定を認めるべき場合があると主張する見解[102]が一部で主張されている。この少数説に対しては，たとえば破産管財人が交代した場合（管財人がある財産を破産財団から解放した場合にも），また任意的訴訟担当者が訴訟係属中

---

98 前述264頁，273頁。兼子・前掲注（28）425頁は，訴訟物の譲渡は「訴訟物たる権利関係についての訴訟適格が，当事者の生存中しかも特定的に第三者に移転する場合」であるといい，「当事者適格」の移転とはされておらず，全く明確性を欠くのであるが，「訴訟物たる権利関係についての訴訟適格」の移転とは実体適格の移転が考えられていると思われる。また，兼子説を全面的に支持する山木戸・前掲注（69）300頁が「訴訟物たる権利又は法律関係についての当事者適格」の移転により訴訟承継が生ずるという場合，考えられているのは実体適格の承継であろう。

99 *Hellwig*, Wesen und subjektive Begrenzung der Rechtskraft, 1901, S. 331 ff. 338；*Jauernig*, Zivilprozessrecht, 27. Aufl., 2002, § 87 Ⅰ；MünchKommZPO/*Becker-Eberhard*, a.a.O.（Fn. 6），§ 265 Rdnr. 17；Rosenberg/Schwab/*Gottwald*, a.a.O.（Fn. 49），§ 100 Rdnr. 3；Stein/Jonas/*Roth*, a.a.O.（Fn. 6），§ 265 Rdnr. 7；*U. Gottwald*, Die Veräußerung der Streitsache, JA 1999, 486 ff.；BGH NJW 2006, 1351（1353）．

100 *Schilken*, a. a. O.（Fn. 60），S. 4；Rosenberg/Schwab/*Gottwald*, a. a. O.（Fn. 49），§ 46 Rdnr. 3 ff.

101 松本博之／上野泰男『民事訴訟法〔第8版〕』（2015年・弘文堂）〔302〕〔松本〕。

102 *Grunsky*, Die Veräußerung der streitbefangenen Sache, 1968, S. 83 ff.；*W. Henckel*, Parteilehre und Streitgegenstand im Zivilprozess, 1961, S. 153 ff.; Stein/Jonas/*Schumann*, ZPO, 21. Aufl., Bd. 3, 1997 § 265 Rdnr. 20.

に交代した場合にも，当事者恒定は適切でなく，ドイツ民訴法263条による当事者交代（中断・受継）が妥当であるとの批判がなされている[103]。当事者恒定主義を採らない日本法においては，訴訟担当訴訟において訴訟追行権者が交代する場合（たとえば選定の撤回または選定当事者の変更がある場合），強制管理が取り消される場合，倒産手続の終了の場合には，いずれにせよ，新たな訴訟追行権者が訴訟を引き継ぐべきであるが，その手続は，訴訟手続の中断と新たな訴訟追行権者による受継によるのが適切であり，現行民訴法49条以下の手続による訴訟加入（承継）はふさわしくない。

第5節　実体適格承継の効果

第1款　従前の訴訟結果の拘束

　権利承継人が訴訟に参加する場合，または免責的債務引受人が引受承継をする場合，これらの者は訴訟加入前のもとの当事者間の訴訟手続の結果に拘束されるであろうか。

　現行民訴法は，49条および50条の規定に現われているように，訴訟に加入した第三者はそれまで当事者間での訴訟資料を有利なもの，不利なものを問わず引き継ぐとの立場に立っていると解される。もし，50条がもともと対象とした純然たる債務引受の場合に，債務引受人がそれまでの訴訟資料を引き継がず，新たに訴訟資料の提出および弁論が行われなければならないとすると，債務引受人に訴訟を承継させることによる訴訟経済をいうことができないからである。49条による参加の場合も同じである。

　権利承継人は権利承継の時点において存在するままの権利，したがって訴訟係属が生じたものとして権利が置かれている訴訟上の発展段階にある権利について実体適格を前主から承継し，免責的債務引受人は同じように訴訟の発展段階にある債務について実体適格を前主から承継すると解することができる[104]。この理由で，権利承継人は従来の訴訟結果の承継義務を負う。承

103　Rosenberg/Schwab/*Gottwald*, a. a. O.（Fn. 49），§100 Rdnr. 14；Stein/Jonas/*Roth*, a. a. O.（Fn. 6），§239 Rdnr. 9；265 Rdnr. 13.

104　同旨，山木戸・前掲注（69）304頁。Gaul/Schilken/*Becker-Eberhard*, Zwangsvollstreckungsrecht, 12. Aufl., 2010, §16 Rdnr. 85も参照。

継前の弁論，証拠調べ，中間判決等は，参加した実体適格の承継人との関係でも効力を有する。したがって，実体適格の承継人は，前主に生じた拘束的な訴訟結果を承継するので，前主ができなくなった訴訟行為はもはやすることができない。前主のした裁判上の自白も承継人を拘束する[105]。訴訟参加した実体適格の承継人は，裁判上の自白撤回の要件が具備する限り[106]，前主のした裁判上の自白を撤回することができるにすぎない。このことは，承継原因発生時に生じていた訴訟結果については無制限に妥当する。考慮を要するのは，実体適格承継時と実際の訴訟参加または訴訟引受との間に行われた前主の訴訟行為への承継人の拘束の問題である。これについては，後に検討する。以上のように解すれば，現行民訴法49条の定める権利承継人の訴訟参加による時効中断効および法律上の期間遵守の効果の定めは，当然のことを法律上明確にしただけであるということができる[107]。以上の権利承継人の従前の訴訟結果への拘束の根拠が，兼子説のいう「生成経過中の既判力」とは異なることは当然である[108]。同じことは，私見によればその適用場面が大幅に制限されるべき債務引受にも当てはまる。

---

105 反対，中村英郎「訴訟の承継」同『民事訴訟理論の諸問題』(1975年・成文堂) 80頁，90頁。

106 裁判上の自白の撤回要件については，松本博之『民事自白法』(1994年・弘文堂) 60頁以下；松本／上野・前掲注 (101) 〔370〕以下参照。

107 山木戸・前掲注 (69) 304頁。中野・前掲注 (14) 161頁は，時効中断等の効力の遡及は実体法が参加人の訴えの提起に付する私法上の付随的効果にすぎないとする。飯倉・前掲注 (90) 357頁も同じ。この見解によれば，実体法がそのような付随的効果を付与する法理論的根拠は明らかにならない。またこの見解では，現行民訴法49条の規定がなければ，このような時効中断等の効力は生じないことになる。そして，その場合には，参加人自身の請求がそれだけでは消滅時効に罹りまたは出訴期間が経過している場合には，係争物の譲渡は事実上不可能になってしまう。これは訴訟係属後の係争物の譲渡を許す出発点と相容れない。それゆえ，訴訟係属中の係争物の譲渡の適切な規律のためには，現行民訴法49条による時効中断効等の規律がなくても，これに対処できるのでなければならないであろう。

108 兼子・前掲注 (8) 141頁以下が，訴訟係属中の権利の譲受人が訴訟参加した場合，参加人は時効中断のような訴訟係属の私法的効果を承継するが，「かかる利益を承継する反面に其の不利益の承継をも伴ふのが当然であり，承継人は前者と同一の訴訟状態に其の地位を見出すのである」という場合，この立論は「権利承継人」がそれまでの訴訟状態を承認しなければならないという脈絡においてであるが，実質的には，本章の主張と異ならないであろう。

このように承継人が承継するのは前主の実体適格であると解する場合には，承継人が権利承継の際に実体法上の善意取得や対抗要件あるいは民法94条2項の類推適用によって保護されるべき固有の法的地位を同時に取得するときには，それは前主の法的地位から独立した地位であるので，前主の法的地位とは無関係にこれを訴訟上主張することができるという帰結が，明文の法律規定がないにもかかわらず難なく導かれる[109]。もちろん，権利承継人がこのような固有の法的地位を有するか否かは審理の結果明らかになる事柄であるので，相手方から訴訟への参加を求められた場合，権利承継人は自己の固有の法的地位を理由に参加自体を拒否することはできず，参加後の手続の中でこの地位を主張ことができるにとどまると解すべきである。

第2款　近時の有力説とその問題点

最近の学説には，以上と異なり，本章の第1節第3款で紹介したように，承継人が訴訟を承継する義務と訴訟状態または訴訟関係を承認する義務とを切り離しえない一体と見るのではなく，むしろ訴訟承継の要件と訴訟結果承継義務の範囲とを切り離して考察する見解が，その内容は同一ではないけれども，有力に主張されている。このような見解は，第1節において紹介した論者のほか，比較的多くの論者によって主張され，注目を集め，これを支持する見解も増えつつある[110]。これらの見解は，訴訟承継の要件と承継の効

---

[109] 三ケ月章「特定物引渡訴訟における占有承継人の地位」同『民事訴訟法研究第1巻』(1962年・有斐閣) 285頁，309頁以下 (初出は1961年) は，一方において，ここでの承継を訴訟上の概念として捉え，占有承継人を承継人としつつ，他方において固有の法的地位を有する占有承継人は訴訟引受の手続においては「実質的に訴訟承継人とみとめるべきでないという評価」によって承継人性を否定するという二元説を主張する。しかし，もともと固有の法的地位を有する占有承継人を訴訟承継人としたうえで，なんらの事情の変更もないところで法的評価の再施によって承継人でないとするのは，理論的説明を欠く。これは，もとの承継概念の理解に問題があることを示している。

[110] 福永有利「参加承継と引受承継」三ケ月章ほか編『新版民事訴訟法演習 (2)』(1983年・有斐閣) 37頁，46頁以下；上北・前掲注 (80) 320頁以下；飯倉・前掲注 (90) 355頁以下；加波・前掲注 (15) 23頁以下；上田／井上編・前掲注 (80) 256頁以下〔池田〕；上田・前掲注 (90) 571頁など。なお，井上正三・前掲注 (82) 102頁以下も参照。

果を切り離し，比較的広く承継要件の具備を肯定するが，承継によって承継人は前主の訴訟追行の結果のすべてに拘束されるのではなく，拘束されるのは被承継人が受けた手続保障により承継人が自ら手続保障を受けたのと同視できる状況にある場合だと解している[111]。

　承継人の従前の訴訟状態からの自由の必要を強調するこれらの見解の問題点は，すでに指摘したところであるが[112]，手続保障を一面的に強調する見解であるように思われる。若干繰り返しになるが，手続的に見ても，実体適格の承継人が前主と相手方との間で形成された訴訟結果を承継すると解さなければ，相手方と承継人との間の武器対等の原則を維持することができない。承継人が前主に不利な（したがって相手方に有利な）訴訟結果の拘束を受けることなしに訴訟に参加することができるとすると，それは承継人が相手方に有利な訴訟状態や訴訟資料を全く無視できることを意味し，憲法上も保障されるべき当事者間の武器対等の原則に反するからである[113]。訴訟係属中の権利承継人は，権利が置かれている訴訟上の発展段階にある権利について実体適格を前主から承継すると見て，相手方と権利承継人との武器対等を確保

111　上田・前掲注（90）571頁；加波・前掲注（15）23頁以下；新堂・前掲注（13）382頁は，訴訟承継といっても承継人のまたは承継人に対する新請求についての訴えの提起であるから，新請求についての両当事者の意思は訴えを提起するか，どのように追行するかを含め尊重されるべきであるとし，新たな訴えを提起した当事者と同じ手続保障を与えられるのが当然だという。もっとも，その後の新堂・前掲注(79)817頁以下が，「訴訟引受け」について，中間判決や前主被承継人の裁判上の自白，証拠調べ等の結果がすでに存在する場合，引受人は「その不利な結果に自分としては拘束されず，新たな攻撃防御方法を提出する機会が与えられるとしても，勝訴するためには，それらの不利な状況を覆すに足る資料の提出が必要になる」とされているのは，不明確である。裁判上の自白についていえば，自白の拘束力を維持したうえで自白の撤回の可能性を承認するのと，どこがどう違うのであろうか。自白が真実に反することの証明は不要というのであろうか。

112　上述274頁以下。

113　権利承継人は訴訟による負担付のものとして係争権利または係争物を取得するので，従前の訴訟結果の拘束を受けることは法的審問請求権の侵害にならないことにつき，*Jauernig*, Subjektive Grenzen der Rechtskraft und Recht auf rechtliches Gehör, ZZP 101 (1988), 361, 373 ff.; *Waldner*, Der Recht auf rechtliches Gehör, 1989, Rdnr. 434 ff.; Rosenberg/Schwab/*Gottwald*, a. a. O. (Fn. 49), § 100 Rdnr. 18（権利承継人が共同訴訟の補助参加人として訴訟に参加できないことと法的審問請求権との関係について）参照。

することができるのである。したがって，前主のした裁判上の自白の拘束力も権利承継人に引き継がれると解さなければならない。ただし，訴訟参加をした権利承継人は，裁判上の自白の撤回要件のもとでこれを撤回することができる。自白の拘束力の否定を，前主のした裁判上の自白が馴合的ないし詐害的な場合に限る必要はない。

第6節　第三者の訴訟加入の手続と加入後の手続

第1款　第三者の訴訟加入の手続

1　権利承継人の参加と請求の提示

　第3節における検討結果によれば，権利承継人は，現行民訴法49条に従って係属中の訴訟に参加する場合，それは訴え提起の実質を有するので，自己の請求を掲げて参加申立てをすべきである。

　現行民訴法49条に従って参加申立てをする場合に申立人が提起しなければならない申立てについて，大正15年改正民訴法以来，十分解決されていない問題があるうえ，現行民訴法によって，第三者が当事者の一方のみを相手方として独立当事者参加をすることができるとする，いわゆる片面的当事者参加が適法とされたこと（現行民訴法47条1項参照）も，議論の複雑化に拍車をかけている。

　個々の事案類型については第7節で詳論するので，ここではいわゆる「訴訟引受の類推」事例について考察したい。たとえば建物収去土地明渡請求訴訟の被告側での第三者による建物の所有権取得および占有承継は，私見によれば，義務承継ではなく，権利承継である。権利承継人である占有承継人は，現行民訴法49条によって参加申立てをする場合，原告に対しては原告の被告に対する請求の棄却の申立てと自己の権利（たとえば土地の占有権原）の存在確認および／または建物収去土地明渡義務の不存在確認を申し立てるべきであろう。当事者参加訴訟においては，もとの当事者および参加人間に1つの訴訟法律関係が成立するのであるから，参加人が原告の被告に対する請求の棄却を求めること（または，もとの当事者が参加人の当事者の一方に対する請求の棄却を求めること）も可能であるのみならず，そうすべきであり，それは利益適合的でもある。このように解すれば，初めから単純な片面参加は生じ

ず，原告の被告に対する請求と参加人の原告に対する申立て（原告の被告に対する請求を棄却する判決の申立て）とは両立しないことは明らかであり，したがって必要的共同訴訟に関する現行民訴法40条1項から3項までの規定の準用を定める同法47条4項の規定に完全に適合するのである。それゆえ，通説のように占有承継人を義務承継人と捉え，占有承継人に現行民訴法50条による訴訟引受義務を課し，そのうえで義務承継人であるにもかかわらず，権利承継に関する同法49条による訴訟参加を認め，それによって同法40条1項から3項が準用されるといった回り道をする必要は全く存しない。

　もっとも，一部の学説においては，占有承継人が原告に対してだけ請求を立て，被告に対しては請求を立てずに原被告間の訴訟追行を牽制しないのであれば，合一確定の扱いをする必要は存在しないとし，さらに原告の被告に対する請求と参加人（占有承継人）の原告に対する請求とは両立しないという関係にはないので，通常共同訴訟が成立するとする見解が主張されている[114]。しかし，この見解は，占有承継人が当事者参加をする場合には，原告の被告に対する請求を棄却する判決を求めるとともに，土地の占有権原存在の確認および／または建物収去土地明渡義務の不存在確認を求める必要があることを看過した不十分な議論であろう。

2　権利承継人に対する参加要求と請求の提示

　私見によれば，係争物の譲渡人の相手方が権利承継人に対して現行民訴法49条の類推適用によって当事者参加を求めることが適法であるが，この場合にも，相手方は権利承継人に対する自己の請求を掲げて参加要求をすべきである。上記の例では，原告は被告の権利承継人である占有承継人に対し，建物収去土地明渡しを求めて参加要求をすべきことになる。この参加要求に応じて占有承継人が当事者参加をする場合には，1で述べたのと同じことが妥当する。また，権利承継人が当事者参加をしない場合にも，相手方の権利承継人に対する建物収去土地明渡しを命ずる給付判決を求める申立てを伴う参加要求は，訴え提起の実質を有するので，当事者参加訴訟として以後審理・裁判されることになる。

114　高見進「訴訟承継と同時審判」民事訴訟雑誌48号（2002年）29頁，38頁。

3 免責的債務引受

　免責的債務引受の場合には，原告は債務引受人に対し引き受けられた債務の履行を求める請求を掲げて現行民訴法50条に基づき訴訟引受を申し立てることになる。この場合，同時審判に関する同法41条が準用されるためには，原告が同時審判の申出をすることが必要であるかどうかが議論されている[115]。本来の同法41条の規定による同時審判は原告の申立てによって行われるものであるが，訴訟引受の場合には同法50条3項によって同法41条の規定が準用されるのであるから，申立てを要することなく，法律上の効果として同時審判が行われ，通常共同訴訟として審理されるものの，矛盾した裁判を避けるため弁論の分離や一部判決は許されないと解すべきである。

　なお，重畳的債務引受は，消極的実体適格の承継をもたらさないから，通説に反し，債務引受人に対する訴訟引受の申立ては許されないと解すべきである。

第2款　承継人の加入後の手続

1　第三者の訴訟加入後の手続上の差異

　第三者の訴訟加入後の訴訟手続についても，現行法は，現行民訴法49条の規定による訴訟参加と同法50条の規定による訴訟引受との間に著しい差異を設けている。すなわち，現行民訴法49条による訴訟参加または同法50条による訴訟引受があると，当事者の追加的変更のような現象が生じる。その後，もとの当事者の一方が訴訟から脱退すれば，二当事者対立訴訟への還元が生じるが（現行民訴49条・51条3項・48条)，もとの当事者が訴訟から脱退しない場合または脱退に必要な他の当事者の同意が得られないため脱退できない場合には，訴訟は共同訴訟形態のまま判決に向けてそのまま進行する。いずれの場合にも，参加または引受前の従前の当事者間で獲得された訴訟資料は参加または引受後の訴訟関係において効力を維持するとするのが通説であることは，本章の冒頭において述べたとおりである（しかし，その根拠は，「生成経過中の既判力」が承継人を拘束するという考え方を前提に，当事者適格の承継または紛争主体たる地位の承継に求められている）。

115　高見・前掲注（114）32頁。

被承継人が訴訟から脱退しないとき，現行民訴法49条による訴訟参加の場合には，必要的共同訴訟に関する同法40条1項ないし3項が準用される（現行民訴47条4項）。それに対し，現行民訴法50条による訴訟引受の場合には，同時審判申出のある共同訴訟に関する同法41条1項および3項が準用されている（現行民訴50条3項・51条）。この規律は，大正15年改正民訴法74条による訴訟引受もまた実質的な三面訴訟であることを強調して必要的共同訴訟に関する大正15年改正民訴法62条（現行民訴法40条）の準用を主張した少数説[116]と，訴訟引受後は通常共同訴訟が存在するにすぎないと見た多数説との対立の中で，平成民訴法が立法的に決着を着けようとしたものである[117]。

2　現行法に対する批判

以上の現行法の規律は，訴訟参加の場合と訴訟引受の場合とで，訴訟加入後の審理のあり方に著しい，不合理な相違をもたらすものであり，そのため解決困難な問題を引き起こしている。

たとえば，XのYに対する1000万円の貸金返還請求訴訟の係属中，この貸金返還債権をXから譲り受けたと主張するZが現行民訴法49条による訴訟参加をした場合には，XのYに対する貸金返還請求訴訟と，ZのYに対する貸金返還請求訴訟とは統一的に審理され，現行民訴法40条1項ないし3項が準用され，3者は独立した当事者地位を有するのであるが，本来の独立当事者参加訴訟とは異なり[118]，Zは従前のXY間の訴訟結果（訴訟資料）を引き継がなければならない。この事例において，参加人Zの被告Yに対する請求を認容し，XのYに対する請求を棄却する第一審判決に対してXが控訴すれば，Z勝訴判決に対しYが控訴をしなくても，X敗訴判決のみならず，Z勝訴判決もその確定を遮断され，ZのYに対する請求も共に控訴審に移審する。訴訟は，控訴審においても更に三面訴訟として再び審理される。これに対し，現行民訴法51条に従い，Yの申立てによりZに訴訟を引き受

116　井上・前掲注（12）68頁以下；上田＝井上編・前掲注（80）264頁以下〔池田〕；三ケ月章『民事訴訟法〔法律学講座双書・第3版〕』（1992年・弘文堂）283頁；中野・前掲注（14）163頁。

117　山本弘「多数当事者訴訟」竹下守夫＝今井功編『講座新民事訴訟（1）』（1998年・弘文堂）141頁，155頁参照。

118　独立当事者参加では，参加人は従来の訴訟結果を引き継がないとされる。

けさせる決定があった場合には，XのYに対する貸金返還請求訴訟と，（YはZに対して債務不存在確認の申立てとともに，訴訟引受の申立てをすべきだとの見解に立つ場合）YのZに対する債務不存在確認申立てがともに審理され裁判されるが，この場合には，現行民訴法50条3項により同時審判の申出のある共同訴訟に関する同法41条1項および3項が準用される結果，弁論の分離と一部判決は許されないものの，訴訟が通常共同訴訟として審理されることに変わりはない。そのため，裁判所が審理の結果XZ間の有効な債権譲渡の存在を認め，XのYに対する貸金返還請求とYのZに対する債務不存在確認申立ての両者を理由なしとして棄却した場合に，この第一審判決に対し，Xが控訴を提起しても，YがZに対して控訴を提起せず，控訴期間を徒過すると，Y敗訴部分は確定し，ZのYに対する貸金返還請求権の存在が既判力によって確定する。ここでは，Yが控訴を提起しないというXの与り知らない事情により，XはZY間でYのZに対する債務不存在確認申立てを認容する判決の取得に尽力する可能性を失うと批判される[119]。

　また，XがYに対しY所有の建物を収去して土地を明け渡すよう求めている訴訟の係属中に，Yが建物の所有権をZに譲渡し，Zに建物（および敷地）を引き渡したという事案において，現行民訴法50条によりXの申立てに基づきZに訴訟を引き受けさせる決定がなされた場合には，XのYに対する建物収去土地明渡請求訴訟と，XのZに対する建物収去土地明渡請求訴訟が併合審理され現行民訴法41条1項および3項が準用されるものの，通常共同訴訟にとどまる。これに対し，Zが現行民訴法51条・49条により（判例・通説によれば，Zは債務承継人としてであるが）自ら訴訟参加をする場合には，XのYに対する建物収去土地明渡請求訴訟と，ZのXに対する建物収去土地明渡義務の不存在確認申立てが審理され，同法40条1項ないし3項が準用される結果，訴訟資料と手続進行の統一が図られる。しかし，このような事案において現行民訴法49条の規定による訴訟参加と同法50条の規定による訴訟引受とで，請求相互間の関連性には全く異なるところがないので，以上のような差異がどのようにして正当化されるのか，明らかでない。この問題は，高田裕成によって現行法の成立後いち早く意識され，指摘された[120]。

119　山本・前掲注（117）156頁以下。
120　高田裕成「同時審判申出のある共同訴訟」塩崎勤編『新民訴法大系第1巻』（1997年・青林書院）172頁，188頁（注39）。

山本（弘）論文は，「参加ではつねに三面訴訟が成立するが，引受けでは二面訴訟しか成立しないから，かつてなら，仕方がないという説明が神通力をもった。しかし今はそうはいかない。これは，片面参加への40条の準用を公認したことが産んだ歪みの1つである」と批判する[121]。

山本（弘）論文の明晰な問題提起は，学界において相反する2つの反応を引き起こした。1つは，高見進の見解であり，他は加波論文の見解である。高見論文は，高田論文，山本（弘）論文等の「批判はそれなりに理由がないではないが，私見では後述するようにむしろ参加承継の場合の規律を解釈論として工夫することで対処すべきだと考え」，参加承継の場合にも同時審判申出のある共同訴訟に関する現行民訴法41条の準用を優先させるべきだと主張する。具体的には，訴訟係属中の係争債権を原告から譲り受けた者が現行民訴法49条によって訴訟参加をするが，原告に対して請求を立てない場合には，参加人は原告被告間の訴訟を牽制していないので，同時審判の申出のある共同訴訟に関する規律の方が適切だというのである[122]。このように見るのが正当なのであれば，確かに現行民訴法49条による参加申立てと同法50条による引受申立てによって差異は生じない。しかし，民事訴訟法が片面参加を許容したとはいえ，係争物の譲受人が現行民訴法49条により訴訟参加をするが，原告に対して請求を提示しないことが果たして許されるのかが，重要な問題であるし，現行民訴法49条による参加であるとしながら，法律の明文規定に明確に反して同法40条の準用を排除して，同法41条が準用されるという解釈は，法解釈の基本を逸脱しており，許されるかどうか，甚だ疑問である。

これに対し，加波論文は，山本（弘）論文の指摘に一定の共感を示しながらも，権利承継があった場合のみに限定して山本論文が論じているとすれば，疑問だとし，要旨次のような議論を展開している[123]。すなわち，加波論文は，「承継人と被承継人の『両者に対し勝訴の果実を確実なものにすること』を求めて訴訟引受を申し立てる場合はある」と指摘し，そのような場合の例

121　山本・前掲注（117）155頁以下；高橋・前掲注（79）576頁注（16）。なお，松本／上野・前掲注（101）〔916〕〔上野〕も参照。
122　高見・前掲注（114）35頁，38頁。高橋・前掲注（79）575頁は，参加承継の適否を決定の形式で判断するのが立法論としては望ましいとする。
123　加波・前掲注（15）44頁以下。

として，重畳的債務引受，および，いわゆる派生的権利関係の承継事案を挙げる。そして，このような場合にも「裁判所が一方当事者側有利の心証を固めつつあるときに，他方当事者側が債権・債務を譲渡することを通じて，相手方の勝訴への期待（または，勝訴への努力・費用）を無にすることを阻止すること」に「訴訟承継制度の趣旨」がある以上，他方当事者に有利な地位を承継人にも及ぼすという他方当事者の要望は義務承継の場合にも認められるべきだから，「『両負け』防止目的の事案以外の，承継人と被承継人の『両者に対し勝訴の果実を確実なものにする』ための『両勝ち』要求（ないし目的）の引受承継の申立ても，権利承継・義務承継のいずれの場合を問わず，認められるべきもの」[124]であると，加波論文は論じるのである。そして訴訟承継後の訴訟手続のあり方，すなわち現行民訴法40条の準用があるかどうかは，同法49条の参加であるかどうかだけで決まるものではなく，「両負け」防止目的事案では合一確定の必要が認められる場合には同法40条の準用が肯定され，合一確定の必要が認められない場合には同法41条が準用され，これらの場合以外の場合（「両勝ち」要求事案）には通常共同訴訟となると図式化する。たとえば，建物収去土地明渡請求訴訟の係属中に「係争建物の一部を譲り受けた第三者が参加承継を申立てて，原告に対して，被告と同様の理由で，原告の請求棄却を主張する場合，その第三者が被告（被承継人）に対して譲り受けた部分の所有権確認を主張して，三面訴訟の形式により参加承継申立てをしても（被承継人に対する譲渡部分の所有権確認はおこなわず，片面的参加をした場合も同様）」，承継後の訴訟手続は通常共同訴訟になると主張する[125]。

同じ訴訟係属中の被告側の占有承継でも，相手方である原告が訴訟引受の申立てをするか，占有承継人が参加承継をするかで，訴訟承継ができる時点につき差異が生じうる。すなわち，判例・通説によれば，訴訟引受の申立ては事実審の口頭弁論終結前に限り許される[126]。これは，上告審による差戻後の審級で訴訟引受の申立てをすれば足りるという理由による。これに対し，多数説は，参加承継の場合には，前主の上告を支持し，または相手方の上告棄却を求めるために事件の上告審係属中でも参加することができるとす

124　加波・前掲注（15）45頁。
125　加波・前掲注（15）47頁。
126　最判昭和37年10月17日民集16巻10号2128頁；小山昇『民事訴訟法（5訂版）』（1989年・青林書院）474頁；新堂・前掲注（79）862頁；上田・前掲注（90）574頁。

る[127]。しかし，占有承継人がこの差異のある手段（参加承継）を自由に選択することができるとするのは，合理的なことであろうか。

3 私 見

(1) 以上のように，通説の見解は第三者の訴訟加入後の訴訟手続についても重大な問題を残し，そして，これに対する近時の学説の興味深い批判的な展開は，部分的には正当なものを含むことを確認することができる。しかし私見によれば，問題の根源は，判例や通説が権利承継人である占有承継人や登記名義の承継人を債務承継人の範疇で捉えることにある。通説に対し批判を展開する学説も，従来の判例・学説の出発点に立った上で議論を発展させようとする学説も，この点を認識せず，相変わらず占有承継人や登記名義の承継人を「義務承継人」と位置づけるのであれば，問題の解決は遠い先の事柄であろう。私見のように，占有承継人や登記名義の承継人が権利承継人と捉える場合には，現行民訴法49条による当事者参加が行われ（現行民訴法50条による訴訟引受の申立ては許されない），または相手方からの占有承継人や登記名義の承継人に対する現行民訴法49条の類推適用による当事者参加の要求が行われ，第三者の訴訟加入後の訴訟手続においては必要的共同訴訟に関する現行民訴法40条1項ないし3項が準用されるのみであり，現行民訴法50条3項による現行民訴法41条1項および3項の準用の余地はないのであるから，通説が引き起こす無用な問題は生じないのである。

もっとも，現行民訴法49条の当事者参加または現行民訴法49条の類推適用による相手方からの参加要求の場合に，加波論文が論じるように，常に必要的共同訴訟に関する現行民訴法40条1項ないし3項の準用が妥当なのかどうか，それとも通常共同訴訟になることもあるのかどうかという点については，一応は検討を必要とするであろう。たとえば，XのYに対する所有権に基づく建物収去土地明渡請求訴訟の係属中に係争建物を賃借したZが，現行民訴法49条により権利承継人として参加申立てを行い（現行民訴法50条により義務承継人として訴訟引受を命じられるのではなく），Xに対し，Yと同様の理由で，Xの請求の棄却を申し立てるとともに，Xに対して自分の賃借する

---

127 小山・前掲注(126) 474頁；新堂・前掲注(79) 862頁；上田・前掲注(90) 574頁。反対：大判昭和13年12月26日民集17巻2585頁；三ケ月章『民事訴訟法〔法律学全集〕』(1959年・有斐閣) 226頁。

建物部分について建物退去義務の不存在確認および／または自己の占有権原の存在確認判決を申し立てるとしよう。加波論文は，XのYに対する訴えにかかる請求と占有承継人のXに対する請求とは両立するので，参加後の手続は通常共同訴訟の規律を受けるべきであると主張するのであるが[128]，この見解には同調することができない。この見解は，現行民訴法49条による参加申立人はどのような請求を提起すべきであるかという問題の検討を省略しているのである。前述のように，独立当事者参加においては，私見によれば，Z（参加人）はXのYに対する請求の棄却を求める申立てをも提起すべきである。そうでなければ，真の三当事者対立訴訟（三面的訴訟法律関係）は成立しないからである[129]。そして上記の例において，ZがXのYに対する所有権に基づく建物収去土地明渡請求の棄却判決を申し立てるならば，XのYに対する訴えにかかる請求と，Zの，XのYに対する請求の棄却判決の申立てとは両立しない申立てであり，これによってZはXのYに対する

---

[128] 加波・前掲注（15）47頁。

[129] 判例および通説は，いわゆる詐害防止参加について，参加人は原告の請求に対する訴え却下の申立てや請求棄却の申立てでは足りず，原告被告の双方に対して原告の請求と相容れない請求を提示すべきであるとし（最判昭和45年1月22日民集24巻1号1頁；最〔1小〕決平成26年7月10日判時2237号42頁＝判タ1407号62頁；兼子・前掲注（28）414頁；新堂・前掲注（79）832頁など多数），権利主張参加については，参加人は原告に対しては原告の請求と相容れない自分の権利の積極的確認を求め，被告に対して原告に対すると同じ権利の確認申立てまたはその権利の内容に応じた給付請求をすべきであるとする（兼子・前掲注（28）414頁；新堂・前掲注（79）833頁など多数）（ただし現行民訴法47条は，参加申立人と当事者の一方との間に実質的に争いがない場合には他方の当事者に対してのみ請求することを許す）。いずれの類型の独立当事者参加についても，原告の被告に対する本訴について参加人が訴え却下または請求棄却判決を申し立てることを必須とはしていない。しかし，詐害防止参加の場合はもちろん，権利主張参加の場合にも参加人が他人間の訴訟に参加してこれを牽制するためには原告の被告に対する訴えについてその却下または請求棄却判決を求めるのがこの訴訟参加の目的にとってもっとも直截的な方法であることは疑いない。訴え却下の申立てや請求棄却の申立ては権利主張でないから訴訟上の請求になり得ないというのは，一定内容の判決の申立てを訴訟物と見ることができることを看過した見方である。権利主張参加の場合にも，参加人は原告の被告に対する訴えにつきその却下または棄却をも求めるべきであり，そのうえで，参加人固有の請求につき事案に応じて原告および／または被告に対する請求を掲げて参加申立てをすべきであると解する。

訴訟を真正面から牽制することになることに疑いの余地はないのである。また，通常共同訴訟とすると，YはXの請求を認諾する（現行民訴法266条1項）ことができ，または自己の占有権原の否定を導く事実を自白する等の方法で，占有承継人に不利な影響を及ぼすことが起こりうる。また，Yの占有権原は否定される一方，他方では，ZのXに対する建物退去土地明渡義務の不存在確認の訴えが，Yの占有権原に依存するZの占有権原が肯定さることによって認容されるという事態が，稀であるかもしれないが，通常共同訴訟の手続進行上起こりうる。しかし，Yの占有権原の存否と，これに由来するZの占有権原の存否は，本訴と参加訴訟に共通する法律要件要素であり，統一的な判断がなされるべきである。前主の占有権原が認められるが，前主が占有権原を有しなかったという理由で前主からの第三者の占有権原の取得が否定されると，裁判の矛盾が生じるからである。したがって，必要的共同訴訟に関する40条1項ないし3項が準用されるべきである。

　重畳的債務引受について，加波論文は，両勝ち要求の訴訟引受も適法とし，その場合の訴訟引受後の訴訟手続は通常共同訴訟だと論じている。しかし，重畳的債務引受においては，実体適格の承継は存在しない。それゆえ，本書の立場では，もともと重畳的債務引受人に訴訟引受を義務づけることは許されないので，ここで論じられているような問題は生じない。もっとも多数説のように重畳的債務引受において債務引受人に訴訟引受を義務づけるとすれば（本書はこのような見解に反対であるが），被承継人に対する請求と重畳的債務引受人に対する請求とは，通常共同訴訟の関係にあることは当然であろう。これは主たる債務者に対する債務の履行請求訴訟と保証人に対する保証債務の履行請求訴訟が類似必要的共同訴訟の関係に立たないのと同じである。

　(2)　訴訟係属中の占有承継でも，相手方が訴訟引受の申立てをするか，占有承継人が参加承継をするかで，承継申立てが許される時期に関して不合理な差異が生ずるのではないかという問題も，私見のように解すれば生じない。

第3款　訴訟参加または参加要求の原因発生時と，参加または参加要求時点との時間的間隔

　1　参加または参加要求時点までに前主によって行われた訴訟行為の効力
　係争物または係争権利の譲受人が現行民訴法49条により参加し，または相

手方がこの者に参加を求める場合にも，参加原因または参加要求の原因の発生時点と実際の参加時点との間に生ずる時間差は，係争物または係争権利の譲渡人が以後は譲受人の法定訴訟担当者として訴訟を続行するという当事者恒定主義を採用しない以上，ある意味で必然的に生ずるものである。そこから，当事者参加または相手方からの参加要求がその原因発生時の直後ではなく，一定の時間的経過の後になされた場合，係争物または係争権利の譲受人が参加または参加要求を受けるまでにもとの当事者間で行われた訴訟行為は後に参加した係争物または係争権利の譲受人の有利かつ不利にその効力を及ぼすかという周知の問題が生ずる。これが肯定されると，参加人の手続保障が害されるとして，近時議論が多い。

　最近，加波論文を初めかなりの数の研究は，第三者の訴訟加入問題と「承継効の効力要件」の問題を区別し，どの範囲で承継効（もとの当事者間での参加時点までの訴訟結果への参加人の拘束）が生ずるかという問題を，最終的に承継原因と区別される「効力要件問題」と捉えることによって解決しようとする。そして，第三者が前主から「係争物に関する実体法的地位」を引き継ぎないしは同じ地位を取得するという実体法上の関係にあることが，従前の訴訟結果がそれまで訴訟に関与していなかった承継人（係争物または係争権利の譲受人）に引き継がれることの基礎を形成することと，係争物または係争権利の譲渡人（被承継人）の受けた手続保障により承継人が自ら手続保障を受けた場合と同視できる状況にあることの２点に，承継効（訴訟結果の承継義務）の基礎を求めている[130]。そこから，係争物に関する実体法的地位の承継の時点と承継人の訴訟参加または訴訟引受の時点との間に時間差が生じ，その間に被承継人が承継人に不利な訴訟行為をした場合には，承継人のための手続保障を欠くため，承継人は自ら承認しまたは援用する訴訟結果を除き，この部分の訴訟資料には拘束されないという，「手続を重視する」見解[131]を主張する。

2　訴訟係属中の権利承継の発生と前主の訴訟追行権

　この時間差の問題は，兼子・訴訟承継論によって70年以上も前に的確に指摘されて以来，長い間筋の通った解決の示されていない困難な問題である[132]。

130　加波・前掲注（15）36頁以下。

この問題については，係争権利または係争物の譲渡によって被承継人（債権譲渡の場合は譲渡人）が以後，訴訟追行権を失うのかどうかが問題とされている。また，被承継人が訴訟追行権を失うと解する文献では，被承継人は権利承継人の訴訟担当者として訴訟を追行することができるかどうかが論じられている。被承継人が訴訟追行権を失わないと解する場合には，係争権利または係争物の譲受人が係争物の譲受の時点において訴訟に参加したものと見なし，承継人に不利な訴訟行為を含む被承継人の訴訟行為の効果は，現行民訴法47条によって準用される同法40条1項ないし3項による規律を受けることができないかどうかという問題が提起されてよい。

　前者については，件の兼子論文が「若し所謂当事者恒定主義が存在しないとするならば，承継原因の発生した瞬間に在来の当事者は争の主体たる利益即ち追行権を喪失するから，彼の其の後の関与は承継人に対しては全く無意義なこととなるのである。蓋し争の主体が当事者でない限り，争いを解決するための既判力は形成され得ない」[133]から，係争物または係争権利の譲渡の時点において訴訟の中断が生ずるとする解釈を提示した。すなわち，兼子論文は，訴訟係属中の係争物の譲渡の場合に当事者の交替によって訴訟承継を生ぜしめることは不可能であるから，訴訟状態の承継を担保するために，当事者の恒定または訴訟手続の中断が必要であるとし，しかし訴訟承継がなされるまでの間の当事者恒定を求めることは大正15年改正民訴法のもとでは不可能であり，それゆえ，係争物の譲渡によって訴訟手続が中断することを認めざるを得ないとの見解を主張した[134]。

　この訴訟中断説は，訴訟承継がなされないまま，従来の当事者間で訴訟の終了が生じた後も，承継人はいつでも承継原因の発生時に遡って訴訟の再開

131　加波・前掲注（15）39頁。上田／井上編・前掲注（80）253頁〔池田〕；飯倉・前掲注（90）366頁以下などは，承継原因の発生時点で被承継人は「当事者適格」を失うので，承継原因発生後の被承継人と相手方との間の訴訟行為の効力は一般的には承継によって承継人に及ばないが，承継人が援用した場合や，承継人が被承継人に訴訟追行を委ねた場合，および黙示の任意的訴訟担当と解される場合に限って，その効力が承継人に及ぶとする。

132　日比野・前掲注（37）109頁以下；同「当事者恒定主義導入の必要性と問題点」民訴雑誌40号（1994年）190頁以下も参照。

133　兼子・前掲注（8）148頁。

134　兼子・前掲注（8）149頁。

を申し立てることができるため，手続の安定性を著しく損なうものとして批判され[135]，学説上殆ど支持を見出すことができなかった。

そして立法論としては，兼子論文は，承継原因の発生がその表面に現われるまでは当事者恒定主義を併用して，従来の当事者が「争いの主体たる地位」を保有し訴訟に関与することができるとすべきだと主張した[136]。この承継原因発生時と実際の訴訟参加または訴訟引受の時点との間に限定された部分的な当事者恒定主義導入の立法論に対しても，批判がなされた。すなわち，実体的利害関係を失った被承継人の投げやりな訴訟追行の結果を承継人に押し付けることは当を得ないし[137]，承継原因を知らない相手方の訴訟引受の申立てが遅れ，または訴訟係属を知らないため承継人の参加が遅れ，承継人の利益擁護の機会が失われ，場合によっては訴訟が進行して判決効のみを承継しなければならないという事態は不合理だ[138]との批判が，それである。

学説は，限定的な当事者恒定主義の採用の提唱に対して以上のように批判するが，訴訟係属を知って係争物を譲り受けた譲受人は譲渡人に訴訟担当をさせたものと見なすという解釈論を提唱し，悪意の譲受人に限ってではあるが，実質的に当事者恒定主義を採用したのと同じ結果を実現しようとする学説[139]があり，これを支持する見解[140]もある。しかし，譲受人が譲渡人に訴訟追行を授権していないのに，譲渡人による訴訟担当を肯定することができ

135　中野・前掲注（14）161頁。
136　兼子・前掲注（8）150頁。なお，新堂・前掲注（79）856頁。
137　中野・前掲注（14）162頁。
138　飯倉・前掲注（90）369頁以下。
139　新堂幸司「訴訟承継主義の限界とその対策」同『訴訟物と争点効（下）』（1991年・有斐閣）77頁，101頁以下（初出は1973年）は，XのAに対する所有権移転登記の抹消請求訴訟が係属し，予告登記がなされた後，YがAから不動産を譲り受けた場合，Yが訴訟に加入するまでは，Aは予告登記に支えられてYのためにも当事者適格（訴訟追行権）を維持しつづけるとの解釈を提唱する。また境界確定訴訟のように予告登記を利用できない場合にも，原告Xは，被告BからYがBの土地の譲渡を受けたことを知っている限り，Yを訴訟に引き込むべきであり，これを怠り敗訴判決を受けた場合，Yがこの境界確定判決を援用する限り，XはBに訴訟追行権がなかったことを主張することができなくなるとの解釈を提唱する。予告登記の制度はその後の立法によって廃止されたので，今日では，この解釈提案は係争物の譲渡の場合に，訴訟係属を知りつつ訴訟に参加しない譲受人は譲渡人に訴訟担当をさせたものと解する提案と見ることができる。

るかは疑問であるとともに，譲受人が訴訟係属を知らないで係争物を譲り受けた場合については，この見解によっても，問題は解決しない。

3　私　見

すでに述べたように，形式的当事者概念のもとでは，当事者は係争権利または係争物の譲渡によって当事者地位（Parteistellung）を失わないが，実体適格を失う。これに対し，実体的当事者概念によれば，当事者は，実体的な権利義務の帰属主体であるから，係争権利または係争物を譲渡することによって当事者地位そのものを失う。実体的当事者概念のもとでは，実体適格と当事者地位は密接に結びつくからである。民事訴訟法は，いずれの当事者概念に立脚しているのであろうか。大正15年改正民訴法の立法者は，選定当事者制度（現行民訴法40条）を導入したこと，および，訴訟担当者が受けた確定判決の既判力が被担当者に及ぶことを定めている現行民訴法115条1項2号からも明らかなように，意識的かどうかは別にして，明らかに形式的当事者概念に立っていると見られる。実体的当事者概念を前提とすると，権利義務の帰属主体である選定者しか訴訟当事者になることができないので，被選定者が自己の名で他人の権利つき当事者として訴えを提起しまたは選定者の義務につき被告とされることは不可能であり，また一般的に訴訟担当制度を説明することができないからである。

形式的当事者概念のもとで，訴訟係属後の権利承継人が権利承継を主張して現行民訴法49条に基づき訴訟参加の申立てをする場合には，訴訟係属中の係争物または係争権利の譲渡人である当事者は当然には当事者地位を失わない。譲受人の訴訟参加権を承認する法律が係争権利・係争物の譲渡に伴い譲渡人が訴訟追行権を失い，訴えを却下できるとすることは矛盾だからであり，それゆえ，裁判所は訴訟追行権の消滅を理由に訴えを却下できず，係争権利または係争物を譲渡した当事者の訴訟追行権の存続を前提としなければならない。また，たとえば債権の譲渡人は，譲受人の主張する参加原因を争い，訴訟脱退を行わず，自分が請求権者であること（実体適格）をさらに主張して判決を求めている場合には，とりわけそうである[141]。そうだとすると，

140　日比野・前掲注（37）115頁以下；高橋・前掲注（79）591頁。なお，兼子一原著松浦馨／新堂幸司／竹下守夫／高橋宏志／加藤新太郎／上原敏夫／髙田裕成『条解民事訴訟法〔第2版〕』（2011年・弘文堂）265頁〔新堂／髙橋／髙田〕参照。

係争権利または係争物の譲渡と権利承継人による訴訟参加または相手方からの権利承継人に対する参加要求の時点までの間に行われた，係争物または係争権利の譲渡人の訴訟行為が無条件に参加人に対して効力をもつと見るのが訴訟係属中の係争権利または係争物の譲渡の場合の参加制度と整合的なのか，それとも，別の解釈，すなわち，譲渡人の訴訟行為は有効ではあるが，係争権利または係争物の譲受人が後に訴訟参加し，または相手方が現行民訴法49条の類推適用により参加要求をする限り，譲受けの時点において訴訟に参加したものと見なし，現行民訴法47条によって準用される同法40条1項ないし3項による規律を譲受人の訴訟参加前にすでに受けるという解決が譲受人の参加後の手続の規律としてより実際的でかつ利益適合的なのか，問われるべきであろう。

　前述のように，訴訟係属中の係争権利・係争物の譲渡によって譲渡人の相手方に訴訟手続上不当な不利益が及ぶべきでなく，このようなことは排除されるべきであるが[142]，現実の訴訟参加までの譲渡人の訴訟行為がすべて参加人を無制限に拘束するというのは，譲渡人の相手方の不当な不利益回避という正当な要請を超えた，譲受人の参加があった場合以上の過大な利益を相手方に与えるものである。譲渡人の相手方の利益の保護としては，譲受人が譲渡の時点で参加したとすれば生ずる状況を確保すれば十分だということができ，限定的であれ当事者恒定主義の採用を考慮したり，譲受人が譲渡人に訴訟担当をさせたものと見なす必要は存しない。譲受人が譲渡の時点で適時に参加した場合には，必要的共同訴訟に関する現行民訴法40条1〜3項の規律が行われ，実体適格の承継が生じた後の譲受人に不利な譲渡人の訴訟行為は，譲受人に対して効力を生じないからである。それゆえ，私見は，譲渡人は譲渡によって訴訟追行権を失わず，譲渡人の譲受人に不利な訴訟行為を含め，譲渡人および相手方の訴訟行為は権利承継人に対しても効力を有するが，後に譲受人が訴訟参加をし，または相手方から訴訟参加を求められる場合には，係争権利または係争物の譲受人は譲受の時点において訴訟に参加したも

141　高橋・前掲注（79）566頁も，係争物の譲渡によって譲渡人は訴訟追行権を失わないことを指摘する。

142　手続安定に対する相手方の利益保護は，訴訟係属中の係争物の譲渡について当事者恒定主義を採用するか，譲受人の訴訟参加または訴訟引受を認めるかを問わず，必要となる視点である。

のと見なされる結果，譲渡人の訴訟行為および相手方の訴訟行為は47条によって準用される40条1～3項の規定による規律を受けると解する。すなわち，実体適格の承継が生じた後の譲受人に不利な譲渡人の訴訟行為は，現行民訴法40条1項の規定によって，後に訴訟参加をしたまたは相手方より訴訟参加を求められた譲受人に対しては事後的にその効力を失うことになる。たとえば建物収去土地明渡請求訴訟の被告から建物を賃借し，引渡しを受けた第三者がまだ訴訟参加をしないうちに，被告が原告の土地所有権を認める旨の裁判上の自白をした場合にも，この自白は参加人に不利な訴訟行為であり，40条1項により参加人を拘束しないから，参加人の手続保障を強調する論者の指摘するような問題[143]は何ら生じない。このように解すれば，係争権利または係争物の譲渡と権利承継人による訴訟参加または相手方からの権利承継人に対する参加要求の時点までの間に行われた譲渡人の，権利承継人に不利な訴訟行為は権利承継人を拘束しないので，承継人に関する請求について承継人が援用して初めて訴訟資料となるという必要はない[144]。もっとも私見のような解釈に対しては，建物賃借人が現行民訴法49条による訴訟参加の申立てをしていないのに，実体適格の承継の時点ですでに参加申立てをしたものと見なすのは理由がないと批判されるかもしれない。しかし，係争権利または係争物の譲渡について不完全な法規制を行っている現行法も，譲受人が訴訟参加をすることを制度上期待しているのであり，必然的に実体適格の承継時点と参加申立時点・相手方からの参加要求時点との間に時間的間隔が生じうるが，事後的に譲受人が参加申立てをし，または相手方から訴訟参加を求められる以上，実体適格の承継の時点ですでに参加申立てをしたものと見なすことに何ら問題はないであろう。

第4款　係争物・係争権利の譲渡人による訴訟引受の申立ての適否

　民事訴訟実務では，係争物・係争権利の譲渡人の側が譲受人を相手方として訴訟引受の申立てをする事例があり，その適否をめぐって議論がある。

143　たとえば，中野・前掲注（14）161頁。
144　しかし，このようにいうのは，中野・前掲注（14）162頁；新堂・前掲注（79）859頁。

最高裁判所は1977年に，これを適法とする判例を出したが[145]，その後もこれを不適法とする下級審の裁判例が出されている[146]。文献においては，不適法説[147]および限定的適法説が主張されている。限定的適法説は，承継人は訴訟を承継するか，別訴を選ぶかの決定権を有するとし，その決定権を侵害しないよう，承継人の承認がある場合または被承継人との間に承継人が以後責任をもって訴訟を追行する旨の特約がある場合に限り，被承継人による訴訟引受の申立てが許されるとする[148]。本書の立場では，現行民訴法49条の類推適用に基づき譲受人の訴訟参加を求めることができるのは譲渡人の相手方に限られるから，譲渡人の相手方ではない係争物または係争権利の譲渡人は，当然譲受人の訴訟参加を求めることはできない。

もっとも，係争物または係争権利の譲渡人が譲受人に訴訟引受の申立てをすることは不適法であるが，この譲渡人の態度は係争物または係争権利の譲渡について相手方に情報を提供する点では大きな意義を有する。相手方は譲受人に対し現行民訴法49条の類推適用による参加要求をすべきかどうかを検討すべきであるし，裁判所もこれを促すべきであろう。

第7節　具体的事案の検討

第1款　原告側の実体適格の承継

1　係属中の訴訟の原告から当該債権の譲渡を受けた第三者

原告が訴求中の請求権を訴訟係属中に第三者に譲渡した場合，譲受人は原告から係争請求権の帰属主体たる地位，すなわち積極的実体適格を承継する。したがって，この者は，現行民訴法49条により当事者として訴訟に参加することができ，被告の求めがあれば訴訟に参加しなければならない。

この場合，被告が債権譲受人に参加を求める手続は，現在の判例[149]・通

145　最判昭和52年3月18日金法837号34頁（前掲【7】判例）。
146　東京高決昭和54年9月28日下民集30巻9－12号443頁＝判時948号59頁。
147　井上・前掲注（12）79頁；福永・前掲注（110）48頁；松本／上野・前掲注（101）〔915〕〔上野〕；高橋・前掲注（79）587頁以下。
148　上田徹一郎・判評259号31頁（判時969号173頁）。
149　最判昭和52年3月18日金法837号34頁（【7】判例）。

説によれば現行民訴法50条・51条により訴訟引受の申立てを行う方法である。この方法は周知のように，債権譲受人の被告に対する訴訟上の請求がどのようにして定立されるかという問題を引き起こしている。訴訟引受の申立ての中に債権譲受人に対する被告の債務不存在確認申立てが含まれているとの見解[150]，訴訟引受の申立てに基づく引受決定の発効と同時に自動的に法律によって被告に対する原告側承継人の給付請求が定立されるという見解[151]，さらには，原告側承継人が自己の請求を定立するよう促すために訴訟引受の申立てをする被告が債務不存在確認の申立てを行うべきであり，原告側承継人が被告に対する給付判決の申立てをすれば，その段階で債務不存在確認申立てはその目的を達して訴えの利益を欠くに至るという見解[152]が主張されている。しかし，前二者の見解には難点がある。引受申立ては被申立人に対し訴訟当事者になることを求める申立てにすぎないから，これが債務不存在確認の申立てを含んでいる（すなわち黙示の債務不存在確認の申立てがある）と解釈することは不適切である。とくに引受決定の発効と同時に，原告側承継人の被告に対する給付判決の申立てが法律上当然に定立されるという見解は，明らかに処分権主義に反する。

　私見によれば，債権譲受人に訴訟の引受を求める被告は，現行民訴法50条ではなく，同法49条の類推適用により債権の譲受人を相手方として参加要求を行い，自ら債務不存在確認判決を申し立てるべきであると解する。この見解では，通説のような問題はそもそも生じない。もっとも，原告側承継人が被告に対する給付判決の申立てをすれば，その段階で被告の債務不存在確認申立ては原告側承継人の被告に対する給付判決の申立てに対する請求棄却申立てに転化し，その結果，被告の債権譲受人に対する債務不存在確認申立て自体については，裁判は行われないと解される[153]。

150　新堂・前掲注（79）861頁。
151　中野・前掲注（14）166頁；高橋・前掲注（79）575頁。
152　松本／上野・前掲注（101）〔915〕〔上野〕。
153　このようなことは，係争物の譲渡の場合にのみ生ずるものではない。債務不存在確認訴訟の係属中に被告が給付の反訴を提起したときも，本訴は不適法となる。最〔1小〕判平成16年3月25日民集58巻3号753頁；大阪高判平成8年1月30日判タ919号215頁は，この場合，本訴を不適法として却下すべきだとするが，本訴は反訴の棄却申立てに転化すると解すべきことにつき，松本博之「重複起訴の成否」同『訴訟における相殺』（2008年・商事法務）327頁，354頁参照。

2 原告が被告に対し金銭債権の支払いを求めている訴訟の係属中にこの債権を差し押さえ，取立権を取得した差押債権者

(1) 執行債務者の法的地位　債権執行において，差押債権者は，金銭債権を差し押さえ，債務者に差押命令が送達された日から1週間を経過すると，執行裁判所の特別の裁判を要することなく，その債権を取り立てることができる（民執155条1項本文）。第三債務者が差押債権者に任意に弁済しない場合，差押債権者は取立権に基づき第三債務者に対し「差し押さえた債権に係る給付を求める訴え（取立訴訟）」を提起することができる（民執157条1項）。

債権の差押えを受けた執行債務者は，差押債権者の取立権の行使が可能になった後も自ら訴えを提起し，自己への給付を求めることができるかどうかについて，見解の対立がある。積極説は，債権者が差押えに基づき取立権を取得した後も依然として被差押債権の帰属主体であるから第三債務者に対して無条件の給付判決を求めて訴訟をすることができるとし（無条件給付判決説)[154]，または，差押えの解除を条件とする給付判決のみを求めることできるとする見解（条件付き給付判決説)[155]も主張されている。消極説は，債務者は権利の帰属主体ではあるが，取立権は差押命令の効力として差押命令が第三債務者に送達されたときに発生するものの，債務者への差押命令の送達から1週間後でなければ行使できないという制限を伴うものと解し，執行債務者は差押えによって訴訟追行権を失うと見る[156]。

差押債権者が取立権を取得した場合，執行債務者の権限が差押債権者の取立権によってどのような影響を受けるかが問題である。債務者への弁済を禁じられている第三債務者に対し，債務者が自己への給付を求めて訴訟を追行

---

[154] 田中康久『新民事執行法の解説〔増補改訂版〕』(1980年・金融財政事情研究会) 336頁；鈴木忠一ほか編『注解民事執行法（4）』(1985年・第一法規) 414頁〔稲葉〕；香川保一監修『注釈民事執行法（6）』(1995年・金融財政事情研究会) 137頁以下〔田中〕，575頁以下〔田中〕；中野貞一郎『民事執行法〔増補新訂6版〕』(2010年・青林書院) 692頁以下；旧法下で仮差押えにつき同旨：最判昭和48年3月13日民集27巻2号344頁；民事執行法下では，東京高決平成10年8月7日判タ1034号281頁；東京高決平成21年6月4日金法1896号105頁。

[155] 上原敏夫・ジュリスト727号 (1980年) 94頁以下；野村秀敏・判評286号 (1982年) 214頁以下〔同『民事訴訟法判例研究』(2002年・信山社) 521頁以下所収〕。

[156] 山口滋「差し押えた債権の取立てと転付」竹下守夫／鈴木正裕編『民事執行法の基本構造』(1981年・西神田編集室) 427頁，452頁。

できるというのは全くの矛盾であろう。差押債権者が取立権を取得した後は，差押命令によって執行債務者への給付が禁止されている以上，無条件給付判決説はその限りで誤りである。では，執行債務者は差押債権者への給付を求めて第三債務者に対して訴えを提起することができるか。これを肯定するのが，ドイツの判例157であり，通説である。その理由は，差押え・取立命令の後も，債務者は被差押債権の帰属主体たる地位を失なうことはなく，自己の権利に基づき差押債権者への給付を求めて訴えを提起することができること，また執行債務者は勝訴判決を受けることによって差押債権者に対して負う債務から解放されるという点に権利保護の利益を有することに求められている。この債務者の地位は，債務者の債権につき差押えの競合が生じた場合にも維持されるという。すなわち，この場合には，債務者の義務はすべての差押債権者の権利と差押債権者間の優先関係を顧慮すべき点にまで及ぶ。競合債権者の利益が護られる限り，差押えの競合がある場合に差押債権者への支払いを求める訴えを提起する権能を執行債務者に否定する明確な理由はないという。

　被差押債権の額が執行債権の合計額を超えるとき，執行債務者が差押債権者の満足に必要でない超過部分につき権利を行使する利益を有することを，否定することはできない。特に消滅時効を中断するために，被差押債権につき訴えを提起する必要がある（差押債権者による取立ての訴えは，差押債権者が取立権を有する債権部分についてしか時効を中断しない）。それゆえ，執行債務者の訴訟追行権を全面的に否定することはできないであろう。また，執行債務者が差押えにより禁止されるのは，執行債権者の法的地位を害する法的行為をすることだけであるので，自己への給付ではなく差押債権者への給付を求め，執行債権を超える部分については自己への給付を求めて訴訟を追行することを禁止されるべきではない。それゆえ，全面的な消極説を支持することはできない。他方，積極説のうち無条件給付判決説，ことに配当段階に及ばない限り執行債務者による執行追行をも含めて適法だとする見解158は，次の点で問題である。すなわち，執行債務者が第三債務者に対して請求認容判決を取得し，この判決の給付命令に応じて第三債務者から支払いを受ける

157　BGHZ 147, 225.
158　中野・前掲注（154）。

ことができるのでは，執行債権者の利益が害されて，差押えの処分禁止効に抵触する。また，この見解は，執行債務者の取立訴訟の判決の既判力は差押債権者に及ばず，単に差押債権者がその取立権に基づき執行債務者の得た債務名義を利用できるにとどまるという立場に立つ。その際，直ちに問題になるのは，差押えおよび取立権の付与は第三債務者の法的地位を以前よりも悪化させるべきでないこと，および，執行債務者の受けた敗訴判決の既判力が差押債権者に及ばなければ，第三債務者は自己の最終的な勝訴のためには執行債務者およびすべての差押債権者の提起する取立訴訟に全部勝訴しなければならないのに対し，執行債務者も（多数の）差押債権者も各々勝訴のチャンスを有するので，相手方の側では誰かが1回勝訴すれば目的を達成することができることになり，訴訟における武器対等の原則に反する事態が生ずることである。この点につき，中野説は，第三債務者は供託をして債務を免れることができるほか，執行債務者の提起した訴訟に差押債権者を引き込むこと（民執157条1項類推）ができると主張する。しかし，第三債務者が供託（民執156条1項）をすればよいという提案は，第三債務者が債務自体を争っている場合には不適当であるし，差押債権者の訴訟引込をしておかなければ，第三債務者が累次の訴えに曝されてもやむを得ないというのは，第三債務者に不当な負担を負わせるものである。差押債権者の訴訟引込の可能性によっては，武器対等原則の違反の問題は解決しない。

条件付給付判決説も，支持することができない。この説は基本的に執行債務者の訴訟追行権を否定し，差押えの解除を条件とする給付判決を求めることができるとするものである。しかし，すでに述べたように，執行債務者が差押えにより禁止されるのは，執行債権者の法的地位を害する法的行為をすることだけであるので，差押債権者への給付を求め，また執行債権を超える部分は自己への給付を求めて訴訟を追行することは禁止されるべきではないので，執行の解除を条件とするような給付判決しか求めることができないという見解は，この執行債務者の法的地位と相容れない。

(2) **訴訟係属中の債権の差押え** 訴訟係属中の債権が差し押さえられ，差押債権者が取立権を取得した場合，差押債権者は係属中の被差押債権について取立権を取得したことを主張して現行民訴法49条の参加をすることができるか。

この問題にとって，取立権を取得した差押債権者の訴訟上の地位が問題に

なる。差押命令に基づき法律上取立権を得た差押債権者は自分自身の権利 (eigenes Recht) を行使するのか（固有適格説），それとも，執行債務者の訴訟担当者として執行債務者の被差押債権について訴訟を追行するのか（訴訟担当説）が対立する。固有適格説は，差押債権者は二重起訴禁止規定の類推適用により別訴を提起することは不適法であるが，現行民訴法47条による参加や共同訴訟参加により訴訟に加入し自己の請求につき判決を求めるべきであり，第三債務者は民事執行法157条の類推適用により差押債権者を訴訟に引き込むことができるとする[159]。

しかし，固有適格説による第三者の訴訟追行権の基礎づけには問題がある。この説は，「訴訟の結果に係る利益」がその内容・程度いかんによって独立の訴訟を許してでも保護すべきものと認められる場合に当事者適格（訴訟追行権の意味での当事者適格）があると主張する。そして債権執行における債権取立ての訴えについては，取立債権者は取立訴訟の結果に係る利益を有しており，しかもその利益たるや実体法上権利として承認されているものであるから，独立の訴訟を認めても保護すべき程度に重要な利益であり，差押債権者は執行債務者の債権の取立訴訟を執行債権の満足という自己固有の利益のために追行するのであり，この訴訟の判決の既判力は債務者には及ばないという[160]。それゆえ，この見解によれば，債権の差押債権者が被差押債権の取立ての訴えを提起しても，先行する執行債務者の訴訟は債権差押えによって何らの影響をも受けることなく訴訟を続行することができるとされる[161]。

しかし，第三者が他人の権利に関する訴訟の結果に重大な利益を有している場合に，自己固有の利益に基づきその他人の権利について訴訟行為をすることができるというのはおかしい。これでは，その他人の権利行使・不行使の自由が侵害されてしまい，国家権力による個人領域への侵害になりうる。もっとも，債権を差し押さえた差押債権者の債権取立訴訟の場合には，差押債権者が法律により取立権を得た後は法律上取立訴訟の提起権能を与えられ

---

[159] 福永有利「当事者適格理論の再構成」同『民事訴訟当事者論』（2004年・有斐閣）125頁，164頁以下；中野・前掲注 (154) 693頁注 (11b)。

[160] 福永・前掲注 (159) 157頁；田中・前掲注 (154) 336頁；香川監修・前掲注 (154)『注釈民事執行法（6）』547頁以下〔田中康久〕；香川監修・前掲注 (154)『注釈民事執行法（6）』547頁以下〔田中〕；中野・前掲注 (154) 700頁。

[161] 香川監修・前掲注 (154)『注解民事執行法（6）』553頁〔田中〕。

ているので，そのような国家権力による個人領域への不当な侵害とはならないが，固有適格説は取立権に基づく差押債権者の権能を前提にしたうえで「訴訟の結果に係る利益」によって差押債権者の固有適格を説明しているにすぎないと思われる（そうでなければ，この説によれば，取立権が生ずる前でも，差押えだけで当然に差押債権者の固有適格を承認せざるをえないであろう）。通説である訴訟担当説を支持すべきである。

(3) **差押債権者の訴訟参加**　私見によれば，取立権を得た差押債権者は被差押債権につき取立権という実体的地位を取得したのであるから，係争権利の，広く解される実体適格の承継人である。法律上取立権を取得した差押債権者は，転付命令を受けた債権者とは異なり，債権の帰属主体となったのではない。取立権は，制限的な権利であるが，係争権利に関する法的地位であり，実体適格の承継のためには，係争権利全体の移転があることを必要としないからである。したがって，取立権を得た差押債権者は，係属中の訴訟に対して現行民訴法49条により当事者参加をすることができる。その際，被告に対しては自己への給付を求める申立てをすべきである。

前述のように固有適格説の論者には，債務者の訴訟は債権差押えによって何らの影響をも受けることなく，そのまま訴訟を続行することができ，差押債権者は独自に第三債務者を被告として債権取立ての訴えを提起し追行することができるとする者がある。しかし，第三債務者は執行債務者を相手方として訴訟を追行してきたのであり，その訴訟結果が差押債権者を拘束することなく，差押債権者は新たな訴訟を開始することができるというのは，武器対等の原則に反する。訴訟係属中の債権を差し押え取立権を取得した差押債権者は，現行民訴法49条・47条により当事者参加の方法で訴訟に参加すべきであって，別訴を提起することは訴えの利益を欠くと解すべきである。

3　所有権に基づく物の返還請求訴訟の係属中，原告からその物の所有権を取得し対抗要件を備えた第三者

このような第三者は前主から所有権に基づく物の返還請求権を譲り受けたのではないけれども，訴訟において争われている所有物返還請求権の帰属主体たる地位を取得したのであるから，積極的実体適格の承継があると解され，現行民訴法49条・47条の規定により参加して，被告に対し自己への物の返還を命ずる判決を求めるとともに，原告の被告に対する訴えにつき請求棄却判

決を求めるべきである。被告は，同様に現行民訴法49条の規定の類推適用により，自己の占有権原の存在確認や物の返還義務の不存在確認を求めて権利承継人に対し訴訟への加入を求めることができる。

第2款　被告側の実体適格の承継

1　所有権に基づく動産引渡請求の被告から当該動産を譲り受け，占有を取得した第三者

この第三者は，私見によれば，現行民訴法49条・47条により訴訟参加をすることができる。この者は，動産の承継取得または善意取得を主張することにより同法49条により参加し，原告の被告に対する所有権に基づく引渡請求の棄却，および，原告に対し自己の所有権の確認等の判決を申し立てることができる。

第三者がこのような参加をすることができるのに対応して，原告はこの第三者の権利取得を否定して第三者に訴訟参加を求めることができると解すべきである。第三者は善意取得を主張して参加を拒否することはできないと解される。善意取得が成立するかどうかは，審理の結果初めて明らかになることだからである。この場合の参加要求の方法も，現行民訴法49条の類推適用によると解すべきである。原告は，第三者を相手方として目的物の返還を求める請求を追加することになる。

2　物権的な建物収去土地明渡請求訴訟の係属中に被告から建物の所有権の譲渡を受けまたは建物を賃借し，建物の引渡しに伴い土地の占有を承継した第三者

この場合，第三者はどのような意味で承継人になるのだろうか。この第三者は，前述のように判例・通説によれば，建物収去土地明渡義務の承継人ではないけれども，義務引受人の範疇に含まれる。しかし前述のように，この第三者は現行民訴法49条にいう権利承継人として位置づけられるべきである。被告の占有は，所有物返還請求権の権利根拠要件であるので，第三者は土地の占有を承継取得することによって前主の消極的実体適格を承継的に取得することになる。所有物返還請求訴訟では，目的物（建物・土地）は原告にとっても被告にとっても係争状態にある。したがって，建物譲受人は（通常は正

当な占有権原の取得をも主張して）権利承継人として，現行民訴法49条・47条によって自ら当事者参加をして訴訟に加入することができる。この場合には，占有承継人は，原告との関係では原告の被告に対する請求の棄却の申立て，および，原告に対して自己の占有権原の存在確認判決を求めることができる。

　これに対し，原告は，占有を承継した第三者に対し自己の請求を定立して訴訟への参加を求めることができると解すべきである。具体的には，原告は占有承継人に対して所有権に基づく建物収去（建物の賃借の場合には建物からの退去）土地明渡しを命ずる判決を申し立てるべきである。

　以上のことは，第三者が建物について所有権移転登記を経たときは，問題なく妥当する。建物の所有権を譲り受けたが所有権移転登記を経ていない場合，建物の引渡しを受けた第三者は，現行民訴法49条の規定に基づき訴訟に参加をするためには建物の所有権の移転登記を経ていることが必要か，それとも占有の移転だけで足りるかどうかが問題となる[162]。第三者は被告に対し建物の所有権移転登記を求め，原告に対する関係では被告に対する請求の棄却を申し立てることができると解すべきであろう。同様に，原告は第三者に対しては建物収去土地明渡し（建物の賃借の場合には建物退去土地明渡し）を命ずる判決を求めて訴訟加入を求めることができる。

3　土地の所有者が被告との間の土地賃貸借契約の解除に伴い債権的な建物収去土地明渡請求の訴えを提起し，この訴訟の係属中に，被告から建物の所有権の譲渡を受けまたは建物の一部を賃借し，その引渡しを受けた第三者

　これは，従来，派生的法律関係の承継と呼ばれている場合である。ここでは，原告の被告に対する請求が債権的請求であり，原告の占有承継人に対する請求は所有権に基づく建物収去（または建物退去）土地明渡請求である。

　この場合に，占有承継人が権利承継人に当たるかどうか，検討を要する。旧実体法説（旧訴訟物理論）によれば，原告の被告に対する訴訟上の請求と，原告の占有承継人に対する訴訟上の請求とが異なる以上，適格承継説によれば，占有承継人は前主の訴訟追行権の承継人に当たらない。しかし，判例は，

---

[162] この問題については，越山和弘「物権・物権的請求権を訴訟物とする訴訟と既判力標準時後の承継の成立時期」法学研究83巻1号（2010年）305頁以下参照。

「紛争主体たる地位」の承継を認め，占有承継人を義務承継人と捉え，訴訟を引き受けさせるが[163]，この「紛争主体たる地位」承継説には前述の問題があり[164]，支持することができない。

　訴訟物についての二分肢説[165]によれば，両請求は同一と解することができる。二分肢説は，給付訴訟の訴訟物を，原告が訴えによって提出する裁判所に対する判決申立てと事実関係からなると見る。これによれば，土地所有者の建物収去土地明渡請求の訴えの訴訟物は，占有承継時までに原告によって所有権に基づく家屋明渡請求権が主張されていない場合にも，所有権に基づく建物収去土地明渡請求権と賃貸借契約終了に基づく建物収去土地明渡請求権は同一の生活事実関係を基礎とすると解することができる。いずれの請求権においても生活事実関係は当事者相互間の関係であり，被告がどのようにして占有を取得し，その占有を保持することができるかという点も，その生活事実関係に属しているからである[166]。もちろん，原告の所有権等が同一事実関係の特別の局面として補充的に陳述されなければならない。訴訟係属中の被告による占有移転の場合には，所有物返還請求権が主張される新占有者との関係では，原告は自己の所有権の主張を補充しなければならない。

　訴訟係属中に生じた実体関係の変動を訴訟に反映させて，新たな利害関係人に訴訟に加入する道を開くべきであり，第三者の加入後の訴訟手続において所有権に基づく返還請求権の主張を許すことに問題はないのであるから，旧実体法説による取扱いは妥当でなく，二分肢説が正当である。もっとも，承継後の占有承継人に対する物権的返還請求の消極的実体適格が債権的返還請求についての消極的実体適格の承継であると言うことはできない。しかし，占有を放棄すべき地位にある被告から占有を取得した占有承継人は，実体適格の承継人に準じた地位を有する者である。それゆえ，この占有承継人は権利承継人として，現行民訴法49条により訴訟参加をすることができ，原告は同条の類推適用により，占有承継人に対して訴訟加入を要求することができる。その際，原告は占有承継人に対し建物退去・土地明渡しを請求すべきで

163　最判昭和41年3月22日民集20巻3号484頁（【6】判例）。
164　前述315頁以下参照。
165　松本／上野・前掲注（101）〔240〕〔251〕〔松本〕参照。
166　Vgl. Peters, ZZP 106 (1993), 264, 265 ; *Jauernig/Hess*, Zivilprozessrecht, 30. Aufl., 2011 § 37 Rdnr. 43 ; *Schilken*, Zivilprozessrecht, 7. Aufl., 2014, Rdnr. 231.

ある。

4 土地の転貸人の転借人に対する地上建物の収去・土地明渡請求訴訟の係属中，被告が建物を第三者に譲渡または賃貸し，これを引き渡した場合

債権的な建物収去土地明渡請求訴訟における被告による建物の譲渡，土地の占有の移転が係争物の譲渡に当たるかどうか，これまでも議論のある問題である。

判例【8】東京控判昭和10年4月18日新聞3852号5頁＝新報405号11頁＝評論24巻民訴344頁は，原告（土地の転貸人）が被告（転借人）に対し期間満了による転貸借の終了を理由に，転借人の所有する地上建物の収去および土地の明渡しを求めた訴訟の係属中に，第三者が被告より当該建物を譲り受けその建物取得の登記を済ませ，該建物を所有することにより敷地を占有しているとして，原告がその第三者に対し債務承継人として訴訟の引受を申し立てたのに対し，第三者が建物の所有権の取得およびその登記を認めながら，建物所有権の取得は本訴係属前であり本訴係属前に仮登記を済ませ，本訴係属後にその本登記を経由したので，訴訟係属中の債務承継人に当たらないと主張して訴訟引受の申立てを争った事件である。東京控訴院は，本件において大正15年改正民訴法74条による訴訟引受の申立てを不適法とした。これに対し，判例【9】東京控判昭和12年3月31日新聞4134号7頁は，同様に建物収去土地明渡請求訴訟の被告（土地貸借人）から訴訟係属中に第三者が建物の譲渡，敷地の引渡しを受けた事案について逆に，「當該訴訟ノ目的タル賃借人ノ建物収去土地明渡義務ト賃借人ヨリ建物ヲ譲受ケタル第三者ノ夫レトハ其ノ義務発生ノ経過原因ヲコソ多少異ニスレ又其ノ法的性格ニ於テーハ債権的ナルニ他ハ物権的ナルノ差異コソアレ均シク同一建物ヲ収去シ同一敷地ヲ明渡スコトヲ其ノ内容トスルモノニ外ナラサルト共ニ第三者ノ義務ハ既存訴訟ノ當事者タル賃借人ヨリ其ノ所有建物ヲ譲受ケ之レカ敷地ノ占有ヲ承継シタルニ縁因スルモノニシテ前掲法条適用ノ関係ニ於テハ正シク訴訟ノ目的タル債務ノ承継アリタル場合ニ該ルモノト解スルニ妨ケナキモノ」であるから，このような占有承継人も大正15年改正民訴法74条の債務の承継人に当たるとした。

判例【8】も【9】も，ともに土地の転借人または賃借人から地上建物を

譲り受け土地の引渡しを受けた第三者が債務承継人に当たるかどうかを判断し，【8】はこれを否定し，【9】はこれを肯定するが，私見によれば，この第三者も債務承継人の範疇で捉えられるべきではない。転貸人の転借人に対する請求は，転貸借契約の終了による債権的返還請求である。民法613条1項の解釈として，転貸借契約が終了した場合には転借人は賃貸人に対し直接目的物の返還義務を負うと解する場合167にも，判例【8】の事案において第三者（占有承継人）の転貸人に対する建物収去土地明渡義務は，転借人の転貸人に対する建物収去土地明渡義務を承継したものではなく，民法613条1項により独自に発生するものだからである。したがって，占有承継人に対する原告の民法613条1項に基づく建物収去土地明渡請求の消極的実体適格が被告の消極的実体適格の承継によるということはできない。しかし，民法613条1項による建物収去土地明渡請求にとっても，被告の占有は権利根拠要件であり，消極的実体適格を基礎づける事由であるから，占有を放棄すべき地位にある被告から占有を取得した占有承継人は，実体適格の承継人に準じた地位を有する者である。したがって，占有を承継した第三者は，係争物を取得した権利承継人として，原告の被告に対する請求の棄却を求めるとともに，自分の取得した建物の所有権・敷地の転借権の確認を求めて現行民訴法49条により当事者参加をすることができ，武器対等の原則上，相手方（原告）もこの第三者を訴訟に引き入れるべく，同条の類推適用によってこの第三者に対して請求を掲げてその参加を要求することができる。この参加要求に対し，第三者は原告の被告に対する請求の棄却および相手方の自己に対する請求の棄却を求めるとともに，自分の取得した建物の所有権・敷地の転借権の存在確認を求めることができると解すべきである。

5　第三者による単なる占有の取得の場合

　被告から建物の占有を取得した第三者が収去を求められている建物の所有権を取得してその引渡しを受けたのでなく，単に占有の引渡しを受けたに過ぎない場合，この第三者を権利承継人と見ることができるかどうかが問題となる。これは，たとえば第三者の権利取得が実体法上無効であった場合に生

167　我妻栄『債権各論中巻1』(1966年・岩波書店)〔673〕(b)(i)；松浦馨・民商法雑誌55巻4号 (1966年) 678頁, 683頁。

じる。

　権利義務の法律行為による承継のみを対象とするかのごとき表現をしている現行民訴法49条の規定の文言を重視すると，この場合は権利承継に当たらないように見える。しかし，すでに述べたように，訴訟承継の原因を実体上の権利義務の承継に限定することは，全く不合理であって，訴訟参加または訴訟引受を認めようとする立法理由に合致しない。それゆえ，無効な法律行為によって占有を承継した第三者は，自主占有の承継である限り，権利承継人に準じて現行民訴法49条により訴訟参加をすることができ，相手方は同条の類推適用によりこの占有承継人に訴訟への参加を要求することができると解することができる。

　6　所有権に基づく不動産の登記抹消請求訴訟の係属中に，被告から当該不動産の所有権の譲渡を受け，これについて移転登記を経た第三者

　たとえば原告が被告への所有権移転は虚偽表示によるものであったので無効であると主張して，被告に対して所有権移転登記の抹消登記を請求している訴訟の係属中，被告から目的物の所有権を譲り受けた第三者は，虚偽表示はなく，前主が所有権者であった場合には，完全な所有権を取得するし，虚偽表示の場合にも，第三者は，虚偽表示であることにつき善意無過失であった場合には，所有権を取得することができる。いずれの場合にも，登記を保持する権利を有することを主張する第三者は，原告に対して，現行民訴法49条に基づき訴訟参加をし，原告の被告に対する請求を棄却する判決を求めるとともに，併せて自己の所有権の確認を求めることができる。第三者はまさに係争物である不動産を譲り受けたからである。

　原告の側からこの第三者に対し，真実は権利を取得していない第三者であることを主張して現行民訴法49条の類推適用により被告・第三者間の移転登記の抹消を求めて第三者に対して訴訟への参加を求めることができるか。第三者が被告から所有権を有効に取得していない場合，登記の移転を受けた第三者は登記抹消請求の消極的実体適格の承継人である。なぜなら，登記名義は登記抹消請求の実体適格を基礎づけるものであり，登記名義人の登記名義が正当であるかどうかを係争状態に置くからである。したがって，原告の方から現行民訴法49条の類推適用により，被告から第三者への移転登記の抹消を求める申立てを掲げて，この第三者に対し訴訟への参加を求めることがで

きる。

7　所有権に基づく不動産の登記抹消請求訴訟の係属中に，被告から登記名義のみを取得した第三者

　係争物の譲渡において，参加承継または引受承継の原因を「権利承継」および「義務承継」と解する場合，所有権に基づく登記抹消請求訴訟の係属中に登記のみを前主から承継した第三者は権利承継人には当たらないのではないかという問題が生ずるであろう。たとえば第三者が登記上は法律行為により不動産上の権利を取得しているが，法律行為は何らかの原因により無効である場合がありうる。

　この問題については，次のように考えることができる。現行民訴法49条は「訴訟の目的である権利の全部又は一部を譲り受けたことを主張し」といい，また現行民訴法50条は「訴訟の目的である義務の全部又は一部を承継したときは」といい，実体上の権利義務の法律行為による承継のみを対象とするかのごとき表現をしている。しかし，訴訟承継の原因を実体上の権利義務の承継に限定することは全く不合理で，訴訟参加または訴訟引受を認めようとする立法目的と合致しないことは一般に承認されている。それゆえ，これらの「訴訟の目的である権利」の承継を広義に解する必要があることは，すでに指摘したところである。無効な法律行為によって登記を取得した第三者は，本来の意味での権利承継人ということはできないが，この者が前主から登記名義を承継している場合，権利承継に準じて扱うことができる。所有権に基づく登記簿の記載の訂正を求める訴訟が係属している場合，原則として，登記簿に登記された者だけが被告となることができ，登記された者が自己の取得した登記簿上の地位（Buchstellung）を原告のために放棄するよう求められているのであるから，係争状態にある法律関係上の地位である被告の登記名義が登記簿訂正請求の実体適格を基礎づける。それゆえ，被告側の登記名義の承継人は，原告側の登記名義の承継人と異なり，不動産上の権利を取得した権利承継人に準じた扱いをすることができる。実体的な権利を取得した第三者も，原告の権利を侵害する登記簿上の地位を原告のために放棄するよう求められており，この点において単なる登記名義の承継人と何ら異なるところがないからである[168]。

第8節　最終的考察

第1款　現行民訴法51条について

　大正15年改正民訴法から約70年後の1996年6月，現行民訴法が制定公布され，1998年1月1日に施行された。この法律は，訴訟係属中の係争物の譲渡の問題については，義務承継人の訴訟引受の場合には同時審判の申出を伴う共同訴訟に関する同法41条1項および3項の準用を定めた（現行民訴50条3項）ほか，51条の規定を新設した。同条は，「訴訟の係属中その訴訟の目的である義務の全部又は一部を承継したことを主張する第三者の訴訟参加について」47条から49条までの規定が「準用」されること，および，「訴訟の係属中第三者がその訴訟の目的である権利の全部又は一部を譲り受けた場合について」50条の規定が「準用」されることを定めた。これは，すでに通説が主張していたことを立法化したものである。したがって，大正15年改正民訴法下で生じていた承継後の訴訟手続が参加承継と引受承継で異なり，解決困難な問題を引き起こすという問題状況は，解決されるどころか，固定されてしまった感がある。しかし，この問題を解決することは，学説の課題であろう。

　本章の以上の論述によれば，被告の占有承継人および不動産の登記名義の

168　当事者恒定主義を採るZPO 265条についてドイツの判例・通説が単なる登記名義の承継人も権利承継人の枠内にある者と捉えていることが参考になる。RGZ 82, 35; RGZ 121, 379（「本件のように登記簿の訂正に向けられた訴訟が存在し，原則として登記簿に登記された者だけが被告であり，登記された者が自己の取得した登記簿上の地位（Buchstellung）を原告のために放棄するよう追及される場合，ZPO 265条の意味における譲渡人は自己の登記名義を訴訟係属の発生後に移転した者である。そして彼の権利承継人は，この時点以後登記簿上の地位を取得した者である」）；BGH MDR 2002, 1185（訴訟係属後に所有権移転の仮登記の名義を後の買主に書き換えた場合に，被保全請求権の無効のゆえにその訂正を求められている仮登記も係争物であり，仮登記に対して向けられたBGB 894条による登記簿訂正の訴えは仮登記権利者の登記簿上の地位を係争状態にする）；MünchKomm-ZPO/*Becker-Eberhard*, a. a. O. (Fn. 6), § 265 Rdnr. 39; Musielak/*Foerste*, a. a. O. (Fn. 77), § 265 Rdnr. 3; Rosenberg/Schwab/*Gottwald*, a. a. O. (Fn. 49), §100 Rdnr. 11; Stein/Jonas/*Roth*, a. a. O. (Fn. 4), § 265 Rdnr. 8.

承継人を義務承継人と位置づけ，一方において現行民訴法50条によりこれらの者に対する相手方からの訴訟引受の申立てを許し，他方において，これらの者に義務承継人として同法49条により参加承継の申立てを許すことは誤りである。むしろ，占有承継人や登記名義の承継人はもともと権利承継人として同法49条により訴訟参加をすることができるとともに，相手方はこれらの者に対して同条の類推適用により訴訟参加を求めることができると解すべきである。それゆえ本書の立場では，その限りで，通説を立法化したものとはいえ，現行民訴法が新たに定めた51条の規定はそもそも不要な規定であり，議論の混乱に拍車をかけるだけの意味しか有しない。

第2款　要　約

以上の検討の結果を要約して，本章を終えることにする。

①　民事訴訟法が訴訟係属後の係争物の譲渡について規律する場合，これによって相手方当事者に生ずる不利益を防止することが最も重要な課題であり，当事者恒定主義を採用しない場合にも，立法および法解釈にあたり看過されてはならない視点である。その点で，従来の解釈論が係争物の譲受人の手続保障にのみ焦点を合わせているのは，この問題のアプローチとして全く不十分である。

②　大正15年改正民訴法73条は，訴訟係属中に係争物の譲渡が生じた場合に，係争物が自己の権利に属することを主張する第三者に当事者参加を許す大正15年改正民訴法71条との利益状態の類似に着目して，権利承継人が当事者として訴訟に参加する権利を与えることを意図したものであって，相手方の従来の訴訟結果を無駄にしないために権利承継人にも訴訟を承継させるという観点を全く有していなかった。他方，大正15年改正民訴法74条は債務引受人の訴訟引受義務を定めたが，この規定は便宜または訴訟経済上の理由で定められたものであって，本来必ずしも，債務引受人に訴訟引受義務を負わせる必要性は大きくはなかった。このような状況であるにもかかわらず，大正15年改正民訴法の施行後，大審院判例は，建物収去土地明渡請求訴訟の被告による建物の譲渡・敷地の引渡しや，所有権に基づく登記抹消請求訴訟の被告の第三者への登記の移転の事案において，義務承継に関する大正15年改正民訴法74条を適用し，第三者を建物収去土地明渡義務や登記抹消義務の承

継人と見なし，訴訟引受義務を課した。しかし，このような第三者は，義務承継人ではなく，権利承継人あり，そのように扱われるべきであった。その収去を求められている建物の所有権を取得し，引き渡しを受け，占有を取得した者や，抹消登記を求められている不動産を取得し登記の移転を受けた者は，まさに訴訟において係争状態にある法律関係上の地位（権利義務の帰属主体たる地位＝実体適格）を前主から承継的に取得した者であり，大正15年改正民訴法73条にいう権利承継人であると解すべきである。それゆえ，これらの権利承継人は現行民訴法49条による訴訟参加権を有する者である。

③　現行民訴法49条にいう権利承継人および同法50条にいう義務承継人は，前主の訴訟追行権を承継する者ではなく，また，訴訟状態上の有利な地位の承継人でもなく，実体適格の承継人である。実体適格は係争状態にある権利または法律関係の帰属主体性を示す概念である。したがって，権利承継人が実体法上の善意者保護を受け，または対抗要件主義によって保護されるべき固有の法的地位を有する場合に，この者が訴訟参加との関係でどのように扱われるべきかという問題について，現行民事訴訟法も大正15年改正民訴法と同様何らの定めもしていないが，この場合には，実体適格の承継は終局的には存在しないので，固有の法的地位を有する第三者は，従前の訴訟結果を引き継ぐ義務を負わないと解される。

④　第三者は，訴訟加入後，訴訟加入前のもとの当事者間の訴訟結果に拘束される。権利承継人は権利承継の時点において存在するままの権利，したがって訴訟係属が生じたものとして権利が置かれている訴訟上の発展段階にある権利について実体適格を前主から承継し，債務引受の場合には同じような訴訟の発展段階にある債務について実体適格を前主から承継するからである。しかし，これは「生成経過中の既判力」が第三者を拘束するものではない。

⑤　権利承継人が現行民訴法49条により訴訟参加をすることができるが，被承継人の相手方は権利承継人に対して同じく同条の類推適用により訴訟参加を要求することができる。そうでなければ，訴訟における武器対等の原則に反するからである。

⑥　訴訟承継の要件と訴訟承継の効果を切り離し，いわゆる派生的法律関係の承継の事案において，被承継人に対する請求と承継人に対する請求を通常共同訴訟の関係に立つものと見る見解は，矛盾した裁判を防止することが

できないから，妥当性を欠く。

⑦　占有承継人や登記名義承継人を債務承継人の範疇で捉える判例・通説と異なり，私見のように，これを権利承継人と捉えれば，現行民訴法49条の適用による訴訟参加および同条の類推適用による参加強制手続が行われ，その結果，参加後の手続では必要的共同訴訟に関する現行民訴法40条1項ないし3項が準用されることになる。同法50条による訴訟引受の手続が実施される場合に，同時審判の申出のある通常共同訴訟に関する同法41条1項および3項が準用され，本質的に通常共同訴訟として位置づけられることから判例・通説がもたらす重大な問題を，以上の解釈により回避することができる。権利承継の発生と権利承継人の参加との間に時間的ズレが生ずる場合，係争権利または係争物の譲渡人は訴訟追行権を失わず，したがって訴訟手続は中断しない。この場合，譲渡人および相手方の訴訟行為は権利承継人に対しても効力を有するが，権利承継人が後に現行民訴法49条によって訴訟参加をし，または相手方が同条の類推適用により権利承継人に訴訟参加を求める限り，現行民訴法47条によって準用される40条1項に従って，実体的適格の承継が生じた後の権利承継人に不利な訴訟行為は権利承継人に対してはその効力を失うと解すべきであり，これによって，参加人が権利承継と参加の間の前主の訴訟行為によって不利益を受ける危険が避けられる。

⑧　権利承継人が現行民訴法49条により参加し，または相手方から同条の類推適用により参加を求められる場合，参加後の訴訟手続は必要的共同訴訟に関する同法40条1項ないし3項の準用によって審理されると解すべきである。

第3款　残された課題

以上の検討により，訴訟係属中の係争物の譲渡がもたらす問題の多くは解決できるものと考えるが，残された課題もある。それは被告側の係争物の譲渡が相手方（原告）に明らかにならず，そのため相手方が譲受人に対して参加を求める機会がなく訴訟が判決まで進む場合，従来の解釈では，判決の効力は権利承継人に及ばない。この結果を防ぐために，ヴュルテンベルグ王国民事訴訟法327条4項は「訴訟係属発生後に被告が係争物について第三者のために行った処分はすべて，原告に関し，被告の不利に，判決確定後になさ

れた処分と同視される」と規定し，処分行為は判決確定後のものと見なされる結果，判決は既判力の拡張の規定に従って，被告の権利承継人にも効力を及ぼすことができた。「テヒョー氏　訴訟規則修正原案」第4編第1章第1節11条2項（前述278頁）も同じ趣旨の規定であった。もともと訴訟承継主義を念頭に置いていなかった大正15年改正民事訴訟法はこの問題には全く気づいていなかったが，訴訟承継主義を定めるとすれば不可欠の規定であり，立法によって対応すべきであろう。

　もっとも，1991年施行の民事保全法は処分禁止の仮処分や占有移転禁止の仮処分の当事者恒定効を定めたので（民保58条1項，61条，62条1項，64条），この問題は処分禁止の仮処分や占有移転禁止の仮処分を用いることによって解決できるかもしれない。しかし，仮処分命令の発令のためには相手方に生じうる損害賠償の担保のために保証金が必要になるが，実務上は申立人の負担は重い。以上のような法の不備をも考慮して，実務の運用として，保証の額を調整することが望ましいであろう。

第2章　口頭弁論終結後の承継人への既判力の拡張に関する一考察*

第1節　はじめに

第1款　民事訴訟における既判力理論の重要性

　民事訴訟において，確定判決は既判力を有する（民訴114条1項）。既判力は，前訴において裁判された事件が後訴において再び審理裁判されることを阻止し，前訴確定判決の内容的存在力を確保する。同時に，既判力は当事者間の以後の法律関係にとって基準となる。既判力理論は，周知のように，これまでも多くの研究者による研究テーマとなったし，それは今日でも変わらない。言うまでもなく，これは，民事訴訟法学の基礎理論として民事訴訟法全体の理解にとって極めて重要な意義を有するからである。

　既判力の客観的範囲は，民訴法114条1項によると，狭く限定されている。確定判決の主文に含まれた裁判所の裁判にのみ既判力が生じ，これにより争いの繰返しが阻止されるが，主文に含まれた裁判を導く前提となった事項（前提問題）についての判断は判決理由であり，判決理由それ自体には既判力が生じないので，その限りで，確定判決の紛争解決範囲は狭いといわなければならない。

　もちろん日本でも，既判力が作用するのは，①前訴の訴訟物と後訴の訴訟物が同一の場合だけではない。②前訴と後訴の訴訟物が異なる場合であっても，前訴確定判決の既判力によってその存在または不存在の確定を見た法律効果が後訴請求の前提問題をなしている場合に，既判力は後訴に対して作用することが承認されている（いわゆる先決関係の既判力の作用）[1]。そして，既

　＊　本章は，龍谷法学44巻4号（2012年）1237頁以下における同名の論文を必要な補正のうえ収録するものである。

判力の作用の仕方は，①の場合には一事不再理として，②の場合には後訴裁判所に対する拘束力として作用すると解すべきである[2]。もっとも，日本の学説においては，いかなる場合に既判力が後訴に及ぶ先決関係が肯定され，既判力が及ぶ結果，後訴裁判所が既判力のある前訴裁判所の判断を自己の裁判の前提にしなければならないのかという問題についてさえ，一部の文献を除き，これまで，さほど関心が向けられず，十分な具体的検討がなされていないように思われる。

第2款　既判力の主観的範囲

既判力の主観的範囲についても，基本的な理解について不十分な点が残されているように思われる。すなわち，訴訟に関与し判決の基礎となる訴訟資料を提出し，判決に影響を与えることができたのは当事者であるから[3]，既判力は当事者に及ぶのが原則である。しかし，既判力を当事者に限定すると，訴訟制度の意味が失われる場合が生じるため，法律が定める一定の場合には，前訴において当事者とならなかった第三者にも既判力が及ぶことが定められ（民訴115条1項2－4号），これによって権利保護の実効性の確保が目指される。そのような場合として，民事訴訟法には「当事者が他人のために原告又は被告となった場合のその他人」（同条1項2号），これらの者の口頭弁論終結後の承継人（同条1項3号），および同条1項1～3号に掲げる者のために請求の目的物を所持する者（同条1項4号）に既判力が拡張される旨規定されている。とくに，口頭弁論終結後の承継人の意義および範囲に関して，これまで多くの研究が公にされているが[4]，必ずしも問題の解明には至っていないように思われる。「口頭弁論終結後の当事者の承継人」とは何を意味するのか，すなわち，ここにいう「承継」とは訴訟的概念なのか，それとも「実

1　前訴で裁判された事項と正反対の事項について後訴が提起される場合，前訴確定判決は矛盾関係にある後訴として既判力を及ぼす。この場合，後訴の訴訟物は前訴のそれと同じではないが，訴訟物が同一の場合と同視することができる。松本博之／上野泰男『民事訴訟法〔第8版〕』（2015年・弘文堂）〔667〕〔松本〕。
2　松本／上野・前掲注（1）〔665〕〔松本〕。
3　補助参加人は訴訟に関与するが，その訴訟追行には制限があり，判決の既判力は補助参加人には及ばない。

体的な法的地位」の承継なのかが問題であるし，また，「承継人」は何を当事者から承継するのか，訴訟追行権（Prozessführungsbefugnisse）なのか，「紛争主体たる地位」なのか，それとも実体適格（Sachlegitimation）なのかが争われ，必ずしも明確な答えが与えられていないのである5。

第3款　本章の課題

本章の目的は，種々の重要な課題が残されている既判力理論の問題点のうち，物権的請求訴訟における請求認容判決の既判力の対象および既判力効の内容を明らかにするとともに，この請求認容判決が確定する法律効果は事実審の最終口頭弁論終結時の原告の物権的返還請求権の存在に限られるのか，それとも被告の占有権原の不存在も既判力によって確定するのかという問題

4　近時の代表的な文献として，小山昇「口頭弁論終結後の承継人について」北大法学論集10巻合併号（1960年）38頁以下（『小山昇著作集第2巻』〔1990年・信山社〕168頁以下所収）；同「口頭弁論終結後の承継人の基準に関する学説の展開について――日本民事訴訟法学説史の一断面」北大法学論集31巻3＝4合併号上巻（1981年）1119頁以下（前掲『小山昇著作集第2巻』180頁以下所収）；吉村徳重「既判力拡張と執行力拡張」法政研究29巻1・2号（1961年）224頁以下（同『民事判決効の理論（下）』〔2011年・信山社〕87頁以下所収）；新堂幸司「訴訟当事者から登記を得た者の地位（1）（2）」判評152号2頁以下，153号2頁以下（いずれも1972年）（同『訴訟物と争点効（上）』〔1988年・有斐閣〕297頁以下所収）；高見進「判決効の承継人に対する拡張」北大法学論集31巻3＝4合併号上巻（1981年）1223頁以下；中野貞一郎「弁論終結後の承継人――いわゆる実質説・形式説の対立の意味」同『民事訴訟法の論点I』〔1994年・判例タイムズ社〕213頁以下；上野泰男「既判力の主観的範囲に関する一考察」関西大学法学論集41巻3号（1991年）906頁以下；丹野達「既判力の主観的範囲についての一考察」同『民事法拾遺』（2004年・酒井書店）207頁以下；越山和広「口頭弁論終結後の承継人への既判力の拡張――その作用についての論点整理」香川法学22巻1号（2002年）47頁；同「既判力の主観的範囲――口頭弁論終結後の承継人」新堂幸司監修　高橋宏志／加藤新太郎編『実務民事訴訟講座〔第3期〕第3巻　民事訴訟の審理・裁判』（2013年・日本評論社）301頁以下；山本弘「弁論終結後の承継人に対する既判力の拡張に関する覚書」高橋宏志ほか編『民事手続の現代的使命　伊藤眞先生古稀祝賀論文集』（2015年・有斐閣）683頁以下；鶴田滋「口頭弁論終結後の承継人への既判力拡張の意味」法政研究81巻4号（2015年）817頁以下などをあげることができる。

5　園尾隆司編『注解民事訴訟法II』（2000年・青林書院）470頁〔稲葉一人〕参照。

に限定して若干の考察をすることにしたい。

第2節　物権的返還請求訴訟における請求認容判決の既判力の対象と既判力効

第1款　既判力の作用場面

　所有権に基づく物の返還請求訴訟において原告の請求を認容する判決が確定している場合，この判決が既判力の標準時後に，すなわち前訴の事実審の最終口頭弁論終結後に係争物の譲渡を受け占有を承継した者，または，単に占有を前主から承継した者に対して既判力を及ぼすことは判例・学説上一般に承認されている。もっとも，所有物返還請求訴訟の請求認容判決が原告の所有物返還請求権の存在を既判力により確定する場合に，この確定判決の既判力は法解釈的に（ドグマーティシュに）見て，相手方の占有承継人に対する後訴（たとえば，同一物の返還請求訴訟や所有権侵害に基づく損害賠償請求訴訟）に対してどのような作用を及ぼすのかという点についての説明は，十分にはなされていないように思われる。

　すなわち，既判力が後訴に対して作用するのは，前訴と後訴の訴訟物が同一の場合，既判力の生じた事項が後訴請求の先決的法律関係をなす場合，および，前訴と後訴との間にいわゆる矛盾関係が存在する場合である。ところが，被告側の占有承継の事案において，前訴と占有承継人に対する所有物返還請求の後訴とは，訴訟物に関する旧実体法説によれば，訴訟物を異にするので，後訴が前訴と同一の訴訟物を有することを理由に，前訴確定判決の既判力が後訴に対して作用することはない。それでは，前訴確定判決によって既判力をもって確定された事項が後訴請求の先決的法律関係（前提問題）をなしているのであろうか。原告の被告に対する所有物返還請求権または被告の原告に対する目的物の返還義務の存在は，原告の占有承継人に対する所有物返還請求権の先決的法律関係をなすものではない。というのは，原告の前訴被告に対する所有物返還請求権と，原告の占有承継人に対する所有物返還請求権とは，その発生原因を異にする実体法上別個独立の請求権であり，占有承継人に対する所有物返還請求権は占有承継人が原告の所有物を占有することによって，原告の被告に対する所有物返還請求権と無関係に発生する権

利であるので，前者が後者の前提たる先決的法律関係をなす関係にはないからである[6]。

それゆえ，所有物返還請求を認容した確定判決の既判力の主観的拡張の議論において，この確定判決は被告から目的物の占有を承継した第三者にその既判力を拡張しないという学説が，後述のように現実に文献の一部において主張されている。この学説の当否は後に考察するが，仮にこのような見解が正しいのであれば，所有権に基づき物の返還を命じる確定判決がある場合，被告は口頭弁論終結後に目的物の占有を第三者に移転しさえすれば，実質的に確定判決の既判力を難なく免れることができるようになり，それまでの確定判決の取得に向けた原告の努力は全くの水泡に帰するであろう。事が既判力制度の根幹にかかわる重大な問題であることは，多言を要しない。

第 2 款　既判力の対象

(1)　そこで検討を要するのは，所有物返還請求訴訟の原告の請求を認容する確定判決における裁判所の，どのような判断に既判力が生ずるのかという問題である。その際，既判力は「確定判決の主文について生ずる」という，一般に用いられている言い回しはミスリーディングであることが確認されなければならない。この言い回しは既判力が判決理由に生じないことを述べるのみであり，既判力の生じている対象を判断する材料が判決の構成要素としての判決主文（民訴253条1項1号）に限られるというのであれば，それは誤りである[7]。しばしば用いられている「主文に既判力が生ずる」という表現は，ミスリーディングであるので，止めるべきであろう。

既判力は請求原因や，被告の抗弁・抗弁権の存否についての裁判所の判断

6　中西正「既判力・執行力の主観的範囲の拡張についての覚え書き」川上正二ほか編『要件事実・事実認定論と基礎法学の新たな展開』（2009年・青林書院）612頁，637頁は，このような場合，原被告間の訴訟の訴訟物と原告・占有承継人間の訴訟の訴訟物との間には先決関係はないが，先決関係の場合に「準ずる」という。しかし，両者が別個の権利であることを前提とした上で，一方（原告の被告に対する所有物返還請求権または被告の返還義務）が他方（原告の占有承継人に対する所有物返還請求権）の前提となる場合に準ずるということはできず，全くの便宜的な説明にとどまっている。

7　Vgl. Stein/Jonas/*Leiold*, ZPO, 22. Aufl., Bd. 4, 2008, § 322 Rdnr. 170.

には生じないのが原則である（例外は，法律が明文規定によって定める相殺の主張についての裁判所の実体判断の既判力である。民訴114条2項）。所有権に基づく物の返還請求に対し被告が占有権原の抗弁を提出し，裁判所がこの抗弁に理由があると認めて請求棄却の判決をした場合にも，被告が占有権原の存在の確認を求める中間確認の申立てを提起していない限り，目的物についての被告の占有権原の存在それ自体は既判力によって確定しない。この点については，異論はない。これに対し，裁判所が所有物返還請求の成立要件の具備を確定し，被告の占有権原の存在を否定して原告の請求を認容した確定判決は，原告の所有権に基づく物の返還請求権の存在を確定するものであるが，それは同時に被告の目的物の引渡義務の存在を，したがって被告の目的物の引渡拒絶権の不存在または占有権原の不存在を既判力により確定すると解さなければならない。そうでなければ，たとえば，前訴原告が前訴被告に対して目的物の利用利益の返還を求めて提起した後訴において，後訴裁判所は審理に基づき前訴被告の占有権原を認めることによって自己の裁判を実質的に，前訴において認容された請求の正反対事項に基礎づけうることになるからである。

最近のドイツ連邦通常裁判所の判例は，このことを明確に承認している。たとえば，次の［1］および［2］の判例がある。

［1］ BGH Urteil vom 20. 2. 1998 NJW 1998, 1709

〔事実〕 1992年3月31日に破産したF会社は，SED/PDSの政党財産に属していた。F会社は，1991年7月30日のSゲマイン（係争土地・建物の権利主体）との契約に基づき，同所所在の廃城を，これを修理するという負担付きで利用した。1995年8月28日までは，F会社はこの家屋敷を占有し，城に相当な修理を施した。連邦政府は，1992年2月24日のVZOGの決定によって城の所有者となった。連邦政府は，F会社破産管財人に対して1994年1月5日に城の明渡しと利用利益（Nutzungen）の返還を求めて訴えを提起した。ラント裁判所は，明渡請求に関してのみ請求を認容し，この部分はその後確定した。原告は，後訴を提起し，利用利益の返還（各月33,379.76マルク，総額1,359,943.81マルク）を求めるとともに，控訴審で予備的に同額の財団債権の帰属の確認を求めた。上級ラント裁判所は，原告のこの確認の申立てを原因上理由があると認容し，請求権の額の審理のために事件をラント裁判所

に差し戻した。被告の上告により、原判決は次の理由で取り消され、事件は原審に差し戻された。

「明渡請求訴訟の訴訟係属の時から、被告には占有権原がなかったことが明渡判決の確定とともに同時に確定しているという、控訴裁判所の出発点は正当である。物の返還を命じる判決は、BGB 987条による利用利益の返還請求権についても既判力効を有する (BGH LM BGB § 987 Nr. 3)。もっとも、反対規範、ここでは土地の占有を求める被告の権利が明渡請求に対立していないという給付判決の、既判力から生じる確定は、口頭弁論の終結時点に関係するにすぎない。したがって、返還に対立する権利が事後になって消滅しているか否かという問題の余地が残る (*Rimmelspacher*, Materiellrechtlicher Anspruch und Streitgegenstandsprobleme im Zivilprozess, 1970, S. 185 ff.; *Götz*, NJW 1957, 1826)。しかし、裁判所が明渡請求を認容する確定判決において占有権を否定した場合——これは全く存在しなかったこともあれば、訴訟係属時にはすでに存在しなかったこともあるが——利用利益の返還をめぐる争いにあっては実体審理なしに、返還請求の訴えが初めから理由があったことから出発しなければならない (*Staudinger/Gursky*, BGB, 13. Aufl., Bearb., § 987, Rdnr. 2 a. E.)。本件では、事態はそうである。ラント裁判所は、破産者の締結した利用利益契約を種々の理由から無効と見なしたので、明渡請求を認容した。」

[2] BGH Urteil vom 26. 7. 2005 WM 2006, 1124 = NJW 2006, 63

〔事実〕 被告は原告のオフロードカー (Geländewagen) について1998年と1999年にすでにいくつかの修理作業を実施していたが、これは成功しなかった。原告は1998年3月31日に車を被告のところに引いて行かせ、被告はさらに修理作業を行い、1998年5月20日、22日にそれについて計算書を作成した。後になって、被告は車を原告に返還することを拒否し、被告の見解によれば3309, 95 DMと630, 61 DMに上る複数の債権について工場事業者質権 (Werkunternehmenspfandrecht) を援用した。一年半の期間に亘るオフロードカーの修理の試みが成功しなかった後、車が原告に返還されなかったので、原告は被告に対し損害賠償と欠陥除去費用の償還を請求している。LG Aachenは、車を原告に返還するよう被告に命じ、この判決は確定したが、同裁判所はその際、3309, 95 DMの債権には工場事業者質権は成立せず、630, 61 DMの債権のうち108, 61 DMはK有限会社の車の牽引費用に関す

るものであり，残りの522 DMについては，原告が被告と合意された車の返還条件を債権額の供託によって充足したので，工場事業者質権はいずれにせよ信義則によって成立しないと判断したのであった。車の返還を命ずる判決が確定した後，車は原告に引き渡された。続いて，原告は1998年6月から1999年11月までAstra Kombiの賃貸料月額2436 DM（消費税込み）の償還（総額46,284 DM）等を請求した。ラント裁判所は請求を大部分棄却し，上級ラント裁判所は原告の控訴を棄却し，被告の控訴に基づき原告の訴えを全部棄却した。原告の許可上告により，連邦通常裁判所は，次のように判示し，原判決を取り消し，事件を原審に差し戻した。

「返還請求権が，前訴において判断された訴訟物であって，抗弁（Einrede）ではなかった。返還判決の既判力がBGB 987条，989条による利用利益の返還請求および損害賠償請求の後訴のためにのみ意味を有するとすべき理由も，明らかでない。<u>既判力をもって認容された返還請求は，被告には返還を拒絶する権利が帰属しえないことを内容とする</u>。これとは異なる結果が許されるとすると，後訴における裁判は，実質的に返還義務の拒否に，したがって，前訴において認容された請求の正反対事項に基礎づけられうるであろう。これは，前訴において言い渡された判決の既判力と相容れない（BGHZ 123, 137 = NJW 1993, 2684; BGH NJW-RR 1999, 376 = NJW 1999, 1259 L）。（中略）
　返還判決の既判力は，たしかに，返還を命じられた当事者が後の時点において返還拒絶権を取得することを排除しない。しかし，<u>この期間において生じた，返還拒絶権の取得にとって重要である変動の主張がない場合，返還命令判決は，返還請求の訴訟係属の時から判決の基準となる判断時点，すなわち1999年8月12日の口頭弁論終結まで，かかる権利が返還を命じられた当事者に帰属していなかったことを，既判力をもって確定する</u>。被告がその後に返還拒絶権を取得したかも知れないことの手掛かりは，控訴裁判の確定からは生じていないし，そのことは被告によっても主張されていない。」（下線は引用者による）

(2)　所有権に基づく物の返還請求を認容する確定判決が被告の占有権原の不存在を既判力により確定するという見解は，ドイツでは文献においても異論なく支持されている[8]。
　所有物返還請求訴訟は，原告の占有の回復を目的とする訴訟であり，所有

権の帰属の確定を直接の目的とするものではない。そこでは，原告に物の占有を得させるべきか，それとも被告に占有権原が存在するのかが争われているのであり，訴訟の焦点は，占有権原が原告と被告のいずれに帰属するかにある。それゆえ，原告の所有物返還請求が認容された場合，被告の占有権原の不存在が既判力によって確定することは，この訴訟の必然的な要素であるということができる。この関係は，矛盾関係の既判力の典型例に似た関係である。すなわち，XのYに対する所有権確認訴訟の請求認容判決の確定後，同一事実関係のもとにおいて，Yが同一物の所有権確認の訴えを提起する場合，前訴確定判決は矛盾関係にある後訴に対して既判力を及ぼすことは一般的に承認されているが，それは，前訴確定判決の既判力が，原告の所有権の存在のみならず，被告の所有権の不存在を確定することによる[9]。

　争われるのは，占有権原の不存在についての既判力が訴訟係属時，あるいは，占有権原の消滅時まで遡るかどうかという問題である（過去に遡る既判力）。日本では簡単に否定されている問題であるが[10]，検討に値する問題である。

8　Stein/Jonas/*Leipold*, a. a. O.（Fn. 7），§ 322 Rdnr. 86；*Wieser*, Prozessrechts Kommentar zum BGB, 2. Aufl., 2002, S. 28 Fn. 2.；Thomas/Putzo/*Reichold*, ZPO, 30. Aufl., 2009, § 322 Rdnr. 30；Prütting/Gehrlein/*Völzmann-Stckelbrock*, ZPO, § 322 Rdnr. 34；Zöller/*Vollkommer*, ZPO, 29. Aufl., 2012, Vor § 322 Rdnr. 27a, 34a（「返還命令は占有権原の否定をも含む」），Rdnr. 40（給付の訴えを認容する判決は，肯定された法律効果が考慮されるあらゆる反対規範と相容れないこと，したがって，この法律効果に対して，このような反対規範が介入（durchgreifen）しないことを確定する。BGB 986条1項1号は，返還命令判決に対して介入しない。），§ 322 Rdnr. 13.

9　松本博之『既判力理論の再検討』（2006年・信山社）236頁以下；*Jauernig*, Teilurteil und Teilklage, in: 50 Jahre Bundesgerichtshof, Festschrift aus der Wissenschaft Ⅲ, 2000, S. 311；*ders*. Urteilsanmerkung, JZ 1997, 1127 f. 参照。

10　たとえば，新堂幸司『新民事訴訟法〔第5版〕』（2011年・弘文堂）693頁；伊藤眞『民事訴訟法〔第4版補訂版〕』（2014年・有斐閣）515頁；中野貞一郎ほか編『新民事訴訟法講義〔第2版補訂2版〕』（2008年・有斐閣）461頁〔高橋宏志〕；兼子一原著・松浦馨／新堂幸司／竹下守夫／高橋宏志／加藤新太郎／上原敏夫／高田裕成『条解民事訴訟法〔第2版〕』（2011年・弘文堂）518頁〔竹下〕。

第3款 物権的返還請求訴訟における請求認容判決の既判力の，口頭弁論終結後の占有承継人への拡張

1 承継および承継人の意味

　物権的返還請求訴訟の請求認容判決の既判力対象を考えるにあたり，先ず，従来の議論における承継および承継人の意味を検討しておこう。

　兼子一によれば，「請求についての紛争解決の上で，当事者と同視すべき地位にある特定の第三者には，既判力が及ぶ。即ちこれらの者と相手方との間で，当事者間におけると同様に作用する。」[11]。権利は法の観念的な所産であり，仮象である権利を実在化させるのが確定判決の既判力であると解する兼子・既判力理論（権利実在化説）[12]によれば，「当事者と同視すべき地位にある特定の第三者」に含まれるとされる口頭弁論終結後の占有承継人と被承継人の相手方との間に既判力が及ぶことの意味は，両者間の法律関係が前訴当事者間の確定判決の既判力により，前訴当事者間におけると同じように，新たな確定判決なしに「実在化」されるということであろう[13]。上野泰男は，このような口頭弁論終結後の承継人への既判力の拡張を称して「当事者型」既判力拡張と呼んでいる[14]。これに対し，確定判決の既判力を後訴当事者に対する訴訟上の拘束力と解する訴訟法説に立つ新堂幸司は，既判力が承継人に及ぶことの意味を，後訴の当事者である承継人は相手方との間での後訴において前訴当事者間の訴訟での訴訟上の請求についての既判力ある判断を誤りであると主張することができないことに尽きると主張する。たとえば所有権に基づく物の返還請求訴訟で目的物の返還を命じられた被告から当該目的物の占有を承継した第三者は，前主たる被告が原告に対して物の返還義務を負うことを既判力により争うことができないという意味であり，その前主の相手方の占有承継人に対する所有権に基づく返還請求権の存在が既判力をもって確定するのではないと主張する[15]。このような既判力の主観的拡張を称して，上野泰男は「承継人型」既判力拡張と呼ぶ[16]。兼子・権利実在化説

11　兼子一『新修民事訴訟法体系〔増訂版〕』（1965年・酒井書店）344頁。
12　兼子・前掲注（11）335頁以下。
13　中野・前掲注（4）224頁参照。
14　上野・前掲注（4）916頁。
15　新堂・前掲注（10）701頁。

は，既判力の拘束力の根拠を，確定判決によって実在化されるという実体法上の権利の通用力に求めるものであり，実体法の拘束力が既判力の拘束力を基礎づけるのであるから，実体法説の再構成の面を有し，また権利既存の観念を否定し，したがって不当判決の存在を否定するものである。しかし，実体権が訴訟前に存在しないというのは特異な見方であり，また，判決による権利の実在化といっても，事実認定や法適用の誤りによって判決が瑕疵を帯びうることは否定できない。それゆえ，不当判決の存在を前提に既判力論を論ずる方が有意義であり，また訴訟法説の下で再審の訴えの説明のために実体権に依拠することが可能になることも重要であるので，権利実在化説に立つことはできない[17]。

　他方，新堂説をはじめとして，既判力を後訴裁判所に対する訴訟法上の拘束力と捉える見解（訴訟法説）は，前主の相手方が前主に対して建物収去土地明渡請求権を有することを前訴確定判決の標準時に存在する事情に基づき再び争うことができない前主の占有承継人が，どのような理由によって，占有承継人に対する相手方の後訴において，前主から承継した（と主張する）自己の占有権原を主張することを許されなくなるのか，その理由を明らかにしていない。前訴の訴訟物と，相手方の占有承継人に対する後訴の訴訟物とは，旧訴訟物理論（旧実体法説）を前提とするかぎり，異なる。また，前主の相手方の前主に対する建物収去土地明渡請求権の存在は，占有承継人に対する相手方の建物収去土地明渡請求権の先決法律関係の位置にないので（占有承継人に対する相手方の建物収去土地明渡請求権は，前主の建物収去土地明渡義務と無関係に発生する），建物収去・土地明渡請求権に照準を合わせる限り，既判力の作用する先決関係は前訴と後訴との間には存在しないことになる。また，新堂説では，給付訴訟の請求認容判決の既判力は具体的な実体法上の性質決定を伴う法律効果に生じるのではなく，原告の抽象的な（実体法的に色づけされていない）被告に対する受給権の存在しか既判力によって確定していないので，このような法的性質決定を欠く受給権を基礎にして，既判力の及ぶ前訴と後訴との間の先決関係の存否を判断することはそもそも困難であろう。もっとも，新堂説は，争点効の要件を満たすかぎりで，請求の法的

16　上野・前掲注（4）915頁以下。
17　松本／上野・前掲注（1）〔661〕〔松本〕。兼子原著／松浦ほか・前掲注（10）525頁〔竹下〕も参照。

性質決定にも争点効が生ずるとする[18]。同様の問題は，所有権に基づく登記請求訴訟において請求認容判決が確定した場合，事実審の最終口頭弁論終結後に被告から当該所有権の移転登記を受けた第三者に，この確定判決の既判力が及ぶかどうかという問題においても生ずる。

　法的性質決定と既判力または争点効との関係については，後に立ち返る。

2　占有承継人または登記名義の承継人への既判力拡張を否定する見解の登場とその批判

　(1)　こうした中，前述のように日本の文献の中には，まさに既判力の主観的範囲の拡張との関係で，所有物返還請求を認容した確定判決は，既判力の標準時後に被告から目的物の占有や登記名義を取得した第三者に既判力を及ぼさないと主張する学説が登場している。それは丹野達の見解である。丹野達は次のように論じている。

　たとえば，原告（X）がその所有する甲土地に乙建物を所有して土地を占有している被告（Y）に対して，土地所有権に基づく建物収去土地明渡請求の訴えを提起し，勝訴判決を取得した場合に，この訴訟の事実審最終口頭弁論終結後に，Yから乙建物を譲り受け，その引渡しを受けたZには，Xの請求を認容する前訴確定判決の既判力は及ばないというのである。丹野論文は，このような事例（以下では，①の場合という）において，一方で，前訴判決の既判力はXのYに対する建物収去土地明渡請求権の存在について生ずるのみであり，Xの土地所有権の存在については生じないし，他方，XのZに対する後訴では建物の所有権の帰属がZにより争われた場合にのみ，Yが乙建物を所有していたところ，ZがYから乙建物の譲渡を受けたことが主張立証の対象になるにすぎず，しかも乙建物の所有権については前訴判決の既判力は生じておらず，したがって後訴においては前訴確定判決の既判力はまったく関係しない，と論じている[19]。

　また同じ例において，前訴の事実審最終口頭弁論終結後にXからZに土地の所有権が譲渡された場合（以下では，②の場合という），丹野論文はここ

---

[18] 新堂・前掲注（10）716頁以下。
[19] 丹野・前掲注（4）『民事法拾遺』216頁。最近，同様の理由により占有承継人や登記名義の承継人への既判力の拡張を否定するものに，山本弘・前掲注（4）692頁以下がある。

でも、ZのYに対する建物収去土地明渡請求訴訟（後訴）の訴訟物は前訴判決の既判力と何の関係をももたないと断じている[20]。

さらに、丹野論文は、民法94条2項の類推適用が問題になる例を挙げて、この例でも前訴確定判決の既判力の拡張は問題にならないとする。すなわち、甲土地の所有者である原告（X）が、Yとの間で売買を仮装してYに甲土地について所有権移転登記を行ったが、その後Yに対し登記の回復を求めたが拒否されたので、所有権移転登記の抹消登記請求の訴えを提起し、勝訴判決を得たところ、Yは事実審の最終口頭弁論終結後、当該登記をZに移転したという事例である（以下では、③の場合という）。この事例について、丹野論文は、前訴確定判決はXの所有権の存在を確定せず、その他後訴の訴訟物が実体法上依存する事項は既判力をもって確定されていないと主張し、またZがXの虚偽表示について善意であったとの主張は前訴とは全く関係のない事項の主張であると述べて、確定判決は後訴に何らの影響をも及ぼさないと主張する[21]。

このように、占有承継や登記名義の承継の事案について既判力の拡張を広範囲に否定する丹野論文は、しかし、彼の見解によれば既判力が及ばない第三者に対して少なくとも執行力の拡張を承認しなければ、前訴判決の空洞化が生じ、「勝訴判決を獲得するための費した原告の努力、出損、時間を無にするものであるとともに、裁判に対する一般国民の信頼を失わせることにもなる。これを防止するためには、判決の効力——少なくとも執行力の拡張を認めざるをえない」[22]という。しかし、仮に占有承継人や登記名義の承継人に確定判決の既判力が拡張されないのであれば、これらの者はなぜ執行力の拡張を受けなければならないのか、十分な理由づけがなされているとはいえない。占有承継人や登記名義の承継人に既判力が及ばないのであれば、これらの者は債務名義上の債権者に対して請求異議の訴えを提起して、前主から正当に占有権原または登記名義を取得したことを主張することを既判力によって阻止されず、後訴裁判所は証拠調べの結果、前訴被告は前訴原告に対して目的物の返還義務や移転登記義務または抹消登記義務を負っていなかったので、請求異議原告が前主から正当に占有権原または登記名義を取得した

---

20 丹野・前掲注（4）『民事法拾遺』216頁, 217頁。
21 丹野・前掲注（4）『民事法拾遺』218頁。
22 丹野・前掲注（4）『民事法拾遺』221頁。

ことを認定して，請求異議の訴えを認容することを既判力によって妨げられないことになる。そうなると，債務名義の執行力は請求異議認容判決によって排除されるので，丹野論文のように，既判力が及ばない第三者に対して執行力の拡張を承認したとしても，結局は訴訟制度に対する一般国民の信頼は確保できないことに変わりはないであろう。

なお今日では，執行力の第三者への拡張は既判力の拡張の効果でなく，民事執行法独自の観点から認められるものであることを主張する有力説[23]が存在し，丹野論文の見解もこの立場に立つものであろう[24]。この見解によれば，既判力の及ばない第三者であっても，民事執行法独自の見地からの利益考量の結果，執行力が第三者に及びまたは及ばないことが決定される。たしかに，執行力の範囲に関する基本規定は，民事執行法23条であり，民訴法115条により既判力が及ぶ者に執行力が拡張されるのではない。執行力の拡張は，既判力のない債務名義にも民事執行法23条によって認められていることが示すように，第三者への既判力の拡張とは別の考慮に基づくものであり，それゆえ既判力の拡張と執行力の拡張とは全面的には一致しない[25]。しかし，民事執行法23条1項および3項が既判力の主観的範囲を定める民訴法115条1項とほぼ同じ要件によって執行力の主観的範囲を定めていることが示唆するように，執行力の主観的範囲と既判力の主観的範囲とが一直線上にあることは否定できない。それゆえ，既判力のない債務名義についても，民事執行法23条1項3号および2項の解釈は，民訴法115条1項との関連においてなされるべきである。既判力のない債務名義については，既判力が実際に発生していなければならないのではなく，それが確定した判決であると仮定した場合に，その既判力が同一の権利承継人または義務承継人に及ぶ場合であるなら

---

23 中野貞一郎『民事執行法〔増補新訂6版〕』(2010年・青林書院)170頁；*T. Nakano*, Umkehr der Klagelast - Ein Beitrag zur Lehre der Vollstreckbarkeitserstreckung, Festschrift für Baumgärtel, 1990, S. 403 ff. ; 伊藤・前掲注 (10) 543頁，572頁，573頁。

24 丹野・前掲注 (4)『民事法拾遺』220頁以下。

25 竹下守夫『民事執行法の論点』(1985年・有斐閣)92頁以下；*T. Nakano*, a. a. O. (Fn. 23), S. 403 ff.; Stein/Jonas/*Münzberg*, ZPO, 22. Aufl., Bd. 7, § 727 Rdnr. 4; MünchKomm-ZPO/*Wolfsteiner*, Bd. 2, 4. Aufl., 2012, § 727 Rdnr. 1; *Wolfsteiner*, Die vollstreckbare Urkunde, Handbuch mit Praxishinweisen und Musterformulierungen, 3. Aufl., 2011, Rdnr. 42. 6.

ば，執行力の拡張を肯定してよいと解すべきである[26]。

(2) 丹野論文の指摘を取り上げ，既判力の主観的範囲を論じた越山和広は，丹野の考え方を次のように批判する[27]。すなわち，「このような考え方は，承継人に対する既判力拡張制度の意義自体を否定しかねない。確かに，(①の事案では) 第一訴訟で主張されている訴訟物と第二訴訟のそれとは同一ではないし，異なる訴訟物間で既判力が作用する先決関係，矛盾関係があるともいえない。また，実体法的にも第一訴訟で主張されている引渡請求権と第二訴訟で主張されるそれとは同一のものではないことも明らかである」が，「だからといって第一判決の既判力が作用しないと断定するのは，既判力拡張制度に対する誤った理解に基づくのではないだろうか」と。越山論文によれば，訴訟物の同一性を観念することができないという事態は，売買代金支払請求の前訴において勝訴または敗訴した原告 (X) から事実審の最終口頭弁論終結後にこの売買代金請求権の譲渡を受けたZの場合にも生じる。そこから，越山論文は「既判力標準時後の承継人制度は，当事者も訴訟物も異なるゆえに必要な既判力拡張制度として構成されなければならないのであり，それ自体が既判力の一般原則の修正を意味している」と主張するのである。

しかし，この越山論文の指摘は，丹野論文とは異なる方向においてではあるが，重大な問題を含んでいる。既判力の標準時後の承継人制度を通して，当事者も訴訟物も前訴と異なる後訴に対して前訴確定判決の既判力が拡張するとし，建物収去土地明渡請求訴訟の事実審の最終口頭弁論終結後に建物を譲り受けまたは賃借した第三者のように，派生的な権利義務を「引き受けた」場合は，後訴において新たに主張される請求権は前訴において主張された請求権と「同一性を擬制される」と見るのであるが，これによって，口頭弁論終結後の承継人への既判力の拡張を正当化することができるのであろうか。気になるのは，越山論文が既判力の承継という場合，何を承継と見るかを明らかにしていないこと，および，各々別個に発生する，前訴で主張される請

---

[26] *Bettermann*, Die Vollstreckung des Zivilurteils in den Grenzen seiner Rechtskraft, 1948, S. 57 ; Wieczorek/Schütze/*Paulus*, ZPO, 3. Aufl., 1994 ff., § 727 Rdnr. 19 ; *Wolfsteiner*, a. a. O. (Fn. 25), Rdnr. 42. 6 ; 松本博之『民事執行保全法』(2011年・弘文堂)〔164〕。

[27] 越山・前掲注 (4)「口頭弁論終結後の承継人への既判力の拡張」47頁以下；同・前掲注 (4)「既判力の主観的範囲——口頭弁論終結後の承継人」309頁以下。

求権と後訴で主張される請求権との同一性を擬制する基礎がどこにあるかを明らかにしていないことである。相手方（前訴原告）の占有承継人に対する第2の訴訟では，前訴被告に対する建物収去土地明渡請求権と連続した占有承継人に対する建物収去土地明渡請求権が主張されるのであり，訴訟物が全く異なるとまでいうことはできないものの，請求権の同一性を肯定することは困難である。しかし，前述のように，相手方の所有権に基づく建物収去土地明渡請求訴訟において請求を認容する確定判決は，原告に所有権に基づく建物収去土地明渡請求権が帰属すること，したがって被告には土地の占有権原がないことを既判力によって確定している。それゆえ，建物を取得し引渡しを受け，直接占有者になった占有承継人に対する建物収去土地明渡請求の後訴に対し，前訴確定判決の既判力が先決関係として作用するがゆえに，後訴裁判所は前主が占有権原を有していなかったことを前提に裁判しなければならないと解すべきである。この点には，後にもう一度立ち返る。

3 検 討

(1) 丹野論文は，前訴判決において既判力を生じた事項と後訴請求の法律要件要素（「要件事実」[28]と呼ばれている）との関連性を検討して，前訴確定判決の既判力が後訴に作用するかどうかを決定する。これは，はっきりとは述べられていないけれども，前訴当事者間の訴訟の訴訟物と承継人と相手方との間の訴訟の訴訟物とが異なることを前提に，前訴判決の既判力ある事項（法律効果）が後訴請求の法律要件要素の一部を構成しているかどうか，すなわち前訴裁判所の既判力ある判断が後訴請求の先決関係をなし，それゆえ既判力が後訴に作用する関係にあるか否かを検討するものである。そして丹野論文の結論は，先に挙げられた諸例において，この先決関係に基づく既判力が後訴に及ばないことを論証しようとするものということができる。従来の学説が承継人への既判力の拡張を論じる際，前訴と後訴の訴訟物が異なる場合に，両訴訟間にいわゆる先決関係が存在するか否かを問題にしないで，既判力の拡張を論じていることの不十分さを（必ずしも直接的な形においてではないにせよ）指摘するものといえるが，解釈に争いのある民訴法115条1項3

---

[28] 最近では，「要件事実」は法律要件要素に直接該当する事実であり，主要事実と同義であるとするものが多い。ここで言われているのは，そのような要件事実ではなく法律要件要素自体であることに注意しなければならない。

号にいう承継人の意義について自己の見解を示していないという不備があるほか，丹野論文の具体的な論述には次のような多くの問題が含まれており，これに従うことはできない。ただし，既判力の生ずる確定判決の判断が後訴の先決事項である場合の既判力の作用に関して，この先決関係性が肯定される場合の検討の必要性を示唆する点は重要である[29]。

　①の場合，丹野論文の見解によれば，後訴被告ZがYから建物所有権を譲り受けその引渡しを受けることによってYの有していた土地占有権原を正当に譲り受けたので，Xに対する返還義務を負わないと主張して請求棄却判決を求めることは，既判力により妨げられないことになる。そうなると，後訴においてYの占有権原の存否について改めて審理裁判が行われなければならず，後訴裁判所が審理の結果次第では，前訴確定判決と異なり，Yの占有権原の存在を肯定し，これに由来するZの占有権原の承継取得をも肯定する場合にはXのZに対する土地所有権に基づく建物収去土地明渡請求を理由なしとして棄却する判決がなされなければならなくなる。しかし，かくては，越山論文が指摘するように，前訴確定判決の存在意義，したがってまた前訴の存在意義はどこにあるのか甚だ疑わしい。当事者も裁判所も，事実審の最終口頭弁論終結後に敗訴被告が建物所有権を第三者に移転し，または単に建物の占有を第三者に移転しさえすれば，この第三者との関係では既判力を無にすることのできる確定判決を目指して前訴において訴訟を追行してきたことになる。しかし，そのようなことは，法の意図するところとは思われない（もちろん，だからといって越山論文のように既判力の拡張とは，当事者も訴訟物も異なるがゆえに必要な制度だということには直ちにはならない。この点は後述）。

　たしかに，①の場合，XのZに対する所有権に基づく建物収去土地明渡請求権とXのYに対するそれとは厳密にいえば別個の請求権であり，旧訴訟物理論（旧実体法説）によれば訴訟物は異なり，後者は前者の先決的法律関係でもない。しかし，Zは係争物の譲受人であり，Yから義務の帰属主体性の意味での消極的実体適格（negative Sachlegitimation）を承継した権利承継人（Rechtsnachfolger）＝目的物の引渡義務の付着する権利承継人であり，

29　先決関係の既判力の作用については，松本／上野・前掲注（1）〔669〕〔松本〕参照。

前訴確定判決はXとZとの間の後訴に対し既判力を及ぼす，と解することができる[30]。それゆえ，Zは，XがYに対して建物収去土地明渡請求権を有しており，Yは占有権原を有していないという前訴確定判決の判断を既判力により争うことができないので，既判力の標準時前に存在する事実および証拠方法を提出して，Yから取得した占有権原の抗弁を提出することを既判力の失権効によって遮断されるのである。そして，このように占有承継人であるZに対し，Yが占有権限を有していなかったという前訴裁判所の判断の既判力が作用する場合，Zは前訴当時Xに土地の所有権がなかったことを主張して，Xの建物収去土地明渡請求権を争うことも，Xの建物収去土地明渡請求権の存在を確定する前訴判決の既判力の失権効によって遮断される。前訴確定判決の既判力はXへの土地所有権の帰属自体を確定するものではないが，Zが前訴当時Xに所有権がなかったと主張することは，Yと同様に，後訴に拡張される既判力の失権効によって遮断される。

③の場合には，前訴確定判決はXの所有権を確定することが考えられる[31]。Xの所有権の存在が既判力によって確定すれば，この判決はXのZに対する後訴に対して先決関係として既判力を及ぼす。しかし，この点を別にしても，前訴確定判決は，Yがその所有権登記によってXの所有権の円満な状態を妨害していることにより登記抹消義務を負うことを確定しているので，ZもYから係争物とその登記名義を承継することによって，係争物に対する当事者の法的関係を示す実体適格（ここでは，所有権に基づく登記抹消請求

---

30 本書321頁以下参照。
31 兼子・前掲注（11）343頁が，この場合に所有権の既判力による確定を肯定するのに対して，通説は，物権（たとえば所有権）に基づく登記請求の認容判決は，物権の存在は単なる前提問題であり，理由中の判断にすぎないことを理由に，当該不動産の物権の原告への帰属を既判力により確定しないとする。判例（最判昭和30年12月1日民集9巻13号1903頁）も，同じ見解である。しかし，この場合には，当事者間で争われた物権の原告への帰属について既判力が生じると解すべきである。当事者が訴訟で問題として争ったのは，まさに物権の帰属である。権利を公示するために権利の登記が必要なのであって，登記請求訴訟は物権の帰属の確定を目的とする特別の形式にすぎない。Stein/Jonas/*Leipold*, a. a. O. (Fn. 7), § 322 Rdnr. 209; *Zeuner*, Die objektiven Grenzen der Rechtskraft im Rahmen rechtlicher Sinnzusammenhänge, 1959, S. 31 ff.（アルブレヒト・ツォイナー〔松本博之訳〕『既判力と判決理由』〔2009年・信山社〕38頁以下）；松本／上野・前掲注（1）〔670〕〔松本〕参照。

権の消極的実体適格）をYから承継したのであり，前訴確定判決の既判力が既判力の生じた事項を先決関係とする後訴の当事者であるZに及ぶ。したがって，Zは，自己の登記名義が前主の正当な登記名義に依拠するものであり，それゆえ，正当に登記を保持する権限を有すると主張することは，既判力の失権効によって遮断されるのである。もっとも，丹野論文が主張するように，Zは，既判力の標準時後に虚偽表示につき善意の第三者としてYから有効に所有権を取得したという事情を，既判力によって遮断されることなく主張することができる。しかし，これは既判力の標準時後のZ固有の事情であって，その主張が既判力によって遮断されないことは，Zが既判力を受ける承継人であることと矛盾するものではなく，XY間の確定判決の既判力効がZに及ぶことを左右しない。すなわち，YがXに対し移転登記の登記抹消義務を負うことを，Zは既判力によって争うことができない，したがって，Zも，Yの登記が正当な登記であることを既判力の標準時前の事実の主張，証明によって明らかにすることができないことに変わりはないのである（詳しくは後述6）。

②の場合は，原告側の承継の事例であるので，後に検討する。

(2) 次に，以上の丹野論文の見解を批判する越山論文の見解を検討しよう。結論として，この見解には全面的には同意することができない。越山論文が既判力の拡張が当事者間における既判力の作用を超えて，いわば創造的に一般原則の修正として行われるとしていることに，基本的な疑問がある。とりわけ，一般的に既判力の拡張が肯定されている原告側の債権譲渡の例において，売買代金支払請求の前訴において終局的に勝訴または敗訴した原告（X）から事実審の最終口頭弁論終結後にこの売買代金請求権の譲渡を受けたZのYに対する売買代金請求も ── 債権の帰属主体が同一でないゆえ ── 前訴の訴訟物と同一でないと見る[32]ことを，既判力拡張制度が訴訟物の同一性や先決関係とは関係を有しないことの証左とするのは，不適当である。なぜなら，債権譲渡は，債権の同一性を維持しつつその帰属主体を代えるものであり，全くの実体法上の権利承継の典型例であろう。この場合には，訴訟物は，どのような訴訟物理論によっても，前訴と後訴において同一であり，勝

---

[32] もっとも，このような見解は，当事者が異なれば，同一の権利であっても，異なる訴訟物をなすとする多数説の立場に立つものである。中野貞一郎「訴訟承継と訴訟上の請求」前掲注（4）『民事訴訟法の論点I』149頁，157頁も参照。

訴原告からの債権譲受人が新たな債務名義の取得を目指して提起する給付の後訴は，債務名義の滅失のような特別の事情がないかぎり，既判力によりまたは訴えの利益の欠缺を理由に不適法として却下されなければならないからである（この場合，債権譲受人は債権譲渡を証明して，執行文付与機関に名義移転執行文〔titelübertragende Klausel〕の付与を申し立てることができ，これを得て，強制執行をすることができる）33。また，敗訴原告からの債権譲受人は，前訴原告が終局的に，すなわち一時的な棄却理由によるのでなく，請求を棄却されているかぎり，債権譲渡を主張することによって既判力の作用を免れることはできない34。もっとも，既判力の拡張が問題となる場面では，確定判決によって確定した法律効果と後訴において主張されるべき法律効果とが同一でない場合が生ずる。厳密には訴訟物が同じでない後訴にも，民訴法115条1項3号の類推適用により既判力の拡張を認める必要が生じる場合があることを否定するものではない。

(3) 以上の検討が示すように，従来の実務や学説における所有権に基づく物の返還請求を認容する確定判決の既判力の捉え方には，そもそも重大な問題があるのである。所有権に基づく物の返還請求訴訟は当該目的物の占有権原が原告 (X) と被告 (Y) のいずれに存在するかを確定するという目的を有する訴訟である。この訴訟において被告の占有権原を否定して（またはこれが争いにならず）原告の請求を認容する前訴確定判決は，YがXに建物を収去して土地を明け渡すべきことを命じている。すなわち，Yは建物収去土地明渡義務を負うこと，したがってYには建物を所有することによって土地を占有する権原がないことが，一般的にいえば，前述のドイツ連邦裁判所の判例がいうように，Yには占有権原の抗弁が存在しないことが既判力により確定しているのである。建物収去土地明渡請求訴訟の確定判決の既判力の標準時後に当該建物の所有権を取得し，引渡しを受け，その結果土地を占有

---

33 従来の民事執行法学においては，民事執行法27条1項の定める執行文は「承継執行文」と呼ばれているが，承継の場合に限定されず，また前主のための／または前主に対する債務名義を承継人のために／または承継人に対して書き換えるものであるので，ドイツ強制執行法の文献に従って「名義移転執行文」と呼ぶべきであろう。松本・前掲注 (26) 〔163〕参照。

34 松本博之「請求棄却判決の確定と標準時後の新事実による再訴」同『既判力理論の再検討』(2006年・信山社) 13頁，68頁以下参照。

することになった占有承継人（Z）は，係争物の権利承継人となり，これに伴い建物収去土地明渡請求の消極的実体適格を基礎づける事由である土地の占有をYから取得することによって，建物収去土地明渡請求訴訟の係争権利関係についての消極的実体適格（Passivlegitimation）をYから承継し，しかも，土地の占有権原の有無は建物収去土地明渡請求の先決的法律関係であるので，Zは，XY間の確定判決の既判力の拡張を受け，Yの占有権原に由来する自己の占有権原を主張するためにYの占有権原を援用することを既判力により阻止されるのである。

　同じように，所有権に基づく登記請求訴訟において登記の抹消または移転を命じられた被告から事実審の最終口頭弁論終結後に登記の訂正を求められていた目的物の登記の移転を受けた第三者は，登記名義の所在が所有権に基づく登記訂正請求の消極的実体適格を基礎づける事由であるので，所有権に基づく登記請求訴訟の消極的実体適格の承継人であり，この者には既判力が拡張される。また，無効な権利取得に基づき移転登記を受けた第三者や単純に移転登記を受けた第三者にも，権利承継人に準じて既判力が及ぶ。なぜなら，所有権に基づく登記簿の記載の訂正を求める訴訟については，登記簿に登記された者だけが被告となることができ，登記された者が自己の取得した登記簿上の地位（Buchstellung）を原告のために放棄するよう求められているのであるから，係争状態にある法律関係上の地位である被告の登記名義が登記簿訂正請求の実体適格を基礎づけ，それゆえ，第三者への移転登記の原因である法律行為が無効である場合にも，口頭弁論終結後の被告側の登記名義（のみ）の承継人は，不動産上の権利を取得した権利承継人に準じて権利承継人と見ることができるからである[35]。

　このように，所有権に基づく建物収去土地明渡請求訴訟や登記請求訴訟においては，占有承継人または登記名義の承継人に対する既判力の拡張はないという，丹野論文によって主張されている見解は，断じて正しいものではない。

第4款　物権的返還請求訴訟における確定判決の既判力の，口頭弁論終結後の原告側の承継人への拡張

(1)　所有権に基づく物の返還請求訴訟の勝訴原告（X）から事実審の最終

口頭弁論終結後に目的物の所有権を取得した第三者（Z）には，実体適格の承継人として既判力が及ぶ。厳密にいえば，前訴で主張された所有権に基づく返還請求権とZの前訴被告Yに対する返還請求権は実体法上別個の請求権ではあるが，係争物の所有権は物権的返還請求訴訟の積極的実体適格を基礎づけており，所有権が第三者に移転すると，この積極的実体適格が第三者によって承継されるので，譲受人は民訴法115条1項3号にいう承継人であり，既判力はこの者に拡張される。したがって，この場合，事実審の最終口頭弁論終結後にXが前訴と同一の事実関係の下において再訴を提起する場合と同様に，Zが提起することあるべき後訴も一事不再理により不適法として却下されるべきである。もっとも，このような第三者は名義移転執行文の付与を受けて引渡しまたは明渡しの強制執行をすることができるので，既判力の拡張の問題は通常表に現われることはない。しかし，執行力が第三者に及ぶ基礎には，既判力の第三者への拡張があるので，既判力が第三者に及ぶことを確認しておくことは重要である。

(2) 所有権に基づく物の返還請求訴訟の敗訴原告から事実審の最終口頭弁論終結後に目的物の所有権を取得した第三者にも，勝訴原告からの所有権の取得の場合と同じように，既判力が及ぶ。この第三者も，口頭弁論終結後の積極的実体適格の承継人であるからである。ここでも，この第三者が前訴被告に対して提起する所有物返還請求の後訴は，Xが自ら前訴と同一の事実関

---

35 当事者恒定主義を採るZPO 265条についてドイツの判例・通説が単なる登記名義の承継人も権利承継人の枠内にある者と捉えていることが参考になる。RGZ 82, 35; RGZ 121, 379（「本件のように登記簿の訂正に向けられた訴訟が存在し，原則として登記簿に登記された者だけが被告であり，登記された者が自己の取得した登記簿上の地位（Buchstellung）を原告のために放棄するよう追及される場合，ZPO 265条の意味における譲渡人は自己の登記名義を訴訟係属の発生後に移転した者である。そして彼の権利承継人は，この時点以後登記簿上の地位を取得した者である」）; BGH MDR 2002, 1185（訴訟係属後に所有権移転の仮登記の名義を後の買主に書き換えた場合に，被保全請求権の無効のゆえにその訂正を求められている仮登記も係争物であり，仮登記に対して向けられたBGB 894条による登記簿訂正の訴えは仮登記権利者の登記簿上の地位を係争状態にする）; MünchKommZPO/*Becker-Eberhard*, 4. Aufl., 2013, § 265 Rdnr. 39; Musielak/*Foerste*, Kommnentar zur Zivilprozessordnung, 9. Aufl., 2012, § 265 Rdnr. 3; Rosenberg/Schwab/*Gottwald*, Zivilprozessrecht, 17. Aufl., 2010, § 100 Rdnr. 11; Stein/Jonas/*Roth*, Kommentar zur Zivilprozessordnung, 22. Aufl., Bd. 4, 2008, § 265 Rdnr. 8.

係のもとでも提起した同一訴訟物についての再訴と同様に，一事不再理により不適法として却下されるべきである。それゆえ，同一訴訟物をもつ後訴と同じように，承継人の後訴は不適法として却下されるべきである。

第5款　承継概念と請求権の法的性質

(1) 第三者が口頭弁論終結後の承継人に当たるかどうかの判断において，物の返還命令が所有権に基づくか，または，たとえば使用貸借または賃貸借の終了に基づくかによって，承継人の範囲が左右されるかどうかという問題がある。たとえば，土地の所有者であるXがYに対する土地賃貸借契約の解除を主張して建物収去土地明渡しを求めた訴訟において，裁判所が土地賃貸借契約の有効な解除を認定して請求認容判決をした事案において，既判力の標準時後ZがYから当該土地上の建物の所有権を取得し，建物と敷地の引渡しを受けた場合，XのZに対する後訴請求は所有権に基づく建物収去土地明渡請求であるため，旧訴訟物理論による限り，前訴と後訴は訴訟物を異にしており，Zは口頭弁論終結後の承継人に当たらないのではないかという点が問題になる。

　この問題については，周知のように見解が対立している。1つの見解は，Zは，前訴においてXの主張した権利が土地所有権に基づく建物収去土明渡請求権である場合にのみ口頭弁論終結後の承継人に当たると見る[36]。これに対し，第2の見解は，前訴確定判決が土地所有権に基づく建物収去土地明渡請求権を確定しているか，賃貸借契約終了による建物収去土地明渡請求権を確定しているかを問わず，標準時後の土地の占有承継人は口頭弁論終結後の承継人に当たると見る[37]。これは，受給権の主張を給付訴訟の訴訟物と捉える新堂幸司の見解である。第3の見解は上野泰男のそれである。上野論文は，この問題を，「口頭弁論終結後の承継人への既判力の拡張のされ方，すなわち，本稿のいう『当事者型』既判力拡張，『承継人型』既判力拡張という2つの観点から」再検討すべきであるとする。それによれば，賃貸借契約終了による建物収去土地明渡請求権も，土地の明渡請求権である点で物権的

---

[36] 兼子・前掲注(11) 345頁；仙台高判平成7年10月31日判時1573号35頁＝判タ920号243頁。

[37] たとえば，新堂・前掲注(10) 702頁。

な土地明渡請求権と共通性を有し，かつ「建物所有権の承継取得による土地の占有という被告適格を基礎づける法的地位は，まさにこの請求権にかかわるから，X（原告）のY（被告）に対する請求権と同一性を擬制される請求権であると解することができる。したがって，『承継人型』既判力拡張説によれば，XがYに対して土地明渡請求権を有することをZ（占有承継人）は争いえないから，これと矛盾するような攻撃防御方法（例えばZの土地賃借権の承継取得）を提出することを許されない」[38]とする。越山論文も，「既判力の主観的範囲の拡張とは，現象的に見れば，第一の訴訟の判決効が当事者も請求も異なる第二の訴訟へとシフトする形態」であり，それは第二の訴訟で主張される請求権は第一の訴訟で主張された請求権と同一性を擬制される結果，その範囲内で第一の訴訟の判決効が第二の訴訟へとシフトするという意味であると見て，「同一性が擬制される限度は，第一の訴訟と第二の訴訟とで承継がなかったと仮定した場合に，第一の訴訟の既判力が第二の訴訟に及ぶ限度で肯定できる」と主張する[39]。

(2) 第1説は，権利実在化説を主張する兼子一が主張する見解であり，この見解では債権的返還請求権を実在化した既判力が承継人に対する物権的返還請求権を実在化することができないのは当然である。権利実在化説と結びつきの強い第1説をとることはできない。また，旧訴訟物理論（旧実体法説）は，いわゆる訴えの選択的併合を適法と認め，裁判所がいずれかの請求権を認める場合には他の請求権についての判決の申立ては解除条件の成就により訴え提起時に遡って消滅すると構成する。土地の所有者が賃貸借契約の解除を主張して建物収去土地明渡しを求める訴えを提起する場合にも，所有権に基づく返還請求と契約終了による返還請求を選択的に併合するものと捉える。その結果，裁判所が原告の所有権に基づく返還請求権を認定し，請求を認容した場合には，この判決の既判力は事実審の最終口頭弁論終結後に敗訴被告から建物の譲渡と土地の引渡しを受けた第三者に及ぶが，裁判所が土地賃貸借契約の有効な解除を理由に被告に建物の収去，土地明渡しを命じた場合には，被告が事実審の最終口頭弁論終結後に建物を第三者に譲渡すると，この判決の既判力はこの建物譲受人・土地の占有承継人には及ばない。しかし，

---

38 上野・前掲注（4）929頁（ただし，XYZの記号の使い方は本書とは異なる）。
39 越山・前掲注（4）香川法学22巻1号57頁以下。

裁判所がいずれの法的観点を選択するかによって，このように既判力の拡張の有無が左右されるのは極めて不適切である。その意味で，第2説が物権的請求か債権的請求かによって承継人への既判力の拡張を左右すべきでないと主張するのは，適切である。

　上野説も越山説も，問題を含んでいる。とくに，前訴の訴訟物と後訴の訴訟物の同一性が擬制されると説明される点が問題である。XのYに対する債権的明渡請求権の存在が既判力によって確定している場合，占有承継人であるZに対するXの請求は，多くの場合，所有権に基づく請求または物権的請求である。この場合，近時主張されているように[40]，訴訟法上の意味での被告適格（訴訟追行権）のYからZへの承継は存在しない。なぜなら，訴訟追行権の意味での当事者適格は，誰を当事者として本案判決をすることが権利保護または紛争の解決にとって有効適切かという観点から判断される訴訟要件であり，具体的な訴訟の訴訟物を基準に判断されるものであるから，XのYに対する前訴の訴訟物とXのZに対する後訴の訴訟物が違う以上（訴訟物について旧実体法説に立つ場合），訴訟追行権の承継は存在し得ない。上野論文の説明は，訴訟物が異なることを認めた上で，Zの占有がYの占有に由来することを理由に前訴と後訴で主張される請求権の同一性を擬制するものであるが，請求権を実体法上成立させる一部の事由（ここでは占有）が2つの請求権において共通であるだけで，請求権の同一性が擬制されるということはできないであろう。また，後訴原告であるXの訴訟追行権は前訴では債権的明渡請求権の主張によって基礎づけられており，後訴の方はたとえば所有権に基づく返還請求権の主張によって基礎づけられるのであり，原告Xの訴訟追行権を基礎づけるとされている原告Xの法的地位は前訴と後訴とで全く異なるのであるから，上野説によれば，Zへの既判力の拡張が正当化されるためには，前訴の訴訟物が所有権に基づく請求であるか，少なくとも所有権にも帰しうる法的地位の主張であることが必要なのではなかろうか。同様の批判は，上野説を援用して，第二の訴訟で主張される請求権は第一の訴訟で主張された請求権と同一性を擬制される結果，その範囲内で第一の訴訟の確定判決の既判力の失権効が第二の訴訟へとシフトすると説明する

40　上田徹一郎／井上治典編『注釈民事訴訟法（2）』（1992年・有斐閣）248頁〔池田〕；加波眞一「訴訟承継論覚書」摂南法学30号（2003年）1頁，13頁以下。

越山論文の見解にも当てはまる。もっとも，このようにいうことは，Zの占有がYの占有に由来することを理由に前訴と後訴の請求権の同一性を擬制することの問題性を指摘するものであり，Zのような占有承継人が既判力を受ける承継人でないということを述べるものではない。問題は，民訴法115条1項3号にいう承継人とは何で，また何を前主から承継するのかということにある。

(3)　私見によれば，承継されるのは主張された当事者の実体適格 (Sachlegitimation) である。すなわち原告側では積極的実体適格 (Aktivlegitimation) であり，被告側では消極的実体適格 (Passivlegitimation) であると解すべきである。実体適格は，主張された，訴訟の対象となっている権利義務の帰属主体性を示す概念である。この実体適格と訴訟追行権は，常には明確に区別されていないけれども，明確に区別することが必要である[41]。訴訟追行権は，当事者として (すなわち自己の名で) 訴訟を追行する権能であり，通常は，争われている法律関係の主体に帰属するものである。この場合には殆ど問題は生じない。これに対し，法律関係の主体以外の者が例外的に訴訟追行権を有する場合，この者の訴訟追行権は彼等の行う訴訟行為の適法性のための要件である。これと異なり，実体適格は，提起された請求権が実体法上原告または訴訟担当の場合には被担当者に帰属し (積極的実体適格)，または被告に対して向けられていること (消極的実体適格) を意味し，請求の理由具備要件に属する[42]。

　事実審の最終口頭弁論終結後に実体適格の変動が生じた場合，実体適格の承継人に既判力が拡張される。そうでないと当事者間の判決が全く無駄になり訴訟制度の存在理由が否定される場合に，これを阻止するためであり，それゆえ当事者間での既判力の作用と同じように，かつ同じ範囲で，既判力が第三者に対して働くことを確保すれば足り，それを超えて既判力を拡張する理由は原則として存在しない。すなわち，既判力の承継人に対する拡張は，確定判決における訴訟上の請求の当否についての判断が第三者と当事者の一方との間の後訴において尊重されることを意味する。すなわち，前訴当事者間の後訴と同じように先決関係として，または一事不再理として作用するこ

41　*Schilken*, Veränderungen der Passivlegitimation im Zivilprozess, 1987；本書263頁以下，318以下参照。

とを基本的に意味する[43]。実体適格の承継の有無を判断する基準は，確定判決がどのような請求権を確定しているかである。物権的請求権は被告の占有を法律要件の１つとするものであり，占有が消極的実体適格を基礎づけるので，占有承継人は消極的実体適格の承継人として既判力の拡張を受ける。これに対し，裁判所が原告は所有者であるけれども債権の返還請求権を有するとして請求を認容した場合には，この債権的返還請求権は第三者に及ぶものではないので，実体適格の承継はないとしなければならない。しかし，新訴訟物理論または二分肢説によっても，また選択的併合を認める旧実体法説によっても，裁判所は原告の請求を物権的請求権として認容するか，債権的請求権として認容するかは自由であるので，既判力の拡張を裁判所がいずれの法的観点を選択するかの偶然に委ねることは合理的ではない。それゆえ，債権的な返還請求権（単なる債権契約に基づく目的物の引渡請求権を除く）が認容された場合には，民訴法115条１項３号の類推適用によって，既判力は占有承継人にも拡張されると解すべきである[44]。

---

42 小山昇「口頭弁論終結後の承継人について」前掲注（４）『小山昇著作集第２巻』168頁，175頁は，口頭弁論終結後の被告の占有承継人は前訴の「被告適格」の承継人であるとして「適格承継説」を主張する。しかし，ここで被告適格の承継とされているのは被告としての消極的実体適格を基礎づける占有の移転であり，そうした実体適格の移転を前主から受けた者が口頭弁論終結後の承継人になると見られているのであるから，小山昇は，実際には，実体適格の承継による既判力の承継を説いていたように思われる。そして，「適格承継説」の多くの論者も，このように実体適格の承継を説いていたように思われる。私見によれば，本文に述べたように，口頭弁論終結後の承継人への既判力の拡張は実体適格の承継であると見ることこそ正しい。なぜなら，給付訴訟の訴訟追行権（通説が「当事者適格」と呼んでいるもの）は，訴訟担当の場合を除くと，自分に権利が帰属すると主張する者とその相手方とされる者にあり，実際に権利がその者に，その相手方に対して帰属しているかどうかは問われないのであるが，既判力の拡張を受ける承継人はその承継を基礎づける実体関係の存在を必要とするのであり，それはもはや訴訟追行権の意味での適格の承継ではないからである。

43 松本／上野・前掲注（１）〔688〕〔松本〕。

44 Vgl. Rosenberg/Schwab/*Gottwald*, a. a. a. (Fn. 35), § 156 Rdnr. 9.

第6款　法的性質決定と既判力

　以上の説明においては，私見は給付判決の既判力は裁判所がその判決において認容した具体的な権利や法律効果について生じるという考え方に立っているが，この点は日本の民事訴訟法学において，いわゆる新訴訟物理論の論者によってむしろ否定的に解されてきた。ここでは，既判力は確定された法律効果の法的性質決定にも関係するか否かが問題となる。いい換えれば，既判力は裁判所が法的推論の基礎にした規範からまさに法律効果が生じているとの確定にも関係するのかどうかという問題である。

　三ケ月章や新堂幸司によって有力に主張された新訴訟物理論は，その訴訟物を，原告の被告に対する「一定の給付を求める法的地位」の主張，または原告の被告に対する一定内容の「受給権」の主張と捉え，そして給付訴訟の請求認容判決は，原告の主張する法的地位または受給権の存在を既判力によって確定するものの，その実体法的な性質（たとえば売買代金請求権，請負代金請求権，債務不履行による損害賠償請求権，不法行為による損害賠償請求権というような法的性質決定）には既判力が生じないとしている[45]。しかし，この立場は，新訴訟物理論ないしは訴訟的訴訟物理論と論理必然的な関係を有

---

[45] 三ケ月章『民事訴訟法〔法律学講座双書・第3版〕』（1992年・弘文堂）144頁；新堂・前掲注（10）696頁。反対：小室直人「訴訟対象と既判力対象」大阪市立大学法学雑誌9巻3＝4号（1963年）348頁以下（同『訴訟物と既判力（民事訴訟論集〔上〕）』〔1999年・信山社〕1頁，10頁以下〔一個の事実関係から実体法上は一回の給付しか是認されない数個の請求権が引き出される場合の訴訟物は，請求の併合，重複起訴および訴えの変更との関係では「給付を求める法的資格」であるが，既判力の対象は「訴訟中に原告が理由づけのために提出した原因事実から把握される具体的請求権に限定される」とする〕）。

　もっとも，新堂・前掲注（10）716頁は，法的性質決定の既判力による確定を否定するが，争点効による確定を肯定し，これを争点効理論の長所の1つと見る（高橋宏志『重点講義民事訴訟法〔上，第2版補訂版〕』〔2013年・有斐閣〕649頁；中野ほか編・前掲注（10）『新民事訴訟法講義〔第2版補訂2版〕』478頁以下〔高橋宏志〕も参照）。しかし，法的性質決定の拘束力を争点効の要件の具備に係らしめるのでは必要な範囲の法的性質決定の拘束力を確保することができないという問題があるほか，当事者が争点効を自由に処分することができるというのは，法的性質決定の拘束力が既判力と同じ公益的な要請から認められるべきことと相容れないので，適切ではないであろう。

するものではない。もっとも，既判力は訴訟上の請求と無関係な事項ではないが，既判力の対象は訴訟上の請求それ自体ではない。既判力の対象は，訴訟上の請求に対する裁判所の・裁・判である[46]。裁判所は，給付訴訟において請求の当否について判断する際，原告にはどのような実体法上の請求権があるか（または，ないか）について判断をしなければならず，判決においてその結果を示すのである。給付訴訟の訴訟物を原告の一定内容の給付判決の申立てとこれを理由づけるべき事実関係であるとする，いわゆる二分肢説[47]に立つ場合にも，このように性質決定された法律効果に既判力が生じると考えることができる[48]。もし，たとえば裁判所が認容した返還請求権が所有権に基づく返還請求権なのか，占有回収請求権に基づく返還請求権なのかが既判力によって確定しないのであれば，敗訴被告が，物を原告に引き渡した後，自分が前訴の原告に引き渡した物の所有者であるとして主張して所有権に基づきその物の返還を求めて訴えを提起することを，既判力は阻止することができないであろう。占有回収請求権は，占有剥奪前の事実状態の回復に向けられているのであって，終局的な事実状態の確定を目指すものではないからである。その結果は，所有権に合致した物の事実支配の実現を目指す，所有権に基づく返還請求権の制度目的が阻害され，当事者の訴訟合戦が可能になることである[49]。このように，訴訟的訴訟物理論によっても，裁判所が判断した法律効果の実体法的性質決定が必要不可欠なことを確認することができる[50]。もっとも，故意か過失かという不法行為の帰責事由の態様のように，

---

46 Vgl. *Rosenberg*, Lehrbuch des Zivilprozessrechts, 9. Aufl., 1961, § 88 II 3c ; *Habscheid*, Der Streitgegenstand im Zivilprozess, 1956, S. 221 ff. ; *A. Blomeyer*, Zum Urteilsgegenstand im Leistungsprozess, Festschrift für Lent, 1957, S. 58 f. ; MünchKommZPO/*Gottwald*, 4. Aufl., Bd. 1, 2013, § 322 Rdnr. 95 ; *Zeuner*, a. a. O. (Fn. 31), S. 32 ff. これに対し，法的性質決定の既判力に反対するのは，*Nikisch*, Der Streitgegenstand im Zivilprozess, 1935, S. 148 ff. ; *Jauernig*, Das fehlerhafte Zivilurteil, 1958, S. 115 ff. Stein/Jonas/*Leipold*, a. a. O. (Fn. 7), 322 Rdnr. 114, 117は，法的性質決定への既判力の拡張には慎重さが必要であり，確定した裁判の意味内容を確保するために必要なかぎりでのみ肯定できるとし，不法行為による請求権が故意に基づくという確定に既判力を肯定することは行き過ぎだとする。

47 松本／上野・前掲注（1）〔240〕〔松本〕参照。

48 松本／上野・前掲注（1）〔673〕〔松本〕。

49 *Zeuner*, a. a. O. (Fn. 31), S. 33（ツォイナー〔松本訳〕・前掲注（31）41頁参照）。

50 兼子一原著／松浦ほか・前掲注（10）525頁〔竹下〕参照。

損害賠償請求権はいずれによっても生ずるが，故意による不法行為による損害賠償請求権は破産免責の対象にならないとか，過失による不法行為による損害賠償請求権を受働債権とする相殺はできるが，故意による不法行為の場合にはそうではないというような規律があるとすれば，損害賠償請求権が故意による不法行為に基づくとの確定に既判力を及ぼすのは行き過ぎであろう。当事者が拘束力を望んでいる対象からかけ離れるからである[51]。

第7款　承継人の固有の抗弁

　自己固有の抗弁（法的地位）を有する承継人が当事者間の確定判決の既判力の拡張を受けないことは，一般的に承認されている。そして，承継と自己固有の抗弁がいかなる関係に立つかは，形式説と実質説の対立として論じられている問題である。

　形式説は，既判力の標準時である口頭弁論終結後に登記名義や占有の承継をしたことのみで口頭弁論終結後の承継人になるとする見解であり，実質説は登記名義や占有の承継人が前主の法的地位に依存しない固有の実体法上の地位を有しているか否かをまず審理し，これが否定される場合にはじめて，その者は民訴法115条1項3号にいう承継人に当たるという見解である。実質説は，権利実在化説に立つ兼子説とは論理必然的な関係を有する。兼子説によれば，既判力が承継人に拡張されるということは，前主と承継人との間の法律関係が既判力によって形成されることを意味するので，法律上保護されるべき固有の抗弁（法的地位）を有する承継人についてはこのような法律関係の形成をもたらすことができず，したがって，事前に承継人が固有の抗弁を有しないことを裁判上確定した上でなければ，既判力を拡張することができないからである。

51　Stein/Jonas/*Leipold*, a. a. O. (Fn. 7), § 322 Rdnr. 117. 最近のドイツ連邦通常裁判所の判例は，この法的性質決定の既判力について一定の制限を加えている（BGHZ 183, 77）。この判例は，社会保険の保険料の労働者分の天引きを故意に怠ったことにつき有限会社の業務執行者に損害賠償を命じた（欠席）判決は，認容された請求権が故意による不法行為によるものであり，被告の倒産免責の対象にならないことを既判力によって確定するものではないと判示した。この判例については，*Roth*, Materielle Rechtskraft und rechtliche Quallifikation, ZZP 124 (2011), 3 ff. 参照。

私見は，固有の法的地位を有する登記名義承継人や占有承継人も，前主が相手方との関係で移転登記義務や目的物返還義務を負っているという前訴確定判決の判断自体には拘束されるべきであり，形式説と実質説の対立には大きな意味はないと考える[52]。もっとも，すでに述べたように，占有承継や登記名義の承継によって前主から実体適格を承継した第三者は，権利承継人または権利承継人に準ずる者（前訴が債権的返還請求訴訟の場合）と位置づけられるべきである[53]。だが，固有の法的地位を有する登記名義承継人や占有承継人は，前主の地位に依存しない，既判力の標準時後の新事実を主張するのであり，そのかぎりでは既判力と抵触しない事実を主張することができる。

---

[52] 上野・前掲注（4）907頁；中野貞一郎「弁論終結後の承継人」前掲注（4）『民事訴訟法の論点　I』222頁；松本／上野・前掲注（1）〔693〕〔松本〕。上原敏夫「既判力の主観的範囲（1）――口頭弁論終結後の承継人」伊藤眞／山本和彦編『民事訴訟法の争点』（2009年・有斐閣）230頁，232頁以下も参照。

[53] 伊藤・前掲注（10）546頁以下は，法律上保護されるべき固有の抗弁（法的地位）を有する第三者は，そもそも既判力を受ける承継人の範囲から除外されるとしながら，この第三者は前主が既判力の遮断効を受け，主張することができない事由については既判力との関係で承継人と扱われるとする。しかし，第三者が後訴で主張する事由いかんによって承継人として扱われたり，逆に，承継人の範囲外に置かれるとして，承継概念を相対化するのは適切でないであろう。なお，越山・前掲注（4）香川法学22巻1号62頁以下参照。

第3章　訴訟告知の目的と択一的関係[*]

第1節　はじめに

第1款　訴訟告知の意義

　補助参加（民訴法42条〜46条）と訴訟告知（民訴法53条）は，当事者間の訴訟において出される判決の補助参加人または被告知者に対する効果に関連して，第三者の訴訟関与の問題として近時の民事訴訟法学界において好んで論じられてきたテーマの1つである[1]。様々な問題が生じ，裁判所の重要な判例も出されている。そのうち，本章のテーマである訴訟告知は，係属中の訴訟の当事者の一方が第三者に対して訴訟の係属を法定の方式により通知する訴訟行為である。当事者間で係属する訴訟手続の中で行われるが，被告知者はこの訴訟手続においてはその要件の具備を争うことを許されない。訴訟告知の要件が具備していたか否かは訴訟告知の効果が問題となる告知者・被告知者間の後訴において後訴裁判所により審理判断されるという特殊性ないし特異性を有する。訴訟告知に関する規定は，現行民事訴訟法においても僅か1か条であり，訴訟告知をめぐって生ずる様々な問題の解決のためには明らかに不十分であり，多くの解釈問題が今日においても，なお残されている。

第2款　民事訴訟法53条1項の沿革

　訴訟告知に関する民事訴訟法の規定は，大正15年の民事訴訟法改正の際に立法上変遷を見た。
　(1) 明治23年民訴法59条は，「原告若クハ被告若シ敗訴スルトキハ第三者

---

[*]　本章は，本間靖規ほか編『民事手続法の比較法的・歴史的研究　河野正憲先生古稀祝賀』（2014年・慈学社）3頁以下を収録するものである。

ニ対シ担保又ハ賠償ノ請求ヲ為シ得ヘシト信シ又ハ第三者ヨリ請求ヲ受ク可キコトヲ恐ルル場合ニ於テハ訴訟ノ権利拘束間第三者ニ訴訟ヲ告知スルコトヲ得　訴訟ノ告知ヲ受ケタル者ハ更ニ訴訟ヲ告知スルコトヲ得」と規定し，母法である現行ドイツ民訴法72条の規定に近いものであったが，この規定は大正15年改正民訴法76条によって，次のように修正された。「当事者ハ訴訟ノ係属中参加ヲ為スコトヲ得ル第三者ニ訴訟ノ告知ヲ為スコトヲ得　訴訟告

1　伊藤眞「地方自治法242条の3第4項にいう訴訟告知に基づく裁判の効力 —— 入札談合の主張に起因する住民訴訟を素材にして」NBL 914号（2009年）16頁以下；井上治典「訴訟告知論を考える」同『多数当事者の訴訟』（1992年・信山社）135頁以下；上田徹一郎／井上治典編『注釈民事訴訟法第2巻』（1992年・有斐閣）274頁以下〔上原敏夫〕；兼子一「既判力と参加的効力」同『民事法研究第2巻』（1954年・酒井書店）55頁以下；木川統一郎『民事訴訟法重要問題講義（上）』（1992年・成文堂）205頁以下；小山昇「訴訟告知と判決効」同『民訴判例慢策』（1982年・判例タイムズ社）269頁以下；坂田宏「訴訟告知の効力に関する一断章」伊藤眞ほか編『青山善充先生古稀祝賀論文集・民事手続法学の新たな地平』（2009年・有斐閣）153頁以下；佐上善和「訴訟告知と第三者の介入負担」法セミ342号（1983年）90頁以下；佐野裕志「訴訟告知制度」民商87巻1号30頁以下，2号166頁以下（いずれも1982年）；同「第三者に対する訴訟告知」新堂幸司編集代表『講座民事訴訟（3）』（1983年・弘文堂）275頁以下；同「補助参加と訴訟告知」青山善充＝伊藤眞編『民事訴訟法の争点〔第3版〕』（2008年・有斐閣）106頁；霜島甲一「訴訟参加と訴訟告知」三ケ月章ほか編『新版民事訴訟法演習Ⅱ』（1983年・有斐閣）1頁以下；新堂幸司／井上治典／佐上善和／高田裕成『民事紛争過程の実態研究』（1983年・弘文堂）（書評として，徳田和幸・季刊実務民事法5号〔1984年〕156頁以下）；鈴木重勝「参加的効力の主観的範囲限定の根拠 —— 参加人と相手方との関係」中村宗雄先生古稀祝賀記念論文集刊行会編『民事訴訟の法理』（1965年・敬文堂出版部）409頁以下；高橋宏志『重点講義民事訴訟法〔下，第2版補訂版〕』（2014年・有斐閣）477頁以下；徳田和幸「補助参加と訴訟告知」鈴木忠一／三ケ月章監修『新・実務民事訴訟講座（3）』（1981年・日本評論社）127頁以下；中本敏嗣「訴訟告知に関する諸問題」藤原弘道ほか編『民事判例実務研究（5）』（1989年・判例タイムズ社）405頁以下；本間靖規「訴訟告知の機能について」木川統一郎博士古稀祝賀論集刊行委員会編『木川統一郎博士古稀祝賀・民事裁判の充実と促進（上）』（1994年・判例タイムズ社）372頁以下；福本知行「訴訟参加と反射的効力」大阪市立大学法学雑誌55巻3・4号（2009年）756頁以下；松本博之「証明責任と訴訟告知の効果」同『証明責任の分配〔新版〕』（1996年・信山社）286頁以下；間淵清史「訴訟告知の訴訟上の効力」関東学園大学法学紀要9号（1999年）65頁以下；山内敏彦「参加的効力と公正な裁判を受ける権利」龍谷法学45巻4号（2013年）1109頁以下；吉村徳重「訴訟告知と補助参加による判決の効力」小山昇ほか編『演習民事訴訟法』（1987年・青林書院）704頁以下など。

知ヲ受ケタル者ハ更ニ訴訟告知ヲ為スコトヲ得」。

　適法な訴訟告知にもかかわらず被告知者が訴訟に参加しなかった場合の訴訟告知の効果について明治23年民訴法はなんらの規定をも定めていなかったため，解釈上困難をもたらしたが，大正15年改正民訴法78条は，「訴訟告知ヲ受ケタル者カ参加セサリシ場合ニ於テモ第70条ノ規定ノ適用ニ付テハ参加スルコトヲ得ヘカリシ時ニ参加シタルモノト看做ス」と定めた。本条が準用した大正15年改正民訴法70条の規定は，補助参加について，「前条ノ規定ニ依リテ参加人カ訴訟行為ヲ為スコトヲ得ス又ハ其訴訟行為カ効力ヲ有セサリシ場合，被参加人カ参加人ノ訴訟行為ヲ妨ケタル場合及被参加人カ参加人ノ為スコト能ハサル訴訟行為ヲ故意又ハ過失ニ因リテ為ササリシ場合ヲ除クノ外裁判ハ参加人ニ対シテモ其ノ効力ヲ有ス」と定め，確定判決の効力の主観的範囲を定める大正15年改正民訴法201条1項の表現（「確定判決ハ当事者，口頭弁論終結後ノ承継人又ハ其者ノ為請求ノ目的物ヲ所持スル者ニ対シテモ其ノ効力ヲ有ス」）と同じ表現を用いて訴訟告知の効果を定めたため，補助参加人に対する判決の効力を既判力の拡張と解する見解[2]の登場にきっかけを与えた。

　(2)　明治23年民訴法59条の文言の修正について，「民事訴訟法中改正法律案理由書」は，この規定は「狭キニ失スルヲ以テ之ヲ修正シ訴訟参加ヲ為シ得ル者ニ対シテハ総テ訴訟告知ヲ為シ得ルモノト為シタリ」と説明した[3]。また，訴訟告知の効果についての大正15年改正民訴法78条については，被告知者は参加義務を負わないが，「然シ第六十四条ノ規定ニ依リテ参加ヲ為シ得ル者カ告知ヲ受ケ而モ事実上参加ヲ為シ得タルニ拘ラス参加セサリシ場合ニ於テハ現ニ参加ヲ為シタル者ト同視シ第七十条ヲ適用シテ之ニ判決ノ効力ヲ及ホスヘキモノトスルヲ相当トス」と理由づけた[4]。立法担当者は，被告知者になりうる者の範囲が狭いことを問題にしたが，訴訟告知の要件を補助

---

[2]　たとえば，細野長良『民事訴訟法要義第2巻〔第8版〕』（1931年・巌松堂）301頁以下。

[3]　松本博之／河野正憲／徳田和幸編著『日本立法資料全集13　民事訴訟法〔大正改正編〕（4）』（1993年・信山社）166頁。第51帝国議会の審議の際も池田寅二郎政府委員は，明治23年民事訴訟法59条の規定が定める場合以外にも参加をすべき場合は幾らもあるので，参加をすることができる者に訴訟告知をすることができるようにするのが適当だと説明した。松本ほか編著・同書387頁。

[4]　松本／河野／徳田編著・前掲注（3）166頁。

参加の利益に連結し，補助参加をすることができる者すべてを被告知者となしうるとすると，逆に訴訟告知の効果を受ける第三者の範囲が広がりすぎ，不当に参加的効力を及ぼすことになる危険については問題にしなかった。そのため，法改正のあり方として大きな問題を残した。それでも，立法担当者が明治23年民訴法59条の訴訟告知の要件が狭すぎることを認識していたことは正当であったと評することができる。

(3) 現行民訴法53条は，「①当事者は，訴訟の係属中，参加することができる第三者にその訴訟の告知をすることができる。……④訴訟告知を受けた者が参加しなかった場合においても，第46条の規定の適用については，参加することができた時に参加したものとみなす。」と規定し，大正15年改正民訴法76条および78条の規定には内容上何らの修正をも施さなかった。

第3款　択一的関係の場合の訴訟告知の適否

1　択一的関係

択一的関係（alternative Verhältnisse）とは，たとえば，第三者が前訴の被告に代って（被告と重畳的にではなく）契約当事者または加害者として問題になるが，前訴被告と第三者のいずれが契約当事者または加害者であるかが明らかでない場合である。択一的関係（択一的契約当事者または択一的加害者の関係）は，ある請求権の確定がこれと等価値の他の請求権の確定を排除する関係にある場合に，すなわち，ある請求権の積極的法律要件要素が同時に他の請求権の消極的法律要件要素であるような形で実体法上交錯している場合に存在する。後掲【事例2】において，商品の売主Xは，Yに当該商品を売却したと主張して，Yを被告として商品の売買代金の支払を求めて訴えを提起したところ，Yは，この商品はZの注文した設備を設置するためのものであって，注文主は自分ではなく，Zであると主張して争った。このようなケースにおいて，XはZに訴訟告知をすることができるかどうか，問題となる。このケースにおいては，売買代金債務を負う者は，事案の状況上，YかZのいずれかであり，YとZがともにXに対して売買代金債務を負うことはありえないので，この択一的関係の1つの態様をなす。

2 判　例

　ところで，以上のような択一的関係の事案につき，判例は，被告が原告の主張する売買代金債務の帰属主体であると主張する第三者が原告・被告間の訴訟の結果に利害関係を有すること自体を否定する。すなわち，最高裁判所は，平成14年1月22日第三小法廷判決（判時1776号67頁＝判タ1085号194頁）において，「旧民訴法78条，70条（現行民訴法53条4項，46条——引用者）の規定により裁判が訴訟告知を受けたが参加しなかった者に対しても効力を有するのは，訴訟告知を受けた者が同法64条にいう訴訟の結果につき法律上の利害関係を有する場合に限られるところ，ここにいう法律上の利害関係を有する場合とは，当該訴訟の判決が参加人の私法上又は公法上の法的地位又は法的利益に影響を及ぼすおそれがある場合をいうものと解される（最高裁平成12年（許）第17号同13年1月30日第一小法廷決定・民集55巻1号30頁参照）」としつつ，「前訴におけるX（前訴原告）のY（前訴被告）に対する売買代金請求訴訟の結果によってZ（第三者）のXに対する売買代金支払義務の有無が決せられる関係にあるものではなく，前訴の判決はZの法的地位又は法的利益に影響を及ぼすものではないから，Zは，前訴の訴訟の結果につき法律上の利害関係を有していたとはいえない」として，Zの補助参加の利益，したがって訴訟告知の要件の具備自体を否定した。また，この判決は「旧民訴法70条所定の効力は，判決の主文に包含された訴訟物たる権利関係の存否についての判断だけではなく，その前提として判決の理由中でされた事実の認定や先決的権利関係の存否についての判断にも及ぶものであるが（最高裁昭和45年（オ）第166号同年10月22日第一小法廷判決・民集24巻11号1583頁），この判決の理由中でされた事実の認定や先決的権利関係の存否についての判断とは，判決の主文を導き出すために必要な主要事実に係る認定及び法律判断などをいうものであって，これに当たらない事実又は論点について示された認定や法律判断を含むものでないと解される。けだし，ここでいう判決の理由とは，判決の主文に掲げる結論を導き出した判断過程を明らかにする部分をいい，これは，主要事実に係る認定と法律判断などをもって必要にして十分なものと解されるからである。そして，その他，旧民訴法70条所定の効力が判決の結論に影響のない傍論において示された事実の認定や法律判断に及ぶものと解すべき理由はない」と判示した。この判決は，以上の判断を前提に，前訴の判決理由中の「Zが本件商品を買い受けたことが認められる旨の記載は，

前訴判決の主文を導き出すために必要な判断ではない傍論において示された事実の認定にすぎないものである」ので，この判断は訴訟告知の効果の対象とはならないとした[5]。

本判決は，前訴判決の結果によって本件の被告知者の告知者に対する法的地位（本件では売買代金支払義務の有無）が告知者と相手方との間の本訴の結果によって決せられる関係にはないので，本件では，前訴の判決は被告知者の法的地位または法的利益に影響を及ぼすものではないとする[6]。補助参加の利益が肯定されるためには，前訴の既判力や形成力が第三者（被告知者）に及んだり，被告知者の法的地位が論理上告知者と相手方との間の前訴の係争権利関係の存否に係っている関係上，判決がその地位の決定において参考とされるおそれがあることを要するとするのであろう。たしかに，そのような先決的法律関係の場合について補助参加の利益を肯定する見解がかつて通説であった[7]。しかし，補助参加の利益の基準についてのこの見解は，補助参加の原因が認められる典型的な場合の１つを捉えているにすぎず，この基

---

[5] 批評・解説として，川嶋四郎・法セミ572号（2002年）110頁；坂原正夫・法学研究75巻10号（2002年）120頁以下；須藤典明・判タ1125号（2003年）180頁以下；伊藤眞／高橋宏志／高田裕成編『民事訴訟法判例百選〔第３版〕』（別冊ジュリスト169号〔2003年〕）220頁以下〔堤達弥〕；中島弘雅・ジュリスト1224号（2002年）129頁以下；松本博之・民商127巻１号（2002年）132頁以下；間淵清史・私法判例リマークス26号（2003年）122頁以下；山本克己・月刊法学教室302号（2005年）91頁以下；高橋宏志／高田裕成／畑瑞穂編『民事訴訟法判例百選〔第４版〕』（別冊ジュリスト201号〔2010年〕）224頁以下〔和田吉弘〕などがある。

[6] 本判決は，Ｚの補助参加の利益を否定したので，訴訟告知の効果（参加的効力）の客観的範囲について判示する必要はなかったが，本判決は判決の理由中の傍論には参加的効力が生じないとし，この点をも併せてＺの補助参加の利益を否定していることから見れば，最高裁は，補助参加の利益が訴訟告知の要件でもあることから，訴訟告知との関連での補助参加の利益は被参加人の訴訟の前提となった事実上または法律上の判断についての利害関係によっても基礎づけられるという下級審の裁判例に見られた見解（たとえば，大阪高判昭和39年12月28日高民集17巻８号673頁；大阪高決昭和41年２月２日高民集19巻１号51頁。徳田・前掲注（１）131頁以下参照）や，端的に当事者間に係属している訴訟の判決理由中の事実上および法律上の判断に対する第三者の利害関係が補助参加の利益を基礎づけるという見解（たとえば，伊藤眞『民事訴訟法〔第４版補訂版〕』〔2014年・有斐閣〕640頁）を顧慮に値するものであると見ている可能性は直ちには排除されないように思われる。しかし，これはここで検討する余裕のない問題である。

準は補助参加の利益の限界づけとして明らかに狭すぎる。補助参加の利益は，本訴の当事者または訴訟の客体に対し一定の私法上または公法上の関係に立っている第三者が当事者の一方に不利な判決により何らかの方法でこの法的な関係に不利な影響を受けるおそれがある場合に認められるべきである。したがって，補助参加の利益は，判決の効力（既判力や形成力）が第三者に及ぶ場合，当事者の一方が訴訟担当者として訴訟を追行している場合に，訴訟の対象となっている権利義務の帰属主体が訴訟担当者の訴訟に参加する場合にも認められる。この基準によれば，択一的責任の場合にも，補助参加の利益が認められ得るであろう8。

第4款　本章の課題

訴訟告知には，さまざまな問題が未解決のまま残されている。本章は，紙数の関係で，そのすべての問題点を包括的に論じることはできないので，訴訟告知をめぐる種々の問題についての見解の対立の基礎にある訴訟告知制度の目的について再検討を行うとともに，係属中の訴訟の権利関係と当事者の一方と第三者との間の権利関係が択一的関係にある場合にも訴訟告知が認められるべきことを明らかにすることを目的とする。

第5款　事　例

以下での論述の便宜のため，以下において用いる事例を掲げておく。

【事例1】　特定物の所有権を主張して，Xがその占有者Yを被告として所有権に基づき物の返還を求める訴訟が係属している。Yは敗訴の場合には担保責任を追及するため，この物を自分に売却したZに訴訟告知をした。裁判所が物はXの所有に属するとしてY敗訴の本案判決を下し，これが確定した後，YがZを相手方として損害賠償請求の訴えを提起した。前訴判決はZに対しいかなる効力を及ぼすか。

7　兼子一『新修民事訴訟法体系〔増訂版〕』（1965年・酒井書店）400頁；斎藤秀夫『民事訴訟法概論〔新版〕』（1985年・有斐閣）481頁；三ケ月章『民事訴訟法〔法律学講座双書，第3版〕』（1992年・弘文堂）286頁など。

8　松本・前掲注（5）132頁以下参照。

【事例2】　商品の売主Xは，Yに商品を売却したと主張して，Yを被告として商品の売買代金の支払いを求めて訴えを提起した。Yは，この商品はZの注文した設備のためのものであって，注文主は自分ではなく，Zであると主張して争ったので，XはZに訴訟告知をした。XのZに対する訴訟告知は適法か。

【事例3】　賃貸家屋の修理を請け負った請負人Xが家屋の賃借人Yを相手方として請負代金請求の訴えを提起したところ，Yは注文主は家屋の賃貸人Zであるとして，自分が債務の帰属主体であることを争ったので，Xは家主であるZに対して訴訟告知をした。

【事例4】　原告Xは，Yに対して契約の履行を求めて訴えを提起した。Xは，Yの代理人Zと契約交渉をし，合意に至り，Yと契約を締結したと主張した。このXの主張に対し，Yは，Zは自分の代理人として行為をしたのではなかった，そうでなくとも，Zは代理権を有していなかったと陳述して防御した。Xは，Zに対して訴訟告知をした。Zはいずれの当事者にも参加しなかった。

　裁判所が，ZはYの代理人として行為しなかった，そうでなくともZは代理権を有しなかったと判断してXの請求を棄却した場合，XのZに対する民法117条1項に基づく損害賠償請求の後訴において，Zは前訴判決は間違っていると主張して請求を争うことができるか。

　前訴判決が，ZがYの代理人として行為したかどうか，ないしは，代理権を有していたかどうか不明であるとの理由でXの請求を棄却した場合，前訴判決の参加的効力の対象は何か。

【事例5】　原告Xから債務の履行を求められた被告Yは，第三者ZがXの主張するYに対する債権の帰属主体であると主張しているので，Zに対して訴訟告知をした。Zはどのような参加をすることができるか。

【事例6】　物を委託者の計算で買い付けた問屋が物の瑕疵を理由に売主に対して契約を解除し損害賠償請求の訴えを提起する場合，物に瑕疵がないという理由で契約を解除できないと裁判所が判断する場合のために委託者に訴訟告知をする。この訴訟告知は適法か。

第2節　訴訟告知の存在理由と告知の理由

第1款　見解の対立

1　注目を集めた1つの訴訟告知事件

　上述のような法規定の不明確な状態の中にあって訴訟告知の制度目的を何に求めるかは，この規定の解釈にとって特に重要である。ところが，この点について著しい見解の対立が見られる。被告知者の利益本位に捉える立場と，告知者の利益を重視する立場の対立である。この点についての議論のきっかけを与えたのは，周知のように，仙台高裁昭和55年1月28日判決（高民集33巻1号1頁）であった。

　この判決の事案は，簡略化すると，次のようなものである。本件の係争土地はもとXらの先代Aの所有に属していたが，AからB，さらにBからCに順次所有権移転登記がされていた。Aの相続人Xらは現登記名義人Cに対する前訴において，AB間の譲渡の事実の不存在を理由に，共有持分権の確認および所有権移転登記を請求した。これに対し，Cは，BはAの代理人Yと本件土地の売買契約を締結し本件土地の所有権を取得したと陳述し，併せて予備的にYによる表見代理を主張した。これに応じて，XはYに対する損害賠償請求権を保全するため，Yに対して訴訟告知をした。これに対し，Yは相手方（C）に補助参加した。前訴裁判所は，Aが本件土地の売買についてもYに「代理権を授与していたとまで認定することは困難である」としたが，権限踰越の表見代理の成立を認め，Xの請求を棄却する判決をした。この判決はそのまま確定した。その後，Xは，本訴においてYに対し不法行為を理由に損害賠償を請求した。本訴において，Xは，前訴での訴訟告知の効果を援用し，「Yが本件土地の売却につきAから代理権を与えられた事実を認定しえない」との判断と異なる事実をYが主張することは許されないと主張した。第一審裁判所は，「告知者と利害が一致し協同しうる争点に限って，訴訟告知の効果が被告知者に及ぶ」との見解に基づき，代理権の存否の争点につきYに対する訴訟告知の効果を否定し，実体審理の結果Xの請求を棄却した。これに対し，控訴裁判所である仙台高等裁判所は，Yに対する訴訟告知の効果を肯定し，「前訴判決中に示された『AのYに対す

る本件係争地の売却委任については，予定されてはいたが明確には定められていなかった』旨及び『AにおいてYに本件係争地の売却について代理権を授与していたとまで認定することは困難である』旨の認定判断は，本件においてYを拘束し，Yは右と異なる事実を主張することができない」と判示した。

　この仙台高裁の判決は，学界にセンセーションを巻き起こした[9]。本章はこの判決の判断の当否を検討することそれ自体を目的とするものではない。第一審判決と控訴審判決が訴訟告知の制度目的について全く異なる見解を示していることに注目し，訴訟告知の制度目的を再検討するきっかけとしようとするものである。

2　訴訟告知の制度目的についての対立する見解

　上に紹介した仙台高裁の裁判事件に現われているように，訴訟告知の制度目的について対立する見解が存在する。①1つは被告知者の利益本位に捉える立場であり，②他は告知者の利益を重視する立場である。

　①の見解は，参加しない場合にも受ける被告知者に対する訴訟告知の効果（参加的効力）は「補助参加人が被参加人を勝訴させることによつて自己自身の利益を守る立場にあることを前提」とした，被参加人敗訴の場合の責任分担であると解する。これは，上記の事件において福島地裁昭和50年3月31日判決（高民集33巻1号19頁）が立った見解であり，通説的な見解ということができる。この判決はこのような訴訟告知と補助参加の理解から，「被告知者において告知者と協同して相手方に対し攻撃防禦を尽くすことにつき利害が一致し，そうすることを期待できる場合に」，しかも「告知者と利害が一致し協同しうる争点に限つて」，訴訟告知の効果が被告知者に及ぶとする。

　これに対し，この判決の控訴審判決である仙台高裁昭和55年1月28日判決

9　井上・前掲注（1）；新堂／井上／佐上／高田・前掲注（1）156頁以下；批評として，民事訴訟法判例百選（ジュリスト743号〔1981年・有斐閣〕156頁以下（井上治成＝高田裕成）；新堂幸司編・民事訴訟法判例百選〔第2版〕（別冊ジュリスト76号〔1982年・有斐閣〕254頁以下〔伊藤眞〕；河野正憲「訴訟告知と参加的効力」Law School 49号（1983年）80頁以下；小山昇・判タ465号（1982年）39頁以下；竹下守夫・金商604号（1980年）16頁以下；佐上善和・判タ439号（1981年）227頁以下；住吉博・法学セミナー313号（1981年）151頁。

（高民集33巻1号1頁）は，原判決と全く異なる訴訟告知制度の理解から出発する。曰く，「訴訟告知の制度は，『被告知者において告知者に補助参加する利益を有する場合』のために設けられたものと解すべきではない。訴訟告知の制度は，告知者が被告知者に訴訟参加をする機会を与えることにより，被告知者との間に告知の効果（民事訴訟法78条＝現行民訴法53条4項——引用者）を取得することを目的とする制度であり，告知者に対し，同人が係属中の訴訟において敗訴した場合には，後日被告知者との間に提起される訴訟において同一争点につき別異の認定判断がなされないことを保障するものである。したがつて，同法76条にいう『参加をなしうる第三者』に該当する者であるか否かは，当該第三者の利益を基準として判定されるべきではなく，告知者の主観的利益を基準として判定されるべきである。次に原判決は，参加的効力を規定する同法78条は『補助参加人が被参加人を勝訴させることによつて自己自身の利益を守る立場にあることを前提』とすると説く。右の説示は訴訟告知に基づかず，単純に同法64条により補助参加をした者と被参加人との間については妥当であろうが，訴訟告知者と被告知者との間については必らずしも妥当しない。けだし，前述のとおり，被告知者が参加をなしうる第三者であることは告知者がその主観において決定するものであり，右の主観が客観的に理由あるものであれば，当該訴訟告知は有効であつて，被告知者の主観上告知者のために参加すべき場合であることを要しないからである」。

　仙台高裁判決の訴訟告知の制度目的の見解は，民事訴訟における手続保障の重要性を強調する思潮の中にあって，学界において強い拒否反応を引き起こした。とくに「被告知者が参加をなしうる第三者であることは告知者がその主観において決定するもの」であるという説示は，第三者のための手続保障の必要性を無視して告知者の利益において訴訟告知制度の目的を理解するものと受け取られかねないことも事実である。しかし，この判決は，訴訟告知の効果を被告知者が告知者側に参加して共同して訴訟を追行すべきであったことによって生ずる敗訴責任の分担という考え方を否定し，訴訟告知が被告知者に参加的効力を及ぼすための制度であると解する限りでは，正当な出発点に立っていたと見ることができる[10]。ただし，訴訟告知の効果の客観的範囲に関して，被告知者が告知者に参加していたとしても被参加人と利害が

10　木川・前掲注（1）218頁以下は，判旨の一般論は概ね正当であると評価する。

反するため，被参加人の訴訟行為との関係で主張しえない攻撃防御方法について参加的効力の除外を認めなければならないことを無視したため，被告知者の手続保障に対する配慮に欠けていたことは，今日の議論状況から見れば明らかである。また，本件ではYの代理権の有無が未だ確定できないときでも，表見代理の要件の具備が確定できる場合には，表見代理を認定して原告の請求を棄却することができたので，無権代理であったかどうかは確定されていないということができる。確定されていない事実についての判断に参加的効力は生じないから，Yの無権代理につき参加的効力が及ぶとした仙台高裁の判決には，参加的効力の理解に不十分な点があったことは否定できない。

第2款　訴訟告知の制度目的

(1)　訴訟告知は，訴訟を行っている当事者の一方が，もし敗訴した場合に第三者に対して有する求償や損害賠償の請求権などを保全するため訴訟の結果に法的な利害関係を有するその第三者に法定の方式により訴訟の係属を通知し，その第三者に訴訟に参加し告知者を勝訴させることによって自己の利益を擁護する機会を与えるものであるとされている。そして，民訴法53条4項の定める訴訟告知の効果は，「補助参加人が被参加人を勝訴させることによって自己自身の利益を守る立場にあることを前提」（前掲福島地裁判決）としたものと解する見解が今日では増えているように思われる。

しかし，訴訟告知がとくに意味をもつのは，補助参加の利益を有する第三者が訴訟係属を知っていても任意に補助参加をしてこない場合に，告知者が将来起こりうべきその第三者との後訴において自己に有利な民訴法53条4項・46条の定める判決の効果（参加的効力）を確保しようとする場合である。すなわち，複数の請求につき訴訟を追行しなければならない当事者の一方が，相手方との関係での本訴請求と第三者に対する後訴請求の実体法上の依存的な関係のゆえに，いずれかの請求には勝訴できなければならないが，後訴の裁判官が前訴判決の判断に拘束されないため同一の法律要件要素につき前訴の裁判官とは異なる判断をすることにより生ずる二重の敗訴を被る危険を回避するために，第三者に対して訴訟告知を行い，その効果（参加的効力）によって後訴の裁判官を本訴の判決の判断に拘束することを目的とする，告知

第3章　訴訟告知の目的と択一的関係　　　403

者の利益のために創設された救済手段である[11]。したがって，訴訟告知の制度目的は，明らかに，単に第三者に訴訟の係属を知らせ，訴訟参加の機会を与えるという目的を遥かに超えるものである。

　したがって，訴訟告知制度の意義および目的を，専らあるいは主として，訴訟の結果に法律上の利害関係を有する第三者に当事者間の訴訟係属を通知し，この者に訴訟参加の機会を与えることにあると説く見解[12]は，今や再検討の対象とされる必要があろう。たしかに，補助参加の利益を有する者は，訴訟に参加し被参加人を勝訴に導くことによって自己の利益を擁護することができる。しかし，第三者が自ら補助参加をして被参加人を補助するために訴訟行為をしたけれども，訴訟が被参加人の敗訴に終わるときは，この判決は補助参加人に参加的効力を及ぼす（民訴46条）。たとえば【事例1】において，物を訴訟係属前に被告Yに売却した第三者Zは，その物の所有権がXに帰属しているという理由でYが敗訴した場合には，Yから担保責任を問われるおそれがあるので，この訴訟の結果に法律上の利害関係を有し，したがってYに補助参加をすることができる。Zが補助参加をして，目的物

11　木川・前掲注（1）211頁以下。ドイツでは，このような理解が一般的である。BGHZ 100, 262； BGHZ 116, 100； *Häsemeyer*, Die Interventionswirkung im Zivilprozeß - prozessuale Sicherung materiellrechtlicher Alternativverhältnisse, ZZP 84（1971）, 179, 182 ff.； Münchener Kommentar zur Zivilprozessordnung/*Schultes*, 4. Aufl., 2013, § 72 Rndr. 1； Musielak/*Weht*, Kommentar zur Zivilprozessordnung, 9. Aufl., 2012, § 72 Rdnr. 1； Rosenberg/Schwab/*Gottwald*, Zivilprozessrecht, 17. Aufl., 2010, § 51 Rdnr. 1； *Schellhammer*, Zivilprozess, 14. Aufl., 2012, Rdnr. 1621； Stein/Jonas/*Bork*, Kommentar zur Zivilprozessordnung, 22. Aufl., Bd. 2, 2004, § 72 Rdnr. 1； Thomas/Putzo/*Hüßtege*, Zivilprozessordnung, 30. Aufl., 2009, § 72 Rdnr. 2； Wieczorek/Schütze/*Mansel*, Zivilprozeßordnung und Nebengesetze, 3. Aufl., 1994, § 72 Rdnr. 4； Zöller/*Vollkommer*, Zivilprozessordnung, 29. Aufl., 2012, § 72 Rdnr. 1； *Vondenhoff-Mertens*, Alternative Haftung im Zivilprozeß, 2001, S. 61. 近時のドイツ法の訴訟告知の議論については，本間・前掲注（1）および間淵・前掲注（1）が詳しい。

12　たとえば，新堂／井上／佐上／髙田・前掲注（1）97頁；井上／髙田・前掲注（9）158頁；井上・前掲注（1）141頁以下；徳田・前掲注（1）140頁；上田／井上編・前掲注（1）297頁以下〔上原〕。髙橋・前掲注（1）477頁は，被告知者に訴訟参加の機会を与えるという目的のほかに被告知者が参加しない場合にも参加的効力を及ぼすことから告知者の利益のための制度にもなっているとするが，全体的には前者の目的が強調されている。

がもと自分の所有に属し，したがってYがZからこの目的物を適正に購入したことを主張し証明しようと試みたが，裁判所が目的物はZの所有に属しなかったと判断して，Xの請求を認容する判決をし，この判決が確定した場合，Yが後にZに対して提起する追奪担保請求の後訴において，後訴裁判所は，前訴判決の参加的効力により，目的物はZの所有に属しなかったという前訴確定判決の判断と矛盾する判断をすることができなくなる。これによって，YはXに対して「Zが目的物の所有者でなかった」という理由で敗訴判決を受け，後訴たる追奪担保訴訟においては，前訴判決とは異なり，「目的物はもともと自分の所有物であった」というZの主張が認められることにより敗訴判決を受ける二重敗訴の危険を回避することができる。補助参加がこのような参加人に不利な参加的効力をもたらしうることから，当事者は，通常，補助参加の利益を有する第三者が自ら任意にその当事者を補助するために積極的に訴訟に参加することを期待することはできない。被告知者の利益本位に訴訟告知の目的を捉えると，被告知者が補助参加をしない場合には，告知者は被告知者に本訴の判決の効力を及ぼす手段を欠くことになる。そのため，被告知者が任意に補助参加をしない場合，または相手方に参加する場合にも，本訴の判決の効力を被告知者に及ぼすための手段が必要になる。この意味で，訴訟告知は，単に訴訟の結果に利害関係を有する第三者に訴訟係属の事実を知らせるという目的を超えて，第三者の参加を得ること，および，参加の利益を有するにもかかわらず訴訟に参加しない第三者に対し，一定の要件のもとで，補助参加があったのと同様に当事者間の判決の効力を及ぼすことに，その目的がある。したがって訴訟告知は，被告知者の利益擁護ではなく，告知者（当事者）の利益の確保を主要な目的としている[13]。そのため，*Wach*（ワッハ）は，訴訟告知は「第三者に有利になることがあるにせよ，特別に利己的な行為である」[14]と述べ，制度の本質を喝破していた[15]。すでに訴訟の係属を了知している者（たとえば原告または被告の通常共同訴訟人）に対しても訴訟告知ができるが，これも判決の効力を被告知者に及ぼし，同一事実が後訴において異なる判断を受けないようにするためであることの証左である。このようにして，訴訟告知は，同一法律要件要素についての後訴裁判所と前訴裁判所の判断の食違いによって告知者（当事者）が二重に敗訴する危険の回避を目的としており，訴訟経済にも資し，したがって当事者利益のみならず，同時に公益にも奉仕する。それゆえ，訴訟告知の効力は後

訴裁判所が当事者の主張を待って斟酌すべき事由ではなく，既判力と同じく後訴裁判所が職権で調査すべき事由であると見るべきである[16]。その限りで，参加的効力は既判力と同質である[17]。

(2) 以上のような訴訟告知の制度目的の理解から出発すると，当事者間に係属する訴訟の当事者の一方の二重敗訴を防止するにふさわしい従属的関係または択一的関係が請求相互間に存在しうる場合にのみ訴訟告知をすることができる，すなわち訴訟告知が適法であると解するのが訴訟告知制度の目的に適合する。換言すると，訴訟の結果に利害関係を有するすべての第三者に対して訴訟告知を許し，その上で後述のように，訴訟告知の効力の及ぶ範囲を告知者と被告知者の間の協力関係等の存否により制限することは，訴訟告知の制度目的の理解に適合しないであろう。具体的には，明治23年民訴法59

---

13 中野貞一郎ほか編『新民事訴訟法講義〔第2版・補訂2版〕』(2008年・有斐閣) 569頁 (井上〔補訂・松浦〕)；間淵・前掲注 (1) 172頁。

中本・前掲注 (1) 406頁以下は，訴訟告知の目的または動機として，被告知者に参加的効力を及ぼすことを主目的とする本来型，「訴訟資料の収集・充足目的」「事実関係の解明による紛争の早期，画一的解決目的」などの付随型および目的不明ないし訴訟告知制度の趣旨を誤解するものがあると指摘する。そして現実の訴訟告知の目的・動機がさまざまであることが訴訟告知制度のもつ問題の解決を困難にしていると問題提起をする。告知者の種々の目的・動機の指摘は，井上・前掲注 (1) 135頁以下にも見られる。告知者の動機を整理する点は貴重であるが，訴訟告知制度の目的と訴訟告知者の主観的な目的が明確に区別されていない点に，問題があるように思われる。たとえば，訴訟告知が適法な場合に被告知者が訴訟参加をすると当該訴訟の訴訟資料が充実することがあるが，それはまさに訴訟告知の結果ないし機能であって，制度目的ではない。また，訴訟係属についての情報機能が重要なのであれば，裁判所を通しての訴訟行為である訴訟告知によらず，関係人間での通知だけで足りるであろう。訴訟告知という訴訟行為が必要なのは，被告知者に対し判決効を及ぼすためである。中本判事も，訴訟告知を本来型に限定すべきことを提案されている (この点について，中本判事のいう付随型を重視する高橋・前掲注 (1) 493頁注 (77) は，この提案は訴訟告知の裁判資料収集充実機能との関係で狭すぎると批判する)。また，本間・前掲注 (1) 395頁も，訴訟告知が告知者の二重敗訴を回避するための制度であることを重視し，訴訟告知と訴訟参加の利益状態の違いを指摘し，訴訟告知の要件と補助参加の利益とを区別すべきことを主張している。

14 *Wach*, Handbuch des Deutschen Civilprozessrechts, Bd. 1, 1885, S. 653.

15 兼子・前掲注 (1) 60頁も，この点を強調する。

16 松本・前掲注 (1) 287頁以下。

17 *Häsemeyer*, a, a, O. (Fn. 11), 191.

条1項が定めた，当事者の一方が敗訴した場合に担保請求・求償請求をなしうると思う場合（【事例1】および【事例4】の場合）や，【事例5】のように，目的物の瑕疵の不存在を理由に請求棄却判決を受ける問屋Xは，委託者から物の瑕疵を理由に損害賠償請求を受ける場合に，後訴裁判所が物の瑕疵の存在を認めて委託者の損害賠償請求を認容する事態を回避することができるべきである。したがって，これらの事例は問題なく訴訟告知に適した法律関係であるということができる。*Häsemeyer*（ヘーゼマイヤー）は，前者を積極的補償的択一関係（positiv kompensierende Alternativität），後者を消極的補償的択一関係（negativ kompensierende Alternativität）[18]と呼び，これらの場合も択一的法律関係に属することを明らかにした[19]。

　以上の訴訟告知の制度目的の理解は，重要な帰結をもたらす。すなわち，訴訟告知の目的の以上のような理解からは，初めから複数の被告の併存責任が問題になる場合には，ある被告に対し訴えを提起し，その訴訟の係属中に他の義務者に対して訴訟告知をして法律要件についての矛盾した判断を避けようとしても，訴訟告知の要件を具備せず，不適法だということである。たとえば，連帯債務者の1人に対し訴えを提起した原告が他の連帯債務者に対して訴訟告知をすることは，連帯債務者を共同被告として訴えを提起し，共同訴訟として共通の訴訟進行の中で矛盾のない裁判を得ることが──一定範囲であれ──可能であるから，不適法である[20]。もっとも，主張された請求権が一部は択一的な性質を有し，一部は併存的な性質をも有する場合に問題が生ずる。2人の加害者が被害者に対し連帯債務者として責任を負うが，1人の加害者の責任は被害者の過失によって制限されており，他の加害者は無制限の責任を負う場合がそのような場合の典型例である。このような併存責任と択一的責任の併存の場合に被害者が両者に対し共同訴訟を提起することができることは，訴訟告知を不適法ならしめないと解される[21]。両者に対して同時に訴えを提起することができる可能性ではなく，原告が一方に対して

18 　*Häsemeyer*, a, a, O.（Fn. 11），185.

19 　*Häsemeyer*, a, a, O.（Fn. 11），185. この性質決定は，今日多くの文献によって支持されている。MünchKommZPO/*Schulthes*, a. a. O.（Fn. 11），§ 72 Rdnr. 9 ff.

20 　Rosenberg/Schwab/*Gottwald*, a. a. O.（Fn. 11），§ 51 Rdnr. 17.

21 　この場合について，*Lüke*, Die Beteiligung Dritter im Zivilprozeß, 1993, S. 322 ff. が詳しい。

敗訴する場合に他方に対して責任を問えると思っていることが決定的に重要だからである[22]。したがって告知者と被告知者の連帯責任の場合には，訴訟告知は不適法であるが，その実際的な意義は小さい[23]。

担保・保証請求や求償請求のような古典的な適用領域を超えて，訴訟告知の目的に照らして，【事例2】および【事例3】のような純然たる択一的契約当事者(alternative Vertragspartnerschaft)の事案や択一的不法行為者(alternative Täterschaft)の事案においても，訴訟告知の利益を認めるべきではないかという問題が生ずる。ここでも，原告は被告か第三者のいずれかに対して勝訴しえなければならないからである。Häsemeyerは，このような場合を積極的競合的択一関係（positiv konkurierende Alternativität）と呼ぶ[24]。さらに，【事例5】のように，原告Xが被告Yに対し債務の履行を求めて提起した訴訟が係属している場合，第三者Zが，X主張の債権は自分に帰属していると主張するとき，Yは，そのいずれが真の債権者であるかが不明であるためZに対して訴訟告知をすることができるかどうか問題になる。Häsemeyerは，このような場合を消極的競合的択一関係（negativ konkurierende Alternativität）[25]と呼ぶ。消極的競合的択一関係については，民事訴訟法は訴訟告知を適法と認めている。この第三者は，係属中の訴訟に対し独立当事者参加または補助参加をすることができる場合であるから，当然に訴訟の結果に対し利害関係を有しており，かつ，Yは訴訟告知の効果によりXとZの双方に対して敗訴する危険を回避することができる。Zは訴訟告知に応じて独立当事者参加または補助参加をすることができる。

積極的競合的択一関係の事案について，冒頭で述べたように，最高裁判所は，平成14年1月22日第三小法廷判決（判時1776号67頁）において，訴訟告知を不適法と解した。この判例の当否については，第3節で論じよう。

第3款　訴訟告知の効果の根拠と効力範囲の限定をめぐって

民訴法53条1項に忠実に，第三者が補助参加の利益を有することがその第

22　Rosenberg/Schwab/*Gottwald*, a. a. O. (Fn. 11), § 51 Rdnr. 19.
23　Wieczorek/Schütze/*Mansel*, a. a. O. (Fn. 11), § 72 Rdnr. 64.
24　*Häsemeyer*, a. a. O. (Fn. 11), 185.
25　*Häsemeyer*, a. a. O. (Fn. 11), 187.

三者に対する訴訟告知の実体的要件であると解する通説のうち，1つの見解は，参加的効力の制限として，参加的効力は協同して訴訟を追行したことによる敗訴責任の分担であるとの前提のもとに，被告知者が告知者と共同して訴訟を追行できる争点，したがって利害対立のない争点に限って訴訟告知の効果が生ずるとする。前掲福島地裁判決もこの立場に立つ[26]。他の見解によれば，「被告知者が参加の機会を与えられたのにこれを利用しなかったから，不利な効果を受けてもやむをえないし，この効果を認めないと訴訟告知制度が無意味になるというだけでは」被告知者に対する参加的効力の根拠付けとして不十分であるとし，「被告知者は告知者との実体関係からこれと協力して訴訟追行をすべく期待される立場にあり，かつ手続上もその機会を保障されたのに，これを怠った以上，後になって再びこれをむし返すのは信義則（失権効）に反するからである」[27]という。そして，この見解は，被告知者が告知者と協力して訴訟を追行すべく期待される実体関係として，明治23年民訴法59条1項所定の実体関係を想定する。告知者が本訴で敗訴した場合に被告知者に対し求償請求権や損害賠償請求権を有すると思う場合に訴訟告知の正当な利益が肯定される[28]。たとえば告知者が売買契約（民563条以下），請負契約（同634条以下），寄託契約（同661条），賃貸借契約等に基づき引渡しを受けた物の瑕疵または移転された権利の瑕疵により被告知者に対して補償請求権を有すると思う場合，あるいは，保証人の主債務者に対する求償請求権，手形法や小切手法における裏書人に対する遡及請求権，加害者や保険契約者（Versicherungsnehmer）に対する保険者の求償権などが存在すると思う場合

---

26 伊藤・前掲注（6）652頁；河野正憲『民事訴訟法』（2009年・有斐閣）748頁；菊井維大／村松俊夫原著／秋山幹夫／伊藤眞／加藤新太郎／髙田裕成／福田剛久／山本和彦『コンメンタール民事訴訟法Ⅰ〔第2版〕』（2006年・日本評論社）518頁；松本博之／上野㤗男『民事訴訟法〔第8版〕』（2015年・弘文堂）〔906〕〔上野〕など。

27 吉村・前掲注（1）707頁；上田／井上編・前掲注（1）292頁〔上原〕；河野・前掲注（26）748頁。なお，間淵・前掲注（1）176頁以下も参照。

28 新堂幸司「争点効」同『訴訟物と争点効（上）』（1988年・有斐閣）227頁，265頁（初出は1969年）；吉村・前掲注（1）707頁；上田／井上・前掲注（1）293頁〔上原〕。なお，德田・前掲注（1）134頁；佐野・前掲注（1）『講座民事訴訟（3）』284頁も参照。松本・前掲注（1）290頁もこの見解に数えられることがあるが（髙橋・前掲注（1）481頁（67）），私見は補償請求権や求償請求権に限定する意図ではなかった。

に，訴訟告知ができるとされる。【事例１】においては，Ｙは，物をＸに返還するよう命じられた場合には，Ｚに対し担保請求をすることができるので，Ｚに対し訴訟告知をすることができる。

　まず，第１の見解について。補助参加人は補助参加により被参加人のために訴訟行為をする「責任」を負うから，被参加人が敗訴した場合には敗訴責任を分担しなければならないというのは明治23年民法59条１項について雉本朗造らによって主張され始めた思考であるが，問題があるように思われる。なるほど，通常の補助参加について補助参加人に及ぶ民訴法46条の定める効果（参加的効力）は，一般には長い間，補助参加人が被参加人と協同して訴訟を追行し，被参加人が敗訴判決を受けた場合に敗訴責任を分担させるものであると説かれている[29]。この見解は，被告知者が補助参加人として判決の基礎となる弁論に加わって協力し，それによって判決に影響を及ぼした場合，すなわち判決基礎を共同して形成した場合に，補助参加人は，被参加人との間の後訴において前訴の敗訴責任を分担しなければならないと見るものである。しかし，この説明は，補助参加人が被参加人との間の後訴において前訴判決の判断が誤りであると主張することを遮断されることの理由づけとして適切ではないように思われる。なぜ，補助参加をし被参加人と共同して訴訟の追行に当たったことが・当・然・に敗訴責任の分担の理由になるのか，全く明らかでないからである。被参加人は訴訟当事者たる地位において訴訟行為をす

---

[29] 雉本朗造「判決ノ参加的効力」同『民事訴訟法の諸問題』（1955年・有斐閣，初出は京都法学会雑誌13巻５号〔1918年〕および法学論叢３巻３号〔1920年〕）327頁，344頁以下；兼子・前掲注（１）55頁，60頁；同・前掲注（７）400頁；斎藤・前掲注（７）481頁；三ケ月・前掲注（７）286頁；伊藤・前掲注（６）652頁；上田徹一郎『民事訴訟法〔第７版〕』（2011年・法学書院）562頁；梅本吉彦『民事訴訟法〔第４版〕』（2009年・信山社）666頁；河野・前掲注（26）737頁，740頁以下；菊井／村松原著・秋山／伊藤／加藤／高田／福田／山本・前掲注（26）511頁；小島武司『民事訴訟法』（2013年・有斐閣）790頁；上田／井上編・前掲注（１）161頁〔本間靖規〕など。なお，兼子一原著・松浦馨／新堂幸司／竹下守夫／高橋宏志／加藤新太郎／上原敏夫／高田裕成『条解民事訴訟法〔第２版〕』（2011年・弘文堂）244頁〔新堂／高橋／高田〕は，通説は敗訴責任の分担という衡平の見地に由来するものと説明していると述べ，紹介するにとどめている。

　判例（最判昭和45年10月22日民集24巻11号1583頁）も，「敗訴責任はあらゆる点で補助参加人にも分担させるのが衡平にかなう」という。

る上で制限なしに訴訟の追行に当たったのであり，敗訴責任を問題にするならば，責任を負うべきは被参加人であるということになるはずだからである。仮に，敗訴責任の分担という考え方が正しいのであれば，補助参加人が正しい裁判に役立つことを事実面および法律面に亘ってすべて提出した場合には，たとえ被参加人が不利な判決を受けた場合にも，参加的効力を及ぼすことはできないはずであるし，補助参加人は後訴において前訴での訴訟追行は万全であったことを主張し，参加的効力を免れることができなければならない[30]。しかし，そのような可能性は，法律上認められていない。さらに，補助参加人は，補助参加をして正しい裁判に役立つことを事実面および法律面に亘ってすべて提出したとしても，裁判所が事実関係または法適用について誤った判断をする場合には，誤った裁判所の判断を阻止することはできない。しかしこのような場合にも，参加的効力は補助参加人に及ぶ。このような場合につき，補助参加人に衡平の要請を理由に参加的効力を及ぼすことは，全く不当であろう[31]。したがって，参加的効力は，補助参加人が不十分な協力をしたことによる（衡平上の要請に基づく）失権効ではなく，前訴の請求と後訴の請求との間に依存的関係または択一的関係のような実体的関係が存在する場合に，被参加人の二重敗訴を避ける可能性を被参加人に与えるという法政策に基づき，民事訴訟法が特に付与した特殊な効力と見られなければならない。それゆえ，訴訟告知の効果の制限としても，敗訴責任の分担の観点から，告知者と被告知者との間に利害対立のある事由について，参加的効力

---

30 鈴木重勝・前掲注（１）426頁以下は，随分早くに，かつ正当に，このことを指摘していたが，文献によって不当にも顧慮されなかった。もっとも，補助参加人と相手方との間の参加的効力の発生を目指す鈴木論文は，通常の補助参加に限定してであるが，補助参加人が被参加人に対し何らかの実体法上の法的地位に立ち，被参加人に敗訴原因の全部または一部を与えた場合やそれに準ずる場合には，参加人は，共同で判決基礎を形成したことにより衡平の要求上，判決の判断に拘束されるとした。しかし，衡平の要求がどのような結果をもたらすかは一義的に明らかではなく（補助参加人の訴訟追行が不十分であった場合に，その場合に限って損害賠償請求権を被参加者に与えることも考えうる．），また参加人の訴訟追行が完全であっても裁判所の不当な事実認定が生じうる以上，参加的効力のこの理由づけは説得力に乏しいように思われる。

31 Vgl. *Riezler*, Ratio decidendi und obiter dictum im Urteil, AcP 139 (1934), 161, 178 ff.

の否定を導くことは，仮にその結論が妥当であっても，論理的に基礎づけることはできない。

次に，告知者が敗訴したときに，参加的効力を信義則によって根拠づけ，かつこれを基礎に，告知者が被告知者に対して実体法上，補償請求権や求償請求権を行使することができる場合に訴訟告知の効果を限定する見解には，次のような疑問がある。参加的効力を一般的に敗訴責任の分担の見地によって根拠づけることができないことは今述べたとおりである。この見解は，訴訟告知の効果について，被告知者が告知者との間の実体的関係から告知者に協力して訴訟を追行するよう期待される立場にあり，かつ手続上もその機会を保障されたにもかかわらず，告知者との後訴において前訴判決が誤りであると主張することが信義則に反するがゆえに失権するというのである。すなわち，被告知者が補助参加人として判決の基礎となる弁論に加わって協力し，それによって判決に影響を及ぼした場合，または，協力権を参加によって行使することを怠った場合に，被告知者が告知者との間の後訴において自己の行為によって影響づけられえた本訴の判決を不当なものと主張することを信義則違反と見る。しかし，この説明は，被告知者が告知者との間の後訴において前訴判決の判断が誤りであると主張することを遮断されることの理由づけとして，やはり適切でないように，筆者には思われる。第1に，実体関係による制限はあるとはいえ，被告知者は，補助参加をして正しい裁判に役立つことを事実面および法律面に亘ってすべて提出したとしても，裁判所が事実関係または法規範の誤った評価をする場合には，誤った裁判所の判断を阻止することはできない。しかし，このような場合にも，参加的効力は被告知者に及ぶ。このような場合につき，訴訟参加をした被告知者や訴訟参加を怠った被告知者に制裁の趣きのある効果を及ぼすことは，不当だからである[32]。第2に，裁判基礎の共同形成に対する責任の観点については，たしかに訴訟当事者は事実主張を行い判決基礎の形成のために訴訟行為をする権能を有するが，相手方との関係においてすら判決理由中の判断に既判力は生じず，したがって，告知者は前訴確定判決の既判力が後訴に及びその遮断効によって排斥されるのでない限り，理由中の判断に抵触する事実主張をすることは信義則によって禁じられていない[33]。それゆえ，判決基礎の共同形成がなぜ告

32　Vgl. *Riezler*, a. a. O. (Fn. 31), 178 ff.

知者の敗訴の場合に被告知者への敗訴責任の全面転嫁を可能にするのか，説明することはできない。訴訟告知の効果は，被告知者が不十分な協力をしたことまたは協力を懈怠したことによる信義則上の失権効ではないと解さざるをえない。参加的効力は，前訴の請求と後訴の請求との間に依存的関係または択一的関係のような実体的な関係が存在する場合に，係属中の訴訟の当事者の一方のために二重敗訴を避ける可能性を与えるという法政策に基づき民訴法が特に付与した特殊な効力と見られなければならない。

このことは，明治23年民訴法59条1項が原告または被告が敗訴した場合に「第三者ヨリ請求ヲ受クヘキコトヲ恐ルル場合」にも訴訟告知を許していたことにも現われている。すなわち，第三者からの請求の恐れには，訴訟担当の場合に，訴訟担当者が敗訴すると，後に担当者が被担当者から損害賠償請求を受ける恐れがある場合と，逆順序の求償の場合がある。前者は当事者である告知者が訴訟担当者として訴訟の結果につき責任を負い，それゆえ敗訴の場合に第三者から損害賠償請求を恐れなければならない場合である。債権差押えをした債権者の取立訴訟や債権者代位訴訟における債務者への訴訟告知は，前者の例である[34]。この場合，利害の対立している法定訴訟担当の被担当者が訴訟追行者たる当事者に協力して訴訟追行に当たるよう期待される立場にあるということはできない。後者（逆順序の求償）については，次のような例を挙げることができる。すなわち，請負人Bが注文主Aからある仕事を受注し，下請人Cに委託したが，Cが瑕疵ある仕事をした場合に，AがBに損害賠償を請求し，敗訴したBがCに求償するのではなく，BがまずCに損害賠償を請求する場合である。この場合にはBは勝訴するか敗訴するかを問わず，後にAから損害賠償を請求される恐れがある。裁判所が

---

33 もっとも，判決理由中の判断と抵触する主張を禁ずる効力として，争点効を肯定する見解がある。この見解は当事者間において争点効が生じ，補助参加人と相手方当事者との間の後訴には当事者間の判決の既判力および争点効の拡張が生ずると主張する（新堂幸司『新民事訴訟法〔第5版〕』〔2011年・弘文堂〕812頁以下）ので，本文で指摘した不均衡は生じないように見える。しかし，既判力および争点効の相手方への拡張自体に問題がある。既判力の拡張が補助参加人が前訴において訴訟行為につき制約を受けていないことに係らしめられることは，既判力は権利または法律関係を終局的に確定するという既判力の本質に反するからである。争点効説の問題点については，高橋宏志＝高田裕成＝畑瑞穂編『民事訴訟法判例百選〔第4版〕』180頁以下〔松本博之〕；松本／上野・前掲注（26）〔684〕〔松本〕参照。

BのCに対する訴訟では損害の不存在を理由に請求を棄却したが，AのBに対する後訴では損害の発生を理由に請求を認容するという事態が発生しうる。このように，ある法律要件要素について前訴と後訴で全く逆の判断がなされるという事態が生ずると，前訴判決の効力が後訴に及ばないという理由だけで，Bは経済的に損害を負担しなければならないことになる[35]。【事例6】についても，同じことが当てはまる。明治23年民訴法59条１項はこのような場合にも，BのAに対する訴訟告知が適法であることを明らかにしていた。このことは，訴訟告知の効果を信義則的な理由で説明することができないことを示している。なぜなら，AはCの瑕疵ある仕事に関し，Bに協

---

[34] 有力な学説は，債権者代位訴訟において原告が受けた判決の既判力が債務者に及ぶことを否定する。そして，この見解は，原告が訴訟係属中に債務者に訴訟告知をし，被代位者（被告知者）が独立当事者参加または共同訴訟参加をしない場合に公平と訴訟経済の観点から被代位者への既判力の拡張を承認する（新堂・前掲注（33）294頁以下；斎藤秀夫／小室直人／西村宏一／林屋礼二編著『注解民事訴訟法〔第２版，第５巻〕』〔1991年・第一法規〕151頁〔小室／渡辺／斎藤〕；池田辰夫『債権者代位訴訟の構造』〔1995年・信山社〕82頁など）。これは，通説によれば，代位債権者が敗訴した場合に債務者に対して求償権を主張できる場合でないから，本来の訴訟告知の要件を満たす場合でなく，債務者に既判力を及ぼすという目的で訴訟告知の制度を転用しようとする試みであると見られる。しかし，債権者代位訴訟の原告は，もともと債務者に訴訟告知をすることができるのである。これは，代位債権者が被代位債権が存在しないという理由で被告（第三債務者）に対し敗訴し，債務者からの代位債権者に対する損害賠償請求の訴えでは被代位債権が存在したという理由で損害賠償を命じられる事態を回避するためである。代位債権者が敗訴した場合，債務者（被告知者）が訴訟告知に応じて訴訟に参加（独立当事者参加または補助参加）しない場合にも，代位債権者の敗訴判決は債務者に参加的効力を及ぼし，債務者は代位債権者に対し被代位債権の存在を主張することができなくなる。そのため，債務者に既判力が及んだのと同じ結果になる。この訴訟告知は，代位訴訟の判決の既判力が債務者に及ぶか否かという係争問題をいずれに解するかにかかわらず，適法である。そして既判力を債務者に及ぼすために債権者代位訴訟の原告に債務者に対する訴訟告知を義務づける必要はない。訴訟告知をしていない場合，代位原告は敗訴の場合に債務者から損害賠償請求を受け得るだけである。このことはまた，債権者代位訴訟の原告敗訴の判決の既判力が債務者に対して及ぶかどうかという問題について，既判力の拡張を受ける場合の債務者の不利益ではなく，債務者への既判力の拡張が否定される場合に生ずる第三債務者の不利益こそ重視すべき問題であることを示唆している。

[35] Vgl. Wieczorek/Schütze/*Mansel*, a. a. O. (Fn. 11), § 72 Rdnr. 42.

力して訴訟を追行すべき立場にはないからである。したがって，訴訟担当や逆順序の求償の場合の参加的効力を，他人間の訴訟への協力を期待される立場にある被告知者が実際に訴訟に参加して協力しまたは協力を怠り被参加人または告知者が敗訴した場合に被告知者に敗訴責任を分担させることに基づくものと捉えることはできない[36]。

第3に，訴訟告知の効果が及ぶのは，告知者が敗訴したときに，告知者が被告知者に対して実体法上，請求権を行使することができる場合であるという見解において，明治23年民訴法59条1項のように，その請求権が補償請求権や求償請求権を行使することができる場合に限定されるか否かが問題となる。上記の見解は，明治23年民訴法59条1項は大正15年改正後も，訴訟告知の効果の要件との関係ではその意義を失っていないと見るのであるが，同条は択一的関係を排除するかのような表現となっており，狭すぎる規定と見られるものであった[37]。加えて，上記の見解では，明治23年民訴法59条1項が併せて規定していた，訴訟担当の場合や逆順序の求償権行使の場合のように，係属中の訴訟の当事者（告知者）が後に第三者からの損害賠償請求を受けることを恐れる場合を，訴訟告知の効果が及ぶ場合として把握できないことが明らかである。それゆえ補償請求権や求償請求権への限定は妥当性を有しない。

第3節　択一的関係と訴訟告知

第1款　訴訟告知の制度目的と択一的責任における告知者と被告知者の利益状態

前述のように，最高裁判所の判例は，択一的契約当事者の事案について第

---

[36] 福本・前掲注（1）759頁以下，761頁は，求償請求の場合と逆順序の求償の場合とを統一的に把握できるかどうかを検討し，告知者の敗訴に伴い生ずる新たな法律関係をめぐる訴訟に「告知者（被参加人）の敗訴に終わった前訴判決における何らかの判断が通用するという形で，訴訟告知（補助参加）の効力は一応，統一的に理解されることになる」というが，本章のような訴訟告知の目的の理解に基づいて初めて統一的理解が可能であると思われる。

[37] もっとも，大正15年改正民訴法の起草者が択一的関係の場合を念頭に置いて，明治23年民訴法59条1項の要件が狭すぎると見ていたのかどうかは確認することができない。

三者の補助参加の利益を否定し，したがってこの第三者に対する訴訟告知自体を不適法とした。

しかし，択一的関係の事案と，訴訟告知の典型的な場合である求償訴訟の場合との間には，利益状態の明瞭な共通性が見られる。すなわち，前訴被告と第三者のいずれかが債務の帰属主体である場合に，前訴で前訴被告が債務の帰属主体でないとされた原告は，第三者を被告とする後訴において，第三者ではなく前訴被告が債務者であったという理由で再び敗訴判決を受ける危険がある。原告は実体法上，前訴被告と第三者のいずれか一方に対しては勝訴できなければならない関係にあり，訴訟告知の典型的な場合である求償訴訟の場合と同じく二重敗訴の危険は阻止されるべきである。それゆえ，このような第三者に対する訴訟告知も，適法と解すべきである。

もっとも，このような理解に対しては，矛盾した裁判を避けることを望む当事者は自ら第三者を被告にして共同訴訟（主観的予備的併合の訴えまたは同時審判の申出を伴う共同訴訟）を提起すれば足りるとする見解[38]がある。しかし，主観的予備的併合は予備的被告の地位の不安定という看過できない難点があり，その適法性は現行民訴法によってほぼ否定されている。同時審判の申出を伴う共同訴訟（民訴41条）は，原告が併合される複数の請求について1人の被告に対してはある法律要件要素に該当する事実の存在を主張し，他の被告に対してはその事実の不存在を主張しなければならないという首尾一貫しない事実主張をせざるえない事案について，弁論および裁判を分離してすることを禁止するので（民訴41条1項），ある被告は他の被告に対する原告の事実主張を援用して自己に対する請求の棄却を求めることを許さないものと見られる。しかし，同時審判の申出を伴う共同訴訟には，なお次のような重大なデメリットがある。すなわち，この共同訴訟においては，一人の被告に対する原告の請求が認容される場合，他の被告に対する請求は棄却されることが初めから前提とされており，原告にとって，第三者に対して共同訴訟を提起する負担が極めて大きいことである。しかも，上訴を含めて考えると，同時審判の申出を伴う共同訴訟によって矛盾した裁判の回避が常に達成できるかどうか不明であり，二重敗訴の危険の回避も確実でないことからすると，明らかに原告に負担の重い制度である。したがって，訴訟告知による参加的

---

[38] 髙橋・前掲注（1）488頁注（76）は，このような主張を展開する。

効力によって原告の二重敗訴を回避する必要性と，両立しない請求につき訴訟告知を利用する原告の利益は，同時審判の申出を伴う共同訴訟の許容にもかかわらず否定されないことを考慮に入れる必要がある[39]。

　訴訟告知の制度目的を，複数の請求につき訴訟を追行しなければならない当事者の一方が，相手方との間の本訴請求と第三者との間の後訴請求の実体法上の依存的または択一的な関係のゆえに，いずれかの請求には勝訴できなければならないが，後訴の裁判官が同一の法律要件要素につき本訴の裁判官と異なる判断をすることにより生ずる二重敗訴の危険を回避するために，第三者に対して訴訟告知を行い，その効果（参加的効力）によって後訴の裁判官を本訴の判決の判断に拘束することを目的とする，告知者の利益のために創設された救済手段と解する場合，まさに【事例2】のような積極的競合的択一的関係の事案は訴訟告知により二重敗訴の危険を除去しえなければならない事案ということができる。もっとも，この場合には訴訟告知の効果（参加的効力）の範囲について，参加的効力に対する制限一般についてと同じように，種々の制限が問題となるが，これについては後述第3款において述べることにしたい。

第2款　ドイツ民訴法72条についてのドイツの判例

明治23年民訴法59条1項が受け継いだドイツ民訴法72条1項は，「訴訟が

39　アメリカ合衆国法上の当事者の任意的併合（permissive joinder of parties）に注目し，その問題点を指摘する，W. Lüke, a. a. O. (Fn. 21), S. 306 ff., 323 ff. も参照。

　なお，山本・前掲注（5）97頁は，【事例2】の事案においては被告（Y）と被告知者（Z）のいずれが債権契約を締結したかが問題とされているとすれば，同一商品の二重譲渡も可能であるので，両者に対する請求は両立するため，同時審判の申出を伴う共同訴訟の要件を具備していない可能性があると述べる。そして，この共同訴訟を選択することができないとすれば，判例の見解によれば，訴訟告知による参加的効力の取得の道を閉ざすことになると指摘する。しかし，【事例2】の事案はYとZに対する2つの契約の存否が問題になっているのではなく，1つ契約の契約当事者が誰であるかが問題になっているので，二重譲渡の事案類型を持ち出して同時審判の申出を伴う共同訴訟の適否を論ずることはできない。本文で指摘したように，同時審判の申出を伴う共同訴訟は原告に重い負担を負わせるので，この共同訴訟が適法であるか否かとは無関係に，訴訟告知は許されるべきである。

自己に不利な結果になる場合には第三者に対し保証又は損害填補を求める請求（Anspruch auf Gewährleistung oder Schadloshaltung）を提起できると思い，または第三者から請求を受けることを心配する当事者は，確定した裁判がなされるまでその第三者に対して裁判上争訟を告知することができる」と規定しており，この規定は今日まで改正されずに適用されている。

　この規定は，ドイツではどのように見られていたのであろうか。ライヒ裁判所時代から，狭すぎる規定と見られ，1911年10月28日のライヒ裁判所の判例[40]以来，「損害填補請求（Anspruch auf Schadloshaltung）」には求償請求だけでなく，前訴の被告に代わり代替的に（alternativ）債務者または損害惹起者として問題になる第三者に対する請求で，前訴の被告に対する請求と相排斥し合うものも含まれると，拡張解釈されてきたのである[41]。このような拡張解釈は，択一的関係の場合にも，同一の権利根拠要件につき前訴と後訴で異なる認定がなされることにより当事者の一方が前訴被告に対しても第三者に対しても二重敗訴を喫する危険を防止すべきだと考えられるので，利益適合的と考えられた。そして，その後，連邦通常裁判所は択一的関係にある複数の請求は必然的に同一の法的基礎に立つ必要はなく，または範囲および内容において同一である必要はないことを明らかにした[42]。このような経過の中で，1967年11月17日の連邦司法省の民事訴訟法改正草案（いわゆる訴訟促進法案）においては，ドイツ民訴法72条1項の「保証又は損害填補を求める」という制限的な文言を削除する提案がなされた。しかし，1976年の簡素化法においても，ドイツ民訴法72条1項は改正されず，そのまま残った。その理由は，この条文はすでに判例によって長い間拡張解釈され，「保証又は損害填補を求める」という制限的な文言がないかのごとく解釈されてきたので，条文の修正はもはや必要でないと見られたためである[43]。このような経過を経て，今日では純然たる択一的責任の事案が訴訟告知の対象とならないとい

---

[40]　RGZ 77, 360 ff.
[41]　連邦通常裁判所も，ライヒ裁判所の判例を踏襲した。BGHZ 8, 72. この判例については，本間・前掲注（1）380頁参照。
[42]　BGHZ 65, 127. この判例については，本間・前掲注（1）383頁参照。
[43]　*Eibner*, Aktuelle Probleme des Streitsverkündungsrechts, JurBüro, 1988 149 ff., 150；*P. W. Schäfer*, Nebenintervention und Streitverkündung, 1990, S. 139. 間淵・前掲注（1）140頁も参照。

う見解はもはや存在しない[44]。

　もっとも，早くから択一的関係にある2つの請求につき訴訟告知を適法としてきたドイツ法の文献の中には，択一的関係のうち特殊な場合については，訴訟告知を不適法とする見解[45]が存在する。すなわち，「自然の択一関係 (natürliche Alternativverhältnisse)」と呼ばれる場合である。これは，2人の者（AとB）だけが加害行為をなし得たが，そのいずれが加害行為をしたかという事実問題が解明できない場合である。このような場合について，被害者（C）が可能性のある加害者の1人（A）に対して訴えを提起し，もう1人（B）に対して訴訟告知をすることが許されるならば，Aの加害者性が不明であるという理由で請求が棄却されると，CのBに対する後訴において参加的効力が証明責任の転換をもたらすが，参加的効力は被害者をその証明責任から解放することに仕えるものではないので，事実的択一関係の事案においては訴訟告知が排除されなければならないと論じられた。この見解に対しては，批判も多く，見解が分かれている。批判する見解は，自然の択一関係の事案について訴訟告知を不適法とする見解は，前訴判決が証明責任判決であり，後訴における同一事実についての証明責任が前訴における証明責任と異なる場合を論じ，しかも参加的効力が証明責任の転換をもたらす場合を念頭に論じるのであるが，証明責任判決の参加的効力はこのような内容を有しないと批判する。ドイツにおいて今日では，参加的効力は当該事実の存否不明についてのみ生じ，これが後訴にいかなる影響を及ぼすかは当該事実（法律要件要素）につき，後訴においていずれの当事者が証明責任を負うかによって異なるとする見解が支配的であり[46]，妥当である。この支配的見解によると，前訴において解明できずに終わった事実が後訴において裁判上重要であ

44　*Zeuner*, Die subjektiven Grenzen der Rechtskraft im Rahmen rechtlicher Sinnzusammenhänge, 1965, S. 50 f.（松本博之訳『アルブレヒト・ツォイナー・既判力と判決理由　法的意味連関の枠組による民事判決の既判力の測定』（2009年・信山社）61頁以下）は，択一的関係の場合が参加的効力の理解にとってもつ意味を指摘した。

45　*Bruns*, Die Erweiterung der Streitverkündung in den Gesetzgebungsarbeiten zur Novelle der Zivilprozessordnung, Festschrift für Schima, 1969, S.111 ff., 122 は，自然の択一関係と法的択一関係を区別することなく，積極的同方向的択一的関係を取り込むことを批判した。これを受け，*Häsemeyer*, a. a. O. (Fn. 11), 196；*P. W. Schäfer*, a. a. O. (Fn. 43), S. 140 などが，この見解を主張する。

る場合には，後訴においても証明責任により裁判が行われる。その際，証明責任が前訴において正しく判断されていたかどうかは重要ではない。そのため，前訴と後訴のいずれにおいても証明責任を負っている当事者は，両訴訟において敗訴しうる。前訴で証明できなかった事実を後訴において証明しようとしても，参加的効力がこれを阻止する。告知者から訴えの提起を受けた被告知者（または前訴の補助参加人）が前訴において存否不明に終わった事実につき後訴において証明責任を負っている場合には，その事実は参加的効力によって存否不明と見なされ，改めて後訴において証明することは許されない。【事例4】において，前訴においてZがYの名で契約を締結したかどうか不明であるとして証明責任に基づき（XはZがYの名で意思表示をしたことおよび代理権を有していたことにつき証明責任を負うので）Xの請求を棄却した前訴判決は，XのZに対する後訴において，ZがYの名で契約を締結したことおよび代理権を有したことにつきZが証明責任を負う場合には（いわゆる抗弁説[47]の立場），Zは前訴判決の参加的効力を受け，後訴においてYの代理人として行為をしたとか代理権を有していたと主張することはできない。この場合には，ZはYの名で行為をしなかった，または代理権を有しなかったと仮定して証明責任に基づき裁判されることになる。

　証明責任判決の参加的効力はある事実が存否不明であるとの判断（上記の択一的加害者の例では，Aの加害行為者性が確定できないという判断）にのみ生

---

[46] BGHZ 16, 217, 229; BGHZ 85, 252, 257 ff.; Baumbach/Lauterbach/*Hartmann*, Zivilprozessordnung, 70. Aufl., 2012, § 68 Rdnr. 7; *Laumen*, Streitverkündung, Interventionswirkung und Beweislastverteilung bei alternativer Vertragspartnerschaft, Festschrift für Baumgärtel, 1990, S. 282, 283 ff.; MünchKommZPO/*Schultes*, a. a. O. (Fn. 11), § 68 Rdnr. 16; *Schellhammer*, a. a. O. (Fn. 11), Rdnr. 1636; Thomas/Putzo/*Hüßtege*, a. a. O. (Fn. 11), § 72 Rdnr. 2; Wieczorek/Schütze/*Mansel*, a. a. O. (Fn. 11), § 68 Rdnr. 115; *Ziegert*, Die Interventionswirkung, 2003, S. 157 ff.; Zöller/*Vollkommer*, a. a. O. (Fn. 11), § 68 Rdnr. 10. 反対：Stein/Jonas/*Bork*, a. a. O. (Fn. 11), § 68 Rdnr. 1. 松本・前掲注（1）294頁以下も参照。

[47] 契約上の債務の履行を求める訴訟において被告が他人の代理人として契約を締結したと陳述する場合，被告が他人のためにする意思で意思表示をしたことにつき被告が証明責任を負うか（抗弁説），被告は自己のために意思表示をしたことにつき原告が証明責任を負うか（否認説）の対立がある。詳しくは，松本・前掲注（1）133頁以下参照。

ずるのであり，被告知者（B）は被告知者に対する告知者の後訴において，前訴裁判所のこの判断をもはや争うことができないだけであり，したがって，Aが加害行為者であると主張することができないだけであり，Bが加害行為者であるということは前訴判決の拘束力のある確定から必然的には生じない[48]。したがって，上記のような「自然の択一関係」の議論に従うことはできない。

以上のように，ドイツ民事訴訟法においては訴訟告知の制度目的から択一的責任の事案についても訴訟告知の適法性が肯定されているのである。

第3款　択一的関係の場合における訴訟告知の効果の範囲

最後に択一的関係の場合における訴訟告知の効果の制限事由について，若干の考察をしておこう。前訴裁判所が，「契約上債務を負うのは第三者であるので，前訴被告は債務者でない」という理由で原告の請求を棄却する判決をした場合に，参加的効力の範囲が問題になる。すなわち，後訴裁判所は「前訴被告は債務者でない」という前訴裁判所の確定にのみ拘束されるのであって，「第三者（後訴被告）が債務者である」という認定は過剰な認定であり，これには拘束されないのか，それとも後訴裁判所は「第三者（後訴被告）が債務者である」という認定にも拘束されるのかという問題である。この問題は通常の補助参加の場合の参加的効力の客観的範囲についても生ずるのであり，参加的効力は前訴判決が依拠していない事実認定およびこれに対する法的評価には生じないと解すべきであるが，問題の事実認定およびこれに対する法的評価が前訴判決を支えているか，そうではなく過剰な認定であるのかという点についての判断基準を何に求めるべきかが決定的に重要な問題である。前訴裁判所が何がその判決を支えていると見ているかではなく，前訴裁判所が正確に訴訟を実施する場合に，前訴判決が客観的に正しい法的見解から見て何に依拠していると見られるかという点についての後訴裁判所の判断を基準とすべきであろう[49]。このように見ると，「第三者（後訴被告）が債務者である」という認定は，前訴裁判所にとっては，前訴被告の債務者性を否

---

[48] Wieczorek/Schütze/*Mansel*, a. a. O. (Fn. 11), § 72 Rdnr. 62.
[49] Vgl. BGHZ 157, 97 (99 ff.).

定する上で決定的な判断であるけれども，ある事実認定およびこれに対する法的判断が前訴判決を支えているかどうかは被告知者にとって重大な利害にかかわる事項であるから，前訴裁判所の主観的な見方ではなく，後訴裁判所の客観的な判断が重視されるべきである。このように解すると，前訴判決は，前訴の被告の実体適格の否定についてのみ訴訟告知の効果が生じ，被告知者が義務主体であることには訴訟告知の効果が生じないと解すべきであろう[50]。被告知者が義務主体であるとの認定は，訴訟告知の効果との関係では，前訴判決の理由づけにとって過剰なものであり，訴訟告知の効果を生ぜしめるにふさわしくないからである。判例は，被告知者が義務の帰属主体であるとの認定は間接事実の認定であり，傍論であるから，間接事実の認定およびその法的判断には参加的効力は生じないとの理由で，この結論を認めるのであるが，すでに述べたように，この理由づけは適切でない。間接事実は，決して傍論などではないからである。

もっとも，前訴被告と被告知者のいずれかが債務の帰属主体であることが事案の状況から明らかな場合には，被告知者に対する後訴において，後訴裁判所は参加的効力により，前訴被告が義務の帰属主体であることを認める判断をすることができず，後訴被告も前訴被告が義務の帰属主体であると主張することができないので，告知者・被告知者以外の者が義務の帰属主体であるとの主張は直ちには排斥されないけれども，後訴被告である被告知者を義務の帰属主体であると後訴裁判所が判断する蓋然性が高くなる[51・52]。

第 4 節　結　語

本章は，訴訟告知の制度目的を論じるとともに，従来その適法性が否定されている択一的責任の事案においても訴訟告知が適法であり，被告知者が告知者側に補助参加しなかった場合（相手方に補助参加した場合を含む）には訴訟告知の効果が生ずるが，一定の場合には参加的効力は制限されることを明らかにした。

また，訴訟告知の効果は，前訴において補助参加をして判決に影響を及ぼ

50　Wieczorek/Schütze/*Mansel*, a. a. O.（Fn. 11），§ 72 Rdnr. 53.
51　Wieczorek/Schütze/*Mansel*, a. a. O.（Fn. 11），§ 72 Rdnr. 53.

す可能性があったにもかかわらず参加せず，後訴において前訴判決が不当であると主張することが信義則に反することに基礎を置くものではなく，複数の請求のいずれかについて勝訴できなければならない当事者の一方の二重敗訴の危険を防ぐ見地から法が特別に付与した効果であり，したがって，訴訟告知の効果（参加的効力）の及ぶ，告知者の被告知者に対する後訴請求には，担保請求，損害賠償請求のみならず，純然たる択一的関係に基づく請求が含まれることを主張した。

　訴訟告知の目的が本章で述べたようなものであるとすると，通常の補助参加の制度目的および参加理由の理解について再検討が必要であると思われる。筆者自身もこれをする機会を今後持ちたいと思っている。また，訴訟告知の手続や参加的効力の詳細も，本章では論ずることができなかった。これも別

52　間淵・前掲注（1）180頁は，被告知者が前訴の「争点主張適格者」である場合に限って他人間の訴訟に参加して訴訟を追行しなければならないとし，また，この争点についての前訴裁判所の判断とそこから導かれる判決主文の判断に限って訴訟告知の効果が生ずるという注目される見解を主張している。そして，択一的契約当事者の事例では，被告知者は「争点主張適格者」でないとして参加的効力を受けないとする。訴訟告知は補助参加の利益を有する第三者のすべてに対してではなく，本文で述べたように，告知者の二重敗訴の防止にふさわしい従属的関係または択一的関係が係属中の訴訟における係争法律関係と告知者・被告知者間の後訴請求との間に存在する場合に限って適法であると解すべきであるが，「争点主張適格」による更なる限界づけは，この概念とその判断基準が明確でないことと，二重敗訴の回避という訴訟告知の制度目的の理解に適合しないのではないかという問題がある。また，判決を支えるすべての事実認定および法的判断が不可争になって初めて二重敗訴の回避が可能になるのであるから，参加的効力を被告知者に「主張適格」のある争点についての裁判所の判断と訴訟物についての判断に限定することは問題であろう。

　なお，坂田・前掲注（1）169頁は，前掲注（5）最判平成14年1月22日判決について，告知者・被告知者以外の第三の人物が契約当事者である可能性もあるから，事案は厳密な意味での択一関係にあるとはいえないとし，しかも告知者（前訴原告）が協力を要請している点，すなわち前訴被告が買主であったという事実は被告知者がよく把握できる事実ではないという理由で最高裁判所の判決の結論に賛成している。しかし，被告知者は，店舗（カラオケボックス）建築契約の当事者である以上，誰がカラオケボックス用家具等を購入し設置したのか，家具等の売買と設置にあたりどのような役割を果たしたのか，その間の事情を説明できる立場にいるので，坂田論文の提案する被告知者の「訴訟協力義務」の観点からしても，被告知者は訴訟告知の効果の及ぶべき第三者と言うことができよう。

稿で扱いたい[53]。

---

[53] 参加的効力の範囲については，次章参照。

第4章　訴訟告知の効果の範囲*

第1節　はじめに

(1)　裁判所に係属中の民事訴訟において当事者間で争われている法律関係と従属的または択一的な関係に立つ法律関係が当事者の一方と第三者との間に存在する場合に，この当事者の一方は第三者に対し訴訟告知を行い，この訴訟で敗訴した場合に，自分と第三者間で争われるべき法律関係に関する後訴に対し判決の効力を及ぼすことができる（民訴53条4項・46条）。この第三者（被告知者）に及ぶ当事者間の判決の効力の法的性質や，第三者のための手続保障をめぐって，これまで種々の議論が交わされてきた[1]。同様に，母法国であるドイツにおいても，訴訟告知をめぐって議論が積み重ねられてきた[2]。

　本章は，従来の議論を整理しながら，訴訟告知の効果をめぐる種々の問題を検討し，訴訟告知制度の適正な運用に寄与することを目的とする。

(2)　以下の論述の過程で言及する若干の事例をここで挙げておこう。

【事例1】　商品の売主Xは，Yに商品を売却したと主張してYを被告として商品の売買代金の支払いを求めて訴えを提起した。Yは，この商品はZの注文した設備のためのものであって，注文主は自分ではなく，Zであると主張して争ったので，XはZに訴訟告知をした。XのZに対する訴訟告知は適法か。

【事例2】　原告Xは，Yに対し契約の履行を求めて訴えを提起した。Xは，Yの代理人Zと契約交渉をし，合意に至り，Yと契約を締結したと主張した。このXの主張に対し，Yは，Zは自分の代理人として行為をしたのではなかった，そうでなくとも，Zは代理権を有していなかったと陳述して防

---

*　本章は，龍谷法学46巻4号（2014年）761頁以下の同名の論文を第5節「一部請求訴訟と参加的効力」を除き収録する。

御した。Xは，Zに対して訴訟告知をした。Zはいずれの当事者にも参加しなかった。

　裁判所が，ZはYの代理人として行為しなかった，そうでなくともZは代理権を有しなかったと判断してXの請求を棄却した場合，XのZに対する民法117条1項に基づく損害賠償請求の後訴において，Zは前訴判決は間違っていると主張して請求を争うことができるか。

　前訴判決がZがYの代理人として行為したかどうか，ないしは，代理権を有していたかどうか不明であるとの理由でXの請求を棄却した場合，前訴判決の参加的効力の対象は何か。

　【事例3】　原告Xから債務の履行を求められた被告Yは，第三者ZがXの主張する自己に対する債権の帰属主体であると主張しているので，Zに対し訴訟告知をした。Zはどのような参加をすることができるか。

　【事例4】　物を委託者の計算で買い付けた問屋が物の瑕疵を理由に売主に対して契約を解除し損害賠償請求の訴えを提起する場合，物に瑕疵がないという理由で契約を解除できないと裁判所が判断する場合のために委託者に訴

1　第3編第3章注（1）所掲の文献参照。
2　*Bishof*, Die Streitverkündung, JurBüro 1984, 969 ff., 1141 ff., 1309 ff.; *ders.*, Praxisprobleme der Streitverkündung, MDR 1999, 787 ff.; *R. Bruns*, Die Erweiterung der Streitverkündung in den Gesetzgebungsarbeiten zur Novelle der deutschen Zivilprozeßordnung, Festschrift für Schima, 1969, S. 111 ff.; *Eibner*, Aktuelle Probleme des Streitverkündungsrechts, JurBüro, 1988 149 ff., 281 ff.; *Häsemeyer*, Die Interventionswirkung im Zivilprozeß - prozessuale Sicherung materiellrechtlicher Alternativverhältnisse, ZZP 84 (1971), 179 ff.; *F. Jacoby*, Der Musterprozeßvertrag, 2000; *Kittner*, Streithilfe und Streitverkündung, JuS 1985, 703 ff., 1986, 131 ff., 624 ff.; *Knöringer*, Die Streitverkündung, §§ 72-74 ZPO, JuS 2007, 741 ff.; *Lammenett*, Nebenintervention, Streitverkündung und Beiladung, Diss. Köln, 1976; *Laumen*, Streitverkündung, Interventionswirkung und Beweislastverteilung bei alternativer Vertragspartnerschaft, Festschrift für Baumgärtel, 1990, S. 282 ff.; *W. Lüke*, Die Beteiligung Dritter im Zivilprozeß, 1993, S. 306 ff.; *Mansel*, Gerichtsstandsvereinbarung und Ausschluß der Streitverkündung durch Prozeßvertrag, ZZP 109 (1996), 61 ff.; *P. W. Schäfer*, Nebenintervention und Streitverkündung, 1990; *E. Schneider*, Über die Interventionswirkungen im Folgeprozeß, MDR 1961, 3 ff.; *Stahl*, Beiladung und Nebenintervention, 1972; *Werres*, Die Wirkungen der Streitverkündung und ihre Grenzen, NJW 1984, 208 ff.; *Ziegert*, Die Interventionswirkung, 2002.

訟告知をする。

第 2 節　訴訟告知制度の概要

第 1 款　訴訟告知の意義

　訴訟告知は, 係属中の訴訟の結果につき利害関係を有する第三者に対し, 当事者の一方が当事者間の訴訟の係属を法定の方式により通知する訴訟行為である。もちろん, 訴訟告知をすることは, 当事者の義務ではない。会社法849条 3 項や一般社団財団法人法280条 3 項, 地方自治法242条の 2 第 7 項などのように, 訴訟告知が法律上義務づけられることがあるが[3], それは例外である。民事訴訟法は, 告知を受けた第三者を単に「告知を受けた者」と呼んでいるが（民訴53条 2 項・ 4 項), 文献においては被告知者と呼ばれている。告知者が被告知者に訴訟への参加を催告している場合にも, 被告知者は訴訟に参加する義務を負うものではない。被告知者が訴訟に参加するかどうかは被告知者自身が決める問題であるが, 訴訟告知が適法になされている場合には, 参加をしなくても時効中断のような実体法上の効力を受けるほか, 所定の要件を満たす場合には, 民訴法53条 4 項・46条の定める効果（後述のように参加的効力）が告知者と被告知者間の後訴に及び, 後訴裁判所はこれに反する事実認定や法的判断をすることができなくなる。 1 つの問題は, この効果は告知者と被告知者間の後訴だけでなく, 補助参加人と（被参加人の）相手方との間の後訴にも及ぶかどうかである。

第 2 款　訴訟告知の要件

1　訴訟の係属

　民訴法53条 1 項が訴訟告知の要件を定めている。訴訟が日本の裁判所に係属し, まだ確定判決によって終了していないことが必要である。したがって, 事件が上告審に係属中のときも, 訴訟告知をすることができる（ただし, 事

---

[3] その他の場合については, 上田徹一郎＝井上治典編『注釈民事訴訟法(2)』(1992年・有斐閣) 281頁以下〔上原〕参照。

実審理の終了後の訴訟告知にあっては，被告知者は参加しても訴訟の結果に影響を及ぼすことはできず，したがって参加的効力を被告知者に及ぼすことができないので，大した意味を有しない)。

訴訟告知は，通常の民事訴訟のみならず，訴訟告知の効果を第三者に及ぼす必要性があるすべての裁判手続において適法である。したがって，それは再審手続や督促手続においても適法である。告知者となるかもしれない者と被告知者になるかもしれない者との合意によって，訴訟告知の適法性を排除し，または特定の裁判所での訴訟手続にこれを制限することができる4。訴訟告知をするか否かは，告知者が自由に決めることができる事項であり，それゆえ，これを告知者と被告知者との合意によって訴訟告知の適法性を排除することができるべきだからである。

2 告知者と被告知者

訴訟告知ができる者は，係属する訴訟の当事者のほか，補助参加人および被告知者である（民訴53条2項）。たとえば，訴訟告知を受けた手形の裏書人は，順次，前の裏書人に訴訟告知をすることができる（再告知）。被告知者が訴訟告知をする場合には，被告知者の利益のみが重要である。

被告知者となりうる者は，補助参加の利益を有する第三者のほか，独立当事者参加や共同訴訟参加をすることができる第三者など，訴訟に参加をすることができる第三者である。相手方の通常共同訴訟人や自己の共同訴訟人，相手方の補助参加人も，被告知者になりうる。相手方からすでに訴訟告知を受けている第三者も，被告知者になることができる。裁判官や相手方の訴訟代理人は，訴訟審理に関わる訴訟関係者であり，民訴法53条1項の意味での第三者ではない。正式鑑定の鑑定人も，瑕疵ある鑑定に起因する損害の賠償を求める鑑定人に対する損害賠償請求に関し被告知者になることはできない5。なぜなら，鑑定人は，個々の訴訟手続において裁判所によって選任され，裁判所に欠けている専門的知識を裁判所に提供する職責を有する任務を担うので訴訟関係者であり，したがって第三者ということができないからで

---

4 *Mansel*, a. a. O. (Fn. 2), 63 ff.; Thomas/Putzo/*Hüßtege*, Zivilprozessordnung, 20. Aufl., 2009, § 72 Rdnr. 3a; Rosenberg/Schwab/*Gottwald*, Zivilprozessrecht, 17. Aufl., 2010, § 51 Rdnr. 10.

5 BGHZ 168, 380.

ある。

　訴訟告知は，裁判上行われなければならないので，訴訟行為であり，告知者は一般の訴訟行為要件を具備することが必要である。また後述のように，法定の方式によることを要する。

3　訴訟告知の理由

　訴訟告知は，単に訴訟の結果に利害関係を有する第三者に訴訟係属の事実を知らせるという目的を越えて，第三者の参加を得ること，および，参加すべきであるにもかかわらず訴訟に参加しない第三者に対し，一定の要件のもとで，補助参加があったのと同様に当事者間の判決の参加的効力を及ぼすことに，その目的がある。したがって訴訟告知は，被告知者の利益擁護ではなく，告知者（当事者）の利益の確保を主要な目的としている[6]。この訴訟告知の制度目的から見て，第三者が補助参加の利益を有することだけで，訴訟告知ができるとするのは全く不合理である。告知者が訴訟告知につき正当な利益を有する場合に被告知者に対する参加的効力が正当化されるので，告知の理由がもっとも重要な要件である。訴訟告知は告知者と被告知者間の後訴に対して前訴判決の効力を及ぼすことを最も重要な目的とする制度であるので，前訴請求と後訴請求との間に訴訟告知の効果（参加的効力）を及ぼすのに適切な法的関係が存在すると告知者が考えていることが必要であり[7]，これが訴訟告知の理由を基礎づけると解することができる。

　以上のような訴訟告知の目的の理解から出発すると，当事者間に係属する訴訟の当事者の一方の二重敗訴を防止するにふさわしい従属的関係または択一的関係が係属中の訴訟における係争法律関係と告知者と被告知者間の後訴の請求との間に存在しうる場合にのみ，訴訟告知をすることができると解することが訴訟告知の目的に適合する。換言すると，訴訟の結果に利害関係を有するすべての第三者に対して訴訟告知を許し，その上で後述のように，訴訟告知の効力の及ぶ範囲を告知者と被告知者の間の協力関係の存否等により制限することは，訴訟告知の制度目的の理解に適合しないであろう。具体的には，明治23年民訴法59条の規定が定めた，当事者の一方が敗訴した場合に

　6　詳しくは，本書第3編第3章第2節第2款参照。
　7　ただし，実際にそのような法的関係が存在することは，必要でない。

担保請求・求償請求をなしうることができる可能性のある場合はそのような法律関係の存在が認められる典型例である。また，【事例4】のように，目的物の瑕疵の不存在を理由に請求棄却判決を受ける問屋Xが，後に委託者から物の瑕疵を理由に損害賠償請求を受ける場合に，後訴裁判所が物の瑕疵を認めて委託者の損害賠償請求を認容することを回避することができるべきである。したがって，これらの場合は問題なく訴訟告知に適した法律関係であるということができる。Häsemeyer（ヘーゼマイヤー）は，前者を積極的補償的択一関係（positiv kompensierende Alternativität），後者を消極的補償的択一関係（negativ kompensierende Alternativität）[8]と呼び，これらの場合も択一的法律関係に属することを明らかにした[9]。

　このことは重要な帰結をもたらす。すなわち，以上のような訴訟告知の目的理解からは，初めから複数の被告の併存責任が問題になる場合には，ある被告に対し訴えを提起し，その訴訟の係属中に他の義務者に対して訴訟告知をして法律要件についての矛盾した判断を避けようとしても，訴訟告知の要件を具備せず，不適法だということである。たとえば，連帯債務者の1人に対して訴えを提起した原告が他の連帯債務者に対して訴訟告知をすることは，連帯債務者を共同被告として訴えを提起し，共同訴訟として共通の訴訟進行の中で矛盾のない裁判を得ることが——一定範囲であれ——可能であるから，不適法である[10]。もっとも，主張された請求権が一部は択一的な性質を有し，一部は併存的な性質をも有する場合に問題が生ずる。2人の加害者が被害者に対し連帯債務者として責任を負うが，1人の加害者の責任は被害者の過失によって制限されており，他の加害者は無制限の責任を負う場合がそのような場合の例である。このような併存責任と択一的責任が併存する場合に被害者が両者に対し共同訴訟を提起することができることは，訴訟告知を不適法ならしめないと解される[11]。両者に対して同時に訴えを提起することができる可能性ではなく，原告が一方に対して敗訴する場合に他方に対し

8　*Häsemeyer*, a. a. O. (Fn. 2), 185.
9　*Häsemeyer*, a. a. O. (Fn. 2), 185. この性質決定は，今日多くの文献によって支持されている。Münchener Kommentar zur Zivilprozessordnung/*Schultes*, 4. Aufl., Bd. 1, 2013, § 72 Rdnr. 9 ff.
10　Rosenberg/Schwab/*Gottwald*, a. a. O. (Fn. 4), § 51 Rdnr. 17.
11　この場合について，*W. Lüke*, a. a. O. (Fn. 2), S. 322 ff. が詳しい。

て責任を問えると考えていることが決定的に重要だからである[12]。

第3款　訴訟告知の手続

1　訴訟告知の方式

訴訟告知は，民訴法53条3項の定める方式に従い行うべき訴訟行為である。告知者は，告知の理由および訴訟の程度を記載した書面（告知書）を訴訟の係属する裁判所に提出しなければならない（民訴53条3項）。告知の理由とは，前述のように，告知者が訴訟告知につき正当な利益を有することを明らかにする事由である。この点に関し，訴訟告知の目的は主として参加的効力の発生にあるのであるから，告知者がありうべき被告知者との間の後訴においていかなる請求を想定しているのか，または，いかなる請求が被告知者から提起されうると見ているのかについて十分な記載が告知書においてなされる必要があると解すべきである[13]。

訴訟の程度とは，訴訟の進行状況，すなわち弁論準備手続，口頭弁論，証拠調べなど，訴訟が訴訟手続のどの段階にあるかという点である。この書面によって告知者を補助するため訴訟に参加するよう被告知者に催告すべき旨の定めは民事訴訟法にはないが，被告知者の誤解を避けることが重要であり，このような催告をも記載すべきであろう[14]。

12　Rosenberg/Schwab/*Gottwald*, a. a. O.（Fn. 4），§ 51 Rdnr. 19.

13　しばしば「一片の」告知書によって判決の効力が被告知者に及ぼされることに疑問が向けられているが（たとえば，高橋宏志『重点講義民事訴訟法〔下，第2版補訂版〕』〔2014年・有斐閣〕478頁），告知書は本文で述べた記載を必要とするから，決して「一片の」告知書で足りるというわけではない。

14　ドイツでは，催告は余計であるとか（Zöller/*Vollkommer*, Zivilprozessordnung, 29. Aufl., 2012, § 72 Rdnr. 3），必要でないとされるが（Rosenberg/Schwab/*Gottwald*, a. a. O.（Fn. 4），§ 51 Rdnr. 2），実務上一般的に行われ，書式例においても催告が含まれている。Sänger/Ulrich/Siebert/*Nickel*, ZPO Kommentiertes Prozessformularbuch, 2. Aufl., 2012, § 73 Rdnr. 1, 2. 坂田・前掲第3編第3章注（1）171頁は，立法論としてであるが，訴訟告知書を「訴訟協力要請書」とする方向も考えられなくはないという。

2 裁判所の手続

　告知書の提出があると，裁判所はその方式が適式であるかどうかを審査し，適式でなければ告知書を却下する。訴訟告知が適式であれば，裁判所は提出された告知書の副本を被告知者に送達するとともに，相手方には告知書の写しを送付する（民訴規則22条，47条1項）。相手方は，これにより，被告知者が訴訟に参加する場合に備えて参加に対する異議を準備することができるようになる。訴訟告知は，告知書を被告知者に送達することによって有効となる。訴訟告知の瑕疵は訴訟手続に関する異議権の喪失により治癒されるが（民訴90条）。被告知者が補助参加をしただけでは，まだ瑕疵は治癒されない。被告知者が補助参加人として参加した最初の口頭弁論，または後訴の当事者として関与する裁判所の口頭弁論が基準になる。告知者は，被告知者に対する送達の費用を負担しなければならない（民訴費11条1項1号，12条）。

　訴訟告知制度の特異性は，訴訟告知の適法要件の審理が訴訟告知がなされた訴訟手続においては行われず，告知者と被告知者との間の後訴において訴訟告知の効果との関係において行われることである[15]。訴訟告知を行わない前訴の相手方当事者も，訴訟告知の適法性を争うことはできない。訴訟告知の却下申立ては，不適法である。訴訟告知の不適法確認を求める中間確認の訴えも不適法である。なぜなら，中間確認の訴えは，当事者間において争いのある，訴訟の請求や抗弁の基礎をなす先決的権利または法律関係につき，事実審の口頭弁論終結前にその存否の確認を求める訴訟中の訴えであるが，訴訟の結果が訴訟告知の適否に依存していないので，中間確認の訴えの要件を具備しないからである。また，訴訟告知の（不）適法性の確認を求める独立の確認の訴えが考えられるのは，訴訟告知の実体法上の法律要件的効力または参加的効力が被告知者の有利または不利に及ぶ場合だけであり，したがって告知者・被告知者間に限られる。しかも確認の訴えが適法であるためには，確認の利益を基礎づけうる特別の事情が必要である。ところが，訴訟告知の要件がこの確認訴訟において調査されるとすると，その調査が後訴から独立した確認訴訟へと前倒しされることになり，それは民事訴訟法が訴訟告知の適法性の審査を後訴の審理に委ねていることと抵触する[16]。

15　この点を批判する見解がある。新堂／井上／佐上／高田・前掲注（1）111頁；中野貞一郎ほか編『新民事訴訟法講義〔第2版補訂2版〕』（2008年・有斐閣）568頁〔井上〔補訂・松浦〕〕。

被告知者は、前訴において訴訟告知の適法性について異議を述べることはできない。被告知者が補助参加をする場合にも、訴訟告知の要件の具備についての審理は行われず、被告知者がした補助参加につき相手方が異議を述べた場合（民訴45条3項）に限り、参加の許否に関して審理が行われるにすぎない。そこから、告知書を送達する際にも、裁判所は訴訟告知の要件を厳密に調査すべきでなく、速やかに被告知者に送達すべきであるとされる[17]。しかし、裁判所は、告知の理由については、被告知者が参加すべきか否かを判断することができる程度に十分記載されているかどうかを調査すべきである。

第3節　訴訟告知の効果

第1款　訴訟告知の効果の要件

訴訟告知は、次の場合にのみ、民訴法53条4項の定める訴訟告知の効果を生ずる。①前訴が確定した本案判決によって終結したこと（和解による訴訟の終了では不十分である）、②告知者と被告知者との間で前訴手続の終了後に訴訟が生じていること、③訴訟告知が民訴法53条1項により適法で、同条3項の定める方式を遵守していること。

もっとも、被告知者が訴訟告知に応じて告知者側に参加し、この補助参加に対して異議が述べられなかった場合には、訴訟告知はオーバーホールされ、告知者・被告知者間の関係は通常の補助参加の場合の参加的効力によって規律される。この場合には、訴訟告知は参加的効力の発生時期についてのみ意味をもつという点については、見解の対立はない。

第2款　実体法上の効果

訴訟告知は時効中断の効果を有する旨、個別に法律上定められていること

16　Wieczorek/Schütze/*Mansel*, Zivilprozessordnung und Nebengesetze: Grosskommentar, Bd. 1, 1994, § 72 Rdnr. 87.

17　菊井維大／村松俊夫原著・秋山幹夫／伊藤眞／加藤新太郎／高田裕成／福田剛久／山本和彦『コンメンタール民事訴訟法Ⅰ〔第2版〕』（2002年・日本評論社）516頁；松本博之／上野泰男『民事訴訟法〔第8版〕』（2015年・弘文堂）〔904〕〔上野〕。

がある（手形86条1項，70条3項；小切手73条1項・51条；地方自治242条の2第8項・9項）。日本の民法は一般的に訴訟告知に告知者の被告知者に対する請求につき消滅時効の中断を認める規定を定めていないが，前述の訴訟告知の制度目的からすれば，告知者の被告知者に対する請求につき訴訟告知による時効中断を認めなければ，後訴提起時点において後訴請求につき消滅時効または取得時効が完成してしまう事態が生じうる。それゆえ，訴訟告知がある場合には，催告（民153条）に準じて，訴訟終了後6カ月以内に裁判上の請求などの権利行使をすれば告知者の被告知者に対する請求につき時効中断の効力を維持することができると解される[18]。

第3款　訴訟法上の効果

1　告知者側への参加の場合

被告知者が民訴法42条の要件の下で同法43条の方式に従って現実に告知者側に補助参加をした場合には，すでに述べたように，被告知者（補助参加人）と告知者（被参加人）との関係は，補助参加に関する原則によって定まる。したがって，通常の補助参加のすべての効力（共同訴訟的補助参加の要件を満たす場合には，共同訴訟的補助参加の効力）が発生する。とくに補助参加人として，当事者間の判決の効力（参加的効力）を受ける（この場合には民訴53条4項の適用はない）。参加的効力に対する抗弁事由である，被参加人の瑕疵ある訴訟追行は，現実に参加した時点ではなく，訴訟告知により参加が可能であった時点が基準になる点が違うだけである。参加申出の却下は，告知者の相手方（告知者でなく）の異議に基づいてのみ可能である。

補助参加の申立てに対して相手方から異議が述べられず，または異議が述べられた場合に裁判所によって補助参加の申立てが適法と判断された場合，被参加人（告知者）と補助参加人（被告知者）との間の後訴において，もはや訴訟告知の要件についての調査判断は行われない。この場合には，前訴に

18　大阪高判昭和56年1月30日判時1005号120頁；兼子一『新修　民事訴訟法体系〔増訂版〕』（1965年・酒井書店）410頁；三ケ月章『民事訴訟法〔法律学全集〕』（1959年・有斐閣）243頁；斎藤秀夫『民事訴訟法概論〔新版〕』（1985年・有斐閣）517頁；新堂幸司『新民事訴訟法〔第5版〕』（2011年・弘文堂）823頁；伊藤眞『民事訴訟法〔第4版補訂版〕』（2014年・有斐閣）653頁；松本／上野・前掲注（17）〔906〕〔上野〕。

おける補助参加自体が，判決の参加的効力をもたらす。

　被告知者が独立当事者参加をした場合はどうか。【事例3】のような事案では，被告知者は独立当事者参加をすることができる。この場合には，Zは被告に対する請求を掲げ，かつ原告の被告に対する請求の棄却を求めるべきである[19]。独立当事者参加の後は，訴訟告知の効果はもはや問題にならない。

2　告知者側に参加しなかった場合

　補助参加をすることができる被告知者が告知者側に補助参加をせず，または独立当事者参加をすべき場合にこれをしなかったときは，訴訟は被告知者の関与なしにそのまま続行される。この場合には，訴訟告知は係属中の訴訟に対して全く影響を及ぼさない。被告知者に対する期日の呼出しは行われず，また，準備書面の送達や通知も行われない。しかし，被告知者が全く訴訟に参加しない場合，および，被告知者が告知者の相手方に参加した場合にも，被告知者は参加できた時点において告知者に参加したものと見なされるので，判決は告知者と被告知者との間の後訴にその効力を及ぼすが（民訴53条4項），この効力は参加的効力である[20]。参加的効力に対する抗弁事由である被参加人の瑕疵ある訴訟追行は，訴訟告知により参加が可能であった時点が基準になる（民訴53条4項）。【事例3】のように独立当事者参加または補助参加ができる被告知者が独立当事者参加も補助参加もしない場合にも，この者に及

19　従来の判例・通説においては，独立当事者参加は三主体以上の者が互いに対立し牽制し合うといいながら，参加人は原告の被告に対する訴えの却下または請求棄却判決を求める申立てを提起することは，詐害防止参加についても権利主張参加についても，求められていない。詐害防止参加の場合，まさに参加人が原告の被告に対する訴えにつき，その却下または請求の棄却を求め，これを獲得するのが独立当事者参加をする第三者の最も直截的な利益擁護手段であると考えられる。同じことは権利主張参加についても当てはまる。参加人の請求の立て方についての従来の見解が，もともと三面訴訟説とどう調和するのかという問題が生じていたし，今日も変わらない。独立当事者参加が他人間の係属中の訴訟への第三者の介入である以上，参加人に当事者間の請求についての申立てをすることを許す制度と解する必要があり，それはこの参加形態の存在理由から正当化されると考えることができる。

20　最判昭和45年10月22日民集24巻11号1583頁＝判時613号52頁＝判タ255号153頁；兼子・前掲注（18）404頁；三ケ月・前掲注（18）239頁；斎藤・前掲注（18）489頁；松本博之『証明責任の分配〔新版〕』（1996年・信山社）286頁以下。

ぶ判決の効力は参加的効力と解すべきである。告知者の二重敗訴の回避のためには，訴訟上の請求に対する判断のみならず，これを支える理由中の判断にも後訴裁判所が前訴判決に拘束される必要があるからである[21]。

訴訟告知が適法であったか，方式が遵守されたか否かというような点は，告知者と被告知者との間の後訴において初めて審理される。訴訟告知の瑕疵は，後訴の最初の口頭弁論において主張されるべきである。

被告知者が訴訟告知に対して対応しなかった場合には，前訴判決の事実においても判決理由においても，訴訟告知の事実に言及されないことは，以上のような取扱いの帰結である。

3 相手方への参加の場合

被告知者が告知者ではなく相手方に補助参加する場合，告知者は参加申立てに対して異議を述べることができる。異議が述べられると，裁判所は補助参加の適否について裁判する。

被告知者が告知者の相手方の側に参加する場合が，民訴法53条4項の規定によって規律されていると解するか，直接には規律されていないと解するかは，見解が分かれうる。後者の見解でも，被告知者が相手方の側に参加する場合の参加的効力については民訴法53条4項が類推適用されるべきであるとすれば，結論は変わらない。

もっとも近時，訴訟告知の目的および主要機能を被告知者に対し参加を促すことにあると解し，被告知者が現実に告知者なり告知者の相手方（ただし相手方に参加する必要性が客観的に認められる場合）に補助参加をする場合には，現実の補助参加の効果が生ずるだけであって，訴訟告知自体の効果を問題にする余地はないという見解[22]がかなり前から有力になっている。しかし，この見解に従うことはできない。なるほど，訴訟告知の目的を単に訴訟の結

---

21 高橋・前掲本書第3編第3章注（1）478頁は，訴訟告知をなしうるすべての場合に参加的効力が生ずるのでないことの例として独立当事者参加のできる第三者に対する訴訟告知をあげ，独立当事者参加ができる第三者に対しては参加的効力は生じないとする。笠井正俊／越山和広編『新コンメンタール民事訴訟法〔第2版〕』（2013年・日本評論社）239頁〔堀野出〕は，独立当事者参加をしない被告知者には判決の効力が及ぶわけがないという。しかし【事例3】のようなケースでは，告知者の二重敗訴の危険は避けられるべきであるので，参加的効力が被告知者に及ぶと解すべきである。

果に法律上の利害関係を有する第三者に訴訟の係属を了知させることにあるのであれば，参加するかどうかについての被告知者の選択権を重視するこのような見解は妥当であろう。しかし前述のように，訴訟告知は訴訟の結果を支える裁判所の事実認定および法的判断を告知者と被告知者との間の後訴においても妥当させることにより，同一の法律要件要素の矛盾した判断による告知者の二重敗訴を避けることを目的とする制度である[23]。したがって，この制度目的と相容れない解釈に従うことはできない。被告知者が自由な判断によって相手方に参加しさえすれば，それだけで告知者との関係では訴訟告知の効果を阻止することができるとすれば，被告知者に過大な選択権を与え，訴訟告知制度の目的を危うくする。被告知者の補助参加を受けなかった告知者，したがって，この見解によれば参加的効力を被告知者に及ぼしえない告知者には著しく不利な結果になり，訴訟告知制度の目的に明らかに反するからである。

4 　審問請求権の顧慮の必要性

以上のように，相手方に参加した被告知者も，参加的効力を受けることは否定できない。もっとも，被告知者は補助参加した訴訟において補助参加人として訴訟行為を行うにつき制限を受けていることが，考慮されなければならない。補助参加人が被参加人の訴訟行為と抵触する等のために攻撃防御方法を提出することができなかったというような民訴法46条所定の事由が存在する場合には，法的審問請求権の保障を欠くので，参加的効力は制限を受け

22　井上・前掲注（1）143頁；上田／井上編・前掲注（3）292頁〔上原〕；新堂幸司／井上治典／佐上善和／高田裕成『民事紛争過程の実態研究』(1983年・弘文堂) 158頁；新堂・前掲注（18）822頁；中野ほか編・前掲注（15）569頁〔井上〔補訂・松浦〕〕；徳田和幸「補助参加と訴訟告知」鈴木忠一／三ケ月章監修『新実務民事訴訟講座（3）』(1981年・日本評論社) 127頁，140頁など。高橋・前掲注（13）478頁は，訴訟告知は告知者の利益のための制度でもあるとしながら，「訴訟告知の結果，実際に被告知者が訴訟参加してきた場合には，その訴訟参加に基づく判決効で対処すべきであり，訴訟告知による参加的効力は背後に退き消滅すると考えるべきであろう」と述べる。しかし，「背後に退く」とは法的になにを意味するのか不明である。訴訟告知は取り下げられてはいないから，訴訟告知が存在する以上，その効果の消滅事由がない限り，その効果は維持されているといわざるを得ないであろう。

23　前述428頁および第3編第3章第2節第2款参照。

ざるをえない[24]。

　被告知者がいずれの当事者にも参加しなかった場合にも，審問請求権の観点は顧慮されなければならない。被告知者は，告知者側に補助参加したと仮定した場合にその審問請求権を保障されなかったであろう事項については，参加的効力を受けないと解すべきである。このことは，法文上も，民訴法50条4項による46条の除外規定の適用指示によって明らかにされている。

5　二重訴訟告知

　本訴の当事者のいずれについても第三者との関係で訴訟告知の要件が具備している場合には，当事者のいずれもがその第三者に対して訴訟告知をすることができる（二重訴訟告知）。被告知者は，両当事者から訴訟告知を受けた場合には，常に当事者の一方にのみ参加することができる。後述の訴訟告知の効果は，敗訴した当事者との関係でのみ生ずる。被告知者が勝訴当事者側に参加した場合には，敗訴当事者との後訴における訴訟告知の効果（参加的効力）の決定にあたっては，補助参加人は前訴において被参加人の訴訟行為と抵触する訴訟行為をすることができなかったことが考慮されるべきである[25]。被告知者が敗訴当事者に参加した場合には，被参加人との間の参加的効力は通常の補助参加の場合と異なるところはない。

第4款　訴訟上の効果の法的性質

1　学説の対立

　被告知者が参加しなかった場合に民訴法53条4項によって告知者に及ぶ効果は既判力であるか，参加的効力であるかについて，学説の対立がある。

　明治23年民訴法は，被告知者が参加しない場合の被告知者に対する判決の効力について何ら規定しなかったが，大正15年改正民訴法78条は，「訴訟告知ヲ受ケタル者カ参加セサリシ場合ニ於テモ第70条ノ規定ノ適用ニ付テハ参

24　法的審問請求権については，本書252頁参照。

25　Zöller/*Vollkommer*, a. a. O. (Fn. 14), § 72 Rdnr. 11；Musielak, Kommentar zur Zivilprozessordnung/*Weht*, 9. Aufl., 2012, § 72 Rdnr. 8；MünchKommZPO/*Schultes*, a. a. O. (Fn. 9), § 74 Rdnr. 9；Rosenberg/Schwab/*Gottwald*, a. a. O. (Fn. 4), § 51 Rdnr. 3.

加スルコトヲ得ヘカリシ時ニ参加シタルモノト看做ス」と定めた。本条が準用した大正15年改正民訴法70条の規定は，補助参加について，「前条ノ規定ニ依リテ参加人カ訴訟行為ヲ為スコトヲ得ス又ハ其訴訟行為カ効力ヲ有セサリシ場合，被参加人カ参加人ノ訴訟行為ヲ妨ケタル場合及被参加人カ参加人ノ為スコト能ハサル訴訟行為ヲ故意又ハ過失ニ因リテ為ササリシ場合ヲ除クノ外裁判ハ参加人ニ対シテモ其ノ効力ヲ有ス」と定め，確定判決の効力の主観的範囲を定める大正15年改正民訴法201条1項の表現（「確定判決ハ当事者，口頭弁論終結後ノ承継人又ハ其者ノ為請求ノ目的物ヲ所持スル者ニ対シテモ其ノ効力ヲ有ス」）と同じ表現を用いて訴訟告知の効果について定めたため，補助参加人に対する判決の効力を当事者間の確定判決の既判力の主観的範囲の拡張と解する既判力拡張説[26]が登場するきっかけを与えた。その後，兼子論文[27]の登場以後，大正15年改正民訴法78条は既判力の拡張ではなく，参加的効力という特殊な判決効を定めるものと解する参加的効力説が通説になり，判例も後にこれを採用した[28]。しかしその後，再び参加的効力説を批判する見解の登場を見た。

2 異 説

新堂幸司は，補助参加人に及ぶ「裁判の効力」（現行民訴法46条）は問題状況に応じて既判力または争点効であることも，また参加的効力であることもあるとする。すなわち，補助参加人と相手方との間の後訴に対しては，前訴

---

26 たとえば，大判昭和15年7月26日民集19巻1395頁；細野長良『民事訴訟法要義第2巻〔第8版〕』（1931年・巌松堂）301頁以下；宮崎澄夫「民事訴訟法第70条に所謂裁判の効力の本質を論ず」慶応義塾大学法学研究11巻4号（1932年）93頁，106頁；河本喜興之『民事訴訟法提要〔改定第6版〕』（1938年・南郊社）309頁；加藤正治『新訂民事訴訟法要論』（1946年・有斐閣）152頁以下など。これに対し，参加的効力説を主張したのは，山田正三『日本民事訴訟法論〔第2巻〕』（1934年・弘文堂書房）216頁以下である。明治23年民訴法55条1項について参加的効力説を強く主張していたのは，雉本朗造「判決の参加的効力」同『民事訴訟法の諸問題』（1955年・有斐閣）329頁以下（初出は京都法学会雑誌13巻5号〔1918年〕928頁以下および法学論叢3巻3号〔1920年〕263頁以下に分載された）である。

27 兼子一「既判力と参加的効力」同『民事法研究〔第II巻〕』（1950年・酒井書店）55頁以下（初出は1942年）。

28 最判昭和45年10月22日民集24巻11号1583頁＝判時613号52頁。

確定判決の請求に対する判断が後訴請求の先決事項をなす場合には、当事者間の確定判決の既判力または争点効が拡張され、これに対し、被参加人と補助参加人間の後訴に対しては参加的効力が及ぶとする。補助参加人は被参加人とならんで主張立証を行い相手方に対して争う地位を与えられているから、被参加人の相手方に対し「訴訟の結果について自分のせいではないと文句をいわせるのは相手方に対して、公平でない」[29]からだという。具体的には、①前訴の請求自体に対する判断が被参加人の相手方と補助参加人との間の法律関係の先決事項をなす場合、たとえば債権者の主債務者に対する主たる債務の履行請求訴訟に保証人が被告側に補助参加し、前訴判決が主債務の存在を肯定した場合には、債権者の補助参加人（保証人）に対する保証債務の履行請求の後訴において、保証人は前訴確定判決の既判力により主債務の存在を争うことができず、逆に債権者は、前訴裁判所が主債務の存在を否定し請求棄却判決をした場合には、保証人に対する保証債務の履行請求の後訴において主債務の存在を主張することは前訴確定判決の既判力により許されないという[30]。これに対し、②前訴の主要な争点についての裁判所の判断に補助参加人が直接の利害関係をもつ場合には、当事者間に争点効が生じる限度でかつ民訴法46条の制限のもとで、争点効が補助参加人と相手方との間の後訴にも拡張される[31]。③前訴の被参加人と補助参加人間の後訴については、新堂説は、被参加人敗訴の確定判決は、被参加人の補助参加人に対する後訴に対し参加的効力を及ぼすとする[32]。この効力は、「当事者（被参加人または告知者）を保護すべき実体上の地位にあり、かつ、そのための訴訟追行の機会をもったこと自体に基づいて当事者敗訴の責任を分担すべきである」[33]こと

29　新堂・前掲注（18）812頁。新堂幸司「参加的効力の拡張と補助参加人の従属性」同『争点効と訴訟物（上）』（1988年・有斐閣）227頁も参照。

30　新堂・前掲注（18）812頁以下。同旨、高橋・前掲注（13）463頁。

31　新堂・前掲注（18）813頁。同旨、高橋・前掲注（13）464頁。伊藤・前掲注（18）647頁は、新堂説にいう争点効の補助参加人と相手方間の後訴への拡張を否定するが、自己の法律上の地位にかかわる争点について主張立証の機会を与えられた補助参加人は相手方との関係でも信義則上訴訟行為を制限されるとする。しかし、当事者間での理由中の判断に既判力が生じないのに、当事者の一方を補助したにすぎない補助参加人になぜ相手方との関係で裁判所の理由中の判断を争うことが信義則に反するのであろうか。

32　新堂・前掲注（18）813頁以下。同旨、高橋・前掲注（13）462頁。

に基づくという。以上の新堂説によれば，訴訟参加をしない被告知者に及ぶ判決の効力は参加的効力である。

補助参加人と被参加人間の後訴には，当事者間の訴訟の確定判決の既判力が及び，その既判力の遮断効により補助参加人または被告知者は前訴判決が不当なのだとの主張を遮断されると見る見解[34]もある。この見解によると，たとえばYがZの債務を保証したと主張してYを被告とし，債権者Xが提起した保証債務の履行を求める訴訟の係属中に，Zが主たる債務の不成立または不存在を主張してY側に補助参加をした場合，Zは，YのXに対する保証債務の存在を確定する確定判決の既判力の拡張を受け，YのZに対する求償訴訟においてYのXに対する保証債務の存在を争うことができない。これは前訴確定判決の既判力の遮断効が作用するからだという[35]。また，XのYに対する保証債務の履行請求を認容する確定判決の既判力の遮断効は，XのZに対する主たる債務の履行を求める訴訟に「シフトして」作用するので，Zは主たる債務の不存在を主張することができないのだという[36]。

3 異説の批判

しかし，いずれの見解にも疑問がある。

(1) 新堂説は，補助参加について，前訴の請求自体に対する判断が相手方と補助参加人の間の法律関係の先決事項をなす場合には，当事者間の確定判決の既判力が相手方と補助参加人との間に拡張されるとするが，第1に，この「既判力の拡張」が，補助参加人が前訴において訴訟行為の制約を受けていないことに係らしめられることは，権利または法律関係を終局的に確定するという既判力の本質に反する。このような瑕疵ある訴訟追行の抗弁（民訴法46条1～4号の定める拘束力の除外事由の主張）が認められることは，民訴46条の規定の定める判決の効力が既判力でなく，参加的効力という特殊な効力であることを示唆している。

第2に，補助参加人が被参加人を援助するために訴訟行為をしただけで，

---

33 新堂・前掲注 (18) 814頁。
34 井上治典『多数当事者訴訟の法理』(1981年・弘文堂) 38頁以下；松本／上野・前掲注 (17) 〔901〕〔上野〕。
35 松本／上野・前掲注 (17) 〔901〕〔上野〕。
36 松本／上野・前掲注 (17) 〔901〕〔上野〕。

相手方と補助参加人間においてそもそも何らかの判決効が及ぶべきなのかどうかが，すでに問題である。なるほど補助参加人は，訴訟行為をして被参加人を勝訴に導くうえで相手方と対峙することになる。しかし，補助参加人の相手方に対する請求の提示のないところで（独立当事者参加や共同訴訟参加の場合は別），補助参加人に訴訟行為の機会があったというだけで既判力が及ぶというのは不適切であろう。補助参加人はあくまで被参加人の補助者にすぎないからである。もっとも前訴確定判決によって確定された権利関係と実体法上の従属関係に立つ，当事者の一方と第三者との間の法律関係に対して既判力が及ぶという見解がある（従属関係による既判力の拡張説）。主たる債務者に対する請求を理由なしとして棄却する判決は実体法上の従属性（たとえば保証債務の付従性）を根拠に保証人の有利に，したがって債権者の不利に，債権者と保証人間の保証債務の履行請求訴訟に既判力を及ぼすとする見解[37]が有力に主張されているが，この見解に従うときは[38]，保証人が補助参加人として参加したか否かを問わず，請求棄却判決の既判力が実体法上の従属性を根拠に保証人の有利に拡張されるのであるから，既判力の拡張は補助参加の効力ではない。したがって補助参加によって既判力の拡張が生ずるとすれば，それは実体法上の従属関係による既判力拡張論を採用しない場合であるが，この場合には補助参加をすると相手方との間においても重大な不利益が生じ得るのであるから，主債務者に対する訴訟に保証人が補助参加することは殆ど考えられないであろう。また，この場合には，訴訟告知の要件を欠くから，主債務者が保証人に訴訟告知をすることもできないであろう。

　第3に，補助参加人が相手方との間の後訴において前訴の結果を争うことが相手方に対して「公平」でないとされる点は，相手方には補助参加人を被告にして本案判決を取得する方法が存在するから，敢えて資力に問題のある

---

[37] 鈴木正裕「確定判決の反射的効果」判タ261号（1971年）11頁以下；竹下守夫「判決の反射的効果についての覚え書」一橋論叢95巻1号（1986年）30頁以下；兼子一原著・松浦馨／新堂幸司／竹下守夫／高橋宏／加藤新太郎／上原敏夫／高田裕成『条解民事訴訟法〔第2版〕』（2011年・弘文堂）599頁以下〔竹下〕。

[38] 私見によれば，「実体法上の従属関係による既判力の拡張論」には看過し難い難点があるので，従うことはできない。松本博之「反射的効力論と既判力拡張論」同『既判力理論の再検討』（2006年・信山社）267頁以下；松本／上野・前掲注（17）〔700a〕〔松本〕。

主債務者を被告とした債務の履行請求訴訟に保証人が参加したからといって，判決の既判力を債権者・保証人（補助参加人）間に及ぼさなければ相手方との関係で公平を保つことができないというものではなかろう。債権者は，初めから保証人に対する保証債務履行請求の訴えを本訴と併合して提起することができた。換言すれば，主債務の履行請求訴訟において，保証人が補助参加をしてきたことを捉えて保証人に対する保証債務の履行請求が同時に決着することを期待すること自体，保護に値するとはいえない。

第4に，新堂説は前訴の請求自体に対する判断が相手方と補助参加人間の法律関係の先決事項をなさない場合には，既判力は補助参加人と相手方の間には拡張されないが，補助参加人が前訴の主要な争点についての前訴判決の判断に利害関係を有しているときは，前訴判決の争点効が補助参加人と相手方間の後訴に及ぶとする。この見解は争点効理論を前提として初めて成り立つが，争点効理論は一般の支持を得ていない。私見は，民訴法114条1項が判決理由中の判断の既判力を否定する理由が，これに既判力を付与すると，この判断が誤っていた場合に，この判断を先決事項とする多くの請求に対して計り知れない悪影響を及ぼすことを避けることにあったこと，したがって誤った判決理由中の判断の悪影響の永久化を避けることにあることに鑑みて，争点効理論はこの立法決定に反すると考える[39]。

第5に，補助参加人と被参加人間の判決の効力は参加的効力であるという新堂説の帰結には異論はないが，それが敗訴責任の分担の要請に基づくものであるかどうか，後述のように，疑問がある[40]。

(2) 補助参加人と被参加人間の後訴に及ぶ判決の効力も既判力であるという見解も，支持することができない。告知者と補助参加人または被告知者との間の後訴においては，訴訟告知制度の目的を達成するうえで判決理由中の判断を不可争とすることこそ重要なのであり，この効力を確保するために既判力の補助参加人または被告知者への拡張を認めたうえで，既判力の遮断効がこれらの者に及ぶというのは迂遠である。また，立法者が民訴法46条の定める効力を既判力と解したのであれば，既判力の主観的範囲を定める民訴法115条1項にその旨を規定するのが自然であり，かつ判決主文における判断

---

[39] 松本／上野・前掲注(17)〔684〕〔松本〕。
[40] 第3編第3章第2節第3款。

の補助参加人への拡張を規定すれば足り，既判力の拡張を明瞭に定めずに既判力の遮断効の拡張のみを定めたと解するのは不自然である。また，民訴法46条各号の定める事由を既判力の遮断効の制限事由とすることも，既判力の遮断効の目的に反するからである。さらに，債権者Xが提起した保証債務の履行請求訴訟への主債務者の補助参加の場合，請求を認容する前訴確定判決の既判力の遮断効は，Xの保証債務の履行請求権が主たる債務の不存在の主張によって再び争われるのを遮断することを目的とするが，YのZに対する求償訴訟は既判力およびその遮断効によるXの法的地位の安定化とは無関係である。なぜなら，YのZに対する求償訴訟において主たる債務の存在がZにより争われ，裁判所が主たる債務の存在を否定してYの求償権を否定しても，これによってXの保証債務履行請求権は何らの影響をも受けないからである。Zの求償債務は法律上Yの保証債務の存在を前提とすることから，YZ間の後訴に民事法上の従属関係による既判力の拡張を認めなければ，既判力説は成り立たないが，すでに述べたように，この理論は承認することができない。XのYに対する保証債務の履行請求を認容する確定判決の既判力の遮断効は，XのZに対する主たる債務の履行を求める訴訟に「シフトして」作用するとされる点については，Yの保証債務の存在はXのZに対する主債務の履行請求の先決関係の位置になく，また前訴と矛盾関係にある訴訟でもないので，XのYに対する保証債務の履行請求を認容する確定判決の既判力はXZ間の主債務の履行請求訴訟に拡張され得ない。それゆえ，既判力の遮断効のXZ間の後訴へのシフトも，問題にならない。

4 私　見

　私見は参加的効力説を支持する。補助参加人または被告知者に及ぶ当事者間の前訴判決の効力は，既判力を超えたものである。既判力は訴訟上の請求に対する裁判所の判断について生ずる効力であるのに対し，補助参加人または被告知者に及ぶ判決の効力は，前述のように，訴訟告知の制度目的の理解のもとで，判決主文中の判断のみならず，これを支える事実の確定およびその法的判断にも生ずること，否，判決主文の判断を支える判決理由に生ずることこそ重要である。また，補助参加人または被告知者に及ぶ判決の効力については，補助参加人または補助参加をしたと仮定した場合の被告知者は，前訴において攻撃防御方法の提出を妨げられた場合には，被参加人または告

知者との間の後訴において，被参加人または告知者による瑕疵ある訴訟追行の抗弁を提出することができるが，このような抗弁は既判力に対しては提出することができない（既判力の排除のためには，再審による確定判決の取消しが必要である）。したがって，既判力説を支持することはできない。

第5款　参加的効力の範囲

1　参加的効力の客観的範囲

(1)　前訴判決を担う確定への限定　　参加的効力は，既判力とは異なり，判決主文中の判断（訴訟上の請求の当否に関する判断）のみならず，判決主文における裁判所の判断を支えている，判決理由中の事実判断と裁判の内容的正しさにも及ぶ。なぜなら，参加的効力は，参加人が後に被参加人との後訴において，前訴判決が正しくないと主張することを遮断する効力であるが，前訴判決の主文中の判断を支えているすべての事実上および法律上の判断が正しいと見なされる場合に初めて，判決は正しいということができるからである[41]。このことは，他方では，判決を支える事実認定およびその法的判断とは，判決にとって必要かつ十分な条件だけをいい，補助的考慮やいわゆる傍論のような付けたり，とくに当該事件の裁判にとって重要でない事項に関する過剰な認定は，参加的効力の対象にならないことを意味する。

問題は，前訴判決のどの事実認定または法的判断が前訴判決を支えているものであるかの判断をいかなる基準によって行うべきか，換言すると，ある認定が過剰な認定かどうかの判断の基準は何かという点にある。

日本の判例は，参加的効力の生じる「判決の理由中でされた事実の認定や先決的権利関係の存否についての判断とは，判決の主文を導き出すために必要な主要事実に係る認定及び法律判断などをいう」[42]とする。これによれば，参加的効力の対象となりうるのは，訴訟上の請求に対する判断に不可欠な「主要事実」の存否の判断とそれについての法律評価であり，間接事実の存否の判断は含まないということである。この判断は，判例上，新判断であった。この問題に関する数少ない文献においては，参加的効力が及ぶのは前訴における主要事実の存否の判断だとする見解[43]が主張されていたが，上記の判例はこの見解に従ったものである。しかし，訴訟告知の訴訟上の効果を「主要事実に係る認定及び法的判断など」に限定することは正当なのであろうか。

第 4 章　訴訟告知の効果の範囲　　445

このように限定する理由として，この判例は，判決主文の判断を導き出すには主要事実の認定およびここから生ずる先決的法律関係の存否の判断があれば足りるというのみである。また「主要事実に係る認定及び法律判断など」が何を意味するかも，不明である。前訴判決の主文中の判断を支えているす

41　この点に関連して，訴訟告知が本文で述べたように当事者の一方の二重敗訴の危険の回避を制度目的とすると解する場合，択一的関係にある 2 つの請求のその択一関係をもたらす法律要件要素についての裁判所の判断にのみ参加的効力が生ずるとする見解がドイツで *Häsemeyer*, a. a. O. (Fn. 2), 192 ff. によって主張されたが (*Schwanecke*, Nebenintervention und materielle Rechtskraftwirkung, Diss. Heidelberg 1975, 66 ff. はこの見解を支持)，判例 (BGH NJW 1978, 643) はこの見解を否定した（この判例については，*Häsemeyer*, NJW 1978, 1165のコメントがある）。多数説は判例に従っている。

　　なお，間淵清史「訴訟告知の訴訟上の効力」関東学園大学法学紀要 9 号（1999年）65頁，180頁は，被告知者が前訴の「争点主張適格者」である場合に限って他人間の訴訟に参加して訴訟を追行しなければならないとし，また，この争点についての前訴裁判所の判断とそこから導かれる判決主文の判断に限って訴訟告知の効果が生ずるという注目される見解を主張している。訴訟告知は補助参加の利益を有する第三者のすべてに対してではなく，本文で述べたように，告知者の二重敗訴を防止にふさわしい従属的関係または択一的関係が係争中の訴訟における係争法律関係と告知者・被告知者間の後訴請求との間に存在する場合に限って適法であると解すべきであるが，「争点主張適格」による限界づけは，その概念とその判断基準が明確でないことと，二重敗訴の回避という訴訟告知の制度目的を達成できないのではないかという問題がある。また，判決を支えるすべての事実認定および法的判断が不可争になって初めて二重敗訴の回避が可能になるので，参加的効力を主張適格のある争点についての判断と訴訟物についての判断に限定することは問題であるように思われる。

42　最〔3 小〕判平成14年 1 月22日判時1776号67頁。批評・解説として，川嶋四郎・法セミ572号（2002年）110頁；坂原正夫・法学研究75巻10号（2002年）120頁以下；須藤典明・判タ1125号（2003年）180頁以下；伊藤眞／高橋宏志／高田裕成編『民事訴訟法判例百選〔第 3 版〕』（別冊ジュリスト169号（2003年））220頁〔堤達弥〕；中島弘雅・ジュリスト1224号（2002年）129頁；松本博之・民商127巻 1 号（2002年）132頁以下；間淵清史・私法判例リマークス26号（2003年）122頁以下；山本克己・法学教室302号（2005年）91頁；高橋宏志／高田裕成／畑瑞穂編『民事訴訟法判例百選〔第 4 版〕』（別冊ジュリスト201号（2010年））224頁〔和田吉弘〕などがある。

43　兼子一／畔上英治／古関敏正編『判例民事訴訟法〔上巻，第 3 版〕』（1969年・酒井書店）305頁以下；上田／井上編・前掲注（3）297頁〔上原〕。反対，井上治典『多数当事者訴訟の法理』（1981年・弘文堂）381頁。

べての事実上および法律上の判断が正当と見なされる場合に初めて，判決の正当性を説明することができるのであるから，裁判上重要な間接事実についての判断も判決を担う判断であり，判決を担う判断は主要事実の認定に限られない。たしかに，傍論には参加的効力は生じないというのは正しいが[44]，間接事実の判断が常に傍論だという判示には疑問がある。間接事実は，主要事実または他の間接事実の判断にとって裁判上重要な事実であり，傍論などではないからである。もっとも，【事例1】において，Zが契約当事者であったという判断は，次に述べる過剰な認定となりうるので，その面からはなお検討が必要であろう。

(2) 過剰な認定　【事例1】において，裁判所が商品の注文主はZであってYではなかったから，Yは債務の帰属主体でないという理由でXの請求を棄却した場合，Xの請求を棄却する判決の理由は，Yが契約の当事者でなかったということである。この判断には訴訟告知の訴訟上の効果（参加的効力）が生ずる[45]。しかし，Zが契約の当事者であったという判断はこの判決にとって必要不可欠な判断ではなかったので，この判断は，過剰な判断として，参加的効力の対象とはならないと解すべきであろうか。

参加的効力は前訴判決が依拠していない事実認定およびこれについての法的判断には生じないと解すべきであるが，問題の事実認定または法的判断が前訴判決を支えているか否か，それとも，過剰な認定・判断であるかの判断基準を何に求めるべきであろうか。この問題については，見解が分かれうる。ドイツの支配的見解[46]は，前訴裁判所の見方が決定的なのではなく，裁判所が正確な訴訟追行をする場合に，前訴判決が客観的に正しい法的見解から見て何に依拠しているかが重要であるとする。ドイツ連邦通常裁判所も，この

44　松本・前掲注（42）141頁。

45　前掲注（42）最判平成14年1月22日は，この判断部分には参加的効力が生ずる余地を残している訴訟告知が，訴訟告知の要件としての補助参加の利益を欠くとしたため，Yが契約の当事者ではなかったという前訴判決の判断にも参加的効力が生じないという結論を導いてしまった。

46　*Bischof*, a. a. O. (Fn. 2), 1143; MünchKommZPO/*Schultes*, a. a. O. (Fn. 9), § 68 Rdnr. 15; Musielak/*Weht*, a. a. O. (Fn. 25), § 68 Rdnr. 4; Thomas/Putzo/*Hüßtege*, a. a. O. (Fn. 4), § 68 Rdnr. 5; *Vollkommer*, NJW 1986, 264; Wieczorek/Schütze/*Mansel*, a. a. O. (Fn. 16), § 68 Rdnr. 96; Zöller/*Vollkommer*, a. a. O. (Fn. 14), § 68 Rdnr. 9.

第 4 章　訴訟告知の効果の範囲　　447

見解に従い，次のように判示した。「参加しない被告知者にも参加的効力が生じるのは，被告知者が訴訟に影響を及ぼす可能性を有しているためである。訴訟に参加するかどうか，またいずれの側に参加するかの決定を被告知者が有意義に行うことができるのは，彼がかかる正確な訴訟追行とそのさい予期される認定を前提とする場合のみである。もっとも，訴訟告知を受け取る者は前訴裁判所が被告知者が正しいとは見なさない理由付け方針（Begründungs-ansatz）を選ぶことに決めることをも計算に入れなければならない。この理由付け方針に必要な認定は，それゆえ，他の法的な手がかりを選択していたとすれば余計であったという理由では過剰とはならない」[47]と。ある事実認定およびその法的判断が前訴判決を支えているのかどうかの判断は，被告知者の重大な利害にかかわるので，前訴裁判所の主観的な見方ではなく，後訴裁判所の客観的な判断が重視されるべきであるから，ドイツの判例および支配的な見解の解釈が正当であろう。この見解によれば，【事例 1】において，Z が契約の当事者であるという判断は必要不可欠な判断ではなかったと見られなければならず，この判断には参加的効力は生じない[48・49]。

　(3)　告知者と被告知者間の利害対立による参加的効力の否定？　　本来の補助参加の場合にも，また訴訟告知の効果としての参加的効力の場合にも，参加的効力は，被参加人または告知者が敗訴した場合の被参加人・補助参加人間，または訴訟告知者・被告知者間の敗訴責任の分担と解する見解を前提に，告知者と被告知者間に利害対立が存在する場合には参加的効力を否定する見

47　BGHZ 157, 97, 99 ff.
48　その限りで，前掲注 (42) 最判平成14年 1 月22日の結論は正しかった。筆者はかつて松本・前掲注 (42) 評釈において，間接事実の判断にも参加的効力が生ずるとしたが，少なくとも本件では行き過ぎであった。
49　東京高判昭和60年 6 月25日判時1160号93頁＝判タ566号152頁は，交通事故の被害者 A の遺族 B が加害者 X に対して提起した損害賠償請求訴訟において，被告 X が，A の死亡は A を治療した訴外 Y 病院の過失によるものであると主張して損害賠償義務を争い，かつ Y に訴訟告知をした事案である。裁判所は，A の死亡は交通事故と医療過誤の競合による異時的共同不法行為に当たるとし，A の請求を認容した（前訴）。X は Y を被告として提起した求償金請求訴訟において前訴判決の参加的効力を援用した。これに対し，後訴裁判所は，医療過誤についての前訴裁判所の判断は傍論であったとして参加的効力を否定した。本文で述べたように，医療過誤についての判断は，過剰な認定判断として参加的効力の対象とならないと解される。

解[50]が有力である。この見解によれば，訴訟告知に基づく参加的効力も，被告知者が告知者に対し担保責任または損害賠償責任を負う場合に限って生ずるが，その場合にも告知者と被告知者間に利害対立が存在し被告知者の補助参加を期待することができない場合には，敗訴責任の分担である参加的効力を被告知者に及ぼすことはできないとされる。この見解は，【事例１】の事案では，ＺとＸとは協力関係にないことを理由に参加的効力を否定する。

　しかし，この見解は慎重な検討を要する。まず，参加的効力が敗訴責任の分担であるかどうかが問題である。なるほど，参加的効力は共同の訴訟追行に基づく敗訴責任の分担だとするのが判例・通説である[51]。しかし，被参加人または補助参加を受けなかった訴訟告知者は，もともと訴訟の当事者として自己の利益を擁護すべく訴訟追行を行うのであり，それゆえ，補助参加がありまたは訴訟告知にもかかわらず補助参加がなされなかった場合に，不利な判決を受けたからといってその不利益を直ちに他者（補助参加人または被告知者）に転嫁できる理由はないように思われる。補助参加の場合に，参加人が不十分な訴訟追行をしたことに敗訴責任分担の理由があるのであれば，補助参加人が訴訟追行の完全を期していた場合には敗訴責任の分担を免れるはずである[52]。しかし補助参加人がベストを尽くしても，裁判所が真実を認定せず，また法的判断を誤ることもある。それにもかかわらず，民事訴訟法は参加的効力を法定しているのである。ここでは，参加人の訴訟追行が完全であるかどうかが問題とされているのではない，したがって完璧な訴訟追行がなされなかったことに対する制裁や信義則的な発想である敗訴責任の分担が問題とされているのではないと解さざるを得ない。

　参加的効力は，補助参加および訴訟告知の制度の存在理由から生ずる。す

50　伊藤・前掲注（18）652頁；河野正憲『民事訴訟法』（2009年・有斐閣）748頁；高橋・前掲注（13）473頁；松本／上野・前掲注（17）〔906〕〔上野〕。

51　最判昭和45年10月22日民集24巻11号1583頁＝判時613号52頁；兼子・前掲注（18）405頁；斎藤・前掲注（18）489頁；三ケ月・前掲注（18）284頁；上田徹一郎『民事訴訟法〔第７版〕』（2011年・法学書院）562頁；伊藤・前掲注（18）645頁；河野・前掲注（49）731頁；小島武司『民事訴訟法』（2013年・有斐閣）790頁など。

52　鈴木重勝「参加的効力の主観的範囲限定の根拠──参加人と相手方との関係」中村宗雄先生古稀祝賀記念論集刊行会編『民事訴訟の法理』（1965年・敬文堂出版部）409頁，426頁以下は，随分早くにこのことを指摘していたが，文献によって不当にも顧慮されなかった。

なわち，参加的効力は，当事者の一方が本訴の相手方との関係での請求または，後訴の相手方となるべき第三者との訴訟における請求のいずれかについて勝訴できなければならない場合に，同一法律要件要素について前訴裁判所と後訴裁判所の判断が矛盾することによって，いずれの請求についても敗訴する危険を回避することを目的とする。この理解によれば，適法に前訴において訴訟告知がなされておれば，参加的効力が生じうるのであり，ただ利害対立があるために被告知者が補助参加をしても前訴判決に影響を及ぼす可能性を有しなかった事実とこれに対する法的判断については，法的審問請求権の見地から，参加的効力が制限されるだけである。このような制限だけで，告知者と利害が対立する被告知者の利益は十分保護される。したがって，利害対立の存在を理由に参加的効力を全面的に否定することは誤りである[53]。

2 参加的効力の主観的範囲

(1) 告知者と被告知者間の関係への限定　　参加的効力は，補助参加人または被告知者と被参加人または告知者（これらの者の権利承継人を含む）との間に限って生ずる。補助参加人または被告知者と被参加人または告知者の相手方との間には生じない。

しかし，学説には補助参加人または被告知者と被参加人または告知者の相手方との間にも，何らかの拘束力が及ぶべきことを主張する見解がある。たとえば，XがAに使用貸借していた動産の返還を求めて，この動産を占有するYを被告として提起した所有物返還請求訴訟において，Yはこの物を即時取得によって取得したと陳述するとともに，Aに訴訟告知をし，Aは訴訟に参加しなかったとする。裁判所は，Yが即時取得によって物の所有権を取得したという理由で，Xの請求を棄却した。その後，XはAを被告として損害賠償請求の訴えを提起した。後訴において，Aは，Yがこの物を取得した際，善意でなかったので，Xはなお物の所有者であると主張して請求棄却判決を求めたとする。このような事案についてドイツでは，実体法上の信義則に基づく失権効により，Aは後訴において取得時効を否定する陳述を排斥されると主張する見解が，*Schreiber*（シュライバー）[54]によって主張

53　W. Lüke, a. a. O. (Fn. 2), S. 331.
54　*Schreiber*, Der Ausschluß verzögerten Vorbringens im Zivilprozeß als Folge von Streitverkündung, Rechtskraft oder arglistigem Verhalten, Jura 1980, 75 ff.

されている。日本においても類似と思われる見解が主張されている[55]。この見解によれば，後訴における A の挙動は，矛盾挙動禁止原則に違反し，そのため不適法とされる。しかし，この見解は，ドイツでは殆ど支持を得ていない。A が矛盾した行為をしたとは認められず，また生じた事実＝法律状態を X が信頼してよかったとも認められないと指摘される。すなわち，前訴において A が Y 側に参加していたとしても，Y が善意でなかったと主張することは許されなかったであろうし，A が参加しなかったということから，X が A に対して訴訟告知をしていたとしても A は X 側に参加しなかったであろうと推論することはできなかったと指摘されている[56]。いずれにせよ，前訴において，X も A に対し訴訟告知をすることができ，参加的効力を惹起することができたのであるから，A が参加しなかったことをもって信義則に反する挙動ということはできない[57]。

　日本でも，補助参加の事案についてではあるが，判決基礎の共同形成に基づく公平の要求を根拠に，当事者間の判決理由中の判断についての参加的効力を補助参加人・相手方間の後訴に及ぼす見解[58]が存在する。この見解によれば，上記の例において A が Y に補助参加していた場合に裁判所が Y の善意取得を肯定したときは，X の A に対する損害賠償請求の後訴において，Y は善意でなかったので善意取得をしておらず，したがって依然として X は物の所有者であるので，X には損害がなく，X の A に対する損害賠償請求は理由がないと，A が主張することは，民訴法46条の定める除外事由がない限り，参加的効力の相手方への拡張により許されないことになる。しかし，この見解には次のような問題がある。第1に，参加的効力が参加人・被参加人間の敗訴責任の分担であるという立論の出発点がまさに問題である。鈴木重勝論文は，補助参加人と被参加人による共同の訴訟追行が参加的効力を正当づけるという理由づけに対して正当に批判を加えたが，補助参加人が被参加人に対して何らかの実体法上の法的地位に立ち，被参加人に敗訴原因

55　梅本吉彦『民事訴訟法〔第4版〕』（2009年・信山社）668頁。
56　*Eibner*, a. a. O. (Fn. 2), 282.
57　Zöller/*Vollkommer*, a. a. O. (Fn. 14), § 74 Rdnr. 7；MünchKommZPO/*Schultes*, a. a. O. (Fn. 9), § 68 Rdnr. 8.
58　鈴木・前掲注（52）422頁以下。小島・前掲注（51）791頁は，参加人と相手方間では（限定的であれ）手続保障を受けた者の間での特別の拘束力が生ずるとする。

第4章　訴訟告知の効果の範囲　　451

の全部または一部を与えた場合やそれに準ずる場合には，参加人は，共同で判決基礎を形成したことにより衡平の要求上，判決の判断に拘束されるとする[59]。しかし，衡平の要求がどのような結果をもたらすかは一義的に明らかではなく（補助参加人が被参加人に必要な証拠方法を提供すれば足りると見られうるかもしれない。補助参加人の訴訟追行が不十分であった場合に，その場合に限って損害賠償請求権を被参加人に与えることも考えうる。)，また補助参加人の訴訟追行がいかに完全であっても不当な事実認定がなされうる以上，被参加人・補助参加人間の公平を根拠に参加的効力を理由づけることは説得力に乏しいように思われる。したがって，参加的効力を敗訴責任の分担と見ることはできない。第2に，被参加人の相手方への参加的効力の拡張の実際的な効用は，さほど大きくはない。参加的効力に対しては，民訴法46条1～4号の定める事由を抗弁として主張することができる。上記の例においては，Aはたとえ前訴においてY側に参加していたとしても，Yが善意でなかったので善意取得をしていなかったと主張することはYの主張と抵触してすることができなかったので，この事実は参加的効力によって排斥されずに後訴において主張することができるからである。第3に，Xが参加的効力をAに及ぼすことを望むのであれば，前訴においてAに対して訴訟告知をしておけば，参加的効力を確保することができたのであり，自ら（費用の要する）訴訟告知をしておかないで，Yの補助参加人との間で敗訴責任の分担を求めることができるというのは理に合わない。

　(2)　被告知者に有利な参加的効力？　　訴訟告知の効力を被告知者の不利にのみならず被告知者の有利にも，したがって，告知者の不利にも肯定すべきかどうかという点についても問題がある。ドイツでは，この問題について見解が激しく対立している。

　否定説は，ドイツ民訴法74条3項が「本条のすべての場合において，参加の時に代え訴訟告知により参加が可能であった時が基準となるという修正を伴い，第68条の規定が第三者に対して (gegen Dritten) 適用される」と定めていること，および，訴訟告知の目的が被告知者に対する参加的効力の発生にあることを理由として，訴訟告知の効力は被告知者の不利にのみ生ずるとする[60]。これに対し，肯定説はドイツ民訴法68条の規定の適用を主張するの

59　鈴木・前掲注 (52) 422頁以下。

ではなく，68条の規定の類推適用を主張する[61]。肯定説は，第三者が参加した場合の参加的効力について，これが被参加人の不利にも生ずることを，参加人と被参加人間の武器対等の原則の顧慮の必要性に求める。*Bork*（ボルク）によれば，「第三者は，補助参加人として，被告知者として前訴に形式的に関与している。この関与は，この第三者に不利な参加的効力を正当化し，また，訴訟上のチャンスの平等原則の顧慮の下に訴訟結果を第三者のためにも作用させることを命ずる。このことは，とりわけ被参加人のために勝訴を惹起した補助参加人に妥当する。しかし，参加をしなかった第三者も，同様の地位にいる。この第三者は，当事者が自らしなかった場合にひょっとすると勝訴に必要なことをしたかもしれないからである。それゆえ，同じ問題の新たな，そして場合によっては矛盾した判断を第三者の利益において，そして公益において阻止することは，参加的効力の目的に合致する」[62]。この肯定説の主張に対し，否定説は，訴訟告知は告知者が本訴請求と依存関係にある被告知者に対する請求につき二重に敗訴する危険から告知者を保護することを目的としているが，被告知者にはこのような保護は必要でないと反論する。すなわち，告知者の被告知者に対する訴えは被告知者の側ではなんら特別のことではなく，少なくとも被告知者の側では訴訟告知の特有の事態に類似する緊急事態（Notlage）は存在しないと主張する[63]。

　訴訟告知の目的を告知者を二重敗訴の危険から保護するという目的のみならず，矛盾した裁判の阻止という公益にも見るならば，告知者と被告知者間

60　BGHZ 110, 257, [262 f.]; BGHZ 116, 95（100）; MünchKommZPO/*Schultes*, a. a. O. (Fn. 9), § 74 Rdnr. 8; Prütting/Gehrlein/*Gehrlein*, ZPO Kommentar, 4. Aufl., 2012, § 74 Rdnr. 6; Rosenberg/Schwab/*Gottwald*, a. a. O. (Fn. 4), § 51 Rdnr. 23; Thomas/Putzo/*Hüßtege*, a. a. O. (Fn. 4), § 74 Rdnr. 2; Zöller/*Vollkommer*, a. a. O. (Fn. 14), § 74 Rdnr. 7; *Bischof*, a. a. O. (Fn. 2), 1150.

61　*Häsemeyer*, a. a. O. (Fn. 2), 198 f.; *E. Schneider*, a. a. O. (Fn. 2), 3 ff.; Stein/Jonas/*Leipold*, Kommentar zur Ziviprozessordnung, 20. Aufl., § 68 Rdnr. 12; Stein/Jonas/*Bork*, Kommenrtar zur Zivilprozessordnung, 22. Aufl., § 74 Rdnr. 5.

62　Stein/Jonas/*Bork*, a. a. O. (Fn. 61), § 68 Rdnr. 20, § 74 Rdnr. 5; *Häsemeyer*, a. a. O. (Fn. 2), 198 ff.; *W. Lüke*, a. a. O. (Fn. 2), S. 337 ff.; ders. Zivilprozessrecht, 10. Aufl., 2011, Rdnr. 457; Rosenberg/Schwab/*Gottwald*, a. a. O. (Fn. 4), § 50 Rdnr. 57; *Ziegert*, a. a. O. (Fn. 2), S. 182 ff.;

63　*Eibner*, a. a. O. (Fn. 2), 283.

の武器対等の原則64を確保すべく，参加的効力を被参加人（告知者）の不利にも発生させるべきであろう。

第6款　職権調査

1　職権調査

　補助参加について参加的効力を被参加人敗訴の場合における補助参加人と被参加人との間の公平の観点からの敗訴責任の分担と捉える日本の通説においては，裁判所は参加的効力の有無を，当事者の援用を待って斟酌すれば足りる抗弁事由であると説かれるのが普通である65。参加的効力は被参加人と補助参加人とが共同して訴訟追行にあたったにもかかわらず被参加人敗訴の判決がなされた場合の敗訴責任の分担であるので，紛争解決の終局性の確保の要請は既判力ほど強くないから，補助参加人と被参加人との間の後訴において被参加人が参加的効力を援用する限りでのみ，後訴裁判所はこれを裁判の基礎にすれば足りるというのがその理由である。

　しかし私見によれば，前述のように，参加的効力の基礎は共同の訴訟追行による敗訴責任の分担にあると見ることはできない。訴訟告知は，前訴と補助参加人と被参加人との間の後訴において同一の法律要件要素の矛盾した判断が後訴裁判所によりなされることによる告知者の二重敗訴を回避することを目的とした制度である。それゆえ，参加的効力は同一法律要件要素の矛盾した判断の回避という使命（公益）をも担っているので，ドイツの連邦通常裁判所の判例66がいうように，告知者と被告知者との間の後訴において，後訴裁判所は訴訟告知の効果である参加的効力の有無について職権で調査すべきものと解すべきである。また，上告裁判所も，当事者の指摘がなくても，参加的効力の有無につき職権で調査すべきである67。参加的効力は，単純な手続上の事項ではなく，実体的な事由であるからである。

　参加的効力には，民訴法48条1～4号の定める除外事由がある。この除外事由は審問請求権の保障の観点から認められるものであり，除外事由の主張

64　民事訴訟における当事者間の武器対等の原則については，本書第2篇第2章第4節第4款2参照。

65　兼子・前掲注（18）405頁；小山昇『民事訴訟法〔5訂版〕』（1989年・青林書院）512頁；新堂・前掲注（18）814頁；高橋・前掲注（13）463頁など。

は自己の不利に参加的効力を受ける者に委ねられるから，参加的効力を争う当事者が主張した場合に限って顧慮されると解される[68]。また，これらの事由を職権調査事項としなくても，殆ど問題は生じないと考えられる。除外事由の黙示の主張の可能性が認められるほか，また参加人または被告知者が被参加人または告知者の訴訟行為と抵触するため効力を生じないことが除外事由とされる場合はたいてい，その事由については，参加人または被告知者と被参加人または告知者との間の利害対立によって初めから参加的効力が生じない場合であるから，民訴法46条2号の参加的効力の除外事由の有無を職権で調査することはもはや重要性を有しないという事情もある[69]。

2 当事者による参加的効力の処分の可否

当事者は一旦発生した参加的効力を一方的に放棄し，または合意により消滅させ，参加的効力の生じている事由について後訴裁判所の再度の審理を求めることができるであろうか。この問題についても，見解は分かれる。参加的効力を単に当事者利益の確保にのみ見るのでなく，矛盾した裁判の回避という公益にも見る場合には，放棄または合意による参加的効力の排除は不適法であろう[70]。これに対し，参加的効力が直接には，当事者または第三者の利益の保護を目的としていること，それゆえ参加または訴訟告知の強制は存

---

66 BGHZ 16, 218；BGHZ 100, 257 [263]．ドイツでもかつては，参加的効力は被参加人または告知者が参加的効力を援用した場合にはじめて顧慮されるとする見解（RG JW 1933, 1064 Nr. 16；RGZ 153, 271 [274]）や，後訴の当事者のいずれもが援用しない場合には顧慮されないという見解（*Schneider*, a. a. O. (Fn. 2), 5）が存在した。*Schneider* は参加的効力の範囲が職権調査事項である既判力の範囲を超えることを理由に職権調査を否定するが，*Lammenet*, a. a. O. (Fn. 2), S. 151が指摘するように，立法者が導入した既判力よりも広い参加的効力はその顧慮のあり方も立法者の意図により職権調査を必要ならしめるということができる。

67 松本・前掲注（20）287頁；松本博之『人事訴訟法〔第3版〕』（2011年・弘文堂）124頁。

68 *Bischof*, a. a. O. (Fn. 2), 84, 1147；Prütting/Gehrlein/*Gehrlein*, a. a. O. (Fn. 60), § 68 Rdnr. 1; Zöller/*Vollkommer*, a. a. O. (Fn. 14), § 68 Rdnr. 1. 反対：MünchKomm ZPO/*Schultes*, a.. a. O. (Fn. 9), § 68 Rdnr. 19.

69 Wieczorek/Schütze/*Manse*l, a. a. O. (Fn. 16), § 68 Rdnr. 155.

70 Stein/Jonas/*Bork*, a. a. O. (Fn. 61), § 68 Rdnr. 3；*Ziegert*, a. a. O. (Fn. 2), S. 248 ff.

在しないことを強調する見解は，かかる放棄または合意を適法と見る[71]。訴訟告知は二重敗訴の回避という当事者利益の保護と矛盾した裁判の回避という公益の保護の双方を同時に目的とするので，そのいずれを重視するかによって結論の差異が生ずる。訴訟告知をするかどうかは当事者の任意であるから，訴訟告知の効果としての参加的効力も，当事者が放棄または合意により排除することができると解すべきであろう。

3　当事者と第三者との合意による第三者への参加的効力の拡張の可否

当事者と第三者との合意により参加的効力を第三者に及ぼすことは，適法と解される。参加的効力は事実の確定を対象とするので，参加的効力の生じる事項について弁論主義が妥当し，当事者は訴訟の事実的基礎を処分することができる以上，第三者との合意によって第三者に対し参加的効力を発生させることができると解すべきである[72]。

第4節　証明責任判決と参加的効力

1　証明責任判決

法規の法律要件要素に当てはまるべき事実が存否不明の場合，その法律要件要素は実現したとも実現しなかったとも，いずれともいうことができない。この場合には，事実の存否不明の場合に裁判官に裁判を可能にするための法規範が必要となる。これが証明責任規範[73]である。証明責任規範の適用に基

71　*Schneider*, a. a. O.（Fn. 2），4 f.；Zöller/*Vollkommer*, a. a. O.（Fn. 14），§ 68 Rdnr. 14；Wieczorek/Schütze/*Mansel*, a. a. O.（Fn. 16），§ 68 Rdnr. 166.

72　Rosenberg/Schwab/*Gottwald*, a. a. O.（Fn. 4），§ 50 Rdnr. 67；Wieczorek/Schütze/*Mansel*, a. a. O.（Fn. 16），§ 68 Rdnr. 169；Zöller/*Vollkommer*, a. a. O.（Fn. 14），§ 68 Rdnr. 13. *Ziegert*, a. a. O.（Fn. 2），S. 251 ff. は，第三者との合意によって第三者に対し参加的効力を発生させる合意は適法であるが，それは合意の内容に応じた結果が訴訟上生ずるように訴訟行為をするよう当事者に義務づける実体法上の合意であり，訴訟上の効果を生じせしめる合意ではないとし，これに対し，後訴の当事者が前訴判決の理由中の判断に拘束力（参加的効力）を発生させる合意は不適法であるとする。しかし，一種の争点排除契約として合意による参加的効力の拡張を適法と認めることができると解される。

73　証明責任規範については，松本・前掲注（20）19頁以下参照。

づく判決を証明責任判決と呼ぶ。

2　証明責任判決の参加的効力の対象

　前訴の判決が事実の存否不明のため証明責任法則の適用により下された判決（証明責任判決）である場合，この判決の参加的効力は何について生ずるかという問題がある。たとえば，前訴における告知者の請求が権利根拠事実の存否不明（無証明）を理由に棄却された場合，ドイツ法では，参加的効力に服するのは当該事実の存否不明から引き出される法律効果だけである（事実の存否不明自体ではない）とし，後訴裁判所はこの事実が存在しないことを判決の基礎にしなければならないという見解がかつては存在したが，今日では参加的効力は当該事実の存否不明についてのみ生じ[74]，これが後訴にいかなる影響を及ぼすかは当該事実（法律要件要素）につき，後訴においていずれの当事者が証明責任を負うかによって異なるとする見解が支配的である[75]。この支配的見解によると，前訴において解明できずに終わった事実が後訴において裁判上重要な場合には，後訴においても証明責任により裁判が行われる。その際，証明責任が前訴において裁判所により正しく判断されていたかどうかは重要ではない。そのため，前訴と後訴において証明責任を負っている当事者は，両訴訟において敗訴しうる。前訴で証明できなかった事実を後訴において証明しようとしても，参加的効力がこれを阻止する。告知者から訴えの提起を受けた被告知者（または前訴の補助参加人）が前訴において存否不明に終わった事実につき後訴において（客観的）証明責任を負っている場合には，その事実は参加的効力によって存否不明と見なされ，改めて後訴において証明することは許されない。【事例2】において，前訴においてZがYの名において契約を締結したかどうか不明であるとして証明責任に基づき（XはZがYの名で意思表示をしたことおよび代理権を有していたことにつき証明責任を負うので）Xの請求を棄却した確定判決は，XのZに対する後訴において，ZがYの名で契約を締結したことおよび代理権を有していたことに

74　BGHZ 16, 217；BGHZ 85, 252.

75　*Laumen*, a. a. O.（Fn. 2），S. 283 ff.；*Schellhammer*, Der Zivilprozes, 14. Aufl., 2012, Rdnr. 1636；Wieczorek/Schütze/*Mansel*, a. a. O.（Fn. 16），§ 68 Rdnr. 115；Zöller/*Vollkommer*, a. a. O.（Fn. 14），§ 68 Rdnr. 10. 松本・前掲注（20）294頁以下も参照。

つきZが証明責任を負う場合には（いわゆる抗弁説の立場[76]），Zは前訴判決の参加的効力を受け，後訴においてYの代理人として行為をしたこと，および代理権を有していたことを主張し，これを証明することはできない。この場合には，ZはYの名において行為をしなかった，ないしは代理権が存在しなかったと仮定して裁判され，請求認容判決がなされることになる。

　以上の見解が正当である。存否不明に終わった事実の不存在につき参加的効力が生ずるとすると，その事実について後訴においても告知者が証明責任を負っている場合にも，参加的効力によって後訴裁判所はこの事実の不存在を判決の基礎としなければならなくなり，参加的効力によって証明責任の変更が生ずるからである。しかし，参加的効力はこのような実体的な証明危険の変更を任務とするものではないので，存否不明に終わった事実の不存在につき参加的効力が生ずると見ることはできない[77]。

　証明責任判決における参加的効力の対象は，以上のように，ある事実が存否不明であるという前訴裁判所の判断に限定されるが，補助参加人または補助参加をしなかった被告知者が前訴において訴訟行為の制限を受けていた場合または参加をしたとしても訴訟行為の制限を受けたであろう場合には，その事実の存否不明についての参加的効力は補助参加人または被告知者に対する後訴において，これらの者の不利には及ばないと解される[78]。もっとも，このことは，後訴裁判所が職権によって調査すべきなのか，それとも被告知者が民訴法53条4項・46条の除外事由を援用し，争いがある場合にこれを証明した場合に限り参加的効力が否定されるのかという問題があるが，事実認定に基づく判決の場合と同様，この除外事由は職権調査事項でないと解される。

76　代理行為の証明責任については，松本・前掲注（20）133頁以下参照。
77　*Häsemeyer*, a. a. O. (Fn. 2), 197；Wieczorek/Schütze/*Mansel*, a. a. O. (Fn. 16), § 86 Rdnr. 115.
78　Wieczorek/Schütze/*Mansel*, a. a. O. (Fn. 16), § 68 Rdnr. 116.

第5章　一部請求訴訟における訴訟告知と参加的効力*

第1節　はじめに

　一部請求訴訟については民事訴訟法に明文規定がなく，解釈上様々な問題を生ぜしめる民事訴訟法学上の難問に属する。その1つに，係属中の一部請求訴訟において当事者から第三者に対して適法になされた訴訟告知が告知者と被告知者との間の後訴に対して訴訟告知の訴訟上の効果（参加的効力）を及ぼす場合に（民訴53条4項・46条），前訴の訴訟物である一個の債権の一部についての担保・補償請求や損害賠償請求を超えて債権全体にかかわる担保・補償請求や損害賠償請求の後訴に対しても参加的効力を及ぼし，後訴裁判所は前訴判決の参加的効力の生じている事実認定およびこれに対する法的判断に拘束され，これと異なる認定・判断をすることができないか否かという問題がある。具体的な例で，問題の所在をより明瞭に示そう。

　原告Xは，Yの代理人Zと契約交渉をし合意に達したのでYとの間で契約が成立したが，Yがこの契約に基づく債務を履行しないと主張して，Yに対して債務の履行として500万円の債権のうち200万円の支払い求めて一部請求の訴えを提起した。Yは，ZがYの代理人として行為したことを争い，またZがYの代理人として行為したとしてもZには代理権がなかったとして債務を争った。そこで，XはZに対して訴訟告知をした。裁判所は，審理の結果，ZはYのためにすることを示さないで意思表示をした，または代理権がZにはなかったと判断して，Xの請求を全部棄却する判決を下し，この判決は確定したとする。Xは，前訴確定判決が無権代理人と認定したZを被告として，民法117条1項に基づき500万円全額について債務の履行また

＊　本章は，大阪市立大学法学雑誌60巻3・4号（2014年）916頁以下の同名の論文を収録する。

は損害賠償を求める訴えを提起した。後訴裁判所は，前訴確定判決の参加的効力に拘束されて，Ｚは500万円全額の請求について無権代理人であったことを判決の基礎にしなければならないのか，それとも参加的効力は前訴の訴訟物であった200万円の部分についてのみ生じ，残部債権に関するＺに対する請求部分には参加的効力は及ばないのか，すなわち参加的効力は前訴の訴訟物により限定されるか否かが問題となる。

　この問題について，日本の民事訴訟法文献は殆ど論じていない。筆者は，以前にこの問題の所在を指摘したものの[1]，詳しく論ずることはできなかった。本章は，筆者の訴訟告知の研究の一環として[2]，この問題を論ずるものである。

第2節　一部請求訴訟

第1款　一部請求訴訟の意義

　一部請求の訴えとは，金銭債権のように数量的に可分な一個の請求権の一部のみを他と切り離して訴求する訴えである。これには，原告が一部請求訴訟であることを明示し残部請求を留保しているか，または事情から一部請求訴訟であることが明らかな場合（以下では「公然の一部請求の訴え」という）と，残部請求の留保がなく，かつ一部請求訴訟であることが事件の事情から明らかにならない場合（以下では「隠れた一部請求の訴え」という）とがある[3]。今日でも，「一部請求の可否」という問題の立て方が依然として行われているが，一部請求の訴えであることを理由にこれを不適法な訴えと見る見解はさすがに見当たらない。一部請求訴訟の問題は，それ自体の適法，不適法の

---

[1] 松本博之「証明責任と訴訟告知の効果」同『証明責任の分配〔新版〕』（1996年・信山社）286頁，294頁以下。

[2] 最近のこの領域に関する筆者の研究として，松本博之「訴訟告知の効果の範囲」龍谷法学46巻4号（2014年）761頁以下（本書第3編第4章），および同「訴訟告知の目的と択一関係」本間靖規ほか編『民事手続法の比較法的ならびに歴史的研究・河野正憲先生古稀祝賀論文集』（2014年・慈学社）1頁以下（本書第3編第3章）がある。

[3] 用語については，松本博之／上野泰男『民事訴訟法〔第8版〕』（2015年・弘文堂）〔677〕〔松本〕参照。

問題ではなく，一部請求訴訟において裁判所の実体判断が示され，判決が確定した後に，前訴原告は残部債権について適法に訴えを提起することができるか，それとも同一債権の残部を対象とする後訴は既判力その他の理由により不適法なのか，または後訴裁判所は前訴裁判所の既判力のある判断に拘束されてこれを自己の判決の基礎にしなければならないのかという問題である。ことに，一部請求の訴えを棄却または認容する確定判決後の残部請求の後訴に，前訴の確定判決の既判力が及ぶか，及ぶとすればいかなる範囲においてであるかという問題について，著しい見解の対立がある[4]。

第2款　一部請求訴訟の確定判決の既判力

1　公然の一部請求

判例は，一方で，公然の一部請求訴訟の判決の既判力は，請求認容判決であれ，請求棄却判決であれ，残部債権には及ばないとしながら[5]，他方では，一部請求訴訟において請求を棄却する確定判決は残部債権の部分からも請求が法律上理由を有しないことをすでに確定しているので，残部債権を訴求する後訴は相手方の「紛争決着期待」を害する，信義則に反する訴えだとして，これを不適法として却下すべきものとする[6]。紛争決着期待が民事訴訟理論の中でどのような意味を有するのか，一部請求訴訟の被告が正当な紛争決着期待を有するのか，また，その侵害がいかなる意味で信義則違反の判断の基礎になりうるのかという諸点についての解明を一切行わず，相手方の紛争決着期待が語られ，信義則を理由に，一部請求棄却判決の確定後の残部債権についての後訴を不適法として却下することには理論上大きな問題がある。とりわけ被告は，前訴である一部請求訴訟において残部債権の存否について法律関係の明確化を図りたければ，自ら原告の残部債権の不存在確認を求める中間確認反訴を提起し，この点についての既判力のある裁判を難なく獲得する手段を有するにもかかわらず，この手段を利用しない被告の紛争決着期待

4　松本博之『既判力理論の再検討』（2006年・信山社）201頁，220頁以下参照。

5　最判昭和37年8月10日民集16巻8号1720頁。

6　最〔2小〕判平成10年6月12日民集52巻4号1147頁＝判時1644号126頁＝判タ980号90頁。判例に賛成する見解として，中野貞一郎「一部請求論の展開」同『民事訴訟法の論点Ⅱ』（2001年・判例タイムズ社）107頁，124頁。

を云々する理由がどこにあるのか不明だからである[7]。しかも，仮に被告が残部債権の不存在確認の中間確認反訴を提起していたとすれば，裁判所が原告の請求権の存在を確定するならば，中間確認の訴えにつき請求を棄却する判決をすることになる。この判決は，確定すると，原告の残部債権の存在を既判力により確定するので，被告は中間確認反訴を提起しないことによって，このような大きなリスクを冒すことなく，原告の請求を棄却する判決の場合には難なく原告の信義則違反を理由に残部請求の後訴から解放されることになるが，この帰結は民事訴訟法の解釈に当り重視されなければならない当事者間の武器対等の原則上大いに疑問がある[8]。

それはともかくとしても，一部請求棄却判決の既判力の範囲を訴訟物である当該一部請求額に限定する判例の見解によれば，前訴においてなされた訴訟告知との関係では，前訴判決は残部債権について既判力をもって判断していないことに変わりはないので，訴訟告知の効果が一部請求訴訟の請求額に限定されることなく生ずると見ることはできないのではないかという問題が生ずる。私見は，公然の一部請求訴訟であると隠れた一部請求訴訟であるとを問わず，一部請求訴訟において請求権の発生原因が存在しないとの理由または，原告主張の請求権がその主張の額においてもともと（すなわち，相殺の抗弁や訴訟係属後の弁済のような債務消滅事由によるのではなく）存在しないという理由で請求を全部または一部棄却する判決が確定した後の残部請求の後訴は，前訴確定判決の判断と矛盾する訴えとして不適法と解している（矛盾関係による既判力の作用）[9]。この見解によれば，一部請求訴訟の請求棄却判決は残部債権についても審理し残部債権の不存在についても裁判をしており，前訴で敗訴した告知者が被告知者に対して一部請求額を超えて債権の全体について担保・補償請求や損害賠償請求の後訴を提起した場合に，後訴に対して参加的効力が及ぶことに，問題はない。この場合には，訴訟告知を受けた

---

7 松本・前掲注（4）230頁以下；小山昇「民事訴訟における信義則について」北海学園法学研究38巻1号（2002年）167頁以下参照。

8 松本／上野・前掲注（3）〔679〕〔松本〕；松本・前掲注（4）220頁以下。民事訴訟における武器対等の原則については，松本博之「民事訴訟法学と方法論」新堂幸司〔監修〕　高橋宏志／加藤新太郎〔編集〕『実務民事訴訟講座〔第三期〕第1巻』（2014年・日本評論社）107頁, 151頁以下（本書第2編第2章第4節第4款2）参照。

9 松本／上野・前掲注（3）〔679〕，〔680〕；松本・前掲注（4）233頁以下。

被告知者は，告知者が敗訴した場合には残部債権について担保・補償請求や損害賠償請求等を告知者から受けることを容易に予想することができたのである。

したがって，ここでの問題は，公然の一部請求訴訟の請求棄却判決の既判力は当該一部請求の額に限られるという見地に立つ場合に，当事者の一方が第三者に対して適法にした訴訟告知の効果は，前訴の訴訟物への限定なしに残部債権にかかわる担保・補償請求や損害賠償請求の後訴にも無制限に及ぶと解すべきであるのか，それとも前訴の訴訟物となった一個の債権の一部に限定して生ずるのかという点にある。

2　隠れた一部請求

判例は，隠れた一部請求は全部請求であって，その訴訟物は一個の債権の全体であるとして，請求を全部または一部棄却する確定判決の既判力は，前訴が一部請求訴訟であったと主張して残部債権について提起された後訴に対して既判力を及ぼすという[10]。この見解によれば前訴でなされた適法な訴訟告知の効果は，債権全体についての担保・補償請求や損害賠償請求の後訴にも参加的効力を及ぼす。しかし，隠れた一部請求訴訟では適法な訴訟告知を受けた第三者にとって，係属中の訴訟が一部請求訴訟であるかどうかはその段階では不明であるため，告知者側に参加して告知者を勝訴に導かなければ受ける参加的効力のリスクを明確に判断することができない。それゆえ，残部請求に既判力が及ぶことを前提に，残部債権に関しても参加的効力が被告知者に対する後訴に当然に及ぶとすることには若干問題があろう。この点については，後に立ち返る。

第3節　一部請求訴訟における訴訟告知

第1款　訴訟告知

訴訟告知は，係属中の訴訟の結果につき利害関係を有する第三者に対し，

10　最判昭和32年6月7日民集11巻6号948頁；最〔1小〕判平成20年7月10日判時2020号71頁（74頁）＝判タ1280号121頁。

当事者の一方が当事者間の訴訟の係属を法定の方式により通知する訴訟行為である（民訴53条1項）。もちろん、訴訟告知をすることは、当事者の義務ではない。会社法849条3項や一般社団財団法人法280条3項、地方自治法242条の2第7項などのように、訴訟告知が法律上義務づけられることがあるが[11]、それは例外である。

民事訴訟法は、告知を受けた第三者を単に「訴訟告知を受けた者」と呼んでいるが（民訴53条2項・4項）、文献においては被告知者と呼ばれている。告知者が被告知者に訴訟への参加を催告している場合にも、被告知者は訴訟に参加する義務を負うものではない。被告知者が訴訟に参加するかどうかは被告知者自身が決めるべき事柄であるが、訴訟告知が適法になされている場合には、参加をしなくても時効中断のような実体法上の効果が生ずるほか、所定の要件を満たす場合には、民訴法53条4項・46条の定める訴訟上の効果（参加的効力[12]）が告知者と被告知者間の後訴に及び、後訴裁判所は原則としてこれに反する事実認定や法的判断をすることができなくなる。

第2款　訴訟告知の制度目的

訴訟告知の制度目的をどのように解するかについては、見解の対立がある。訴訟の係属を訴訟の結果に利害関係を有する第三者に通知し、第三者が自己の利益を擁護するために訴訟に参加する機会を与えることに力点のある制度だと解する見解には、被告知者がいずれかの当事者に参加すると、以後は通常の補助参加のみが告知者・被告知者間の関係を規律し、訴訟告知の効果自体はもはや問題とならないと見るものがある[13]。

補助参加は補助参加人に不利な参加的効力をもたらしうることから、当事者は、通常、補助参加の利益を有する第三者が自ら任意にその当事者を補助するために積極的に訴訟に参加することを期待することはできない。被告知

11　その他の場合については、上田徹一郎＝井上治典編『注釈民事訴訟法（2）』（1992年・有斐閣）281頁以下〔上原〕参照。

12　民訴法53条4項・46条の効果の法的性質については、周知のように、種々の見解がある。学説の対立について、詳しくは、第3編第4章第3節第4款参照。

13　たとえば、高橋宏志『重点講義民事訴訟法〔下〕（第2版補訂版）』（2014年・有斐閣）478頁以下。

者の利益本位に訴訟告知の目的を捉えると，被告知者が補助参加をしない場合には，告知者は本訴の判決の効力を告知者・被告知者間の後訴に及ぼす手段を欠くことになる。そのため，被告知者が任意に補助参加をしない場合，または相手方に参加する場合にも，本訴の判決の効力を被告知者に及ぼすための手段が必要になる。この意味で，訴訟告知は，単に訴訟の結果に利害関係を有する第三者に訴訟係属の事実を通知するというその情報機能を超えて，第三者の参加を得ること，および，参加の利益を有するにもかかわらず訴訟に参加しない第三者に対し，一定の要件のもとで，補助参加があったのと同様に当事者間の判決の参加的効力を及ぼすことに,その目的がある。したがって，訴訟告知は，被告知者の利益擁護ではなく，告知者（当事者）の利益の確保を主要な目的としている[14]。すでに訴訟の係属を了知している者（たとえば原告または被告の通常共同訴訟人）に対しても訴訟告知ができるが，これも判決の効力を被告知者に及ぼし，同一事実が後訴において異なる認定・判断を受けないようにするためであることの証左である。このようにして，訴訟告知は，同一法律要件要素についての後訴裁判所と前訴裁判所の判断の食違いによって告知者が二重に敗訴する危険を回避することを主たる目的としており[15]，訴訟経済にも資し，したがって当事者利益のみならず，同時に公益にも奉仕する。それゆえ，訴訟告知の訴訟上の効果は，後訴裁判所が当事者の主張を待って斟酌すべき事由ではなく，既判力と同じく後訴裁判所が職権によって調査すべき事由であると見るべきである[16]。その限りで，参加的効力は既判力と同質の効力である[17]。

---

14 中野貞一郎ほか編『新民事訴訟法講義〔第2版・補訂2版〕』(2008年・有斐閣) 569頁〔井上（補訂・松浦馨）〕；間淵清史「訴訟告知の訴訟上の効力」関東学園大学法学紀要9号（1999年）65頁，172頁。また，本間靖規「訴訟告知の機能について」『木川統一郎博士古稀祝賀・民事裁判の充実と促進（上）』(1994年・判例タイムズ社) 372頁，395頁も，訴訟告知が告知者の二重敗訴を回避するための制度であることを重視する。これに対し，訴訟告知の裁判資料収集充実機能を重視するのは，高橋・前掲注（13）490頁，493頁注（77）。

15 本書第3編第3章第2節第2款参照。

16 本書第3編第4章第3節第6款参照。

17 *Häsemeyer*, Die Interventionswirkung im Zivilprozeß - prozessuale Sicherung materiellrechtlicher Alternativverhältnisse, ZZP 84 (1971), 179, 191.

第4節　一部請求訴訟における訴訟告知の効果の範囲

第1款　訴訟告知の訴訟上の効果の内容と法的性質

　以上のように，訴訟告知は，同一の法律要件要素の矛盾した判断による告知者の二重敗訴を避けることを主たる目的とする制度である[18]。適法な訴訟告知があるにもかかわらず，被告知者が訴訟に参加しない場合または相手方側に参加する場合には，民訴法46条の適用については参加することができた時に参加したものと見なされる（民訴53条4項）。すなわち被告知者は，参加しなかった場合にも当事者間の確定判決の効力を受け，被告知者は前訴判決が誤りであると主張することを許されなくなる。この効力を既判力の拡張と捉える既判力拡張説が大正15年改正民訴法70条のもとで主張されたが，その後，既判力の拡張ではなく参加的効力という特殊な効力と解する参加的効力説が支配的になった。今日再び一部において既判力拡張説が主張されている[19]。参加的効力説に従うべきである[20]。また，訴訟告知の効果である参加的効力は，判決を支える裁判所の事実認定およびこれについての法的判断を告知者と被告知者との間の後訴においても妥当させることにより，後訴裁判所が矛盾した事実認定および法的判断をすることを阻止するという公益にも同時に奉仕するので，前述のように，後訴裁判所は職権により参加的効力が後訴に及んでいないかどうかを調査すべきである[21]。

第2款　参加的効力の客観的範囲

1　前訴判決を担う確定への限定

　参加的効力は，既判力とは異なり，判決主文中の判断（訴訟上の請求の当否に関する判断）のみならず，判決主文における裁判所の判断を支えている，

18　詳しくは，本書第3編第3章第2節第2款参照。
19　本書440頁参照。
20　詳しくは，松本・前掲注（2）龍谷法学46巻4号783頁以下（本書443頁以下）参照。
21　通説は，被参加人・告知者の抗弁を待って斟酌すれば足りるとして反対。

判決理由中の事実判断とその法的判断にも及ぶ。参加的効力は，参加人が後に被参加人との間の後訴において，前訴判決が正しくないと主張することを遮断する効力であるが，前訴判決の主文中の判断を支えているすべての事実上および法律上の判断が正しいと見なされる場合に初めて，判決は正しいということができるからである。このことは，他方では，判決を支える事実認定およびその法的判断とは，判決にとって必要かつ十分な部分だけをいい，補助的考慮やいわゆる傍論のようなもの，とくに当該事件の裁判にとって重要でない事項に関する過剰な認定は，参加的効力の対象にならないことを意味する[22]。

2 一部請求訴訟における参加的効力の客観的範囲

一部請求訴訟において訴訟告知がなされ，被告知者の不利に参加的効力が生ずる場合，参加的効力は被告知者に対する残部債権にかかる担保・補償請求や損害賠償請求の後訴にも及ぶか否かが問題になる。一部請求訴訟における請求棄却の確定判決の既判力については見解の対立が激しいが，冒頭であげた事例が示すように，私見とは異なり，既判力は一部請求訴訟で主張された債権の部分に限り生じ，残部債権の不存在は既判力の対象とならないという見解に従う場合には，明瞭にこの問題が生ずるのである。

(1) ドイツの判例　ライヒ裁判所の時代からこの問題について判示してきたドイツの判例は，一部請求訴訟の請求棄却の確定判決の既判力は公然の一部請求訴訟であれ，隠れた一部請求訴訟であれ，請求された債権の一部に限ってのみ生ずると解している[23]。

ドイツのライヒ裁判所は，前訴の裁判は全体として後訴の当事者間において正しいものと見なされなければならず，したがってこの裁判の基礎も事実面ならびに法的な面において —— 何らかの方法で可分となることなく —— 正

22　本書第3編第4章第3節第5款1(2)以下参照。
23　日本の判例は，隠れた一部請求（判例のいう黙示の一部請求）の訴訟物は債権の全部に及ぶとするが，ドイツの判例は隠れた一部請求もその棄却判決の既判力から一部請求であったことが明らかになるとして，隠れた一部請求においても既判力は請求権の一部に限られるとする。隠れた一部請求も債権全体の一部を訴求する訴訟であるから，この場合に公然の一部請求と異なり，なぜ債権全体が訴訟物となるのか，説明できないのである。

しいものとして措定されるものであるとして，一部請求棄却の確定判決の参加的効力は，裁判所の認定した事実にも及ぶので，参加的効力は既判力のように訴訟物によって限界付けられないとした[24]。

1969年の連邦通常裁判所の判決は，ライヒ裁判所の判例を踏襲した。事案は，次のようなものであった。債権者X_1は区裁判所に一個の金銭債権の一部900マルクの支払いを求めて訴えを提起した。その後，X_1はこの債権の残部8,000マルクを他の者X_2に譲渡し，X_2は残部債権をラント裁判所において訴求した。被告Yは，ラント裁判所の手続において，第三者ZがYに債権者へ給付する旨約束し，そして実際に給付をしたとの抗弁を提出した。その上で，Yは念のためラント裁判所の手続において（のみ）Zに対して訴訟告知をした。Zはこれに応じて訴訟に参加した。

ラント裁判所は，X_2の請求を一部認容した。区裁判所の手続においては，Yは請求を認諾し，請求の全部を認容する請求認諾判決がなされた。YのZに対する求償請求の後訴において，ラント裁判所での訴訟告知により裁判所の認定にどの範囲で後訴裁判所に対する拘束力が生ずるかという問題が生じた。ラント裁判所において履行請求がなされた債権部分に関しては，訴訟告知の拘束力の範囲について疑問はない。問題となったのは，区裁判所において主張された請求にかかる後訴請求に関してもラント裁判所の判決の参加的効力が生ずるか否かであった。つまり，参加的効力は訴訟告知がなされた一部請求訴訟の訴訟物に限定されるのか，それとも債権全部に及ぶか否かが問題であった。連邦通常裁判所は，ライヒ裁判所の判例を踏襲して，以下のように判示して，参加的効力は訴訟物に限定されないことを確認した（以下では，この見解を「包括的参加的効力説」と呼ぶ）。

「保証金庫（Garantie-Kasse）（X_2）のYに対する債権は，YがZに訴訟告知をしたハンブルグ・ラント裁判所での前訴では，その全額においては係属しておらず，むしろ，貯蓄銀行（Saparkasse）X_1は債権の一部900マルクをオルデスロエ区裁判所においてYに対して訴求していた。その訴訟では，Zには訴訟告知はなされなかった。それにもかかわらず，控訴裁判所はハンブルグ・ラント裁判所の判決の参加的効力を求償債権の全部について認めた。この点で，上告は民事訴訟法68条の規定違反を主張する。この主張も理由が

---

[24] RG JW 1935, 3539 ; RG JW 1936, 1966 ; RG Gruchot Bd. 64, 362.

ない。

　参加的効力が，既判力とは異なり，確定判決において宣言された法律効果に限定されず，前訴判決の先決的法律関係の判断ならびに事実認定にも，前訴判決がこれらに依拠している限り求償訴訟の裁判官を拘束することは，判例（vgl. BGHZ 8, 72 ff.; 16, 217 ff.）および文献における一般的な見解に合致する。ライヒ裁判所は，そこから，固定判例（JW 1936, 1966; 1935, 3539; Gruchot, Bd. 64, 362 m. w. N）において，債務者に対する前訴において債権の一部だけが訴求される場合，それにもかかわらず，求償債権が前訴で訴求された債権を超えるかぎりにおいても，参加的効力は求償訴訟の被告を制限すると結論づけた。このことが，ライヒ裁判所がいうように（Gruchot, Bd. 64, 362），参加的効力の本質からすでに必然的に生ずるかどうかは未定にすることができる。当部は，しかし，何十年にも亘って行われており，文献においても大部分（Rosenberg, Lehrbuch, 9. Aufl., §46 Ⅳ 1 e; Stein-Jonas-Pohle, ZPO 19. Aufl., §68 Anm. Ⅱ1；異説：Baumbach-Lauterbach 29. Aufl., §68 Anm. ⅠB; Wieczorek, §68 Anm. A Ⅰa 3）是認されている判例を放棄する一応十分なきっかけを見出さない。この判例はその実行可能性によって適切であり，この点は手続規定の解釈にとってとくに重要なことである。反対説がしようとするように，参加的効力の範囲を前訴の訴訟物の範囲に応じて制限するならば――本件とは異なり――前訴の訴訟物と求償訴訟の訴訟物とが一致しない場合，困難な限界づけ問題が生じうる。さらに，――本件のように――前訴において債権の比較的小さな部分だけが訴求されなかった場合には，求償訴訟においてこの比較的少額の一部債権のために実際には前訴の全体が更新されなければならないことは訴訟経済的ではなく，それによって――訴訟経済の観点からは――民訴法68条の目的はそのような場合には幻想的になる。この観点を考慮に入れて，ライヒ裁判所およびここで採られた立場によれば，前訴において一部請求が提起されているにすぎない場合にも，被告知者はいかなる求償請求が全体として係争事実関係から被告知者に対して生じうるかという観点により参加の問題を調査することを強いられる。それゆえ当部は，この問題においてライヒ裁判所の固定判例に従う。いずれにせよ，債権のはるかに大きな部分が訴求された場合にはそうである。その場合には，前訴において訴訟の告知を受けた被告は，求償請求において，求償債権が前訴で訴求された債権を超える比較的少額に関して参加的効力を除去

し，それによって参加的効力を幻想的なものにすることができない。後訴裁判所は，したがって正当に前訴判決の参加的効力を訴求債権全体につき認めた」。

　以上のように，連邦通常裁判所は，反対説によると，前訴と後訴の訴訟物が一致していない場合には，参加的効力の限界づけという困難な問題が生じ，実行可能性（Praktikabilität）を欠くこと，および一個の債権の相当な部分が一部請求として訴求され，僅かな部分が残部債権として残っている場合には参加的効力を訴訟物により限界づけると，僅かな残部債権のために債権全体の審理を繰り返さなければならないため，訴訟経済に反するという理由を挙げた25。連邦通常裁判所は，ライヒ裁判所判例以来長年にわたって行われ，学説においても多数説である解釈を変更する理由がないとしてライヒ裁判所の判例を踏襲しているが，その示す理由付けから見て，これを全面的に踏襲したのではなく，前訴において比較的額の大きな債権部分が訴求され，後訴の求償請求が少しばかり（nur unwesentlich）前訴の請求額を上回っているかぎりで，訴訟経済を考慮してライヒ裁判所の判例に依拠したということもできる。判例の一般論によれば，上記の例においては買主が有効に代理されていなかったという前訴裁判所の判断は一部請求を超える債権部分についても履行請求や損害賠償請求の後訴に参加的効力を及ぼし，後訴裁判所はこの判断を自己の裁判の基礎にしなければならないという拘束を受ける。この判例の見解に従う学説が比較的多いが26，これを批判する見解27もまた有力である。

25　BGH NJW 1969, 1480 = ZZP 83 (1970), 220 ［222］（訴訟経済についての言及は，NJW 1969, 1480では省略されている）；BGH VersR 1985, 568 ［569］；BGH NJW 1994, 203；OLG Hamm NJW-RR 1988, 155 ［156］．

26　*Bischof*, Die Streitverkündung, JurBüro, 1984, Sp. 1141, 1145 f.；Stein/Jonas/*Bork*, Kommentar zur Zivilprozessordnung, 22. Aufl., § 68 Rdnr. 10；Prütting/Gehrlein/*Gehrlein*, ZPO Kommentar, 4. Aufl., 2012, § 68 Rdnr. 4；Rosenberg/Schwab/*Gottwald*, Zivilprozessrecht, 17. Aufl., 2010, § 50 Rdnr. 60；*Kittner*, Streithilfe und Streitverkündung, JuS 1985, 624, 627；*P. W. Schäfer*, Nebenintervention und Streitverkündung, 1990, S. 130 ff.；*Stahl*, Beiladung und Nebenintervention, 1972, S. 136 f.（ただし抗弁の可能性の拡張を認める）；*Wieser*, Die Interventionswirkung nach § 68 ZPO, ZZP 79 (1966), 246, 280（ただし，広い例外を認める）；*Ziegert*, Die Interventionswirkung, 2002. S. 161.

包括的参加的効力説には，種々の疑問がある。第1に，前訴判決の既判力の及ばない残部債権に関しても被告知者・補助参加人に対して参加的効力が及ぶとする帰結は，訴訟告知の制度目的に反するのではないかと思われるからである。訴訟告知は，すでに述べたように，2人に対する関係で複数の請求を争い，いずれかの請求について勝訴しえなければならない当事者が同一法律要件要素についての前訴裁判所と後訴裁判所の矛盾した判断により両者について敗訴する危険を回避するために，第一次的には法律上被告知者の不利に参加的効力を及ぼすものである[28]。しかし，上記の例の場合には，判例の見解によれば残部債権については形式的確定力のある前訴裁判所の裁判はなされておらず，判決の基礎となる事実が共通であるといっても，形式的確定力のある裁判が行われていない請求に関して，事実の不可分性を理由に参加的効力を生じさせることは，ドイツ民訴法68条の文言に合致せず，また訴訟告知の制度目的にも適合しない[29]。一部請求訴訟で敗訴した原告が残部債権について訴えを提起することは既判力によって妨げられず，場合によっては請求認容判決を取得しうるからである。したがって，一部請求額を超える債権部分については，訴訟告知の効果の要件が具備していないことになる。
　第2に，ドイツ連邦通常裁判所は，前訴の訴求部分が残部債権より多額である場合に，参加的効力を被告知者に及ぼすことは訴訟経済に合致するとするが，訴訟経済の観点は決め手になる論拠ではないと思われる。なぜなら，一個の債権のより少額の部分についての一部請求訴訟の方が残部債権につい

27　*Eibner*, Aktuelle Probleme des Streitverkündungsrechts, JurBüro, 1988, 286 ff.; Baumbach/Lauterbach/Albers/*Hartmann*, Zivilprozessordnung, 70. Aufl., 2012, § 68 Rdnr. 3; *Häsemeyer*, a. a. O. (Fn. 17), 200; *Lammenett*, Nebenintervention, Streitverkündung und Beiladung, Diss. Köln, 1976, S. 157 ff.; *W. Lüke*, Die Beteiligung Dritter im Zivilprozeß, 1993, S. 394 ff.; Wieczorek/Schütze/*Mansel*, Zivilprozessordnung und Nebengesetze : Grosskommentar, Bd. 1, 1994, § 68 Rdnr. 124; MünchKommZPO/*Schultes*, 4. Aufl. Bd. 1, 2013, § 72 Rdnr. 9 ff., § 68 Rdnr. 17; *Schwanecke*, Nebenintervention und Rechtskraftwirkung, Diss. Köln, 1975, S. 102 ff.; Zöller/*Vollkommer*, Zivilprozessordnung, 29. Aufl., 2012, § 68 Rdnr. 10.

28　BGHZ 100, 257, 263は，告知者に不利な参加的効力を否定する文脈においてではあるが，この二重敗訴の回避という訴訟告知の制度目的を強調している。

29　*Eibner*, a. a. O. (Fn. 27), JurBüro 1988, 287; *Lammenett*, a. a. O. (Fn. 27), S. 154 ff.; *Schwanecke*, a. a. O. (Fn. 27), S. 105.

て参加的効力を被告知者に及ぼすことによって訴訟経済により適合するということもできるからである[30]。したがって，一部請求訴訟の請求額の多寡は，参加的効力を限界づける基準として適切であるとは思われない。

　第3に，包括的参加的効力説によれば，前訴の当事者間では一部請求額についてのみ原告の請求権の不存在につき既判力が生ずるが，前訴判決の中に告知者（または被参加人）の被告知者（補助参加人）に対する後訴請求にとっても重要な先決的法律関係の判断や事実認定が見られる場合，被告知者は被告知者に対する残部債権にかかる担保・補償請求や損害賠償請求に関しても，前訴裁判所の判断は間違っていると主張することは許されない。その結果，既判力によりその不存在が確定されていない残部債権に関して告知者・被告知者間の後訴に参加的効力が及んで，被告知者は，参加的効力の除外事由が存在しない限り，もはや残部債権の不存在を主張して残部債権の部分に関する担保・補償請求や損害賠償請求を争うことはできない。つまり，前訴判決は当事者に対してよりも強力な効力を担保・補償請求や損害賠償請求に直面する被告知者に対して及ぼすことになる。これは，参加的効力の特殊性から生ずる帰結といえなくもないが，やはり不合理であろう。

　第4に，第3の指摘にも関連するが，包括的参加的効力説は全く不当な結果を招きうる。すなわち，前訴で敗訴した告知者（被参加人）が被告知者に対する債権全部についての担保・補償請求や損害賠償請求の後訴において勝訴した後，今度は残部債権について前訴被告に対して再度訴えを提起し，新たな証拠を提出した場合に，裁判所が残部債権の存在を確信すれば，勝訴判決を得ることができる。すなわち，前訴判決と後訴判決が矛盾した内容であるにもかかわらず，告知者は包括的な参加的効力により第三者（被告知者）に対しては債権全額についての担保・補償請求や損害賠償請求を認容する判決を取得し，相手方に対しては残部債権について請求認容判決を取得することができ，かつこれを強制執行によって実現することができる。これは明らかに不当な結論ではないか，という批判である[31]。

　(2)　**包括的参加的効力説からの反論と解決提案**　　以上の批判に対しては，包括的参加的効力説の側から反論がなされ，かつ問題解決の提案もなされている。Ziegert（ツィーゲルト）は，反対説がいう不当な結論は，包括的参加

30　*Lammenett*, a. a. O. (Fn. 27), S. 154.

的効力説によって生ずるというよりは，前訴の訴訟物に限定された一部請求訴訟の確定判決の既判力の捉え方によるものであり，したがって一部請求を棄却する判決において一般的に生ずる問題であると反論する。そして，一部請求を棄却する判決と残部債権に関する後訴の裁判所の判決との矛盾を避けるには，一部請求訴訟の被告が残部債権の不存在確認の中間確認反訴を提起する等の方法があることを指摘する。Ziegert は，包括的参加的効力説を基礎にする場合に問題が生ずるのは，一部請求訴訟の原告が請求棄却判決の確定後，新たな証拠に基づき改めて残部債権について訴えを提起し請求認容判決を取得するという特殊な事案においてだけであり，不当な結果を避けるために包括的参加的効力を限定したり，一部請求棄却判決の既判力の範囲を拡張することに依拠すべきではなく，不当な結果を避けるためには，訴訟法または実体法上の他の制度を利用すべきであると主張する[32]。冒頭であげた設例においては，原告（売主）は無権代理人に対して履行請求をする方法を選ぶ場合，原告が相手方からすでに取得した金額は一部弁済と見なすことができる。そして，この方法で適切に解決できない事案については，告知者が前訴被告に対してさらに提起した残部請求の後訴（場合によっては一部請求訴訟）において勝訴した認容額に関しては，被告知者に対する告知者の訴えを，権利濫用と見なすという方法である[33]。

　Ziegert は，ここでの問題は一部請求訴訟の原告が請求棄却判決の確定後，新たな証拠に基づき改めて残部債権について訴えを提起し請求認容判決を取得するという特殊な事案においてだけ生ずるとするが，まず，この認識に問

31　前掲注（6）最判平成10年6月12日によれば，一部請求棄却後の残部債権の履行を求める訴えは信義則により阻止されるから，ここで指摘した問題は直接には生じない。しかしながら，この判例の立場によっても一部請求訴訟の請求棄却判決の既判力が確定するのは訴訟物となった債権の一部の不存在だけであるから，残部債権の部分についても参加的効力が及ぶかどうかという問題は依然として残る。加えて，この判例が残部請求訴訟である後訴の信義則違反の根拠とする前訴被告の紛争決着期待が，逆に告知者の被告知者に対する担保・補償請求訴訟や損害賠償請求訴訟において告知者の有利に残部債権部分についての参加的効力を基礎づけるとすれば，前訴被告の保護が被告知者に対する告知者（前訴原告）の有利な地位を根拠づけることの不合理に対する疑問を禁じ得ない。

32　Ziegert, a. a. O.（Fn. 26）, S. 165.
33　Ziegert, a. a. O.（Fn. 26）, S. 164 ff.

題がある。たしかに，一部請求訴訟で請求棄却判決がなされた後の残部債権に関する後訴について，同一の裁判資料に基づき後訴裁判所が裁判する場合，通常，前訴裁判所の判断と異ならないことが多いであろう。判断が異なりうるのは，通常，原告が新たな証拠を発見して後訴において提出する場合だということができる。しかし，新証拠がなくても前訴裁判所と後訴裁判所の証拠評価が異なれば，判断が異なることも生じうる。したがって，ここでの問題が生ずるのは，厳密にいえば，一部請求訴訟の原告が請求棄却判決の確定後，新たな証拠に基づき改めて残部債権について訴えを提起し請求認容判決を取得するという特殊な事案においてだけだということはできないであろう。
次に，以上において紹介した Ziegert の提案は，上記第4の批判に対して答えるものである。たしかに，一部請求訴訟の被告が請求棄却判決の確定後に残部債権の履行をめぐって原告と再度訴訟をしなければならない不利益は，被告自身による中間確認反訴の提起により回避することができる。しかし，包括的参加的効力説の問題性を上記第4の批判に限定している憾みがある。一部請求訴訟における参加的効力の問題は，一部請求棄却判決の既判力が請求額に限定され，残部債権の存否については及ばないとの見解を前提とする場合に，参加的効力だけは包括的に被告知者に及ぶとするのは訴訟告知の効果の要件が具備しないところで訴訟告知の効果の発生を承認することにあるからである。しかし，被告知者は中間確認反訴を起こすことはできないから，これを一部請求訴訟一般の問題に帰せしめることはできないように思われる。また，告知者が前訴被告に対してさらに提起した残部債権の履行を求める後訴（場合によっては一部請求訴訟）において勝訴した認容額に関しては，被告知者に対する告知者の後訴を，権利濫用と見なすというが，告知者は残部請求の後訴に勝訴したとしても，この判決債務が履行されるとは限らないから，現実に弁済を受けていないかぎり，被告知者に対する後訴を権利濫用と評価することはできないであろう。

(3) 私　見　少なくとも公然の一部請求訴訟の請求棄却判決の場合には，訴訟物たる債権部分を超えて，参加的効力が告知者・被告知者間の後訴に及ぶことは実質的には妥当であると思われる。前訴判決が，残部債権が存在しないことを審理の結果すでに確定しているからである。問題の生ずる原因は，判例が，一部請求訴訟を全部または一部棄却する確定判決の既判力が訴訟物たる債権部分に限られ，残部債権の不存在に及ばないとする議論の出発点に

ある。この出発点を維持しつつ問題解決を実体法上または訴訟法上の信義則の適用に委ねるのか，一部請求訴訟の請求棄却判決の既判力の範囲についての判例・通説の見解を再検討し，一部請求訴訟の請求棄却判決は，原則として債権全体の不存在を既判力によって確定するとする見解の利点を再評価するのかの問題ということができる。

第3款　一部請求訴訟における参加的効力の主観的範囲

1　参加的効力の主観的範囲

参加的効力の主観的範囲についても，従来から議論がある。

(1)　補助参加人（被告知者）と相手方間での参加的効力か　周知のように通説は，参加的効力は，補助参加人（被告知者）と被参加人（告知者）間でのみ生じ，補助参加人（被告知者）と相手方との間では生じないと解している[34]。訴訟告知は，当事者の一方が本訴の相手方との関係での請求または，後訴の相手方となるべき第三者との訴訟における請求のいずれかに勝訴できなければならない場合に，同一法律要件要素について前訴裁判所と後訴裁判所の判断が矛盾することによって，いずれの請求についても敗訴する危険を回避することをその制度目的としている[35]。被告知者が補助参加する場合にも，補助参加人と相手方との間に請求は存在しない。参加的効力は，補助参加人（被告知者）と被参加人（告知者）間でのみ生ずると解すべきである[36]。

(2)　告知者に不利な参加的効力か　訴訟告知の効力を被告知者の不利にのみならず被告知者の有利にも，したがって，告知者の不利にも生ずることを肯定すべきかどうかという点についても問題がある。この問題も，日本では殆ど論及されていないが，ドイツでは，見解が激しく対立している。

否定説は，ドイツ民訴法74条3項が「本条のすべての場合において，参加の時に代え訴訟告知により参加が可能であった時が基準となるという修正を

34　補助参加人または被告知者と被参加人または告知者の相手方との間にも，何らかの拘束力が及ぶべきことを主張する見解とこれに対する批判については，本書第3編第4章第3節第4款2参照。

35　松本・前掲注（2）河野古稀16頁以下（本書第3編第3章第2節第2款）。

36　参加的効力の主観的範囲について詳しくは，前述本書第3編第4章第3節第5款3参照。

第5章　一部請求訴訟における訴訟告知と参加的効力　　475

伴い，68条の規定が第三者に対して（gegen Dritten）適用される」と定めている法律の文言を援用し，かつ，訴訟告知の目的が被告知者に対する参加的効力の発生にあることを理由として，訴訟告知の効果は被告知者の不利にのみ生ずるとする[37]。これに対し，肯定説はドイツ民訴法68条の規定の適用を

37　BGH NJW 1997, 2385 [2386]; BGHZ 100, 257 [260 ff].= JZ 1987, 1033; BGH NJW 2000, 1407; *Bischof*, a. a. O. (Fn. 26), Sp. 1141, 1147; *Prütting/Gehrlein/Gehrlein*, a. a. O. (Fn. 26), § 74 Rdnr. 6; Thomas/Putzo/*Hüßtege*, Zivilprozessordnung, 34. Aufl., 2013, § 74 Rdnr. 4; *Jauernig/Hess*, Zivilprozessrecht, 30. Aufl., 2011, § 83 Rdnr. 21; *Kittner*, a. a. O.(Fn. 26), 628; *K.-P. Martens*, Grundprobleme der Interventionswirkung, ZZP 85（1972), 77, 83 Fn. 16; *Musielak*, Grundkurs ZPO, 11. Aufl., 2012, Rdnr. 343; *P. W. Schäfer*, a. a. O.（Fn. 26), S. 132 ff.; *Schellhammer*, Zivilprozess, 14. Aufl., 2012, Rdnr. 1633; *Schilken*, Zivilprozessrecht, 7. Aufl., 2014, Rdnr. 705; MünchKommZPO/*Schultes*, a. a. O.（Fn. 27), § 74 Rdnr. 8; *Schwanecke*, a. a. O. (Fn. 27), S. 103 ff.; Zöller/*Vollkommer*, a. a. O.（Fn. 27), § 74 Rdnr. 7.

　BGHZ 100, 257の事案は，次のようなものであった。原告は1980年から1981年にハーフティンバー造りの建物を建設した。建築の監理を含め建築家業務（Archtektenleistungen）をすべきであったのは，本訴の被告であった。被告は，原告の名でA（指物師の親方）に個々のハーフティンバー面の被覆を委託した。仕事の完成後に激しい雨の際，バルコンとファサーデのタイルとの間に雨水が浸入することが明らかなった。原告はまず，Aと被告に対して証拠保全手続を申し立て，続いてAに対して9141,83マルクの損害賠償を請求した。原告は，同時に被告に対して訴訟告知をした。控訴審では原告に2156,83マルクが認容された。本件訴訟において原告は，証拠保全手続において確定された欠陥は瑕疵ある設計の結果であるという理由で，被告（前訴の被告知者）に対し13955,97マルクと遅延損害金を損害賠償として請求した。原告は前訴の控訴審判決の判決理由を，それが原告に有利である限りにおいても援用せず，被告の方はその見解によれば原告の不利にも考慮されるべき訴訟告知の効果を援用した。ラント裁判所と上級ラント裁判所は，請求を棄却した。

　上級ラント裁判所は，前訴における原告側への被告の参加から，被告は前訴の判決が間違っているとの主張を原告との関係において聴いて貰えないのみならず，既判力類似の拘束力は被告の有利にも作用するとした。上級ラント裁判所によれば，両当事者は前訴において自己の権利を完全に主張することができ，したがってそこで下された判決が彼らに対してもつ不利益を甘受しなければならないからだとする。上級ラント裁判所は，ドイツ民訴法74条3項によれば68条の規定が第三者の不利にのみ適用されることは，以上の解釈の妨げにはならないとし，次の理由をあげた。すなわち，ドイツ民訴法74条3項がドイツ民訴法74条1項・2項を補充していっているのは，第三者は訴訟に関与せずまたはまだ関与しなかったにもかかわらず参加

主張するのではなく，同法68条の規定の類推適用を主張し，告知者・被参加人も前訴判決の事実認定および法的判断を攻撃することを許されないと主張する[38]。

　肯定説を主張する *Mansel*（マンゼル）は，参加的効力が告知者・被参加人の不利にも生ずることを肯定すべき理由として次の5点を挙げる。①告知者（被参加人）と被告知者（補助参加人）間の武器対等の原則の顧慮が必要であること。前訴において当事者を補助する者または被告知者としてドイツ民訴法74条3項のゆえに告知者を補助する責務を負う者は，武器対等の原則（訴訟上のチャンスとリスクの平等の原則）により，前訴判決の依拠する事実認定およびその法的判断を援用できるべきである[39]。しかも，この認定は告知者（被補助者）自身が目指したものであるから，なおさらである。②告知者（被

的効力を承認しなければならないことだけであり，補助参加についての原則が第三者の不利にのみ顧慮されるべきことはドイツ民訴法64条の適用からは生じない。したがって，ドイツ民訴法74条3項の規定は，訴訟告知と結び付けられる不利益を避けるために訴訟に参加するきかっけを第三者に与えるべきである。これが意味を持つのは，第三者が参加した場合に参加の時点から参加的効力の利点を自分のために主張し，そして――主たる当事者と同様に――彼が一緒に追行した訴訟が正しく裁判されたことを援用することができる場合だけである，と判示した。
　連邦通常裁判所は，本件ではＡの損害賠償義務と被告の損害賠償義務は連帯債務の関係にあるので，被告への訴訟告知は要件を欠いていたのではないかという問題について，被告が建築家契約により建築監理についても責任を負わなければならなかった場合にのみ被告の並存責任が基礎付けられうるが，原告は被告の建築管理違反を援用せず，原告のＡに対する前訴の請求がファサーデの欠陥がもっぱら被告の設計上の瑕疵によるとの理由で棄却される可能性をもって訴訟告知を理由付けたので，訴訟告知は適法であったと判示した上で，訴訟告知と結びつく参加的効力は訴訟告知をした当事者の不利にも生ずるとした控訴裁判所の見解を誤りであるとした。

38　Stein/Jonas/*Bork*, a. a. O. (Fn. 26), § 68 Rdnr. 12, § 74 Rdnr. 5; Rosenberg/Schwab/*Gottwald*, a. a. O. (Fn. 26), § 50 Rdnr. 57; *Lammenett*, a. a. O. (Fn. 27). S. 153 ff.; Stein/Jonas/*Leipold*, Kommentar zur Zivilprozessordnung, 20. Aufl., § 68 Rdnr. 12; *W. Lüke*, a. a. O. (Fn. 27),. 341 f.; *Stahl*, a. a. O. (Fn. 26), S. 140 f.; *Ziegert*, a. a. O. (Fn. 26), S. 182 ff. 範囲に関して制限付きで類推適用を主張するのは *Häsemeyer*, a. a. O. (Fn. 17), 198 f.; *F. Jacoby*. Der Musterprozeßvertrag, 2000, S. 26 ff.; Wieczorek//Schütze/*Mansel*, a. a. O. (Fn. 27), § 68 Rdnr. 141 f. 被告知者が参加した場合に限り，類推適用を肯定するのは，*E. Schneider*. Über die Interventionswirkungen im Folgeprozeß, MDR 1961, 3 f.

第5章　一部請求訴訟における訴訟告知と参加的効力　　477

参加人）が自ら目指した認定が正しくないとして争うならば，彼は通常2つの訴訟手続のいずれかにおいて訴訟上の真実義務を果たしていないことになる[40]。③参加的効力の目的も，同法68条の類推適用を要求する。自発的に補助参加をする補助参加人の実体法上の法的地位の保護が参加的効力の目標である場合には，この目標は包括的な参加的効力によって完全に到達することができる。訴訟告知の場合に参加的効力の目標が告知者の実体法上の法的地位の保護である場合には，その保護は告知者が前訴で勝訴し，逆の理由づけで被告知者に対する後訴においても勝訴するという形での過剰な保護を正当化するものではない[41]。④包括的な参加的効力の承認は，同じ問題の新たな，そして場合によっては矛盾した判断を第三者の利益において，そして公益において阻止することになり，重複した訴訟と矛盾した裁判を回避して訴訟経済を図ることについての公益という目標に合致する[42]。⑤ドイツ民訴法68条の類推適用は，同法71条に特別の意味を与えることができる。類推適用は被

39　Wieczorek/Schütze/*Mansel*, a. a. O.（Fn. 27），§ 68 Rdnr. 142；Stein/Jonas/*Bork*, a. a. O.（Fn. 26），§ 68 Rdnr. 20, § 74 Rdnr. 5；Rosenberg/Schwab/*Gottwald*, a. a. O.（Fn. 26），§ 50 Rdnr. 57；*Häsemeyer*, a. a. O.（Fn. 17），198 ff.；*W. Lüke*, a. a. O.（Fn. 27），S. 337 ff.；*ders.*, Zivilprozessrecht, 10. Aufl., 2011, Rdnr. 457；*Ziegert*, a. a. O.（Fn. 27），S. 182 ff.

　*Mansel*は，告知者に不利な参加的効力を前訴判決の同一利益方向の認定に限って生ずるという制限を付している。この制限は，*Häsemeyer*の見解を受けたものである。この点について，BGHZ 100, 257, 261は，「原則とし*Häsemeyer*の見解に同意することはできない。彼の要求する適法な訴訟告知と参加的効力の区々の取扱いは，いつ個別の事案において利益衝突が存在したかという，困難にのみ克服できる不明確さをもたらす。その他，彼の見解は，参加の時に代え訴訟告知により参加が可能であった時が決定的であるというただ1つの違いもって，ドイツ民訴法68条が適用されるとするドイツ民訴法74条3項と一致し得ない。すなわち訴訟告知がひとまず適法であれば，第三者はそれゆえ原則として，前訴で出された判決の依拠するすべての事実上および法律上の基礎を承認しなければならない。ここで現われる利益衝突は，むしろドイツ民訴法74条3項がその文言に従ってのみ適用されること，したがって参加的効力が第三者に対してのみ生ずることによってのみ解決されるべきである」と述べ，*Häsemeyer*の見解を拒否した。

40　Wieczorek/Schütze/*Mansel*, a. a. O.（Fn. 27），§ 68 Rdnr. 142.
41　Wieczorek/Schütze/*Mansel*, a. a. O.（Fn. 27），§ 68 Rdnr. 142.
42　Wieczorek/Schütze/*Mansel*, a. a. O.（Fn. 27），§ 68 Rdnr. 142；Rosenberg/Schwab/*Gottwald*, a. a. O.（Fn. 26），§ 50 Rdnr. 57.

参加人に有利な参加的効力は後訴において分断されずに顧慮されるべきだとの事実によっても，参加的効力の職権調査によっても，必然的なものとして要請されるのでないとしても，類推適用の方が支配的見解による類推適用の否定よりも基準（Vorgaben）に合致する[43]。

以上の肯定説の主張に対し，否定説は，訴訟告知は告知者が本訴請求と依存関係にある被告知者に対する請求につき二重に敗訴する危険から告知者を保護することを目的としているが，被告知者にはこのような保護は必要でないと反論する。すなわち，告知者の被告知者に対する訴えは被告知者の側では何ら特別のことではなく，少なくとも被告知者の側では訴訟告知の特有の事態に類似する緊急事態（Notlage）は存在しないと主張する[44]。

肯定説と否定説の対立は，「本条のすべての場合において，参加の時に代え訴訟告知により参加が可能であった時が基準となるという修正を伴い，68の規定が第三者に対して（gegen Dritten）適用される」と定めるドイツ民訴法74条3項が被参加人・告知者に不利な参加的効力を否定する意味なのか，それとも，この規定は参加人・被告知者への参加的効力という喫緊の問題を解決しただけで，被参加人・告知者への判決の参加的効力を計画に反する形で規定しなかったという法の欠缺があり，この間隙を武器対等の原則を前面に出して埋めるべきかどうかという問題である。ドイツの議論はこの点で真っ向から対立しているのである。

これに対し，日本の民訴法46条は，ドイツ民訴法68条のような表現を用いておらず，「補助参加に係る訴訟の裁判は，次に掲げる場合を除き，補助参加人に対してもその効力を有する」と規定しており，この表現は既判力の主観的範囲について「確定判決は次に掲げる者に対してその効力を有する」と定める民訴法115条1項の表現と間に基本的な差異がないので，条文の表現は，参加的効力が被参加人・告知者の不利にも作用すると解することの妨げとはならない。

訴訟告知の目的は告知者をその二重敗訴の危険から保護することを主たる制度目的とするのであるが，なお，矛盾した裁判の阻止にも仕えるものである。また，告知者と被告知者間の武器対等の原則の実現が重要である。それ

---

[43] Wieczorek/Schütze/*Mansel*, a. a. O. (Fn. 27), § 68 Rdnr. 142.
[44] Eibner, a. a. O. (Fn. 27), 283.

ゆえ，参加的効力は参加人（被告知者）の有利にも，したがって被参加人（告知者）の不利にも生ずると解すべきであろう。この場合，日本法においては被参加人・告知者に不利な参加的効力は，民訴法46条の適用（類推適用ではない）によって生ずると解することができる。

2 一部請求訴訟における参加的効力の主観的範囲

一部請求訴訟の請求棄却判決は，参加的効力の主観的範囲の問題についても困難な問題を引き起こす。冒頭の設例において，ZはYの代理人として行為しなかったという理由でXのYに対する一部請求を棄却する判決が確定した場合，包括的参加的効力説によれば，民法117条1項に基づくXのZに対する履行または損害賠償請求について審理裁判をする後訴裁判所は，債権全体について，Zは代理人として行為しなかったという前訴裁判所の認定判断に拘束され，これを前提にして裁判をしなければならない。他方，残部債権に関するXのYに対する第2の訴訟または一部請求訴訟においては，裁判所はZは代理人として行為し，代理権を有していたと判断する場合には，Xの請求を認容する判決をすることになる。かくて，2つの判決の矛盾が生ずる。2つの訴訟において，XがZに対して訴訟告知をしていた場合，参加的効力が民訴法46条の適用によりX（被参加人・告知者）の不利にもXZ間の後訴に及ぶと解する場合，明らかに参加的効力の抵触が生じうる。このことは民訴法46条の適用による被参加人（告知者）に不利な参加的効力を否定すべき理由となるかどうかが問題となる。

この問題を論じた*Ziegert*は，次のような解決を提案する。すなわち，請求棄却判決の既判力の範囲を拡張することが正しい解決であるのではなく，また被参加人・告知者の不利にドイツ民訴法68条を類推適用することを否定する論拠にすることも正しくない。2つの判決は，並存する，同一訴訟物についての既判力の場合と同様に前の判決も後の判決もいずれも優先的地位を取得することができないので，例外的事案における2つの訴訟の判決のもつ矛盾した参加的効力は相互に相殺され，後訴裁判所は参加的効力に拘束されることなく改めて後訴請求の要件のすべてについて審理することができる。上記の例においては，後訴裁判所は代理権の存在の問題を改めて判断しなければならず，審理の結果，Zには代理権が存在したと判断すれば，Zに対する訴えを全面的に棄却しなければならない。Yに対する一部請求認容判決は，

X（被参加人・告知者）が2度以上売買代金を得ることを阻止するために実体法上考慮されなければならないという解決の提案である[45]。このような結果になるので，Ziegertは，告知者には前訴第一訴訟の判決の包括的参加的効力を危うくしないために，前訴第2訴訟では訴訟告知を断念することが喫緊として助言されるべきだとし，被告知者には前訴第2訴訟には参加し，そうして前訴第1訴訟の包括的参加的効力を中性化する機会を確保すべきであるとする。

しかし，Ziegertによる問題解決の提案は，やはり問題を包蔵する。それは参加的効力の相殺という議論に関する。参加的効力は告知者の二重敗訴の回避を目的とする制度である。原告が一個の債権について二度訴えを提起するのであるが，矛盾した参加的効力は相互に相殺されるというのは参加的効力の制度目的に合致しないであろう。また，Ziegertは参加的効力が相互に抵触するため，おのおのが優先を要求できない場合，被告知者に対する担保・補償請求や損害賠償請求の後訴においては，原告が前訴被告に対する一部請求の認容判決を受けていることを実体法上斟酌しなければならないとするが，実際に原告が給付を受けた場合はともかく，単に請求認容判決を受けたにすぎない場合には，この判決が現実に実現するかどうかは不明であるから，後訴におけるその部分に関する請求権の主張を直ちに実体法上信義則に反するものとして許さないとはいえないように思われる。かくて，Ziegertによる問題解決の提案も適切とはいえない。ここでも，一部請求棄却判決の既判力問題を再考することが必要であろう。

第5節　一部請求棄却判決の既判力と訴訟告知の効果

第1款　公然の一部請求の場合

公然の一部請求を棄却する確定判決が残部債権についての後訴に既判力効を及ぼさないとする多数説の理由は，種々存在する。

まず，訴訟物を特定する権能は原告にあり，原告が債権の一部について判決を求め残部債権についての後訴を留保し，または事情からそのように認め

45　*Ziegert*, a. a. O. (Fn. 27), S. 165 f.

られる以上，訴訟物は債権の一部請求部分に限られ，訴訟物についての実体判断に生じる既判力もこの債権の一部請求部分に限られなければならず，したがって残部債権に及ぶことはできないという考えである。これに対して前述のように，私見は，一部請求訴訟の判決が請求の全部または一部を棄却する場合には，一部請求の理由の有無を判断する上で残部債権部分の存否について必要不可欠な形で判断し，これを否定して請求の全部または一部の棄却の判断を導いているのであり，残部請求の後訴は確定判決の判断と「正反対のもの」を請求する訴訟であり，それゆえ矛盾関係にある請求として，後訴裁判所は残部債権の履行を求める訴えを既判力により不適法として却下しなければならないと解している[46]。

　私見のような見解に対しては，いくつかの批判がある。第1に，私見は判決理由中の判断に既判力を肯定するのでなければ成り立たない議論だという批判がなされている[47]。判決理由に既判力を承認しないのが民事訴訟法の立法者の決定であるから，この批判が正しければ，私見のような解釈はもともと論理的に成り立ちえないことは明らかである。しかし，一部請求訴訟の訴訟物は，訴訟物に関する二分肢説によれば，原告の主張する事実関係（歴史的出来事または生活事実関係）に基づく請求権の一部についての給付判決の申立てである。また，実体法上の具体的な請求権ごとに給付訴訟の訴訟物は異なるとする旧実体法説によれば，原告の主張する事実関係に基づく具体的な

---

[46] ただし，前訴裁判所が訴求債権の審理の結果，原告の債権が請求額を超えて存在することを認定する場合で，一部請求が訴訟上の相殺の抗弁により（いわゆる内側説に立って）全部または一部棄却され，または訴訟係属後の被告による弁済または免除により全部または一部棄却される場合には，実質的には原告の敗訴判決ではないので，残部請求の後訴は前訴確定判決の判断と矛盾関係に立つ請求ではない。また，継続的法律関係に基づく特定の履行期の請求権というように，請求部分である債権の一部が法律上明確に特定できる場合の一部請求訴訟（特定的一部請求訴訟と呼ばれる）が棄却された場合にも，既判力は他の履行期にかかる債権部分には及ばない。

[47] 中野貞一郎「一部請求論について」同『民事手続の現在問題』（1989年・判例タイムズ社）85頁，95頁以下；越山和広「一部請求後の残部請求と既判力・信義則」伊東乾教授喜寿記念論文集刊行委員会編『現時法学の理論と実践』（2000年・慶應義塾大学出版会）307頁，320頁；山本弘「明示一部請求に対する相殺の抗弁と民事訴訟法114条2項の既判力」河野正憲ほか編『井上治典先生追悼論文集・民事紛争と手続理論の現在』（2008年・法律文化社）439頁以下。

請求権の一部の主張である。この場合，いずれの訴訟物理論によっても，事実関係は訴訟物の要素をなしていると解される。したがって，たとえば請求権の成立原因が存在しないという理由で一部請求を全部棄却する判決は，原告の主張する事実関係が存在しないとの判断を基礎にしており，この判断は単なる判決理由中の判断ではなく，訴訟物の一要素についての判断である。また，一部請求を一部認容・一部棄却する判決は，原告主張の請求権は原告主張の事実関係に基づき裁判所の認容した額以上には存在しないことを確定しており，これも事実関係という訴訟物の要素についての判断である[48]。ところが，多数説は，このことを認めない。日本では旧実体法説が判例の立場であるが，この見解では実体法上の具体的請求権の主張が給付訴訟の訴訟物とされ，ある具体的な請求権の主張だけであたかも訴訟物が特定するかのごとくいわれている。しかし，一定額の金銭支払請求や代替物の一定数量の引渡しを求める給付訴訟においては，この立場では，訴訟物は全く特定しない。実際には，請求権の基礎にある事実関係が旧実体法説による訴訟物にとっても重要なのである[48a]。旧実体法説は，公然の一部請求訴訟について債権の一部の存在を否定する判決が，訴訟物の構成要素であるべき，その請求権の存在の基礎にある事実関係を否定していることを看過しているのである[49]。また，事実関係を正当に給付訴訟の訴訟物の要素と見るドイツの連邦通常裁判所の判例や通説も，一部請求を認容する判決は訴訟物を異にする残部請求の訴えに対して既判力を及ぼさないとするが，これは一部請求を認容する判決が残部債権についての後訴に既判力を及ぼさず，したがって残部債権について審理する後訴裁判所は請求権が存在しないという判決をすることを既判

---

[48] Vgl. *A. Schulte*, Zur Rechtskrafterstreckung bei Teilklagen, 1999, S. 87 ff.; Musielak/*Musielak*, Kommentar zur Zivilprozessordnung, 9. Aufl., 2012, § 322 Rdnr. 71; *K. Diedrich*, Die Interventionswirkung-Ausprägung eines einheitlichen Konzepts zivilprozessualer Bindungswirkung, Diss. Saarbrücken, 2001, S. 184 ff.

[48a] 伊藤滋夫『要件事実の基礎〔新版〕』（2015年・有斐閣）345頁は，給付訴訟の訴訟物を具体的な請求権の主張と捉える旧実体法説が「変わることは今後も考えられない」とするが，訴訟物は請求原因が明らかにならないと特定識別できないとし，旧実体法説にとっても訴訟物は事実関係と不可離であることを承認する。ただし，同書は紛争の一回的な解決が「相当である」場合には請求原因の訴訟物特定機能も働かないとする（350頁）。これは実質的に旧実体法説からの離反に道を開くものといえよう。

力によって妨げられないという，それ自体正しい認識を，一部請求棄却判決の場合に持ち込むものである[50]。一部請求を全部認容する判決は残部債権について判断をしていないので，一部請求を全部認定する判決の既判力についての考え方を残部債権の不存在について判断されている一部請求棄却判決に推及することは妥当性を欠く。

　第2に，一部請求棄却判決の既判力が残部債権に関する後訴に及ぶとすると，1個の債権を1つの訴訟で主張することの強制になるが，ドイツ法にはそのような強制は知られていないこと，それを超えて，訴訟の費用リスク（裁判所手数料と弁護士手数料）は訴額によって決まるので，既判力も同じように一部請求の請求額に限定されるべきであり，残部債権に関する後訴に既判力が拡張されるのは，このようなドイツの全システムと相容れないとのドイツ法についての指摘がある[51]。多数説によれば，債権の全体に関する裁判所の判断は，中間確認の訴えの対象になりうる前提問題に過ぎない。しかし，一部請求を全部棄却する判決は，原告はその主張する事実関係に基づき被告に対して請求すべきものをなんら有していないことを確定し，また，一部請求の一部棄却判決はその認容額を超えて原告の主張する事実関係に基づく被告に対する請求権は原告に帰属していないことを確定しているのである[52]。この点を無視して，一部請求認容の場合の認識を一部請求棄却の場合に持ち込むことは誤りである。たしかに，後訴である残部債権の履行請求の事実関係

49　もっとも，旧実体法説においても，給付請求を基礎づける原告主張の事実関係が否定される場合，競合している別個の請求権を主張する後訴の提起であれば，訴訟物を異にする後訴ではあるが，既判力により排斥されるのではないかが問題となる。事実関係を否定して請求を棄却する判決が確定すると，訴訟物を構成する事実関係の否定も既判力に与ると解する場合には，前訴確定判決の既判力は競合する請求権を主張する後訴に対し矛盾関係を理由にまたは先決関係として作用し，後訴裁判所は後訴を不適法として却下しまたは事実関係が存在しないことを判決の基礎としなければならないのではないかという疑問である。この問題は，旧実体法説がこの面からも検討されるべき理論であることを示唆するものといえる。

50　Musielak/*Musielak*, a. a. O.（Fn. 48), Rdnr. 73 ； *ders.*, Rechtskraftprobleme bei Nachforderungsklagen, Festschrift für Ekkehard Schumann, 2001, S. 295 ff., S. 308；*ders.*, a. a. O.（Fn. 37), Rdnr. 587.

51　Münchener Kommentar zur Zvilprozessordnung/*Gottwald*, 4. Aufl., 2013, § 322 Rdnr. 126；*Jacoby*, a. a. O.（Fn. 38), S. 11.

52　Musielak/*Musielak*, a. a. O.（Fn. 48), Rdnr. 71.

は前訴の一部請求の事実関係と同じであるものの，後訴の申立ては前訴の申立てとは異なる。しかし，これをもって前訴と後訴の訴訟物の違いを根拠に既判力の拡張を否定するのは，同一事実関係に基づき原告主張の請求権（または裁判所の認定する額を超える請求権）が存在しないことが必然的に確定している以上，形式的にすぎるといわざるを得ない。一部請求の全部認容判決の場合は，判決の既判力は残部債権の履行を求める後訴に影響を及ぼさないので，一個の債権の1つの訴訟での行使強制にはならない。また，訴額が基準となり，裁判所手数料や弁護士報酬が決まり，審級関係もこれによって規律されるので，一部請求訴訟の既判力も一部請求の対象とされた債権の一部に限定されなければならないというのも，やや形式的な論拠のように思われる。ドイツで区裁判所での一部請求棄却の確定判決が残部請求を排斥するならば，債権全体について事物管轄を有しない区裁判所が債権全体について判決をすることになり，かつ区裁判所の判決に対しては裁判所が控訴を許可しない限り金額制限により控訴ができないため上訴が制限されるが，この点を重視するのであれば，原告が一部請求を選ばなければよいのであり，大きな問題ではないからである。いずれにせよ，日本では弁護士費用の敗訴者負担原則は採用されておらず，また弁護士報酬の法定も行われておらず，不服額による控訴制限も存在しないので，以上の論拠は日本法には当てはまらない。

　第3に，残部債権に関する後訴に既判力が作用することを承認する見解のうちにも，後訴請求は前訴確定判決の既判力のある判断と矛盾関係にある訴えであることを否定し，後訴は適法であるが，前訴の既判力のある判断が後訴に対して先決関係として作用するので，後訴裁判所は原告の主張する事実関係が存在しないとの前訴裁判所の確定に拘束され，これを自己の判決の基礎とし，請求棄却判決をしなければならないと主張する見解[53]がある。この見解は，一方において，前訴の被告が原告となって後訴を係属させることが矛盾関係概念の規定的標識であると見なし，矛盾関係概念の確実な限界づけを可能にするために，この規定的標識を維持しなければならないが，前訴判決は一部請求権の不存在を既判力により確定しているのであり，後訴は前訴

53　*Musielak*, a. a. O. (Fn. 50), Festschrift für Schumann, S. 305 ff. ; *ders*., a. a. O. (Fn. 37), Rdnr. 587 ; Musielak/*Musielak*, a. a. O. (Fn. 48), Rdnr. 73 ; *Oberhammer*, Wieder einmal : Rechtskraft bei Teilklagen, Festschrift für Helmut Kollhosser, 1999, S. 501, 511 ff.

と同じ原告が残部債権について提起した訴えであるので，矛盾関係の場合に当たらないと主張し54，他方において，後訴の裁判官は，原告主張の事実関係に基づき原告には被告に対する請求権は全く（一部認容の場合には認容額以上には）存在しないという前訴裁判所の確定に拘束されるので，後訴裁判所はこの確定を自己の判決の基礎にしなければならないと主張する55。たしかに従来の矛盾関係による既判力の後訴への作用は，後訴が前訴被告によって提起される場合，したがって当事者地位の入れ替りがある場合に承認されているといってよい。しかし，矛盾関係をこの場合に限定する根拠はないように思われる。前訴と後訴で，一個の債権の請求部分が異なるが，請求原因は共通であり，前訴裁判所が原告主張の請求権はその主張する事実関係からは全く（または認容額以上には）生じないことを確定しており，この判断は訴訟物の要素である事実関係についての判断であるから，残部債権についての後訴においてであれ，同一の事実関係についての判断の否定のもとに提起される後訴請求は確定判決の判断に対して矛盾関係にあるというべきである56。

　第4に，私見に対しては，数量的に可分な債権の分割行使を許す以上，一部請求額の審理が債権全体の成立原因の審理を必要とするといっても，原告には残部債権についてその成立原因の別個の審理が保障されなければならないので，一部請求訴訟の審理と債権全体が訴求された場合の審理は重なり合うものの「価値的には変わるところはない」とはいえないとの指摘57がある。上野泰男は，この視点から，債権の一部請求部分が認容されない場合に，原告が残部債権をつぎ込んでも一部請求の認容を求める意思を示していないかぎり，裁判所が残部債権からも一部請求を認容することができないとの判断に達しても，残部債権について既判力を及ぼすことは原告の意思に反するの

54　*Musielak*, a. a. O. (Fn. 50), Festschrift für Schumann, S. 304.

55　*Musielak*, a. a. O. (Fn. 50), Festschrift für Schumann, S. 305.

56　ある後訴請求が前訴判決の既判力のある判断と矛盾関係に立つか，それとも先決関係に立つかの判断が困難なことがあるが，一部請求棄却判決と残部請求との関係では，一部請求権の不存在が実体法上，残部債権の前提になっているのではないので，前訴と後訴の間に先決関係の存在を認めることは困難であろう。むしろ，同じ事実関係を主張する残部債権についての後訴は訴訟物の要素であるその事実関係の存在を否定する一部請求棄却判決と矛盾関係にある請求であるというべきであろう。

57　上野泰男「明示の一部請求訴訟棄却判決の既判力」大阪市立大学法学雑誌55巻3＝4号（2009年）691頁，697頁以下。

で，処分権主義に反して許されないと主張する58。しかし，以上に述べたような給付訴訟の訴訟物の理解を前提にすると，一部請求と残部請求の事実関係は同一であるので，前訴が特定的一部請求でないかぎり，事実関係の審理の範囲を原告が指定できるという立論の出発点自体，根拠を有するかどうか，疑わしい。事実関係は訴訟物の構成要素をなし，訴訟物をなす事実関係は不可分であり，一部請求の実体判断に際し，その全体が審理の対象にされることは当然のことだからである59。加えて，公然の非特定的一部請求は訴求する債権の部分を法律上の基準によって特定することができないものであるから，たとえば一個の債権100のうち1〜40の部分を訴求するとしていても，裁判所が原告には40以上の債権が現存するとの心証を抱かないかぎり，41〜100までの部分から請求（一部請求）を認容することができないかどうかを審理することが必要不可欠な訴訟であるというべきである。そうでなければ，原告の主張する1〜40の部分が実際には特定できないので，請求不特定として訴えを不適法却下することになろうが，それでは原告は再訴することが可能であり，当事者間の争訟は解決しない60。このような特性を有する一部請求訴訟について残部債権についての別個の審理の保障は，債権全体について防御活動を強いられる一部請求訴訟の被告の負担との均衡を欠く。

以上の理由から，筆者は一部請求棄却の確定判決は，原則として，前訴判決の判断と矛盾関係にある残部請求の後訴に対して既判力を及ぼすとの私見を維持することができると考える。

---

58 上野・前掲注（57）704頁。
59 判例は，一部請求訴訟における相殺の抗弁との関係においてであるが，「一部請求は，特定の金銭債権について，その数量的な一部を少なくともその範囲においては請求権が存在するものとして請求する」（最判平成6年11月22日民集48巻7号1355頁）という原告の意思のゆえに，裁判所が請求額以上の債権が存在するとの心証を得ない場合，残部債権からも請求が認容されないかどうかを審理することができると見るようである。しかし，一部請求訴訟は訴訟外で請求権の一部の請求が許されること，金額の算定が困難であるなどの理由から分割請求を許す必要性が高いこと，被告の資力の関係で原告に全部請求を強いることが不合理なことなどの理由から許されなければならないのであり，判例のいうような原告の意思が一部請求の基礎にあるわけではない。本文で述べたように，裁判所が原告には請求額を超える債権がないと判断する場合，判例のいうような原告の意思とは無関係に，残部債権からも請求が認容されないかどうかの審理を必然的に要求する訴訟形態であると解すべきである。

第 2 款　隠れた一部請求の場合

　隠れた一部請求においては，公然の一部請求訴訟の場合とは異なり，訴訟中は一部請求であるかどうか明らかでない。隠れた一部請求訴訟の訴訟物を当該債権の全体の主張と解する日本の判例の見解によれば，包括的参加的効力説が妥当するように見えるけれども，被告知者が告知者側に参加して告知者を勝訴に導かなければ受ける参加的効力のリスクを明確に判断することができない場合に，告知者が敗訴すると，一部請求の額を超えて残部債権の部分に関しても参加的効力が告知者と被告知者間の後訴に及ぶとするのは妥当性を欠くのではいかという疑問が生ずる。

　私見も，隠れた一部請求を棄却する判決は残部請求の後訴に対して既判力を及ぼすと解している[61]。この見解は，参加的効力との関係では，被告知者にとって不当であるとの評価を受けるかもしれない。しかし，被告知者は，告知者が一部請求であることを明示せずまたは事情から明らかでなかったため，参加すべきかどうかの判断を妨げられていたので，参加的効力の除外事

60　上野・前掲注（57）708頁以下は，裁判所が審理の結果，原告の訴求部分に見合う額の存在を否定した場合に原告が残部債権を審理の対象にせず，裁判の対象を訴求部分に限ることができるので，残部債権部分からの一部請求の当否の審理を拒否するかぎり，裁判所は一部請求を棄却する判決をすべきであり，この場合は一部請求を棄却する確定判決の既判力は残部請求を妨げないとする。しかし，（非特定的）一部請求訴訟は，一部請求の実体判断に際し，裁判所が請求額以上の債権の存在の心証を得るのでないかぎり，当然に残部債権から請求が認容されるかどうかを審理することを本質的な内容とするものと解される。原告が一部請求額に関してのみ判決を求める態度を示したため請求棄却判決をした場合，そのような請求棄却判決の既判力の範囲は必ずしも明確ではない。裁判所が一部請求額までは債権が存在しないと判断し，請求を棄却する場合には，この判決は原告主張の額までは請求権が存在しないことのみを既判力により確定することになり，原告の有する債権額は確定されない。そのため，残部債権に関する後訴において，裁判所は前訴で判断された一部請求の部分も含めて債権全体の審理をしなければならず，相手方も応訴を余儀なくされる。また，裁判所が請求権の成立原因が存在しないと判断した場合には，釈明権を行使して原告に残部債権部分からの一部請求の認容を求める意思かどうかの表明を求めることは無意味であろう。原告が残部債権の審理を求めることは，通常考えられないからである。

61　松本・前掲注（4）243頁；松本／上野・前掲注（3）〔679〕〔松本〕。

由（民訴46条）の存在の場合に準じて，被告知者は告知者との間の後訴において，このことを抗弁として主張し，参加の効力を免れることができる。それゆえ，隠れた一部請求訴訟の場合にも，請求棄却判決の既判力が債権全体に生ずるとしても，参加的効力との関係で特段の問題を生ぜしめないことを確認することができる。したがって，残部債権への既判力の拡張は，参加的効力との関係でも不当な結果をもたらさない。

第3款　一部請求棄却判決と訴訟告知の訴訟上の効果

以上のように，一部請求棄却判決の既判力は，公然の一部請求であれ隠れた一部請求であれ，残部債権に及ぶと解するので，前訴において適法になされた訴訟告知の訴訟上の効果（参加的効力）も残部債権部分に関する担保・補償請求や損害賠償請求の後訴に全面的に及ぶ。それゆえ，後訴裁判所は原則として，前訴確定判決が依拠する事実認定およびこれに対する法的判断を自己の判決の基礎にしなければならない。

第6節　要　　約

以上の論述は，次のように要約することができる。

一部請求訴訟において当事者の一方から訴訟告知があり，告知者が敗訴すると，被告知者が全く訴訟に参加せず，または相手方に参加した場合にも，要件が具備するかぎり，参加的効力が被告知者に及ぶ。問題は，参加的効力は一部請求訴訟の訴訟物に限定されるのか，それとも債権の全体との関係で生ずるかである。一部請求棄却判決の既判力を当該請求部分に限定する多数説の立場では，訴訟物に限定して参加的効力を及ぼすのが論理的なように見えるが，一部請求棄却判決が債権の全体の不存在を確定している以上，参加的効力が訴訟物によって分断されるのは合理的とはいえない。ドイツの判例のように，一部請求棄却判決の既判力は前訴で主張された債権の一部に限定されるとしながら，参加的効力は債権の全体に関して生ずると解する見解（包括的参加的効力説）の場合には，請求棄却判決を受けた前訴の原告は，残部債権についての後訴の可能性を保持しつつ，債権の全体に関して被告知者に対して担保・補償請求や損害賠償請求をすることができるという不合理が生

ずる。本章は，参加的効力は告知者・被知者間でのみ生ずるとする通説の立場に立ちつつ，告知者の有利にだけでなく，武器対等の原則の観点から，訴訟告知の訴訟上の効果としての参加的効力は被告知者の有利にも，したがって告知者の不利にも生ずべきことを主張した。

　次に，既判力は一部請求部分に限られ，参加的効力は債権全体に関して生ずるとするドイツの判例や学説の主張する包括的参加的効力説の不合理性に鑑みても，一部請求棄却判決の既判力の範囲を再考すべきことを主張し，この場合の既判力は残部債権の不存在を確定することによって，包括的参加的効力説の結論を理論的に根拠づけることができること，および，一部請求棄却判決は訴訟物の要素である事実関係の存在を否定するので，一部請求棄却判決の既判力の残部債権への拡張は判決理由中の判断の既判力を承認することとは異なることを明らかにした。一部請求棄却判決の既判力の残部債権への拡張は，一部請求訴訟が公然の一部請求訴訟であるか，隠れた一部請求訴訟であるかを問わない。この立場では，参加的効力が既判力とパラレルに，原則として担保・補償請求や損害賠償請求の後訴に対して一部請求額を超えて債権の全体に関して及ぶことに理論的な問題はない。ただし，隠れた一部請求訴訟においては訴訟告知を受けた被告知者が前訴において参加しない場合に生ずるリスクを判断する際に困難が生じうるが，この点は告知者・被告知者間の後訴において参加的効力の要件が判断される際に，被告知者が主張することができる民訴法46条の定める参加的効力の除外事由に準じて扱うことができるので，被告知者に重大な不利益は生じない。

第6章　控訴審における「事後審的審理」の問題性*

第1節　はじめに

第1款　法律によらない「事後審的審理」の一般化

　第一審判決に不服のある当事者は，控訴を提起して控訴裁判所の判断を求めることができる。控訴審の目標は，正しい判決の確保による権利保護である。正しい判決は，正しい事実認定と正しい法の解釈適用によって可能になる。

　今日の控訴審の訴訟審理においては，「事後審的審理」または「事後審的運営」なるものが採用されているといわれている。これは，たとえば4人の高裁判事の共同研究の成果を掲載する司法研修所編『民事控訴審における審理の充実に関する研究』（2004年・法曹会）によれば，次のような審理方法であるとされる。「続審制の事後審的運営……は，第1審の審理の不必要な重複ないし不当な蒸し返しとなりがちな覆審的運営を改め，控訴審の審理を，適時に，集中することにより，その充実を目指す合理的な訴訟運営と理解することができるもの」であるとされる。内容的には，「第1審の争点と控訴審の争点とはその範囲を異にせず，そのうちの特定の争点について控訴審で更に具体化ないし深められる」通常の場合については，「控訴状又は控訴理由書でその争い方が更に具体化され，又は深められた特定の争点（ほとんどは1ないし2個）について，これに対する答弁書その他の反論準備書面による認否反論を聴き，証拠調べの要否を判断し，必要がある証拠を取り調べて最終判断に至るというイメージのものとなる」[1]とし，「他面，第1審の争点

---

　*　本章は，伊藤眞ほか編『民事手続法学の新たな地平　青山善充先生古稀祝賀論文集』（2009年・有斐閣）459頁以下の論文を必要な補正のうえ収録するものである。

　1　司法研修所編『民事控訴審における審理の充実に関する研究』（2004年・法曹会）43頁。

とは異なる問題点が控訴審で争点になる場合にも，その争点の特定，明確化は，第1審の審理経過を踏まえた相当の提出期間内の弁論（主張及び立証）準備の下に，控訴人がまず控訴理由書で主張し，これと同時に（ないし引き続き速やかに）立証の申出をし，これに対して被控訴人が反論準備書面で認否反論し，控訴裁判所はこれらの弁論を聴いて争点を固め，証拠調べの要否を判断し，必要がある証拠を取り調べて最終判断に至るというイメージのものとな（る）」[2]とする。

そして，この審理方式では，同一事項に関して同一証人を再度取り調べることは直接主義の観点からは行わないと強調されている[3]。そして，このような証人の再度の取調べを行わないという考え方は，控訴裁判所が第一審における証人の証言や当事者の供述に第一審裁判所と異なる評価を与える場合にも妥当するとされているようである。控訴人が第一審裁判所の事実認定の誤り・証拠評価の誤りを主張し，第一審で取り調べられた証人や当事者の再尋問を申請する場合には，控訴裁判所は，事実認定を批判する控訴理由に説得力があれば証拠調べに移るが，裁判所から見て説得力がなければ，これを採用せず，第一回口頭弁論期日に口頭弁論を終結するという実務[4]が行われ，これを意図してか，それとも結果としてかどうかは兎も角として，控訴審の第一回口頭弁論期日に結審する「第一回結審」なるものが定着しているといわれている[5]。

しかし，事実審であり，かつ事後審とされていない控訴審がどのようにして「事後審的審理」を行うことが許されるのか，筆者には大いに疑問である。また，控訴裁判所から見て説得力のある控訴理由と説得力のない控訴理由との線引きがどのような基準によって行われるかが，事前に当事者に全く示されないままに，（控訴審はもともと事実審であり，第一審の事実認定の誤りの是

---

2 司法研修所編・前掲注（1）43頁。
3 司法研修所編・前掲注（1）129頁。
4 藤原弘道「『民事控訴審のあり方』をめぐる二，三の問題」判タ871号（1992年）4頁。
5 平成17年の『司法統計年報』によると，控訴審通常訴訟既済事件のうち口頭弁論を経た事件数は14,358件であり，そのうち8,974件（63％）が第一回口頭弁論期日に終結しており，平成18年には13,768件のうち65％に当たる8,947件が第一回口頭弁論期日に終結している。なお，佐藤裕史「民事控訴審の構造に関する一考察（1）」法協125巻9号（2008年）1915頁，1923頁も，この第一回結審のデータを示している。

正が大きな役割であるにもかかわらず）事実認定の誤りを主張する控訴が控訴裁判官の主観的な判断により，しかも第一回口頭弁論期日に結審され，控訴審の手続がこの裁判官の主観的な判断を争う機会を当事者に与えずに終了してしまい，これに対する不服は費用のかかる上告または上告受理申立てによって主張するしかないというのは，果たして法治国家における控訴審の使命に忠実な法解釈なのであろうかという疑問が抱かれる。

　日本民事訴訟法学会は，平成18年の第76回大会において，上訴制度をテーマに取り上げ，シンポジウムを実施した[6]。本章のテーマに関しては，上野泰男が「続審制と控訴審における裁判資料の収集」と題して講演を行った[7]。これも，この問題に対する学界の関心を示すものであろう。このシンポジウムにおいて，大阪高裁の控訴裁判官から，控訴審の審理は請求の当否について心証を形成するように行われており，控訴理由の範囲でしか審理を行わないというような訴訟運営は一切行われていないという，歓迎される内容のコメント[8]があった。このコメントは，各控訴裁判所によってその審理の仕方にかなり違いがあることを窺わせる[9]。しかし，次に紹介する最高裁判所の判決を見る限り，控訴審において想像を絶する杜撰な審理が行われているケ

---

[6] 河野正憲ほか「《シンポジウム》上訴の理論的再検討」民事訴訟雑誌53号（2007年）111頁以下。

[7] 上野泰男「続審制と控訴審における裁判資料の収集」民訴雑誌53号（2007年）127頁以下。詳しくは，上野泰男「続審制と控訴審における裁判資料の収集」民事手続法研究2号（2006年）59頁以下。

[8] 福井章代・民事訴訟雑誌53号（2007年）151頁。関係部分を抜粋させていただくと，福井氏は，「控訴審裁判官は，新民訴法施行の前後を問わず，『事件そのもの（請求の当否）について自ら心証を形成し，事件そのものを直接審査，判断する』という審査方法を採っておりまして，このことは，司法研究報告が出された後の現在も，全く変化していません。……一審判決を読んだ限りでは，その判断が正しいようにみえたとしても，また，控訴理由書に記載されている控訴理由が明らかに失当なものであるとしても，①事件記録から直ちに事件（請求の当否）について別の心証に達した場合には，一審判決と異なる判断をしますし，②事件記録のみからでは事件（請求の当否）について確たる心証を形成するに至らなかった場合には，さらに争点整理を行い，書証の提出を促したり，人証の取調べを行ったりします。控訴理由の範囲でしか審理を行わず，控訴理由として指摘されていない一審判決の誤りは是正しないというような訴訟運営は行っていません」と断言している。

[9] このシンポジウムでは，他の控訴裁判官の発言は残念ながら聞けなかった。

第6章 控訴審における「事後審的審理」の問題性

イスがないとはいえないのではないかという疑いは，排除できないように思われる。

第2款　医療過誤訴訟の1つの判決

1　ある医療過誤訴訟

最高裁判所第三小法廷は，平成18年11年14日に，1つの医療過誤事件に関し判決を下し，原判決を破棄し事件を原審に差し戻して審理のやり直しを命じた[10]。この判決は，本章のテーマと直接関係する興味深い判決である。この事件の事実関係は，概略次のようなものである。

平成12年4月24日，被告 Y_2 病院の医師 Y_1 により上行結腸部分切除術によるポリープの摘出手術を受けたBは，手術の翌日から発熱が始まり，術後9日目に不幸にも急性胃潰瘍に起因する出血性ショックにより死亡した。本件は，Bの相続人であるXらが，Y_1 には，「Bに対し十分な輸血と輸液を行って全身の循環状態が悪化しないよう努めるなどしてBのショック状態による重篤化を防止する義務があったのに，これを怠った過失がある」などと主張して，Y_1 および Y_2 に対して不法行為に基づき9402万324円の損害賠償金の支払いを求めて訴えを提起した事件である。第一審裁判所は原告提出の私鑑定（G意見書）に基づき被告 Y_1 の過失および因果関係を認定して原告の請求を一部（8051万734円）認容する判決をした。

これに対し，控訴裁判所（東京高等裁判所）は，控訴審の第一回口頭弁論期日において初めて被告側から提出された私鑑定（E意見書）を拠り所として次のように判示して，Y_1 の注意義務違反を否定した（東京高判平成16年9月22日 TKC文献番号28100938）。

「被控訴人らは，『控訴人 Y_1 は，十分な輸血と輸液を行ってBの全身の循環状態が悪化しないように努める注意義務があったのに，輸血については4月30日及び5月1日にそれぞれ800ミリリットルずつの不十分な輸血にとどめた過失がある』旨主張する。

確かに，Y_1 がBに対し，4月30日及び5月1日にそれぞれ800ミリリットルず

---

[10] 最〔3小〕判平成18年11月14日裁判所時報1423号6頁＝判時1956号77頁＝判タ1230号88頁＝裁判集民事222号167頁。評釈として，塩崎勤・月刊民事法情報249号（2007年）73頁；稲垣喬・民商136巻3号（2007年）399頁がある。

つの濃厚赤血球の輸血をしたにもかかわらず，同人のヘモグロビン値とヘマトクリット値は，十分な回復に至っていない。しかしながら，前記認定事実と乙B17を総合すると，上記の輸血によってこれらの値のさらなる悪化を防止できていた側面も存する上，ヘモグロビン値が5.0の状態であっても通常の社会生活を送っている人もおり，その許容値には個人差があり相対的なものであること，Bも術後とはいえ，当時の意識は清明で，会話も可能な状態にあり，尿量も十分に確保されているなど症状が比較的安定していたことが認められるのであり，このような事情に照らすならば，上記の時点においては，総合的にみて緊急の大量輸血をしなければならないような強い医学的徴候は存在しなかったと見るのが相当である。また，前記認定事実と乙B17によれば，輸血も移植の1つと考える医師が増加しており，輸血による合併症も問題視されていることが認められることに加えて，B自身が輸血に消極的であったことをも考えると，輸血量をできるだけ少なくする合理的な理由も存在したといえるのであるから，4月30日及び5月1日の時点において，Y_1が，各当日の800ミリリットルずつの輸血に加えて更に800ミリリットル以上ずつの輸血の必要性を認識しなければならなかった特段の事情はなく，追加輸血の選択は，医師の合理的裁量の範囲内であったというべきである。被控訴人らの上記主張は採用できない。」

また，原審は，Y_1の行為とBの死亡との間の相当因果関係をも否定して，Xらの請求を棄却する判決を下した。

この判決に対し，Xらが上告受理申立てを行った。最高裁判所は，次のように具体的に原審の認定の問題点を示した上で「採証法則」違反を理由に原判決を破棄し，事件を原審に差し戻した（長々とした引用で恐縮であるが，事実問題であるのでお許しいただきたい）。

「(1) 原審は，前記確定事実及びE意見書に基づいて上記判断をしているが，記録によれば，E意見書は，原審の第一回口頭弁論期日において初めて被上告人らから提出されたものであり，第一審ではE意見書とは意見の異なるG（H病院顧問，元I大学医学部及びJ大学医学部講師。以下「G講師」という。）作成の鑑定意見書（甲B22号証。以下「G意見書」という。）が上告人Xらから提出されていたところ，第一審は，前記確定事実とほぼ同一の事実認定の下で，G意見書に基づき，被上告人Y_1としては，4月30日には800mlの輸血をしたにもかかわらず，5月1日にヘモグロビン値やヘマトクリット値の数値は改善されなかったのであるから，遅くとも5月1日の段階では，ヘモグロビン値を目標とした7まで上昇させようとすれば，800mlの輸血では不十分で，更に800mlの輸血をする必要があったといわなければならないのに，十分な量の輸血をしな

かった過失があるとして，原審とは異なる判断をしたものであることが明らかである。

(2) ア　まず，Y_1にＢのショック状態による重篤化を防止する義務違反があったか否かに関して，Ｅ意見書は，『実際の臨床においては，Hb 値が5.0の状態でも，通常の生活を送ることは可能で，息切れがするという程度の主訴で患者が来院することはよく経験される。例えば，内痔核による下血や，子宮筋腫などの場合で，このような場合は，原因をつきとめ，止血し，鉄剤を投与することで，通常の状態に回復させることが可能である。外傷性の肝損傷の患者が来院した場合，あっという間に腹腔内に出血を起こすような場合，出血量に見合った量を緊急的に輸血しなければ，生命は維持出来ないが，本症例のような出血の場合は，緊急輸血の必要性は，なかったと思われる。』，『輸血を開始する前日，貧血は進行し，若干の血圧の変動も認められたが，その後，血圧は正常に保たれており，意識も清明，尿量も充分，確保されていることから，亡くなる当日まで，循環動態を含め，全身的な状態は，ほぼ，良好に保たれていたであろうと考えられ，出血量に相当する800mlの輸血量は必要かつ充分であり，妥当なものであったと考える。』として，輸血を追加する必要性を否定している。

イ　これに対して，Ｇ意見書は，『赤血球数，ヘモグロビン値及びヘマトクリット値が4月29日に急激に下がったこと，同日午後3時の血圧も94／72に下降し，頻脈も出現していること，看護記録には，同日午後2時の欄に粘血便5回ありとの記載があり，同日午後4時30分の欄にはタール便にて多量にありとの記載があることなどからすれば，同日午後4時30分の時点では迷うことなく上部消化管出血の可能性を考え，緊急内視鏡検査で出血源の検索と止血術を行い，出血性ショックに備えるべきであった。』，『4月29日から30日にかけての赤血球数，ヘモグロビン値及びヘマトクリット値の下降は極めて急激で，大量の消化管出血が生じていることは明らかであり，4月30日のヘモグロビン濃度約5.2g/dlを10g/dlまで上げるには，400cc由来のMAP約4本を半日以内に輸血する必要があった。』などと指摘している。

ウ　前記確定事実によれば，①Ｂは，4月29日には粘血便が20回あり，そのうち午後4時30分以降はタール便となり，出血量は1000〜1500mlと推定されること，4月30日の下血量は約1000gであったこと，5月1日にはタール便や暗赤色便となる下血が14回あり，下血量は約1100gであったことなどからして，4月29日から5月1日にかけての下血，血便の量が相当多量になっていたこと，②術後におけるＢのヘモグロビン値やヘマトクリット値の推移を見ると，4月24日に上行結腸の手術を受けて1週間も経ない4月30日に，ヘモグロビン値が5g/dl台に，ヘマトクリット値が13〜15％台にそれぞれ参考基準値をかなり下回る

値にまで急に下降していること，③Bには4月29日から同月30日にかけて頻脈が見られ，ショック指数も1.0を超えることが少なくなかったこと等の事実が認められ，これらの事実は，4月30日及び5月1日の各日において，Bがそれまでの出血傾向によりその循環血液量に顕著な不足を来す状態に陥り，その状態が継続したこと，そのためBに対し各日の800mlずつの輸血に加えて更に輸血を追加する必要性があったことをうかがわせるものである。そして，E意見書が挙げる子宮筋腫などによる貧血の場合と本件のBのように術後の出血により急に循環血液量が減少した場合とを同列に扱うことができるのか疑問であり，前記2（3）（本稿では省略——引用者）の医学的知見によれば，後者の場合の方が，生体組織の酸素代謝に障害が起き，出血性ショックを起こしやすいとも考えられる。E意見書の中にも，「術後の患者では一般的には，Hb値が7.0を切った場合，輸血を考慮する。この理由は，これ以下の値の場合，組織の酸素代謝に障害が起きることが，考えられるためである。」との記載がある。E意見書は，Bについて，亡くなる当日まで血圧が正常に保たれ，意識も清明であり，尿量も十分確保されていたことを根拠として，循環動態を含め，全身状態がほぼ良好に保たれていたとしているが，上記Bの出血量や下血量，ヘモグロビン値やヘマトクリット値の推移，ショック指数の動向に照らせば，Bの全身状態が良好に保たれていたとの意見をそのまま採用することはできない。（以下数行省略）

　エ　原審は，Y₁において，4月28日から5月1日までの間にBの出血の部位が胃潰瘍であることを強く疑うことは困難であり，上記時点で胃の内視鏡検査を実施するかどうかは医師の裁量の範囲内であり，これをしなかったことに過失があったとはいえないとしているが，G意見書が指摘するとおり，看護記録には，既に4月29日午前9時30分の欄に「便暗赤色にて」，午後4時30分の欄には「タール便にて多量にあり」と記載されているのであるから，Y₁としては，この段階でBの上部消化管出血を疑うべきであり，内視鏡検査を実施するかどうかが医師の裁量の範囲内にあったとはいい難く，Y₁は，緊急内視鏡検査で出血源の検索と止血術を行うべきであったとするG意見書の意見は，合理性を有するものであることを否定できない。

　オ　そうすると，4月29日以降のBの状態や前記2（3）の医学的知見から判断して，原審は，Y₁において，Bに対し輸血を追加すべき注意義務違反があることがうかがわれる事情について評価を誤ったものである上，G意見書の上記イの意見が相当の合理性を有することを否定できないものであり，むしろE意見書の上記アの意見の方に疑問があると思われるにもかかわらず，G意見書とE意見書の各内容を十分に比較検討する手続を執ることなく，E意見書を主たる根拠として直ちに，Bのショック状態による重篤化を防止する義務があっ

たとはいえないとしたものではないかと考えられる。このことは，原審が，第一回口頭弁論期日に口頭弁論を終結しており，本件の争点に関係するG意見書とE意見書の意見の相違点について上告人らにG講師の反論の意見書を提出する機会を与えるようなこともしていないことが記録により明らかであること，原審の判示中にG意見書について触れた部分が全く見当たらないことからもうかがわれる。このような原審の判断は，採証法則に違反するものであるといわざるを得ない。」(下線は引用者)。

2 「事後審的審理」と手続の公正

本件において最高裁判所が「事後審的審理」による第一回結審を背景に，極めて杜撰な審理を行った控訴審判決を破棄したのは当然であろうが，破棄をもたらした手続のあり方については残念ながらメスが入れられていない。

第1に，被控訴人の依頼した専門家の意見書（私鑑定）が控訴審の第一回口頭弁論期日に提出され，これに対する控訴人の反論を許さず，直ちに第一回口頭弁論期日に弁論を終結して原告勝訴の第一審判決を取り消し，請求を棄却する原審の訴訟指揮が，公正な手続の要求を満たさない違法な手続であり，したがって憲法上も保障されるべき当事者権（審問請求権）を侵害する手続であったことが重視されなければならない。すなわち，私鑑定は多数説により不当にも書証と理解されているが，依頼者に都合のよい専門家が私的に選ばれ，依頼者に有利な客観性の乏しい鑑定意見書が提出される危険がある。私鑑定書が書証と扱われると，相手方は意見書が私鑑定人の意思に基づいているという文書の真正を争うことができるだけで，正式鑑定について準備されている公正で適正な鑑定を確保するための制度的措置（鑑定人の宣誓義務，虚偽宣誓に対する刑事制裁，鑑定人の適格性を争う可能性，鑑定人忌避，鑑定内容についてさらに意見を求める事項について書面を提出し，または口頭質問の機会に質問する当事者の権利）はなく，正式鑑定ならば与えられる相手方の権能が奪われることになり，当事者権（証明権）が侵害される危険がある。それゆえ，私鑑定を書証とすることは実体的直接主義（最良証拠の重視）の観点からはもともと疑問であり，むしろ私鑑定は性質上当事者の事実陳述であると解されるべきものであろう[11]。それはともかく，書証と解する場合でも，X側提出の私鑑定とY側提出の私鑑定が存在する場合，裁判所は相対

---

11 松本博之／上野𣳾男『民事訴訟法〔第8版〕』(2015年・弘文堂)〔549b〕参照。

立する意見の評価考量を尽くす必要性が存在し，控訴審において初めて提出されたものについては当事者に十分反論する機会を与えなければ手続の公正さを欠く。本件の審理経過は明確ではないが，被控訴人の訴訟代理人は控訴審第一回口頭弁論期日に結審を告げられたさい，裁判所に対して反論の機会を求めたと思われる。しかし反論を行う機会が与えられず，当然保障されるべき当事者権が保障されず，事件が実際には裁判に熟していないにもかかわらず，控訴審の第一回口頭弁論期日において事件が裁判に熟したとして口頭弁論が終結されるのは，現在の第一回結審の風潮の悪影響ではないかと思われる。

第2に，本件控訴裁判所は民事訴訟法247条に基づく，証拠資料の完全な評価に基づき事実を認定すべき裁判所の義務に違反して，G意見書とE意見書の比較検討をせず，判決においてG意見書には触れず，E意見書に基づきY_1の過失を否定する判断をした。しかし，裁判所は鑑定意見の論理的，学問的理由づけを調べ，複数の鑑定意見の矛盾の有無を検討しなければならない。裁判所は鑑定意見を鵜呑みにして事実を認定してはならない。この点については，最高裁判所がすでに明確に判示しているところである[12]。本件控訴裁判所は，この点でも判例に反する手続を行った。

また，この原審判決を破棄した本件最高裁判決は，控訴裁判所による第一審判決の証拠評価の審査について重要な判断を示しているということができる。すなわち，この最高裁判決は直接には本件控訴裁判所の証拠評価について判示したものであるが，その内容は，控訴裁判所が第一審判決に対する控訴に基づき事件を審理する場合においても妥当する。したがって，控訴裁判所は，安易に第一審裁判所の証拠評価で足りるとすべきでなく，証拠調べの結果と弁論の全趣旨を様々な角度から十分評価考量を尽くすべき，民事訴訟法247条の定める義務[13]が第一審裁判所によって果たされているかどうかを慎重に判断することが求められていると解すべきであろう。この点は，控訴審の「事後審的審理」との関係で，重要な意味をもつ。

12　最〔3小〕判平成9年2月25日民集51巻2号502頁＝判時1598号70頁；最〔2小〕判平成18年1月27日判時1927号57頁＝判タ1205号146頁。

13　これにつき，松本博之「事実認定における『経験則違背の上告可能性』」小室直人＝小山昇先生還暦記念『裁判と上訴（中）』（1980年・有斐閣）224頁，252頁以下参照。

第6章　控訴審における「事後審的審理」の問題性

第3款　本章の課題

本章は法律上の基礎をもたずに行われていると見られる控訴審の「事後審的審理」または「事後審的運営」が法律上許容されるものであるか否かについて，主張されている正当化根拠を検討することを目的とする。

第2節　「事後審的審理」の正当化の根拠

現在の控訴審実務における「事後審的審理」は，次のような種々の理由によってその正当化が試みられ，また実施されている。

第1に，第一審で充実した審理が行われており——もちろん，特に証拠調べについては集中証拠調べのため証人尋問の時間制限が行われ，必要な証拠調べが十分行われているかどうか不安もあるが——，そこで裁判に熟するとして口頭弁論を終結し，判決がなされている以上，控訴審の審理はこれを出発点として，控訴人が控訴状または控訴理由書において指摘する不服の理由（原判決の取消しまたは変更を求める事由）に基づき判断すれば足りるのであって，控訴裁判所が事実認定を批判する控訴理由に説得力があると見ない場合には，第一回口頭弁論期日において結審する事態に至るのは当然の成り行きであり，何ら異とするに足りないと主張されている[14]。控訴人が指摘した事実認定の誤り以外の点については，控訴裁判所は「第一審判決の判断を援用する」[15]とされる（まさに事後審！）。

第2に，「上級審における直接且第一次的な審判の対象を成すのは，当事者の上訴又は附帯上訴による不服の主張の当否，即ちその範囲における原判決の当否であって第一審判決のように直接に訴による原告の請求の当否にあるのではない。いわば，請求の当否がむき出しではなく，第一審判決という殻を被って控訴審へ持出されるのであって，控訴審は取消によってこの殻を破らない限り直接これについて裁判できないのであり，……上級審の破毀又

14　藤原・前掲注（4）6頁以下。
15　田尾桃二「いわゆる『実務の知恵』について（随想）」判タ781号（1992年）4頁，6頁。

は取消の判決は，下級審の判決を失効させ白紙に返すという訴訟法上の形成的効力が目標となるのであるから，……上訴はいわば，その訴訟内における付随的な形成の訴ともいうべきものである」[16]という見解が，兼子一によって主張されたが，この見解が「事後審的審理」のために理論的基礎とされている[17]。中田淳一[18]，小室直人[19]は，この見解を支持した。今日，上訴審の裁判の対象は直接には上訴人の不服の当否であると説く見解[20]が多数を占める[21]。

第3に，控訴裁判所が直接証拠方法（証人，鑑定人）を取り調べないで控訴審判決を出すのは控訴審でも妥当する直接主義との関係で問題が生じないかという点については，「供述の信憑性はむしろ，供述をそれ自体が自然で無理のないものかどうか，他の動かない間接事実・事態と照らし合わせて辻褄が合っているかどうかといったような，客観的観点から判断すべきものであって，直接主義の神話のようなものをあまり過大視するのは妥当でない」[22]といわれる（傍点は引用者）。

第4に，第一審で当事者が申請したが採用されなかった証人の尋問が控訴

---

16 兼子一「上級審の裁判の拘束力」同『民事法研究第Ⅱ巻』（1950年・酒井書店）81頁，90頁以下（初出は法協68巻5号〔1950年〕）；兼子一『新修民事訴訟法体系〔増訂版〕』（1956年・酒井書店）469頁。

17 藤原・前掲注（4）6頁参照。

18 中田淳一「控訴審の構造」民事訴訟法学会編『民事訴訟法講座（3）』（1955年・有斐閣）867頁，870頁。

19 小室直人『上訴制度の研究』（1961年・有斐閣）57頁以下。もっとも，司法研修所編・前掲注（1）は，この控訴審の審理裁判の対象を不服の当否とする見解を少なくとも表面的には強調していないようである。

20 小山昇『民事訴訟法〔5訂版〕』（1989年・青林書院）551頁，新堂幸司『新民事訴訟法〔第5版〕』（2011年・弘文堂）892頁；谷口安平『口述民事訴訟法』（1987年・成文堂）482頁；伊藤眞『民事訴訟法〔第4版補訂版〕』（2014年・有斐閣）692頁。

21 この多数説に対して反対説に立つのは，上村明廣「再審訴訟の訴訟物に関する一問題」神戸法学雑誌19巻1・2号（1969年）87頁，100頁以下；奈良次郎「控訴審における審理の実際と問題点」前掲注（13）小室＝小山還暦『裁判と上訴（中）』105頁，106頁；松本博之『人事訴訟法〔第3版〕』（2012年・弘文堂）〔260〕以下；上野・前掲注（7）民事手続法研究2号78頁；松本／上野・前掲注（11）〔949〕；中野貞一郎ほか編『新民事訴訟法講義〔第2版補訂2版〕』（2008年・有斐閣）606頁〔上野泰男〕などである。

22 藤原・前掲注（4）10頁。

審において申請される場合には，本当に必要で重要な証人ならば第一審で必ず調べられているはずだから，この場合には人証は殆ど採用の必要がないとされる[23]。

第5に，続審制をとる旧法下のドイツの控訴審実務においても第一回結審が多いとの報告[24]があることも，付随的であれ援用される[25]。

第3節 「事後審的審理」の正当化根拠の批判的検討

裁判実務家を中心に主張されている以上の「事後審的審理」の正当化は，説得力のある理由づけを伴うものなのであろうか。この実務に対しては他ならぬ控訴裁判官から，弁護士会からの批判があることが紹介され，これに反論しながら正当であると主張されているのである[26]。このことは，この実務を理論的観点から検証する必要性を物語っているように思われる。

第1款 控訴審の目的と審理裁判の対象

1 第一審判決の「殻」と「生成経過中の既判力」

「事後審的審理」の解釈論的（ドグマーティシュな）根拠とされうるのは，原告の請求は第一審判決の「殻」または「ヴェール」を被っているから，この「殻」または「ヴェール」を打ち破らなければ，控訴裁判所は請求の当否について審理できないという論拠である。これが正しければ，新たな攻撃防

---

23 藤原・前掲注（4）11頁。
24 三村量一「ドイツ連邦共和国における民事訴訟実務の現状について（下）」曹時44巻2号（1992年）367頁，388頁以下。
25 藤原・前掲注（4）5頁。
26 藤原・前掲注（4）5頁。これに対し，塩崎勤「民事控訴審の実務と問題点」自由と正義1999年8月号80頁，85頁は，「近ごろは，一回結審の趣旨とその目指すところが十分理解され，また，控訴審における一回結審の実務が浸透し，当事者にも期日前に十分準備し，期日前に準備書面，書証（特に陳述書）を提出して一回結審に備え，無駄な五月雨式審理をできるだけ回避しようとする傾向がみられる」と報告する。司法研修所・前掲注（1）40頁は，この報告を援用する。ところで，塩崎・前掲注（10）は，その批評する最〔3小〕判決平成18年11年14日をもたらしている東京高裁の「事後審的審理」および第一回結審の問題性については全く言及しない。

御方法を提出する権限（更新権）は別として，見方によっては，第一審手続の続行としての控訴審も，性質上第一審判決に対する控訴人の取消し・変更の主張を審理裁判の対象とするものであり，敢えて「事後審的審理」などと称する必要はなく，あるべき姿として事後審的なのだということもできそうである[27]。したがって，問題は，本当に控訴審手続の目的は第一審判決の当否の審査で，審理裁判の対象は控訴人の不服や取消変更の事由の主張なのであるか，それとも控訴人の不服や取消変更の事由の主張は控訴審の裁判の対象である第一審での訴訟上の請求について判断をする上で原判決の不当さに控訴裁判所の注意を向ける手段にすぎないのかどうかである。

　控訴は，第一審判決の誤りを主張して訴訟上の請求につき正しい判決を求める申立てである。この第一審判決は，控訴の提起によって確定を遮断され（民訴116条2項），まさに未確定の状態にとどまり，既判力のような他の裁判所を拘束する効力を有しない。また判決をした裁判所自身を拘束する効力である羈束力は，上級裁判所には及ばない。そうすると，何をもって破られるべき第一審判決の「殻」または「ヴェール」とされるのであろうか。思い出されるのは，この議論を始めて登場させた兼子一は，「生成経過中の既判力」[28]なる観念を導入し，強調する論者であることである。直接には，生成経過中の既判力は，大正15年改正民訴法73条・74条（現行民訴法49条・50条）の定める訴訟係属後の係争物の譲渡に関わる制度を訴訟承継制度と捉え，訴訟係属中に係争物を譲り受けた第三者が前主とその相手方の間で形成された訴訟状態を承認すべき義務を負うことを説明するために，前主と相手方との間の訴訟手続で形成された「生成経過中の既判力」が係争物の譲受人に及び，この譲受人はこの効力によって前主との間で形成された訴訟状態を承認しなければならないと説くものである[29]。この議論によれば，第一審判決が下さ

27　藤原・前掲注（4）5頁。勅使川原和彦「続審制の変容」民事手続法研究2号（2006年）35頁，49頁は，「そもそも続審制について，専ら第一審判決の取消しだけが目的であって実質的な審判対象も第一審判決の当否だけであるとみると，この部分は，事後審的運用においても続審制が変容したわけではなく元々そういうものであった，ということにもなる」と指摘している。

28　もっとも，兼子一『民事訴訟法概論』（1938年・岩波書店）459頁は，「判決の既判力の萌芽とも云うべき訴訟状態」といい，同・前掲注（16）『新修民事訴訟法体系〔増訂版〕』421頁では「当事者双方の訴訟状態卜の既得的地位」といい，「生成経過中の既判力」という表現はもはや見られない。

れていることによって，生成経過中の既判力は完全な既判力に向けて大きく前進した状態にあることになるのであろう。

　しかし，「生成経過中の既判力」なる観念が全くの自己矛盾であることは，明らかである。「生成経過中」とは判決が確定していないことを述べているだけであり，「生成経過中の既判力」はまさに既判力が生じていないことを意味するのである。したがって，これによって承継人の訴訟状態承継義務を根拠づけることは，もともとできない筋合いである[30]。それゆえ，第一審判決が下されていても，これが控訴裁判所の審理を制限する「生成経過中の既判力」という固い「殻」を有すると解することはできない。そのような「殻」など，初めから存在しないからである。そうだとすると，この「殻」を持ち出して，控訴審の「事後審的審理」を正当化することは，その前提を欠く議論だといわざるをえない。

　さらに兼子説は，上級審の破棄判決の拘束力を説明するためとはいえ，上訴を一般に「訴訟内の付随的形成の訴え」と性質づけるが，形式的確定力や既判力を持たない第一審裁判所の終局判決に対してその取消しのために形成の訴えが必要なのであろうか。上訴裁判所が原告の訴訟上の請求を審理した結果これを認容すべきものと見る場合には，請求を棄却した第一審判決を取り消し，請求を認容する判決をすれば足りるから，上訴を形成の訴えなどと解する必要など存在しない。

2　取消原理に基づく控訴理解

　もちろん兼子説のような「生成経過中の既判力」を前提としないで，控訴審との関係では第一審判決は控訴審によって破られるべき殻を備えていると主張する見解がありうる。しかし，現行法上，この見解は一層根拠を有しない。たとえば第一審の最終口頭弁論終結後に事実関係または法的状態に変動が生じた場合にも，控訴裁判所は原告の請求についての第一審判決に瑕疵があるか否かを先に判断することなく，請求が控訴審の段階でいかに正しく判

29　兼子一「訴訟承継論」同『民事法研究第Ⅰ巻』(1950年・酒井書店) 1頁, 34頁, 40頁以下 (初出は, 法協49巻1・2号〔1931年〕)。

30　新堂幸司「訴訟承継論よ　さようなら」新堂幸司／山本和彦編『民事手続法と商事法務』(2006年・商事法務) 355頁, 378頁以下。しかし, 新堂・前掲注 (20) 860頁は，なお「生成経過中の既判力」の観念に一定の意味を認めるようである。

決されうるかを判断しなければならない。しかし, これは「殻」または「ヴェール」なるものが存在しないことを明らかにしている。また, 控訴審の裁判の基準時が控訴審における最終口頭弁論終結時であることも, このような取消原理に基づく控訴理解と相容れない[31]。また控訴裁判所が第一審判決を取り消した場合, 訴訟上の請求について原則として改めて判決をしなければならないのであるから, 第一審の訴訟上の請求が控訴裁判所の審理判決の対象であると解すべきである。多数説は, 控訴裁判所が第一審判決を取り消す場合, 審理・裁判の義務が復活すると説くのであるが, 原判決を取り消す控訴裁判所の判決は, 仮執行の宣言がない限り, 確定前は執行力を生じないから, 取消しの効力は判決確定前には生じることができない。それなのに, 取消判決の確定前に訴訟上の請求についての控訴裁判所の審理裁判義務が復活するなどと, どうしていえるのであろうか。結局, 不服の当否または取消し・変更の主張が控訴審の訴訟物（審理裁判の対象）であるとすることは, 現行法上の解釈として誤りである[32]。

第2款　事後審制への接近の可否

事後審制が採用されていないところで,「事後審的審理」を行うべきであるとか, 行うことができるというのは, 不合理ではないかという疑問がある。これは,「事後審的審理」の法的基礎の問題と, 実際に事後審制が採用されたとすると照準を合わすべき事項に焦点が合わされず, 場合によれば事後審制が法律により規定された場合には, その下で主張が許されるべき事由が何

31　*Ritter*, JZ 1975, 360, 362；*Bettermann*, ZZP 88 (1975), 365, 368 ff. (これらは, 控訴および上告を原判決取消しのための独立性を有する手続と解し, 控訴審の手続対象は第一審判決の取消申立てであると主張する *Gilles*, Rechtsmittel im Zivilprozess. Berufung, Revision und Beschwerde im Vergleich mit der Wiederaufnahme des Verfahrens, dem Einspruch und der Wiedereinsetzung in den vorigen Stand, 1972の書評または批判的検討である)。

32　詳しくは, 上野・前掲注（7）民事手続法研究2号73頁以下。もちろん控訴が理由を有する場合には第一審判決を取り消すことになるので, 控訴には取消原則が混在しているという指摘もあるが（*Arens*, AcP 173 (1973), 473), 正しい裁判をするために障害となる第一審判決を取り消して裁判の内容を明確にするため必要となるものと解すれば足りるであろう。

であるかが曖昧になるのではないかという，控訴人および控訴制度にとって看過できない問題を含む。

1 「事後審的審理」の法的基礎

「事後審的審理」においては，控訴人の控訴理由書における不服の事由に非常に大きな意味が与えられている。すなわち，従前も実務上用いられてきた控訴理由書の提出について，民事訴訟規則182条が「控訴状に第一審判決の取消し又は変更を求める事由の具体的な記載がないときは，控訴人は，控訴の提起後50日以内に，これらを記載した書面を控訴裁判所に提出しなければならない」と定め，同183条は「裁判長は，被控訴人に対し，相当の期間を定めて，控訴人が主張する第一審判決の取消し又は変更を求める事由に対する被控訴人の主張を記載した書面の提出を命ずることができる」と定める。これを受けて，「事後審的審理」の実務は，これらの規定を非常に重視し，控訴理由書または控訴反論書によって主張されなかった事由の失権を第一回口頭弁論期日に弁論の終結を宣言することによって生じさせようとする実務ということができる。

しかし，控訴理由書の制度も，控訴反論書もいずれも，事後審制と続審制の下では，法的意味を異にする。これらは，続審制の下では原告の請求または被告の反訴請求に対して，控訴裁判所が不服申立ての範囲内で正しい裁判をする手掛かりとして意味をもつのに対し，事後審制の下においては後述のように，控訴理由が審理の中心をなす。しかも日本の民事訴訟では，これらが民事訴訟規則に規定されていることに現われているように，当事者に対する訓示規定である。したがって，控訴理由書提出期間の定めがあっても，これを失権期間と見ることはもともとできない[33]。控訴理由書に記載されていない事項が控訴審の第一回口頭弁論期日に提出されたからといって，時機に後れた提出として却下することはできないであろう。第一回口頭弁論期日を失権期日とすることはどこにも定められていないし，またこの期日までの期間を訴訟資料提出の裁定期間として定めることを許す規定も存在しない。もっとも民訴法301条は裁判長に攻撃防御方法等の提出期間の裁定権限を与

---

[33] 民事訴訟法と民事訴訟規則の関係については，本書第1編第3章第4節第2款参照。

えているが，この期間は明確な失権期間として構成されているのでなく，同条2項により，期間経過後に攻撃防御方法を提出する当事者に理由説明義務が課せられるだけである。控訴理由書を手続促進のための手段としてのみ用い，当事者の権利保護に意を用いないのは，裁判所の権利保護義務と相容れないであろう。

2 事後審と第一審訴訟手続の手続違背および証拠評価の誤り

控訴審の審理方法としての「事後審」モデルの理解の仕方が問題とされなければならない。事後審の理解として，一般的に，「事件自体を再審理するのでなく，むしろ第一審判決の内容又はその前提となった訴訟手続に誤謬欠陥がなかったかどうかを再検討することであり，従って，その訴訟資料としては，既に第一審において現われたものに制限せられるのを原則とする」[34]手続と解される。それゆえ，「控訴裁判所は，原審の訴訟記録に対する精査に基いて，原判決に誤謬がないかどうかを再吟味し，若しこれなきときは控訴を棄却し，反対にこれあるときは原判決を取消（破毀）し，且つ事件については自ら判決をしないで，むしろこれを第一審に差戻して新たな審判をなさしめるのを原則とする」[35]と説かれている。しかし事後審制のもとにおいても，第一審訴訟手続の手続違背や証拠評価の誤りは，控訴審の審理の対象になる[36]。そして手続違背がある場合には，控訴裁判所は証拠調べをも実施して事実を認定しなければならないことに注意しなければならない[37]。

たとえばオーストリー民事訴訟法は第一審判決のコントロールをするという制限的控訴の性格に応じて，「控訴裁判所は，第一審の訴訟記録と第一審判決によって確定され，主張された控訴理由によって触れられていない弁論と証拠調べの結果を，それが控訴弁論自体によって修正を受けなかった限りにおいて，判決の基礎としなければならない」と規定している（öZPO 498条1項）。ここでは控訴裁判所の判決の基礎となるのは，①第一審の訴訟記録

---

34 中田・前掲注（18）867頁, 868頁。
35 中田淳一「控訴審における更新権について」同『訴訟及び仲裁の法理』（1953年・有信堂）217頁, 222頁。
36 兼子・前掲注（16）『新修民事訴訟法体系〔増訂版〕』449頁は，正当に，事後審は事実審であるから「原審の事実認定に若干でも疑問をもつならば，自ら事実審理をすることができる」と述べている。

と終局判決において確定され，控訴理由によって触れられていない弁論および証拠調べの結果と，②控訴審手続，とくに控訴審の弁論の結果が，第一審の終局判決の結果と異なり，これを変更しもしくは補充した場合，または控訴裁判所において手続が全く新たに実施された場合に事実認定が改めて行われた場合には，この控訴審手続とくに控訴審の弁論の結果である。

　しかし，①にいう第一審の弁論および証拠調べの結果は，直接または間接に瑕疵責問（Mängelrüge）により争われている事実確定について控訴理由が正しいか否かを先に調査しなければ，控訴裁判所はこれを判決の基礎にすることができない。その際，控訴裁判所がこの控訴理由を記録に基づき否定するか，または他の理由から控訴が成功しえないために控訴理由が重要でないと認めることができる場合に限り，控訴裁判所は不服の申し立てられている事実認定を証拠調べの繰返しなしに判決の基礎にするか，明示的にかつ理由を付して控訴理由が重要性を欠くことを指摘してこれを無視しなければならないとされる[38]。このような場合に当たらない限り，第一審裁判所の記録に反した事実認定や，誤った証拠評価（事実認定）の有無も，当事者が控訴理由で主張する限り調査の対象とされる。調査の際，「控訴裁判所は控訴理由の支持または排斥に仕える証拠を取り調べることができるのみならず，控訴申立てに対する裁判にとってそれが必要と見える場合には，すでに第一審で行われた証拠調べを繰り返しまたは補充し，かつ当事者が，第一審において申し出たが，却下された証拠を事後的に取り調べることができる」（öZPO 488

---

[37] 中田・前掲注（35）論文が，事後審は原審の訴訟記録の精査に基づいてのみ原判決の誤謬の有無を再吟味するとしている点が，そもそも問題なのであり，この見解を援用して事後審の審理方法と，第一審の続行としての控訴審の審理の同一を説く藤原・前掲注（4）6頁の不十分さが見られる。なお，藤原・前掲注（4）6頁が，通説も中田論文と同じ見解であるとする点も，事実と異なることを指摘しなければならない。たとえば，藤原論文が中田論文と同じ見解として引用する兼子一／松浦馨／新堂幸司／竹下守夫『条解民事訴訟法』（1987年・弘文堂）1175頁〔松浦馨〕は，事後審の理解として，「事後審ではなお事実審である建前から，原審の事実認定に疑問を持つ限りは，自ら事実を審理することができる」と正しいコメントを行っている。これがどうして，事後審は原審の訴訟記録の精査に基づいて原判決の誤謬の有無を判断すべきであるとする見解に位置づけられるのであろうか。

[38] 以上，*Fasching/Konecny/Pimmer*, Kommentar zu den Zivilpozeßgesetzten, 4. Bd./1. Teilb., 2. Aufl., 2005, § 498 ZPO Rdnr. 3 ff. による。

条1項)。もちろん，これは証拠評価の誤りを非難する控訴理由のすべての場合に証拠調べの繰返しを命ずるものでなく，控訴申立てを裁判するために必要と見える場合にのみ，第一審で行われた証拠調べを繰り返すことを控訴裁判所に許すものである。このような必要性が存在するかどうかは，控訴理由書の叙述から，とくに証人の供述の信頼性が低いこと，親族関係またはその他の偏見をもつ原因が顧慮されていないこと，証人の不安定，供述の不明瞭さ，供述の際に矛盾に陥っていることといった個々の不服申立理由から生じるとされる。証拠評価が正しくないという控訴理由の説明が実際に第一審裁判所の事実確定の正しさに疑問を呼び起こす場合，控訴裁判所は第一審での証拠調べを繰り返す必要がある。このような証拠調べの繰返しと控訴審での弁論の結果に基づいてのみ，控訴裁判所は第一審裁判所の確定とは異なる確定をすることができる。このようにして控訴裁判所が，第一審裁判所の事実確定を修正または補充する場合には，これが控訴裁判所の判決の基礎とされる[39]。

　また，2001年のドイツ民事訴訟法の改正[40]は，控訴について第一審判決の過誤コントロールへと大きく舵を切ったが，その529条は次のように規定する。

　「(1)　控訴裁判所は，以下の事実をその弁論及び裁判の基礎にしなければならない。
　　1　第一審の裁判所によって確定された事実。ただし具体的手掛かりが裁判上重要な確定の正当性又は完全性への疑いを基礎づけ，それゆえ新たな確定を命じるのでない場合に限る。
　　2　新たな事実。ただし，これを考慮することが適法である場合に限る。
　(2)　職権により顧慮することができない手続の瑕疵を不服が申し立てられた判決につき審査することができるのは，これが第520条第3項により主張されている場合に限る。その他の点では，控訴裁判所は主張された控訴理由に拘束されない。」

　ここでは裁判上重要な確定の正当性または完全性を疑わせる具体的手掛か

39　以上につき，*Fasching*, Kommentar zu den Zivilprozessgesetzen, Ⅳ. Bd., 1971, § 488 参照。オーストリー法の控訴制度については，豊澤佳弘「オーストリアの民事上訴制度（上）」曹時49巻6号（1997年）1417頁以下がある。
40　これについては，ヘルベルト・ロート（三上威彦訳）「改正されたドイツの上訴法」民訴雑誌35号（2007年）85頁以下；勅使川・前掲注（27）35頁以下などを参照。

りがあれば，控訴裁判所は，第一審の事実認定に拘束されず，この点の解明を行い，新たに事実認定をしなければならない。

　以上のように事実認定に対する控訴人の異議をどのように斟酌するかは，事後審制を採用する法制においても様々である。事後審制を採用する場合には，この点は法律で規定されなければならない。従来控訴審を第一審手続の続行と位置づける（「続審制」と呼ばれる）日本法がこの点の定めをしていないことは当然である。そのような法制度のもとにおいて，「事後審的審理」が，第一審判決が正しい蓋然性が相当高いことを前提に，第一審判決の誤りの有無を再審査することで控訴審の目的を達成できることを出発点に据え，事実認定に対する異議について控訴理由書における控訴人の主張の具体化に厳しい要求をすると[41]，事後審制の下での第一審判決の手続違背や事実認定の瑕疵の審査と比べ，逆にその審査が不十分になる危険が大きいであろう。たとえば控訴人が，証人と当事者との関係を指摘して証人の信用性を問題にしている場合，その程度の指摘では証人の再尋問は必要でないとして申出が却下され，多くの場合，第一回結審がなされるのは問題ではないか。控訴人としては，まさに信頼のできない証人の証言が判決の事実認定に重大な影響を与えていると考える場合，この証人を再度尋問してその証言価値を奪いたいと考えるのは自然の成り行きであり，当事者の証明権および直接主義の観点から，そのような重要な証人の再度の尋問は必要だと考えられる。

第3款　直接主義の軽視の当否

　同じ争点に関する限り第一審で取り調べられた証人，当事者本人や鑑定人は再度取り調べなくても直接主義に反しないという主張には，疑問がある。法律上の原則であるものを「直接主義の神話」として一蹴することは許されるだろうか。

　前述のように控訴審は第一審の訴訟手続の続行として行われるから，控訴裁判所が適法に証拠調べを繰り返さない限り，第一審で行われた証拠調べの

---

[41] 従来の「事後審的審理」を説く文献においては，こぞって控訴理由書における具体的な主張が厳しく要求され，控訴裁判所がこれを不十分だと見れば排斥することが提案されている。田尾・前掲注（15）6頁；藤原・前掲注（4）14頁。

結果はそのまま効力を保持する。問題は，直接主義との関係で控訴裁判所が証拠調べをし直さなければならないのはどのような場合かである。

　当事者は，民訴法249条3項の適用により証人の再度の尋問を求めることができるかが問題となる。かつて，最高裁判所第一小法廷は，この規定の前身に当たる昭和23年改正民訴法187条3項が定められた約4年後の昭和27年12月25日の判決において，当然に第一審の裁判官とは異なる裁判官が事件の審理を行い裁判する控訴審においては，直接主義に関する昭和23年改正民訴法187条3項は適用されない旨判示した[42]。その理由として最高裁判所は，この条文が裁判官の交替の場合について定めていることのほか，控訴審の訴訟手続につき大正15年改正民訴法377条2項（現行民訴法296条2項）が第一審の弁論の更新について定めていることを指摘し，「控訴申立により事件が控訴裁判所に繋属する場合は，訴訟手続上，民訴187条（現行民訴法249条－引用者）にいわゆる裁判官の更迭ある場合には該当しないものと解すべきである。従って，合議体の裁判官の過半数が更迭した場合に関する同条3項の規定は，第一審又は第二審の同一審級において裁判官の過半数が変更するに至った場合に証人の再訊問の申出があったときの手続を定めたものであって，第一審裁判官が訊問した証人につき，控訴審において再訊問の申出があった場合に適用すべきものと解すべきではない」と判示した。

　しかし，この最高裁判所の制限的解釈は全くの形式的な解釈である。どの口頭弁論期日でなされた訴訟行為も手続全体との関係で効力を有するという弁論一体の原則が控訴審を含めて妥当する以上，一体的な弁論の中で判決裁判所の構成に変更が生ずるのであるから，同一審級の中での裁判官の交替と基本的な違いはないと見るべきである。それゆえ，控訴に基づき新たな手続が開始されるということは，直接主義の重要性を左右することができない。制度上必然的に新たな裁判官が審理を担当する控訴審においては，単なる偶然的な事情により裁判官が交替する場合に照準を合わせた民訴法249条3項

---

[42] 最〔1小〕判昭和27年12月25日民集6巻12号1240頁。これを踏襲するものとして，最〔3小〕判昭和38年9月3日裁判集民事67号379頁；最〔3小〕判昭和39年7月3日裁判集民事74号417頁がある。

[43] 本件の評釈である，三ケ月章『判例民事訴訟法』（1974年・弘文堂）176頁；増田幸次郎・民商36巻4号（1958年）590頁；花房博文・法学研究（慶応大学）60巻4号（1987年）117頁；新堂・前掲注（20）518頁は，しかし，このような解釈である。

は適用されないという解釈43は、いずれの場合にも裁判官が直接証拠方法に直に接していないという事態を無視するものである。直接主義の理念からすれば、民訴法249条3項は原則として上訴の場合にも適用（類推適用ではない）されるべきであると解さなければならない44。

　もっとも、控訴審における弁論の更新は、当然訴訟中における裁判官の交替の場合とは異なる面がある。控訴があった場合、当事者の一方が申し立てると、つねに例外なく第一審での証人尋問を繰り返さなければならないというのは、明らかに合理性を欠く場合があるであろう。たとえば簿記係り（Buchhalter）が帳簿から明らかになることだけを供述しているにすぎない場合や、証人が証明主題について首尾一貫した供述をしており、かつその信頼性についていずれの当事者からも異議が述べられていない場合、これらの証人の再尋問を実施することは、当事者にとっての無駄な費用と裁判所の余計な仕事を意味するだけであろう。このような場合を除き、とくに証人に対する個人的な印象にも基づき証言内容を評価すべき場合には、控訴裁判所は当該証人の再尋問を実施しなければ、その証言を的確に評価できないから、証人の再尋問が必要になる45。

第4款　第一審裁判所の証拠申出の却下に誤りはないのか

　必要な人証なら第一審裁判所によって申請に応じて取り調べられているはずであるから、控訴審において、第一審で申請して却下された人証の申請があっても採用の必要はないという指摘にも、疑問が感じられる。第一審裁判所がほんとうに必要な証人申請を却下するようなことはないのであろうか。ないとは断言しえず、そのような場合にも当事者に救済を与えることに、事実審としての控訴審の任務があるのである。誤った証拠申出の却下の場合に

44　斎藤秀夫ほか編『注解民事訴訟法〔第2版〕（4）』（1991年・第一法規）424頁〔小室直人／渡辺吉隆／斎藤秀夫〕；上野・前掲注（7）民事手続法研究2号93頁以下（ただし類推適用という）参照。

45　この最高裁判所判例が出された当時、控訴審における弁論の更新は当然裁判官の交替の場合とは異なるが、昭和23年改正民訴法187条3項の基本的な考え方は大正15年改正民訴法377条2項にも妥当するものであり、当事者が証人の再尋問を求める限り、控訴裁判所はなるべく直接再尋問をすることを妥当とするとの見解が有力であったようである。上野・前掲注（7）民事手続法研究2号91頁以下。

ついて，ドイツ連邦通常裁判所の興味深い判例があるので紹介しておこう。それは，2004年3月12日の連邦通常裁判所判決[46]である。

〔事案〕O市からアパートを売りに出すことを委託された被告（Y）は，1999年7月に建物の屋根裏階の建設によって設置される住居を原告（X）に売却した。契約締結に先だってYの担当者でかつ証人であるLおよび原告の間で交渉が行われたが，この交渉にはXの知人で弁護士のWが同席した。Xの主張によれば，Lは交渉中に将来設置される屋根裏住居の向かいにあるYの土地に2階建ての建物が建築される予定であるので，住居からタウヌス方面の眺めは無制限に確保されていると説明した。しかし実際には，この時点で投資家による4階建ての住居・事務所ビルの建設が計画されていたところ，Xがこれを知ったのは住居を購入した後であった。Xは4階建て以上の近隣建物の建設は住居の20％の減価を招いたと主張してYに対して売買代金とこれに応じて減少する取得費用のそれぞれ20％の損害賠償として47,613ユーロの支払いを請求した。ラント裁判所は，WとLを証人として尋問した後，請求を棄却した。Xは，控訴を提起し，証人Lの供述の信用性を動揺させるために申請した証人をラント裁判所が尋問しなかったと非難した。上級ラント裁判所は，控訴を棄却した。これに対し，Xが上級ラント裁判所の許可に基づき連邦通常裁判所に上告を提起した。連邦通常裁判所は，上級ラント裁判所の手続違背を認めて原判決を破棄し，事件を原審に差し戻した。連邦通常裁判所によれば，「控訴裁判所が当事者間で争われた契約交渉の内容について手続法に反して新たな確定を拒否した限りにおいて，上告には理由がある。新法によっても控訴審判決は，訴訟資料と証拠申出の完全な顧慮に関する相応の異議に基づき上告裁判所の審査に服する。その結果，本件では，ZPO 529条1項1号第2半文により控訴裁判所の新たな確定を命ずる，第一審判決の基礎とした事実関係の完全性についての疑問の具体的な手掛かりは，第一審判決における証拠評価の瑕疵からも，原告の第一審における提出の無視からも生じる」[47]。また，連邦通常裁判所は，第一審での証拠調べの繰返しについて，「新たな事実確定の要件が存在する場合に控訴裁判

---

[46] BGHZ 158, 269 = NJW 2004, 1876. この判決は，控訴審を第一審手続の続行ではなく，第一審判決の正当性の審査を任務とする審級とした2001年の改正民事訴訟法529条に関する判例であるが，旧法にも当てはまる。

[47] BGHZ 158, 272.

所が第一審の証拠調べを繰り返す義務を負うか否か，およびその程度の問題には，従前の法についての判例によって発展した原則によって答えられる。したがって，控訴裁判所は，ZPO 525条1号，398条1項によって承認された裁量権の行使の際，第一審で取り調べられた証人の信頼性を第一審裁判所の裁判官と別異に判断しようとする場合にはこの証人を再度尋問しなければならない」[48]と判示した。

　この例は，控訴裁判所は第一審裁判所がたいてい必要な証拠方法をすでに取り調べているとの前提のもとに判断してはならないことを示唆しているのではなかろうか。

　第5款　控訴裁判所の事前審査

　控訴裁判所は第一回口頭弁論期日前の「事前審理」において慎重に記録を精査し，問題点があるかどうかを判断しているので，控訴理由に説得力がないと，それ以上手続を進めることができず，第一回結審になるのも当然の成行きだというのであるが，控訴裁判所の事前審理が十分に行われたかどうかは，当該裁判官のみ知るところであり，控訴人も被控訴人も，知ることができないのである。訴訟記録を事件の「真相が割れるまで」慎重に読むといわれているが，第一審裁判所の事件の審理が十分であったかどうか，事実認定に当たり証人の信用性の判断が不当でないかなどは，実際に裁判官が証人尋問に立ち会ってみないと分からないのではないか。記録のみに基づき控訴理由に説得力があるかどうか判断するのは，不適法な証拠評価の先取りになる危険があるのではないかと思われる。

　第6款　ドイツ法との比較

(1)　第5点のドイツの控訴審実務についての指摘に関しては，この指摘の不十分さを問題にせざるをえない。ドイツでは第一回結審が多いかもしれない。しかし，後に述べるように，連邦通常裁判所が，控訴裁判所が違法に証人の再尋問や鑑定人の再度の尋問を拒否したことを理由に原判決を破棄して

48　BGHZ 158, 275.

いる相当数の判決が存在するのであるが，このことについては何故か殆ど言及されないのである．

(2) 裁判官の更迭の場合の証人の再尋問に関する民訴法249条3項に対応する規定をもたないドイツでは，先ず，証拠調べの実施後，判決言渡しの間の裁判官の交替（控訴提起の場合をも含む）が証拠調べの繰返しを必要ならしめるか否かという問題について，連邦通常裁判所は次のように判示した．すなわち，判決裁判所は証拠調べの結果を評価することができる．そうでなければ，受命裁判官または受託裁判官の制度は不要で理解できないものとなる．第一審で取り調べられた証人の再尋問の申出は，立証事項が代わらない限り，新たな証人尋問の申出とされ，必要性が判断される．もっとも裁判官自身の知覚に基づく事項は記録上知られ，かつ当事者がこれについて意見を述べる機会をもった限りでのみ考慮することができる．それゆえ裁判官の交替の後は記録に記載されている事項または弁論の対象となった事項のみ評価することができる．その際，証人の供述と鑑定人の尋問については，証人または鑑定人の個人的な信用性（die persönliche Glaubwürdigkeit）と証拠方法の実質的な信頼性（die sachliche Glaubhaftigkeit）の区別が重要であり，証拠調べ後の裁判官の交替の場合には，供述の評価は記録の利用により書証の方法で行われる．証人の個人的印象は，それゆえ裁判官の交替の場合，それが記録に記載されかつ弁論に顕出されている場合にのみ考慮することができる．新たに構成された裁判所が最終弁論において，交代前の裁判官が認めた証人の信用性に疑問を抱き，またはこれから離反しようとし，もしくは裁判にとって自己の印象が決定的に重要と考える場合には新たな構成における受訴裁判所の面前での証拠調べの繰返しが不可欠である，と[49]．同時に，判例は，控訴裁判所が第一審裁判所と異なる証拠評価をしようとする場合には，証拠調べの再実施は必要的であるとする（「控訴裁判所は証人を自ら見，聴取していない場合には，証人の信用性を第一審裁判所と異なるふうに判断してはならない」)[50]．

以上の連邦通常裁判所の見解に対しては，次の点で批判がある．まず，証言の証拠力を判断する上での証人の，供述および供述態度についての生き生きとした印象の重要性が軽視されていること[51]，証拠調べの必要性の判断がなお取り調べられるべき証拠の評価に依存することは循環論法であり，不適法な証拠評価の先取りであること[52]，証言の実質的な内容と証人の個人的な信用性の区別は，両者が交錯しており相互に条件づけられているから説得力

がないこと53，受命裁判官および受託裁判官による証拠調べが許されていることから，判決裁判所による証人尋問を経ない証拠評価の適法性を導くことは，例外規定の不当な一般化であること54，である。

　この批判は連邦通常裁判所の見解を変更させるには至らなかったが，日本法における問題を考える上で参考になる点がいくつかある。まず，証人尋問調書を用いて証拠評価を行うのは書証であることである。証人の証拠調べの方法が法定されているところで，この方法とは異なり，書証の方法で証拠評価をすることは通常法律上好ましくない。また，連邦通常裁判所自身，控訴裁判所が証人の再尋問を実施しないで供述に第一審裁判所と異なる評価を下す場合，手続違背として原判決を破棄していることは注目されてよい。

49　Urt. v. 17. 2. 1970 BGHZ 53, 245, 256 f.（アナスタシア事件）。同旨の判例が多数出されている。控訴裁判所が第一審で肯定された証人の信頼性を疑問とし，また逆に第一審裁判所が否定した証人の信頼性を肯定する場合に証人の再尋問を要するとするものとして，BGH MDR 1979, 310；NJW 1982, 108；NJW 1982, 2874；NJW 1984, 2629；NJW 1987, 3205；WM 1988, 1029；NJW 1991, 3286；NJW 1997, 466；NJW 1998, 2222；NJW 2004, 2153があり，控訴裁判所が第一審で取り調べられた調書記載の証人の証言を別なふうに理解しまたは異なるウエートを与える場合，証人の再尋問を必要とするものとして，BGH NJW 1984, 2629；NJW 1991, 1183；NJW 1991, 3285；NJW 1993, 668；NJW 1999, 2972；NJW-RR 2001, 1430 f.；BGH-Report 2003, 453がある。2001年民事訴訟法改正法のもとでもそうである（BGH NJW 2005, 1583）。

50　BGH NJW 1974, 56 l. Sp.　2001年民事訴訟法改正法の下では，BGHZ 158, 269（275）＝ NJW 2004, 1876（1877）。Zöller/Gummer/Heßler, ZPO, § 529 Rdnr. 8；Saenger, Grundlagen und aktuelle Probleme des Beweisrechts aus deutscher Sicht, ZZP 121（2008）, 135, 196.

51　Grunsky, Grundlagen des Verfahrensrechts, 2. Aufl., 1972, S. 437；G. Walter, Freie Beweiswürdigung, 1979, 339 ff. Auch vgl. Stürner, Verfahrensgrundsätze des Zivilprozesses und Verfassung, Festschrift für Fritz Baur, 1981, S. 647 ff., 664 ff.（ペーター・アレンス編〔小島武司編訳〕『西独民事訴訟法の現在』（1988年・中央大学出版会）1頁以下に白川和雄・川口誠氏による翻訳がある。）

52　Walter, a. a. O.（Fn. 51）, S. 339.

53　Walter, a. a. O.（N. 51）, S. 340.

54　Walter, a. a. O.（N. 51）, S. 340.

第4節　最終的考察

　以上の考察から,「事後審的審理」と呼ばれているものには，種々疑問があることが明らかになった。以下では，事実審としての控訴審の性格上どのような審理が必要なのかという点について考察してみたい。

第1款　控訴審の審理裁判の対象

　控訴裁判所は，第一審裁判所が裁判した訴訟上の請求について，控訴または附帯控訴および当事者の申立ての範囲内において（民訴296条1項）審理裁判するほか，控訴審において新たに適法に提起された請求について審理裁判する。

　控訴審においては，控訴申立てのなされた原裁判が正しいか誤っているかが問題なのではなく，訴訟が控訴審の時点でどのように正しく裁判されるべきかが重要なのであるから，すでに述べたように，裁判の対象は第一審で裁判された訴訟上の請求および控訴審において適法に提起された新たな請求である。判決言渡後に法令の改廃や新たな事実が生じた場合，これは控訴審判決において考慮されうるが，このことも控訴審において不服申立てがなされた裁判が正しいかどうかが問題なのでないことを明確に示している[55]。原判決の取消しという目的は，取消しが新たな裁判という最終目標の達成のための手段として現われるという形で，事件自体についての新たな裁判という目的に関連づけられているにすぎない。

第2款　控訴審における証拠調べ

　控訴裁判所は，その判決の基礎とすべき事実について心証を形成することを求められる。実務では，第一審での人証の採否や証拠調べに対する不服を理由とするものが比較的多いといわれる[56]。第一審裁判所がたとえば必要な

---

[55] Stein/Jonas/*Grunsky*, Kommentar zur Zivilprozeßordnung, 21. Aufl., Rechtsmittel. Einleitung Rdnr. 6（ただし2001年ZPO改正前の法状態，したがって控訴審を第一審訴訟手続の続行としていた制度についてのコメント）.

しとして取り調べなかった証拠について必要性を改めて慎重に検討して採否を決めることが必要であるし，第一審で取り調べられた証人の再尋問も，弁論一体の原則の下では，民訴法249条3項が重視する直接主義の遵守の観点からは裁判官の更迭の場合と何ら異なるところはないから，原則として必要であると考えられる[57]。再尋問を実施しても，第一審において適切に証拠の整理が行われておれば，これが訴訟を遅延させることはないであろう。もっともこの場合，証明主題をより限定した重点事項に絞り，第一審判決理由に対応させて尋問する工夫は有益であろう[58]。この場合に同一証人の再尋問は一般的に一審判決や記録を検討しての準備された供述や第一審での証言の繰返ししか得られないと即断してしまうのは，証拠評価の先取りの危険があり，問題であろう。もちろん当事者が再尋問を要求せず，証人尋問調書を書証として利用することに同意する場合には，民訴法294条3項が明らかにするように，証人の再尋問の必要はない。

　また，控訴裁判所が事件の事実関係について第一審裁判所と異なる認定をする場合には，新たな証拠調べや第一審で取り調べられた証人の再尋問も必要となる。ことに控訴裁判所が第一審での証人の供述や鑑定人の鑑定意見に対し第一審裁判所とは異なる評価をする場合には，証人の再尋問または鑑定人の取調べが必要であると解すべきである。控訴審における証人尋問の再実施を不必要とする，前に取り上げた最高裁判決（前掲注（42）最〔1小〕判昭和27年12月25日）も，控訴裁判所が第一審と異なる事実認定を行った事案に関するものである。この判例の事案は，次のようなものであった。すなわち，原告Xの母Aは，訴外B保険会社と1口，被告Z保険会社と2口の生命保険契約を締結していたが，死亡の直前に保険金受取人がA自身からYに変更されていた。Xは，この保険金受取人の変更はYが権限なく勝手に行ったものであるから無効だと主張して，Yに対してはYがすでにB保険会社から受け取った保険金を不当利得として返還するよう求めるとともに，Zとの保険契約に基づく保険金受取人はXであることの確認を求め，Zに対し

56　塩崎・前掲注（26）83頁；同「民事控訴審の理論と実務」青山善充ほか編『石川明先生古稀祝賀　現代社会における民事手続法の展開（上）』（2002年・商事法務）95頁，111頁以下。

57　上述510頁以下。

58　奈良・前掲注（21）150頁参照。

ては，AがZと締結した生命保険契約2口分の保険金の支払いを求めた。第一審裁判所は，Yの主張，すなわち，「Aは生計不如意で，昭和17年2月および3月の保険料の支払ができない状況にあったこと，YはAの懇請に応じて，昭和17年3月中旬に，前記3口の保険契約に基づく権利を2250円で譲り受けたこと（2250円のうち1250円は前記貸付金の返済に充て，残額1000円は昭和17年3月30日，Aに支払った），Aは譲渡契約成立後自ら保険金受取人変更手続をとった」ことなどの主張を斥けて，原告の請求を認容した。Yの控訴に基づく控訴審手続において，YはZ会社の外交員CおよびB，ならびに保険金受取人の変更に関与した外交員Dを証人として申請し，XはE，F，Gらの証人尋問を申し出た（このうちFは第一審で尋問されていた）。控訴裁判所は，CおよびDのみを尋問しただけで，申請された他の証人を尋問しなかった。そして，控訴裁判所は，「かねて病弱であったAは，……昭和17年3月及び4月に支払うべき保険料の支払を好まず，保険契約を解約する意向であったが，Yとの間で，保険料はYがAに代わってYの出捐により支払うこと，Yは本件保険契約に基づく権利を2250円で譲り受け，Yに対して同額の支払いをしたこと，Z会社との契約の受取人変更については，AがO（保険会社の外交員）およびYに依頼してAの印章を使用して届出書を作成提出したことが認められる」と判断した。控訴裁判所は，Aが保険料を支払えない経済状況が本件保険契約を引き継いだ原因であるとするYの主張とは異なる事実を認定しており，これによって，Aは相当多額の資産を持ち相当の収入があり本件保険料の支払いは困難でなかったという証言（控訴裁判所もこの事実を認定する）は，保険金受取人の変更がAの意思に基づくことを左右しないとした。しかし，控訴裁判所は，間接事実についてであれ，明らかに第一審裁判所と異なる事実評価を行っている。それにもかかわらず，控訴裁判所が第一審で取り調べられた証拠をも含めて十分証拠調べをすることをせず，またこの点につき釈明権を行使して必要な立証を促さなかったのは原告に不意打ちをもたらすものであり，違法の疑いがある。

　もっとも，この点につき，最高裁判所は「原判決が『訴外Aは本件保険契約の保険料の支払を好まず，右保険契約につき解約の意向であった』と認定しているところは，本件保険金債権が譲渡されるに至った事情乃至動機にすぎずいわゆる間接事実に該当するから，この点につき原審が被上告人（X）側の主張する所論の事実と異る認定をしていても，当事者の主張しない事実

に基いて裁判したものとはいえない」と判示した。この判断は間接事実は弁論主義の適用対象でないことを判示した判例としても重要性を有するが，検討が必要である。本件では保険金受取人の変更がＹによって勝手になされたものであるかどうかが決定的な争点であるから，保険金受取人の変更をもっともならしめるような事情は主要事実に劣らぬ重要性を持つ事実であり，それゆえ，当事者の主張なしに事実が認定されることによってＸが不意打ちを受けたことは明らかである。いずれにせよ本件の控訴裁判所の審理は，事実関係の適正かつ十分な評価を欠いていたと思われる。

第3款 「事後審的審理」と国民の司法に対する信頼

　本章で筆者がいいたいことは，控訴審が第一審の訴訟手続の続行であり，したがって事後審でない法制において，「事後審的審理」なるものがそもそも成り立ち得ないことである。すでに明らかにしたように，事後審としての控訴審は──上告審も訴訟法違反の原審の事実認定に拘束されないように──第一審裁判所の事実認定に完全に拘束されるという制度ではなく，むしろ第一審裁判所の事実認定に疑問がないかどうかを，当事者の主張に耳を傾けつつ，かつ慎重に目を光らせて審理する審級であることが確認されなければならない。裏返して言うと，日本の控訴裁判所が「事後審的審理」を標榜して，第一審裁判所の事実認定の合理性を前提にし，これに対する必要かつ十分なコントロールを行う任務を放棄して，控訴審の使命が果たされると考えてはならないことである。冒頭に採り上げた東京高裁のような控訴審実務は，全くの例外だといいたい控訴裁判所は多いだろうと推測される。しかし，そのような見解は，現在，控訴裁判所が主導して引き起こしている問題に余りにも無頓着だとしかいいようがない。控訴裁判所が冒頭の東京高裁のような実務を行ったとしても，多数の事件数にあえぐ高裁判事にとっては例外的事象として片付けたいかもしれない。しかし，それで済ますには，人の命が奪われた事件を担当する裁判所として，あるいはまた財産権についての訴訟を担当する裁判所として，その他，他人の法律問題について裁判する裁判所として，事は余りにも重大であろう。そのような感覚は，権利保護を使命とする裁判所の任務を理解せず，国民から付託された司法権行使の本質を全く理解しない裁判官像を自ら作り出し，そのことによって一国の司法制度を破

滅に追いやるものといっても過言ではなかろう。筆者も，無駄な訴訟審理の繰返しを望むものではない。しかし，控訴制度が機能しない司法ほど恐ろしいものはない。第一審の審理の充実がいわれているところで，控訴裁判所が丁寧な審理をしてどれほどの追加負担（訴訟の遅延といってよい）が生じるというのであろうか。逆に，第一審の審理が不十分な場合には（このようなことはないとはいい切れない），より一層控訴裁判所の十分な審理が必要となろう。冒頭の医療過誤訴訟で，最高裁判所が控訴審実務につき踏み込んだ判断をしなかったことをもって[59]，控訴審の「事後審的審理」が是認されたというような受け止め方がなされているとすれば，司法への信頼を失わせ，取り返しのつかないことになるであろう[60]。

---

[59] 現に，取り上げた最高裁判所判決は，裁判所時報や裁判集民事には掲載されているものの，公式判例集に登載されていない。このような判断が先例的価値に乏しいというのであろうか。

[60] ごく最近の著作では，鬼頭季郎「控訴審における審理と実務的・理論的諸問題」新堂幸司監修　高橋宏志／加藤新太郎編『実務民事訴訟講座〔第3期〕第6巻』（2013年・日本評論社）63頁以下が，「その転換期においては，結果として第一審の審理の充実度は未熟なものが少なくなく，裁判の迅速化のために，人証尋問の制限や尋問に代わる陳述書の多用と裁判所のそれを容認する姿勢のみが目についた」などと指摘し，「控訴審の審理運営を，控訴理由を中心とした争点主義審理を原則にするには，未だ時期尚早であると考えるべきである。そういう意味では，控訴審を実質的に事後審的運営にすべきだという論者の見解には，にわかに賛成できない」としており，注目される。もっとも，前掲注（10）最判平成18年11月14日の原審の手続を公正手続違反の問題とは捉えられていない。

付録　民事訴訟法研究の出発点に立ち返って[*]

第1節　はじめに

1　謝辞

　ご紹介をいただきました松本博之です。高田昌宏法学部長には，年度末の大変多忙な時期にも拘わらず，退任記念講演の機会を与えていただいたことに感謝申し上げます。また，会場の皆様方には，この講演会にご臨席賜りまして，眞に有難う存じます。

　私は，昭和43年3月に大阪市立大学法学部を卒業しまして，同年4月1日に法学部助手に採用され，小室直人先生のもとで民事訴訟法の勉強を始めました。昭和48年4月1日助教授になり，昭和49年度から授業を担当しました（助手時代の2年程，基礎演習も担当しました）。41年間，大阪市立大学法学部に在職し，研究と教育に当たることができました。幸い大病をすることもなく，無事に定年退職を迎えることになりました。これも偏に，恩師（故）小室直人先生はじめ，お世話になりました市大法学部の先輩，同僚その他事務室職員の方々のお陰と厚く御礼申し上げます。また，助手時代の1970年10月から翌年3月まで東京大学法学部での内地留学を引き受けてくださいました新堂幸司先生にも，この機会にお礼申し上げたいと思います。

　私は助手に採用されたとき，任期は3年間であるので，3年のうちに論文を書くように言われました。しかし，途中で助手の任期は3年だが，2年でいわゆる助手論文を纏めるようにと変更になりました。そこで，いろいろ迷った揚句，私が選んだテーマは「裁判上の自白」でした。民事訴訟において，訴訟の当事者が自白した事実は証明を要しないということが法律に定められ

---

[*]　本稿は，2009年3月5日，大阪市立大学法学部において行われた著者の退職記念講演の再現である同名の論稿（大阪市立大学法学雑誌56巻1号〔2009年〕164頁以下）を収録するものである。講演であるため，注は完全でないことのほか，引用文献も当時のものに限られていることをお断りしなければならない。

ています（現行民事訴訟法179条）。これを自白の裁判所に対する拘束力と呼びますが，これについては，なぜこのような効力が認められるのか，また自白当事者は自白をした後はこれを撤回することができないのか，できるとすれば，どのような要件が具備したときなのかといった問題など，様々な問題があります。ところが日本の民事訴訟法には，裁判上の自白について僅か1ヶ条しかありません。それも，大正15年改正民事訴訟法で加えられた僅か1ヶ条だけなのです。具体的な訴訟において，ある事実に争いがない場合，裁判所も当事者も争いのある他の事実の確定に向けて全力を注ぐことができるようになります。争いのある事実と争いのない事実を明確に分けることが，訴訟審理の重要な役目です。しかし，この点に関わる法律の規定がないのは何故かということが，私にとって疑問だったわけです。それで，この裁判上の自白の裁判所に対する拘束力がどのようにして確立してきたかを調べてみたいと思うようになりました。そのために19世紀のドイツ普通民事訴訟において裁判上の自白法理が形成されてくる過程を研究しました。民事訴訟では，自白は証拠方法としての意味を失い，訴訟行為として位置づけられることになることを明らかにすることができました。そのささやかな成果が「19世紀ドイツ普通訴訟法における民事自白法理」[1]です。その後，1970年代の後半からドイツでも日本でも証明責任の分配が学界の関心事になったのですが，私はここでもドイツ民事訴訟法学の泰斗 Leo Rosenberg（レオ・ローゼンベルグ）によって法規不適用説・規範説が主張される前の，したがって19世紀の普通法時代の証明責任論に興味を持ちました。すでに主張されていた証明責任分配の方法がドイツ民法の制定時期に重なって Rosenberg によって理論化されたことが明らかになりました。

　この41年の間に，『民事自白法』（1994年・弘文堂），『証明責任の分配──分配法理の基礎的研究』（1987年・有斐閣；新版，1996年・信山社），『既判力理論の再検討』（2006年・信山社），そして『訴訟における相殺』（2008年・商事法務）のテーマで各々単行本を出版することができました。また，『人事訴訟法』（2007年・弘文堂，現在は第2版）および上野泰男教授（早稲田大学）との共著『民事訴訟法』（初版，1998年・弘文堂，現在は第5版）を刊行すること

---

[1] 大阪市立大学法学雑誌18巻1号（1971年）1頁以下（後に，松本博之『民事自白法』（1994年・弘文堂）217頁以下に収録）。

第1節　はじめに

ができました。これは，わが法学部の自由な雰囲気に満ちた研究環境と研究資料を不自由なく用いることができたことによるものです。また，研究資料という点では，昔は今日のように大学図書館相互貸借の制度がなく，他大学の所蔵図書を利用することは一般には非常に困難でしたが，そのような時代に，京都大学の所蔵図書を借覧することができたことも幸いでした。『人事訴訟法』は，幸運にも2007年の「第19回尾中郁夫・家族法学術賞」に選ばれ，思いがけない栄誉に与ることができました。同年5月に東京で行われた尾中賞贈呈式に，妻と一緒に出席したことも楽しい思い出です。また昨年（2008年）秋には，大阪市立大学学友会賞の受賞に与りました。

　私の研究活動には，石部雅亮・大阪市立大学名誉教授と，フライブルグ大学の *Karl Kroeschel*（カール・クレシェル）教授および（故）*Peter Arens*（ペーター・アーレンス）教授のご尽力により，1991年から始まり，その後 *Dieter Leipold*（ディーター・ライポルド）教授，*Rolf Stürner*（ロルフ・シュテュルナー）教授により発展されてきました大阪市立大学法学部とドイツ・フライブルグ大学法学部との間の学術交流も大きな比重を占めています。様々な統一テーマで各法領域を横断的に取り上げ，研究成果の報告を行い，成果は日独双方で自国語の論文集として公刊してきました[2]（因みに，第7回シンポジウムは，「法の発展に対する法ドグマーティクの意味」という統一テーマで，今年の2月18日から20日までフライブルグ大学で行われ，日本からは私も含め7名が報告させていただきました）。多くの国際交流シンポジウムが行われていますが，成果を纏めて公表するということはあまり行われておらず，これは今後も1つのモデルになると思います。とくに，私は1978年3月末から1980年3月末まで，ドイツのアレクサンダー・フォン・フンボルト財団の給費奨学生としてフライブルグ大学に留学したことがあり，*Peter Arens* 教授のお世話になりました。フライブルグ大学との関係がこのような形で長年にわたって維持されてきたことは，私にとって眞に嬉しいことでありました。加えて，このご縁で2006年7月には，フライブルグ大学より名誉法学博士の称号をいただくことができ，大変名誉なことと心より感謝しています（*Leipold* 教授の様々なご配慮に与りました。この時も妻と一緒に授与式・記念講演とその後のホテル・コロンビーでの祝賀パーティーに出席したことを懐かしく思い出します）[3]。これらは

---

[2] 現在までのところ，6冊が信山社より公刊されている。

すべて，長年，学問的雰囲気に満ち満ちた大阪市立大学法学部の研究環境に身をおくことができたお陰でありまして，大変幸せなことでありました。

また教育面では，裁判手続の理論問題を扱うためか，あまり人気のあるゼミでないにもかかわらず，私のゼミの卒業生からも裁判官・弁護士など相当数の優秀な法曹が誕生したこと，さらに私の研究室からも数人の優秀な研究者が生まれたことは，大変嬉しいことでした。卒業生の方々には，これからも大いに活躍していただきたいと期待しております。

2　民事訴訟の目的論について

さて，本日は退職に当たり，民事訴訟法学の1つの基本的な問題についてお話し，長年のご指導，ご鞭撻のお礼としたいと思います。それは，「民事訴訟法研究の出発点に立ち返って」というものであります。何のために民事訴訟制度があるのか，民法と民事訴訟法とはどのような関係にあるのか，という1つの大問題について，ささやかなお話をさせていただきたいと存じます。民法の分野では，民法と民事訴訟法はどのような関係にあるかなど全く議論されないと思います。民法は社会生活・経済取引，家族生活に関する最も基本的な法であり，訴訟制度との関係を議論する必要など存在しないと考えられているのだろうと思われます。ドイツにおいて，訴訟手続の形式事項を記述するのが民事訴訟法学とされた時代が長く続き，学問的価値が認められなかったのですが，19世紀中葉になってくると，民事訴訟法学の独立性の樹立のために，「訴権論」（事件について裁判所に訴えを提起する権利の内容とその要件に関する理論）を中心として，訴訟法学を公法（国家と国民との間を規律する法）の一領域として確立すべく，研究が進展したという事情があります。これに大きく貢献したのが「権利保護請求権説」と呼ばれるもので，ドイツの *Wach*（ワッハ）および *Hellwig*（ヘルビッヒ）等の著名な学者によって主張されたものであります。徐々に，民事訴訟法学が民法学から独立した学問研究の対象として確立する原動力となるのであります。

ところで，「民事訴訟法研究の出発点に立ち返って」というテーマを見ると，民事訴訟法を学んだことのある方は，もう60年以上前になりますが，1947

3　この講演は，Die Rezeption des deutschen Zivilproessrechts in der Meiji-Zeit und die weitere Entwicklung des japanischen Zivilprozessrechts bis zum zweiten Weltkrieg, ZZP 120 (2007), 1 ff. に掲載された。

年に発表された兼子一博士の「民事訴訟の出發點に立返って」という論文を思い起こされることでしょう。兼子博士も，この論文において民事訴訟の制度としての目的を扱っておられます。したがって，これからのお話も兼子博士の訴訟目的の理解に触れながら，お話を進めていくことになります。

第2節　訴訟目的としての権利保護

1　訴訟目的論

(1)　全体としての民事訴訟制度の目的が何であるか，これは長い間議論されている問題であります。本来，訴訟目的をどのように理解するかによって，民事訴訟に関する立法や個々の問題についての解釈論的解決が影響を受けるはずだからであります。このことは，法解釈方法論としての目的論的解釈を想起すれば，容易に理解できることであります。

しかし，日本では，民事訴訟の目的を権利保護と解する立場（いわゆる「権利保護説」）があるにはありますが，多数説は権利保護説に立っておらず，むしろ「紛争の解決」が訴訟の目的であると解しています（「紛争解決説」）。これは，規範的に色づけられていない「紛争」を解決することが民事訴訟制度の目的であると解する見解であります。「私法秩序維持説」は，訴訟は私法秩序を守り維持することを目指していると解します。その他，「多元説」，「手続保障目的説」と呼ばれる見解も，主張されています。

国家は，原則として私人による権利の自力救済を禁止し，その代償として裁判所を設け，裁判所をして私人の権利の保護に当たらせるので，権利保護説は，訴訟制度の目的は私人の権利保護にあると考えます。これに対し，私法秩序維持説は，裁判による私法秩序の維持が民事訴訟の目的だと解する見解であります。多元説は，単一の訴訟目的を観念することを不可とし，訴訟制度の目的は制度の設営者から見れば法的基準による紛争の解決・私法秩序の維持であり，制度の利用者から見れば権利保護であり，手続法的側面から見れば手続参加の機会を実質的に保障する手続保障であるとします[4]。

(2)　ところで，日本において現在の通説的地位を占めるに至ったのは紛争解決説でありますが，それには兼子一博士が原型を示した見解が，今日もな

---

[4]　新堂幸司『新民事訴訟法〔第4版〕』(2008年・弘文堂) 1頁，6頁以下。

お大きな影響力をもっています。この説は，兼子博士が前述の「民事訴訟の出発点に立ち返って」5という論文において初めて主張されたものであります。兼子博士は，戦前，紛争の法律的解決ないし私法秩序維持を強調したのですが6，戦後はこの見解を自ら否定して，紛争の法律的解決ではなく，端的に「紛争」，しかも規範的な色彩のない裸の紛争の解決が民事訴訟の制度目的であると見るのであります。そして，この見解の特徴は，訴訟以前の権利というものは「仮象」のものであり，むしろ訴訟を通して権利が実在化するのであって，判決以前には権利は存在しないと見る点にあります。そして，この権利の「実在化」をもたらすものが，まさに既判力という確定判決に与えられる通用力であるとします。彼は，この見解を近代法によって法制度が整備される前は訴訟を通じて法が形成されてきたという歴史的認識を基礎に，近代法が整備された後も，訴訟前における権利の存在を否定するわけです。曰く，「私人の私法上の権利は，この私法の適用を通じて，そして訴訟における裁判所の判決はその公権的適用として，始めてその存在が観念されるのである。又反対論者がいうように，訴訟の判決は権利関係が現実に不明確であり，当事者間に対立があるからこそ要求されるものであるのを，最初から権利があるのだから，その通りの判決をしろということを訴訟制度の主体である国家なり若はその機関である裁判官に請求する権利があるとの構成は，恰も受験生が自己の実力を云々して，試験官に対して合格請求権を有すると見るのと同様非常識である」7といいます。この見解は，近代法体系の成立以前にも，そして古代社会にも訴訟制度と裁判があり，逆に裁判を通して実体法が形成されたことを強調し，社会が本能的に有する紛争解決機能の中に訴訟制度の目的を見出そうとするものです。

以上のような意味での紛争解決説は，兼子博士の東京大学法学部教授の地位から，その後の民事訴訟法学に多大の，かつ持続的な影響を及ぼしました

---

5 兼子一『民事法研究第Ⅰ巻』(1950年・酒井書店) 475頁以下 (初出は，法学協会雑誌65巻2号〔1947年〕)。

6 兼子一「訴訟承継論」同『民事法研究第1巻』33頁。なお，兼子一『民事訴訟法概論』(1938年・岩波書店) 1頁以下は，民事訴訟の目的を法秩序維持に求める。この書物は国家総動員法の制定された1938年に出版されたものであり，この訴訟目的の理解は軍国主義へと向かう社会における訴訟目的の理解であった。中村英郎「日本の民事訴訟法に与えたアメリカ法の影響」同『民事訴訟における二つの型〔民事訴訟法論集第6巻〕』(2009年・成文堂) 75頁，82頁も参照。

第 2 節　訴訟目的としての権利保護

し，また今日でも及ぼしています。小山昇博士は，社会におけるもっとも強力な権力の保持者としての国家だけが私人間の利益対立を解決することができるのであるから，訴訟制度の目的は紛争の強行的な解決であると論じています[8]。三ケ月章博士は，既判力による紛争の公権的強行的解決の必要性を強調して，訴訟目的を紛争解決だと主張します[9]。ただし注意を要するのは，両氏とも主として給付訴訟の訴訟物を個々具体的な実体法上の請求権から切り離して理解する訴訟物理論（いわゆる新訴訟物理論）との関連で，この訴訟目的説を主張していることであります。

　もっとも，紛争解決説を批判して，権利保護説を主張した論者がなかったわけではありません。大阪市立大学名誉教授の（故）小室直人博士は，1963年に「訴訟対象と既判力対象」という論文を発表されまして，その中で，訴訟目的として権利保護・法秩序維持を主張しました。彼は，紛争解決説についての兼子博士の理由づけを次のように批判しました。すなわち，「古代裁判と近代裁判とを同一範疇において論じることにはまず問題がある。確かに，古代裁判も近代裁判もそれが裁判という名において考察される限りは，紛争を解決するものであった。その点においては，古代裁判も近代裁判も変わりはない。いなその点においてのみ共通点をもつ。だからといって，すべての時代の裁判が紛争解決を目的とするのだと断定するのは，あまりにも素朴な考察である。それはあたかも，古代の織機が衣服を作ることを目的としたか

---

[7] 兼子一『実體法と訴訟法』（1957年・有斐閣）109頁以下。受験生の合格請求権の例は，個人の国家に対する公権の存在を否定する J. Kohler, Der Prozess als Rechtsverhältnis, Neudruck der Ausgabe Mannheim 1888, Aalen 1969, S. 13 ff. (なお ders., Der Rechtsschutzanspruch, ZZP 33 (1904), 211, 213 f.) がもち出した例と同じである。Kohler（コーラー）は，能力のある者が不合格になることがあり，能力のない者が往々にして合格する試験において，能力のある者の合格請求権について語ることの誤りを指摘し，この合格請求権は合格した者は有能であり，不合格になった者は有能でなかったという擬制に依拠せざるを得なくなるという。公法上の権利としての権利保護請求権を否定する Kohler らの議論に対しては，G. Jellinek, System der subjektiven öffentlichen Rechte, 2. Aufl., 1919, S. 125 Fn. 2が「主として公法上の請求権の本質についての喫緊の研究の欠缺に基づくものである」と批判をしていたが，兼子論文はこの点には全く触れていない。

[8] 小山昇『民事訴訟法〔5訂版〕』（1989年・青林書院）4頁。

[9] 三ケ月章『民事訴訟法〔法律学全集〕』（1959年・有斐閣）4頁以下。

ら，資本主義経済社会における近代的繊維産業も同一の目的をもつものだと主張することが，後者のもつ時代的意義づけを説明するのになんら役立たないのと似ている。裁判＝訴訟が紛争を解決するのは，その目的というよりも，その作用である。だから時代を超えてその点に共通点をもつのである」[10]と。小室博士によると，「法規制の安定性，合理性を不可欠なものとして，確認訴訟という観念的な紛争解決形態を備えるに至った近代的訴訟制度は，処分権主義をとおして，権利保護をはかりつつ，法秩序の維持とその実効性の確保を第一義的な目的とする」[11]と主張されるのですが，ここでは権利保護と法秩序維持が同列に並べられています。しかし，当事者の訴えの提起がなければ裁判は行われない民事訴訟においては，いずれにせよ，法秩序維持は訴訟の第一次的な制度目的となりえないように思われます。しかし紛争解決説に対する批判を早い時点で提出した点は，高く評価されなければなりません。

2 兼子・紛争解決説の特徴

しかし兼子博士は，小室博士が指摘するように，本案判決請求権と紛争解決請求権の等置以外には紛争解決説の具体化を何ら行っていません[12]。この本案判決請求権説というのはドイツの訴訟法学者 Erich Bley（エーリヒ・ブライ）が権利保護請求権説を批判して主張した見解でして，訴えを提起する原告は自己に有利な判決を裁判所に求める訴権を有するのではなく，本案判決（Sachentscheidung, 事件の中身に関する判決）を求める権利を有するにすぎないという見解なのですが[13]，Bley の本案判決請求権説は本案判決請求権の要件として「法的利益（rechtliches Interesse）」を要求しています。これは，原告が訴訟において主張する権利または法律関係について本案判決を求める利益であり，第三者が他人間の法律関係の存否の確認を求める場合にもこの法律関係の確認についての第三者の利益であり，主張された権利または

---

10 小室直人『訴訟物と既判力　民事訴訟法論集（上）』（1999年・信山社）1頁，4頁（初出は，大阪市立大学法学雑誌9巻3＝4号〔1963年〕345頁，348頁以下）。
11 小室・前掲注（10）5頁。このことから訴訟制度目的を論じるのは無意味とし，議論を棚上げすべきだとするのは，高橋宏志『重点講義民事訴訟法（上）』（2005年・有斐閣）22頁である。しかし，このような議論は，明らかに民事訴訟法の立法，解釈にとって重要な視点を放棄するものであろう。
12 小室・前掲注（10）5頁。
13 E. Bley, Klagrecht und rechtliches Interesse Eine Abhandlung, 1923.

法律関係に連結された利益です。それゆえ，海老原明夫教授が指摘されるように，原告が訴訟前に有している「権利的利益」が考えられていると思われます[14]。Bley は，客観的法の実証（Bewährung des objektiven Rechts）を訴訟目的と捉えます[15]。そして，原告の権利は利益対立があるため不安定になっているけれども，訴訟前の権利の存在を否定してはいないのです。

　兼子博士は，本案判決請求権の要件として原告の「正当な利益」を要求し，「正当な利益」を「法的利益（rechtliches Interesse）」と同視します。しかし，Bley のいう本案判決請求権と兼子博士のいう本案判決請求権に違いがあることは確かであります。この関連において，「紛争」の意味や，「紛争解決」の意味が，兼子博士によって明確にされていないことも，指摘されるべきでしょう。いかなる場合に訴訟で取り上げられる「紛争」が存在するということができるのか，そして，どのような状態において「紛争」が「解決」したと言えるのかが，明確にされていないのです。また，いかなる場合に，本案判決を求める正当な利益が原告に存在するかを論理的に説明することはできないのです。

　また，兼子理論においては，法の不完全性に目が向けられ，訴訟による判決によって法が形成されるということが重視されていることも，特徴的なように思われます。兼子博士が「立法と司法とが明確に区別され，法典の完備を誇るに至ったフランス民法が，一方に於て裁判による法定立を極力警戒して，裁判官に一般的法則的な立言を以て裁判することを禁じたのにも拘らず（同第五條），他方裁判官は法律規定の不明瞭，不完全を理由として，裁判を拒むことは許されないとの原則を採用していることは（同第四條），法律のない場合にも，民事裁判の必要はこれを承認したものと云える。……この點で，民事訴訟の目的を，私法法規の實效性の保障にあるとした，私の從來の見解は，私法を訴訟制度の論理的前提とし，裁判が司法作用であることを絶對視したために，目的と手段を取違えていたものであった」[16]といわれる場合，兼子理論における訴訟による法形成の重視が明瞭に現われているように

14　海老原明夫「紛争解決と訴権論（2）」ジュリスト960号（1990年）12頁。
15　Bley, a.a.O. (Fn. 13), S. 8.
16　兼子・前掲注（5）480頁以下；兼子・前掲注（7）14頁。ここでは，スイス民法第1条や日本の明治8（1875）年6月8日の裁判事務心得（太政官布告第103号）3条も援用されている。

思われます[17]。

　しかし，たとえ実体法に部分的に不十分なところがあっても，直ちに訴訟制度の目的は紛争解決であるというのは短絡的に過ぎますし，また兼子博士自身，民事訴訟の訴訟物はあらゆる訴訟類型を通して「権利主張」であると見ており，しかも権利の存否の確認を求める確認訴訟こそあらゆる訴訟類型の原型（Prototyp）であるというのでありますから[18]，実体法上の権利が訴訟の前に前提にされているのです。このように兼子博士の理論は，全く首尾一貫性を欠いていると言わなければなりません。もっとも兼子博士は，「判決による紛争の解決は，具体的な権利又は法律関係の存否の確定によってもたらされるのであるから，請求もこれに応じて，具体的な権利関係の存否の主張という内容をもたなければならない」[19]といい，訴訟上の請求は具体的な権利主張だと説明します。しかし，この説明は，以上のような首尾一貫性の欠如を覆い隠すことはできません[20]。兼子説の立場では，むしろ，たとえば訴訟物は特定の紛争について裁判所に対してその解決を求める申立てに求めるのが論理的に一貫するからであります。そして，このような首尾一貫性の欠缺の原因は，兼子博士が訴訟承継について法解釈的というよりはむしろ，立法論的な解釈を行っていることに示されるように，法解釈論（ドグマーティク）と法政策的解釈の混在ないし結合，または，法解釈論の軽視がある点に

17　藤田宙靖「現代裁判本質論雑考」同『行政法学の思考形式〔増補版〕』（2002年・木鐸社）295頁は，誤った裁判も確定し法的に有効な裁判として当事者を拘束する現実を直視する限り，裁判によって拘束的な法が創られ，当事者の権利が創造されると見る法創造説の立場に理論構造上も系譜上も立つものとして，紛争解決説を位置づける。
18　兼子一『新修民事訴訟法体系』（増訂版，1965年・酒井書店）162頁。
19　兼子・前掲注（7）71頁以下。
20　中村・前掲注（6）86頁。藤田・前掲注（17）300頁は，少なくとも三ケ月博士の新訴訟物理論について，紛争解決説が権利主張を訴訟物と解することによって実体法規の裁判における意義を著しく軽視しているものではなく，このようにして抑制が利かされていると好意的に見るが，どのような訴訟物理論でも実際の訴訟では実体法規は判決内容を決定するものとして適用されるのであるから，この指摘は紛争解決説の実体法軽視という点を覆い隠すことはできないように思われる。むしろ，新訴訟物理論を紛争解決説のもとに主張する学説は，権利主張を訴訟物として不可欠と見ることによって「奇妙な論理構造」（藤田・前掲注（17）302頁の表現）を持ち込んで体系的理解を遠ざけることに問題がある。

求められるように思われます。すなわち，兼子博士は大正15年改正民事訴訟法が新設した，訴訟係属中の係争物の譲渡の場合の権利承継人による訴訟参加の許容および義務承継人の訴訟引受の強制（大正15年改正民事訴訟法73条・74条）を訴訟承継原則の採用と解し，この場合，「生成経過中の既判力」の承継として承継人の訴訟状態承継義務を根拠づけようとされたのであります[21]。これには，次のような事情があるように思われます。すなわち，係争物の譲渡に関する法律の規定は極めて不完全なものであり，係争物の譲渡がある場合に譲受人が当事者として訴訟参加することができること（および債務承継人は相手方の申立てによって従前の訴訟を引き受けなければならないこと）を定めるだけであり，参加人（または引受人）がそれまでの手続の結果に拘束されるという訴訟承継原則にとって必須の規定を定めていなかったのです。また，第三者の善意取得を保護するための規定も設けられませんでした。兼子博士は，この訴訟承継人の訴訟状態承継義務を，判決が確定した場合の既判力の事前効としての「生成経過中の既判力」が訴訟中にすでに承継人に拡張されるという理由で根拠づけようとしたのであります。すなわち，兼子博士は，生成経過中の既判力がもとの当事者間の訴訟の結果を承継人が引き継ぐべき義務を基礎づけると主張するのであります。しかし，この根拠づけは，全く成功していないように思われます。なぜなら，訴訟過程を既判力の生成過程と捉えることは可能であるとしても，まさに生成経過中の既判力なるものは未だ既判力が生じていないことを意味するのであり，——口頭弁論終結後の承継人に対する既判力の拡張の場合と異なり——未だ発生していない確定判決の既判力は当事者すら拘束しないのであり，況や訴訟係属中の第三者に及び得ないことは自明であり，生成経過中の既判力から係争物の譲受人の訴訟状態承継義務を根拠づけることができないことは当然だからであります[22]。

　また，法形成を訴訟の目的として重視するのであれば，法形成の要件や方法についての理論枠組の構築が不可欠ですけれども，兼子博士自身には，その用意はありませんでした。

21　兼子一「訴訟承継論」同・前掲注（5）『民事法研究第Ⅰ巻』1頁以下。
22　新堂幸司「訴訟承継論よ　さようなら」新堂幸司ほか編『民事手続法と商事法務』（2006年・商事法務）355頁，378頁以下参照。本書第3編第1章第1節第2款も参照。

3　紛争解決説は維持できるか

　以上見てきたように、日本の民事訴訟法学においては、権利保護を訴訟制度の目的とは解されず、むしろ権利保護説は権利意識の過剰の産物だとして排斥されるのであります。今日支配的な訴訟目的＝紛争解決説は、以上のような背景と独特の意味を有していることを確認することができます。

　もっとも、冒頭で指摘しましたように、今日、訴訟制度の目的は制度の設営者から見れば法的基準による紛争の解決・私法秩序の維持であり、制度の利用者から見れば権利保護であり、手続法的側面から見れば手続参加の機会を実質的に保証する手続保障であるとする多元説も（新堂幸司教授によって）有力に主張されています。しかし、この説が紛争の解決という場合、兼子説の意味での紛争解決とはもはや共通点を有していないことを明確に認識する必要があります。兼子説は、繰返しになりますが、規範的色彩を伴わない紛争を観念するのに対し、この見解では紛争の法的解決を問題にするのですから、すなわち訴訟の前に存在する実体法や実体権を前提にするのですから、紛争解決といっても、その意味は全く異なることに注意する必要があります。訴訟前に法および権利が存在することから出発すれば、国家の関心も法的紛争（権利紛争）の解決ということになり、それは兼子説の意味での紛争の解決ではなく、権利の保護・私法秩序の維持に対する関心と異ならないことになります[23]。そして、処分権主義と弁論主義が行われる民事訴訟では、法秩序維持は少なくとも第一次的な訴訟目的とはなり得ないと思われます。すなわち、処分権主義のもとでは、訴訟は当事者（原告）の訴えの提起がなければ始まらないのですから、また判決の基礎とすべき訴訟資料の面でも本当に法秩序の維持を実現しようとすれば裁判所の職権による事実認定が必要になると考えられますから、訴えの提起や訴訟資料の提出において原告の訴訟行

---

[23] 今日、紛争の法的解決を民事訴訟の目的と見る見解も主張されているが（たとえば、伊東乾「紛争の解決と具体法」同『民事訴訟法研究』〔1969年・慶応通信〕363頁；中野貞一郎ほか編『民事訴訟法講義〔補訂版〕』（1976年・有斐閣）19頁〔中野〕）、この見解はもはや兼子説的な意味での紛争解決説ではないことに注意しなければならない（もっとも、中野貞一郎ほか編『新民事訴訟法〔第2版補訂2版〕』〔2008年・有斐閣〕12頁〔中野〕は「紛争解決説が現在でも多数を占めるが、もともとの問題措定の意味をもう一度問い直さなければならない」と述べ、紛争の法的解決という見解の再検討の必要性をも示唆している）。

為に依存した私法秩序の維持という訴訟目的の理解は不十分であり，いずれにせよ第一次的な訴訟目的とはなり得ないからであります。法は，原則として権利の自力救済を禁止し，権利を主張する者には裁判所に行って裁判を求めるよう要求します。このことは，権利が実現されないで困っている市民に，国家が私人の求めに応じて権利保護を与えなければならないことを意味します。したがって，権利保護が民事訴訟制度の目的であると解すべきであります[24]。以上の説明から明らかなように，私は紛争解決説には否定的でして[25]，これを早く放棄して民事訴訟法学の課題を明確にすべきであると考えています[26]。

ところで，権利保護を訴訟目的と解する場合にも，権利保護を憲法上のランクの問題と解すべきではないのかというのが今日的な課題であります。時間がかなり経っていますが，最後にこの問題に簡単に触れ，私の「民事訴訟法研究の出発点」にしたいと思います。

第3節　民事訴訟法研究の出発点に立ち返って

1　新たな課題

日本では，訴訟を紛争解決のための制度と捉える見解が支配的であるのに

24　新堂・前掲注（4）5頁以下は，単一の訴訟目的に最高の価値を求めることの実益の乏しさを指摘し，訴訟目的の「相対的把握」の必要性を強調する。しかし，このような目的理解では，個別の解釈問題において，言われている訴訟の諸目的が抵触する場合に（これはしばしば起こるであろう），いずれの「目的」が優先すべきなのかという視点が抜け落ちる。問題なのは，並列ではなく，まさにランクづけである。なお，小山昇・法協93巻1号（1998年）113頁（同・小山昇著作集13巻〔2004年・信山社〕281頁，305頁以下）も参照。

25　松本博之／上野泰男『民事訴訟法〔第5版〕』（2008年・弘文堂）9頁。

26　権利保護説に立つ文献として，木川統一郎「訴訟制度の目的と機能」新堂幸司編集代表『講座民事訴訟第1巻』（1984年・弘文堂）29頁以下；中村英郎「民事訴訟制度の目的について」『木川統一郎博士古稀祝賀・民事裁判の充実と促進（上巻）』（1994年・判例タイムズ社）1頁以下（同・前掲注（6）『民事訴訟における二つの型〔民事訴訟法論集第6巻〕』111頁以下所収）；青山善充「民事訴訟の目的と機能」伊藤眞／山本和彦編『民事訴訟法の争点』（2009年・有斐閣）4頁以下。竹下守夫「民事訴訟の目的と私法の役割」民訴雑誌40号（1994年）1頁以下は，民事訴訟の目的を「権利救済」の付与に求めるが，権利保護説との違いは殆どないようである。

対し，ドイツでは，紛争解決説のようなものは登場せず，ドイツの憲法である基本法の法治国家原理（基本法20条 4 項）により国家の権利保護義務を基礎づける試みがなされてきました。今日では，民事訴訟の目的が市民のための憲法上の実効的権利保護であることは広く承認されています。これに大きく寄与したのは，*Wilhelm Dütz*（ヴィルヘルム・デュツ）[27]が1970年に公刊した教授資格請求論文 „Rechtsstaatlicher Rechtsschutz im Privatrecht"（私法における法治国家的権利保護）であります。彼は，ごく例外的な場合を除き自力救済が禁止されるドイツにおいて，国家は法律により権利の法律要件を定め，権利主張をする者がある場合には自力救済を禁止して，裁判所に権利保護を求めるように指示するのは，法治国家原理（基本法20条 4 項）に基づき，国民に憲法上の権利保護を保障したものであることを明らかにしました。今日ではドイツ連邦憲法裁判所の判例において，憲法上の権利保護請求権が明確に承認されています[28]。そして，これが実効的な権利保護に反する立法，法解釈および実務に歯止めをかける重要な役割を演じていることを看過すべきでないでしょう。

しかし日本の民事訴訟法学では，このようなパイオニア・ワークは，甚だ残念なことですが，今日まで現われませんでした[29]。日本では，訴権を勝訴判決請求権としての権利保護請求権と捉えるワッハ＝ヘルヴィヒ流の権利保

---

27 W. *Dütz*, Rechtsstaatlicher Gerichtsschutz im Privatrecht, 1970, S. 95 ff.; vgl. auch Stein/Jonas/*Schumann*, ZPO, 20. Aufl., Einleitung Rdnr. 207.

28 BVerfGE 54, 277（291）：「基本法の法治国家原理から，実体的意味における民法上の争訟についても，実効性に富んだ権利保護の保障が引き出されうる。実効性に富んだ権利保護は，原則として訴訟物の事実上および法律上の調査と裁判官による拘束力のある裁判を可能にしなければならない。……勝手気ままで暴力的な法的請求権の私人間での実行を原則として禁止することは，法治国家性の中心的な局面である。当事者は Rechtsweg（裁判所への道）を指示される。当事者は，裁判所において秩序ある手続において暴力なくその争訟の決着をつけ，拘束力ある裁判を取得すべきである。裁判権において，国内的暴力禁止と国家による暴力の独占が，はっきりと現われる」；80, 103（107）；85, 335（345）；88, 118（123）；93, 99（107）；107, 395（406 f.）．Vgl. Auch *Schmidt-Assmann*, Handbuch des Staatsrechts, Bd. 1, 1987, § 24 Der Rechtsstaat. Rdnr. 74；Sachs/*Sachs*, Grundgesetz, 3. Aufl., 2003, Art. 20 Rdnr. 162.

29 例外は，たとえば，紛争解決説の論理構造を一貫させる限り，近代裁判の基本理念と抵触する要因を内在させていると指摘した，藤田・前掲注（17）291頁以下である。

護請求権の考え方が否定されたのみであり，裁判所に対する憲法上の権利としての権利保護請求権については殆ど関心が向かいませんでした。権利保護請求権説を否定し，これに代えて「本案判決請求権説」を主張したのも，兼子博士でした。もっとも兼子博士自身，私法上の権利を要件とする勝訴判決請求権としての権利保護請求権を否定する文脈においてではありますが，*Richard Schmidt*（リヒャルト・シュミット）の見解30を引用して，「権利保護請求権は，法治国家における法による裁判の保障を強調し，国民の信頼を深める実践的な意義に外ならないというべきである」と述べ，重要な視点に言及されました。兼子博士自身その限りで，憲法上の形式的権利保護請求権を必ずしも否定していないように見えます。しかし彼は，続けて，「裁判官が法規を忠実に適用すべきことは，その一般的職責であって，個々の訴訟事件の当事者に対して義務づけられ，したがって当事者がこれを請求する権利があることに基づくものでないことは，個々の受験生が試験官に対して，自分の答案を公正に間違いなく採点しろという請求権があるわけでないのと同様である」31と断じ，あっさりと，憲法上の権利保護請求権という重要な視点を否定してしまったのです32。

2 憲法（法治国家原理）および国際人権規約との関係

自力救済の禁止，法に基づく裁判の要請，および裁判官の憲法および法律への拘束は，日本においても異なりません。憲法は財産権を保障し，法律により権利または法律効果とそのための法律要件を定め，権利または法律効果をめぐって争訟が生じた場合には裁判を受ける権利を市民に保障し（憲法32条），裁判官の憲法および法律へ拘束（憲法76条3項）を定めているのであります。そして，憲法32条が単に裁判所へのアクセスだけを抽象的に保障しているとすると，裁判を受ける権利は実質的には保障されたことにはならないでしょう。また日本も加入し批准している市民的および政治的権利に関する

---

30 *Richard Schmidt*, Prozessrecht und Staatsrecht, 1903, S. 30, 67.
31 兼子・前掲注（5）486頁；兼子・前掲注（7）109頁。
32 *Wach*, Der Feststellungsanspruch, in: Festgabe der Leipziger Juristenfakultät für Dr. Bernhard Windscheid, 1888, S. 22 ff. が，かつての *Wach* の見解と異なり，権利保護請求権の公法的性格を注意深く論証していたことにも，兼子論文では触れられていない。

国際人権規約B規約（International Covenant on Civil and Political Rights）14条1項2段は，公平な裁判所による公正な公開審理を受ける権利を保障しています。私見によれば，これらの事情は憲法上の権利保護請求権を肯定することを支えるものであります[33]。

権利保護という視点があって初めて，権利保護が実効的なもの，有効なものでなければならないという実践的な課題を認識することができます[34]。たとえば余りにも遅い権利保護は権利保護に値しないというような認識であります。今日では，公法の分野では公権力による権利侵害に対する憲法上の国民の権利保護請求権を根拠づけようとする試みが有力化しつつありますが（「憲法化」），民事訴訟についてもまた，全体としての民事訴訟の制度目的として権利保護を重視しなければならないのであります。そして，実効的な権利保護は，種々の局面を含む概念であります。たとえば，裁判所へのアクセスが資力のいかんにかかわらず実際に万人に開かれ，当事者が攻撃防御方法を提出する権利を手続内で十分行使することができ，訴訟における法律関係の解明が適時に行われ（遅すぎてはならない），また裁判所の判決は強制執行によって事実面においても実現されることなどが属するのでありますが，権利保護が訴訟の目的とされないところでは，これらは前面に現われてくることができません。しかし，これら実効的な権利保護の内容は，訴訟制度にとって極めて重要なものであることはいうまでもないのであります。

3　民事訴訟法研究の出発点に立ち返って

われわれの研究対象である民事訴訟法は，大部分1890（明治23）年に当時世界で最新であった1877年のドイツ民事訴訟法を翻訳的に継受して制定され[35]，その後，1926年の大改正（大正15年改正），1948（昭和23）年の戦後改正を経て，1996（平成8）年に新民事訴訟法という形で改正された法律です。

---

[33] 公法学の領域では近時，とくに公権力による国民の権利侵害に対する保護との関係で，裁判を受ける権利から実効的権利保護保障を導く有力学説が登場していることが注目される。たとえば，笹田栄司『実効的な基本権保障論』（1993年・信山社）；戸波江二「裁判を受ける権利」ジュリスト1089号（1999年）279頁，282頁以下；市川正人「裁判へのアクセスと裁判を受ける権利」公法研究63号（2001年）207頁，209頁。なお，新堂・前掲注（4）40頁以下参照。

[34] ディーター・ライポルド（松本博之編訳）『実効的権利保護　訴訟による訴訟における権利保護』（2009年・信山社）はしがき参照。

第3節　民事訴訟法研究の出発点に立ち返って　　537

　明治23年民事訴訟法は，いわゆる不平等条約を改定するという明治政府の政治上の悲願達成のために，法律制度を整備して国家が市民の権利の保護を図るという条約改正交渉の相手国からの要求を背景に，制定されたものであります。この法制度の整備は，私人の権利を保護するということと不可離に結びついているものです。時の参議兼宮内卿・伊藤博文が憲法調査のために1882（明治15）年にヨーロッパに赴いたとき，憲法の講義を受けその理論に傾倒したウイーン大学の *Lorenz von Stein*（ローレンツ・フォン・シュタイン）[36]，および，ベルリン大学の *Rudolf von Gneist*（ルドルフ・フォン・グナイスト）[37]も，裁判上の権利保護の重要性を強調しており，その上で，彼らは公権力による権利の侵害に対する国民の権利の保護のあり方を論じたのです。また，大正15年改正民事訴訟法について，細野長良大審院判事（後に「最後の大審院長」になった）は，1930年に刊行された『民事訴訟法要義第1巻』において，訴訟を権利保護制度と解し，旧憲法24条の定める法定裁判官の裁判を受ける権利（Recht auf die Entscheidung des gesetzlich bestimmten Rich-

---

35　明治23年民事訴訟法の制定過程については，鈴木正裕『近代民事訴訟法史・日本』（2004年・有斐閣）35頁以下が詳しい。本書4頁以下；H. Matsumoto, a. a. O.（Fn. 3), 3 ff. も参照。

36　Lorenz v. Stein, Die Verwaltungslehre, Teil 1, Abteilung 1, 2. Aufl., 1869, Nachdruck 1975, S. 446「裁判上の保護を要求できない権利というものはもはや存在しないという点で，見解の一致がある。したがって権利が問題となるところではどこでも，裁判所も権限を有しなければならない。もっとも，これによって行政事件と司法事件の違いも，放棄されている。しかし，この違いは新たに公法と私法の違いに現れている。両者に付き，裁判上の保護が要求される。しかし，この違いはすでに見たように，個人の私権についての通常裁判所のシステムと並んで，公権について行政裁判所のシステムを要求することによって実現しようとされる」。

　なお，*Lorenz von Stein* は憲法制定のために伊藤博文が日本に招こうとした人物であるが，*von Stein* は高齢を理由に来日を断った。

37　Rudolf von Gneist, Der Rechtsstaat und die Verwaltungsgerichte in Deutschland, 1879, S. 264. *von Gneist* は，「法と法律が真の意味と力を得ることができるのは，これらがその実現のために裁判官の判決（Richterspruch）を用意するところだけである」と述べた *Bähr*（Der Rechtsstaat, Neudruck der Ausgabe 1864, Aalen 1961, S. 12）の見解を讃えている。*Bähr* と *Gneist* は法治国家的要求の指導的な擁護者として，独立の裁判所による包括的な権利保護の要求を掲げた。*Dütz*, a. a. O.（Fn. 27), S. 101. *Bähr* の法治国家論については，藤田宙靖『公権力の行使と私的権利主張』（1978年・有斐閣）参照。

ters）に関連付けました[38]。すなわち，権利の自助救済の弊害を防ぐため，国家は自助救済を禁止し，その代償として裁判所を設けて，権利主張者の要求により権利保護の場合か否かを調査し保護の完全を期すのであって，「権利保護ヲ以テ国家ノ責務ト為ストキハ茲ニ私人カ国家ニ対シテ権利保護ノ請求権ヲ認ムルニアラサレハ其目的ヲ達スルノ術ナシ　憲法二十四條ニ日本臣民ハ法律ニ定メラレタル裁判官ノ裁判ヲ受クル権ヲ奪ハルルコトナシト規定シタルニ徴シ明白ナリト謂ハサルヘカラス」というのであります[39]。このように日本でも，権利保護を民事訴訟法解釈の基礎に据える見解が明治期における民事訴訟法の継受以来生成されていたのですが，戦後の兼子説の登場によって，紛争解決説が十分な検討を経ないまま，支配的地位を占めたのです。日本国憲法76条3項が法治国家原理（憲法，および，権利義務の要件を定める法律への裁判官の拘束）を定めたのとほぼ同時に，訴訟前における権利の存在を否定し，法律の不備不完全を強調する兼子博士の紛争解決説が登場したこと，しかも，今日これに対する疑問の提示は一部にはあるものの，この見解が今日なお大きな影響力を保持していることは，理解しにくいことであります。したがって，私の民事訴訟法研究の出発点は，憲法制定が国民の大きな声として要求された明治の法整備の時代に立ち返って，また戦後の日本国憲法の定める諸原則との関係で，訴訟における実効的な権利保護を憲法上の要請として認め，これを出発点として民事訴訟法の研究を行うことにあります。これからも，この方向を追求して参りたいと念じています。長時間のご静聴ありがとうございました。

38　細野長良『民事訴訟法要義第1巻』（1930年・巌松堂）11頁。

39　同趣旨の指摘は，雉本朗造「訴権論」同『民事訴訟法の諸問題』（1955年・有斐閣）13頁にも見られる。裁判官は国家機関としての職責上適法な審理裁判をなすのであり，私人に対して適法な審理裁判をする義務を負うのではなく，この裁判官の職責の反射的効果として私人は裁判官に対して適法な審理および裁判を期待できるに過ぎないという反対説（Kohler, a. a. O. (Fn. 7)）に対して，雉本博士が G. Jellinek, a. a. O. (Fn. 7), S. 124 Fn. 2 の見解を援用して，公権としての権利保護請求権を強調していたことは注目される。

事項索引

〈い〉

依存関係説 …………………… 317
一部請求棄却判決後の残部請求 …… 196
一部請求棄却判決の既判力と訴訟告知の
　効果 ……………………… 480
一部請求訴訟 ……………… 209, 459
　――における参加的効力の客観的範囲
　……………………………… 466
　――における参加的効力の主観的範囲
　……………………………… 479
　――における相殺の抗弁 ……… 247
一般公開の排除 ………………… 176
今村意見書 …………………… 77

〈う〉

ヴュルテンベルグ王国民事訴訟法（1868
年）…………………… 19, 259, 279

〈え〉

英独修正案（条約改正交渉）…… 24, 31

〈お〉

応急措置法 …………………… 93
大津事件 ……………………… 12
お雇外国人 …………………… 4

〈か〉

隠れた一部請求 ………… 462, 487
兼子・訴訟承継論 ……… 185, 261, 296
兼子・紛争解決説の特徴 …… 187, 528
兼子・紛争解決説の評価 ……… 215
仮処分の当事者恒定効 ………… 359
為替訴訟の廃止 ………………… 79

〈き〉

起案会 ………………………… 66
企業秘密 ……………………… 165
技術または職業の秘密 ………… 227
規則制定権　→最高裁判所の規則制定権
既判力
　――の作用場面 ……………… 363
　――の主観的範囲 …………… 361
　――の対象 …………………… 364
既判力拡張説 ………………… 438
逆順序の求償 ………………… 412
客観的＝目的論的解釈 ………… 224
旧実体法説（訴訟物）………… 481
旧民法証拠編 ………………… 46
強制執行における優先主義と平等主義
　……………………………… 40, 41

〈く〉

具体的事実陳述義務・証拠提出義務
　……………………………… 164

〈け〉

形式説 ………………………… 389
係争物・係争権利の譲渡人による訴訟引
　受の申立ての適否 …………… 340
欠席判決制度の廃止 …………… 79
現行民事訴訟手続及カークード氏意見書
　……………………………… 21
検事の立会 …………………… 43
憲法上の権利保護請求権 …… 192, 536
権利承継人に対する参加要求と請求の提
　示 ………………………… 326
権利保護説 ……………… 188, 525
権利保護の平等 ……………… 251

元老院の審議……………………44

〈こ〉

公開原則　→弁論公開の原則
公正手続請求権 ………………249
公然の一部請求 ………………460
控訴審 ……………………236, 516
　　　——における「事後審的審理」
　　　　…………………236, 490
　　　——における証拠調べ……516
　　　——における直接主義……242
　　　——の事後審的運営…236, 490
　　　——の審理裁判の対象 ……516
口頭弁論終結後の占有承継人 …369
公務員が職務上知りえた事項に関する文
　書の提出義務 ………………156
告知者と被告知者間の利害対立 …447
告知者に不利な参加的効力 …474
固有適格説 ……………………346
固有必要的共同訴訟 …………231
婚姻事件，禁治産事件に関する手続
　法規定…………………………41

〈さ〉

債権者代位訴訟 …………412, 413
最高裁判所の規則制定権………94, 126
最高裁判所の機構改革問題 …122
再調査の再開……………………40
裁判を受ける権利 ………194, 535
裁判管轄条約案…………………28
裁判所の矛盾行為の禁止 ……250
裁判手続の運営に関する協議会 …110
裁判手続の運用についての通達（1950
　年）……………………………111
裁量調査制 ……………………106
参加的効力 ……………438, 443
　　　——の客観的範囲 ……465
　　　——の主観的範囲 …449, 474
参加的効力説と既判力拡張説 …437, 465

〈し〉

事案解明手段の拡張 …………146
GHQによる日本統治 …………91
私鑑定……………………………497
自己利用文書……………………154
「事後審的審理」と国民の司法に対
　する信頼 ……………………519
「事後審的審理」と手続の公正……497
事実上の推定……………………161
自然の択一関係…………………418
執行力の第三者への拡張 ……373
実体適格………………260, 263, 318, 385
実体適格の承継 …………318, 385
　　　原告側の—— ……………341
　　　被告側の—— ……………348
実体適格承継の効果 …………321
「実務的」解釈……………………234
実務の継受………………………49
私文書の真正の「推定」 ………219
司法官弄花事件…………………13
司法制度改革論議の中での上告理由
　………………………………115
釈明権 ……………………168, 222
重複起訴……………………195, 210
主観的＝目的論的解釈 ………224
主査委員会………………………65
準備段階における裁判官の釈明活動と
　弁論主義（当事者支配）への影響
　………………………………169
準備的口頭弁論 ………………137
準備手続と継続審理 …………113
承継人
　　　——の加入後の手続 ……327
　　　——の固有の抗弁 ………389
　　　——の訴訟加入の手続 …325
　　　——の範囲 ………………382
上告制限問題 …………………103
上告理由の制限 ………………117

事項索引

証拠評価の先取りの禁止 ………513,514
証明責任判決 ……………………………455
　　――の参加的効力 …………418,455
証明責任を負わない当事者の具体的
　　事実陳述＝証拠提出義務 ………159
証明妨害 …………………………………162
条約改正問題 ………………………………4
昭和23年民事訴訟法の一部改正………93
昭和25年「民事上告特例法」 ………102
昭和29年民事訴訟法改正 ……………114
職権運営……………………………………21
職権調査 …………………………………453
書面審理主義の拡張……………………79
書面による準備手続 …………………142
所有権に基づく返還請求 ……………363
信義則による後訴の排除 …196,197,201
親実体権的解釈 ……………………209,244
新訴訟物理論 ……………………………387
新民事訴訟法 ……………………………131
　　――による口頭弁論の準備 ……136
　　――による民事訴訟の構造 ……167
審問請求権　→法的審問請求権
信頼保護の原則 ………………………249

〈す〉

枢密院の審議…………………………………45

〈せ〉

生成経過中の既判力 ………262,296,502
正当な当事者 …………………………263
選定当事者 ……………………………315
占有承継人 ……………………………371

〈そ〉

相殺の抗弁 ……………………208,209
　　――と重複訴訟 …………………196
　　――と訴訟係属 …………………247
争点効理論・信義則による判決効の
　　拡張 ……………………………197

争点整理 …………………………………133
訴額の算定……………………………………90
「訴訟運営論的」解釈………………………234
訴訟規則会議（三好委員会）……12,282
訴訟規則取調委員 …………………………9
訴訟記録の閲覧制限 ……………………176
訴訟経済の原則 ……………………………253
訴訟係属中に訴求債権の取立権を取
　　得した債権者 ………………………343
訴訟係属中の係争物の譲渡…11,18,258,
　　　　　　　　　　　　　　　　　531
訴訟係属中の権利承継と前主の訴訟追行
　　権 ………………………………………335
訴訟告知 ………………………………391,462
　　――の効果の根拠 …………………407
　　――の効果の範囲 …………………420
　　――の実体法上の効果 ……………432
　　――の制度目的 …………400,402,463
　　――の訴訟法上の効果 ……………433
　　――の方式 …………………………430
　　――の要件 …………………………426
　　――の理由 …………………………428
訴訟承継主義 ……………………………258,275
「訴訟状態承継義務」に対する批判…266
訴訟上の一般的事案解明義務 ………163
訴訟促進のための改革 ……………109
訴訟追行権 …………………………………320
訴訟法規の解釈方法 ……………………206
訴訟目的論 ……………………………182,525

〈た〉

第一回結審 ……………………………238,491
第一審強化方策 …………………………125
第一審強化方策要綱 ……………………128
体系的解釈 ………………………………223
第三者による単なる係争物の占有の
　　取得 ……………………………………352
第三者の協力義務 ………………………150
大正15年改正民訴法

――と民事訴訟法学……………88
――における改正作業……………64
――における係争物の譲渡………285
――における準備手続……………134
――の特徴……………184
――の下での訴訟目的論……………184
泰西法の主義……………24
択一的関係と訴訟告知の適否…394, 414, 418
単独制裁判所と準備手続……………135

〈ち〉

重畳的債務引受……………334
直接主義……………509
陳述書の適法性……………171, 235

〈て〉

帝国議会における審議……………82
帝国司法裁判所構成法草案……………27
帝国弁護士会の意見書……………80
提出を求める文書の特定に必要な情報の開示制度……………158
適格承継説……………314
哲憑氏 訴訟規則案説明書第一回～第十三回……………16
哲憑氏訴訟規則翻訳原案修正 完……15
テヒヤウ氏訴訟規則修正原案……………11
テヒョウ『訴訟規則原按完』……………11
テヒョー草案……………19
――と訴訟承継……………277

〈と〉

ドイツ学協会……………7
登記名義の承継人……………371
当事者運営……………20
当事者照会制度……………152
当事者適格……………263
――の承継……………263
当事者の協力義務……………147

同時審判の申出を伴う共同訴訟……415

〈に〉

二重訴訟告知……………437
日英通商航海条約……………50
二分肢説（訴訟物）……………388
日本混合裁判所案……………25

〈の〉

ノルマントン事件……………30

〈は〉

敗訴責任の分担……………409, 448

〈ひ〉

被告知者に有利な参加的効力………451
標準時後の形成権の行使……………248

〈ふ〉

武器対等の原則…251, 270, 311, 318, 324, 345, 357, 452, 461, 476
不動産登記抹消請求訴訟係属中に被告から不動産を譲り受け移転登記を受けた第三者……………353
不動産登記抹消請求訴訟係属中に被告から登記名義のみを取得した第三者……………354
プライバシーおよび企業秘密の保護……………175
文言形式主義の禁止……………222
文書提出義務の一般化……………153
文書提出命令違反の効果……………158
紛争解決説……………187, 212, 245, 525
紛争解決説と利益考量論……………217
「紛争の主体たる地位」承継説……315
文理解釈……………218

〈へ〉

平成民事訴訟法 →新民事訴訟法

事項索引

弁論兼和解手続 …………………………140
弁論公開の原則 …………………………174
弁論主義 …………………………………174
弁論準備手続 ……………………………138

〈ほ〉

包括的参加的効力説 ……………………467
法制審議会 ………………………………104
法治国家原理 ……………………192,535
法治国家的手続形成の要請 ……………249
法的審問請求権 …………252,436,449
法的性質決定 ……………………………387
　── と既判力 …………………………387
法典調査会………………………………55
　── の廃止 ……………………………63
法律取調委員会 ………………………23,30
　── の再調査 …………………………39
法律取調委員会（第二次）……………64

〈み〉

民事上告特例法 …………………………107
　── の延長 ……………………………108
民事訴訟規則 ……………………………127
民事訴訟法案（旧法典調査会）………59
民事訴訟法改正調査委員会……………67

民事訴訟法改正調査委員会委員総会…73
民事訴訟法改正を求める要望…………47
民事訴訟法学におけるドグマーティ
　ク離れ …………………………………203
民事訴訟法再調査案……………………40
民事訴訟法修正案………………………54
民事訴訟法草案議事筆記………………38
民事訴訟法調査委員……………………51
　── による民事訴訟法修正案の作成
　……………………………………………51
民事訴訟法の改正について総司令部
　担当官の述べた意見…………………96

〈め〉

明治36年旧法典調査会案…………59,284
明治期におけるドイツ民事訴訟法の
　継受 ………………………48,50,180

〈も〉

目的論的解釈 ……………………………223

〈り〉

利益考量説 ………………………………315
利益考量論・比較考量論 ………203,225
立法史における訴訟承継 ………………277

人名索引

〈あ〉

アーレンス（P. Arens）……………164

〈い〉

池田寅二郎……………………iv, 68, 83
伊藤博文………………5, 6, 7, 12, 30
伊藤　眞……………………………176
井上　馨………………………23, 30
井上　毅…………………………28
井上治典……………………………267
今村恭太郎…………………………78
今村信行……………………………10
岩田宙造……………………………72
岩松三郎………………………96, 110

〈う〉

上野泰男………………369, 382, 485
梅　謙次郎…………………………52

〈え〉

江木　翼……………………………82

〈お〉

岡野敬次郎……………………71, 286
奥野健一……………………………96
尾崎三良……………………………40
オプラー（A. C. Oppler）…………91

〈か〉

ガウル（H. F. Gaul）………………225
カークウッド（W. M. H. Kirkwood）
　　　　　　　　　　　　　　21, 26
春日偉知郎…………………………163
加藤正治……………………………181

加波眞一………………………272, 330
兼子一……96, 107, 115, 117, 185, 187, 189,
　　　　193, 212, 219, 383, 502, 525
河村譲三郎…………………………53

〈き〉

雉本朗造………………185, 263, 438

〈く〉

クーパー（E. H. Cooper）……146, 148
栗山　茂…………………………110
黒住成章……………………………86

〈こ〉

越山和広………………………374, 383
小松済治………………………10, 39, 282
小室直人………………188, 215, 527
児島惟謙……………………………12, 13
小山　昇………………………214, 386
近藤完爾……………………………113

〈さ〉

西園寺公望…………………………26

〈し〉

シェンキェヴィッチ（Sienkiewicz）…25
清水小一郎…………………………82
シュテュルナー（R. Stürner）……163
シュライバー（K. Schreiber）……449
新堂幸司………197, 214, 273, 315, 387

〈す〉

鈴木喜三郎…………………………70
鈴木正裕………………6, 19, 21, 181

人名索引

〈せ〉

関根小郷…………………………96

〈そ〉

染野義信………………………63, 78

〈た〉

高木豊三……………………52, 56, 181
高橋宏志………………………………415
高見　進………………………………330
竹下守夫……………………………163, 200
田中耕太郎……………………………109, 117
田部　芳……………………………iv, 56, 181
田辺　誠………………………………177
谷　干城…………………………………29
玉乃世履………………………………9, 10
丹野　達………………………………371

〈て〉

テヒョー（E. H. R. Techow）…5, 6, 9, 48, 265, 277, 282
デ・マルティーノ（R. de Martino）…31
デュツ（W. Dütz）……………………534
寺田次郎………………………………113

〈と〉

富谷鉎太郎……………………………53, 57

〈な〉

長島　毅………………………………87, 293
中野貞一郎……………………………iv, 200, 269
南部甕男……………………………10, 32, 282

〈に〉

仁井田益太郎………………………69, 72, 181

〈は〉

長谷川太一郎……………………………96

原　嘉道………………………………70, 287

〈ひ〉

平沼騏一郎………………………………71

〈ふ〉

フォン・シュタイン（L. v. Stein）…7, 537
フォン・ホレーベン（v. Holleben）…24
深野　達……………………………10, 16, 282
藤原明久…………………………………23
プランケット（Plunkett）………24, 25
ブレークモア（T. Blakemore）……91
ブライ（E. Bley）……………………215

〈ほ〉

細野長良……………………………184, 214, 294, 295
ボワソナード（G. E. Boissonade de Fontarabie）……………………4, 28, 29
本多康直………………………………14, 45

〈ま〉

前田孝階………………………………53, 181
松岡義正………………………………69, 293
松岡康毅…………………………………33
松本烝治………………………………71, 75
眞野　毅………………104, 105, 107, 108, 115, 117
マンゼル（H. -P. Mansel）…………476

〈み〉

三ケ月章……………………………214, 387, 527
三好退蔵……………………………12, 25, 181

〈も〉

モッセ（A. Mosse）……………………34, 37
森田豊次郎……………………………87, 293

〈や〉

山内確三郎………………………………70

山田顕義 ……………25, 30, 32, 39, 43, 44
山本　弘 …………………………330

〈よ〉

横田國臣……………………………52

〈る〉

ルドルフ（O. Rudorff）……………25

判 例 索 引

大判昭和 5 年 4 月24日民集 9 巻 6 号415頁··301
大判昭和 5 年 8 月 6 日民集 9 巻10号772頁··300
大判昭和 7 年 7 月12日法学 2 巻367頁···302
東京控判昭和10年 4 月18日新聞3852号 5 頁 = 新報405号11頁 = 評論24巻民訴344頁 ······351
大判昭和11年 5 月22日民集15巻988頁···304
大判昭和11年 9 月26日民集15巻20号1741頁··302
東京控判昭和12年 3 月31日新聞4134号 7 頁··351
大判昭和13年12月26日民集17巻2585頁···332
大判昭和14年11月21日民集18巻1545頁···173
大判昭和15年 7 月26日民集19巻1395頁···438
最判昭和24年 2 月 1 日民集 3 巻 2 号21頁··173
最判昭和26年 4 月13日民集 5 巻 5 号242頁··301
最〔1 小〕判昭和27年12月25日民集 6 巻12号1240頁································242, 510
最判昭和30年12月 1 日民集 9 巻13号1903頁··377
仙台高決昭和31年11月29日下民集 7 巻11号3460頁··149
最判昭和32年 6 月 7 日民集11巻 6 号948頁··462
最判昭和32年 9 月17日民集11巻 9 号1540頁··305
最判昭和37年 8 月10日民集16巻 8 号1720頁··196, 460
最判昭和37年10月17日民集16巻10号2128頁··331
最〔3 小〕判昭和38年 9 月 3 日裁判集民事67号379頁······························242, 510
最〔3 小〕判昭和39年 7 月 3 日裁判集民事74号417頁······························242, 510
大阪高判昭和39年12月28日高民集17巻 8 号673頁···396
最判昭和40年 3 月26日民集19巻 2 号508頁··254
大阪高決昭和41年 2 月 2 日高民集19巻 1 号51頁··396
最判昭和41年 3 月22日民集20巻 3 号484頁 = 判時450号22頁·····················306, 350
広島高岡山支判昭和42年 4 月26日行集18巻 4 号614頁·····································160
最判昭和43年11月15日民集22巻12号2659頁··254
最判昭和43年12月24日民集22巻13号3428頁 = 判時547号40頁·························161
最判昭和44年 6 月24日判時569号48頁 = 判タ239号143頁·······························199
東京高決昭和44年10月15日下民集20巻 9 −10号749頁 = 判時573号20頁·············158
最〔大〕決昭和44年11月26日刑集23巻11号1490頁··228
最判昭和45年 1 月22日民集24巻 1 号 1 頁··333
最判昭和45年10月22日民集24巻11号1583頁 = 判時613号52頁 = 判タ255号153頁
···409, 434, 438, 448
最判昭和45年12月15日民集24巻13号2072頁··226

最判昭和48年10月4日判時724号33頁‥‥‥‥‥‥‥‥‥‥‥‥‥‥‥‥‥‥‥‥199
福岡高決昭和48年12月4日判時739号82頁＝判タ307号203頁‥‥‥‥‥‥‥‥‥149
福島地判昭和50年3月31日高民集33巻1号19頁‥‥‥‥‥‥‥‥‥‥‥‥‥‥‥‥400
高松高決昭和50年7月17日行集26巻7－8号893頁＝判時786号3頁＝判タ325号160頁
‥‥‥‥‥‥‥‥‥‥‥‥‥‥‥‥‥‥‥‥‥‥‥‥‥‥‥‥‥‥‥‥‥‥‥149, 158
東京高決昭和50年8月7日下民集26巻5－8号686頁＝判時796号58頁＝判タ333号
200頁‥‥‥‥‥‥‥‥‥‥‥‥‥‥‥‥‥‥‥‥‥‥‥‥‥‥‥‥‥‥‥‥‥‥‥149
東京高決昭和51年6月30日判時829号53頁‥‥‥‥‥‥‥‥‥‥‥‥‥‥‥‥‥‥149
最判昭和51年9月30日民集30巻8号799頁‥‥‥‥‥‥‥‥‥‥‥‥‥‥‥‥‥‥199
最判昭和52年3月18日金法837号34頁＝金商548号39頁‥‥‥‥‥‥‥‥‥307, 341
最判昭和52年3月24日金商548号39頁‥‥‥‥‥‥‥‥‥‥‥‥‥‥‥‥‥‥‥‥199
福岡高決昭和52年7月13日高民集30巻3号175頁＝判時869号32頁＝判タ351号249頁
‥‥‥‥‥‥‥‥‥‥‥‥‥‥‥‥‥‥‥‥‥‥‥‥‥‥‥‥‥‥‥‥‥‥‥149, 154
大阪高決昭和53年3月6日高民集31巻1号38頁＝判時883号9頁＝判タ359号194頁‥‥149
大阪地決昭和54年8月10日下民集32巻9－12号1453頁＝判タ395号77頁‥‥‥154
札幌高決昭和54年8月31日下民集30巻5－8号403頁‥‥‥‥‥‥‥‥‥‥‥‥228
大阪高決昭和54年9月5日下民集32巻9－12号1471頁＝判時949号68頁‥‥‥‥149
東京高決昭和54年9月19日下民集32巻9－12号1478頁＝判時947号47頁＝判タ406号
125頁‥‥‥‥‥‥‥‥‥‥‥‥‥‥‥‥‥‥‥‥‥‥‥‥‥‥‥‥‥‥‥‥‥‥‥149
東京高決昭和54年9月28日下民集30巻9－12号443頁＝判時948号59頁‥‥‥‥341
仙台高判昭和55年1月28日高民集33巻1号1頁‥‥‥‥‥‥‥‥‥‥‥‥‥‥‥‥399
大阪高判昭和56年1月30日判時1005号120頁‥‥‥‥‥‥‥‥‥‥‥‥‥‥‥‥‥433
東京高決昭和56年12月24日下民集32巻9－12号1612頁＝判時1034号95頁＝判タ464号
99頁‥‥‥‥‥‥‥‥‥‥‥‥‥‥‥‥‥‥‥‥‥‥‥‥‥‥‥‥‥‥‥‥‥‥‥149
最判57年7月1日金商681号34頁‥‥‥‥‥‥‥‥‥‥‥‥‥‥‥‥‥‥‥‥‥‥161
最判昭和59年1月19日判時1105号48頁＝判タ519号136頁‥‥‥‥‥‥‥‥‥‥202
東京高決昭和59年9月17日高民集37巻3号164頁＝判時1131号87頁＝判タ538号244頁
‥‥‥‥‥‥‥‥‥‥‥‥‥‥‥‥‥‥‥‥‥‥‥‥‥‥‥‥‥‥‥‥‥‥‥149, 154
東京高判昭和60年6月25日判時1160号93頁＝判タ566号152頁‥‥‥‥‥‥‥‥447
最判昭和63年3月15日民集42巻3号170頁‥‥‥‥‥‥‥‥‥‥‥‥‥‥‥‥‥‥208
最〔2小〕判平成2年1月22日判時1340号100頁＝判タ721号130頁参照‥‥‥‥‥161
東京地判平成3年2月27日税務訴訟資料182号432頁‥‥‥‥‥‥‥‥‥‥‥‥‥‥160
東京地判平成3年9月2日判時1417号124頁＝判タ769号237頁‥‥‥‥‥‥‥‥209
東京地判平成3年9月24日判時1429号80頁＝判タ769号280頁‥‥‥‥‥‥‥‥176
最〔3小〕判平成3年12月17日民集45巻9号1435頁‥‥‥‥‥‥‥196, 208, 250
東京高判平成4年5月27日判時1424号56頁‥‥‥‥‥‥‥‥‥‥‥‥‥‥‥‥‥208
最判平成4年10月29日民集46巻7号1174頁＝判時1441号37頁‥‥‥‥‥‥‥‥160
仙台地判平成6年1月31日判時1482号3頁‥‥‥‥‥‥‥‥‥‥‥‥‥‥‥‥‥‥160
岐阜地判平成6年7月20日判時1508号29頁‥‥‥‥‥‥‥‥‥‥‥‥‥‥‥‥‥160

金沢地判平成 6 年 8 月25日判時1515号 3 頁 …………………………………160
最判平成 6 年11月22日民集48巻 7 号1355頁 …………………………………209
仙台高判平成 7 年10月31日判時1573号35頁 = 判タ920号243頁 ……………382
大阪高判平成 8 年 1 月30日判タ919号215頁 …………………………………342
最〔3小〕判平成 9 年 2 月25日民集51巻 2 号502頁 = 判時1598号70頁………498
最〔2小〕判平成10年 6 月12日民集52巻 4 号1147頁 = 判時1644号126頁 = 判タ980号90頁
　　　………………………………………………………………197, 199, 460, 472
東京高決平成10年 8 月 7 日判タ1034号281頁…………………………………343
最〔1小〕判平成12年 3 月10日民集54巻 3 号1073頁 …………………………227
最決平成13年 2 月22日判時1742号89頁 = 判タ1057号144頁 = 金商1117号 3 頁 = 金法
　　1610号89頁 ……………………………………………………………228
最〔3小〕判平成14年 1 月22日判時1776号67頁 ………………………395, 445
最〔1小〕判平成16年 3 月25日民集58巻 3 号753頁……………………………342
最〔2小〕判判平成18年 1 月27日判時1927号57頁 = 判タ1205号146頁 ………498
最〔3小〕決平成18年10月 3 日民集60巻 8 号2647頁 = 判時1954号34頁 ……203, 229
最〔3小〕判平成18年11月14日裁判所時報1423号 6 頁 = 判時1956号77頁 = 判タ1230号
　　88頁 = 裁判集民事222号167頁 …………………………………………493
最〔1小〕判平成20年 7 月10日判時2020号71頁 = 判タ1280号121頁…………462
千葉地判平成20年11月17日 TKC25440220…………………………………199
最〔3小〕判平成20年11月25日民集62巻10号2507頁 …………………203, 231
知財高判平成21年 1 月29日 TKC25440286……………………………………199
東京高決平成21年 6 月 4 日金法1896号105頁…………………………………343
知財高判平成22年 5 月27日 TKC25442228……………………………………199
最〔1小〕決平成26年 7 月10日判時2237号42頁 = 判タ1407号62頁 …………333

【著者紹介】

松 本 博 之（まつもと・ひろゆき）

1968年　大阪市立大学法学部卒業
　　　　大阪市立大学法学部教授，龍谷大学法学部教授を経て
現　在　大阪市立大学名誉教授，法学博士（大阪市立大学），名誉法学博士
　　　　（フライブルグ大学）

〔主　著〕

『証明責任の分配』（1987年・有斐閣）
『民事自白法』（1994年・弘文堂）
『証明責任の分配〔新版〕』（1996年・信山社）
『既判力理論の再検討』（2006年・信山社）
『訴訟における相殺』（2008年・商事法務）
『民事訴訟における事案の解明』（2015年・日本加除出版）
『民事執行保全法』（2011年・弘文堂）
『人事訴訟法〔第3版〕』（2012年・弘文堂）
『民事訴訟法〔第8版〕』（上野泰男氏との共著，2015年・弘文堂）
アーレンス著『ドイツ民事訴訟の理論と実務』（共訳，1991年・信山社）
ガウル著『ドイツ既判力理論』（編訳，2003年・信山社）
ツォイナー著『既判力と判決理由』（訳，2009年・信山社）
ライポルド著『実効的権利保護』（編訳，2009年・信山社）
『日本立法資料全集　民事訴訟法』（1993～2015年，全24冊，共編著）
　「テヒョー草案」（191～193巻，全3冊）
　「明治23年」（194～198巻，全5冊）
　「明治36年草案」（43～46巻，全4冊）
　「大正15年改正編」（10～15巻，全6冊）
　「戦後改正編」（61～66巻，全6冊）

民事訴訟法の立法史と解釈学

2015年（平成27年）9月15日　第1版第1刷発行

著　者　松　本　博　之
発行者　今　井　　　貴
　　　　渡　辺　左　近
発行所　信山社出版株式会社
　　　　〒113-0033　東京都文京区本郷6-2-9-102
　　　　　　　　　　電　話　03（3818）1019
　　　　　　　　　　ＦＡＸ　03（3818）0344

Printed in Japan

Ⓒ 松本博之，2015.　　印刷・製本／亜細亜印刷・日進堂製本

ISBN978-4-7972-2723-9 C3332

―――― 日本立法資料全集民事訴訟法シリーズ（完結） ――――

松本博之・徳田和幸編著（全集191・192・193巻）
民事訴訟法〔明治編〕(1)(2)(3)――― テヒョー草案Ⅰ・Ⅱ・Ⅲ

松本博之・徳田和幸編著（全集194・195・196・197・198巻）
民事訴訟法〔明治23年〕(1)(2)(3)(4)(5)

松本博之・河野正憲・徳田和幸編著（全集43・44・45・46巻）
民事訴訟法〔明治36年草案〕(1)(2)(3)(4)

松本博之・河野正憲・徳田和幸編著（全集10・11・12・13・14・15巻）
民事訴訟法〔大正改正編〕(1)(2)(3)(4)(5)・総索引

松本博之編著（全集61・62・63・64・65・66巻）
民事訴訟法〔戦後改正編〕(1)(2)(3)―Ⅰ・Ⅱ(4)―Ⅰ・Ⅱ

――――― 信 山 社 ―――――

——— 松本博之編著　好評既刊 ———

『証明責任の分配－分配法理の基礎的研究〔新版〕』（1996年，本体12,000円）

『既判力理論の再検討』（2006年，本体11,000円）

『ドイツ民事訴訟の理論と実務』（アーレンス著，共編訳，1991年，本体19,417円）

『ドイツ既判力理論』（ガウル著，編訳，2003年，本体5,040円）

『民事訴訟法の継受と伝播』（共編，2008年，本体6,667円）

『実効的権利保護－訴訟による訴訟における権利保護』（ライポルド著，編訳，2009年，本体12,000円）

『既判力と判決理由』（ツォイナー著，訳，2009年，本体6,800円）

『法発展における法ドグマーティクの意義』（共編，2011年，本体12,000円）

——— 信 山 社 ———

――――――――― 民事訴訟法　好評既刊 ―――――――――

鈴木正裕『近代民事訴訟法史・ドイツ』（2011年，本体8,500円）

佐上善和『成年後見事件の審理－ドイツ成年後見事件手続』（2000年，本体11,000円）

徳田和幸『フランス民事訴訟法の基礎理論』（1994年，本体9,709円）

徳田和幸『複雑訴訟の基礎理論』（2008年，本体11,000円）

山本和彦『民事訴訟審理構造論』（1995年，本体12,621円）

太田勝造『民事紛争解決手続論〔新装版〕』（2008年，本体6,800円）

大濱しのぶ『フランスのアストラント』（2004年，本体15,000円）

エンゲルマン『民事訴訟法概史』（小野木常・中野貞一郎訳，2007年，本体15,000円）

――――――――――― 信 山 社 ―――――――――――